세계여행사전 ③

일생에 한 번은 가고 싶은
성지 여행

Sacred Places of a Lifetime by National Geographic
Copyright ⓒ2008 Toucan Books Ltd. All rights reserved.
Copyright Korean edition ⓒ2012 Toucan Books Ltd. All rights reserved.
1st Edition, 3000
This Korean edition published by Touch Art Publishing Co.
by arrangement with National Geographic Society, USA
through Yu Ri Jang Literary Agency, Korea.

이 책의 한국어판은
유리장 에이전시를 통해 저작권자와 계약한 (주)터치아트가 출간했으며
이 책의 한국어판 저작권은 National Geographic Society에 있습니다.
저작권법에 의해 한국 내에서 보호를 받는 저작물이므로
무단 전재와 무단 복제를 금합니다.

세계여행사전 ❸

일생에 한 번은 가고 싶은
성지 여행
SACRED PLACES of a LIFETIME
500 of the World's Most Peaceful and Powerful Destinations

내셔널 지오그래픽 엮음 | 이선희·이혜경·김귀숙 옮김

터치아트

영혼이 풍요로워지는 여행

인도 남부 지방이었다. 나는 여든은 족히 돼 보이는 얼굴에 주름이 깊게 파인 노인 앞에 앉아 있었다. 노인은 한 시간도 넘게 내 눈과 손발을 꼼꼼히 뜯어보며 자기는 지금 내 영혼을 들여다보고 있노라고 말했다.

"자네는 몸과 마음의 평정을 찾고 자네가 진실로 원하는 것을 찾아야 하겠네."

6년 전의 일이었다. 그때 나는 노인의 말을 이해하지 못했다. 그러나 이제는 조금 알 것 같다. 이 세상은 너무나 바삐 돌아가고 해야만 할 일들이 정말 많다. 꼭 지켜야 할 약속들, 꽉 짜인 일정표, 짜증나는 교통체증, 잃어버린 시간들, 집과 일터에서 다람쥐 쳇바퀴 돌듯 끊임없이 반복되는 일상들. 삶의 속도가 빨라지고 복잡해질수록 우리는 보다 심오하고, 보다 변화무쌍하고, 보다 사색적인, 그래서 우리 삶의 속도를 늦추고 잠시 숨을 돌리게 할 수 있는 그 무언가를 찾게 된다. 그 무언가를 통해 생각을 정리하고 지친 몸과 마음을 회복하고 싶은 깊은 갈망이 꿈틀거린다. 우리의 본성은 수백 년 동안 인간을 인도하고 감동을 주었던 신성한 힘과 상징, 기호, 믿음과 같은 성스러운 것들을 통해 복잡한 현대 생활로부터 안식을 주는 부적 같은 것을 찾아가게 한다.

《일생에 한 번은 가고 싶은 성지 여행》은 영성이나 종교에 관한 책이 아니다. 우리 마음속에 품고 있는 이상향과 우리가 딛고 서있는 땅에 대한 이야기이다. 오래도록 전승돼 온 선현들의 지혜와 먼 오지의 문화들, 아주 독특하고 특별한 풍경을 우리에게 소개해 준다. 또한 이 책은 마음을 변화시키고 감동을 주는 매혹적인 장소로 이끌어 준다. 그것을 통해 세상을 바라보는 시야와 삶이 변화되고, 자연의 힘과 우리 몸의 리듬이 교감할 수 있게 해준다. 여행은 단순히 시간과 공간을 따라 몸만 움직이는 것이 아닌, 영혼이 함께 움직이는 여정이어야 한다. 나는 인도에서의 경험을 통해 나의 여행이 그때부터 시작되었음을 깨닫게 된다. 독자분들도 이 책을 통해 진정한 여행이 시작되길 바란다.

내셔널 지오그래픽 트래블러 편집장
키스 벨로스 Keith Bellows

차례

영혼이 풍요로워지는 여행　　　　　　7

1 *Sacred Landscapes* 성스러운 풍경

캐나다 | 미국　우즈 호	22	TOP 10　우물과 샘	52
미국　데빌스타워	24	그루지야　어퍼스바네티	54
미국　샌프란시스코 피크스	26	이스라엘　갈릴리 호수	56
미국　빅서	28	터키　야질리카야	58
미국　세도나	30	터키　아라라트 산	60
미국　데날리 국립공원	33	인도　칸야쿠마리	62
TOP 10　신성한 나무	36	인도　성스러운 갠지스 강	65
미국　크레이터 호수	38	뉴질랜드　로토루아	67
멕시코　포포카테페틀	40	오스트레일리아　올가 바위산	70
과테말라　아티틀란 호수	42	오스트레일리아　울루루	72
볼리비아　해와 달의 섬	44	프랑스　카니구 산	74
중국　남초 호수	46	북아일랜드　자이언츠 코즈웨이	76
중국　타이산	48	TOP 10　성스러운 산	78
스리랑카　애덤스피크	50		

2 Megaliths & Mysteries
거석유적과 수수께끼

미국 빅혼 주술바퀴	82	
미국 차코캐니언	84	
멕시코 테오티우아칸	86	
멕시코 툴라	88	
멕시코 팔렝케	91	
칠레 이스터 섬	93	
과테말라 티칼의 마야 신전	96	
볼리비아 티와나쿠	98	
TOP 10 암각화 유적지	100	
페루 마추픽추	102	
페루 잉카의 신성한 계곡	104	
페루 나스카 라인	106	
폴리네시아 타푸타푸아테아 마라에	108	
라오스 항아리 평원	110	
러시아 자네 강의 고인돌 유적지	112	
터키 리키아 암굴묘	114	
레바논 바알베크	116	
요르단 페트라	119	
이탈리아 신전의 계곡	121	
이탈리아 파에스툼	124	
그리스 파르테논 신전	126	
그리스 아폴로 신전	128	
몰타 지간티야	130	
몰타 하가르킴 므나이드라 신전	132	
독일 엑스테른슈타이네	134	
스코틀랜드 칼라나이스 거석	136	
잉글랜드 스톤헨지	138	
프랑스 카르나크 열석	140	
포르투갈 알멘드레스 크롬레흐	142	
수단 메로에의 고대 피라미드	144	
감비아 | 세네갈 스톤 서클	146	
TOP 10 거대한 조각상	148	

3 Cradles of Faith
신앙의 요람

미국	팔마이라	152
일본	엔랴쿠지(延曆寺)	154
TOP 10	신성한 서책	156
중국	취푸(曲阜)	158
중국	조캉 사원(大照寺)	160
인도	크리슈나의 탄생지	162
네팔	룸비니	164
파키스탄	난카나 사히브	166
터키	하기아 소피아	168
그리스	아토스 산	170
독일	비텐베르크 성(城) 교회	172
러시아	삼위일체 대수도원	174
아르메니아	성 에치미아진 성당	176
TOP 10	신성한 음악	178
이스라엘	바브 사원	180
이스라엘	성전산	182
웨스트뱅크	예수탄생 교회	184
사우디아라비아	히라 동굴	186
에티오피아	악숨	188
이집트	시나이 산	190
TOP 10	모자이크 실내장식	192

4 Majestic Ruins
웅장한 폐허

캄보디아	앙코르와트	196
타이	수코타이	198
타이	아유타야	200
중국	둔황(敦煌) 석굴사원	202
방글라데시	소마푸라 마하비하라	204
인도	카주라호의 힌두교 사원군	206
인도	산치	208
인도	함피	210
인도	아잔타와 엘로라 석굴	213
미얀마	바간	215
스리랑카	폴로나루와	218
터키	성십자가 교회	220
터키	아나톨리아의 카파도키아 암굴 성당	222
이스라엘	마사다 유적	224
우크라이나	사타니우의 시나고그 유적	226
이탈리아	산 갈가노 수도원	228
프랑스	클뤼니 수도원	230
프랑스	몽세귀르	232
잉글랜드	리보 수도원	234
TOP 10	신성한 동굴	236

5 *Daily Devotion* 일상 속의 예배당

미국 투로 시나고그	240
미국 미시온 콘셉시온	242
TOP 10 뉴잉글랜드 지역의 교회	244
콜롬비아 소금 성당	246
페루 쿠스코 성당	248
일본 킨카쿠지(金閣寺)	250
중국 티엔탄(天壇)	252
중국 쉬안콩스(悬空寺)	254
중국 완포스(萬佛寺)	256
타이완 원우먀오(文武廟)	259
파키스탄 바드샤히 모스크	261
타이 에메랄드 사원	264
TOP 10 신성한 첨탑	266
인도 마하발리푸람 해안 사원	268
인도 스리미낙시 사원	270
미얀마 쉐다곤 파고다	272
러시아 키지 섬	274
러시아 성모승천 성당	276
키프로스 트로도스 벽화 성당군	278
터키 블루 모스크	281
체코 올드뉴 시나고그	283
그리스 성 게오르게 성당	286
폴란드 비엘리치카 소금광산	288
루마니아 부코비나 벽화 성당	290
루마니아 후레지 수녀원	292
TOP 10 동유럽의 시나고그	294
노르웨이 롬 스타브 교회	296
헝가리 에스테르곰 대성당	298
헝가리 부다페스트 대 시나고그	300
독일 성 콜로만 교회	302
독일 아헨 대성당	304
잉글랜드 웨스트민스터 사원	306
프랑스 샤르트르 대성당	308
프랑스 파리 노트르담 대성당	310
프랑스 사크레쾨르(聖心) 대성당	312
TOP 10 스테인드글라스 창문	314
스페인 사그라다 파밀리아	316
스페인 메스키타	318
바티칸시국 산 피에트로 대성당	320
이탈리아 산 비탈레 대성당	322
이탈리아 카살레 몬페라토 시나고그	324
이탈리아 두오모 성당	327
튀니지 카이로우안 대 모스크	329
이집트 성 카타리나 수도원	332
이집트 공중 교회	334
말리 젠네 모스크	336
코트디부아르 평화의 성모 대성당	338
TOP 10 예술혼이 숨 쉬는 예배당	340

6 Shrines 성소

캐나다 하이다과이	344
미국 성모 무염시태 성당	346
과테말라 막시몬	348
브라질 시세루 신부	350
TOP 10 추앙받는 성모 마리아	352
멕시코 과달루페 성당	355
중국 라부렁스(拉卜楞寺)	357
일본 이세진구(伊勢神宮)	360
일본 이쓰쿠시마(厳島)	362
인도 마타 바이슈노 데비	364
인도 암리차르	366
파키스탄 수피 성자의 사원	369
이란 이맘 레자 사원	371

시리아 아나니아 교회	374
시리아 우마이야 모스크	376
리투아니아 십자가 언덕	378
폴란드 검은 성모	380
그리스 요한계시록 동굴	382
TOP 10 성유물함	384
이탈리아 산 프란체스코 대성당	386
이탈리아 피오 신부 성당	388
프랑스 막달라 마리아 성당	390
독일 동방박사 세 사람의 성골함	392
스페인 라 모레네타	394
스페인 산타 테레사 수도원	396

7 The Pilgrim's Way 순례길

캐나다	생트안느드보프레 대성당	400
멕시코	그리스도상을 향해 가는 순례행렬	402
브라질	봉제주스다라파	404
칠레	비르헨 데 로 바스케스	406
페루	눈의 별 순례여행	409
네팔	스와얌부나트 불탑 사원	411
일본	구니사키 반도 순례여행	414
중국 | 티베트	카와거보 산 (伽瓦格博山)	416
인도	사바리말라	418
스리랑카	불치사	420
인도네시아	보로부두르	422
사우디아라비아	하지	424
TOP 10	유서 깊은 순례지	426
사우디아라비아	마스지드 알 나바위	428
이라크	이맘 후세인 사원	430
이스라엘	예루살렘 성묘교회	432
이스라엘	서쪽벽	435
프랑스	몽생미셸	437
프랑스	트로 브레즈	440
프랑스	루르드	442
이탈리아	성흔 성당	444
아일랜드	크로패트릭	446
스페인	성 야고보의 길	448
에티오피아	랄리벨라 암굴 성당군	450
마다가스카르	암보히망가	452

8 Ceremonies & Festivals
의식과 축제

미국 성 스테파노 축제	456	
캐나다 캠루파 파우와우	458	
트리니다드토바고 힌두교 축제 디왈리	460	
자메이카 라스타파리안의 나이야빙기	462	
베네수엘라 세례자 요한을 기리는 드럼축제	464	
볼리비아 촛불의 성모제	466	
페루 기적의 주	468	
멕시코 죽은 자의 날	471	
중국	타이완 마주(媽祖) 축제	473	
일본 오봉 축제(お盆)	476	
TOP 10 야간 축제	478	
일본 네부타마츠리(ねぶた祭)	480	
일본 산자마츠리(三社祭)	482	
대한민국 연등축제(燃燈祝祭)	484	
필리핀 쿠투드 렌텐 의식	486	
말레이시아 타이푸삼	488	
인도네시아 사원축제	490	
부탄 체추	492	
이스라엘 부림절 축제 행렬	494
터키 수피댄스 의식	496
인도 홀리 축제	498
인도 전차축제	500
인도 판다르푸르 사원 축제	502
인도 쿰브멜라	505
독일 그리스도 수난극	507
TOP 10 추수감사제	510
그리스 그리스 정교의 부활절	512
이탈리아 바다의 성모 마리아	514
이탈리아 크리스마스 자정 미사	516
이탈리아 트라파니의 성 금요일 의식	518
바티칸시국 부활절 미사	520
프랑스 집시 축제	522
스페인 성녀 필라르 축제	524
스페인 세비야의 성주간	526
TOP 10 사육제	528

9 In Remembrance
추모 여행

캐나다	랑스 아무르 고분	532
미국	알링턴 국립묘지	534
미국	서펀트 마운드	536
미국	베트남전 참전용사 기념물	538
미국	운디드니	540
미국	뉴올리언스 공동묘지	542
페루	시판의 왕족무덤	544
TOP 10	전쟁기념관	546
미국	그라운드제로	549
중국	칭둥링(淸東陵)	551
일본	히로시마 평화기념공원	554
일본	다이센고분(大山古墳)	556
인도네시아	타나토라자의 암벽묘	558
인도	타지마할	560
러시아	알렉산드르 넵스키 수도원	562
러시아	마마예프 기념관	564
터키	넴루트다으	566
이스라엘	야드 바셈	568
프랑스	페르 라셰즈 공동묘지	571
프랑스	알리스캉 묘지	574
스웨덴	왕실고분	576
덴마크	옐링	578
폴란드	베우제츠 기념관	580
체코	세들레츠 납골당	582
TOP 10	신성한 정원	584
루마니아	시레트 유대인 묘지	586
루마니아	메리 묘지	588
불가리아	트라키아인 무덤	590
독일	베를린 홀로코스트 기념관	592
몰타	할 사플리에니	594
이탈리아	산미켈레	596
이탈리아	로마의 카타콤	598
벨기에	므냉 기념관	600
아일랜드	뉴그레인지	602
이집트	왕가의 계곡	604

10 Retreats
영적 재충전을 위한 명상 여행

캐나다 감포 사원	608
미국 바바나 소사이어티	610
미국 하빈 핫 스프링스	612
오스트레일리아 보리수 산림수도원	614
일본 벳푸 온천(別府溫泉)	616
일본 에이헤이지(永平寺)	618
일본 고야 산(高野山)	621
부탄 탁상 사원	623
TOP 10 산속 수도원	626
중국 포린스(寶蓮寺)	628
중국 푸퉈산 섬(普陀山島)	630
네팔 보드나트	632
인도 리시케시	634
러시아 노보데비치 수도원	637
프랑스 생토노라	639
프랑스 테제 공동체	642
노르웨이 뭉크홀멘	644
그리스 아르카디 수도원	646
이탈리아 몬테카시노 수도원	648
스코틀랜드 핀드혼 공동체	650
스코틀랜드 아이오나	652
잉글랜드 린디스판 홀리 아일랜드	654
웨일스 칼디 섬	656
아일랜드 스켈리그 마이클	658
이집트 시와 오아시스	660
에티오피아 데브레 지온 수도원	662

찾아보기 666

1
성스러운 풍경
Sacred Landscapes

유사 이래 인간은 자신이 살고 있는 곳에서 자신과 자신의 조상, 숭배하는 신과 꿈에 본 신화, 설명할 수 없는 신비로움에 관한 이야기를 만들어 냈다. 이 장에서 펼쳐질 여정은 종교의 유무에 상관없이 여행자들에게 영감을 불러일으키고 감동을 주는 장소로 안내할 것이다. 우리가 만날 장소는 그 자체로 야생적이고 장관일 뿐 아니라 진정한 영혼의 울림을 주는 곳들이다. 볼리비아의 티티카카 호수를 가로질러 고대 잉카인들인 아이마라 부족이 해와 달의 탄생지로 숭배했던 섬들까지 항해할 것이다. 북아일랜드 앤트림 해안의 '자이언트 코즈웨이(Giant Causeway, 거인의 방죽길)'에서는 켈트 신화에 등장하는 거인 핀 맥쿨(Finn McCool)의 발자국을 따라 기이한 현무암 기둥 사이를 걷는다. 나바호, 아파치, 호피족을 비롯한 남서부 인디언 부족들의 성지인 애리조나 주 세도나의 바위산에서 빛의 변화에 따라 무지갯빛을 띠는 수십억 년 된 신성한 바위들을 만날 것이다.

오리건 주에 위치한 크레이터 호수(Lake Crater)의 고요한 수면. 오래전에 활동을 멈춘 사화산의 분화구에 생긴 호수로, 그 안에 원추 모양의 위저드 섬이 솟아 있다. 지역 원주민 클래머스(Klamath) 부족은 지난 1만 년 동안 크레이터 호수와 위저드 섬을 신성시해 왔다.

해질 무렵 우즈 호의 잔잔한 수면. 무한한 고요함이 느껴진다.

캐나다 | 미국 _ 미네소타 주

우즈 호 *Lake of the Woods*

이 광대한 호수는 약 8,000년 전 오지브웨(Ojibwe)족의 조상이
이곳에 자리잡은 이래 줄곧 부족의 숭배를 받아왔다.

전설에 따르면 수세대에 걸쳐 전해 내려온 오지브웨 부족의 민요는 원래 우즈 호가 이들 부족에게 준 선물이었다. 우즈 호가 오지브웨족에게 주는 선물은 너무나 많다. 호수는 그들에게 물고기를 주었고, 수많은 섬에서 자라는 블루베리, 기침에 좋은 편백나무를 비롯해서 뱀에 물린 데 좋다는 각종 약초를 선물한다. 호수는 오지브웨족의 삶의 일부이다. 호숫가를 따라 말코손바닥사슴 떼가 노니는 북방 침엽수림과 모래사장이 이어진다. 가을이면 형형색색으로 물드는 단풍나무, 자작나무, 버드나무

같은 수종들이 자라고 수리, 아비새, 펠리컨들이 하늘을 수놓는다. 캐나다와 미네소타 주에 걸쳐 있는 이 호수는 4,473제곱킬로미터에 달하며 떠다니는 배 아래로는 강꼬치와 철갑상어, 그 밖에 진화가 더딘 어종들이 살고 있다. 그러나 뭐니 뭐니 해도 가장 멋진 지형은 호수를 둘러싸고 있는 화강암 절벽들이다. 그곳엔 이야기가 담겨 있다. 오지브웨족의 조상은 화강암 절벽 위에 가르침과 올바른 길로 인도하는 암벽화를 새겨 놓았다. 그들은 담배를 호수에 뿌려 호수와 암벽화의 정령들에게 바친다. 호숫가에 배를 대려고 하면 호수가 배를 끌어당겨 놓지 않으려 할 것이다. 그때 "안녕"이라고 하지 말길. 오지브웨족에게 그 말은 정말 '마지막'을 의미한다. "지가와바민(Gigaa-waabamin, 또 만나요)," 이라고 이야기하자.

When to go 수온은 떨어지면서 모기떼의 극성이 잦아드는 9월이 좋다. 9월은 또 오지브웨족이 물에서 자라는 야생벼인 마누민(manoomin)을 수확하는 와일드 라이스 문(Wild Rice Moon)의 달이다.

Planning 낚시꾼들을 위한 리조트가 많이 있지만 이곳이 지닌 힘과 고즈넉함을 진정으로 즐기려면 야영을 하는 게 좋다. 배를 타고 호수 위의 섬들을 돌아보려면 시간이 많이 걸리므로 적어도 나흘 밤은 잠아야 한다. 상세 지도와 야영장비, 식량, 정수기와 카누를 준비하자. 카누는 이 지역 캠핑 장비 상점에서 빌릴 수 있다. 카누를 저을 노를 여분으로 하나 더 준비하고 개인용 구명 장비도 잊지 말자. 원주민들이나 섬들을 손가락으로 가리키는 일은 삼가는 게 좋다. 오지브웨족들에겐 공격을 의미하기 때문이다. 구경 다니다가 방향을 가리킬 때는 머리나 입술을 사용하자.

Websites fishingmn.com/lakecamp.html (미네소타), www.lakethewoods.com (캐나다)

- 우즈 호 위에 떠있는 1만5,000개 섬 중 몇 군데를 탐험해 보는 것도 좋다. 미네소타 쪽은 사실 물밖에 없지만 캐나다 쪽은 작은 섬들이 수없이 많다. 제법 큰 섬도 몇 개 있다.

- 봄부터 가을이 가장 멋지지만 계절에 상관없이 맑은 날 밤이면 오로라가 장관이다. 잠자느라 놓치지 말길. 오지브웨족은 오로라를 '춤추는 유령'이라고 부른다.

- 오지브웨족의 그림문자에 그려진 이미지들을 해독해 보자. 십자가 모양이나 더하기 모양은 별을 상징한다. 오른팔을 들어올린 그림은 춤을 추거나 기도하는 모습을 나타내고, 뿔은 지능과 영혼을 지닌 생명체를, 물결무늬의 선은 주로 영혼들 간의 의사소통을 나타낸다.

미국 _ 와이오밍 주

데빌스타워 *Devils Tower*

와이오밍 주 북동쪽 대평원에 우뚝 솟은 이 초자연적인 거석은
북아메리카 원주민들에게는 아직도 영적 등대 역할을 한다.

　16킬로미터 정도 떨어진 곳에서부터 보이기 시작하는 이 웅대한 화성암 거석은 스티븐 스필버그의 영화 〈미지와의 조우〉(Close Encounters of the Third Kind)에 나오는 한 장면처럼 보이는데 가까이 가보면 그것이 사실이라는 것을 알게 된다. 1906년 시어도어 루스벨트 대통령은 데빌스타워를 미국 최초의 천연기념물로 지정했다. 그러나 20개 부족이 넘는 북아메리카 원주민들에게 이 지역은 그보다 훨씬 전부터 성스러운 땅이었다. 그들은 아직도 태양을 향해 춤을 추면서 행하는 선 댄스(Sun Dance)와 들판이나 산에 혼자 가서 여러 날 동안 단식하며 영적 탐구를 하는 의식인 비전 퀘스트(Vi-

오후의 햇살을 받은 데빌스타워의 전면. 바위의 패인 자국이 선명하게 드러난다.

sion Quest)를 비롯한 종교의식을 이곳에서 치른다. 높이 264미터에 달하는 돌기둥은 5,000만 년 전부터 존재했으며 퇴적암층을 뚫고 분출한 용암이 높이 솟아 암석을 형성한 다음 점차 침식되면서 이루어진 것이다.

크로족의 전설은 그보다 낭만적이다. 두 인디언 처녀가 큰곰을 피해 바위로 올라갔는데 그레이트 스피릿(Great Spirit, 아메리카 인디언 부족의 주신)이 처녀들을 구하기 위해 바위 꼭대기를 땅에서 솟아오르게 했다. 처녀들을 잡으려고 따라 올라간 큰곰이 발톱으로 바위를 긁은 자국이 오늘 우리가 볼 수 있는 줄무늬로 패인 자리다. 데빌스타워의 가공할 크기와 시간을 초월하는 아름다움에 매료돼 해마다 수십만 명이 이곳을 찾는다. 아침 햇살을 받으면 회녹색으로 보이다가 해질 무렵이면 황금빛에서 주홍색을 거쳐 분홍색에서 다시 적갈색으로 변하면서 촛불처럼 빛을 발한다. 별이 쏟아지는 밤하늘 아래 코요테가 울부짖을 때면 검은 윤곽만 보이는 데빌스타워의 모습은 으스스하면서도 편안한 느낌을 준다.

When to go 5월에서 9월까지가 좋다. 공원은 1년 내내 개방된다. 관광안내소는 4월 초부터 11월 말까지 문을 연다.

Planning 이곳에서 하루 온종일 보내자. 시원한 옷과 충분한 물을 준비한다. 여름철 기온은 27도를 웃도는 정도지만 열기는 38도까지 올라갈 수 있다. 쌍안경을 가져가서 암벽을 기어오르는 사람들도 구경하고 (아메리카 원주민들은 데빌스타워 등반을 신성모독적인 행위로 여긴다.) 흰머리수리와 멕시코초원매, 칠면조독수리 같은 맹금류도 찾아보자. 주변에 야영과 하이킹을 할 수 있는 장소가 많다. 데빌스타워의 전경을 즐기고 싶으면 공원을 빠져나와 데빌스타워 골프장 베란다에 앉아서 보면 멀리서 데빌스타워를 볼 수 있다.

Websites www.nps.gov

- 데빌스타워 밑동을 도는 타워 트레일을 해보자. 2km 코스로 45분에서 1시간 정도 걸린다. 거대한 돌기둥 표면에서 떨어져 나온 커다란 바위들이 들판에 쌓여 있는 모습을 볼 수 있다.

- 꼬리가 검은 프레리도그를 찾아보자. 데빌스타워와 벨푸시(Bell Fourche) 강이 경계를 이루는 공원 안에 16ha에 달하는 프레리도그 타운(프레리도그가 파놓은 굴)이 있다. 다람쥐과에 속하는 이 설치류는 무리를 이루며 사는데 이들이 서식하는 '타운'을 걸어서 지나갈 수는 있지만 먹이는 주지 않는 게 좋다.

- 관광안내소에서 개최하는 문화의 밤 행사 때 이 지역 원주민이 들려주는 전설에 귀 기울여 보자. 행사 시기를 미리 알아 두면 좋다.

하얀 눈가루가 뿌려진 샌프란시스코 피크스. 마법의 세상에 나오는 봉우리처럼 보인다.

미국 _ 애리조나 주

샌프란시스코 피크스 *San Francisco Peaks*

은은한 빛을 발하는 이 화산 산맥은 아메리카 원주민들에게는 신들의 거처지만
도회지 사람들에게는 넉넉하고 멋스러운 피난처가 되어 준다.

어느 가을날, 저무는 햇살이 애리조나 주 북부 샌프란시스코 피크스의 다섯 봉우리 정상에 부드럽게 입을 맞추자 대기는 파르르 떠는 사시나무의 반짝임과 함께 짙은 황금빛을 띤다. 나바호(Navajo)족은 오래전부터 이런 현상을 도코우슬리이드(doko'oo'sliid) 또는 '정상의 반짝임'이라고 불렀다. 그들은 전생의 흙이 쌓여서 봉우리가 되었다고 믿었으며 이 봉우리들은 그들에게 생명의 원천이다. 코코니노 국유림(Coconino National Forest)지역의 일부인 이 성역은 13개 부족이 넘는 아메리카 원주민들에게는 신들의 거처이다. 언제 가도 봉우리들을 돌며 성지순례를 하거나 오랫동안 모셔온 사원 앞에서 명상을 하는 사람들을 볼 수 있다. 고약과 연고를 만들 때 쓸 나뭇가지와 잎사귀, 나무 열매들을 수집하러 봉우리들을 샅샅이 뒤지고 다니는 주술사들도 보인다. 광활하게 펼쳐진 콜로라도 대평원 위로 우뚝 솟은, 높이 3,854미터의 험프리스 피크(Humphreys Peak)는 이 산맥의 최정상이며 애리조나 주 최고봉이다. 이 지역을 최대한 보호하기 위해 정상까지 가는 포장도로가 없다. 샌프란시스코 피크스는 산 아래 사막지대에서부터 고도가 높은 곳의 툰드라지대에 이르기까지 매우 다양한 생태계를 아우르는 지형이다. 봉우리의 이너베이슨 대수층으로 녹아 들어간 눈이 인근 플래그스태프(Flagstaff) 시의 급수원이 되어 성스러운 산과 산 아래 사는 사람들을 이어준다.

When to go 계절마다 다른 재미가 있다. 9월~10월이나 11월 초가 가을 단풍을 사진에 담기에 적기다. 하이킹을 즐기려면 6월 말에서 9월까지 좋다. 겨울에는 네 개의 리프트를 운영하는 스노볼 리조트에서 스키를 즐길 수 있다.

Planning 하이킹을 하거나 자동차로 산 아래를 도는 데는 하루면 충분하지만 5월부터 9월까지는 야영도 가능하다. 산 아래라 해도 해발 2,286미터에 달하기 때문에 두통이나 구토감 같은 고산증에 주의해야 한다. 하이킹을 할 때는 옷을 겹쳐 입어 급격한 기온 변화에 대비하자. 산 정상에 오르면 바람이 강해진다. 자외선 차단제나 입술연고도 잊지 말 것. 등산로 대부분이 가파르고 울퉁불퉁하기 때문에 튼튼한 등산화가 필요하다. 화산 봉우리들이 스펀지처럼 빗물을 흡수해서 시냇물이나 호수가 없으므로 물을 많이 가져가야 한다.

Websites www.fs.fed.us/r3/coconino

■ 샌프란시스코 개쑥갓을 찾아보자. 미니 해바라기처럼 생긴 이 식물은 미국 산림청에서 보호하는 종으로 세계 어디서도 볼 수 없다.

■ 토종 동물로는 희귀종인 멕시코 점박이 올빼미, 흑곰, 참매, 사슴, 엘크, 프레리 도그, 송골매 등이 있다.

■ 가을에는 아름다움이 절정에 달하는 사시나무를 놓치지 말자. 멀리서 보면 마치 봉우리에 금목걸이를 두른 것 같다.

■ 14.5km에 달하는 험프리스 피크스 트레일 왕복은 상당히 힘든 코스다. 정상까지 최소한 세 시간은 잡아야 하므로 일찍 출발하는 게 좋다. 정상에 오르면 그랜드 캐니언 끝자락이 보인다.

한적하고 아름다운 해변이 많은 빅서.

미국 _ 캘리포니아 주

빅서 *Big Sur*

샌프란시스코 남쪽의 험준한 해안은 오래전부터 명상과 순례를 위한 장소였다.

해안을 따라 하늘을 가릴 정도로 키 큰 삼나무 숲이 우거지고 가까운 해안에는 파도가 밀려와 부서진다. 그리고 뜨거운 욕조에 몸을 푹 담근 채 우주의 현상에 대해 명상에 잠긴다. 캘리포니아의 본질 같은 게 느껴지는 장면이다. 빅서보다 이런 장면에 더 적합한 장소가 있을까? 태평양과 맞붙은 험준한 산맥과 대부분 접근이 불가능한 해안으로 이루어진 빅서는 천연의 아름다움과 적막한 주변 환경 때문에 오랫동안 은둔자와 예술가들을 매료시켰다. 《북회귀선》을 포함하여 많은 고전을 집필한 미국의 작가 헨리 밀러(Henry Miller, 1891~1980)는 빅서를 "오래전부터 인간이 꿈꿔왔던 캘리포니아. 창조주가 원했던 그대로의 지구의 모습이다"라고 했다. 아메리카 원주민들은 이 지역의 온천에서 병을 치유했다.

카를로스 카스테네다(Carlos Castenada)와 비틀즈 같은 뉴에이지 순례자들이 빅서를 찾았고, 세계적으로 유명한 정신연구소 에설런 연구소(Esalen Institute)도 이곳 온천들 가운데 한 곳에서 탄생하고 발전했다. 영적 치유는 베네딕트 수도회 현대 선종 요양소에서 완성된다. 그러나 빅서 해안을 자주 찾는 많은 사람들에게 한적한 해변을 구석구석 돌아보는 것만으로도 영혼을 정화하는 경험이 된다.

When to go 청명한 하늘과 포근한 날씨의 인디언 서머(Indian summer, 가을에 한동안 비가 오지 않고 날씨가 따스한 기간)가 시작되는 가을이 최적기다. 봄에는 비가 좀 오고 여름에는 안개가 많다. 겨울은 바람이 강하고 춥다.

Planning 빅서의 진수만 골라서 보려면 2~3일이면 충분하다. 북쪽 끝에 위치한 카멜(Carmel) 시가 샌프란시스코에서 210킬로미터 남쪽에 있다. 계절에 상관없이 바람막이 점퍼와 스웨터, 튼튼한 운동화를 준비해 가는 게 좋다. 바다를 보면 뛰어들고 싶은 생각이 들겠지만 알래스카에서 유입되는 해류가 주류를 이루는 곳이라 잠수복을 입지 않고 들어가면 너무 추워서 견디기 힘들다. 대부분의 주립공원에 야영장이 있고 태평양이 내려다보이는 근사한 숙소도 찾을 수 있다.

Websites www.bigsurcalifornia.org, parks.ca.gov, www.postranchinn.com, www.henrymiller.org

■ 파이퍼 빅서(Pfeiffer Big Sur) 주립공원에는 하늘을 찌를 듯이 자란 삼나무 숲과 빅서 강변의 야생 서식지가 보호되고 있다.

■ 작가 헨리 밀러가 1944년에서 1962년까지 빅서에 살았다. 그의 친구 에밀 화이트는 헨리 밀러가 살던 집에 헨리 밀러 기념 도서관을 건립했다. 지금은 영화 상영과 시낭송회, 작가들을 위한 워크숍, 콘서트 등이 지속적으로 열린다.

■ 캘리포니아에서 자연이 가장 잘 보존돼 있는 벤타나 자연보호구역이 해안 뒤쪽의 험준한 산맥에 자리하고 있다. 6만 4,750ha에 이르는 이 야생지대로 들어가려면 645km가 넘는 등산로를 따라 걸어 들어가는 방법밖에 없다.

■ 1962년에 설립된 에설런 연구소는 비영리 대체 교육 센터다. 이 연구소에서는 요가와 명상에서부터 과학과 예술에 이르는 광범위한 주제로 매년 500회가 넘는 워크숍, 강좌, 세미나와 수련회를 실시한다.

미국 애리조나 주

세도나 *Sedona*

영혼의 목소리에 귀 기울이는 사람들이 에너지 장을 찾아 모여드는 곳. 희미하게 빛나는 돌기둥과 봉우리로 이루어진 세도나는 레드록 컨트리라고도 알려졌다.

거대한 암석지대는 시간이 지나면서 환한 산호빛에서 붉은 분홍빛으로, 황갈색을 띤 금빛에서 보랏빛을 띠었다가 자색으로 변한다. 레드록 컨트리의 이 놀라운 색의 향연은 사암과 석회암에 들어 있는 철 성분 때문이다. 초기 아메리카 원주민 유목민들은 이 봉우리들과 영적인 유대감을 느꼈다. 특히 나바호(Navajo), 야바파이(Yavapai), 아파치(Apache)와 호피(Hopi)족들의 성지였던 보인튼캐니언(Boynton Canyon)을 가장 신성하게 여겼다. 건조한 애리조나 남부와 플래그스태프 산맥 사이에 자리잡은 세도나는 처음부터 영적 생활을 추구하는 사람들을 매료시켰다. 눈보라가 휘몰아치는 봄날 그 눈 속을 뚫고 미국의 89A 고속도로를 달려 18억 년간 침식돼 온 지형을 보고 경외감을 느끼지 않을 사람이 누가 있겠는가? 오크크리크캐니언이 끝나는 지점에는 붉

뉴에이지 운동가들이 의식을 거행하고 명상을 하기 위해 만들어 놓은 주술바퀴.

먹구름이 몰려와 커시드럴록(Cathedral Rock) 위를 덮어도
오크크리크(Oak Creek) 수면 위에 비친 바위산의 색깔은 여전히 선명하다.

은 기둥과 아찔한 절벽, 그리고 뾰족한 봉우리들이 지구의 과거를 적나라하게 보여 주는 축소판처럼 펼쳐진다. 그 광경을 보고 있노라면 자연의 위력이 얼마나 큰지 다시 한 번 깨닫게 된다. 벨록과 커시드럴록, 에어포트메사 같은 곳에서 지구 내부의 에너지가 올라와 강력한 기를 내뿜는다는 주장이 나올 정도로 그 위력이 엄청나다. 아메리카 원주민들은 이곳을 영계로 가는 관문이라고 생각한다. '소용돌이'라는 의미의 '보텍스(vortex)'라는 이름은 뉴에이지 운동가들이 기도와 명상, 치유에 효험이 있다고 알려진 곳을 지칭해 붙인 것이다. 이 같은 에너지 장을 찾아가면 병적인 쾌감과 우울한 감정이 모두 밖으로 분출된 다음에 마음이 평화롭고 정화되는 것을 경험할 수 있다. 사실이냐고? 대답은 당신이 다시 세도나를 찾게 되는가, 아닌가에 달려 있을 것이다.

When to go 미루나무가 황금빛을 띠는 10월이 좋다.

Planning 3일 일정으로 돌아보자. 179번 고속도로를 타고 벨록을 보거나 오크크리크캐니언을 통과하는 관광도로를 이용해도 좋다. 차를 대고 사진을 찍을 수 있는 장소들이 많이 있다. 숙박시설은 야영지에서부터 시골 여관, 호화 호텔까지 선택의 폭이 넓다. 주변에는 하이킹을 포함해 승마, 골프 등 여가 활동을 할 수 있는 곳들이 있고 타로점과 사람의 기를 보고 점을 치는 심령술사와 영매, 영적 안내자들도 심심찮게 만날 수 있다. 심지어 전생으로 데려다 주거나 업보를 씻어 준다는 사람들도 있다. 명상 수련을 원한다면 사전 조사를 통해 영적 경험에 시간을 얼마나 할애할지 결정하고 가자. 홀리 크로스 성당에서는 월요일 오후 5시에 기도회가 있다.

Websites www.visitsedona.com, www.gatewaytosedona.com, www.sedonaprivateguides.com

■ 보인튼캐니언에 있는 인챈트먼트 리조트(Enchantment Resort)와 미이 아모 스파(Mii Amo Spa)가 자리 잡고 있는 곳에 영적 교차로가 있다고 알려져 있다. 야바파이 아파치 인디언들은 이곳을 부족의 탄생지로 여기고 뉴에이지 운동가들은 미아모스파(Mii Amo Spa) 후문 밖을 에너지 보텍스로 지정했다. 인챈트먼트 리조트에서는 정통 아메리카 원주민 문화 프로그램을 제공한다.

■ 높이 76m에 달하는 거대한 콘크리트 구조물인 홀리 크로스(성십자가) 성당. 높이 솟은 붉은 바위벽에 붙여 세운 우주 발사대처럼 생긴 이 성당은 바라보고만 있어도 딴 세상에 온 것 같은 기분이 든다. 이 성당이 자리잡은 곳에 보텍스가 있다고 하는 사람들도 있다.

미국 _ 알래스카 주

데날리 국립공원 *Denali National Park*

240만 헥타르에 달하는 아(亞)북극의 오염되지 않은 야생지대와 험준한 산맥, 거대한 빙하가 구름에 가린 데날리 산을 에워싸고 있다. 알래스카 원주민에게 데날리 산은 성스러운 땅이다.

인간의 눈이 볼 수 있는 범위는 어디까지일까? 이를 증명해 줄 정도로 광활한 광경이 펼쳐지는 곳은 이 지구상에 그리 많지 않다. 데날리 국립공원의 야생 툰드라지대는 거울처럼 맑은 원더 레이크 너머 저 멀리 알래스카 산맥 기슭으로 이어지는 광활한 골짜기까지 펼쳐진다. 청명하고 상쾌한 날이면 다른 산봉우리들 사이로 우뚝 솟아 있는 눈 덮인 매킨리 산의 험준한 산등성이가 보인다. 매킨리 산은 북미에서 가장 높은 산이다. 많은 원주민 부족들이 매킨리 산과 주변의 땅을 성지로 여겼으며 철 따라 이 산 그늘에 와서 살았던 초기 애서배스카족에게 매킨리 산은 위대한 존재(데날

태고의 신비를 간직한 이곳 야생지를 돌아다니려면 허스키의 힘을 빌리는 게 가장 신나는 경험이 될 것이다.

33

리)였다. 테나족은 데날리 산을 모든 창조의 원천이라고 믿었다. 산에는 회색곰과 돌산양이 번성하고 북미산 순록과 말코손바닥사슴도 자유롭게 배회한다. 가을엔 커다란 수컷 말코손바닥사슴들이 으르렁대며 뿔을 부딪치면 그 소리가 야생 나무딸기와 블루베리, 크랜베리가 화려하게 물들인 툰드라지대에 울려퍼진다. 전원적인 분위기의 데날리 골짜기와 하늘 높이 솟은 봉우리 위로 경비행기 투어를 해보자. 좁은 바위틈에 산양들이 매달려 있고 툰드라지대 위로 거대한 빙하가 흘러내린다. 빙하 위에 내리면 로키 산맥과 광활한 알래스카 하늘에서만 볼 수 있는 안개와 얼음 눈이 만들어내는 희고 푸른 세계가 펼쳐진다. 잠깐 멈춰서서 모든 인간이 무한한 야생에서 살았던 태고의 느낌을 음미해 봐도 좋다.

Websites www.nps.gov/dena

When to go 야생지대로 들어가는 공원 도로는 6월에서 9월 중순까지 개방한다. 그 기간이 날씨가 가장 좋고 가이드 투어도 가능하다. 데날리 국립공원은 스키를 타거나 개썰매를 이용하는 여행자들에게는 1년 내내 개방한다.

Planning 데날리 국립공원은 알래스카 주 중남부에 자리잡고 있다. 따라서 최고의 경관을 즐길 수 있는 알래스카 철도를 이용하거나 자동차로 알래스카 관광도로를 타고 가다가 들러도 좋다. 적어도 사흘은 잡을 것. 망원경과 카메라, 자외선 차단제, 등반 및 우천 장비와 따뜻한 옷을 충분히 가져가자. 공원 내와 주변 숙소는 사전 예약이 필요하다. 가이드 투어와 패키지 관광 상품도 많이 있다. 도착하는 즉시 디스커버리 투어를 예약하고 경비행기 투어 일정을 잡는 게 좋다. 아침 일찍 출발하는 버스를 타면 매킨리 산의 멋진 경관이 가장 잘 보이는 지점이 있는 야생지대 아주 깊은 곳까지 들어갈 수 있다.

■ 경비행기를 타고 빙하가 덮인 지형 위를 날아 보자. 토코시트나 강을 따라 말코손바닥사슴과 곰도 볼 수 있다. 매킨리 산을 한 바퀴 돈 다음 빙하 위에 내리기 전에 유명한 노스페이스와 워커샴 월도 빠뜨리지 말 것.

■ 야생지대 버스 투어로 데날리 공원의 심장부로 들어가서 원더 호수까지 가보자. 이 지역의 주요 야생 생물들을 구경하고 알래스카 산맥과 매킨리 산의 웅장한 자태도 감상할 것.

■ 안내원과 함께 하는 하이킹 팀에 합류해서 툰드라지대를 탐험하고 우각호와 산 능선들을 구경하면서 데날리의 자연과 문화의 역사에 관해 배워 보자.

■ 디스커버리 하이킹에 참여하는 것도 좋다. 등산화와 하루치 식량, 물과 우천 장비는 필수. 길도 없는 데날리의 오지 탐험은 탄성을 자아낼 것이다.

■ 록크리크 트레일(Rock Creek Trail)을 오르거나 셔틀 버스로 썰매 끄는 개들의 훈련 모습이나 알래스카허스키 사육장도 구경해 보자.

데날리 국립공원은 산봉우리와 맑은 호수가 빚어내는 마법의 세계다. 이곳에 서식하는 동물 중 말코손바닥사슴이 가장 인기다. 수생식물을 먹기 위해 물 속에 들어가 있는 장면을 간간이 볼 수 있다.

TOP 10

신성한 나무 Ten Sacred Trees

나무와 숲은 여러 종교와 문화에서 숭배의 대상이었고 이중에는 지상에서 가장 오래된 나무들도 있다.

❶ 가스가야마 원시림 春日山原始林 일본

이 원시림은 지난 1,200년 동안 사냥과 벌목이 금지되었다. 사람의 출입이 제한되지만 원시림 주위의 9km에 달하는 가스가오쿠야마(春日奥山) 산책길은 일반에 개방한다.

Planning 가스가오쿠야마 산책길은 나라 공원에 있는 가스가타이샤(春日大社) 신사 근처에서 시작된다. www.pref.nara.jp

❷ 스리마하 보리수 Sacred Bo-Tree 스리랑카

불교 승려들이 신성한 보리수 주위를 밤새 지킨다. 기도깃발이 미풍에 펄럭이고 나무 주위에는 신께 바치는 공물이 쌓인다. 이 나무는 스리랑카에 불교가 전래되던 기원전 245년에 부처가 깨달음을 얻었다는 인도 보드가야의 보리수에서 가지를 가져다가 심은 것이라고 한다.

Planning 이곳은 보안이 철저하며 무장을 한 군인들도 있다. www.responsibletravel.com

❸ 백향목 숲 Cedars of God 레바논

성경시대 이전부터 터전을 잡고 있던 숲 속의 백향목들 사이를 걸어보자. 백향목은 성경에 103번이나 언급되었던 나무이다. 한때 레바논에는 백향목이 많았지만 현재는 300여 그루가 남아 있다.

Planning 에덴(Ehden) 자연보호구역에 있다. www.lebanon-tourism.gov.lb

❹ 스텔무제 오크나무 Stelmužė Oak 리투아니아

리투아니아 서쪽은 유럽에서 가장 오래된 참나무 중 하나인 스텔무제 오크나무의 서식지다. 1,500년에서 2,000년 된 이 나무는 법과 질서의 수호자이며 풍요의 신이자 하늘의 신인 페르쿠나스를 위해 심은 것이다.

Planning 이 나무는 리투아니아의 자라사이(Zarasai) 지역의 스텔무제 마을에 있다. www.visiteurope.com/ccm/experience/detail/?nav_ca

❺ 네베 숲 Forêt de Nevet 프랑스

성 로난(St. Ronan)의 발자취를 따라 너도밤나무, 떡갈나무, 밤나무가 우거진 브르타뉴의 네베 숲을 걸어보자. 아일랜드 수도사였던 로난은 켈트족

과 드루이드족이 오랫동안 신성하게 여겨온 이 숲에서 은둔생활을 했다.

Planning 브르타뉴 서쪽 캠페르(Quimper) 근처의 로크로낭(Locronan)에서 짐을 풀고 숲을 둘러보자. www.francethisway.com

⑥ 셴샤펠(참나무 예배당) Chêne-Chappelle 프랑스

알루빌벨포스에는 프랑스에서 가장 오래된 오크나무가 서있다. 거대한 나무줄기에 두 개의 예배당이 있다. 아래층 예배당은 성모 마리아에게 헌정한 것으로 1669년에 지었고, 위층은 수도를 위해 후에 지었다.

Planning 알루빌 벨포스는 루앙(Rouen)근처에 있다. 매년 7월 2일에 나무에서 미사를 드린다. www.tourisme.fr

⑦ 바오밥나무 길 Allée des Baobabs 마다가스카르

모론다바(Morondava) 동쪽의 흙길 가장자리에 바오밥나무가 줄지어 서 있다. 많은 마다가스카르 부족들이 이 나무를 신성하게 여겼으며 지름이 3.6m에 이르는 나무들도 많다.

Planning 이 가로수 길은 무릉다바 동쪽에서 48km 떨어진 곳에 있다. www.cactus-madagascar.com

⑧ 오로테티(야생 무화과나무) Oreteti 탄자니아

마사이족의 신화에 따르면 최고신인 응가이(Ngai)가 하늘과 땅을 이어주는 유일한 통로였던 야생 무화과나무를 통해 마사이족에게 자신의 소를 보냈다고 한다. 그 때문에 마사이족들은 지금도 소를 신성하게 여긴다.

Planning 마사이족들이 신성하게 여기는 화산, 올 도이뇨 렝가이(Ol Doinyo Lengai)로 사파리 여행을 떠나 오로테티를 찾아보자. www.serengetisafaris.com

⑨ 마람바템와 숲 Marambatemwa 짐바브웨

돔보샤와(Domboshawa)에 있는 신성한 람바쿠리와(Rambakurimwa) 숲은 전형적인 마람바템와, 즉 벌목 금지 지역이다. 쇼나족 사람들은 이 고대 숲을 인간과 자연, 영적 세계가 어우러지는 신성한 곳으로 여겼다.

Planning 하라레 출발 당일치기가 가능하며 돔보샤와 동굴과 암각화도 볼 수 있다. www.jambosafari.co.za

⑩ 오순오소그보 숲 Osun-Osogbo 나이지리아

나이지리아 남부 고산지대에 남은 마지막 원시숲으로 요르바족의 풍요와 보호, 축복의 여신인 오소이그보(Oso-Igbo)에게 바친 곳. 세계문화유산에 등재됐으며 지구상에 얼마 남지 않은 요르바족의 신성한 숲 중 하나다.

Planning 매년 8월 첫 주에는 오소그보(Osogbo)에서 오순오소그보 축제가 열린다. www.nigeriaworld.com

크레이터 호수의 겨울. 얼음장 같은 고요가 호수 전체를 덮고 있다.

|미국 _ 오리건 주|

크레이터 호수 *Crater Lake*

태곳적 물에서 건져 올린 거대한 성배처럼 하늘을 향해 솟아오른 크레이터 호수.
오리건 주에 있는 이 화산호를 보는 순간 누구나 감동에 휩싸인다.

    호숫가에 이르는 가파른 능선을 오르면서 크레이터 호수를 찾은 여행자들은 저마다 앞으로 펼쳐질 광경에 대해 상상한다. 하지만 일단 정상에 오르면 그저 숨죽인 채 탄성만 터져 나오는 경우가 많다. 눈앞에 펼쳐진 호수의 전경이 기대를 완전히 뒤엎기 때문이다. 수백 미터 아래로 형언하기 어려운 쪽빛을 띤 거대한 호수와 42킬로미터에 달하는 호수를 둘러싸고 있는 험준한 암석들. 수면을 뚫고 올라온 것은 완벽에 가까운 원추화산인 '위저드 섬'뿐이다. 이 분화구 속의 분화구는 약 7,000년 전 마자마 산의 대폭발로 인해 생긴 것이다. 1만 2,000년 전부터 조상대대로 이 지역에서 살아 온 클래머스 부족이 크레이터 호수를 성스럽게 여기고 호수에 얽힌 수많은 전설을 만들어 낸 것은 놀라운 일이 아니다.

크레이터 호수의 전설에 따르면 이 분화구는 지하 세계의 사악한 왕 라오(Llao)가 수하의 악마들과 가재 군단을 거느리고 지상세계의 왕 스켈(Skell)과 벌였던 어마어마한 전쟁의 결과물이다. 전쟁에서 이긴 스켈이 을라오의 시신을 도살하여 갑각류에게 먹이로 던져 주었다. 멋모르고 동족이 섬기던 왕의 시신을 받아먹던 갑각류가 을라오의 머리를 보고는 먹기를 멈췄고 그 머리가 위저드 아일랜드가 되었다는 것이다. 클래머스 부족에게 크레이터 호수는 언제든 거대한 가재가 튀어나와 방심한 여행자를 덥석 물지 모르는 놀라운 위력의 장소였다. 그들은 깊이를 헤아릴 수 없는 물속에서 통과의례를 치르고 자신들의 영적능력을 시험하는 비전 퀘스트(vision quests)를 위해 이 호수를 찾는다.

When to go 크레이터 호수 국립공원은 1년 내내 개방하지만 7월부터 9월까지가 가장 좋다. 겨울에는 눈 때문에 위험할 수 있다. 스틸(Steel) 관광안내소는 4월부터 11월까지, 림(Rim) 관광안내소는 6월에서 9월까지 문을 연다.

Planning 크레이터 호수는 샌프란시스코에서나 시애틀에서나 거의 같은 거리에 위치한다. 두 곳 모두 690킬로미터 정도 떨어져 있으며 가장 가까운 비행장은 호수 97킬로미터 남쪽에 있는 클래머스 폴스(Klamath Falls)에 있다. 분화구 꼭대기까지 가는 도로는 관리가 잘되어 있다.

Websites www.nps.gov/crla

■ 탄성을 자아내게 하는 크레이터 호수의 쪽빛 물색은 엄청난 수심 때문이다. 최대 수심이 594m에 이른다.

■ 분화구 꼭대기에 서서 호수 주위로 까마득히 내려다보이는 경치를 감상해 보자. 가장 높은 곳은 무려 해발 2,438m에 달한다.

■ 분화구 내 비탈진 숲 속에 난 오솔길을 따라 호숫가까지 내려가 보자. 호수 위에서 보트를 탈 수도 있고 수영, 낚시, 심지어 스쿠버다이빙까지 가능하다.

■ 여름에 폭풍우가 몰아칠 때도 볼 만하다. 호수 위로 강한 바람이 거세게 몰아치면서 번개가 번득이며 내리치면 분화구는 또 다른 드라마를 연출한다.

포포카테페틀 산비탈의 수도원. 스페인 사람들은 이곳에 수도원을 14곳이나 세웠다.

멕시코

포포카테페틀 *Pococatépetl*

언제 터질지 모르는 포포카테페틀 화산의 위력과 아름다움은
신화뿐 아니라 세상을 바라보는 시각을 키워 준다.

    1345년 포포카테페틀 화산이 폭발했을 당시 막 중앙아메리카를 지배하기 시작했던 아즈텍인들은 이 산에 포포카테페틀, 즉 '연기를 뿜는 산'이라는 이름을 붙여 주었다. 몇백 년 동안 불규칙적으로 사나운 불길을 토해 내며 폭발을 계속했던 이 산은 주변의 지형을 크게 변화시켜 왔다. 아즈텍인들은 포포카테페틀 산을 그들이 숭배하는

땅의 여신 '틀랄테쿠틀리(Tlaltecuhtli)'와 비의 신 '틀라로크(Tlaloc)'와 연관이 있다고 믿었다. 포포카테페틀은 또 자매 산인 '이스탁시우아틀(Iztaccíhuatl) 산'과 더불어 오래전부터 전해져 내려온 나우아(Nahua) 부족의 전설의 모태가 되었다. 전설에 따르면 신들이 엇갈린 운명의 연인들을 쌍둥이 봉으로 만들었다고 한다. 1519~1521년에 걸친 스페인 정복 이후 고대 아즈텍인의 신들은 가톨릭 성인들과 결합되었고 의식도 뒤섞였다. 지금도 이 지역의 나우아족은 이렇게 뒤섞인 의식을 거행하고 있다. 나우아족에게 포포카테페틀(또는 엘 포포 El Popo) 산은 살아 숨쉬는 존재이다. 그들은 이 지역 수호성인의 이름을 따서 이 산을 '돈 고요(Don Goyo, 돈 그레고리오의 약칭)'라고도 한다. 한편 주술사들은 엘포포 산과 '대화'를 하고 풍성한 수확을 빌며 산의 노여움을 가라앉히기 위해 제물을 바친다.

When to go 날씨만 허락하면 언제든 좋다. 이스타포포 소키아판 국립공원(Izta-Popo Zoquiapan National Park)을 찾는 등산객들은 건기인 11월 말부터 3월 초까지를 선호한다. 공원에 다녀오려면 적어도 하루는 소요되고 트레킹과 등반은 적어도 며칠은 잡아야 한다.

Planning 포포카테페틀은 멕시코시티 남동쪽으로 72킬로미터, 푸에블라(Puebla) 서쪽 40킬로미터 지점에 있다. 두 산 사이의 기슭에 아메카메카(Amecameca) 시가 있다. 트레킹족이나 등반객들은 등반 준비와 고도 적응을 위해 해발 3,950미터 높이의 틀라마카스(Tlamacas) 마을까지 가는 경우가 많다. 1994년에 시작해서 최근까지 이어졌던 화산 폭발 때문에 포포카테페틀 산은 등반이 불가능하다. 그러나 포포카테페틀 산과 이스탁시우아틀 산을 이어 주는 고지대인 파소 데 코르테스(Paso de Cortés)에 가면 가까이에서 산을 볼 수 있다.

Websites iztapopo.conanp.gob.mx

- 청명한 날 바라보는 포포카테페틀의 모습은 언제 봐도 감동적이다. 불행히도 멕시코시티에서 발생하는 대기오염으로 인해 또렷한 모습을 볼 수 있는 날이 드물다.

- 포포카테페틀은 이스타포포 소키아판 국립공원 내에 있다. 하이킹이나 등반할 기회가 다양하고 경이로운 자연경관을 감상할 수 있다.

- 16세기 스페인 선교사들은 포포카테페틀 산비탈에 14개의 수도원을 건립했다. 유네스코는 이 지역 전체를 세계문화유산으로 지정했다.

아티틀란 호수 위에서 통나무를 깎아 만든 카누에 앉아 고기를 잡는 어부. 수천 년 동안 반복돼 온 장면이다.

과테말라

아티틀란 호수 *Lake Atitlán*

고지대 화산 분지의 품에 안겨 있는 무시무시하지만 아름다운 이 호수는
지금도 여전히 마야문명과 신앙의 요람이다.

사방이 고요하고 적막하다. 희미하게 빛을 발하는 거대한 아티틀란 호수 앞에서 모든 소음과 움직임이 숨을 죽이고 잦아드는 듯하다. 이 호수 주변에 흩어져 있는 십여 개 마을 주민인 마야인들에게 이 호수는 성스러운 곳이다. 이곳 마야인들은 자신들의 고유한 언어인 추투힐(Tzutujil)어와 카크치켈(Kaqchikel)어를 쓰고 화려한 전통 의상을 고수한다. 호수 남쪽에 세 개의 화산이 병풍처럼 호수를 에워싸고 있는데 완만한 능

선이 물속으로 잠기면서 빚어 놓은 것 같은 원추형 화산들의 그림자가 물 위에 어린다. 가파른 산비탈에는 야생 파와 딸기, 커피 등이 자라고 대기 중에 그 향기가 배어 있다. 아티틀란 화산 중턱에는 옅은 안개가 걸려 있고 호수 위에 떠있는 작은 나무배에는 농어가 잡히기를 기다리는 어부가 타고 있다. 이 광활한 칼데라호는 약 8만 4,000년 전에 화산활동으로 형성되었다. 폭발의 규모 역시 어마어마했을 것이다. 해발 1,560미터에 자리잡고 있는 이 담수호는 수심을 정확하게 측정했던 적은 없지만 340미터 가량으로 추정된다. 겉으로 드러난 하구는 보이지 않아도 물이 화산 폭발 때 생긴 깊은 틈새로 흘러나가는 것으로 생각된다. 배를 타고 호수를 한 바퀴 돌면서 깊은 호수 위로 솟아오른 절벽들을 보면 "정말 좋은 것들이 너무나 많아"라고 했던 영국의 소설가 올더스 헉슬리(Aldous Huxley)의 말이 이해가 된다.

■ 파나하첼 인근 산부에나벤투라(San Buenaventura) 자연보호구역에는 자연 탐사로와 나비 보존지역, 조류 보호지역 등이 있다.

■ 금요일 아침에 솔로라(Sololá)라는 작은 마을에서 열리는 장터에 가보자. 북적대는 시장에서 지역 토산물과 질 좋은 직물을 건질 수도 있다. 카크치켈(Cakchiquel) 부족이 운영하는 이 장터는 인근 치치카스테낭고(Chichicastenango)보다 관광지라는 느낌이 덜할 뿐더러 흔치 않은 화려한 마야 전통 의상을 입은 남자들을 볼 수 있는 곳이다.

■ 파나하첼에서 배로 30~50분 정도면 산페드로 데라루나(San Pedra de la Luna)에 닿을 수 있다. 활기가 넘치는 이 도시에서는 흥미로운 교회와 멋진 경치가 볼거리다.

When to go 11월부터 4월까지가 여행하기에 좋다. 우기가 계속되는 5월부터 10월까지는 피하자. 우기에도 기온은 일정한 편이고 거의 매일 해는 볼 수 있다.

Planning 호수와 주변 마을들을 돌아보고 수영도 하고 휴식을 취하려면 적어도 나흘은 잡아야 한다. 과테말라 시와 옛 수도 안티과과테말라(Antigua Guatemala)에서 호수에 접한 파나하첼(Panajachel)까지 2~3시간이면 가는 버스들이 자주 다닌다. 카사 팔로포(Casa Palopó) 같은 회원 전용 부티크 호텔에서부터 아르카 데 노에(Arca de Noé) 호텔의 시골풍 숙박시설까지 다양한 숙박시설을 선택할 수 있다. 파나하첼의 선착장에서 짐과 사람을 태워 목적지까지 데려다 주는 셔틀 보트 서비스도 있다. 오후에는 소코밀(xocomil)이라는 강풍으로 호수에 파도가 심해지므로 보트 여행은 아침에 하는 게 좋다.

Websites www.atitlan.com, www.casapalopo.com

볼리비아

해와 달의 섬 *Isla del Sol, Isla de la Luna*

이 세상 꼭대기에 자리잡은 두 개의 섬 위로 밝아오는 여명을 보면서
고대 아이마라(Aymara)족의 세계로 들어가 보자.

해발고도 3,810미터에서는 해수면에 비해 태양과 3킬로미터 이상 가까운 셈이다. 코파카바나에서 티티카카 호의 깊고 푸른 물을 건너 이슬라델솔(Isla del Sol, 태양의 섬)까지 12킬로미터를 배를 타고 가다 보면 희박해진 공기가 매섭도록 싸늘하게 느껴질 것이다. 이슬라델솔은 8,288제곱킬로미터에 달하는 티티카카 호수에 흩어져 있는

아이마라 부족은 이슬라델솔을 태양의 신이 탄생한 곳이라고 믿었다.

41개의 섬 가운데 가장 크고 문화적으로도 가장 중요한 섬이다. 이 섬의 척박한 토양에서는 생명력이 강한 식물만 살아남지만 생생한 초록색을 띤 나무들과 선명한 빨강과 노랑, 초록색을 띤 칸투타(cantuta) 꽃까지, 그들이 빚어내는 색깔은 눈부시다. 그 밖에도 프레잉카 문명 때부터 이곳 안데스 산맥 줄기에서 살았던 아이마라 문명의 흔적도 풍부하다. 고대 아이마라족은 태양을 신으로 숭배했으며 인티라고 불렸던 태양의 신이 이슬라델솔에서 태어났다고 믿었다. 또한 가까이에 있는 조금 작은 이슬라데라루나(Isla de la Luna), 즉 달의 섬에서는 달이 태어났다고 여겼다. 이 섬은 코아티(Coati) 또는 '여왕의 섬'이라고도 하는데 아이마라족에게 달은 태양의 짝을 이루는 여신이었기 때문이다. 수많은 아이마라족의 신전과 사원의 유적지들을 둘러보다 보면 그들의 종교와 문화의 심장부에 이르게 된다.

When to go 7월 말경이 좋다. 그 시기에 이슬라델솔에서 야티리스(yatiris)라고 부르는 원주민 사제들이 아이마라의 신년맞이 의식을 행한다.

Planning 코파카바나에서 당일 코스로 두 섬을 돌아볼 수 있다. 아이마라족의 삶을 생생하게 느끼고 싶다면 1박을 하면서 새벽에 유적지들을 탐험해 보자. 이슬라델솔에는 소박한 호텔과 호스텔들이 있지만 이슬라데라루나에는 숙박시설이 전혀 없다. 전기와 급수시설이 열악하다는 사실을 알고 가자. 섬들은 걸어서 둘러보는 게 좋다. 4시간 코스의 길을 따라 돌면 이슬라델솔의 관광지는 거의 볼 수 있다. 고도가 높아서 태양열이 차가운 산 공기를 녹여 주지만 자외선 차단제와 모자는 필수. 튼튼한 운동화와 따뜻한 옷도 준비해 갈 것.

Websites ioa.ucla.edu/staff/stanish/islands, www.enjoybolivia.com

- 이슬라델솔의 찰라팜파에 친카나(Chinkana)라는 미로로 이루어진 거대한 석조 유적지가 있다. 잉카 사제들의 수련원이었던 것으로 여겨진다.

- 이슬라델솔의 중심지인 유마니(Yumani)에 있는 206개의 잉카 계단 꼭대기에 올라가서 젊음의 샘을 찾아보자.

- 석양이 잘 보이는 이슬라델솔의 등대에 올라 저무는 햇살이 호수와 주변의 산들을 붉게 물들이는 장면을 보자.

- 보존 상태가 좋은 이냐크 우유(Iñak Uyu, 여인들의 궁전)는 아이마라족이 달을 숭배하기 위해 지은 신전이다.

남초 호수 위로 나부끼는 기원의 깃발들.

`중국  티베트`

남초 호수 *Namtso-Chukmo*

세월도 비껴간 듯 보이는 남초 호수에서 티베트 고원의
유목민들의 삶 속으로 들어가 보자.

    호수 주위의 코라(kora, 성스러운 순환로) 위로 끝도 없이 펼쳐진 푸른 하늘과 희박한 공기, 그로 인해 더욱 절실하게 느껴지는 정적과 고요함을 깨뜨리는 것은 야크의 목 방울 소리와 돌길을 힘겹게 오르는 순례자들의 발자국 소리뿐이다. 라싸(拉薩)에서 북동쪽으로 차를 타고 하루 정도를 달리면 닿는 이 성스러운 호수가 있는 지역은 중앙아시아에서 가장 속세와 떨어진 오지라 할 만하다. 40개가 넘는 호수와 그 절반쯤 되는 강이 흐르는 이곳은 푸른 호수와 갈색의 땅, 흰눈으로 덮인 산봉우리들이 아름다운 조각보처럼 펼쳐지는 전원지대다. 그 중에서 가장 성스럽게 여기는 남초 호수는 해발 4,718미터로 지구상에서 가장 높은 염수호다.

티베트인들은 불교가 전래되기 전 고대 티베트인들의 신앙이었던 본(Bon)교의 종교의식과 관습이 배어 있는 이 호수와 주변 지역을 수호신들과 기타 다른 신들의 거처로 여긴다. 여름이면 유목민들이 호숫가 목초지에서 가축들에게 풀을 먹이고 타시도르 곰파(Tashidor Gompa, 행운의 바위) 같은 호숫가 사당에는 순례자들이 몰려온다. 개중에는 3주에 걸쳐 호수 전체를 도는 고된 수행을 하는 순례자들도 있는데 고대 본교 신앙의 전통에 따라 호수를 시계 반대방향으로 돌면서 중간 중간에 있는 수많은 사당에 들러서 예를 올린다.

■ 호수 남쪽 절벽에 사당이 서있다. 8세기 탄트라 불교의 전설적인 스승 린포체가 이곳에서 지냈다는 말이 전해지면서 많은 은둔자들이 이 석회암 동굴을 찾아온다.

■ 여름이면 검은목두루미 같은 철새들이 타쉬도르 곰파 서쪽 만에 있는 조류 보호지로 모여들어 알을 낳고 새끼를 기른다.

■ 티베트 중부의 유목민들이 남초 호수에서 여름을 보내는 동안 보기 드문 그들의 유목 생활을 살짝 엿보는 것도 좋다. 유목민들이 직물을 짜고 무두질을 하고 가축을 돌보는 모습, 야크 젖으로 만든 버터와 보릿가루를 섞어 반죽한 참파(tsampa) 같은 전통 음식을 마련하는 모습을 볼 수 있다.

When to go 5월에서 9월이 좋다. 다른 때는 기온이 영하로 떨어지고 폭설이 쏟아져 여행이 어렵거나 불가능하다.

Planning 라싸에서 호수까지는 가이드 투어도 가능하다. 해발 5,182미터까지 올라가는 이 투어에 참여하려면 최소한 사흘은 잡아야 가능하다. 평지에서 사는 사람들은 조금만 걸어도 두통과 호흡곤란이 발생할 수 있으므로 높은 고도에 적응하는 시간이 절대적으로 필요하다. 7월에도 밤 기온이 영하로 떨어지는 경우가 잦기 때문에 여름에도 반드시 따뜻한 옷을 준비해야 한다. 정세가 불안할 때는 티베트 국경이 폐쇄될 가능성도 염두에 두어야 한다.

Websites www.responsibletravel.com, www.mtsobek.com

순례자들이 타이산 정상에 오르기 위해 난티엔먼(南天門)으로 이어지는 하늘로 가는 계단을 오르고 있다.

중국

타이산 *Tai Shan*

도교의 천제 옥황상제가 거처하는 타이산(台山)에 올라
천제에게 예를 올리고 공자의 발자취를 따라가 보자.

    타이산은 오악(五岳)이라고 하는 도교의 5대 명산들 중 가장 숭배를 받는 산이다. 중국 화베이평원(華北平原) 위로 우뚝 솟은 해발 1,545미터의 이 험준한 바위산은 산둥성의 타이안(泰安) 시에서 가깝다. 도교 신자들은 오악의 다섯 봉우리는 모두 영기가 서려 있으며 불멸의 존재가 깃들어 있다고 믿는다. 타이산의 주신은 하늘을 지배하는 옥황상제로 모든 생명이 그로부터 나온다. 이 지방 전설에 따르면 옥황상제가 사는 타이산 꼭대기까지 올라가는 사람은 누구든 백세까지 산다고 한다. 고대 중국의 황제들은 타이산은 그 자체로 신이었으며 황제의 통치권도 타이산의 힘이 부여한 것으로 믿었다.

기록에 따르면 타이산에 오르는 황제를 수행했던 행렬의 수가 어마어마했다고 한다. 공자도 타이산에 올라 옥황상제에게 예를 올렸다. 매년 황제와 공자뿐 아니라 고대 중국의 수도승과 시인, 학자들의 발자취를 따라 정상으로 가는 오솔길과 7,000여 개의 계단을 오르기 위해 타이산을 찾는 관광객들이 수없이 많다. 이런 전통에 따라 바위 사이에 선반처럼 불거져 나온 곳이나 숲 속의 막다른 곳에 있는 빈터에는 사당과 정자, 석각들이 늘어서 있다. 맑은 날이면 동쪽으로 200킬로미터 떨어진 서해까지 보인다.

■ 타이산 기슭에는 수령이 2,000년 된 측백나무와 높은 담장이 다이먀오(岱廟)를 둘러싸고 있다. 오래된 돌길을 따라 티엔황디엔(天皇殿)까지 가보자. 붉은 담으로 둘러싸인 티엔황디엔은 11세기에 처음 건립되었으며 현재의 건물은 17세기에 복원한 것이다.

■ 1009년에 세워진 비샤시(碧霞祀)는 옥황상제의 딸이며 농민 여인네들의 수호신인 비샤위안쥔(碧霞元君)을 기리는 사당이다.

■ 타이산 정상에서 밤을 지내고 일찍 일어나서 일출을 보자. 고대 중국인들은 타이산을 매일 아침 해가 솟아올랐다가 밤이면 다시 돌아가는 해의 보금자리라고 믿었다.

When to go 4월 중순에서 6월 중순, 그리고 9월에서 10월이 가장 좋다. 비는 늘 오지만 주로 여름에 많이 온다. 겨울은 매우 춥고 맑고 건조한 날이 많다. 주말과 중국 휴일에는 인파가 많이 몰리는데 그중에서 노동절과 국경절(10월1일)이 낀 주말은 특히 사람이 많다.

Planning 타이산은 지난(濟南)에서 남쪽으로 64킬로미터 지점에 있으며 가장 가까운 공항은 베이징 공항이다. 산 정상까지 표지판이 잘되어 있는 돌길과 돌계단이 있어 관광객들이 수없이 많다. 길 양옆으로 음식 가판대와 찻집, 호텔 등이 있다. 컨디션이 좋으면 정상까지 당일로 걸어갔다 올 수 있지만 산 정상에서 하룻밤을 지내면서 일출을 볼 것을 권한다. 미니 버스로 중티엔먼(中天門)까지 가서 걸어서 몇 분 거리에 있는 케이블카를 타고 정상까지 가는 방법도 있다.

Websites www.mount-tai.en, www.sacredpeaks.net

주변의 구릉들 위로 애덤스피크의 뾰족한 봉우리가 보인다.

스리랑카

애덤스피크 *Adam's Peak*

성스러운 산의 정상까지 이어지는 순례길을 따라 지상 천국으로 가까이 다가가 보자.

밀림이 우거진 스리랑카 남서쪽 애덤스피크의 동틀 무렵, 다양한 종교를 가진 순례자들이 일출을 지켜보며 새로운 날을 맞는다. 풍상을 겪어 온 기원의 천이 미풍에 가볍게 나부끼고 전통북과 피리 소리에 맞춰 "스두, 스두, 사(좋구나)!"라는 외침이 점점 커진다. 산 아래 숲이 우거진 골짜기를 켜켜이 덮고 있던 짙은 아침 안개 위로 봉우리의 거대한 그림자가 잠시 지나간다. '스리파다(Sri Pada, 빛나는 산)' 또는 '사마날라

칸다(Samanalakada)'라고도 부르는 해발 2,243미터의 애덤스피크는 4대 종교인 불교, 힌두교, 기독교, 이슬람교 모두가 성지로 여기는 곳이다. 오래전 이 산 정상의 바위에 새겨진 발자국에 대한 해석이 종교마다 다를 뿐이다. 달하우지(Dalhousie)에서 정상까지 구불구불 이어지는 오솔길은 환하게 불을 밝혀 멀리서도 눈에 들어온다. 구간에 따라 90도 가까이 경사진 곳도 있다. 순례자들이 5,000여 개의 좁은 계단을 오르면서 외는 독경 소리와 "카루나바(Karunava, 신의 자비가 있기를)" 하며 나누는 인삿말이 공중 가득 울려퍼진다. 오솔길이 끝나는 곳마다 마련된 쉼터에는 김이 모락모락 나며 끓는 차 향기와 이 지역 사람들이 파는 음식 가판대에서 나는 다양한 단 과자와 병아리콩, 로티(빵) 튀기는 고소한 냄새가 지친 등반객들을 반긴다.

When to go 장마철이 시작되기 전인 12월에서 4월까지가 가장 좋다. 매달 보름이나 주말은 인파가 너무 많이 몰릴 수 있으므로 피하는 게 좋다. 가기 전에 일기예보를 미리 확인해서 맑은 날을 택하자.

Planning 대부분의 사람들은 일출 때 봉우리에 도착하는 것을 목표로 새벽 2시에 등반을 시작하지만 전날 오후에 정상으로 올라가서 기본 시설만 갖춘 숙소에서 1박을 할 것을 권한다. 가장 쉬운 코스는 달하우지에서 출발하는 것으로 올라갈 때 4시간, 내려오는데 3~4시간 정도 걸린다. 라트나푸라(Ratnapura)에서 출발하는 길은 좀 더 힘든 코스로, 오르는 데 7시간 정도, 내려오는 데는 5시간 정도 걸린다. 라트나푸라에서 출발하는 코스에는 음식 가판대가 거의 없기 때문에 먹을 것과 물을 가지고 가야한다. 달하우지에서는 숙련된 가이드를 고용할 수도 있다.

Websites www.srilankainstyle.com, www.teatrails.com, www.srilankanexpeditions.com

- 스리파다의 노랑나비 떼를 구경해보자. 1년에 한번 장마철이 시작되기 직전에 나비떼가 모여든다. 이 지방 전설에 따르면 나비들이 이 성스러운 산을 찾아와 경의를 표한 후 생을 마감한다고 한다.

- 인디카투 파하나(Indikatu Pahana) 쉼터에서 첫 순례자를 위한 코두 카라요(kodu karayo) 의식에 참여해 보는 것도 좋다. 헝겊에서 올을 풀어 거미줄처럼 엉킨 실타래에 갖다 붙이는 의식이다. 인디카투 파하나는 부처가 찢어진 도포를 꿰매기 위해 쉬어갔던 곳이라고 전해진다.

- 스리파다에서 자라는 백차(白茶)도 마셔볼 것. 일주일에 30kg밖에 생산되지 않는다.

TOP 10

우물과 샘 *Ten Wells and Springs*

오랜 세월 동안 우물과 샘은 치유의 기적이 일어난 곳이자 희생 의식이 행해져 온 곳이다.

❶ 치첸이차 Chichen Itza 멕시코

치첸이차의 성스러운 샘, 세노테에 가면 멀찌감치 떨어져 있어야 한다. 마야의 한 부족이었던 이차는 이 샘의 지름이 60m에 이르는 거대한 구멍이 지하세계로 가는 문이라고 생각했다.

Planning 무더위와 군중들을 피하려면 오전 8시쯤 도착해야 한다.
www.mesoweb.com/chichen

❷ 아이르파나스 Air Panas 인도네시아 _ 발리

로비나 근처의 아이르파나스 유황 온천이 강과 샘의 힌두 신들을 상징하는 뱀 조각상 사이를 흐르고 있다. 이곳에서 발리 사람들은 자신들의 영혼을 정화시킨다.

Planning 발리의 유일한 불교 사원 브라마 비하라 아라마(Brahma Vihara Arama) 사원에서 3km 떨어져 있다. www.indo.com, www.baliguide.com

❸ 추왈린 온천 Tjuwaliyn Hot Springs Park 오스트레일리아

오스트레일리아의 노던 테리토리에 있는 이 온천은 오스트레일리아 원주민 여성들이 신성시하는 곳이다. 이곳의 샘은 더글러스 강 지역의 메마른 초목들 사이에서 오아시스 같은 존재이다.

Planning 샘의 온도가 높기 때문에 어린 아이들이 들어갈 때는 부모가 먼저 온도를 확인해야 한다. www.nt.gov.au/nreta

❹ 은둔자의 동굴 Hermit's Cave 불가리아 _ 릴라

10세기경 릴라의 이반(Ivan of Rila)이라 불리는 은둔자가 산속 동굴에 살면서 병을 고치는 기적을 행했다고 전한다. 이반이 거주했던 동굴과 성스러운 시내, 그의 유해가 안치된 예배당은 일반에 개방된다.

Planning 릴라는 소피아(Sofia)에서 버스로 2시간 걸린다. 릴라 사원이나 산장에 머물 수 있지만 미리 예약을 해야 한다. www.bulgariatravel.org/eng

❺ 성스러운 우물 Sacred Wells 이탈리아 _ 사르데냐

사르데냐(Sardinia)에는 40개의 석조 우물이 있는데 대부분 기원전 1800년~1200년 사이에 누라게(Nuraghe) 문명 속에서 탄생한 것이다.

Planning 보존상태가 가장 좋은 신성한 우물은 파울리라티노라는 작은 마을에 있는 산타 크리스티나이다. www.sardegnaturismo.it

❻ 물이 차올랐다 빠지는 우물 The Ebbing and Flowing Well 잉글랜드

요크셔데일스(Yorkshire Dales)의 기글스윅스카(Giggleswick Scar)에는 하루에도 몇 번씩 물이 빠지고 다시 차는 신비한 우물이 있다. 주민들이 비밀을 알아내려고 우물을 파는 바람에 지금은 비가 많이 내린 후를 제외하면 물이 빠지고 다시 차는 현상이 예전 같지 않다.

Planning 우물은 세틀이라는 작은 상업도시 근처에 있다. www.outofoblivion.org.uk, www.yorkshire-dales.com

❼ 성 위니프리드의 우물 St. Winefride's Well 웨일스_홀리웰

치유효과로 명성이 높은 이 신성한 우물은 위니프리드 성인이 참수당한 이후 7세기에 생겨났다고 한다. 고딕 스타일의 별 모양을 한 이 우물은 헨리 7세의 어머니인 마거릿 보퍼트의 후원 하에 1500년경에 지어졌다.

Planning 성지순례 시즌(오순절부터 9월 마지막 일요일까지)에는 이곳에서 예배의식이 있다. www.saintwinefrideswell.com

❽ 카레그 세넨 Carreg Cennen 웨일스

13세기에 지어진 카레그 세넨 성의 잔해가 세란 강(River Cerran) 옆 90m 높이의 암벽에 남아 있다. 이곳에서 소원을 빌면 이루어진다는 이야기 때문에 사람들은 구부러진 핀을 예물로 던졌다.

Planning 우물로 내려갈 때는 손전등을 가지고 가야 한다. www.castlewales.com/carreg

❾ 성 브리지드의 우물 St. Brigid's Well 아일랜드_킬데어

성 브리지드는 이교도의 여신이자 기독교 성녀로 추앙받는 인물이다. 그녀의 우물에는 선돌과 작은 아치형 다리와 기도 깃발을 달아 놓은 나무가 있어 이교도와 기독교의 전통이 함께 어우러진 것을 볼 수 있다.

Planning 2월 1일에 이곳을 방문하면 우물가로 향하는 행렬에 참여할 수 있다. www.kildare.ie

❿ 암보히망가 샘 Ambohimanga Springs 마다가스카르

19세기에 마다가스카르를 통치했던 메리나(Merina)족은 조상숭배를 위해 매년 목욕의식을 행했다. 이 목욕의식은 왕과 왕비만이 아닌 사회 전체의 정화의식을 상징하는 것이었다.

Planning 이 의식을 보려면 마다가스카르의 새해인 3월에 가야 한다. http://whc.unesco.org/en/list/950

12세기에 지어진 성당을 지키는 돌탑 망루. 우슈굴리에는 이런 돌탑 망루가 딸린 집들이 스무 채가 넘는다.

그루지야

어퍼스바네티 Upper Svaneti

코카서스 산맥 남쪽 비탈에 자리잡은 이 외딴 지역은
예로부터 풍부한 신화를 간직한 곳이었다.

    고대 그리스인들에게 그루지야는 콜키스(Colchis)로 알려져 있었다. 영웅 이아손이 아이에테스 왕(King Aeëtes)의 황금양털을 훔치기 위해 아르고호를 타고 찾아왔던 곳이 바로 이곳이다. 이아손 신화는 황금 부스러기를 채집하기 위해 어퍼스바네티의 냇물에 양털을 담가두었던 오래된 전통에서 비롯된 것인지도 모른다. 이 지역 주민인 스반족은 표면상으로는 기독교인이지만 아직까지 이교도 전통과 신화를 고수하고 있다. 우슈바 산(Mount Ushba)에는 스반족의 문화에서 특별히 여기는 장소가 있는데 자연과 사냥을 주관하는 금발의 달리(Dali) 여신이 출몰하는 곳이다. 사냥꾼들은 이 여신이 정한 금기 사항을 지켜야 한다. 이를 어길 경우 여신은 사냥감으로 변신해 목숨을 앗아간다. 코카서스 산맥의 가장 높은 봉우리로 에워싸여 있고 진입로 또한 열악한 어퍼스바네티는 아직도 멀게 느껴진다. 훼손되지 않은 산세의 장엄한 아름다움과 드문드문 흩어져 있는 중세의 마을들을 보면 세월이 비껴간 흔적이 역력하다. 시골 성당과 예배당에는 8세기부터 14세기의 뛰어난 프레스코화와 이콘들이 보존돼 있다. 이 지역에서만 볼 수 있는 특이한 광경인 돌탑 망루집 촌들은 과거 이웃 부족들과 전쟁을 치를 때나 침략자들의 약탈로부터 가족을 보호했던 곳이다.

When to go 여름인 5월부터 9월까지가 좋다. 겨울이면 폭설로 인해 그루지야의 다른 지역에서 어퍼스바네티로 가는 길이 끊기고 아주 작지만 이 지방의 행정 중심지인 메스티아(Mestia)에서 우슈굴리의 망루집 촌으로 가는 길도 통제된다.

Planning 관광객들은 대부분 그루지야 수도 트빌리시(Tbilisi)까지 비행기로 들어가서 주그디디(Zugdidi)로 가는 도로를 타고 메스티아로 간다. 총길이 480킬로미터에 달하는 이 여행은 8시간에서 10시간 정도 소요된다. 주그디디와 메스티아를 연결하는 버스와 미니 버스도 있다. 일주일 코스의 단체관광은 트빌리시에서 출발하여 어퍼스바네티의 명소들을 돌아보는 데 사흘 정도 할애한다. 어퍼스바네티는 아직 무법천지라는 오명에서 완전히 벗어나지 못했다. 관광객들은 혼자 다니지 않도록 주의해야 하며 믿을 만한 지역 여행사나 관광 가이드, 호텔 종사자들의 조언을 따르는 게 좋다. 관광객들은 처음에는 경계의 대상이 되기도 하지만 일단 손님으로 받아들여지면 감싸고 보호해 주는 그들의 전통적인 손님 대접 방식을 경험할 수 있다.

Websites www.caucasustravel.com

■ 코카서스 산맥에서 가장 눈에 띄는 우슈바 산(4,690m) 뿔 모양의 이중 봉우리에 매료돼 등반객들과 트레킹족들이 많이 찾는다.

■ 차자시(Chazhashi)는 돌탑 망루집촌 중에서 가장 유명하다. 우슈굴리는 이와 같은 마을 네 곳이 모여 형성된 곳으로, 20개가 넘는 돌탑이 있다.

■ 산속에 고립된 덕분에 어퍼스바네티는 중세 때의 침략을 막아내고 황금 십자가와 채색 이콘 같은 성당 보물을 안전하게 지킬 수 있었다. 메스티아 역사 및 민족지학(民族誌學) 박물관에 가면 귀한 소장품들을 볼 수 있다.

이스라엘

갈릴리 호수 *Sea of Galilee*

햇살을 받아 아른거리는 갈릴리 호수를 바라보며
예수와 그 제자들의 발자국을 따라 걸어 보자.

    기독교도들에게 갈릴리 호수만큼 큰 반향을 일으키는 장소는 많지 않을 것이다. 면적이 160제곱킬로미터에 달하는 이 광활한 담수호는 예수의 복음 활동과 뗄레야 뗄 수 없는 곳이다. 신약성서에 따르면 예수가 어부 시몬 베드로와 안드레아, 요한과 야고보를 제자로 삼았으며 5,000명을 배불리 먹인 곳이 바로 갈릴리 호수다. 따라서 이 호수는 2,000년 동안 기독교도들에게 중요한 성지였다. 하지만 유대인들에게도

종교적 이유 외에도 갈릴리 호수가 주는 평온한 분위기 때문에 찾아오는 사람들도 많다.

갈릴리 호수는 매우 중요한 의미를 지니는 곳이다. 유대인들은 이 호수를 티베리아스 호수(Lake Tiberias)라고 한다. 티베리아스 마을은 2세기부터 중세 때까지 랍비 교육의 중심지였으며, 3세기에서 4세기에 걸쳐 편찬된 최초의 탈무드가 탄생했던 곳이기도 하다. 1909년에 와서는 갈릴리 호수 주변에 유대인 민족 운동가들의 집단 농장 공동체인 키부츠(kibbutz)가 최초로 설립되었다.

물론 순례여행에도 관광을 빼놓을 순 없다. 오늘날 갈릴리는 종교적 명소 뿐 아니라 호수와 스파 리조트, 한적한 분위기 때문에 사람들이 많이 찾는다. 예수가 살았던 시대에도 그랬듯이 이 지역의 주요 산업은 어업이다. 해질 녘, 잡은 물고기들을 싣고 돌아오는 어부들의 모습과 소리들은 평화로움과 명상적인 분위기를 자아낸다. 마치 수천 년 동안 변한 건 아무 것도 없다는 듯이. 하지만 그런 분위기를 경험하기에 가장 좋은 방법은 작은 목선을 타고 지상에서 가장 성스러운 물에 손을 담근 채 물 흐르는 대로 몸을 맡기는 것이다.

When to go 섭씨 38도까지 올라가는 여름은 너무 덥고 봄 가을이 여행하기에 좋다. 금요일 저녁부터 토요일 저녁까지 이어지는 유대교 안식일은 피하자. 식당을 포함해서 대부분의 상점들이 문을 닫는다.

Planning 자동차로 하루면 전 지역을 완전히 돌아볼 수 있다. 좀 더 머물고 싶다면 다양한 숙박시설이 있는 티베리아스(Tiberias)에 숙소를 잡는 게 좋다. 봄, 가을이 가장 좋은 계절이긴 하지만 소나기가 내릴 가능성이 있으므로 우산과 방수복을 반드시 챙겨야 한다. 대부분의 성지에서는 단정한 옷차림을 요구한다. 반바지나 짧은 치마, 민소매 상의는 피해야 한다.

Websites www.mfa.gov.il

- 타브가의 '오병이어의 기적 교회'에 가보자. 비잔틴양식의 이 교회에는 빵과 물고기 모자이크가 새겨져 있다. 가까이에 예수의 산상수훈을 기념하는 '팔복교회'가 있다.

- 가버나움(Capernaum)도 가볼 만하다. 예수가 복음 활동을 하던 시절 살았던 마을로 여러 개의 교회와 유대교 성전, 고고학 박물관 등이 있다.

- 기노사르 키부츠의 이골 알론 센터(Yigol Allon Center)에 작은 목제 낚싯배가 전시돼 있다. 1980년대에 갈릴리 호수에서 발굴된 이 배는 예수시대의 유물로 알려져 있다.

- 성녀 막달라 마리아의 탄생지로 알려진, 현재의 미그달(Migdal) 근처에 있는 막달라 유적지에 가봐도 좋다.

- 주변 식당에서 '성 베드로의 물고기(St. Peter's fish)'라는 별명이 붙은 갓 잡은 틸라피아(tilapia)도 먹어보자.

터키

야질리카야 *Yazilikaya*

지면 위로 드러난 거대한 석회암 바위들 틈에서 솟아오르는
신성한 샘은 히타이트 왕들에겐 귀한 성역이었다.

극심한 더위와 가뭄에 시달리던 고대 터키 중부에서 샘물은 신이 내린 축복이었다. 야질리카야의 높은 암벽과 축축한 토양에서 무성하게 자란 나무숲이 만들어 낸 그늘 아래로 맑은 샘이 솟구쳐 오른다. 샘물 주변 암벽들 사이에 난 두 개의 긴 통로는 야외 사원으로 쓰기에 완벽한 환경을 갖춰 일찍이 기원전 1900년부터 신을 숭배하는 장소로 이용되었다. 인근에 청동기시대의 도시 하투샤(Hattusha)가 자리 잡으면서 야질리카야는 더욱 중요한 의미를 지니게 되었다. 기원전 1500년 경 건립된 하투

야질리카야의 소회랑 벽. 히타이트신 열두 명의 부조가 새겨져 있다.

샤는 히타이트제국의 수도로 번창하였으며 야질리카야는 왕실의 성역이 되었다. 야질리카야는 '그림이 새겨진 바위'라는 뜻으로, 암벽 전면에 히타이트 신들과 신격화된 왕들의 모습이 부조로 새겨져 있다. 왕가의 제례의식에 사용되었을 법한 소석실 벽의 띠 장식에는 원뿔형 모자를 쓰고 날이 휜 칼이나 낫을 든 신들이 일렬로 촘촘히 서있는 모습을 새겨 놓았다. 탄생과 죽음, 부활의 신인 샤루마(Sharruma)의 품에 안겨 있는 챙 없는 모자를 쓴 투달리야 왕(King Tudhaliya)을 찾아 보자. 넓은 측벽에는 주름 잡힌 긴 옷을 입고 남신들의 행렬을 향해 걸어가는 여신들의 행렬이 새겨져 있다. 두 행렬은 샤루마 신의 부모인 위대한 기후의 신 테슈브(Teshub)와 땅의 여신 헤파트(Hepat)의 형상이 만나는 것으로 끝난다. 그 어떤 신들보다 투달리야 4세의 상이 더욱 크게 새겨져 있다. 그는 기원전 13세기 후반에 통치한 히타이트제국의 마지막 왕이다.

When to go 4월은 비가 오긴 하지만 4월부터 6월 중순까지인 봄에 가는 게 가장 좋다. 9월 말부터 10월까지의 가을이 그 다음으로 좋다. 여름은 너무 덥고 겨울은 의외로 매우 춥다.

Planning 보아즈칼레(Boğazkale)에서 가까운 야질리카야와 하투샤는 앙카라 동쪽 약 200킬로미터 지점에 있다. 관광객들은 대부분 앙카라에서 출발하는 관광을 선택하는데 소요 시간은 11시간 정도다. 야질리카야는 하투샤의 주요 유적지에서 3킬로미터 정도 떨어져 있는데 하루 종일 빛과 그늘이 번갈아 지나가기 때문에 관광은 대부분 야질리카야에서 정오경에 출발한다. 햇빛이 가장 좋을 때 신들의 부조가 새겨진 띠 장식을 보기 위해서다.

Websites www.hattuscha.de

- 소석실에는 머리는 사람이고 몸은 네마리의 사자로 된 '칼의 신'이 있다. 모두 칼 위에 서 있는데 칼끝이 아래쪽을 가리키고 있다. 이들은 히타이트의 지하세계 신인 네르갈(Nergal)을 상징하는 것인지도 모른다.

- 상징물에 따라 남신과 여신, 왕족을 구별할 수 있다. 왕은 원숭이 꼬리처럼 생긴 홀을 들고 있고, 신들은 쓰고 있는 '원뿔형 모자'의 뿔 수에 따라 서열을 알 수 있다. 많은 신들이 자신의 상징인 동물을 갖고 있다. 상형문자는 왕의 이름이다.

- 가까이에 하투샤 유적지가 있다. 6.5km 길이의 성벽으로 둘러싸인 이 도시는 한때 사람들로 북적대던 도시였다.

양떼를 몰고 아라라트 산 앞을 지나는 목자. 산꼭대기에 구름이 걸려 있다.

| 터키 |

아라라트 산 *Mount Ararat*

넓게 펼쳐진 아라라트 산 봉우리. 만년설과 얼음으로 덮인 이 봉우리에
고대의 수수께끼에 대한 답이 숨어 있을지도 모른다.

원뿔형 정상에 눈을 인 거대한 아라라트 산이 압도적이며 신비스러운 모습으로 나무가 거의 없는 아나톨리아(Anatolia) 북동부의 황량한 고원지대를 묵묵히 내려다보고 있다. 이란, 아르메니아와 접경지대에 있는 터키의 도우베야지트(Doğubeyazit) 마을에서 보면 아라라트 산이 지평선을 가득 메우고 있다. 해발 5,137미터의 주봉(主峰) 그레

이트 아라라트는 빙하와 척박한 검은색 화산암(집채만 한 것들도 있다.)과 혹한에 얼어 균열이 생긴 용암층으로 이루어진 험악한 지형 위에 서있다. 터키어로 '아리 다이(Ağri Daği, 고통의 산이라는 뜻)'라고 하는 아라라트는 한때 활화산이었다. 고대 아르메니아인들은 이 산을 불과 얼음이 만나는 경외스럽고 두려운 곳으로 여겼다. 아르메니아인들이 이곳을 신들의 거처로 생각했던 것도 놀라운 일이 아니다.

오늘날 많은 관광객들이 가장 관심을 가지는 부분은 성서와 관련된 것들이다. 창세기에 따르면 대홍수가 잦아들면서 노아의 방주가 닿았던 곳이 바로 아라라트 산 비탈이었다고 한다. 또한 노아와 그 후손들이 세상을 재건했던 곳도 바로 이 산이었다. 등반객들 중에는 바위틈에 노아의 방주의 잔해가 남아 있는 것을 보았거나 정상 부근의 빙하 아래에 묻혀 있는 것을 보았다는 사람들도 있지만 아직까지 실제로 드러난 증거는 없다.

When to go 7월에서 9월 중순까지가 좋지만 가장 좋은 시기는 늦여름이다.

Planning 아라라트에서 가장 가까운 공항은 반(Van) 시에 있다. 터키 항공이 앙카라에서 반까지 1주일에 여러 차례 운항한다. 도우베야지트와 반에서 기본적인 시설만 갖춘 게스트하우스부터 3성급 호텔까지 다양한 숙박시설을 찾을 수 있다. 하지만 개인여행보다 전문 여행 가이드를 이용하는 것이 더 쉽고 안전하며 비용도 저렴하다. 아라라트 산을 등반하려면 터키 관광청에서 발급하는 공식 등반 허가증을 받아야 하는데 개인여행자들은 등반 허가증을 받기가 어렵다. 그러나 여러 트레킹 전문 업체에서 정상까지 오르는 등반 팀을 조직해서 허가증을 대신 받아 주므로 그런 업체를 이용하는 것이 편리하다.

Websites www.terra-anatolia.com

■ 현재 세계문화유산으로 지정된 도우베야지트의 이사크 파샤 궁(Ishak Pasha Palace)은 유령이 나올 것 같은 분위기의 유적이지만 보기와 달리 지은 지 그리 오래 되지 않은 곳이다. 1789년 이 지역 군벌에 의해 건립되었고 궁전 내의 이슬람 사원과 하렘(harem, 여인들이 거처하는 구역), 궁전 안뜰 등은 아나톨리아와 아르메니아, 오스만제국과 유럽의 건축양식이 혼합된 독특한 양식을 띠고 있다.

■ 거대한 반 호수 위에 떠 있는 네 개의 섬에는 고대 아르메니아 수도원 유적지가 있다. 가장 오래된 곳은 투르크 세력이 지배하기 훨씬 전인 7세기경에 세워진 것으로 추정된다. 이들 수도원까지는 배로 가는데 배편에 대한 문의는 반에서 하면 된다.

인도

칸야쿠마리 *Kanyakumari*

인도의 최남단 세 대양이 만나는 곳에 순례자와 기도자를 위한
중요한 힌두 유적이 있다.

 힌두교도들의 축제 치트라 푸르니마(Chitra Purnima)가 열리는 4월에 시인들은 칸야쿠마리(Kanyakumari)에 뜨는 아름다운 보름달에 관한 추억을 나눈다. 해안의 맑고 푸른 물 위로 일몰과 월출이 동시에 진행되는 모습을 보고 지나가던 관광객들은 탄성을 울린다. 인도양과 아라비아 해, 벵골 만이 만나고 내륙 쪽은 웅장하고 푸른 서고트 산맥의 구릉들이 펼쳐지는 인도 최남단 타밀나두(Tamil Nadu) 주의 칸야쿠마리 시에는 방문객들의 발길이 끊이지 않는다. 칸야쿠마리에는 칸야 데비(Kanya Devi) 여신을 모시

티루발루바르(Thiruvalluvar) 동상 가까이에서 파도가 하얗게 부서진다.

는 1,000년 된 쿠마리 암만 사원이 있다. 전설에 따르면 칸야 데비는 힌두교의 삼위일체 신 가운데 파괴의 신인 시바(Shiva)와 결혼할 예정이었으나 시바 신이 예식에 나타나지 않아 처녀 여신으로 남게 되었다고 한다. 칸야 데비 여신은 자신의 사원을 찾는 사람들 모두에게 축복을 내려 준다. 이 지방 사람들은 관광객들에게 쌀알처럼 생긴 형형색색의 돌을 한 주먹씩 팔고 관광객은 그 돌을 풍부한 미네랄 성분으로 인해 다양한 색을 띤 칸야쿠마리의 모래사장 위에 뿌린다. 이 돌들은 칸야 데비 여신의 잔칫상에 오르지 못한 음식들을 기리는 것이다. 100년 전에 세워진 등대와 수많은 오래된 사원들이 해안선을 따라 점점이 박혀 있다. 아침이면 신앙심이 깊은 사람들이 성스러운 물에 목욕을 하고 다양한 사원의 신들에게 기도와 꽃을 바치는 모습을 볼 수 있다.

When to go 일몰과 월출을 동시에 보려면 보름달이 뜰 때가 가장 좋은데 특히 4월이 좋다.

Planning 가장 가까운 공항이 90킬로미터 정도 떨어진 트리반드룸(Trivandrum)에 있다. 칸야쿠마리에는 기본 시설만 갖춘 깨끗한 호텔이 상당히 많다. 최소한 2~3일 정도 머무는 것이 좋다. 월요일에는 일반인에게 개방하지 않는 사원들이 있고 명시돼 있진 않지만 힌두교인이 아닌 사람들은 쿠마리 암만 사원 중심부까지 들어가지 못하게 할 때가 있다. 남자들은 사원에 들어가기 전에 셔츠를 벗어야 한다. 잔돈을 충분히 준비해 가자. 대부분의 사원과 관광지는 명목상의 입장료와 사진 촬영비를 받는다.

Websites www.kanyakumari.nic.in, www.ruinsofkumari.com, www.saviontravel.com

- 쿠마리 암만 사원 남동쪽에 있는 스리 파다파라이 바위는 처녀 여신 칸야 데비가 가정을 꾸리기 위해 하늘에서 내려왔을 때 내디뎠던 발자국들이 새겨져 있다는 곳이다.

- 페리를 타고 기원전 30년경에 태어난 타밀 시인, 티루발루바르 동상을 보러 가자. 작은 섬 꼭대기에 서있는 이 동상은 '인도의 자유의 여신상'이라고 불리기도 한다.

- 간디의 유해가 바다에 뿌려지기 전에 일반에게 공개되었던 '간디 기념관'도 방문해 보자. 이 기념관은 간디의 생일인 10월 2일이면 유해가 놓여 있었던 바로 그 자리에 햇살이 비치도록 설계되었다.

아르드 쿰브멜라 축제 때 모여든 순례자들이 동이 트기 전, 갠지스 강에 몸을 담근다.
힌두교도들에게 이 목욕 의식은 영혼과 육신을 동시에 정결하게 하는 행사다.

인도

성스러운 갠지스 강 *Sacred Ganges*

세 개의 강, 즉 갠지스 강과 야무나 강, 신비의 강 사라스와티가 만나는 곳에
몸을 담그기 위해 세계 각지에서 독실한 힌두교도들이 찾아온다.

    우타르프라데시 주의 알라하바드에서 동쪽으로 곧게 뻗은 비포장도로와 송전선이 어지럽게 얽혀 있는 황량한 평원을 넘어가다 보면 왜 그토록 법석을 떠는지 의아해할 수도 있다. 막상 도착해 보면 어렵게 찾아간 곳이 드문드문 다리가 놓인 거대하고 완만한 강에 지나지 않는다는 사실에 당혹스러워질지도 모른다. 머리 위로 갈매기 한두 마리가 원을 그리며 날고 있고 강가에서는 강물의 신들에게 제물을 바치는 열성 신도들의 모습만 이따금 눈에 띌 뿐이다. 사실 보통날에는 갠지스 강이 힌두교의 가장 성스러운 강이라는 사실을 눈치채기 어렵다. 하지만 보름날이나 초하루 또

순례자들이 금송화나 연꽃으로 만든 화환을 사서 강물에 제물로 던진다.

65

는 멜라(축제)가 벌어질 때면 갠지스 강가는 수천 명의 순례자들로 가득 찬다. 사람들 사이사이에 밝은 원색의 승복을 입은 승려들이 나무로 만든 작은 단상에 앉아 신도들이 몸을 씻고 정화하는 의식을 돕는다. 이곳은 힌두교도들이 가장 성스럽게 여기는 세 개의 강이 합류하는 트리베니 상감(Triveni Sangam, 세 줄기 강이 만나는 곳)이다. 힌두교도에게 갈색물이 흐르는 넓은 갠지스 강은 생명의 어머니 강가 여신의 화신이며, 물살이 빠르고 녹색을 띤 야무나 강은 죽음의 신 야마와 관련이 있다고 생각한다. 또 생명의 신과 죽음의 신이 만나는 지점 밑으로는 신화 속 깨달음의 강인 사라와티가 흐른다고 믿는다. 전설에 따르면 트리베니 상감은 하늘에서 신성한 감로가 떨어지는 곳으로, 인도에서 가장 큰 종교 집회인 쿰브멜라가 돌아가면서 열리는 네 곳 중 하나다. 그때가 되면 갠지스 강 둑은 7,000만 인파의 임시 거처가 된다.

■ 1583년 아크바르 황제가 세운 웅장한 모굴 요새 동쪽 선착장에서 배를 타고 갠지스 강을 둘러보자.

■ 모굴 요새 동쪽면 지하에는 파탈푸리 사원이 있다. 라마 신이 찾아왔다고 여겨지는 이곳에는 성스러운 아크샤야바트, 즉 '불멸의' 바니안나무가 있다고 한다.

■ 트리베니 상감 지역에는 여러 고대 사원들이 흩어져 있다. 모굴 요새 근처에는 원숭이 신인 '하누만'을 기리는 신전이 있다.

■ 물색이 뚜렷하게 다른 갠지스 강과 야무나 강이 만나 합류하는 지점을 찾아보자.

When to go 멜라가 열리는 1월이나 2월이 가장 좋다. 더위가 극심한 여름은 피하자. 힌두교도가 아니라면 축제 기간이라 해도 하루면 충분하다.

Planning 바라나시 공항은 알라하바드에서 146킬로미터, 러크나우 공항은 210킬로미터 떨어져 있다. 두 공항 모두 고속도로나 철도를 이용해서 갈 수 있다. 트리베니 상감은 알라하바드에서 동쪽으로 약 12킬로미터 떨어진 지점에 있으며 버스나 택시가 항상 대기 중이다. 멜라와 연계해서 일정을 짜는 게 가장 좋다. 마가멜라는 매년 열린다. 아르드 쿰브멜라는 12년마다 한 번씩 열리는데 2007년에 마지막으로 열렸다. 다음 정규 쿰브멜라는(이 또한 12년마다 열린다) 2013년에 열린다.

Websites www.tourindia.com

뉴질랜드 총독 딸의 이름을 붙인 레이디 녹스 간헐천. 정해진 시간에 비누 조각을 떨어뜨려 간헐천이 솟아오르게 한다.

뉴질랜드

로토루아 *Rotorua*

다양한 색깔의 증기와 거품이 격렬한 소리를 내며 분출되는 로토루아는
마오리족이 신성시하는 곳으로 뉴질랜드에서 지열 활동이 가장 활발하다.

로토루아 마을은 산과 호수와 분화구로 이루어진 격렬한 화산지대 한가운데 자리 잡고 있다. 데일 듯 뜨거운 간헐천들이 하늘 높이 솟구치고 거품이 일 정도로 끓어오르는 진흙탕과 초록, 분홍, 파랑의 환상적인 색조를 띤 뜨거운 온천이 증기를 뿜어낸다. 가는 데마다 공기 중에 배어 있는 유황 냄새가 코를 찌른다. 처음 이 강렬한 지열 활동을 본 마오리 부족은 그 모습을 설명할 전설을 만들어 냈다. 먼 옛날 산 정상에

꽁꽁 얼어붙어 있던 대사제 응가토리오이앙기(Ngatori-oirangi)가 마오리 부족 전설 속의 고향 하와이키(Hawaiki)의 신들에게 온기를 달라고 청했다. 대사제의 청원에 대한 응답으로 신들은 지하 깊숙이 있던 불을 보내 주었다는 전설이다. 19세기까지만 해도 수백 년 동안 쌓인 이산화규소 침전물이 만들어 낸 로토루아의 분홍색과 흰색을 띤 단구들은 세계 8대 불가사의로 여겨졌고 당대의 유명 인사들을 비롯한 유럽인들의 관광 명소가 되었다. 그러나 1886년 로토루아 남쪽의 신성한 타라웨라 산이 폭발하면서 단구들이 무너지고 뜨거운 용암이 흘러내려 주변 마을들을 집어 삼켰다. 화산 폭발에도 불구하고 이곳을 찾는 사람들의 수는 줄어들지 않았다. 온천지대를 구경하고 치료를 받기 위해 찾아오는 사람들의 발길은 끊이질 않았다. 지금도 로토루아 남쪽 27킬로미터 지점에 있는 성스러운 물이라는 의미의 와이오타푸(Wai-o-tapu) 같은 조용한 지역에서는 다채로운 형광색을 내뿜으며 지속적인 활동을 하고 있는 지구의 영혼을 보고 느낄 수 있다. 당신 발 아래 흐르고 있는 용암의 중심부에 신이 만든 불구덩이가 정말 있을지 모른다는 생각이 들 수도 있다.

When to go 로토루아는 1년 내내 지열 활동이 활발한 곳이다. 온천 저수지들은 대부분 낮에는 1년 내내 개방된다.

Planning 오클랜드, 웰링턴, 크라이스트처치, 퀸스타운에서 국내선을 이용해서 로토루아에 갈 수 있다. 오클랜드에서 3시간 걸리는 자동차 여행도 가능하다. 자동차가 없는 관광객을 위한 관광 상품도 수없이 많다. 숙박시설도 매우 다양하고 이틀 이상이면 대부분의 명소를 둘러보고 산책과 휴식, 여러 행사에 참여도 가능하다.

Websites www.rotorua.nz.com

- 로토루아에는 마오리족의 문화가 풍부하게 남아 있다. 여행 가이드들이 이곳 지형과 시시각각 변화하는 간헐천과 온천에 대해 소개해 준다. 마오리족의 예술품과 공예품, 문화 공연을 보고 전통 요리인 항이(구덩이에 불에 달군 돌을 넣고 그 안에 고기와 야채를 묻어서 익혀 먹는 요리)를 만드는 과정에도 참여해 보자.

- 와이망구 밸리 관광을 하면 타라웨라 화산의 폭발의 여파를 볼 수 있다. 이 상품에는 타라웨라 호수와 암벽그림 관광을 비롯해서 1886년 화산 폭발 당시 묻혀 버린 테와이로아 매몰촌으로 가는 유람선 투어도 포함된다. 지금은 마을의 일부가 발굴된 상태다.

- 로토루아는 온천 치료의 땅이다. 로토루아 호숫가에 있는 폴리네시안 스파를 경험해 보자. 온천물의 치료 성분은 1878년 처음으로 세상에 알려졌다. 마호네이라는 신부가 이곳에 연못을 팠는데 그 물에 목욕을 하면 관절염에 효험이 있다는 사실을 알아냈다.

- 카약, 제트스키, 낚시, 그 밖의 야외 활동이 모두 가능하다

와이오타푸(Wai-o-tapu) 온천지대 내의 화가의 팔레트 연못. 물속에 함유된 미네랄로 인해 다채로운 색을 띤다.

불타는 붉은색을 띤 올가 산의 둥근 봉우리들. 원주민들의 '꿈의 시대' 문화에 중요한 부분을 차지하는 곳이다.

오스트레일리아

올가 바위산 *The Olgas*

현란한 색의 향연이 벌어지는 오지에서 오스트레일리아 원주민들의
'꿈의 시대'의 세계로 들어가 보자.

날개 위로 햇살을 가득 안은 잉꼬떼가 일제히 방향을 틀자 카타추타 또는 올가 산이라고도 하는 불타는 주홍색 둥근 바위산 위로 밝은 연두색 빛줄기가 지나간다. 오스트레일리아 북부 특별지구에 있는 28제곱킬로미터의 '울루루카타추타 국립공원'을 차지하고 있는 이 5억 년 된 특이한 지형은 오스트레일리아 원주민 문화의 일부

다. 36개의 바위산들은 오스트레일리아 원주민들의 신화에서 세상이 창조된 시기라고 하는 '앨처링거(alcheringa)', 즉 꿈의 시대 때 솟아올랐다고 하며, 이곳을 지키는 아낭구족에게는 각기 동물의 정령이나 사람 또는 먹거리를 상징한다. 아낭구족 이야기꾼들은 와남피와 리루, 말루, 물루무라에 관한 이야기를 전해 준다.

뱀의 조상인 와남피는 올가 바위군 중에서 가장 높은 해발 1,069미터의 올가 봉우리에 똬리를 틀고 있다. 리루는 독을 뿜는 뱀 인간, 말루는 캥거루 인간이고, 캥거루 인간의 누이 물루무라는 도마뱀 여자다. 여러 바위산 주위를 돌며 지그재그로 난 '바람의 계곡'에 있는 카루나 카링가나 전망대에서 이와 유사한 형상의 바위산들을 많이 찾아볼 수 있다. 유일하게 타지인들도 통행이 가능한 왈파 협곡 걷기 코스는 두 개의 높은 봉우리 사이에 난 계곡을 따라 우르트잠파 숲(창나무숲)으로 구불구불 이어진다. 아낭구족들은 창나무로 전통 창들을 만들었다.

왈파 협곡에서는 선사시대의 바위그림과 이 지역 고유종인 사막식물, 희귀식물 들을 관찰할 수 있다. 지구상의 어디서도 볼 수 없는 종들도 있다.

■ 카타추타의 일몰은 놓치지 말 것. 주홍색에서 선홍색, 자주색으로 바뀌다가 마지막엔 짙은 보라색으로 변하는 바위산의 색깔이 장관이다.

■ 헬리콥터를 타고 올가 바위산들과 울루루를 돌아보면서 거대한 규모와 사막의 아름다움을 감상해 보자.

When to go 등반에는 여름보다 6월부터 8월까지의 겨울이 더 쾌적하긴 하지만 사계절 언제가도 좋다.

Planning 자동차가 없으면 울루루 근처에 있는 에어 록 리조트에서 매일 출발하는 카타추타 단체여행에 참가해도 좋다. 등반을 시작하기 전에 튼튼한 신발과 챙이 넓은 모자, 자외선 차단제와 충분한 물을 준비하자. 여름철 더운 날에는 올가와 울루루에 들끓는 숲파리떼를 피하기 위해 그물망이 달린 모자를 준비하는 게 좋다.

Websites www.environment.gov.au/parks/uluru, www.australia.com, www.phs.com.au

봄이면 울루루 아래 있는 주홍색 모래언덕에 야생화가 피어난다.

오스트레일리아

울루루 *Uluru*

울루루의 거대한 바위 밑에 그려진 선사시대의 동굴 벽화 아래 앉아
아낭구족의 문화가 담겨 있는 옛날 이야기를 들어보자.

    오스트레일리아 중부의 사막 위로 엠파이어스테이트 빌딩만큼이나 높은 붉은 바위가 우뚝 솟아 있다. 높이 384미터, 둘레가 9.4킬로미터로 세계에서 가장 큰 바위인 울루루다. 오스트레일리아 초대 수상 헨리 에어즈(Henry Ayers)의 이름을 따와 한때 '에어즈록'으로 불리기도 했지만 지금은 '울루루카타추타 국립공원'에 편입돼 보호받고

있다. 이 거대한 사암 바위는 3억에서 4억만 년 전부터 그렇게 서 있었던 것으로 알려져 있다. 이 지역 원주민들은 조상 대대로 울루루 바위 아래서 1만 년 이상을 살았으며 그 후손인 아낭구족은 울루루를 그들 문화유산의 중심으로 여긴다. 아낭구족의 삶 속 깊이 배어 있는 복합적인 신앙 체계인 추쿠르파(Tjukurpa)에 따르면 형태가 없던 세상을 지금의 모습처럼 빚어낸 창조주들이 울루루를 만들었다고 한다. 울루루와 관련된 많은 정령들 가운데 거대한 비단뱀의 여신 '쿠니야'가 울루루의 동굴과 협곡에서 살면서 독을 내뿜는 뱀 신 '리루'와 목숨을 건 전투를 벌인 적이 있었다. 울루루 동쪽 끝 절벽에 생긴 거대한 균열은 두 신이 벌였던 격렬한 전투의 흔적이라고 한다.

■ 원주민들이 운영하는 아낭구 투어에서 가이드를 동반한 단체 등반과 낙타 트래킹 상품을 제공한다. 해가 지고나면 밝게 빛나는 별들 아래서 천문학 강좌도 열린다.

■ 울루루 근처에 있는 울루루카타추타 문화센터에서 원주민 공예가들이 작업하는 모습을 보자. 아낭구 문화의 토대인 추쿠르파에 대해 배우고 전통 음식인 부시 터커와 이 지역의 역사 및 자연적 특색에 대해서도 알아보자.

■ 1987년 유네스코에 의해 세계 생물권 보호지구로 지정되었고, 1994년 세계 복합문화유산으로 등록되었다. 현재는 관광지로 개방돼 울루루 등반이 가능하지만 과거에는 부족의 주술사만 올라갈 수 있었다.

When to go 여름인 12월에서 2월까지는 살이 델 정도로 뜨겁고 낮 기온이 38도를 넘어가는 경우가 많다. 겨울에 해당하는 6월에서 8월은 쾌적하긴 하지만 사막의 밤은 영하로 떨어질 정도로 추워질 수도 있다는 점에 유의하자. 9월에서 11월까지인 봄에는 주홍빛을 띤 모래언덕 전역에 들꽃들이 흐드러지게 핀다. 언제 가더라도 다양한 색의 향연을 연출하는 일출과 일몰 때가 울루루를 감상하기에 가장 좋은 시간이다.

Planning 하루 오전이나 오후를 잡아 공원을 둘러보자. 울루루와 카타추타를 제대로 보려면 적어도 이틀은 잡아야 한다. 공원 바로 밖에 있는 율라라에서 숙소를 잡을 수 있다. 자외선 차단제와 머리를 가릴 만한 것, 마실 물은 필수다. 단체여행이어도 항상 각자의 안전에 신경써야 한다. 원주민 아낭구 부족의 바람을 무시하고 울루루 등반을 하기로 작정한 사람들은 바위에 발을 헛디딜 수 있으니 조심해야 한다.

Websites www.environment.gov.au/parks/uluru, www.anangu-waai.com.au, www.longitude131.com.au

프랑스

카니구 산 *Pic du Canigou*

카탈로니아인들이 신성시하는 카니구 산은 하지(夏至) 때면 다양한 축제의 중심이 된다.

생 마르탱 뒤 카니구 수도원(St.-Martin du Canigou)은 수도사와 수녀들이 함께 생활하는 특이한 공동체다.

해발 2,785미터의 카니구 산은 카탈로니아어로는 카니구 산이다. 피레네 산맥 능선 사이로 높이 솟은 카니구 산괴의 최고봉인 카니구피크스는 스페인 접경에서 가까운 남부 프랑스 루시용에 있다. 카탈로니아에는 아직도 기독교의 형태를 띠고 있지만 사실은 이교도적인 전통이 많이 남아 있어 하지 때 카니구 산에 가면 초기의 이교도 전통 중에도 가장 놀라운 장면을 만날 수 있다. 매년 6월에 열리는 성 요한 축제는 표면상으로는 기독교 성인을 기리는 행사이지만 그보다 훨씬 오래된 하지 불 축제의 특징이 고스란히 남아 있다. 비수기에는 카탈로니아 젊은이들이 애국심을 다짐하는 의미로 카니구 산을 즐겨 오른다. 산 정상에 표시된 십자 표시에는 항상 수십 개의 깃발과 카탈로니아를 상징하는 빨강과 노랑색의 깃발이 장식돼 있다.

■ 한여름의 축제라고도 불리는 성 요한 축제는 하지 전야와 다음 날인 6월 23일에서 24일 이틀에 걸쳐 열린다. 국경을 사이에 두고 스페인과 프랑스의 카탈로니아인 수천 명이 모여 몇 km 밖에서도 보이는 거대한 캠프파이어 주위를 흥겹게 돈다. 축제 기간 동안 이 지방 전역에서 마을마다 소규모 캠프파이어를 벌인다.

■ 1001년에 설립된 생 마르탱 뒤 카니구 수도원은 20세기에 들어와서 복원되었다. 2월과 9월 사이에는 프랑스어로 진행되는 가이드 투어가 일주일에 여러 번 있다.

When to go 부활절부터 9월까지가 좋다. 겨울과 봄에는 매우 춥고 비가 올 가능성이 높으며 성 요한 축제 기간에는 막대한 인파가 몰린다는 점에 주의할 것.

Planning 카니구 산은 프라드(Prades)에서 남쪽으로 10킬로미터 지점에 있다. 산 정상까지는 프랑스 산악회에서 운영하는 샬레 데 코르탈레(Chalet des Cortalets) 산장에서 올라가는 코스가 가장 쉽다. 등산로는 명확히 표시돼 있지만 튼튼한 등산화와 물병, 정수용 알약과 모자, 선글라스, 자외선 차단제와 방수용 외투가 필수다. 올라갔다가 내려오는데 4시간에서 6시간 정도 잡아야 한다. 지프 택시가 프라드와 베르네레뱅(Vernet-les-Bains)에서 산장까지 운행한다. 산장에는 공동 숙소와 기본적인 트윈 룸, 간단한 바와 레스토랑 겸용 식당이 있다. 근처에 있는 호수나 베르네 바로 외곽에 있는 생 마르탱 캠핑장에서 야영도 가능하다.

Websites www.prades-tourisme.com, www.francethisway.com

> 북아일랜드

자이언츠 코즈웨이 *Giant's Causeway*

바다로 이어진 기이한 바위 지형 사이로 신화 속 영웅의 발자국을 따라 걸어 보자.

앤트림 카운티(County Antrim)의 북부 해안. 험준한 절벽과 숨겨진 만, 느닷없이 불쑥 튀어나온 곶들이 장관을 이루는 해안선에 자리잡은 자이언츠 코즈웨이. 물 위로 삐죽삐죽 솟아 오른 4만여 개의 현무암 기둥들이 만들어 낸 울퉁불퉁한 제방길이 바다로 이어진다. 삼면이 대서양으로 둘러싸인 이곳에서 빼곡히 들어선 현무암 기둥들을 하나씩 밟고 건너다 보면 온몸으로 대양의 힘이 느껴진다. 가파른 벌판과 하늘 높이

자이언츠 코즈웨이의 기이한 바위들 사이에 생긴 작은 물웅덩이에 대서양 위로 저물어가는 석양이 비친다.

솟은 검은 현무암 기둥들 양 옆으로 석회암 절벽이 길게 뻗어 있다. 자이언츠 코즈웨이 위로 솟은 절벽이 바닷물에 침식되면서 '높은 굴뚝', '거인의 하프', '오르간', '낙타의 혹' 같은 이름에 걸맞는 놀라운 형상들을 만들어 냈다. 아일랜드의 전설에 따르면 영웅 핀 맥쿨(Finn McCool)이 자신의 전투 능력에 도전장을 낸 스코틀랜드의 거인 베난도너(Benandonner)와 일전을 벌이기 위해 스코틀랜드로 건너가는 다리를 놓으려고 이 방죽길을 만들었다고 한다. 하지만 핀 맥쿨이 잠든 사이 찾아와 그의 모습을 보고 기겁을 한 베난도너가 도망가면서 방죽길을 거의 파손시키는 바람에 바닷속으로 들어가는 계단만 남게 되었다고 한다. 방죽 길이 실제로 형성된 과정은 그보다는 덜 시적이지만 매우 놀랍다. 약 6,000만 년 전 바다 위에 가로 놓였던 바위틈 사이로 용암이 끓어올랐는데 그 용암이 식으면서 수축을 했고 그때 생긴 틈이 수직으로 벌어지면서 돌기둥들이 형성되었다. 그리고 끊임없이 파도에 부딪히면서 침식작용이 일어난 것이라고 한다.

- 저녁 해가 바닷속으로 떨어지는 모습을 보면서 먼 옛날 전설 속의 시대로 돌아가는 상상을 해보자.
- 다양한 절벽 등반 프로그램 중에서 하나쯤 시도해 보자. 등반 중에 거인의 핏발 선 눈을 볼 수 있다. 절벽에서 현무암 바위들이 떨어져 나가면서 타원형의 붉은 구멍이 팬 것이다.
- 바닷새들을 관찰해 보자. 풀머갈매기와 가마우지들은 1년 내내 볼 수 있다. 여름에는 큰부리바다오리, 바다오리, 유럽쇠가마우지들도 쉽게 볼 수 있다.
- 1608년에 양조 면허를 받은 올드 부시밀스 위스키 양조장(Old Bushmills whiskey distillery) 투어 중에 아일랜드의 전설적 영웅을 위해 건배도 해봄직하다.

When to go 방죽길은 1년 내내 들어갈 수 있는데 여름이 가장 붐빈다. 혼자서 즐기고 싶다면 12월이나 1월의 이른 아침에 가는 게 좋다.

Planning 부시밀스(Bushmills)에서 북쪽 3킬로미터 지점에 자이언츠 코즈웨이 관광안내소가 있다. 방죽길은 안내소에서 800미터 정도 걸어가면 된다. 여름에는 안내소에서 출발하는 버스도 운행한다. 방죽길의 분위기에 흠뻑 취하고 싶다면 두 시간 정도 머물 계획을 세우는 게 좋다. 바위가 미끄러울 수 있으므로 흡착력이 좋은 신발을 준비하는 게 좋다. 몇 시간 머물 계획이라면 근처에 식당이 없으므로 먹을 것과 음료수를 가져가자.

Websites www.giantscausewayofficialguide.com

TOP 10

성스러운 산 *Ten Sacred Mountains*

비록 산을 오르는 행위가 신성모독일 수 있지만 고대부터 산은 많은 종교에서 신성하게 여겨온 대상이었다.

❶ 블랙힐스 산지 Black Hills 미국_사우스다코타 주

대평원에 고립돼 우뚝 솟은 침식 산악지대로, 최고봉 하니피크(Harney Peak)에서 내려다보면 소나무로 둘러싸인 언덕이 정말 검게 보인다.

Planning 러슈모어 산에 새겨진 역대 미국 대통령 4명의 조각상이 주는 감동을 놓치지 말자. www.travelsd.com

❷ 샤스타 산 Mount Shasta 미국_캘리포니아 주

캐스케이드 산맥에 있는 샤스타 산의 매력은 외딴 곳에 고즈넉이 서있는 모습에 있다. 노련한 등산가들은 정상을 오르겠지만 버니 플랫 입구에서 빙하로 덮인 아름다운 산의 모습을 즐길 수도 있다.

Planning 하이킹과 등산을 하기에는 5월에서 8월까지가 좋다. www.visitsiskiyou.org

❸ 후지 산(富士山) Mount Fuji 일본

눈 덮인 후지 산은 일본의 예술과 문화의 상징이다. 맑은 날에는 도쿄에서도 산 정상이 보이고 7월과 8월에는 산 정상을 오르는 이들이 많다.

Planning 도쿄의 신주쿠에서 급행버스를 타면 된다. 산을 오르는 데 5시간에서 8시간 정도 걸린다. www.welcometojapan.or.kr

❹ 아궁 산 Mount Agung 인도네시아_발리

발리 사람들에게 세계의 중심이나 다름없는 아궁 산은 활화산으로 경배와 두려움의 대상이다. 발리의 가장 신성한 힌두 사원인 베사키는 이곳 고지대에 있으며 1963년 화산 폭발에도 거의 피해를 입지 않았다.

Planning 4월에서 10월까지가 여행을 하기에 좋지만 종교 행사가 열리는 4월에는 입산이 제한된다. www.indonesia-tourism.com

❺ 마우아오 Mauao 뉴질랜드

마우아오라는 작은 사화산은 플렌티베이의 반도 끝자락에 위치하고 있다. 마오리족들은 이곳을 신성한 곳으로 또 천혜의 요새로 소중히 여기고 있다. 마을과 요새가 지어지기도 했으며 1800년대 초까지도 사람들이 거주했던 지역이다.

Planning 산책로까지는 45분, 멋진 전경이 파노라마처럼 펼쳐지는 정상까지는 2시간 정도 걸린다. www.bayofplentynz.com.

⑥ 에베레스트 산 Mount Everest 네팔과 중국 국경

티베트인들은 에베레스트 산을 우주의 어머니라고 부른다. 죽음을 불사하는 등정을 하고 싶지 않다면 티베트의 라싸 또는 네팔의 루클라에서 다채로운 마을과 사원을 감상하며 트레킹을 시작할 수 있다.

Planning 히말라야 북쪽에 있는 롱부크(Rongbuk) 사원에 서면 에베레스트 산의 모습이 바로 앞에 펼쳐진다. www.nepal-jjang.com

⑦ 카일라시 산 Mount Kailash 중국 | 티베트

힌두교, 불교, 자이나교, 티베트의 원시 종교인 본시 종교의 신자들이 신성시하는 곳이다. 수천 명에 이르는 신자들이 매년 이곳을 오르고 종교의식을 치르기 위해 히말라야의 외진 다르첸(Darchen) 마을을 찾는다.

Planning 어느 방향으로 산을 오른다 해도 정상에 오르려면 며칠이 걸린다. www.summitpost.org

⑧ 노보 산 Mount Nebo 요르단

노보 산 정상은 선지자 모세가 약속의 땅을 바라보면서 죽음을 맞이한 정상에 세워진 교회에는 초기 모자이크 작품들이 소장돼 있다. 맑은 날에는 사해와 요르단 강, 여리고 시와 올리브 산도 보인다.

Planning 마다바(Madaba)에서 택시를 타고 노보 산으로 가거나 다양한 투어 상품을 이용한다. www.na.visitjordan.com

⑨ 올림포스 산 Mount Olympus 그리스

그리스 신들이 살았다고 전해지는 2,919m 높이의 올림포스 산을 보면 절로 옷깃이 여며진다. 2일 또는 3일에 걸쳐 산을 오르면 1,700여 종에 달하는 다양한 식물들을 감상할 수 있다.

Planning 올림포스 산을 등정하기 위해서는 카테리니(Katerini) 남쪽의 에게 해안에 위치한 리토코로(Litochoro) 마을에서 출발해야 한다. www.visitgreece.kr

⑩ 킬리만자로 산 Mount Kilimanjaro 탄자니아

그레이트 리프트 밸리 위로 우뚝 솟은 킬리만자로 산은 마사이족들에게는 성지로서 200km 떨어진 지평선에서도 종종 그 모습을 볼 수 있다. 아루샤 국립공원(Arusha National Park)에서 킬리만자로를 구경하거나 가이드를 동반한 5~7일간의 등정 코스를 예약할 수 있다.

Planning 등반하기에는 날씨가 온화한 1월부터 3월까지 또는 9월부터 10월까지가 좋다. www.tanzaniaparks.com

2

거석 유적과 수수께끼

Megaliths & Mysteries

환상열석(環狀列石)과 엄청난 규모의 정체 모를 토루(과거 방어용으로 쌓았던 둑), 돌기둥으로 세운 사후세계로 들어가는 관문, 산비탈을 깎아서 만든 신전과 궁전, 잊혀진 신들의 거대한 조각상들, 바위에 새겨진 신성한 글들, 영겁에 이르기 위해 분투하던 우리 조상들이 우리에게 보내는 메시지들이다. 그 메시지가 이 세상 어디에 있든 그것을 만나려면 무한의 존재와 대화를 나눠야 한다.

이 장에서는 수세대 동안 찾는 이들을 매료시켰던 장소, 잉글랜드의 스톤헨지, 멕시코 테오티우아칸의 해와 달의 신전, 그리고 아테네 판테온 신전에 정교하게 조각된 여인들을 찾아가고, 오지의 지형으로 여행자들을 유혹하는 코카서스 산맥 서부의 거석묘들, 아우터헤브리디스(Outer Hebrides) 제도 칼라나이스(Calanais)의 환상열석으로 안내할 것이다. 또한 와이오밍 주의 빅혼 주술바퀴처럼 신앙과 종교의식의 고리가 끊어지지 않은 채 남아 있는 곳이나 페루의 나스카라인처럼 왜 만들었는지 알 수 없는, 여전히 수수께끼로 남아 있는 곳들도 찾아갈 것이다.

라오스 북부의 외딴 고원지대에는 돌덩어리를 다듬어 만든 항아리 모양의 거대한 용기가 버려진 채 무리지어 있다. 어떤 용도로 쓰였는지는커녕 언제 만들어졌는지조차도 수수께끼이다.

아직도 아메리카 원주민들의 의식에 이루어지는 빅혼 주술바퀴.

미국 _ 와이오밍 주

빅혼 주술바퀴 *Bighorn Medicine Wheel*

메디신 산(Medicine Mountain) 정상에 자리잡고 있는 환상열석은
하지 때 태양의 위치를 가리킨다.

    와이오밍 주 빅혼 국유림 내의 한 외진 산봉우리에 북아메리카 대륙에서 가장 크고 중요한 환상열석 중 하나가 자리잡고 있다. 아메리카 원주민들이 땅 위에 바퀴 모양으로 돌들을 배열해서 만든 이 주술바퀴는 천문학이나 종교의식 측면에서 중요한 의미를 지닌다. 2.4킬로미터의 오르막을 힘겹게 걸어올라가면 빅혼 주술바퀴는 소박

한 아름다움과 평온함으로 찾아온 이의 노고에 보답한다. 부드러운 바람이 불어와 돌 원 주위를 에워싸고 있는 간소한 나무 울타리에 걸린 색색의 천 조각들과 깃털을 흔든다. 사람들의 기원을 담아 매달아 놓은 것들이다. 환상열석 주위를 감싸고 있는 깊은 정적 속에서 수백 년 동안 이곳에서 치러졌을 제례의식과 노래, 주문과 춤사위들을 자연스럽게 떠올릴 수 있다.

빅혼 주술바퀴는 지름 24미터로 중앙의 돌무지를 중심으로 28개의 돌이 방사선 모양으로 퍼져나가도록 배열돼 있다. 중앙의 돌무지로 이어지는 바퀴살 중 가장 긴 것은 하지 때 떠오르는 태양을 정확하게 가리킨다. 빅혼은 수백 년 전 북미 대초원 인디언들이 만든 것으로 추정된다. 지금도 샤이엔족(Cheyenne), 크로족(Crow), 쇼쇼니족(Shoshoni), 블랙풋족(Blackfeet)을 비롯한 약 70개 부족이 이곳이나 메디신 산 인근 여러 지역에 함께 모여 전통과 신앙을 기리는 의식을 행한다.

When to go 6월 중순과 9월 중순 사이면 언제든 좋다. 6월과 7월에는 각양각색으로 어우러진 야생화가 절정을 이룬다.

Planning 버지스(Burgess) 나들목에서 메디신 산까지 자동차로 45분, 가는 도중 군데군데 경치를 감상하고 환상열석을 살펴본 다음 메디신 산에서 보이는 전망까지 만끽하려면 적어도 한나절은 잡아야 한다. 주변에 공공건물이 하나도 없기 때문에 간식이나 음료수는 반드시 지참해야 한다. 버제스 나들목에 있는 국립산림지대 관광안내소에 미리 연락해서 원주민들의 의식 일정이 없는지 확인해 보자. 하절기에는 부족별로 자체 종교의식을 행하는 경우가 간혹 있고 그 시기에는 외부인들은 출입이 허용되지 않을 수 있기 때문이다.

Websites www.fs.fed.us/r2/bighorn/contact, www.wyoming-tourism.org

■ 봄과 여름에는 빅혼 분지의 야생 쑥밭과 초지를 통과하는 도로(14A 관광도로)를 따라 주술바퀴 옆의 풀밭에 흐드러지게 피어 있는 형형색색의 야생화들이 눈부시다. 메디신 산을 따라 굽이굽이 올라가다 보면 눈앞에 펼쳐지는 전망이 장관이다.

■ 환상열석 주위를 돌 때는 전통적으로 시계방향으로 걷는다. 관광객은 울타리 안으로 들어갈 수 없지만 울타리 밖에서 원 주위를 돌 수는 있다.

■ 담요와 도시락을 준비해 가서 버제스 나들목으로 돌아오는 길에 잠깐 쉬었다 가는 것도 좋다. 야외에서 도시락을 먹으며 눈앞에 끝없이 펼쳐지는 전망을 함께 즐길 수 있다.

고지 사막은 겨울이면 기온이 뚝 떨어져 협곡이 눈으로 덮이기도 한다.

미국 _ 뉴멕시코 주

차코캐니언 *Chaco Canyon*

콜럼버스가 북미대륙을 발견하기 이전 북아메리카 원주민들이 세운 최대의 유적지 차코캐니언은 현대를 사는 원주민 후예들에게도 성스러운 곳으로 남아 있다.

뉴멕시코 주 북서쪽에 위치한 차코캐니언의 협곡 바닥을 따라 대규모 인디언 마을인 푸에블로(pueblos)의 유적지가 남아 있다. 푸에블로는 대부분 D자형으로 배치되어 있으며 집들은 사암 벽돌과 진흙 반죽, 115킬로미터 떨어진 숲에서 운반해온 통나무로 지어졌다. 높이가 4층 건물에 이르는 집들도 있다. 건축에 사용된 목재를 통해 이곳의 건물들이 서기 900년에서 1150년까지 약 250년에 걸쳐 세워졌다는 사실을 밝혀냈다. 사전 계획에 따라 전 주민이 전력을 다해 단기간에 건설한 이 마을은 아나사지(Anasazi) 부족의 작품이다. 아나사지는 나바호(Navajo) 어로 '고대의 이방인들'이라는 뜻이다. 마을의 특징 중 하나는 '키바(kiva)'라는 둥근 방이다. 위에서 들어가게 설계된 키바는 종교의식을 행했던 장소다. 푸에블로와 키바의 크기나 수를 볼 때 차코캐니언이 뉴멕시코, 애리조나, 유타, 콜로라도 접경지역 전체를 아우르는 아나사지 문화권에서 종교와 교역의 중심이었음을 알 수 있다. 12세기 들어 오랜 가뭄, 급격한 인구 증가, 빗물에 의존했던 취약한 관개시설로 농경체제가 붕괴되자 아나사지 부족은 차코캐니언을 버리고 인근 지역으로 이주했다. 현대의 푸에블로 주민인 호피족과 나바호족의 일부는 아나사지 부족을 선조로 여기고 차코캐니언을 강력한 영적 의미를 지닌 성스러운 선조들의 땅이라고 생각한다.

When to go 차코 국립문화역사공원은 일출에서 일몰까지 연중 무휴로 개방한다. 관광안내소는 주요 국경일을 제외하고 오전 8시에서 오후 5시까지 운영한다. 야영장 역시 1년 내내 이용할 수 있다. 겨울은 매우 춥고 여름은 매우 덥다. 봄가을은 기후가 온화하지만 폭우가 쏟아질 가능성이 상당히 높다.

Planning 자동차로 국립공원 전체를 도는, 길이 14.5킬로미터의 순환도로 상에 있는 주요 볼거리를 구경하고 돌아오려면 적어도 하루는 잡아야 한다. 가장 가까운 공항은 협곡 북쪽 120킬로미터 지점에 있는 파밍턴 공항이다. 남쪽으로 250킬로미터 떨어진 곳에는 앨버커키 공항이 있다. 협곡으로 가는 표지판이 나오는 미국 550번 국도를 타고 북쪽에서 내려오는 경로를 추천한다. 9번 고속도로를 빠져나와 남쪽에서 올라가는 방법도 두 가지 있지만 두 방법 모두 비포장도로 부분이 많고 악천후에는 통과하기가 불가능할 수도 있다. 여름에도 기온이 급격히 떨어질 수 있으니 옷을 충분히 준비해 가자.

Websites www.nps.gov/chcu

- 919년에서 1085년 사이에 세워진 푸에블로 보니토(Pueblo Bonito)는 협곡 중앙에 자리잡고 있다. 650개의 방과 40개의 키바가 있었고 800~1,000여 명 사이의 사람들이 거주했을 것으로 추정된다.

- 라 린코나다(La Rinconada)는 차코캐니언에서 가장 규모가 큰 키바이다. 지름이 19m, 400명 가량 수용할 수 있는 규모로 푸에블로 보니토와는 800m 떨어져 있다.

- 협곡 바위에 새겨진 조각과 그림을 통해 아나사지 부족이 천문 현상을 면밀히 연구했음을 알 수 있다.

- 오지에 있는 차코캐니언은 밤하늘이 장관이다. 4월~10월, 공원 관측소에서 열리는 밤하늘 관측행사에 참여하기 위해 매년 1만 4,000명 가량이 이 협곡을 찾는다.

케찰코아틀 신전을 장식하고 있는 깃털 달린 뱀 머리 조각상. 아즈텍인들에게 하늘과 땅의 결합을 상징한다.

멕시코

테오티우아칸 *Teotihuacan*

매일 아침 석조 피라미드 위로 첫 햇살이 비치는 순간 고대 중앙아메리카인들의
창조 신화가 전개된다.

기원전 100년경 테오티우아칸에 최초로 건축물을 세운 사람들에 대해서는 알려진 바가 거의 없다. 고고학자들은 전성기 때의 테오티우아칸은 인구가 20만 명에 달하는 아메리카 대륙의 중요한 도시 가운데 하나였을 것으로 추정한다. 그렇다면 활발한 정치, 교역, 종교의 중심지로 멕시코와 중앙아메리카 전역에 광범위한 영향을 미

쳤을 것이다. 서기 700년 무렵까지 이곳에 살았던 사람들이 흔적도 없이 사라져 버린 사실이 수수께끼를 더해 준다. 그로부터 500년 후 아즈텍인들이 폐허가 된 이 도시로 들어와 문화의 핵심 성지로 변모시켰다. 테오티우아칸에 내재된 장엄함에 압도당한 아즈텍인들은 이 고대의 유적지를 자신들 신앙과 결합시켜 이곳을 해와 달과 인간이 창조된 장소이자 유한한 인간이 초월적인 존재로 탈바꿈하는 장소로 믿었다. 테오티우아칸이라는 이름은 '인간이 신이 되는 장소'라는 뜻이다.

대부분의 주요 건축물들은 '사자의 길'이라고 하는, 북에서 남으로 약 3킬로미터에 이르는 곧게 뻗은 자갈길을 따라 배치돼 있다. 그리고 용암동굴 위에 세워진 2,000년 된 태양의 피라미드가 위용을 드러내며 이 모든 것들을 내려다보고 있다. 태양의 피라미드 꼭대기 지 이어지는 248개의 계단을 올라가 보자. 전세계에서 세 번째로 큰 이 피라미드에 오르면 유적지와 그 너머 전망이 파노라마처럼 펼쳐진다. 피라미드의 높이는 20층 건물을 능가한다. 용암동굴은 오래전에 자취를 감춘 이 도시를 처음 세웠던 사람들에게는 어머니 대지의 자궁을 상징했는지도 모른다.

When to go 멕시코 중부 고원지대의 겨울은 추위가 의외로 매서울 수 있다. 반면 여름은 뜨겁고 흙먼지가 인다. 따라서 테오티우아칸을 찾아가려면 파란 하늘과 온화한 기후로 여러분을 반겨줄 봄과 여름이 가장 좋다.

Planning 멕시코시티에서 북쪽으로 1시간 정도 차를 타고 가면 테오티우아칸에 도착한다. 유적지를 휙 둘러보는 데는 한나절이면 되지만 열성 팬이라면 근처 호텔에서 하룻밤 묵으면서 피라미드 위로 떠오르는 일출을 경험해 보자.

Websites www.go2mexicocity.com, www.destination360.com

■ 테오티우아칸에서 두 번째로 큰 고대의 상징물인 달의 피라미드 정상에 서면 사자의 길이 한눈에 들어온다. 달의 피라미드 밑과 그 주변은 현재 발굴 작업이 진행 중이다. 1988년에 새로운 무덤이 발굴되었다.

■ 깃털 달린 뱀인 케찰코아틀 신전은 석조 조각과 벽화의 잔재로 유명하다. 신전을 헌정할 때 제물로 바쳐진 사람들을 묻었던 것으로 보이는 오래된 매장지가 사방에서 발견되었다.

네 개의 거대한 톨텍 전사 조각상이 틀라위스칼판테쿠틀리 피라미드의 정상을 지키고 서있다.
이 조각상들은 한때 지붕을 떠받쳤던 것인지도 모른다.

멕시코

툴라 *Tula*

톨텍(Toltec) 제국의 수도 툴라가 케찰코아틀 신을 재현한 것으로 여겨지는
거대한 전사 석상들의 호위를 받고 있다.

전설에 따르면 톨텍 제국의 수도 툴라는 빛과 어둠이 만나는 곳이다. 그 톨텍 제국의 위력을 아즈텍인들이 물려받았다. 툴라 유적지에는 아즈텍 문명의 창조신 케찰코아틀을 상징하는 것들이 수없이 많다. 그리고 케찰코아틀 신은 사악한 신 테스카틀리포카(Tezcatlipoca)를 숭배하는 세력에 의해 툴라에서 추방된 한 톨텍 통치자의 강력

한 우방이었다. 이 도시를 지키는 높이 4.5미터에 달하는 전사 조각상, '아틀란테(Atlante)'는 네 개의 돌덩어리를 쌓아 만든 석상으로 선과 악의 끊임없는 싸움을 나타내는 흔적이다. 아틀란테는 후에 이달고(Hidalgo) 주의 비공식 상징이 되었다. 유적지는 격자형으로 배치되어 있으며, 중앙에 종교의식을 행하는 장소가 있고, 그 주위를 세 개의 꼭대기가 잘린 피라미드 모양의 신전이 에워싸고 있다. 가장 큰 피라미드는 케찰코아틀 신의 다른 모습인 금성 또는 틀라위스칼판테쿠틀리 신을 모시는 신전이다. 불타 버린 궁전이라는 의미의 팔라시오 케마도의 전면에는 사제나 통치자로 보이는 인물 조각이 새겨져 있다. 이 유적지의 또 다른 특징은 우에고 데 펠로타(juego de pelota)라고 하는 구기장이다. 경기에 소집된 전사들은 뛰어난 실력을 보여야만 살아남아 다음 번 경기도 치를 수 있었다.

When to go 1년 내내 기후가 온화하고 건조하다.

Planning 툴라는 멕시코시티에서 북서쪽으로 50킬로미터 가야한다. 두 도시 사이에 길도 잘 닦여 있고 항공편도 편리하게 이용할 수 있다. 툴라와 이달고 주의 주도 파추카(Pachuca)를 함께 묶어서 가도 좋다. 파추카에도 전에 수도원 건물이었던 성 프란체스코 수도원을 비롯해서 볼거리가 많다. 수도원 자리는 지금은 이달고 문화센터로 변했다. 이달고 문화센터 내에 있는 무세오 데 라 포토그라피아(Museo de la Fotografia, 사진 박물관)는 100만 점 이상의 사진을 소장하고 있다. 툴라 관광 일정에 이달고에 머무는 일정이 포함되어 있지 않다면 멕시코시티에서 하루 관광버스를 이용해도 된다. 멕시코시티 국립인류학박물관 내에 있는 톨텍 전시관에 가면 영구 전시 중인 아틀란테를 볼 수 있다.

Websites www.visitmexico.com

- 틀라위스칼판테쿠틀리 신전 꼭대기의 평평한 단상에 서서 보는 전망이 가장 좋다. 신전 하단에는 재규어와 독수리, 해골 등의 조각이 새겨져 있다.

- 코아테판틀리(Coatepantli)에게 봉헌된 신전의 북쪽 면에 있는 뱀의 벽에는 뱀들이 인간을 잡아먹는 모습의 환상적인 부조가 있다.

- 착물(Chac Mool)은 비스듬히 서 있는 사제 조각상이다. 배 부분이 사발처럼 움푹 패여 있는데 고대 톨텍인들은 그곳에 신들에게 바치는 제물을 두었다.

사진 속의 궁전은 중앙 광장 주변에 늘어선 여러 건축물 가운데 하나다.

멕시코

팔렝케 *Palenque*

멕시코 열대우림 끝자락에 신전과 무덤의 도시, 거대한 마야문명의 유적지가 자리잡고 있다.

울창한 밀림과 안개를 머금은 대기가 하늘 높이 솟은 팔렝케 유적지를 감싸고 있다. 팔렝케는 멕시코 마야문명의 업적을 보여주는 가장 위대한 유산이다. 기원전 100년경에 건립된 팔렝케는 서기 600년까지 마야문명의 중심지였다. 마야문명의 몰락 이후 팔렝케의 석조 건축물과 벽에 새겨진 마야인의 삶에 대한 기록은 1,200년 이상 울창한 밀림에 묻혀 외부 세계에 알려지지 않았다. 고고학자들이 마야인들의 역사를 말해주는 고대 동굴에 새겨진 문자를 해독하기 시작한 것은 불과 몇십 년 전부터다. 620개의 그림문자로 장식된 '비문의 신전'만큼 마야인들의 수수께끼 같은 메시지가 돋보이는 곳은 없다. '비문의 신전'이란 이름도 그림문자 때문에 붙은 것이다. 7세기

'비문의 신전' 내부 깊은 곳에 7세기 마야를 통치했던 파칼(Pakal)의 묘가 있다.

에 68년 동안 마야를 통치했던 '파칼 왕(Pakal)'이 비문의 신전에 잠들어 있다. 1952년 고고학자들이 정교하게 조각된 대리석 석관이 들어 있는 그의 무덤을 발견했다.

팔렝케에는 200개가 넘는 건축물이 있기 때문에 시간을 충분히 갖고 천천히 둘러보다 보면 며칠이 훌쩍 가버린다. 눈여겨볼 만한 건축물들은 의식용 건물을 중심으로 모여 있다. '태양의 신전'과 '십자가의 신전' 그리고 나선형 계단이 특징인 궁전 등이 있다. 이곳을 찾는 사람들은 수많은 무덤과 부장품들을 통해 마야인들의 죽음에 대한 개념과 신과 통치자 사이의 관계에 대한 믿음을 느낄 수 있다.

■ 비문의 신전 정면에 있는 계단을 올라가면 유적지 전경이 가장 잘 보인다.

■ 미로처럼 생긴 궁전의 방들과 통로들을 탐험해 보자.

■ 박물관에서는 팔렝케의 흥미로운 역사를 확인할 수 있고 이곳에서 발굴된 수많은 유물을 볼 수 있다.

■ 유적지 주변은 하이킹에 최적의 조건을 갖추고 있다. 1,700ha에 달하는 팔렝케 국립공원은 편안하게 새들을 관찰할 수 있는 곳이다. 운이 좋으면 재규어와 고함원숭이도 볼 수 있다.(보지 못하더라도 소리는 확실히 들을 수 있다.)

When to go 12월부터 2월까지 겨울이 가장 쾌적하다. 여름은 너무 덥고 습하다. 매일 오전 8시에서 오후 5시까지 개방한다.

Planning 치아파스 주 팔렝케 마을에서 약 6.5킬로미터 떨어져 있다. 팔렝케 마을까지는 멕시코 주요 도시 어디에서나 기차나 버스 편을 이용해 갈 수 있다. 유적지와 마을 사이는 시내버스와 택시가 다닌다. 개인적으로 여행할 경우 유적지를 둘러보는 데 적어도 하루를 잡는 게 좋다. 숙박시설은 팔렝케나 145킬로미터 떨어진 비야에르모사에서 구하면 된다. 팔렝케 유적지로 가는 단체관광도 많으니 참고하자. 날씨가 무덥기 때문에 가벼운 옷차림이 좋다. 튼튼한 운동화와 자외선 차단제, 방충제와 물을 충분히 준비하자. 멕시코에 장기간 체류할 예정인 해외 관광객들은 치아파스를 첫 행선지로 선택하지 않는 게 좋다. 멕시코 정부에서 치아파스를 찾는 해외 방문객에 한해 체류 기간을 15일로 제한하기 때문이다.

Websites www.mexperience.com, www.visitmexico.com

칠레

이스터 섬 *Easter Island*

뻥 뚫린 눈으로 내륙을 응시하며 서있는 수백 개의 거대한 석조 두상들.
이들은 지구상에서 가장 외딴곳 중 한곳을 지키며 서있다.

고고학자들은 바람에 찢겨 나간 이 화산섬에 처음으로 사람들이 이주한 것은 남태평양 전역에서 수 세기에 걸쳐 진행되던 동진(東進) 현상이 끝나갈 무렵인 318년 전후라고 생각한다. 인구가 늘어나자 이스터 섬 주민들은 섬의 험준한 바위 해안선을 따라 약 1킬로미터 간격으로 자신들의 조상신을 기리는 제단을 세웠다. 아후(ahu)라고 하는 제단 위에 진한 색 화산암을 깎아 만든 '모아이(moai)', 즉 거대 인면석상들이 줄지어 놓여 있다. 이스터 섬에 우뚝 서있는 모아이는 전부 288개 정도로 추정된다. 가장 큰 것은 높이가 10미터에 무게가 73톤까지 나가고 가장 작은 것이 높이 109센티

이스터 섬 남동쪽 해안 아후 통가리키에 15개의 모아이가 나란히 서있다. 이 중에는 이 섬에서 가장 큰 조각상도 있다.

미터다. 울창한 야자나무 숲 깊은 곳에 있는 채석장에서 기계적인 도움을 전혀 받지 않고 육중한 돌들을 운반해서 세워 놓은 이 조각상들은 전 주민의 막대한 노력과 의지가 만들어낸 엄청난 위업이다. 그러나 네덜란드인 탐험가 야곱 로헤벤(Jacob Roggeveen)이 1722년 부활절에 이곳에 도착했을 무렵엔 이 섬의 인구는 겨우 3,000명에 불과할 정도로 줄어 있었다. 과도하게 늘어난 인구와 벌목, 기아와 내부 갈등이 이스터 섬의 경이로운 문화를 쇠락의 길로 이끌었다. 많은 석상들이 쓰러졌고 조개껍질과 산호를 박아 만든 눈도 사라졌다. 19세기 말 질병과 강제 이주로 인해 인구가 급격히 감소하면서 과거와 이어지는 마지막 인간의 고리가 끊어지고 이스터 섬은 세계에서 가장 풀리지 않는 수수께끼를 안고 있는 고고학 유적지 가운데 하나로 남게 되었다.

When to go 언제 가도 좋다. 여름인 12월에서 2월까지는 날씨가 온화하고 쾌적하다. 6월부터 10월까지인 겨울은 서늘하지만 춥지는 않다. 1년 중 어느 때든 폭우와 안개비, 가랑비가 내릴 가능성이 있지만 겨울은 대체로 건조하다. 매년 여름 1월과 2월에는 전통 음악과 춤, 공예품과 퍼레이드 등을 선보이는 타파티 라파 누이(Tapati Rapa Nui) 축제가 2주 남짓 열린다.

Planning 산티아고와 칠레, 타히티 사이를 운항하는 항공편들은 이스터 섬을 경유한다. 관광객을 위한 편의시설과 숙박업소는 대부분 수도 항가로아(Hanga Roa)에 있고 거기서 인면석상이 있는 곳까지 버스나 자동차 오토바이 또는 자전거를 타고 간다. 말을 타고 갈 수도 있다. 아후(석상들이 서 있는 제단) 위를 걷는 것은 신성모독적인 행위다. 섬을 구석구석 돌아보려면 이틀 정도 잡는 게 좋다. 크루즈 여행이 아니면 비행기 일정 때문에 적어도 하룻밤은 섬에서 지내야 한다.

Websites www.enjoy-chile.org, www.southpacific.org

■ 라노 라라쿠(Rano Raraku)에 있는 채석장을 찾아가 보자. 완성도가 다양한 397개의 석상들이 여기저기 누워 있다. 길이 22m, 무게 약 150톤 정도 되는 미완성 석상이 있는데 완성되었다면 이 섬에서 가장 큰 석상이 되었을 것이다.

■ 15개의 석상이 일렬로 서서 지키는 아후 통가리키의 원초적 모습이 주는 아름다움도 놓치지 말자.

■ 해발 324m 높이에 있는 라노 카우(Rano Kau)의 화산호에서 바라보는 바다도 장관이다.

■ 오롱고(Orongo)에서는 새의 머리를 가진 인간의 모습이 새겨진 바위를 볼 수 있다. 이 바위는 전사용 의식의 잔재이다. 해마다 의식을 위해 선별된 사람들이 이곳 절벽에서 뛰어내린 다음 해안가에 있는 작은 모토누이 섬까지 헤엄쳐 그 해 처음 낳은 검은등제비갈매기의 알을 가져오는 경주를 펼쳤다.

이스터 섬의 산 중턱 여기저기에 서있거나 누워 있는 거대한 무상들. 각 진 이목구비와 길게 늘어진 귀가 특징이다.

우거진 밀림 위로 우뚝 솟아오른 티칼의 높은 피라미드들. 왼쪽에 보이는 것이 가장 높은 제6신전이다.

과테말라

티칼의 마야 신전 Tikal's Maya Temples

과테말라 밀림의 울창한 나무와 덩굴식물 속에 감춰진 거대한 피라미드들이 사라진 문명에 대한 기억을 떠올리게 한다.

고함원숭이들의 날카로운 울음소리와 앵무새의 구슬픈 노랫소리가 이른 아침 안개가 자욱이 덮인 숲 속의 정적을 깨뜨린다. 그리고 갑자기 좁은 길이 활짝 열리면서 눈앞에 거대한 검은 석제 돌탑들이 하늘에 닿을 듯 높이 솟아 있는 광장이 펼쳐진다. 이곳이 바로 티칼 대광장으로 건축물을 위한 완벽한 무대. 깔끔하게 정리된 넓은 풀밭 사이로 재규어 대신전(Temple of the Jaguar, 제1신전)과 가면의 신전(Temple of the

Masks,제2신전)이 마주보고 서있다. 두 신전의 전면에 있는 넓은 계단은 경사가 심해서 관광객들이 고개를 숙인 채 조심스럽게 오른다. 신전 꼭대기에는 비문을 새긴 돌로 만든 빗 모양 지붕 장식이 얹혀져 있다. 피라미드 내부에는 왕실 무덤이 있다. 티칼에는 모두 여섯 개의 신전이 있는데 가장 높은 제6신전은 높이가 70미터에 이른다. 한때 선명하게 색깔을 입혔을 이 신전들은 인구가 10만 명에 이르는 도시의 중심지였다.

수백 년 동안 티칼은 마야 문명권의 다른 도시국가뿐 아니라 중앙아메리카 전역을 지배했다. 정치 및 군사의 중심지였던 티칼은 또한 신격화된 왕들과 귀족, 전사, 사제 같은 특권 계층이 거주하면서 살육과 희생 제물을 바치는 의식을 통해 신과 불가분의 관계를 유지했던 종교적 중심지였다. 그런데 어느 날 갑자기 그 이유는 모르지만 마야문명은 몰락하고 말았다. 서기 869년에 건물에 새겨 놓은 기록을 끝으로 티칼의 유적은 1,000년 가까이 밀림 속에 묻혀 있었다.

When to go 가장 이상적인 시기는 건기인 12월부터 2월 사이다. 3,4월은 덥고, 7월부터 9월까지 이어지는 우기에는 모기떼가 극성을 부린다.

Planning 티칼 국립공원에서 4시간 정도 보낸다고 했을 때 하루면 명소들을 돌아볼 수 있다. 하지만 유적지를 제대로 보려면 적어도 이틀은 잡는 게 좋다. 공원은 오전 6시에서 오후 6시까지 개방한다. 오후 3시 이후에 입장할 경우 다음날까지 입장권이 유효하다. 가장 가까운 주거지는 남서쪽으로 30킬로미터 떨어진 플로레스다. 공원 내에 다양한 수준의 호텔들이 있다. 공원 입구에 있는 '티칼 빌리지'에는 식당과 기념품점들이 있다.

Websites www.tikalpark.com, www.belizex.com/tikal.htm

■ 제2신전의 꼭대기까지 올라가면 신전과 궁전, 의식행렬이 지나던 도로와 구기 경기장, 제단, 비문이 새겨진 기념비들이 모여 있는 유적지 전경을 한눈에 볼 수 있다.

■ 티칼의 로스트 월드(Lost World) 지역에는 250년경에 세워진 높이 30m의 계단식 피라미드가 있다.

■ 관광안내소에 있는 박물관에는 밀림에 덮여 있던 티칼의 과거 모습을 담은 멋진 사진들이 있다. 19세기 중반에 이 도시를 재발견한 후 고고학 작업 초기에 찍은 사진들이다.

■ 유적지는 티칼 국립공원 중심부에 있다. 공원 입구에서 약 20km에 이르는 오솔길을 따라 들어가야 한다. 발굴된 부분은 고대 도시의 극히 일부에 불과하며 나머지 지역은 소중한 자연 보존지역이다.

티와나쿠의 지하 사원 벽에 얼굴 조각상들이 줄지어 박혀 있다.

볼리비아

티와나쿠 *Tiwanaku*

안데스 산맥 고지대에 자리 잡은 이 도시는 잉카 이전
이 지역을 지배했던 문명의 영적 종교의식의 중심지였다.

고대의 벽들이 티와나쿠를 꿰뚫어보고 있다. 위용을 자랑하는 거대 도시 티와나쿠가 지어진 정확한 목적에 대해서는 추측만 무성할 뿐이다. 기원전 400년 이전 어느 시점에 초기 안데스족이 처음으로 이곳에 정착했다. 그리고 티와나쿠가 건설되기 시작한 것은 서기 500년 무렵이었다. 그 당시에는 티티카카 호수가 티와나쿠와 맞닿아 있었지만 그 후 계속 후퇴해서 지금은 19킬로미터나 떨어져 있다. 도시 중심부에는 인간의 얼굴 조각상이나 부조가 새겨진 과거 건축물들의 잔해 사이를 구불구불 통과하는 통로들이 많이 있다. 건축물들은 아카파나(Akapana)라고 하는 대규모 계단식 피라미드와 신전, 궁전들로 이루어져 있다. 이 도시는 잉카시대 이전에는 태양의 도시 또는 신들의 도시로 알려져 있었다. 태양이 자신들의 조상인 동시에 신이라고 믿었던 민족에게는 같은 의미를 지닌 이름이었다.

식물은 거의 자라지 않는 척박한 땅이지만 돌 틈새로 생명력이 강한 녹색식물들이 자라고 있다. 칼라사사야(Kalasasaya) 신전 입구에 미완성인 채로 남아 있는 푸에르타 델 솔(Puerta del Sol, 태양의 문)은 그 위에 새겨진 그림문자 때문에 사람들의 눈길을 끈다. 이 그림문자들은 아직 해독은 못했지만 고고학자들은 1년 농사를 위한 절기를 상징할 가능성이 크다고 믿고 있다. 칼라사사야 계단은 하나의 거대한 사암 덩어리를 계단식으로 깎아서 만들었다. 신전 곳곳에 남아 있는 3.6미터 높이의 석조기둥에도 모두 사람의 모습을 새겨 놓았다. 2000년 유네스코에서 세계문화유산으로 지정하였다.

■ 푸에르타 델 솔은 하나의 화강암 덩어리를 깎아서 만든 것으로 윗부분에 복잡한 무늬를 새겨 놓았다.

■ 이곳에서 열리는 현대적 종교 및 민속축제 대부분이 9월 22일이나 23일 춘분 때 열린다. 이때가 되면 사람들은 동트기 전에 유적지로 모여들어서 푸에르타 델 솔을 통해 나오는 첫 햇살을 맞이한다.

When to go 우기를 피해 건기 때인 5월에서 9월 사이에 가는 게 좋다.

Planning 티와나쿠 유적지는 라파스(La Paz) 북쪽 72킬로미터 지점 해발 3,844미터에 자리잡고 있다. 유적지까지 가는 데 약 90분이 걸리고 당일에 다녀오는 단체관광도 가능하다. 고도가 높기 때문에 여름 한낮에도 최고 기온이 섭씨 20도밖에 되지 않는다. 밤에는 추우므로 따뜻한 옷을 가져가자.

Websites www.travel-amazing-southamerica.com, www.bolivia-explorer.com

TOP 10

암각화 유적지 *Ten Rock-Art Sites*

인류 최초의 예술은 바위나 계곡, 동굴 벽에 그려진 그림이었다. 예술의 의미는 이제 사라졌지만 그 신비함은 여전히 남아 있다.

❶ 치프스 계곡 Valley of the Chiefs 미국_몬태나 주

1,000년 된 암각화 유적에 들소와 곰, 방패를 든 무사들의 그림이 다양한 색으로 칠해져 있고 크로족을 비롯한 평원 인디언 부족들은 이 그림들을 영적 힘의 근원으로 신성하게 여겼다.

Planning 도로 사정이 열악해서 사륜구동차로만 갈 수 있다. 물을 충분히 챙긴다. www.visitmt.com

❷ 산프란시스코 산지 Sierra de San Francisco 멕시코

멕시코 바하칼리포르니아수르 주 산프란시스코 산지에 200개가 넘는 암각화 유적지가 있다. 사냥꾼들과 야생동물 그림들은 오래전에 사라진 거인 종족이 남긴 것으로, 서기 1100년~1300년의 것으로 추정된다.

Planning 이곳은 가이드 투어만 가능하며 걸어서 가거나 나귀를 타고 가야 한다. www.whatmexico.com

❸ 리오 핀투라스 암각화 Cueva de las Manos Rio Pinturas 아르헨티나

과나코를 사냥했던 선사시대 종족들이 살았던 이곳 바위 동굴에는 기원전 7000년경의 것으로 추정되는 오래된 암각화들이 있다.

Planning 바하카라콜레스(Baja Caracoles)에서 40번 도로를 타면 쉽게 찾을 수 있다. www.unique-southamerica-travel-experience.com

❹ 우비르 Ubirr 오스트레일리아_노던테리토리

카카두 국립공원(Kakadu National Park)의 고대 단층지대인 우비르에는 원주민들이 남긴 세계에서 가장 오래된 예술 전통이 남아있다. 이 중에는 'X-레이 그림'이라고 하는 사람과 동물의 골격과 내장을 묘사한 작품도 있다.

Planning 이른 아침에 방문하는 것이 가장 좋다. www.environment.gov.au/parks/kakadu

❺ 빔베트카 유적 Bhimbetka 인도_마드야 프라데시

숲이 우거진 산등성이에 감춰진 인도 최대의 선사시대 암각화 유적지다. 물과 사냥감이 풍부해 중석기인들이 이곳으로 몰려들었고 기원전 6000~1000년 사이의 사냥, 의례 등을 묘사한 암각화를 남겼다.

Planning 이곳에서 45킬로미터 떨어진 보팔에서 택시나 버스를 타면 된다.
www.indialine.com

❻ 타눔 Tanum 스웨덴

빙하에 닳은 바위의 매끄러운 표면 덕분에 북유럽의 청동기시대 예술가들은 이처럼 많은 암각화들을 제작할 수 있었다. 많은 노가 달린 전함과 도끼를 휘두르는 전사의 모습이 바위에 새겨져 있어 스칸디나비아 바이킹의 전통이 오랜 역사를 가지고 있음을 알 수 있다.

Planning 포장된 도로를 따라 조금만 걸으면 타눔 암각화가 있는 곳이 나온다. 제일 먼저 타눔의 자료관을 방문하자. www.rockartscandinavia.se

❼ 발카모니카 Valcamonica 이탈리아

이탈리아의 알프스 산맥에는 14만 점이 넘는 암각화가 있다. 얼음처럼 매끄러운 표면에 새겨진 암각화들은 야생동물, 종교 상징물, 농사와 전쟁을 포함한 장면을 담고 있으며 선사시대부터 로마시대에 이르기까지 8,000년의 역사를 보여주고 있다.

Planning 이곳의 입구는 나드로에 있으며 암각화를 보려면 걸어서 가야 한다. www.arterupestre.it

❽ 니오 동굴 Niaux Cave 프랑스

울퉁불퉁하고 미끄러운 길을 따라 1.6km쯤 지하로 내려가면 구석기시대의 동굴 암각화들을 볼 수 있다. 이곳은 지금도 일반에 공개되고 있으며 바이슨(들소의 일종), 말과 사슴 등이 석회암 벽에 새겨져 있다.

Planning 영어로 진행되는 투어를 하려면 미리 예약을 해야 한다. 폐소공포증이 있다면 방문을 삼가자. www.ariege.com/niaux

❾ 타실리 나제르 Tassili n'Ajjer 알제리

타실리 나제르로 가서 사하라 사막이 초목으로 덮였던 시절에 그려진 암각화를 감상해 보자. 가장 오래된 그림에는 코끼리, 기린, 코뿔소와 물소 등이 그려져 있고, 이후 그림에는 가축과 목축업자들의 모습이 담겨 있다.

Planning 알제리에서 항공 편을 이용하거나 가이드를 동반해서 사륜구동차를 타고라도 된다. www.fjexpeditions.com/tassili/html

❿ 초딜로 언덕 Tsodilo Hills 보츠와나

산족(부시맨족)들은 보츠와나의 칼라하리 사막에 있는 바위투성이 초딜로 언덕을 조상들이 잠들어 있는 신성한 곳으로 여겼다. 지난 5,000년 동안 이곳 바위에 야생동물과 조상의 영혼 및 샤머니즘 의식을 그려왔다.

Planning 가장 가까운 포장도로에서도 차로 두 시간 반 정도를 더 달려야 이 외딴 언덕이 나온다. www.travelafricamag.com

101

안데스 산맥 꼭대기에 신전과 천문대가 자리를 잡았다. 이 도시는 잉카 왕족과 귀족들의 거처이기도 했다.

페루

마추픽추 *Machu Picchu*

안데스 산맥 가장 높은 곳에 자리한 이 성스러운 도시를 거닐며
위대한 잉카 전사들의 발자국을 따라가 보자.

페루 동남부 우루밤바 계곡(Urubamba Valley)을 내려다보며 해발 2,350미터 능선 위에 자리잡고 있는 잃어버린 잉카 도시 마추픽추 유적지에 동틀 녘 햇살이 환하게 빛을 뿌린다. 전설에 따르면 15세기 무렵 잉카 또는 '태양의 후예'들은 파차쿠텍(Pachacutec) 왕의 통치하에 전성기의 로마제국 못지않은 대제국을 건설했다고 한다. 하지만

잉카의 황금기는 100년이 채 못 가서 끝나 버렸다. 스페인의 침입과 내전으로 잉카제국은 멸망하고 사람들은 마추픽추를 버리고 떠났다. 그리고 1911년 미국인 하이럼 빙엄(Hiram Bingham)이 폐허가 된 마추픽추를 발견할 때까지 그 지역 농부 몇몇만 알고 있을 정도로 밀림 속에 파묻힌 채 방치되어 있었다.

신성한 광장(Sacred Square)에 있는 주 신전에는 아름다운 벽과 장식용 벽감, 사제실 등이 있다. 세 개의 창 신전(Temple of the Three Windows)은 안데스인의 우주관과 연결되어 있다. 고고학자들은 거의 수직에 가까운 산비탈을 깎아 계단식으로 만든 대지 위에 미로처럼 배치해 놓은 신전과 출입문, 궁전, 내실과 광장 등에 흩어져 있는 이야기 조각들을 한데 모아 과거 이 이국땅을 지배했던 최고의 문명의 역사를 더듬어 가고 있다.

When to go 5월에서 9월까지 이어지는 건기에는 기온이 크게 올라가지만 맑은 날이 많아서 전망을 즐길 수 있다. 10월부터 4월까지는 비가 많이 내린다.

Planning 마추픽추를 충분히 돌아보려면 이틀은 잡아야 한다. 잉카문명의 흔적을 따라가는 잉카 트레일이나 다른 트레킹 코스 등 유적지를 안내하는 가이드 투어도 가능하다. 그러나 이런 여정은 건강상태가 양호하고 높은 고도를 견딜 수 있어야 한다. 튼튼한 신발과 챙이 넓은 모자, 자외선 차단제와 비옷을 챙겨 가자. 쿠스코(Cusco)에서 아과스 칼리엔테스(Aguas Calientes) 마을까지 기차를 타고 간 다음 그곳에서 8킬로미터 떨어진 유적지까지는 20분 정도 마을버스를 타고 가면 된다. 유적지에 올라가기 전에 아과스 칼리엔테스에서 입장권을 구입해야 한다. 그렇지 않으면 입구에서 입장을 시키지 않는다. 걸어서 돌아올 생각이 아니라면 유적지에서 출발하는 마지막 버스 시간을 미리 알아 두자.

Websites www.machupicchu.org

- 동지 때면 떠오르는 아침 해가 태양의 신전(Temple of the Sun) 제단 석 위를 정면으로 비춘다.

- 마추픽추 동쪽 끝에는 잉카 귀족들의 미라가 안치된 장례용 거석이 있다.

- 78개의 계단을 올라 '태양의 문'인 인티푼쿠(Intipunku)로 가보자. 조각이 새겨진 인티푼쿠는 잉카인들이 농사 주기를 관찰하기 위해 동지, 하지, 춘분, 추분을 예측하는데 사용한 돌기둥이다.

- 와이나픽추(Huayna Picchu) 정상에 오르면 유적지 전체가 한눈에 들어온다. 정상까지 1시간 정도 걸린다.

오얀타이탐보 산비탈에 자리잡은 거대한 잉카 요새. 신전을 비롯한 의식용 건축물도 찾아볼 수 있다.

페루

잉카의 신성한 계곡 *Valle Sagrado de Los Incas*

우루밤바 강이 굽이치며 흐르는 비옥한 계곡에
폐허가 된 잉카의 요새와 신전들이 빼곡히 들어서 있다.

잉카의 수도 쿠스코(Cusco) 바로 북쪽에 있는 계곡을 따라 조각보처럼 펼쳐진 평원을 가르며 흐르는 우루밤바 강은 마추픽추에서 멀지 않다. 가까이 화이트 마운틴이 강을 내려다보며 서있다. 머리 위로 콘도르 떼가 원을 그리며 날고, 구불구불 이어지는 아름다운 계단식 능선이 끝나는 지점에 잉카 요새의 유적지가 모습을 드러낸다.

잉카인들에게 우루밤바 강과 계곡은 매우 중요한 의미를 지니는 성지였다. 쿠스코 시보다 거의 600미터 가까이 낮은 곳에 위치한 계곡의 따뜻하고 온화한 기후는 그곳을 흐르는 수많은 강과 시냇물, 기름진 토양과 더불어 잉카제국의 곡창지대를 형성했다. 계곡에서는 풍부한 옥수수와 감자, 과일, 채소 등을 수확했다. 계곡 남단에 있는 피삭(Pisac)에는 대규모 잉카 주택단지와 계단식 농지, 의식용 건축물의 잔해가 남아 있다.

피삭 광장에서 도시 위의 요새 유적지까지 오솔길로 이어져 있다. 오얀타이탐보(Ollantaytambo) 마을 위, 계곡 북단의 거대한 요새 유적지에서는 가파른 절벽에 매달리듯 붙어 있는 계단식 대지와 신전들을 볼 수 있다. 오얀타이탐보 마을 역시 원래의 잉카 주거지 위에 세워졌으며, 많은 고대 주택단지들이 거의 훼손되지 않은 채 남아 있다.

When to go 4월에서 5월, 10월에서 11월이 가장 좋다. 성수기인 6월에서 9월까지는 사람들이 많아 복잡하고 12월부터 3월인 우기는 피하는 게 좋다.

Planning 계곡은 쿠스코 북동쪽 24킬로미터 지점에서 시작된다. 버스는 자주 운행한다. 쿠스코에서 신성한 계곡까지 당일로 다녀오는 관광상품들이 대부분이지만 적어도 하룻밤은 계곡 안에서 지내는 것을 목표로 하는 게 좋다. 호텔과 호스텔은 매우 기본적인 수준이지만 대부분은 깨끗하고 따뜻하다. 쿠스코에서 열흘 동안 유효한 관광객용 입장권을 사면 쿠스코와 계곡 내에 있는 많은 유적지에 입장이 가능하다. 밤에는 매우 추워질 수 있으므로 따뜻한 옷을 가져가자.

Websites www.peru-explorer.com/valley.htm, www.andeantravelweb.com/peru/destinations/cusco

■ 방대한 규모의 오얀타이탐보 요새를 탐험해 보자. 태양과 달의 신전 그리고 의식을 거행하던 '탐보마차이(Tambomachay, 왕녀의 목욕탕)'가 있다.

■ 피삭 마을 위 산 정상 요새에서 기막힌 전망과 고대 잉카 장인들의 뛰어난 석제 벽돌 솜씨를 감상해 보자. 피삭 마을에서는 일요일마다 공예품 장이 선다.

■ 친체로(Chinchero)에 17세기 잉카 유적지 토대 위에 지은 작은 교회가 있다. 교회는 쿠스코학파(스페인 식민지 시대 쿠스코에서 시작되어 안데스 지역으로 퍼져나간 종교화풍으로, 로마 가톨릭의 전통적 성화에 토착적 모티프가 가미됨)의 벽화와 회화로 장식되어 있다.

페루

나스카 라인 *Nazca Lines*

지구상에서 가장 건조한 지역 중 한 곳, 메마른 땅 위에
고대인들이 남긴 거대한 기하학적 이미지들이 새겨져 있다.

    비행기를 타고 리마(Lima) 남쪽에 펼쳐진 메마른 고원 위를 날면서 태양열에 바싹 타들어가는 사막을 내려다보자. 메마른 땅 위에 길이 180미터가 되는 도마뱀, 꼬리가 돌돌 말려 올라간 90미터의 원숭이, 어린아이의 두 손, 범고래, 거미, 나무 등의 특이한 기하학적 문양들이 선명하게 드러난다. 나스카 라인으로 알려진 이 정교한 기하학적 문양들은 잉카인들이 등장하기 이전, 기원전 200년부터 기원후 700년 사이에

하늘 위에서도 원숭이 형상을 확연히 알아볼 수 있다. 100개가 넘는 형상들이 메마른 사막 위에 새겨져 있다.

번창했던 나스카인들의 작품이다. 나스카 라인은 지상에서 보면 별다른 규칙 없이 나있는 좁은 길처럼 보인다. 고대인들이 지면의 표토층을 긁어내고 안쪽의 옅은 색 지층이 드러나게 하는 방식으로 땅 위에 선들을 새겼다. 하늘에 올라가야만 전체 그림을 볼 수 있다. 바람이 없고 건조한 기후 덕분에 그림들은 수백 년 세월 동안 훼손되지 않고 보존되었다.

고대인들이 나스카 라인을 만든 목적에 대해 학자들 사이에서 이견이 분분하다. 독일의 수학자 마리아 라이헤(Maria Reiche)는 나스카 라인이 거대한 천문력의 일종이라고 생각했다. 물이나 풍요의 신에게 바치는 제물이었다는 이론을 제기하는 사람도 있고 외계인의 착륙 장소라고 주장하는 사람도 있다. 이러한 풀리지 않는 수수께끼 덕분에 나스카 라인의 위력이 더욱더 강해지는지도 모를 일이다. 세스나 경비행기 창밖으로 보이는 나스카 라인은 잠깐이나마 관광객들에게 사라진 문명을 엿보게 해준다.

■ 나스카의 안토니니 박물관(Antonini Museum)에 가면 인근 잉카제국 이전의 도시 카우아치(Cahuachi) 유적지에서 발굴된 고고학 유물을 구경할 수 있다. 카우아치에서 발견된 공예품들이 나스카 지상화의 의미에 대한 열쇠를 쥐고 있을 거라고 생각하는 사람들도 있다.

■ 차를 타고 햇빛에 바싹 타버린 사막을 건너 나스카에서 30km 떨어진 카우일라 공동묘지에 가보자. 몇 시간 머물면서 전시되어 있는 고대의 뼈들과 미라를 감상하는 것도 좋다.

When to go 1년 언제든 좋지만 12월과 3월 사이에는 기온이 많이 올라갈 수 있다. 성수기인 6월에서 9월 초 사이에는 항공료와 숙박료가 비싸다.

Planning 리마에서 버스를 타고 6시간 정도 가면 나스카 오아시스 마을에 도착한다. 그곳에서 미니 버스나 택시로 지방 비행장까지 갈 수 있다. 비행기로 나스카 라인을 돌아보려면 가능한 한 아침 일찍 떠나는 비행기를 타자. 오후에는 바람 때문에 비행기가 요동칠 수 있다. 비행은 30분에서 35분 정도면 끝나지만 숙소를 잡고 2~3일 정도 여유 있게 나스카와 주변 지역을 탐험할 만한 가치가 있다. 리마에서 교통편과 숙박시설을 모두 포함한 가이드 투어도 가능하다.

Websites www.nazcaperu.com

타푸타푸아테아 해변 곳곳에 흩어져 있는 돌 제단 위에 석상의 잔해가 남아 있다.

폴리네시아

타푸타푸아테아 마라에 *Taputapuatea Marae*

쪽빛 석호 옆에 늘어선 코코넛 야자수 숲 속에 숨어 있는 타푸타푸아테아 마라에는 폴리네시아에서 가장 중요하고 신비로운 성지다.

타푸타푸아테아 마라에는 남태평양 전역에 흩어져 있는 신전들 가운데 가장 신성한 곳이다. 1600년경 라이아테아(Raiatea) 섬 남동쪽 해안에 있는 오포아(Opoa) 계곡에 건설된 타푸타푸아테아 마라에는 통치 가문이었던 타마토아가(家)의 고향이자 19세기 초까지 소시에테 제도 대부분을 지배했던 성직자 계급이 모여 살던 중심지였다. 신전 경내에는 엄청난 규모의 석조 광장과 신성한 의식을 주관했던 고위 사제와 족장들을 위한 석제 등받이로 둘러싸인 직사각형의 제단, 아후(ahu)가 있다. 또한 일부 현대 연구자들이 인간을 제물로 바칠 때 사용했을 것으로 추정하는 길게 세로로 서있는 대형 화산암 판석이 있다.

원래 이 신전은 다른 여러 신들을 모셨지만 점차 오포아 밸리에 산다는 전쟁의 신 오로(Oro)에게 바치는 의식이 대부분을 차지하게 됐다. 섬을 떠나 외부로 나가는 사람들이 앞으로 정착하게 될 땅에 신전을 지을 때 초석으로 쓰기 위해 타푸타푸아테아의 판석을 가져가는 관습도 있었다. 또한 라이아테아 신전은 남태평양 전역에서 순례자들이 찾아오는 순례지가 되었다.

When to go 폴리네시아는 1년 내내 열대기후다. 우기인 11월~4월까지는 조금 더 덥다. 이 기간에는 남태평양 전역을 휩쓸고 지나가는 열대성 저기압 사이클론을 만날 수 있다. 건기인 5월~10월까지는 대체로 청명한 하늘을 볼 수 있다.

Planning 타푸타푸아테아 마라에는 오포아에서 가깝다. '우투로아'에서 남쪽으로 자동차를 이용해 갈 수 있다. 신전을 돌아보는 데는 1시간 정도면 되지만 섬 전체를 구경하려면 3일에서 7일 정도 잡는 게 좋다. 고지대는 걸어가거나 말을 타고 갈 수 있다. 타푸타푸아테아 마라에가 포함된 단체관광도 많다.

Websites www.raiatea.com

- 폴리네시아에서 유일하게 배가 다니는 파로아 강은 남태평양을 건너려는 이민자들의 출발 장소다. 안내원과 함께 깊은 내륙까지 들어가는 카약 투어도 있다.

- 북쪽에 있는 테메하니 산의 구름으로 덮인 고원은 고대 폴리네시아인들이 신성하게 여긴 땅이었다. 그들은 이 산을 사후세계로 들어가는 입구라고 생각했다. 두 개의 험준한 화산 능선 중 하나는 천국(구름)으로 오르는 길이고 다른 하나는 지옥(분화구)으로 떨어지는 길이라고 믿었던 것이다.

- 라이아테아 서쪽 해안에 위치한 타이누 마라에(Tainuu Marae)라는 고대 석조 신전 인근에 테바이토아 전투(Battle of Tevaitoa, 1897) 유적지가 있다. 10년에 걸친 프랑스와 폴리네시아 사이의 전쟁 중 발생한 이 격전에서 테라우포 추장이 이끄는 폴리네시아 군이 패했다. 이로써 폴리네시아는 프랑스의 식민지가 되고 말았다.

라오스

항아리 평원 *Plain of Jars*

라오스 북동부에 있는 고원에 고대의 돌 항아리들이 무리지어 흩어져 있다.
언제 처음 만들었는지 왜 만들었는지는 수수께끼로 남아 있다.

라오스 북동부 고원지대의 한적한 평원 위에 항아리 모양을 한 거대한 돌덩이 수백 개가 흩어져 있다. 거인의 식품 저장고에서 쓰다 버린 것들일까? 어떤 것은 똑바로 서있고 어떤 것은 옆으로 누워 있다. 원형 그대로 보존된 것들도 있고 산산조각 난 것들도 있다. 높이 2~3미터 정도인 것들이 대부분이고 가장 무거운 것은 13톤까지 나간다. 이 항아리들을 누가 만들었는지 왜 만들었는지는 아무도 모른다. 유골을 담는 항아리로 쓰였다는 설이 가장 보편적이긴 하지만 쌀을 저장하거나 술을 발효시킬 때 사용했을 수도 있다. 항아리 옆에 조각 장식을 한 커다란 원반이 있는 경우도 있는

거대한 고대의 항아리들을 붉게 물들이는 새벽 햇살이 수수께끼로 남아있는 항아리들의 정체에 대한 신비로움을 더해 준다.

데 단지를 덮었던 뚜껑일 수도 있고 아니면 단순한 장식품일 수도 있다. 이 역시 아무도 모른다.

항아리들은 폰사반(Phonsavan)에서 몇 킬로미터 떨어진 세 군데 유적지에 주로 모여 있다. 만들어진 시기는 기원전 500년에서 기원후 500년 사이로 추정한다. 그 시기에 이곳에 살았던 몬크메르인(Mon-Khmer people)들이 만들었을 거라는 설도 있지만 이 고대 문명이 속했던 문화나 사회에 관해 알려진 바는 아무것도 없다. 역사학자들 중에는 항아리들이 무리 지어 있는 곳이 베트남과 인도 북동부 사이를 왕래하던 소금 무역상들이 이용했던 고대의 무역로 주변일 거라고 생각하는 사람들도 있다. 베트남 전쟁 당시 미 공군은 이 오지의 땅에 융단 폭격을 가했다. 폭탄이 떨어져 생긴 구멍이 곰보 자국처럼 뻥뻥 뚫려 있고 지금도 곳곳에 불발탄이 깔려 있다. 쉽게 접근할 수 없는 지역이라는 점이 이 평원을 감싸고 있는 신비스러운 분위기를 더욱 짙게 만드는지도 모른다.

When to go 우기인 여름이 끝난 후 날씨가 서늘하고 건조해지고 평원에 아직 초록빛이 남아 있는 11월에서 1월이 좋다. 빛이 가장 좋은 이른 아침이나 오후 늦게 도착하는 게 좋다.

Planning 라오스의 수도 비엔티안에서 비행기로 폰사반까지 가면 항아리 유적지 세 구역 어디든 갈 수 있다. 세 구역을 전부 보려면 폰사반에서 적어도 이틀 밤은 묵어야 한다. 항아리 평원 1구역은 폰사반에서 자전거로 갈 수 있고 2구역과 3구역은 대부분 사륜구동 자동차로 들어간다. 곳곳에 불발탄이 깔려 있기 때문에 절대 큰 길을 벗어나면 안된다. 해마다 수십 명이 불발탄 때문에 죽거나 다친다. 라오스에 입국할 때 비자를 받아야 한다.

Websites www.responsibletravel.com/Tripsearch/Asia/Country100141.htm

■ 1구역은 폰사반 남서쪽으로 15km만 가면 된다. 250개 이상의 항아리가 남아 있는 1구역이 세 구역 중에서 가장 유물이 많다. 가장 큰 항아리도 1구역에 있다.

■ 2구역은 경치가 가장 아름답다. 나무가 우거진 산비탈 두 곳에 90여 점의 항아리들이 흩어져 있다.

■ 150점 가량의 항아리가 남아 있는 3구역은 전망이 좋은 산비탈에 자리 잡고 있다.

예사롭지 않은 솜씨로 쌓아 놓은 거석묘. 묘실에 죽은 사람의 유해를 안치하기 위해 작은 입구를 만들어 놓았다.

러시아

자네 강의 고인돌 유적지 *Zhane River Dolmens*
코카서스 산맥 서쪽 경치 좋은 곳에 청동기시대의 거석묘가 군데군데 무리지어 있다.

러시아의 흑해 연안 고인돌이 모여 있는 자네 강으로 많은 순례자들이 찾아온다. 숲 속 오솔길을 걸어 들어가 알 수 없는 의식을 올리고 기이한 모양의 고인돌 앞에 제물을 바치는 사람이 있는가 하면 자신이 현재 처해 있는 상태를 위로받기 위해서 오는 이들도 있다. 자네 강 계곡에 있는 고인돌 지대 세 곳에 모두 18개의 고인돌이 있다. 일부는 이미 발굴되어 복원됐으며 유적지 보호를 위해 자네 강 유역을 공원으로 만들려는 계획이 있다. 고인돌의 원래 용도에 관해서는 알려진 바가 거의 없으므로 이곳을 찾은 사람들은 거석묘에 관해 자기 나름대로 해석해도 좋다.

기원전 3000년에서 기원전 1800년 경에 만들어진 고인돌들은 원시적인 도구를 사용했음에도 불구하고 마무리가 감탄스러울 정도로 정교하다. 직사각형 판석을 사용한 것들도 있고 둥근 판석을 사용한 것들도 있다. 가장 호기심을 자극하는 부분은 둥근 입구 또는 출입용 구멍으로 윗부분에 지그재그 같은 단순한 장식을 새겨 놓은 것들이 많다. 돌로 만든 마개를 사용해서 막아 놓긴 했지만 그 구멍을 통해 돌무덤 안에 있는 작은 묘실로 들어갈 수 있게 만들었다. 각각의 고인돌 앞에는 작은 마당이 있는데 그 마당에서 장례와 매장 의식을 치른 다음 죽은 사람의 유해를 묘실 안에 보관했을 것으로 여겨진다. 묘실은 또한 자궁의 형상을 상징하는 것처럼 보인다. 따라서 고인돌은 다산의 의미와 함께 삶과 죽음의 순환을 물리적으로 나타내는지도 모른다.

■ 가운데 직사각형 고인돌을 두고 양 옆에 둥근 고인돌이 서있는 겔렌지크 인근 자네 강가에 있는 고인돌 무리가 가장 인상적이다. 둥근 구멍을 뚫어 만든 출입구와 담장을 두른 마당이 있는 전형적인 고인돌 무리라고 할 수 있다.

■ 고인돌 주변을 에워싸고 있는 숲과 구릉지는 매혹적이고 분위기 있는 배경을 연출한다.

■ 투압세 시 근처에 있는 아름다운 아세(Ashe) 계곡을 따라 강을 타고 가면서 동굴과 폭포, 지역 마을들을 구경하자.

When to go 여름에는 기온이 섭씨 24도에서 35도까지 올라 매우 덥다. 겨울은 온화하지만 비가 많이 내린다.

Planning 흑해 연안에서 5킬로미터 정도 들어간 내륙에 위치한 자네 강 고인돌 유적지는 몇 시간이면 둘러볼 수 있다. 유적지와 가장 가까운 겔렌지크(Gelendzhik)나 아나파(Anapa), 투압세(Tuapse) 같은 흑해 리조트 지역에서 하루 일정으로 다녀오는 사람들이 많다. 모스크바와 연결되는 가장 가까운 공항은 겔렌지크와 크라스노다르(Krasnodar)에 있다.

Websites www.unexpo.org, www.kubkurort.ru

터키

리키아 암굴묘 *Lycian Rock Tombs*

고대 리키아인들은 바위투성이 해안 절벽에 엄청난 규모의 암굴묘를 벌집처럼 뚫어 놓았다.

    고대 리키아인들은 지중해 동부 전역에서 존경과 두려움의 대상이었다. 아나톨리아(Anatolia) 남서쪽에 있는 리키아인들의 고향은 숲이 우거진 높은 산과 바위투성이 해안을 따라 만과 좁은 물길들이 무수히 나있는 천연의 요새다. 이 지역에서는 기원전 1500년 무렵부터 자기들끼리는 평화를 유지하고 외부 세계에는 호전적으로 대했던 40여 개의 도시국가들이 번창해 왔다. 또한 이곳 해안은 해적이 자주 출몰하는 것으로도 악명이 높았다. 리키아인들의 독특한 문화적 특징 가운데 하나는 무덤을 만드

주택 묘가 벌집처럼 잔뜩 뚫려 있는 미라(Myra)의 절벽.

는 데 혈안이었다는 것이다. 이곳에 있는 1,000개 이상의 암굴묘 가운데 대부분이 도시 안에 있다. 죽은 사람들을 산 사람들 가까이 두기 위해서였다. 무덤을 사전에 주문하는 사람들도 있었는데 암굴묘의 규모와 정교함의 정도로 자신의 지위를 나타냈다.

가장 웅장한 암굴묘는 고전주의 신전의 양식을 본뜬 것들로 전면부와 묘실을 부드러운 석회암 절벽과 노두를 깎아서 만들었다. 그 다음은 리키아인들의 주택을 본뜬 것들로 섬세하고 정교하게 깎은 천장 대들보를 포함해서 정성들여 집 모양을 복제했다. 형편이 안되는 사람들은 '비둘기 집' 무덤을 만들었다. 절벽 전면에 곰보 자국처럼 패여 있는 작은 네모 구멍들이 비둘기 집 무덤이다. 리키아인들은 고대 그리스 신들을 포함해서 자신들을 침략했던 타민족들의 신까지 많은 신들을 섬겼다. 이들 중 가장 으뜸은 지모신(地母神)인 레토(Leto) 여신과, 제우스와의 사이에서 난 쌍둥이인 아폴로(Apollo)와 아르테미스(Artemis) 신이다. 그러나 암굴묘를 만든 주된 동력은 뭐니 뭐니 해도 조상숭배 사상이었다.

When to go 4월 중순에서 5월까지 봄이 가장 쾌적한 계절이다. 기온도 온화하고 아직 산에 잔설이 남아있을 때도 있다. 여름은 바닷바람이 식혀준다고 해도 너무 덥다.

Planning 주요 유적지 하나하나를 보는 데는 1시간 남짓 걸리지만 흩어져 있는 유적지가 적어도 다섯 군데가 있으니 전부 보려면 며칠은 걸린다. 리키아(Lycia)는 약 160킬로미터 떨어져 있는 페티예(Fethiye) 만과 안탈리아(Antalya) 만 사이의 산악지대에 있다. 이 해안을 따라 달리안(Dalyan), 카쉬(Kas), 칼칸(Kalkan)과 같은 유명한 리조트들이 즐비하고 이들 리조트에서 출발하는 관광 상품 중에 고대 리키아 유적지가 포함되어 있다.

Websites www.lycianturkey.com

- 카우노스(Caunos)에 있는 절벽에 파 놓은 신전 형식의 암굴묘 군이 가장 인상적이다. 이곳은 이웃 카리아(Caria) 주에 속해 있지만 리키아의 영향을 받은 게 분명하다.

- 페티예 만에 가면 기원전 4세기경에 지은 아민타스(Amyntas) 암굴묘를 볼 수 있다. 신전 형식의 암굴묘로는 가장 정교한 것에 속한다.

- 미라(Myra)에 기원전 4세기경에 만든 가장 멋진 주택묘가 있다. 미라는 원조 산타클로스로, 343년에 죽은 성 니콜라스의 고향이기도 하다. 그의 무덤과 6세기에 지어진 교회는 수백 년 동안 기독교인들의 순례 중심지가 되었다.

- 고대 리키아의 수도 크산토스(Xanthos)에 가면 묘실이 위에 있는 거석기둥묘를 볼 수 있다.

하늘 높이 우뚝 솟은 유피테르(Jupiter) 신전 단지에 마지막 남은 거대한 돌기둥들이 그보다 훨씬 전에 지었던 신전의 거석 잔해들을 내려다보고 있다.

레바논

바알베크 *Baalbeck*

장대한 규모의 고대 유적지 바알베크의 뛰어난 기술력은
지금도 풀리지 않는 고대의 수수께끼 가운데 하나다.

    5,000년의 유구한 역사를 거치면서 바알베크는 다양한 신을 숭배하는 종교의 중심지로 발전했다. 페니키아 시대인 기원전 2000년부터 이곳은 하늘의 신이며 천상과 지상을 다스리던 바알의 땅이었다. 그러나 레바논이 그랬듯이 바알베크도 세력 다툼을 벌이던 열강들이 포기할 수 없는 전략적 요충지였다. 이집트인과 아시리아인, 바빌로니아인이 이곳을 점령했고 이어서 기원전 333년에는 알렉산더 대왕이 바알베크를 접수했다. 알렉산더 이후 바알베크는 헬레니즘 문화권에 편입되면서 태양의 도시라는 뜻의 '헬리오폴리스'라는 이름을 얻었다. 기원전 63년 바알베크를 점령한 로마

인들은 바알 신이 있던 자리에 자신들이 하늘의 신으로 숭배하는 유피테르를 앉혔다. 그 후 헬리오폴리스가 신탁으로 유명해지면서 로마제국의 역대 황제들이 이곳에서 신의 자문을 구했다. 그리고 이곳에 로마제국 최대 규모의 유피테르바알 신전이 바쿠스(Bacchus) 신전, 비너스(Venus) 신전과 함께 건설되었다. 4세기경 기독교가 로마의 국교가 된 후 이교도 도시 헬리오폴리스는 버려지게 된다. 그리고 지금은 폐허가 된 유적지와 수수께끼만 남아 있다.

유피테르 신전의 기단부는 최소한 24개에 달하는 거대한 장식용 석회암 블록과 트릴리톤(Trilithon)이라고 부르는 어마어마한 크기의 거석 세 개가 놓여 있다. 이 거석들은 각각의 무게가 907톤에 달한다. 침식 상태로 봐서 그리스 로마시대 이전의 것으로 추정되지만 어떤 방법으로 옮겨 왔고 어떻게 세웠는지에 대해서는 오늘날의 고고학자들과 공학자들에게도 풀리지 않는 의문으로 남아 있다.

When to go 3월에서 5월까지인 봄이 가장 이상적이다. 레바논의 겨울은 매우 춥고 여름은 불쾌할 정도로 덥다. 7월이나 8월에 가면 유적지 내에서 벌어지는 유명한 바알베크 국제 음악·무용·연극 축제를 볼 수 있다.

Planning 바알베크는 베이루트에서 85킬로미터 떨어진 고지대의 비옥한 계곡 베카밸리에 자리잡고 있다. 해안에서 출발해서 자동차로 웅장한 산악 풍경을 감상하며 달리다 보면 베카밸리에 도착한다. 유적지 전체를 둘러보려면 적어도 2~3시간은 잡아야 한다. 베이루트에 안내원을 동반한 투어 상품이 있지만 정국이 불안할 때는 베카밸리로 들어가는 것 자체가 금지되거나 제한될 수 있다.

Websites http://www.middleeast.com/baalbek.htm

■ 대광장(Great Court)에서 유피테르 신전으로 들어가는 곳에 높이 20m에 달하는 어마어마한 돌기둥들이 늘어서 있다. 로마 문명권에서 가장 큰 돌기둥이라고 볼 수 있다. 장밋빛을 띤 화강암으로 만든 돌기둥들은 이집트 나일 강 상류의 아스완에서 운반해 온 것이다.

■ 서기 150년에 건설한 것으로 전 세계적으로 가장 보존 상태가 좋은 로마 신전 가운데 하나인 바쿠스 신전 유적지에서 풍부한 건축 양식의 세세한 부분들을 살펴보자.

시크 계곡을 벗어나면 처음으로 눈에 들어오는 보물 창고. 이름과는 달리 이 건축물은 원래 무덤이었다. 또한 신전으로도 사용했을 수 있다.

요르단

페트라 *Petra*

요르단 사막과 경계를 이루는 사암 언덕들 사이에 고대 도시의 신전과 무덤들이 숨어 있다.

　요르단 남부에 있는 시크 계곡은 양옆으로 높은 산들이 펼쳐지는 좁고 긴 협곡이다. 좁은 협곡 길을 천천히 걷다 보면 한순간 좁은 오솔길이 끝나는 곳에 사막에서 보는 눈부신 신기루인 양 장밋빛처럼 붉은, 가파른 사암 절벽을 깎아 세운 도시 페트라가 모습을 드러낸다. 페트라는 2,000년 전 이곳에 정착한 고대 유목민 무역상 나바테아인이 건설했으며 한때 극동지역과 지중해 지역을 잇는 교역의 중심지로 외국 향신료와 이국적인 물품들이 오가는 번창했던 도시였다. 그러다 무역로가 완전히 바뀌면

보물창고 앞을 가득 메운 촛불. 영화의 한 장면 같다.

서 페트라는 쇠락의 길로 들어섰다. 13세기, 사람들이 이 도시를 떠나기 전 수 세기 동안 대도시 페트라는 로마인들과 비잔틴제국에 살던 기독교인들, 십자군 군사들의 제2의 고향이었다.

시크 계곡을 빠져나오면 양쪽에 조각된 높은 기둥들이 서있고 앞면은 분홍색을 띤 다층 구조의 웅장한 보물창고인 카즈네(Khazneh)가 나타난다. 거기서부터 구불구불한 좁은 길을 따라 협곡을 통과해서 고대 도시의 유적지를 지나 공들여 만든 무덤과 연회장, 양옆에 복잡한 문양이 새겨진 콜로네이드(Colonnades, 돌기둥)가 늘어선 길을 만나게 된다. 모퉁이를 돌 때마다 눈에 띄는 건축물들이 나타나는데 그중에는 나바테아인들이 숭배했던 하늘의 신 두샤라(Dushara)를 기리는 웅장한 알 데이르(Al-Deir) 신전(수도원으로 알려진 경우도 있음)도 있다. 페트라의 유적들은 시간의 흐름에 따라 옅은 핑크빛에서 짙은 장밋빛으로 변했다가 해질 무렵에는 선명한 적갈색을 띤다.

When to go 봄가을이 가장 좋다. 이른 아침과 늦은 오후에 가면 햇빛을 받아 찬란한 빛을 발하는 암벽을 볼 수 있다.

Planning 페트라는 요르단의 수도 암만(Amman)에서 남쪽으로 262킬로미터 지점에 있다. 도로 사정이 좋아서 암만에서 렌터카를 빌리거나 버스나 택시를 이용하면 두 시간 정도 걸린다. 중요한 볼거리를 보려면 이틀에서 사흘 정도 잡아야 하고 방대한 고대 도시를 깊이 있게 탐색하려면 일주일 정도 묵어야 한다. 숙소는 인근 와디무사 마을에 잡으면 된다. 편한 운동화나 등산화를 꼭 챙겨 가자. 목적지가 사막이므로 모자와 선글라스, 마실 물도 필요하다.

Websites www.na.visitjordan.com

- 7,000명을 수용하는 원형극장을 놓치지 말자. 원래 나바테아인들이 건설했고, 후에 로마인들이 확장했다. 힘들더라도 가파른 계단을 끝까지 올라가서 극장 전체를 둘러보고 주변 전망을 감상할 가치가 있다.

- 전면에 풍부한 부조가 새겨진 왕실묘와 왕실묘에 딸려 있는 2층짜리 궁전묘를 둘러보자. 도시가 끝나는 지점 근처 협곡 측면에 붙어 있다.

- 물의 요정을 위해 만든 대형 분수 님파에움(Nymphaeum)은 사막 한가운데 물을 흐르게 했던 나바테아인들의 기술력을 보여준다.

아름다운 비율을 자랑하는 콘코르디아 신전. 기원전 430년에 지어진 이 사원은 전 세계에서 가장 보존 상태가 좋은 도리스식 신전이다.

이탈리아

신전의 계곡 *Valley of the Temples*

햇살에 흠뻑 젖은 시칠리아 남부 해안에 우뚝 서있는 돌기둥과 조각상들 가운데 서서 고대 그리스의 위력을 느껴 보자.

　지중해 동부 지역 대부분을 지배하던 해양 민족 그리스 사람들은 로마제국이 부상하기 수 세기 전부터 이탈리아 남부 전역과 시칠리아 섬에 정착지를 건설했다. 시칠리아 섬 남서해안에 있는 아그리젠토(Agrigento)에 폐허가 된 신전 유적지가 있다. 이들 신전은 저 멀리 수정처럼 맑고 푸른 바다가 내려다보이는 언덕에 위용을 뽐내며 당당하게 서있다. 언덕 꼭대기의 능선을 따라 일렬로 서있는 신전들은 모두 동쪽을 향하고 있고 각 신전에 모신 신상들은 동틀 녘 햇살을 받을 수 있는 자리에 놓여 있다. 봄이면 유적지 주변 언덕에 흐드러지게 피는 야생화 향기에 머리가 아찔해질 정도다. 지금은 신화 속에서나 만날 수 있는 제우스(Zeus), 헤라클레스(Heracles), 데메테르(Demeter)의 이름을 따서 세워진 정적이 감도는 신전에 들어서면 이들 신에게 충성했던 사람들에게 드러냈던 신들의 위력을 곳곳에서 감지할 수 있다.

기원전 5세기와 6세기 사이에 거대한 신상들을 조각하고 도리스식 돌기둥에 자신들이 섬기는 전지전능한 신들의 모습을 새긴 그리스 석공들의 뛰어난 건축 기술과 혼신의 힘을 다한 흔적이 신전 곳곳에서 찬란하게 빛을 발한다. 미로처럼 복잡한 카타콤(지하 통로)은 초기 기독교 유적지와 연결되어 있다. 고대인들의 염원이 아직까지도 공기 중에 맴도는 듯한 이곳 신전들은 19세기와 20세기 초에 걸쳐 진행된 고고학자들의 복원 작업으로 고대인들의 기도 소리가 금방이라도 들릴 것 같은 조용한 명상의 장소로 남을 수 있게 되었다.

When to go 너무 덥지 않은 봄가을이 가장 좋다.

Planning 시칠리아의 주요 도시에서 아그리젠토까지 가는 도로와 철도가 잘 연결되어 있다. 버스나 차를 이용해서 신전의 계곡으로 바로 들어갈 수도 있다. 혼자 하는 여행인 경우 매표소에서 안내원이 딸린 투어를 예약해도 된다. 덤불 숲이 많은 지형이라 편한 신발이 필요하다. 발목을 보호해 주는 신발이면 더욱 좋다. 신전들을 보려면 반나절이면 충분하지만 박물관까지 제대로 관람하려면 하루를 잡는 것이 좋다. 박물관은 오후에는 대부분 문을 닫기 때문에 오전에 박물관을 먼저 보아야 한다.

Websites www.valleyofthetemples.com, www.sicily-tour.com

- 콘코르디아 신전은 지중해 연안에서 가장 보존 상태가 좋은 그리스 신전들 가운데 하나다. 597년 기독교 교회로 변신했던 덕을 봤다고 할 수 있다. 근처에 바위 절벽을 파서 만든 초기 기독교의 지하 무덤 카타콤(catacomb)이 있다.

- 기원전 5세기에 세워진 헤라 신전도 대체적으로 보존이 잘되어 있고, 지중해가 내려다보이는 전망 좋은 곳에 자리잡고 있다.

- 전 세계에서 가장 규모가 큰 도리스식 신전으로 꼽히는 올림피아 제우스 신전은 기원전 480년 히메라 전투(Battle of Himera)의 승리를 기념하기 위해 세웠다.

- 유적지 바로 북쪽에 있는 고고학 박물관에는 2세기경 로마시대의 유물을 비롯해서 신전에서 출토된 유물들이 무수히 많다.

- 유적지 탐사를 끝낸 후 어스름이 밀려올 때 어둠 속에 묻혀 조명을 받고 있는 유적지를 다시 한번 감상해 보자.

저무는 태양빛을 받으며 우뚝 서있는 카스토르 폴룩스 신전(Temple of Castor and Pollux)의 남아 있는 기둥들. 기원전 5세기에 지었다.

파에스툼에 있는 세 개의 신전들 가운데 가장 완벽한 형태로 남아 장엄한 위용을 뽐내는 아폴론 신전.

이탈리아

파에스툼 *Paestum*

올림포스 신들을 숭배하기 위해 지은 웅장한 신전들이 자리잡고 있는
이탈리아 아말피(Amalfi) 해안에서 고대 그리스인들의 영광에 흠뻑 빠져 보자.

    19세기 들어 나폴리 남쪽 고대 도시 파에스툼 유적지 인근에서 수백 년 동안 버려졌던 그리스 신전 세 곳이 발견됐다. 우뚝 솟은 돌기둥과 정교한 석공 작업으로 이루어낸 건축적 걸작들이 해안 고지대의 외딴 지역에 지어진 것을 보면 신들을 향한 고대 그리스인들의 숭배가 얼마나 컸는지 알 수 있다.

파에스툼에서 가장 오래된 헤라 신전의 건축 연대는 대략 기원전 6세기까지 거슬러 올라간다. 일찍이 신전을 세우고 다산의 여신인 헤라를 숭배한 것으로 보아 유적지 주변은 사람들의 거주지였던 것으로 추정된다. 기원전 450년경에 건설된 인근의 아폴론 신전은 포세이돈 신전 또는 제2 헤라 신전이라는 설도 있다. 아폴론 신전은 파에스툼 유적지에서 가장 아름답고 보존 상태가 뛰어난 신전이다.

광장이 있었던 자리를 중심으로 두 신전의 맞은편에 아테나 여신의 신전이 있다. 이 신전 바닥에는 중세시대의 무덤 세 개가 있는데, 이는 이 건물이 한때 기독교 교회로 이용되었음을 알 수 있다. 데메테르 여신(그리스 신화의 풍요와 대지의 여신)의 신전으로 알고 있는 사람들도 있다. 광장 주변에 있는 로마시대의 가옥과 공공건물 터도 둘러보자.

■ 박물관에는 유적지에서 발굴된 다량의 유물들이 전시되어 있다. 가장 놀라운 것은 무덤에 그려진 벽화다. 특히 '잠수부의 묘(Tomb of the Diver)'라는 무덤에 그려진 벽화는 고대 그리스 무덤 벽화 중에 유일하게 지금까지 남아 있다.

■ 유적지에서 10km 떨어진 아그로폴리(Agropoli)에서 하룻밤을 묵으면서 해질 무렵, 황량한 유적지의 모습을 감상해 보자.

When to go 유적지는 1년 내내 개방하지만 너무 덥지도 춥지도 않은 봄이나 가을이 좋다. 박물관은 월요일에 휴관하는 경우가 있다.

Planning 파에스툼은 나폴리에서 남쪽으로 84킬로미터 떨어진 피아나델셀레(Piana del Sele) 해안에 있다. 자동차나 기차로 갈 수 있다. 신전들만 보려면 한나절 정도, 박물관까지 포함하면 하루 종일 잡는 게 좋다. 하룻밤을 묵으면서 오전에 박물관을 관람하고, 오후 늦게 날씨가 선선해지면 유적지를 돌아보는 것이 바람직하다. 신전과 박물관을 묶어서 파는 입장권을 사는 것이 별도로 사는 것보다 저렴하다. 날씨가 더울 때는 마실 물을 준비하고 차양이 달린 모자를 써야 한다. 뜨거운 한낮에 신전을 돌아보는 것은 피하는 것이 좋다.

Websites www.turismoregionecampania.it, www.paestum.de

신성한 언덕, 아크로폴리스 정상에서 아테네 시를 내려다보며 우뚝 서있는 파르테논 신전.

그리스

파르테논 신전 *Parthenon*

파르테논 신전은 고대 그리스인의 지혜와 기술적 혁신성,
제국의 위용이 드러난 가장 위대한 신전이다.

아크로폴리스(Acropolis) 언덕 정상에 우뚝 서서 현대의 아테네 시를 굽어보고 있는 파르테논 신전의 모습은 사뭇 위협적이다. 파르테논 신전은 황금과 상아로 빚은 이 도시의 수호신이자 지혜와 정의, 예술의 여신인 호화로운 아테나 여신상을 모시기 위해 기원전 5세기에 세워졌다. 방대한 규모에서부터 우아한 대리석 프리즈(frieze, 방

이나 건물의 윗부분에 배치된 띠 모양 장식)의 정교함에 이르기까지 아름다운 신전 전체가 건축학적 창의성과 기술면에서 전대미문의 위업이다. 과거 신전 내에 있었던 수많은 조각품과 기타 공예품들은 현재 아테네의 여러 박물관에 분산해 전시하고 있다.

지금은 언제 가도 여러 나라에서 온 관광객들의 다양한 언어와 찰칵대는 카메라 셔터 소리가 끊이질 않지만 고대 아테네인이 이 유적지에 부여했던 성스러운 목적과 의미는 여전히 빛을 발한다. 제국의 위용을 자랑하는 열주를 올려다보면 과거 아테나 여신이 얼마나 큰 사랑과 숭배를 받았는지 알 수 있다. 특히 밤에 투광 조명을 받은 모습을 보면 그 생각이 더욱 확고해진다. 아테나 여신의 신전은 고대 그리스의 모든 이상과 업적이 총망라된 곳이다. 섬세하고 조화로운 신전의 형태에는 아테네 성벽 너머의 야만 민족들보다 우월하다는 아테네인의 의식이 드러나 있다. 파르테논 신전 계단에서 내려다보면 북적대고 시끄러운 현대의 아테네 시가 한눈에 들어온다.

■ 아크로폴리스 기슭에 있는 뉴 아크로폴리스 박물관(The New Acropolis Museum)에는 파르테논 신전에서 발굴된 보물들이 많다. 넓은 창밖으로 보이는 파르테논 신전을 배경으로 전시되어 있는 진품 대리석 프리즈도 볼 수 있다.

■ 파르테논 신전 근처에 있는 에레크테이온(Erechtheion) 신전 현관을 떠받치고 서있는 여섯 개의 카리아티드(caryatid, 고대 그리스 신전 건축에서 기둥으로 사용된 여인상)는 석고 복제품이다. 고대 아테네인들의 탁월한 석공 기술이 드러난 진품 카리아티드 다섯 개는 뉴 아크로폴리스 박물관에 전시되어 있다.

When to go 봄이나 가을이 좋다. 여름은 대체로 너무 덥고 겨울은 굉장히 추울 수 있다.

Planning 사람들이 덜 붐비는 이른 아침이나 날이 저물 무렵에 가는 게 좋다. 파르테논 신전이 있는 아크로폴리스(Acropolis)까지 걸어 올라가 신전을 본 다음 그곳에 있는 박물관까지 둘러보려면 하루 종일 잡아야 한다. 올라가는 길이 가파르므로 편안하고 튼튼한 신발을 신는 게 좋다. 파르테논 신전 입장권으로 아테네의 다른 고대 유적지 몇 군데를 함께 볼 수 있으니 잃어버리지 않도록 유의하자.

Websites www.gnto.gr, www.greece-athens.com, www.athens-guide.com

파르나소스 산비탈, 극적인 위치에 폐허가 된 아폴로 신전이 서있다.

그리스

아폴로 신전 *Temple of Apollo*

태양의 신의 지혜를 구하기 위해 수 세기 동안 순례자들이 걸었던 길을 따라가 보자.

파르나소스 산기슭에 있는 델포이에 오는 여행자들은 지난 2,400년 동안 순례자들이 걸었던 길을 통해 들어오게 된다. 자갈이 박힌 이 길은 여행자들을 바위투성이 산비탈로 안내한다. 먼저 아테나 여신의 지성소인 원형의 톨로스 신전(Tholos temple)을 지나 델포이 유적지의 중심인 아폴로 신의 지성소를 만나게 된다. 지성소를 세운 사람들은 이 터가 세상의 배꼽을 찾기 위해 아폴로가 보낸 독수리 두 마리가 결국 만나게 된 전설 속 세상의 중심이라고 믿었다. 지금은 그 지점을 커다란 바위로 표시해 두었다. 지성소를 지나 아폴로 신전으로 이어지는 성스러운 길을 따라 걷다 보면 감탄을 자아내게 하는 다각형의 벽들이 태양신의 지성소를 보호하고 있다. 이 지성소가 바로 아폴로의 사제인 피티아(Pythia)가 신탁을 받아 사람들에게 전해 주던 곳이다. 수백 년 동안 부자나 가난한 사람 가리지 않고 수많은 사람들이 이 지방 여인들 중에서 뽑힌 피티아를 찾아가 아폴로 신의 뜻을 물었다. 신전의 기단과 성도 양쪽으로 늘어선 귀금속이 박힌 호화로운 청동과 대리석으로 만든 기념비들은 좋은 신탁을 받은 인간들이 감사의 뜻으로 세운 것들이다.

5,000명을 수용할 수 있는 원형극장은 그리스에서 가장 보존 상태가 좋은 건축물 가운데 하나다. 기원전 6세기에 음악과 시 경연대회뿐 아니라 운동경기와 전차 경주까지 열렸던 델포이 경기는 올림피아 경기와 쌍벽을 이루었다.

When to go 유적지는 1년 내내 개방한다. 기후가 너무 덥지 않은 늦여름이나 이른 가을이 좋다. 주말과 일부 공휴일에는 오후 3~4시경에 문을 닫는다.

Planning 델포이는 아테네 북서쪽 145킬로미터 지점에 있다. 교통편이 잘 되어 있고 단체여행 상품도 많다. 유적지를 돌아보는 데 두 시간 정도면 충분하지만 열성적인 관광객이라면 하루 종일 보낼 수도 있다. 지도는 매표소에 비치되어 있다. 보존 상태가 가장 좋은 유물들이 많이 전시되어 있는 고고학 박물관도 가볼 만하다.

Websites odysseus.culture.gr, www.greecetravel.com

■ 규모가 작은 원형의 아테나 지성소는 델포이 유적지의 비공식 상징이다. 근처에 있는 카스탈리아 샘(Castalian spring)은 아폴로 신전에 들어가기 전 피티아와 사제들, 순례자들이 몸을 정결하게 하기 위해 목욕을 했던 곳이다.

■ 아테네인의 보고(Treasury of Athenians)는 델포이에서 가장 완벽하게 복원된 건축물이다. 기원전 490년에 피티아의 신탁에 따라 마라톤 평원에서 페르시아 대군을 물리친 아테네인들이 위대한 승리를 기념하고 아폴로 신에게 감사의 제물을 바치기 위해 세웠다.

대지의 어머니 여신에게 제물을 바치는 의식 때 사용했던 것으로 추정되는 간티야 신전의 방들.

몰타

지간티야 *Ggantija*

지중해의 작은 섬 고조(Gozo)에는 선사시대로 안내하는 고대의 신전과 동굴 유적지들이 있다.

고조 섬 북동쪽, 사그라(Xaghra) 마을 가까이에 있는 바위 평원, 육중한 석회암 덩어리로 만들어진 2개의 지간티야(거인에게 속한 것이라는 뜻) 신전이 우뚝 솟아 회갈색 대지와 어우러져 있다. 양옆에 반원형 공간을 덧붙여서 클로버 모양으로 만든 신전 바닥은 종종 다산형 여인의 펑퍼짐한 엉덩이와 출렁이는 젖가슴에 비유된다. 이는 이들 거석 신전이 다산을 기원하는 의식의 중심역할을 했다는 이론을 뒷받침한다. 이 유적지에는 세계에서 가장 오래된 버팀목 없이 서있는 구조물도 남아 있다. 기원전 3600년에서 기원전 3200년경에 세운 것으로 추정되는 거석 구조물들은 하나의 높이가 6미터, 무게는 무려 45톤이나 나간다. 거인들이 신전을 세웠다는 이 지역 전설이 수긍이 가는 이유다. 전설에 따르면 거인 여자 산수나(Sansuna)가 아기를 품에 안은 채 육중한 돌들을 머리에 이고 고조 남쪽 해안 산나트 인근 타첸치에서 불과 하루만에 다 날랐다고 한다.

When to go 해가 쨍쨍 내리쬐는 한여름보다 열기가 덜한 4월에서 6월, 9월에서 10월이 가장 좋다. 가을에는 아프리카에서 올라오는 뜨겁고 강한 시로코 바람이 불 수도 있다.

Planning 고조 섬은 몰타 군도에 있는 섬으로 몰타의 일부다. 몰타에서는 페리를 타고 가면 되고 간티야에서는 차로 갈 수 있다. 빅토리아에서 사그라까지 버스가 다니지만, 특히 늦은 오후 같은 때는 자주 다니지 않는 경우가 있다. 신전들을 관람하려면 2~3시간 정도 잡는 게 좋고 사그라까지 구경하려면 최소한 2시간을 더 할애해야 한다. 하루에 간티야와 사그라의 타콜라 윈드밀에 있는 박물관 두 곳을 모두 볼 수 있는 통합 입장권을 사면 할인받을 수 있다.

Websites www.visitmalta.com, www.xaghra.com, www.heritage-malta.org

■ 인근 사그라 마을에 있는 중세의 거리와 골목길들을 탐험해 보자. 오래된 교회들과 타콜라 윈드밀 박물관내에 있는 민속박물관 등을 볼 수 있다.

■ 사그라 북동쪽 절벽에 가면 이르람라(Ir-Ramla) 만이 내려다보이는 곳에 앨러배스터 동굴들이 있다. 그 중에 '르가르 타 칼립소(칼립소 동굴)'는 호머의 서사시에 나오는 아름다운 바다의 요정 칼립소가 오디세우스를 7년 동안 잡아 두었던 곳이다.

■ 사그라에서 약 5km 떨어진 고조 섬의 중심지 빅토리아(이 지역에서는 라바트로 알려져 있다)에 있는 '고조 고고학 박물관'을 방문해 보자. 1827년에 처음 지간티야를 발굴할 때 출토된 여인의 두상 두 점을 비롯한 뛰어난 유물들이 전시되어 있다.

거대한 바위 덩어리를 쌓아 올려 만든 하가르킴(Hagar Qim) 신전의 곡선 담장들이다.

<small>몰타</small>

하가르킴 므나이드라 신전 *Hagar Qim and Mnajdra*

이 고대의 신전군은 재건된 일부만 보더라도
석기시대 몰타(Malta) 장인들의 기술과 통찰력을 알 수 있다.

신석기시대 신전 유적지 하가르킴(선돌이라는 뜻)과 므나이드라 유적지는 몰타 남쪽 바위 해안에 자리잡고 있다. 신전 외벽과 방에 사용한 불규칙한 형태의 석회암 판석들은 이음새 하나 없이 짜 맞춘 것처럼 보인다. 이는 고대 몰타 주민들이 건축공학의 천재였음을 말해 주는 불후의 걸작품이다. 중앙 통로를 따라 여섯 개의 커다란 원형 방들을 배치해 놓은 하가르킴은 의례 장소로 기원전 3600년에서 기원전 3200년 사이에 만들어졌다. 이곳에는 무게가 36톤으로, 거석 신전에 쓰인 단일 거석으로는 세계에서 가장 큰 거대한 돌이 있다.

그곳에서 약 500미터쯤 떨어진 곳에 두터운 돌 벽과 기둥에 신비로운 나선형 문양으로 장식한 므나이드라의 신전 세 곳이 있다. 이들 신전을 세운 목적은 알려진 바 없지만 특히나 하부 신전의 독창적인 천체 배열로 볼 때 신전에서 천체 관측과 동지와 하지, 춘분과 추분을 기념하는 의식을 거행했던 것으로 보인다. 19세기 중반에 하가르킴에서 제물을 바치는 제단, 몰타의 비너스상을 비롯한 여인의 전신상 등 다산 숭배 사상을 상징하는 유물이 발굴되면서 수수께끼는 더욱 늘어나게 되었다.

■ 폐허가 된 안뜰과 통로, 방들을 둘러보다 보면 신석기시대 장인들의 고도의 석축 솜씨와 빈틈없는 건축술에 절로 탄성이 터져 나온다.

■ 유람선을 타고 해식작용으로 생긴 블루 그로토까지 가보자. 광물질 때문에 다채로운 색을 띠고 있는 바위와 바닷물이 햇빛을 받아 반짝인다.

■ 몰타의 수도인 발레타(Valletta)에 위치한 국립 고고학박물관에는 '몰타의 비너스상'을 포함해서 많은 조각상들, 문양이 새겨진 기둥으로 만든 제단들, 이곳 유적지에서 발굴된 유물이 모두 전시되어 있다.

When to go 4월에서 6월 사이가 좋다. 여름은 몹시 덥고 겨울에는 비가 많이 내린다. 가을은 시로코(xlokk, 아프리카 사막지대에서 지중해 지역으로 부는 더운 바람)가 불 가능성이 높다.

Planning 크렌디(Qrendi) 마을과 가까운 이 유적지는 크리스마스와 새해 첫날을 제외하고는 1년 내내 개방한다. 일출 때를 맞춰 일반인에게 유적지를 개방하는 춘분이나 추분, 동지나 하지 때 가는 것이 좋다. 아침 햇살이 가장 먼저 므나이드라 신전 하단부를 비추고 내부의 방으로 쏟아져 들었다가 마지막으로 돌 제단을 환하게 밝히는 모습을 보려면 아침 일찍 가야 한다. 유적지 두 곳을 모두 둘러보려면 3~5시간 정도 잡아야 한다. 유적지를 관람하려면 상당히 많이 걸어야 하고 바닥이 울퉁불퉁한 곳이 많으므로 튼튼한 신발을 신어야 한다. 크렌디 남동쪽에 있는 블루 그로토(Blue Grotto)까지 가는 유람선도 타보자.

Websites www.visitmalta.com, www.heritagemalta.org

> 독일

엑스테른슈타이네 *Externsteine*

독일 북부 고대의 숲 속에 선사시대부터 의례 장소이자 순례지였던 거대한 바위들이 무리지어 있다.

독일 북서부 노르트라인베스트팔렌 주에 있는 광활한 고대의 수목지대 토이토부르거 숲 속 깊은 곳에 거대하고 울퉁불퉁한 석회암 기둥 다섯 개가 일렬로 서있다. 먼 옛날, 이곳에 살았던 부족들이 자연이 빚어낸 경이로운 존재인 엑스테른슈타이네를 보고 초자연적인 위력을 느꼈다고 해도 그리 놀랄 일이 아니다. 엑스테른슈타이네는

가장 높은 암석 거탑 정상에 자리 잡은 교회는(오른쪽 끝) 천문관측대로 사용했을 가능성도 있다.

'에게 산의 바위'라는 뜻이다. 전설에 따르면 이 암석 기둥들은 이교도 신앙의 중심이었다고 하며 또 어쩌면 색슨족이 '생명의 나무'라고 부르는 신성한 나무 '이르민술(Irminsul)'이 있던 자리인지도 모른다. 초기 게르만족의 영웅인 체루스키족의 족장 아르미니우스가 9세기 로마군을 크게 물리친 후 이곳에서 신들에게 제물을 바쳤다고 한다. 722년 샤를마뉴 대제가 게르만족을 정복하고 이 지역에 기독교를 전파하고 나서는 기독교 은둔 수도사들이 엑스테른슈타이네에 은거하기도 했다. 은둔 수도사들은 암석 기둥 밑에 있는 동굴을 거처로 삼고 돌기둥을 깎아 계단과 무덤을 만들었다. 그리고 가장 높은 탑 꼭대기 근처에 둥근 창이 딸린 야외 교회를 세웠다. 하짓날 일출 때 해가 정면으로 들도록 낸 이 창문은 이 지역에서 흔히 볼 수 있는, 기독교와 이교도 전통이 혼합된 특징 가운데 하나다.

- 두 개의 암석 기둥 사이에 놓인 철교를 건너 가장 높은 바위(37.8m) 정상 근처에 있는 교회까지 갈 수 있다.
- 암석 기둥 내부의 계단들을 따라 전망대까지 올라갈 수 있다. 전망대에 올라서면 물결치는 숲이 파노라마처럼 펼쳐진다.
- 암석 기둥 중에 한 곳의 기저 부분에는 12세기에 예수의 십자가 강하 장면을 새겨놓은 부조 조각이 있다. 십자가 발치 부분에 구부러진 나무를 닮은 그림이 있는데 이교도의 신성한 나무 이르민쉴이 그리스도를 경배하기 위해 절을 하는 모습을 상징하는 것으로 추정된다.

When to go 연중 어느 때라도 좋다. 가을이면 바위 탑 주변 숲이 특히 아름답다. 겨울에는 눈에 덮인 바위 탑이 한층 가파르고 신비롭게 보인다. 6월21일 하지 때와 4월30일 밤부터 5월 1일 새벽까지 이어지는 발푸르기스(Wakpurgis)의 밤에는 누구나 흥겹게 즐길 수 있는 이교도 축제가 벌어진다.

Planning 엑스테른슈타이네 유적은 데트몰드(Detmold) 시에서 남쪽으로 12킬로미터 떨어진 작은 마을인 홀츠하우젠 엑스테른슈타이네(Holzhausen-Externsteine)에서 가깝다. 주변에 주차장이 있고 버스와 철도를 이용하려면 엑스테른슈타이네 서쪽 2킬로미터 지점에 있는 호른 바트 마인베르크(Horn-Bad Meinberg)까지 오는 게 가장 가깝다. 돌탑을 둘러보는데 2시간 정도 잡는 게 좋다. 헤르만스베크(Hermannsweg) 오솔길을 따라 데트몰트에 있는 19세기의 거대한 아르미니우스상까지 보고 올 요량이면 더 길게 잡아야 한다.

Websites www.nrw-tourism.com

칼라나이스의 거석들은 다양한 천체 배치도를 이루고 있다. 해와 달, 지구와 관련된 행성들의 움직임을 추적하는데 사용되었던 것으로 보인다.

스코틀랜드

칼라나이스 거석 *Calanais*

유럽의 북서부 끝자락에 있는 루이스 섬에 4,000여 년 동안
그 자리를 지켜온 특이한 거석군이 있다.

    스코틀랜드 서쪽 해안의 루이스 섬에 있는 칼라나이스 거석군을 찾는 사람들은 이미 오래전에 자취를 감춘 고대인들이 어떤 종교적 통찰력으로 이 거석들을 세웠는지 짐작만 할 뿐이다. 엄청난 세월과 대서양의 혹독한 바람이 칼라나이스 거석 뒤에 감춰진 세계관을 엿볼 수 있는 단서들을 모두 앗아가 버렸다 해도 여전히 신성한 기운

이 감돈다. 칼라나이스 중앙에는 높이가 3.5미터나 되는 것들을 포함한 13개의 거석들이 원을 그리며 서있고, 원 한가운데 높이 4.75미터의 판석 모양 거석이 우뚝 서있다.

중앙의 원을 중심으로 방사상으로 뻗어 있는 돌들의 행렬은 켈트 십자가를 연상시킨다. 원의 중심에 있는 돌무지, 즉 무덤에는 불에 탄 사람 뼛조각이 묻혀 있다. 하지만 돌무덤은 거석을 세운 시기보다 조금 늦게 만든 것으로 추정한다. 이 지방의 편마암으로 만든 거석들은 몇 킬로미터 떨어진 곳에 있는 산비탈에서 채취했을 것으로 추측한다. 선돌 하나를 유적지까지 나르는 데 장정 20명이 필요했을 것이다. 그리고 최근의 고고학 발굴로 이곳이 경작지였다는 사실이 밝혀지면서 거석들이 황무지에 세워진 것이 아니라는 사실이 드러났다. 그곳에 경작지를 일구며 살았던 옛사람들의 집과 농장에 대한 발굴과 탐사 작업이 계속되고 있다.

When to go 루이스 섬의 기후는 서늘하고 변화가 심하지만 5월에서 9월까지는 낮이 길고 대체로 날씨가 맑은 편이라 이때 가는 것이 좋다.

Planning 루이스 섬은 스코틀랜드 본토 울라풀(Ullapool)에서 페리로 2시간 반이면 닿을 수 있고 비행기로도 갈 수 있다. 칼라나이스 거석들을 포함해서 그 밖의 다른 고고학 유적지도 돌아보려면 적어도 하룻밤 묵을 계획을 세우자. 그러면 칼라나이스 거석들을 한번 더 볼 수도 있다. 상당히 많은 정보를 제공해 주는 칼라나이스 관광안내소는 일요일에는 문을 닫지만 거석은 언제든 볼 수 있다. 현재 아우터헤브리디스 제도에서는 명칭을 모두 게일어로 표기한다. 이전에는 영어 표기인 '칼라니쉬'가 많이 쓰였지만 지금은 게일어 표기인 '칼라나이스'를 점차 많이 사용한다.

Website www.isle-of-lewis.com, www.scotland-inverness.co.uk

- 근처에 제2 칼라나이스, 제3 칼라나이스 같은 규모가 작은 유적지들이 있다. 다른 곳에 비해 찾는 사람들이 적은 제3 칼라나이스는 분위기가 상당히 좋다.

- A858번 도로를 타고 북쪽으로 몇 킬로미터 더 올라가면 절벽 꼭대기에 철기시대 요새 칼로웨이 브로흐(Carloway Broch, 원탑)가 있다. 요새도 구경하고, 요새에서 내려다보이는 멋진 바다 풍경도 감상하자. 관광안내소 안에는 요새의 내부가 복원되어 있다.

둥근 원 안에 말밥굽 모양으로 배치된 육중한 바윗덩어리들. 태양의 움직임을 따라가는 관측소 형태를 갖추고 있다.

잉글랜드

스톤헨지 *Stonehenge*

유럽에서 가장 성스러운 유적지 가운데 하나가 과거를 묻어 둔 채 수수께끼로 남아 있다.

기원전 3000년에서 기원전 1600년 사이에 세워진 스톤헨지는 의식이 행해졌던 장소였을 거라는 짐작만 할 뿐이다. 태양을 숭배하는 신전이었을까? 아니면 초대형 천체 달력의 일부였을까? 왜 사람들은 그토록 오랜 세월 동안 그 많은 노력을 기울여 거석들을 세웠을까? 이 모든 의문에도 불구하고 확실한 것은 거석들이 일출과 계절의 변화와 일치하게끔 배열되어 있다는 사실이다. 거석을 세운 사람들이 수학과 천문학에 조예가 매우 깊었다는 사실만은 분명하다. 가장 오래된 구조물인 바깥 원의 도랑과 도랑둑, 그리고 마지막 단계에 중심부에 U자형의 말발굽 모양과 원형으로 배열한 블루스톤(청색 사암)에 이르기까지, 그 같은 사실을 증명하지 않는 구조물은 하나도 없다. 블루스톤은 웨일스(Wales) 지방의 프레셀리(Preseli) 산에서 나는 작은 바위로, 물에 젖으면 청색으로 변한다.

■ 발굴 결과, 스톤헨지 외곽 원에 나 있는 56개의 오브리 홀에 채워져 있는 석회 가루 중 일부는 화장한 사람의 뼈라는 사실이 밝혀졌다.

■ 에임스베리에서 왕복 13.7km의 걷기 코스를 따라가 보자. 들판과 수목지대를 지나 선사시대의 유물과 청동기시대의 무덤인 우드헨지, 스톤헨지까지 포함된다.

지금까지 스톤헨지의 목적과 용도는 여전히 베일에 가려져 있고 오랜 세월이 흐르는 동안 쓰임새와 목적은 달라졌을지 모르지만, 이 유적지는 사람들의 삶의 중심이었다. 고대 켈트의 종교를 재건한 신(新) 드루이드교의 신자들은 아직도 대사암 사이의 틈새로 햇빛이 통과해 들어오는 동지와 하지 때면 이 성스러운 신전에 모여 의식을 거행한다.

When to go 1년 내내 개방한다. 하지 때 일출이 장관이다. 참배객과 관광객으로 항상 붐빈다는 것은 감안하자.

Planning 스톤헨지는 남쪽으로 향하는 A303 도로와 북쪽으로 향하는 A344 도로가 만나는 지점에 있기 때문에 자동차나 버스로 쉽게 갈 수 있다. 스톤헨지를 포함해서 유적지 주변을 둘러보려면 인근 솔즈베리와 에임즈베리에 숙소를 정하는 것이 가장 좋다. 유적지를 돌아보는 데 2시간 정도 할애하자. 정해진 개방시간에는 원의 중심으로 들어갈 수 없지만 영국 역사 건축물 및 기념물 정보제공 사이트인 잉글리시 헤리티지(English Heritage)에서는 정규 개방시간 외 이른 아침이나 늦은 저녁 원의 중심에 들어가 볼 수 있는 'Stone Circle Acess' 프로그램의 예약을 받는다.

Websites www.stonehenge.co.uk, www.english-heritage.org.uk

프랑스

카르나크 열석 *The Megaliths of Carnac*

프랑스 북서부 켈틱 브르타뉴 반도 해안선에 5,000년된
열석 집단이 행군을 하듯 안개를 뚫고 나온다.

유럽에서 카르나크 해변의 열석만큼 많은 수의 거석들이 정확하게 열 지어 서있는 곳은 없을 것이다. 3킬로미터에 달하는 브르타뉴 황야지대 전역에 3,000점 이상의 거석이 행군하듯 서있다. 대서양 연안의 바닷물에 씻긴 햇살을 받으며 생명을 유지해 온 이들 거석은 수천 년의 풍상을 견디며 두건을 쓴 형상, 웅크리고 있는 산짐승, 창끝처럼 날카로운 바위, 걸어가는 전사, 프리즘, 발판 모양 등 환상적인 형태의 행렬

가브리니스에 있는 이 분묘는 화려한 장식 문양이 새겨진 바위가 빼곡히 들어서 있다.

을 빚어냈다. 브르타뉴 옛 민담에 따르면 이 바위들이 기독교 태동기에 이 지방 출신 성자를 죽일 요량으로 마을 전체를 샅샅이 뒤지고 다니던 이교도 군사들이라고 한다. 이교도 군사에게 쫓겨 더 이상 갈 곳이 없던 성자는 기적적으로 군사들을 돌로 만들어 목숨을 건졌다. 하지만 19세기 골동품 전문가와 20세기 고고학자들은 이 거석들이 그보다 훨씬 오래전에 생겼다는 사실을 밝혀냈다. 상당히 멀리 떨어진 곳에서 거대한 굴림대를 이용해서 운반했을 것으로 추정되는 이 돌들은 기원전 4000년경 여러 단계에 걸쳐서 이곳에 자리잡았을 가능성이 크다. 이 거석들을 세운 목적은 알려지지 않았다. 다만 공동체 숭배 의식과 신에게 바치는 제물, 죽은 자들에 대한 추모 때 쓰이던 표시였거나 추수 시기나 축일, 해가 바뀌는 때를 알기 위해 책력으로 사용한 장치였을지도 모른다.

- 석실 무덤의 잔해로 보이는 독자적인 환상열석과 고인돌들이 곳곳에 흩어져 있다. 이 중에는 사후 세계로 가는 노천 통로, 대형 거북이나 제물을 바치는 제단처럼 생긴 것도 있다.

- 프티 메네크(Pettit Ménec) 숲을 통과하는 미로처럼 생긴 오솔길을 탐험해 보자. 그 안에는 이끼로 덮인 작은 규모의 돌들이 배치를 이루고 있다. 숲 속에서 자란 것 같은 석화림을 닮은 돌도 있다.

When to go 햇빛 좋은 해안이 있는 카르나크 지역은 사람들이 즐겨 찾는 관광명소다. 7월과 8월에는 열석들을 보호하기 위해 유적지 일부에 한해 입장을 제한하기도 한다. 영어로 하는 가이드 투어가 가능하다. 10월부터 4월 초 사이에 이곳의 분위기를 제대로 만끽할 수 있다.

Planning 적어도 3일은 잡아야 하고 선사시대 고고학에 관심이 많으면 1주일까지 잡아도 좋다. 자동차와 이 지역 전체가 표시된 상세 지도가 꼭 필요하다. 중요한 유적지는 주차 가능지역을 포함해 자세히 표시되어 있다. 고요하고 경치가 뛰어난 곳은 숲을 통과하거나 울퉁불퉁한 땅을 지나야 하므로 편안한 운동화나 부츠를 가져가자. 열석 내부는 빛이 약하므로 플래시를 가져가자. 이 지역 열석에 대해 포괄적으로 이해하고 싶다면 카르나크에 있는 선사시대 박물관부터 들르는 것이 좋다.

Websites www.ot-carnac.fr, www.stations-bretagne.com

6,000년 세월을 견뎌 온 알멘드레스 선사시대 거석 유적의 선돌들.

포르투갈

알멘드레스 크롬레흐 *Cromeleque dos Almendres*

관광객들의 주목은 거의 받지 못하지만 강렬한 인상을 주는 이 환상열석 단지에는 막강한 영적인 힘이 흐르고 있다.

포르투갈 중앙에 자리잡은 알멘드레스 거석 고인돌 단지에는 약 95개의 거석들이 서있다. 두 개의 원이 맞물리는 형태로 가깝게 배열돼 있는 둥근 거석들은 스톤헨지가 천문학과 관련이 있을지도 모른다는 새로운 가설이 나오기 시작한 1960년대 중반에서야 대중들의 주목을 받게 되었다. 아래쪽에 있는 비교적 작은 환상열석이 먼저 만들어졌을 것으로 보이며 시기는 기원전 4000년쯤으로 추정된다. 이곳도 이 지역의 다른 환상열석들처럼 처음에는 태양이 떠오르는 동쪽 지평선 방향이 열려 있는 말발굽 모양이었을 가능성이 있다.

위쪽에는 상대적으로 큰 선돌들이 타원형 고리 모양을 이루고 있다. 이들이 향하고 있는 방향은 천체 관측과 관련이 있을 수 있다. 특히 타원형 양쪽 끝에 서있는 한 쌍의 큰 선돌은 춘분과 추분 때 일출과 일몰의 방향을 가리키는 축을 이룬다. 하지만 돌의 수가 워낙 많아서 다른 천체를 가리키는 것들도 얼마든지 있을 수 있다. 수많은 돌에 새겨져 있는 원이나 선, 한쪽 끝이 구부러진 지팡이 모양이나 일련의 구멍 같은 얕은 부조들 속에 어떤 단서가 있을지도 모른다. 그러나 현재까지 환상열석의 기능에 대해서는 여전히 수수께끼로 남아 있다.

When to go 기후가 온화하고 언덕에 야생화가 흐드러지게 피는 4월부터 5월 초가 특히 아름답다. 7월이 가장 덥다.

Planning 유적지는 구아달루프(Guadalupe)에서 가깝고 에보라 시에서 5킬로미터, 리스본에서는 동쪽으로 약 153킬로미터 떨어져 있다. 열석이 있는 지역이 사유지이나 일반도로뿐 아니라 비포장 길에까지 표지판이 붙어 있다. 일정에 알멘드레스가 포함된 버스 투어, 또는 개인적으로 자동차나 자전거를 이용해서 갈 수도 있다.

Websites www.crookscape.org/textjan2005/text_eng.html

- 주요 유적지에서 1km 정도 걸어가면 기원전 4,000년에서 5,000년 사이의 것으로 추정되는 알멘드레스의 거석이 홀로 서있다. 아름다운 시골 경치와 여름이면 언덕을 가득 메우는 야생화가 장관이다.

- 알멘드레스 환상열석은 코르크 나무 숲으로 둘러싸인 완만한 언덕의 동쪽 비탈진 공간에 자리잡고 있어 이끼에 덮인 열석을 무심코 지나치기 쉽다.

- 환상열석 단지에서 내려다보이는 아름다운 전원 풍경과 유서 깊은 도시 에보라의 전경도 감상해 보자.

- 인근 에보라 시에서 잠시 시간을 보내자. 서기 100~200년경에 세운 로마의 여신 디아나 신전의 유적지도 둘러보자. 16세기에 지은 카플라 두스 오수스(Capela dos Ossos, 유골교회)도 가보자. 벽과 천장에 5,000개 정도 되는 사람 해골과 뼈가 붙어 있다.

이집트에서 건너온 쿠시인들은 피라미드를 세우고 그 안에 죽은 사람을 매장하는 전통을 이어 왔다.

수단

메로에의 고대 피라미드 Meroe's Ancient Pyamids

한때 영화를 누렸던 이 도시에 윗면이 잘려나간 돌기둥과 왕실 분묘들 사이로
좁은 모랫길만 남아 거미줄처럼 얽혀 있다.

수단 북부, 사막의 후끈한 바람이 미세한 흙먼지 위를 훑고 지나가면서 그렇잖아도 희미하게 남아 있던 쿠시 왕국의 고대 피라미드로 가는 길을 완전히 덮어 버린다. 기원전 300년부터 서기 300년 사이에 지어져 온갖 풍상을 겪어 온 이 가파른 피라미드들은 역대 왕과 왕비를 매장한 곳이다. 세 구역에 무려 200여 점의 피라미드가 조성되어 있

는 것으로 보아 고대 왕궁 도시 메로에가 얼마나 중요한 곳이었는지 알 수 있다. 비옥한 나일 강변에서 불과 5킬로미터밖에 떨어져 있지 않고, 한때 활력이 넘치고 피라미드가 줄지어 축조되던 도시의 유적 위로 지금은 고운 모래만 켜켜이 쌓여 있다. 각 피라미드의 입구는 돌기둥을 세워 위용을 드러낸다. 분묘의 거대한 돌 위에 새겨진 벽화와 그림문자는 황금빛 모래 장막에 절반쯤 가려져 있다. 그 의미를 아직은 완전히 이해할 수 없지만 벽화에는 신들과 그 밖의 불멸의 존재들, 각 무덤에 묻혀 있는 왕족들의 이야기가 담겨 있다. 석조 울타리로 둘러싸인 거대한 도시 내부에는 왕궁과 여러 개의 작은 신전, 로마식 목욕탕인 님파에움의 잔재가 남아 있다.

- 피라미드 주변을 낙타를 타고 돌아보자.
- 허용이 되는 곳에서는 돌 위에 새겨진 고대 그림문자들을 손가락으로 쓰다듬어 보자.
- 아마니샤케토(Amanishakheto) 여왕의 무덤을 찾아가 보자. 1834년 여왕의 피라미드 꼭대기 방에 숨겨져 있던 황금 장신구가 발견된 후 무덤의 일부가 훼손되었다.
- 피라미드 유적지에서 3km 정도 떨어진 메로에 텐트촌에서 사막의 하룻밤을 보내 보자.

When to go 11월에서 2월까지가 가장 시원하다. 최고 기온이 평균 섭씨 49도까지 올라가고 모래 폭풍이 잦은 5월과 6월은 피하는 게 좋다.

Planning 메로에는 수단의 수도 하르툼(Khartoum) 북쪽 자동차로 3시간 정도 거리에 있다. 센디 근처 카부시야(Kabushiya) 기차역에서는 북동쪽으로 6.4킬로미터 떨어져 있다. 기차역에서 택시와 버스를 이용해서 유적지까지 가면 된다. 피라미드 사이를 여유 있게 둘러보고 고대 도시까지 들어가 보려면 적어도 하루는 잡아야 한다. 유적지 바로 옆에 있는 바그라위야(Bagrawiyah) 마을에 기본적인 숙박시설이 갖춰져 있다. 하룻밤 묵을 계획이라면 식량과 식수, 침낭을 챙겨간다. 탈수증과 뜨거운 사막의 태양으로부터 몸을 보호하는 것은 필수다. 입구를 지키는 사람이 입장료를 요구하기도 하는데 흥정이 가능하며 입장료 대신 낙타를 타겠다고 해도 된다. 사진 촬영은 허가를 받아야 할 수도 있으니 출발하기 전에 여행사나 그 지역 관광 상담원에게 반드시 확인하자.

Websites www.numibia.net/nubia/meroe.htm, www.imagineafrica.co.uk

세네감비아 지역에 있는 다른 유적지의 선돌도 그렇지만 외쑤의 선돌도 철제도구를 이용해서 정교하게 잘라 형태를 만들었다.

감비아 | 세네갈

스톤 서클 *Stone Circle*

감비아 강 계곡은 전 세계에서 선돌 집단이 가장 집중적으로 모여 있는 지역이다.

세네갈의 살룸 강과 감비아 강 사이, 길이 100킬로미터, 너비 350킬로미터 지역에 사라진 문명 세력이 만든 구멍이 숭숭 뚫리고 풍상에 마모된 라테라이트(사암의 일종) 열석이 서있다. 이들 환상열석은 적어도 1,200년 전까지 거슬러 올라가는 이름 모를 왕과 족장의 분묘를 에워싸고 있다. 1,000여 개에 달하는 환상열석은 분묘와 봉토와 함께 세네갈의 시네 응가예네(Sine Ngayène)와 와나르(Wanar), 감비아의 와쑤(Wassu)와 케르바치(Ker Batch)에 집중적으로 모여 있다. 각 환상열석은 꼭대기가 평평한 것, 네모난 것, 끝이 점점 가늘어지는 것 등 크기와 형태가 다양한 10개에서 20개의 돌로 이루어져 있다.

돌의 배열에 관해서는 의견이 분분하다. 작은 돌과 큰 돌을 나란히 배열해 놓은 것은 아이와 부모가 함께 묻힌 곳이라거나 V자형으로 배열된 것은 같은 날 죽은 가족이나 친척일 것이라는 설도 있다. 최근의 발굴 작업에 따르면 이들 환상열석에는 시대에 따라 다른 신체 부위가 묻혀 있으며, 매장된 유골 부위가 다르면 장례 의식도 다르게 행해졌다는 사실이 드러났다. 분묘에서 발견된 토기 항아리와 조악한 연장들은 사후 세계로 들어가는 왕을 위해 함께 묻었던 것으로 추정된다.

When to go 건기인 10월 중순에서 4월까지가 좋다.

Planning 와쑤는 감비아 강 유역의 자난부레(Janjanbureh, 조지타운)에서 북서쪽 20킬로미터 지점에 있다. 감비아 강 북쪽 유역에서 부시 택시를 타고 가면 된다. 케르 바치(Ker Batch)는 감비아 강 북쪽 유역, 은양가 반탕(Nyanga Bantang)과 가까운 곳에 있다. 케르 바치나 세네갈 유적지로 가려면 지프를 렌트해야 한다. 세네갈 유적지는 응가예네 근처 카오록(Kaolock) 지역에 있으며 다카르에서는 남동쪽으로 약 177킬로미터 지점에 있다. 도로 사정에 따라 다르지만 유적지를 전부 보려면 적어도 일주일 정도는 잡는 것이 좋다. 보수가 제대로 안되어 도로 상태가 열악하므로 가능하면 강으로 여행하는 것이 낫다. 감비아 강 유역은 말라리아 발생 지역이므로 미리 말라리아 예방약을 먹어야 한다.

Websites www.gambia.co.uk, www.adventurecenter.com, www.accessgambia.com/information/index.html

■ 세네갈 응가예네 인근의 잘룸베레(Djalloumbéré)에 있는 환상열석 단지는 이 지역 52개의 유적지 가운데 환상열석이 가장 밀집해 있는 지역이다. 52개의 환상열석 단지에 모두 합쳐 1,000개의 열석이 있다.

■ 와쑤 박물관에서는 현재 세계 문화유산으로 등재된 환상열석 유적지 주변의 역사와 문화에 대한 탐사 작업을 하고 있다.

■ 가장 큰 열석은 케르 바치 인근 은자이 쿤다(N'jai Kunda)에 가면 볼 수 있다. 이 돌들은 가파른 산 너머에서 운반해 와 현재의 위치에 자리잡았다.

■ 감비아 강 유역 자난부레에 있는 조류 사파리 캠프는 탐조를 위한 최적지다.

`TOP 10`

거대한 조각상 Ten Mighty Sculptures

고대부터 거대한 조각상들은 인간의 상상력을 불러일으키고 영혼을 깨우는 힘을 지니고 있었다.

❶ 올멕의 거석 두상 Olmec Heads 멕시코_라벤타 공원

신록이 우거진 라벤타 공원(La Venta Park)의 길을 따라 걷다보면 멕시코에서 가장 오래된 것으로 알려진 거석 두상들을 만나게 된다. 마야문명 이전의 것으로 강력한 통치자들의 모습을 담은 것이다.

`Planning` 라벤타는 타바스코 주에 있다. 공원 내 야간 조명과 음향이 인상적이다. www.tourbymexico.com

❷ 파네시요의 성모상 La Virgen Maria del Panecillo 에콰도르

45m에 이르는 거대한 성모상이 키토 시내를 내려다보며 파네시요 언덕 꼭대기에 서있다. 알루미늄으로 만들어진 성모상에는 날개가 달려 있다. 잉카시대부터 신성시되던 언덕에서 바라보는 경치가 장관이다.

`Planning` 이곳의 전경을 제대로 감상하려면 구름이 끼기 전 아침 일찍 가야 한다. www.in-quito.com

❸ 구세주 그리스도상 Christ the Redeemer 브라질

리우의 오랜 상징인 구원자 그리스도의 조각상은 마치 팔을 활짝 벌려 방문객들을 맞이하는 듯하다. 코르코바도 산꼭대기에 있는 38m의 조각상은 무게가 700톤에 달하며 강화 콘크리트를 사용해 만들어졌다.

`Planning` 이곳을 제대로 구경하고 싶다면 감탄을 자아내는 티주카 산림 국립공원을 지나는 코르코바도 궤도식 열차를 타야 한다. www.corcovado.com.br, www.rio.rj.gov.br/riotur/en

❹ 비로자나불 Buddha Vairocana 일본_도다이지(東大寺)

일본의 거대한 청동 불상이 세계 최대의 목조 대불전인 도다이지(東大寺, Todai-ji Temple)에 안치돼 있다. 이 불상을 제작하는 데 260만 명이 참여해 서기 752년에 완성됐다고 전해진다. 도다이지는 화엄종의 본산이다.

`Planning` 나라 시 동쪽에 있는 나라 공원에 있다. www.jnto.go.jp/eng

❺ 아미타불 Amida Buddha 일본_가마쿠라(鎌倉)

가마쿠라의 부처상은 원래 목조 사찰의 실내에 있었다고 한다. 이후 700년이 넘게 절 마당에 안치되었고 불상 뒤로 펼쳐지는 숲의 절경과 함께 일

본의 상징이 되었다.

Planning 가마쿠라는 도쿄에서 48km 떨어져 있다. 소정의 입장료를 내면 불상 내부에도 들어갈 수 있다. www.kamakuratoday.com/e

❻ 러산대불 樂山大佛 중국_러산

높이 71m로 전 세계에서 가장 큰 불상이다. 링윈산(凌雲山) 절벽에 조각했으며 중국에서 불교가 처음으로 자리잡은 어메이산(峨眉山)을 마주보고 있다. 요동치는 강물이 잠잠해지길 바라며 세 강의 합수 지점에 세웠다.

Planning 대불상은 러산 시의 동쪽에 있으며 배를 타고 가면 된다.
www.travelchinaguide.com

❼ 고마테시와라 Gomateshwara 인도_시라바나벨라골라

이 거대한 조각상은 자이나교의 성인인 고마테시와라 군주를 기리기 위해 세워진 것이다. 12년마다 사제들이 우유와 꿀, 백단, 금화 같은 공물로 목욕시키는 의식을 행한다.

Planning 시라바나벨라골라는 찬나라바파트나에서 13km 떨어져 있고 버스가 두 곳을 오간다. www.hoysalatourism.com

❽ 아유카나 마애불 Aukana Buddha 스리랑카

아유카나(Aukana)라는 말은 '태양을 삼키는'이란 의미이다. 지금도 승려들은 새벽에 꽃을 따다가 태양이 비추기 시작하면 15m에 달하는 이 거대한 불상에 꽃을 바친다.

Planning 아누라다푸라(Anuradhapura)에서 남동쪽으로 50km 떨어진 곳에 있다.
www.srilankatourism.org

❾ 스핑크스 The Great Sphinx 이집트

기자(Giza)의 피라미드 지구 옆에 서있는 거대한 스핑크스 조각은 신의 얼굴에 사자의 몸을 가진 형상을 하고 있다. 길이는 56.4m에 높이는 20m에 달하며 현존하는 최대 석조상으로 여겨진다.

Planning 기자는 카이로(Cairo) 근처에 있다. 오전 7시부터 오후 5시 30분까지 매일 개방한다. www.touregypt.net

❿ 사그라트 코르 수도원 Temple Expiatori del Sagrat Cor 스페인

수도원의 가장 높은 곳에는 청동으로 만든 거대한 그리스도의 동상이 서 있다. 수도원은 티비다보 산 꼭대기에 지어졌으며 수도원에서 아래를 내려다보면 바르셀로나와 주변 해안 절경이 그림처럼 펼쳐진다.

Planning 블루 트램(Blue Tram)이 승객을 태우고 케이블철도 입구로 간다. 그곳에서 열차를 타고 수도원으로 가면 된다. www.bcn.es

3
신앙의 요람
Cradles of Faith

어느 종교든 저마다의 성지가 있다. 유명 종교의 창시자가 태어나거나 묻힌 곳, 계시를 받았다고 알려진 곳, 개인 혹은 집단이 이동하면서 역사적 의미를 갖게 된 곳, 성전(聖典)이나 종교화가 탄생하거나 보존되고 있는 장소 들이 그런 곳이다. 대부분의 성지는 신도들은 물론 다른 종교를 믿거나 종교가 없는 여행객들에게도 감동과 통찰의 기회를 준다. 중국 취푸(曲阜)의 공자 유적은 공자가 무려 2,000년 동안 중국 문명에 영향을 미친 유교 철학을 설파한 곳일 뿐 아니라 대대로 그의 후손이 살던 터전이기도 했다. 이스탄불에 있는 눈부시게 아름다운 하기아소피아는 1,500년이나 된 외경스러운 건축물이자 비잔틴제국의 기독교 신앙과 예술을 간직한 위대한 유적이다. 시나이 산처럼 유대인과 기독교인들에게 동시에 큰 의미가 되는 곳도 있다. 그런가 하면 특정 종교에만 소중한 곳도 있다. 몰몬교의 예언자인 조셉 스미스가 천사를 만난 곳이라고 하는 뉴욕 주의 쿠모라 언덕이 대표적이다.

예루살렘 구시가지에 땅거미가 지면 햇빛 대신 조명등이 성전산 위에 있는 고색창연한 서쪽벽(통곡의 벽)과 그 너머의 아름다운 바위돔 사원을 비춘다. 이 두 유적은 유대교, 이슬람교, 기독교 신자들 모두의 성지이다.

해마다 열리는 쿠모라 언덕 야외 연극은 몰몬경(經)의 탄생 과정을 그린 작품으로 600명이 넘는 연기자들이 참여한다.

미국_뉴욕 주

팔마이라 *Palmyra*

신흥 주요 종교의 창시를 이끈 환시(幻視)와 기적이 일어났다는 곳을 찾아가 보자.

뉴욕 주 서부의 팔마이라 인근, 아담한 쿠모라(Cumorah) 언덕이 기복 있는 농경지 사이에 가려져 있다. 목가적이고 평화로운 이 언덕은 신흥 기독교 분파 중 하나가 탄생한 의미 있는 곳이다. 매년 여름이면 화려한 야외 연극을 보기 위해 10만여 명의 관광객이 이곳으로 몰려든다.

몰몬교라고 더 많이 알려진 '예수그리스도 후기성도 교회(Church of Jesus Christ of Latter Day Saints)'가 창시된 놀라운 사건을 재현한 연극이다. 이때는 신도들과 호기심에 찬 관광객들이 한데 어울려 모로나이(Moroni) 천사 상이 있는 쿠모라 언덕의 정상으로 향한다. 몰몬교에서 모로나이는 선지자였다가 천사로 화한 존재이다.

몰몬교의 교리에 따르면 몰몬교를 창시한 조셉 스미스(Joseph Smith, 1805~1844)는 어렸을 때 바로 이곳에서 천사의 가르침을 받아 문자가 새겨진 신성한 금판을 발굴했다고 한다. 스미스는 금판에 적힌 기록을 번역했는데 그것이 바로 몰몬경(Book of Mormon)이다. 가까이에 '신성한 숲'이라고 알려진 숲 속 빈터가 있다. 이곳은 조셉이 14살이 되던 1820년에 처음으로 환시를 본 곳이라고 한다. 신자든 아니든 이곳에 온 사람은 누구나 이 안을 감싸고 있는 깊은 평화를 느낄 수 있다.

- 그랜딘프린트상점(Grandin Print Shop)도 둘러보고 1830년에 최초로 인쇄된 몰몬경의 초판본을 보관하고 있는 방에도 가보자.
- 인근 워털루에 있는 위트머 농장은 조셉 스미스가 몰몬경을 번역하는 동안 살았던 54m² 규모의 수수한 통나무집을 재건한 것이다.

When to go 어느 때 가도 좋다. 그래도 쿠모라 언덕 야외 연극이 상연되는 7월 중순이 가장 좋은 때이다.

Planning 해마다 거행되는 쿠모라 언덕 야외 연극에서는 인상적인 개막식 행렬이 펼쳐진다. 화려하게 차려입은 배우들이 관객 사이를 지나 무대 위로 올라가면 객석은 온통 흥분의 도가니다. 그곳 분위기에 흠뻑 빠져 보자. 한정된 좌석은 선착순으로 배정되므로 공연이 시작되기 전에 여유 있게 도착하도록 한다. 연극 상연기간 동안은 숙박장소를 반드시 미리 예약해야 한다. 이 고장에는 호텔이나 게스트하우스가 거의 없기 때문에 다른 때 방문하더라도 머물 곳을 예약하는 것이 좋다. 쿠모라 언덕 관광센터에서 인근 유적지 지도를 판매하며 이 지역의 역사를 소개하는 동영상과 전시물도 제공한다. 최소 하루 이상 묵으면서 팔마이라의 유적지들을 둘러보자.

Websites www.hillcumorah.org

사진 속의 아미다도(阿弥陀堂)는 히에이 산의 숲 속에 흩어져 있는 엔랴쿠지의 수많은 사찰 건물 중 하나이다.

일본

엔랴쿠지(延曆寺) *Enryaku-Ji Temple Complex*

교토 소재 히에이 산(比叡山)에 있는 텐다이슈 불교의 법등은
무려 1,200년 동안 꺼지지 않고 타오르고 있다.

교토(京都)와 비와호(琵琶湖) 사이에 있는 해발 848미터의 히에이 산은 천혜의 아름다움과 고요가 깃든 곳이다. 서기 804년에 불교 승려인 사이초(最澄)가 천태종(天台宗), 즉 텐다이슈 불교를 일본에 도입해 이곳에 종단을 열었다. 화려한 색채의 건축물과 불당과 안뜰이 2,025헥타르도 넘는 산비탈 높은 곳에 흩어져 있고 각 건물들은 나무 사이에 나있는 돌길과 계단으로 연결되어 있다. 불당 안에서는 매일 불공을 드리며 독경과 타종, 촛불 공양, 향 피우기가 이루어진다.

사원은 세 구역으로 나뉜다. 동쪽 구역인 토도(東塔)는 항상 순례자와 승려, 여행객들로 붐비는 곳으로 건물의 대부분이 모여 있다. 이 중 규모가 가장 크고 제일 신성한 곤폰추도(根本中堂, 본당)는 사이초가 은거했던 장소에 세워진 것이다. 서쪽 구역인 사이토(西塔)는 토도에서 걸어서 20분 거리에 있으며 사이초의 유해를 모신 능이 있다. 여기서 좀 더 멀리 떨어진 요카와(横川)에는 몇 군데의 소규모 불당과 사당이 있다.

When to go 1년 내내 개방된다. 겨울에는 산이 눈으로 덮이고, 1년 내내 안개가 자욱해 경치 감상이 어려울 수 있다.

Planning 사원을 돌아보고 자연의 아름다움을 감상하는 데는 하루면 충분하다. 케이블카와 로프웨이 곤돌라를 타면 히에이 산 정상 근처까지 갈 수 있다. 경로는 두 가지가 있다. 에이잔(叡山) 케이블카와 로프웨이 타는 곳까지는 교토에서 기차로 갈 수 있고 11분만에 정상까지 오르는 사카모토 케이블카는 비와호반(琵琶湖畔)에서 탈 수 있다. 양쪽 모두 하루 종일 정기적으로 운행된다. 버스로도 정상까지 오를 수 있으나 케이블카에 비해 느리다.

Websites http://www.hieizan.or.jp/, www.japan-guide.com

- 곤폰추도는 바닥이 낮게 조성되어 있어 어둠 속에서 보면 중앙의 제단이 눈높이 위에 떠있는 것처럼 보인다. 제단에는 1,200년 동안 꺼지지 않고 빛나고 있는 법등이 있다.

- 토도 구역에 있는 고쿠호덴(國寶殿)에는 9세기에 만들어진 아름다운 천수관음보살을 비롯해 수많은 불상이 모셔져 있다.

- 박물관에는 뛰어난 불상과 서예 문서, 탱화를 비롯한 여러 가지 종교 유물들이 보존되어 있다.

- 사이토에 있는 덴포린도(転法輪堂 중심 법당)는 엔랴쿠지에서 가장 오래된 건물이다. 원래 산기슭에 세워졌던 것을 1596년에 이곳으로 옮겼다.

TOP 10

신성한 서책 Ten Sacred Texts

아름답게 채색된 성서들을 보면 이전에 살던 이들의 신앙과
아름다움에 대한 애착을 알 수 있다.

❶ 브르타뉴의 안느 기도서 Prayer Book of Anne de Bretagne 미국_뉴욕

이 기도서는 프랑스 여왕인 안느가 자신의 아들을 가르치기 위해 제작을 명했던 것이다. 책 가장자리는 안느의 이름을 의미하는 글자(ANE)와 그녀의 수호성인인 아시시의 프란체스코를 암시하는 밧줄띠로 장식돼 있다.

Planning 뉴욕의 피어폰트 모건(Pierpont Morgan) 도서관에 소장돼 있다.
www.morganlibrary.org

❷ 나니의 두루마리 Nany's Scroll 미국_뉴욕

'사자(死者)의 서'는 고대 이집트인들의 무덤에 함께 묻은 삽화가 그려진 두루마리이다. 종교의례 때 노래를 부르던 나니를 위한 '사자의 서'인 나니의 두루마리에는 심판의 방에서 정의의 여신이 저울에 그의 심장 무게를 다는 장면이 담겨 있다.

Planning 뉴욕 메트로폴리탄 미술관에 소장되어 있다. www.metmuseum.org

❸ 구텐베르크 성경 Gutenberg Bible 미국_텍사스주 오스틴

1454년에서 1455년에 제작된 구텐베르크의 성경은 주조활자로 인쇄된 최초의 책이라 할 수 있다. 현존하는 구텐베르그 성경 48부는 구매자의 취향에 따라 제작되었으며 텍사스본은 14세기의 성경 주해, 장식 두문자, 포도송이와 황소 머리 무늬가 특징이다.

Planning 이 성경책은 텍사스 대학 캠퍼스 내 해리랜섬센터(the Harry Ransom Center)에 소장되어 있다. www.hrc.utexas.edu

❹ 오스만의 코란 Othman Koran 우즈베키스탄_타쉬켄트

서기 651년에 완성된 이 코란은 세계에서 가장 오래된 것으로 3대 칼리프인 오스만 이븐 아판(Othman ibn Affan)에 의해 편찬되었다. 이 책은 사슴 가죽에 쓰여 있으며 오스만은 이 책을 읽다가 살해되었다고 한다.

Planning 텔리아샤야크(Telyashayakh) 사원의 도서관에 소장되어 있다.
news.bbc.co.uk/2/hi/asia-pacific/4581684.stm

❺ 오스트로미르 복음서 Ostromir Gospels 러시아_상트페테르부르크

1056년에서 1057년의 것으로 추정되는 오스트로미르 복음서는 현존하

는 가장 오래된 동슬라브어(러시아어) 판본이다. 송아지 가죽에 쓰여 있으며 금박 장식과 사도들을 그린 화려한 그림이 담겨 있다.

Planning 상트페테르부르크의 국립박물관에 소장되어 있다. www.nic.ru/en

❻ 사라예보 하가다 Sarajevo Haggada 보스니아_헤르체고비나

1350년 바르셀로나에서 만들어진 세계에서 가장 오래된 세파르딤의 하가다(Sephardic Haggadah)는 전쟁의 참화 속에서도 살아남았다. 하가다는 탈무드의 일부로, 성찬이나 유월절 축제 때 낭독하는 이야기이다.

Planning 사라예보 중앙에 있는 보스니아-헤르체고비나(Bosnia and Herzegovina) 국립박물관에 있다. www.zemaljskimuzej.ba

❼ 사해문서 Dead Sea Scrolls 이스라엘_예루살렘

1947년에 한 베두인족 소년이 동굴 안에서 이사야서 사본을 비롯해 900점이 넘는 두루마리를 발견했다. 방사성 탄소 연대측정 결과 이들 문서는 기원전 335년부터 기원전 122년 사이의 것으로 밝혀졌다.

Planning 이 문서들은 예루살렘에 있는 이스라엘 박물관의 성서의 전당에 보관되어 있다. www.imj.org.il

❽ 금강경 Diamond Sutra 잉글랜드_런던

금강경으로 알려진 불경이 1907년 중국의 실크로드 도시인 둔황의 한 동굴에서 발견됐다. 제작 연도는 868년 5월 11일로 적혀 있었다. 목판 인쇄본으로 된 이 금강경의 제목은 세상의 번잡한 생각들을 '금강석처럼 잘 자르라'는 의미를 담고 있다.

Planning 런던의 국립도서관에 소장되어 있다.
www.bl.uk, www.silkroadfoundation.org/toc/index.html

❾ 루트렐 시편집 Luttrell Psalter 잉글랜드_런던

14세기에 만들어진 이 시편 사본에는 중세의 생활상을 그린 200페이지가 넘는 그림들이 담겨 있다. 밭을 갈고 수확을 하는 모습, 머리를 빗는 여성의 모습과 고기를 자르는 요리사의 모습 등이 그려져 있다.

Planning 루트렐 시편집은 런던의 국립도서관에 소장되어 있다. www.bl.uk

❿ 켈스의 서 Books of Kells 아일랜드_더블린

8세기 말 아일랜드의 수도사들이 이 복음서를 제작할 당시에 아일랜드인에게는 책이나 기독교가 생소한 개념이었다. 복음서의 강렬한 색채와 정성이 깃든 장식에는 이곳 수도사들이 새로운 종교에 느꼈을 흥분된 감정이 녹아 있다.

Planning 켈스의 서는 더블린에 있는 트리니티 대학 도서관에 소장돼 있다.
www.tcd.ie/Library

공자상이 모셔진 공자 유적지인 다청뎬에서는 이 위대한 사상가를 기리는 의식이 거행된다.

중국

취푸(曲阜) Qufu

중국인 관광객들이 공자가 살다가 죽은 곳을 찾아와 그의 덕과 학문적 성취에 경의를 표한다.

취푸에 있는 공자 유적은 중국에서 두 번째로 규모가 큰 건물군이다.(가장 큰 곳은 베이징의 쯔진청(紫禁城)이다.) 건물군의 남문으로, 황제가 방문했을 때 딱 한 번 열렸던 톱니꼴 탑 모양의 링싱먼(櫺星門)에서 길은 굽은 소나무와 편백나무를 지나 거대한 '비시(贔屭, 등에 문자가 쓰인 거북이 모양의 상)' 석상이 있는 안뜰로 이어진다. 여기에 공자를 모신 거대한 사당인 쿵먀오(孔廟)가 있다. 말라 버린 해자 위로 아치형의 대리석 다리가 놓여 있고 붉은색의 드넓은 사당 위 지붕에는 노란색 기와가 덮여 있다. 싱탄거(杏壇閣)는 공자가 제자들을 가르치던 곳이고, 그 뒤로 이중 축대 위에 세워진 다청뎬(大成殿)이 강렬한 인상을 주며 중심을 차지하고 있다. 각기 돌덩어리 하나로 만든 건물 전면의 기둥에는 용트림하는 용과 구름, 여의주를 조각해 놓았다. 동쪽에는 공자의 후손들이 거처하던 쿵푸(公府)가 자리하고 있다. 1038년에 세워져 많이 낡았지만 규모가 매우 크다. 실내에는 어두운 색 가구와 장식 칸막이, 괘종시계 등 1940년에 마지막 후손이 피신할 당시 그대로 보존되어 있다. 관광객들은 창을 통해서만 실내를 엿볼 수 있다. 북쪽으로 약 20분 정도 걸어가면 나무 그늘 아래 무덤군과 비석, 조각상이 어우러진 쿵린(孔林)이 있다. 제례를 행하는 여러 사당의 위용에 눌려 공자와 그의 아들 및 손자의 평범한 무덤이 초라해 보이기까지 한다.

- 1018년에 지어진 3층짜리 장엄한 쿠이원거(奎文閣)의 3겹 처마를 그물처럼 짜인 장식 대들보와 두공(斗供)이 받치고 있다.

- 다청뎬 기둥의 용무늬는 황제 소유의 여느 용무늬보다 월등히 뛰어나서 황제가 방문할 때는 노란 비단으로 덮어씌운다.

- 취푸의 고급 식당에서는 공자의 직계 후손이자 마지막 연성공(衍聖公)에게 제공되었던 연회를 본떠 수십 가지 코스요리로 된 색다른 쿵푸자옌(孔府家宴)을 제공한다.

When to go 4월과 5월, 9월과 10월이 방문 적기이다. 이때는 비도 적고 날씨도 포근하다. 7월과 8월은 비가 많고 가장 더우며 1월은 몹시 춥다.

Planning 취푸는 베이징에서 483킬로미터 떨어져 있고 베이징-상하이간 철도(징후철도)가 취푸의 역을 지난다. 하지만 16킬로미터 정도 떨어져 있어 버스나 택시를 타야 하는 옌저우(兗州)역이 운행 횟수는 더 많다. 이 지역에서는 숙박장소를 미리 예약하는 것보다 도착해서 구할 때 가장 싸게 구할 수 있다. 공자 유적을 제대로 구경하려면 하루 종일 걸린다. 5월 초의 며칠과 10월 첫 주는 국경일이므로 방문을 피하는 것이 좋다.

Websites www.sanyachinatravel.com, www.travel chinaguide.com

사원 지붕 꼭대기에는 정교한 장식의 종탑이 네 개 있다.

중국 티베트

조캉 사원(大照寺) Jokhang Temple

티베트 불교에서 가장 성스러운 사원에 매우 진귀한 불상이 모셔져 있다.

    티베트 불교의 심장부이자 정수인 조캉 사원으로 매일 수백 명의 순례자들이 찾아온다. 티베트의 수도인 라싸(拉薩) 구시가지에 있는 이 사원을 찾아 많은 사람들이 수백 킬로미터에 달하는 길을 힘겹게 올라오는 것이다. 심지어 한 걸음 내디딜 때마다 오체투지(伍體投地)를 행하는 이들도 있다. 처음 지어진 사원 구역은 원래 7세기에 티베트 왕국의 송첸감포(松贊干布)가 왕비들이 결혼 지참금의 일부로 중국에서 티베트로 가져온 불상을 모시기 위해 지은 것이다. 사원은 몇 차례에 걸쳐 확장되면서 지금과 같은 4층 규모의 대형 사원이 되었다. 입구에서 신도들이 무리지어 오체투지를 행한다. 수세기에 걸쳐 엄청나게 많은 순례자들이 이런 의식을 행하다 보니 길에 깔린 돌들이 매끄럽게 닳았을 정도이다.

붉은색 승복을 입은 티베트 라마 승려와 신자들이 한데 어울려 업(業)을 소멸하기 위해 바퀴 모양의 기도경전인 마니차를 돌리며 성스러운 사원 주위를 시계 방향으로 돈다. 사원 안에서는 버터 등불이 깜박이며 불화로 가득한 벽과 조각으로 장식한 기둥, 진홍색 천, 자비의 신이나 분노의 신 같은 티베트 신들의 수많은 조각상들을 황금빛으로 은은하게 비춘다. 챙강거리는 심벌즈와 기도 나팔 소리를 배경으로 신도들의 진심 어린 기도 소리와 라마 승려들의 매혹적인 독경 소리가 묘한 대비를 이루며 울려퍼진다.

■ 사원 1층에 모셔진 조워 붓다의 불상을 챙겨 본다. 12살 적의 석가모니의 모습에 금도금을 하고 보석을 박은 화려한 불상은 송첸감포의 왕비인 당나라 공주 웬청(文成)이 가져온 것이다.

■ 사원 지붕에 올라가 보자. 금박을 입힌 사슴 조각상 두 점이 법륜(法輪, 가르침의 바퀴) 옆에 놓여 있다. 여기서 보면 예전에 달라이 라마의 거처였던 포탈라 궁의 전경이 비할 데 없이 아름답다. 또한 멀리 티베트 산맥도 보인다.

■ 사원을 둘러싸고 있는 바코르(八廓, Barkhor) 길을 거닐어 보자. 이 성스러운 길은 사원을 한바퀴 돌아보려는 순례자들이 이용하는 길로 터키석과 호박으로 만든 보석 제품 등을 파는 장터이기도 하다.

When to go 4월부터 10월 사이가 가장 좋다. 12월에서 2월 사이의 겨울은 매우 춥다.

Planning 순례자들에게는 오전 8시에 사원을 개방한다. 단순 관광객은 정오가 지나야 입장할 수 있다. 티베트에 들어가려면 중국 관광 비자와 티베트 입경허가서가 있어야 한다. 여행사를 통해 요청하면 발급받을 수 있다. 분쟁 사태가 벌어지면 티베트 국경이 폐쇄될 수도 있다. 라싸는 해발고도가 3,660미터이다. 고산병으로 고생하지 않도록 도착해서 며칠은 푹 쉬면서 물을 많이 마신다.

Websites www.visittibet.com, www.cnto.org, www.travel china-guide.com

마투라의 야무나 강에서 배를 타면 강기슭을 따라 화려하게 줄지어 있는 사원 풍경을 감상할 수 있다.

인도

크리슈나의 탄생지 *Krishna Janmabhoomi*

고대 도시 마투라(Mathura)의 심장부에 힌두교에서 가장 흥미로운 신 중의 하나인
크리슈나의 탄생지가 있다.

크리슈나는 5,000여 년 전에 인도 북부 야무나 강의 강변 마을인 마투라에서 태어났다. 힌두교 전설에 따르면 그의 삼촌이자 마투라의 통치자인 캄사(Kamsa)가 그의 부모를 감옥에 가두는 바람에 부모는 크리슈나를 보호하기 위해 '고피(gopi, 소 치는 처녀)'들이 있는 브린다반(Vrindavan) 근교의 목가적인 마을로 피신시켜 그곳에서 자라게 했다고 한다. 현재 마투라와 브린다반은 이 사연을 기념하는 사당과 사원으로 넘쳐난다. 그 덕에 이 두 지역은 비슈누 신의 화신이라고 여기는 크리슈나를 향한 헌신

과 순례의 중심지가 되고 있다. 이 중에서도 가장 의미 있는 곳은 크리슈나 잔마부미(Janmabhoomi), 즉 '크리슈나의 탄생지'이다. '스리 크리슈나 잔마스탄(Sri Krishna Janmasthan)'이라고도 하는 이곳은 감옥이 있었던 곳으로 추정되는 자리 한복판에 세운 사원과 사당, 정원으로 이루어진 커다란 단지이다. 그러나 1660년대에 이슬람 왕조인 무굴제국의 황제 아우랑제브(Aurangzeb)가 이 자리에 있던 원래의 힌두 사원을 파괴하고 모스크인 카트라 마스지드(Katra Masjid)를 세웠다. 대신 그 옆에 새로운 크리슈나 잔마부미 단지가 조성되었고 점차 확장되어 1984년에 지금의 사원이 문을 열었다.

When to go 겨울 동안은 춥고 안개가 짙어서 10월부터 3월까지가 방문하기 가장 좋은 시기이다. 7월부터 9월 사이는 우기이다. 여름은 엄청나게 더워서 기온이 섭씨 45도까지 치솟는다. 크리슈나의 생일을 기리는 잔마슈타미 축제(Janmashtami Festival)가 8월이나 9월에 열리며, 2월 또는 3월에 홀리 축제(Holi Festival)도 개최된다.

Planning 마투라는 인도 중북부의 우타르프라데시(Uttar Pradesh) 주에 속한 마을이다. 가장 가까운 공항은 남동쪽으로 64킬로미터 떨어진 아그라(Agra)에 있다. 북쪽에 위치한 델리(Delhi)까지는 145킬로미터, 브린다반까지는 16킬로미터이다. 마투라로 들어오는 도로가 잘되어 있으며 주요 기차역인 마투라 정션(Mathura Junction)이 도시 중심부에 자리잡고 있다. 크리슈나 잔마부미를 돌아보는 데는 2시간이면 충분하다. 개방시간은 매일 오전 5시에서 정오까지, 오후 4시에서 오후 9시까지다. 크리슈나 잔마부미에 입장할 때 소지품 검사를 비롯한 보안 검사를 실시한다. 대기 행렬이 길게 늘어서기 때문에 인내심이 필요하다. 사원 안에서는 사진 촬영 및 휴대폰 사용이 금지되어 있다.

Websites india.journeymart.com/mathura

■ 케샤바 데오 사원(Keshava Deo Temple)은 크리슈나가 태어난 감옥이 있던 자리에 세워진 것이라고 한다. 길게 줄지어 늘어선 참배객들의 열의가 식을 줄 모른다.

■ 사원 단지의 현대식 아치형 입구 옆에는 보안 직원이 지키고 서있으며 꼭대기에는 말이 끄는 전차를 탄 크리슈나의 채색 조각상이 있다.

■ 기타 만디르(Gita Mandir) 사원에는 마하바라타(Mahabharata) 서사시의 일부로, 크리슈나가 아르주나 왕자에게 조언을 해주는 내용인 '바가바드기타(BhagavadGita, 신의 노래)'의 장면을 묘사한 선명한 벽화가 걸려 있다.

붓다가 태어난 곳으로 알려진 신성한 정원 안의 보리수나무 아래서 오색 기도깃발이 나부끼고 있다.

네팔

룸비니 *Lumbini*

붓다가 탄생한 곳은 불교 최고의 성지이자 세계적인 순례 중심지이다.

    룸비니는 네팔 남부, 인도 국경 근처의 히말라야 산기슭에 자리하고 있다. 멀리 육중한 산맥이 어렴풋이 보이고 사원은 하늘을 찌를 듯 우뚝 솟아 있다. '고타마 싯다르타'의 탄생지로 알려진 이 지역은 울창한 정원과 맑은 연못으로 명성이 자자했다. 고대 기념비가 있는 신성한 정원의 중심에 마야데비 사원(Maya Devi Temple)이 복원되어 있다. 이곳에는 기원전 563년경에 태어난 붓다의 정확한 탄생 지점을 가리킨다고 하는 표지석도 있다. 현재의 사원은 기원전 3세기에 세워졌던 이전의 사원 터 위에 지은 것이다. 사원 옆에는 푸스카르니(Puskarni)라고 하는 신성한 연못이 고대의 스투파(사리탑)에 둘러싸여 있다. 붓다의 어머니인 마야데비(마야 부인)는 연꽃이 가득한 이 연못에서 목욕을 한 다음 남아시아가 원산지인 사라수(沙羅樹) 나뭇가지 아래서 해산했다고 한다.

　인근에는 불교 신자였던 아소카(Asoka) 왕이 기원전 3세기에 세운 돌기둥(石柱)이 있다. 그가 네팔과 인도 북부 전역에 세웠던 돌기둥의 하나이다. 룸비니는 국제 사원 구역(Monastic Zone)이라고 알려져 있으며 급속도로 성장하고 있는 국제불교센터의 본산이기도 하다. 세계 여러 나라에서 불상과 다채로운 프레스코화로 가득한 각양각색의 사원 건축물들을 세워 고요한 사원 구역을 찬란하게 빛내고 있다. 금색과 흰색으로 빛나는 미얀마 사원을 둘러보고 황금 불상과 아름답게 손질한 정원이 있는 중국의 중화사(中華寺)도 찾아가 보자.

■ 탑 형식의 우아한 마야데비 사원에는 붓다의 어머니인 마야 부인의 부조가 있다.

■ 일본 절의 세계평화 불사리탑에서 참선해 본다. 이곳은 평화를 찾아 세계 각지에서 온 사람들을 결속하기 위해 만든 곳이다.

When to go 가장 좋은 방문 시기는 10월에서 3월 사이다. 날씨가 무더운 4월에서 7월 사이와 우기인 7월부터 9월까지는 피하는 것이 좋다.

Planning 룸비니는 카트만두(Kathmandu)에서 버스나 자동차로 대략 6시간 정도 걸린다. 네팔에 입국하려면 비자가 있어야 한다. 신 룸비니 마을(New Lumbini Village)에는 숙박장소와 식당을 비롯하여 관광 편의시설이 많이 마련되어 있다. 남부를 비롯한 네팔 일부 지역에서 무력 시위가 종종 발생하므로 여행 주의보가 발효될 수 있다. 출발하기 전, 잊지 말고 최신 정보를 확인하도록 하자.

Websites www.nepalhomepage.com, www.infohub.com

시크교 순례자들이 구루 나낙 데브의 탄생을 기념하는 축제에서 그에게 경배하고 있다.

파키스탄

난카나 사히브 *Nankana Sahib*

시크교의 창시자가 태어난 난카나 사히브는 그를 기리는 우아한 사원으로 넘쳐난다.

구르드와라 자남 아스탄(GurdwaraJ anam Asthan)은 최고의 성지에 세워졌다는 영예에 걸맞게 돔과 아치, 연노랑색 외관과 잔디, 연못 등으로 위용을 드러내고 있다. 이 사원은 시크교를 창시한 구루 나낙 데브(Guru Nanak Dev)의 탄생지에 세운 것이다. 1469년에 태어난 구루 나낙 데브는 유아기와 청년기를 난카나 사히브에서 보냈다. 그의 어릴 적 일화가 전해지는 곳마다 크고 작은 '구르드와라(gurdwaras)' 즉 시크교 사원이

들어섰다. 그렇게 해서 사원이 모두 아홉 군데나 생겼고 전 세계 시크교도들의 사랑을 한 몸에 받는 성지가 되었다. 구르드와라 말 지 사히브(Gurdwara Mall Ji Sahib)는 탈윈디(Talwindi)의 통치자였던 라이 불라르 바티(Rai Bular Bhatti)가 자는 아이를 위해 코브라가 몸을 활짝 펼쳐 햇빛을 가려 주는 광경을 목격한 곳이라고 한다. 이 아이가 바로 구루 나낙 데브였고 라이 불라르는 이 일로 아이가 신성한 존재임을 확신하게 되었다. 구르드와라 파티 사히브(Gurdwara Patti Sahib)는 구루 나낙 데브가 처음 다녔던 학교 자리에 세운 것으로 그는 어린 나이임에도 학교에서 비범한 지혜를 보여 주었다고 한다.

1947년에 인도가 분리되면서 난카나 사히브는 파키스탄의 이슬람 마을이 되었고 시크교도는 겨우 30여 가구 정도만 남았다. 그러나 매년 약 2만 5,000명 정도의 시크교인들이 이곳으로 순례를 온다. 특히 그의 탄생을 기념하는 축제에 많은 신도들이 모인다.

■ '구르드와라 자남 아스탄'에는 구루 나낙 데브의 부모가 살던 집터에 만든 제단이 있다.

■ '구르드와라 키아라 사히브'는 구루 나낙 데브가 소년 시절에 명상에 든 사이에 그의 가축들이 함부로 들어가 망친 이웃의 밭이 있던 곳이다. 전설에 따르면 그는 순식간에 손상된 밭을 감쪽같이 복구했다고 한다.

When to go 10월에서 3월까지 날씨가 좋다. 그러나 구르드와라가 가장 활기에 넘치는 시기는 신년 행사인 바이사키(Vaisakhi, 4월), 19세기 초에 이 지역을 통치한 시크 왕국의 왕인 마하라자 란지트 싱(Maharaja Ranjit Singh, 일명 펀자브의 사자)의 죽음을 추모하는 행사(6월), 구루 나낙 데브의 탄신일(11월) 등 시크교도의 3대 주요 축제 때이다.

Planning 난카나 사히브는 라호르에서 서쪽으로 77킬로미터 떨어져 있으며 도로와 철도망 연결 상태가 좋다. 출발하기 전에 이곳이 여행 제한구역은 아닌지 미리 확인하자. 구르드와라는 종교를 불문하고 누구에게나 개방되어 있지만 방문객은 주로 시크교도들이다. 제대로 돌아보려면 최소한 하루는 잡아야 한다.

Websites www.nankana.com

| 터키 |

하기아 소피아 *Hagia Sophia*

이곳을 창조한 이들의 천재성과 과감함, 종교적 믿음에 경외감이 차오른다.

19세기에 아라비아어 문자가 새겨진 원반 장식을 추가했다.

이스탄불에 있는 거대한 하기아 소피아('성스러운 지혜'라는 뜻)는 비잔티움이 지녔던 부와 장엄함, 걸출한 기술의 집약체다. 비잔틴제국의 황제 '유스티니아누스 1세'의 명으로 537년에 축성된 이 성당은 오랜 세월 동방정교회의 중심지였고 현존하는 비잔틴양식 건축물 중 최고의 걸작이다. 벽과 기둥은 호화로운 장식의 초록색과 보라색 대리석으로 이루어졌고 금박으로 치장한 정교한 모자이크가 어두침침한 실내에서 빛나고 있다. 복잡한 배열의 아치와 작은 돔들은 황금색 거대한 중앙 돔으로 시선을 이끈다. 돔 기단부에 나있는 40개의 창에서 빛이 쏟아져 들어와 돔이 마치 머리 위 높은 곳에 떠 있거나, 비잔틴제국 사람들이 믿었던 것처럼 황금 사슬에 묶여 천국에 매달려 있는 것 같은 인상을 남긴다.

1453년, 콘스탄티노플을 점령한 오스만튀르크는 하기아 소피아 대성당을 모스크로 개조하고 모자이크 중 상당수를 회반죽으로 덮어 버렸다. 1934년에 박물관으로 바뀌면서 모자이크도 회칠을 벗고 예전의 아름다움을 되찾아 관광객들의 찬탄을 자아내고 있다. 높다란 애프스(교회 건축에서 주로 제단이 놓이는 반원형 또는 다각형 공간) 위에는 성모 마리아와 아기 예수의 모자이크가 있다. 시선을 내리깐 마리아의 표정은 한참 아래에서 무리 지어 배회하는 관광객들도 읽을 수 있을 것 같다.

<u>When to go</u> 연중 어느 때 가도 좋다. 여름에는 아침 일찍 방문해야 인파를 피할 수 있다.

<u>Planning</u> 하기아 소피아 성당은 구시가지에 있는 술탄아흐메트 광장에 자리하고 있다. 화요일부터 일요일까지는 오전 9시에서 오후 5시(여름에는 연장)까지 개방한다.

<u>Websites</u> www.istanbultravelguide.net

- 남쪽 갤러리에 있는 14세기의 '데에시스(Deësis, 최후의 심판)' 모자이크는 최후의 심판 날, 인간을 심판하는 예수와 탄원을 청하는 세례요한과 성모 마리아의 얼굴 표정을 섬세하게 표현한 것으로 유명하다.

- 신랑(身廊, 교회의 중앙 회랑, 대개는 신자석이 있는 공간)의 서쪽에 있는 중앙 출입구는 '황제의 문'이라는 곳으로 오직 황제와 그의 행렬만 이용했던 곳이다. 그 위에는 우주의 지배자인 '크리스트 판토크라토르(Christ Pantocrator)'의 모자이크가 있다.

- 건물 남동쪽 외곽에는 술탄의 영묘가 세 군데에 있다. 그중 오른쪽 편은 1599년 안치된 무라트 3세의 영묘이다. 그는 103명의 자식을 두었다.

그리스

아토스 산 *Mount Athos*

신실한 사람들과 호기심 넘치는 사람들이라면 속세에서 벗어나 반짝이는 에게 해 가까이에서 잠시나마 은둔 수도원의 명상 생활을 경험해 볼 수 있다.

그리스 북부의 외딴 반도를 향해 배가 뜨자 에게 해 위로 짭짤한 바닷바람이 불어댄다. 멀리 아토스 산이 희미하게 보인다. 눈 덮인 산꼭대기가 안개에 싸여 있다. 소나무로 뒤덮인 바위투성이 언덕 사이로 가파른 계곡이 나있다. 수도원 자치령인 이 반도의 전역에 고대 성채처럼 생긴 20군데의 동방정교회 수도원이 흩어져 있다. 963

에스피그메누(Esphigmenou)는 바닷가에 위태롭게 세워진 몇 군데의 아토스 산 수도원 중 하나다.

년에 이 산에 최초의 수도원이 생긴 이래로 수도사들은 일하며 기도하는 삶을 실천해 왔다. 여자는 수도원에 들어갈 수 없으며 남자 순례자들은 어느 수도원을 가든 전통에 따라 샘물과 그리스식 커피, '루쿠미'라고 하는 쫄깃하고 단 젤리, 브랜디로 환대를 받는다. 수도원에서는 매일 새벽 3시면 맹렬하게 나무 망치 두드리는 소리로 새로운 하루의 시작을 알린다. 사람들은 서둘러 어두침침한 복도를 지나 공중 목욕탕에서 찬물로 샤워를 하고 옷을 차려입은 다음 교회로 몰려간다. 촛불이 깜박거리는 교회 안은 향 연기가 자욱하다. 성화상 속의 성자가 지켜보는 가운데 성가대가 영창한다. 그러고 나면 해가 뜨고 스테인드글라스 창으로 빛 줄기가 들어와 교회를 찬란한 색으로 가득 메운다.

- 라브라 대수도원(Great Lavra), 바토페디(Vatopedi), 이베론(Iveron)과 같은 대규모 수도원들은 성화상(이콘), 벽화, 희귀 장서, 채색 필사본 등 엄청나게 많은 보물을 보유하고 있다.

- 바토페디 수도원에서는 11세기에 제작된 〈수태고지〉 〈옥좌에 앉으신 그리스도〉 같은 복잡하고 정교한 모자이크를 감상할 수 있다.

- 카리에스(Karyes)에 있는 프로타톤 교회의 〈악시온에스티〉, 이비론의 〈포르타이티사 성모상〉 라브라 대수도원의 〈쿠쿠젤리사 성모상〉 등 기적을 일으킨다고 알려진 성화상을 찾아가 보자.

- 처녀림을 가로질러 하이킹을 즐겨본다. 언덕에는 화려한 색깔의 들꽃들이 피어 있다. 산길을 따라 걸으면서 에게 해를 내려다볼 수도 있다.

When to go 언제라도 방문객을 환영하지만 대체로 날씨가 좋고 꽃이 피기 시작하는 봄이 순례하기 좋다.

Planning 우라노폴리스(Ouranopolis)에서 아토스 산의 다프니(Dafni) 항구까지 매일 아침 9시 45분에 배가 출항한다. 여름 동안은 이에리소스(Ierissos)에서도 배가 운항된다. 아토스 산은 남자들만 들어갈 수 있으며 여자들은 배를 타고 섬 주변만 유람할 수 있다. 아토스 산에 들어가려면 허가를 받아야 한다. 동방정교회 신자는 테살로니키(Thessaloniki)에 있는 순례자 사무소에 신청한다. 신자가 아닐 경우 아테네에 있는 외무부나 테살로니키에 있는 마케도니아 및 트라키아 부서에 신청해야 한다. 방문자의 수를 엄격하게 제한하므로 여행 일정은 미리 계획하자. 최대 사흘까지 체류가 허용된다. 방문하려는 수도원에 미리 전화해 둔다. 대부분 숙박과 하루 두 끼 식사를 무료로 제공하지만 헌금을 내면 기꺼이 받는다.

Websites www.macedonian-heritage.gr, www.athosfriends.org

그다지 높지 않은 비텐베르크 교회의 검은색 탑이 같은 시기에 지어진 성을 압도하고 있다.

독일

비텐베르크 성(城) 교회 Wittenberg Church

종교개혁에 불을 지핀 사나이에게 경의를 표하려는 방문객들이
수백 년 넘게 독일의 작은 마을로 몰려들고 있다.

    비텐베르크의 중세풍 도심에 위치한 슐로스키르헤(Schlosskirche)를 찾는 이들 가운데 이곳의 중요성을 의심하는 사람은 아무도 없을 것이다. 올세인츠 교회(All Saints' Church) 혹은 궁성 교회라고도 불리는 이 교회의 크고 검은 청동 문에는 꼭대기부터 밑바닥까지 라틴어로 된 '95개조 반박문(95 Theses)'이 빼곡히 쓰여 있다. 로마 가톨

릭 교회가 죄를 사해 준다는 빌미로 '면죄부'를 판매하자 마르틴 루터가 이를 비판하면서 쓴 것이다. 루터는 1517년 10월, 원래는 나무로 된 교회 문에 이 논제를 내걸었고 이로써 역사의 흐름이 바뀌게 되었다.

원래의 문과 교회는 1700년대 중반, 프랑스와의 전쟁 통에 폭격을 맞아 복구가 불가능할 정도로 파괴되었다. 지금 남아 있는 크고 위엄 넘치는 입구는 19세기에 세운 것이다. 문 위에는 십자가에 매달린 채 이 문을 지나는 모든 사람들을 응시하고 있는 예수와 함께 성서를 들고 있는 루터와 그의 동지이자 친구인 필리프 멜란히톤이 양옆에 그려져 있다. 제단 근처에 루터의 유해가 안치된 단순한 형태의 석관이 있다. 스테인드글라스와 버팀도리(높이 솟은 벽체를 지탱해 주기 위해 설치하는 부벽), 뾰족한 아치, 복잡한 문양의 정교한 목각, 풍부한 색채를 써서 그린 종교개혁 선도자들의 그림이 19세기 후반에 복원된 고딕식 건물의 공간을 가득 메우고 있다. 뿐만 아니라 루터의 보호자이자 친구였고 교회를 세운 장본인이기도 한 작센 선제후, 현자 프리드리히가 수집한 흥미로운 유물도 보관하고 있다.

- 교회 안에 전시된 수많은 회화 중에는 독일의 뛰어난 화가인 루카스크라나흐 2세가 그린 루터와 다른 종교개혁가들의 초상화도 있다.
- 교회탑 위에 올라가 멀리까지 보이는 주변 시골 풍경을 즐겨보자.
- 아우구스티노 수도회의 수도원이었다가 나중에 루터 일가의 집이 된 루터 하우스 안에서 종교 개혁자였던 루터가 쓰던 책상과 설교단, 그가 쓴 저서의 초판본을 볼 수 있다.
- 5월부터 10월까지는 격주 토요일 저녁마다 영어로 진행하는 예배를 드린다. 방문객들도 예배에 참여해 영어로 루터의 찬송가를 부를 수 있다.

When to go 연중 어느 때 가도 좋다. 날씨를 고려하면 4월에서 10월 사이가 좋다.

Planning 비텐베르크는 베를린에서 남서쪽으로 100킬로미터 떨어진 곳에 있다. 도로 연결 및 철도 연계가 좋아 교통이 매우 편리하다. 교회를 비롯한 루터 관련 유적을 모두 돌아보려면 반나절은 걸린다. 구시가지에서 하룻밤 묵으면서 중세의 분위기를 만끽해 보는 것도 좋다. 관광안내소에서는 가이드 투어도 제공한다.

Websites http://wbinfo.de

안팎으로 화려하게 치장한 13개의 교회가 삼위일체 수도원의 요새 안에 무리 지어 있다.

러시아

삼위일체 대수도원 *Trinity Monastery*

만인의 사랑을 한 몸에 받은 성자가 지은 수도원이 빛나는 성채 수도원이 되어
러시아 정교회의 정신적 본산이 되고 있다.

세르기예프 포사트(Sergiyev Posad) 거리를 따라 수도원으로 향하다 보면 마치 거대한 보석 상자 같은 트로이체세르기예바 라브라(Troitse-Sergiyeva Lavra, 삼위일체 대수도원)가 어렴풋이 나타난다. 흰색의 깨끗한 벽 너머로 황금과 사파이어가 덮인 반짝이는 돔이 무리 지어 솟아 있다. 각지의 러시아 정교회 순례자들이 해마다 수천 명씩 이 수도원을 찾아온다. 이곳은 원래 귀족 출신의 은둔 수도사였던 성 세르기우스(St. Sergius)

가 1345년에 지어 성 삼위일체에게 봉헌했던 작은 목재 예배당이었다. 세르기우스는 신실한 추종자 무리를 매료시켰다. 또한 러시아 정교회 수도원 생활의 토대가 되는 공동체 생활 강령을 마련하기도 했다. 그가 죽고 1408년에 타타르(Tatar)의 침략으로 목재 교회가 파괴되었다. 후에 그의 계승자인 성 니콘(St. Nikon)이 그 자리에 석재를 써서 황금 돔을 얹은 삼위일체 성당을 세우고 세르기우스의 유해를 다시 안장했다. 수 세기를 거치는 동안 성당 안에는 12개의 교회가 추가되었다. 이 중에는 푸른색 돔을 별무늬로 장식한 매우 아름다운 '성모승천 성당(Cathedral of the Assumption)'도 있다. 1550년대에는 수도원에 육중한 벽과 탑으로 요새를 쌓았다. 1608년부터 1610년에 걸친 폴란드의 포위 공격 당시 용감하게 저항한 까닭에 이곳은 신성불가침의 장소가 되었고 러시아의 국가적 자존심의 상징이라는 명성을 얻게 되었다.

- 성 삼위일체 성당에는 중세시대 러시아 최고의 이콘 화가인 안드레이 류블레프(Andrei Rublev)의 작품이 있다.
- 성모승천 성당 내부는 1684년에 제작된 프레스코화로 화려하게 장식되어 있다.
- '샘물 예배당(Chapel-at-the-Well)'은 성 세르기우스의 신성한 샘 위에 세운 것이다. 19세기 양식의 덮개 아래서 흘러나오는 샘물에는 치유 효과가 있다고 한다.
- 성 세르기우스의 식당과 대주교의 궁은 17세기에 바로크 양식으로 지어졌다. 이 시기에는 수도원에 화려하고 사치스런 건물이 들어섰다.

When to go 수도원은 연중 내내 오전 8시부터 오후 6시까지 개방한다. 주말에는 순례자들의 인파로 수도원이 매우 붐비는 때가 많아 관광객들에게는 교회를 개방하지 않는다. 겨울(11월~3월)에는 기온이 영하 10도 정도까지 내려간다.

Planning 13개의 교회 중 다섯 곳을 비롯해 대부분의 건물을 일반인들에게 공개한다. 대다수의 외국인 관광객들은 남서쪽으로 74킬로미터 떨어져 있는 모스크바에서 세르기예프 포사트(Sergiyev Posad)까지 당일 일정으로 찾아온다. 모스크바의 야로슬랍스키 역에서 약 30분 간격으로 기차편이 있다. 수도원은 세르기예프 포사트 역에서 걸어서 10분 거리이다. 모스크바까지는 도로 사정도 꽤 좋은 편이다. 여성들은 교회에 들어갈 때 머리를 스카프로 가려야 한다.

Websites www.stsl.ru

성 트르다트(왼쪽)와 전도자 성 그레고리의 조각상이 성 에치미아진 성당 입구에서 방문객들을 맞이하고 있다.

아르메니아

성 에치미아진 성당 *St. Etchmiadzin*

코카서스 산맥 심장부에 위치한 세계에서 가장 오래된 성당 중의 한 곳에
초기 기독교시대의 유물 몇 점이 안치되어 있다.

인상적이긴 하지만 단순한 출입구가 성 에치미아진 성당 안의 화려함과 극명한 대조를 이룬다. 이곳은 아르메니아 교회의 '바티칸'이라고 불리는 곳이다. 성당 건물은 여느 아르메니아 교회와 다를 바가 없지만 간직하고 있는 역사와 보물은 특별하기 그지없다. 성당은 아르메니아 교회의 수호성자이자 전도자인 성 그레고리(St. Gregory the Illuminator)의 꿈에 예수가 나타나 교회를 지으라고 가리켰다는 장소에 세워졌다. 이렇게 4세기에 세워진 최초의 교회는 5세기부터 7세기 사이에 대규모 건축물로 대체돼 지금까지 이어져오고 있다. 정문에 잠시 멈춰서서 정교하게 돌에 새긴 조각을 감상해 보자.

일단 안에 들어가면 고개를 들어 천장을 장식하고 있는 18세기 벽화를 바라보자. 그 아래에서 해묵은 돌 바닥을 지나면 천장화 속 천사들의 시선이 따라오며 멈춰서서 묵상하면 천사가 응시하는 것처럼 보인다. 제단 오른쪽에는 성당 박물관으로 들어가는 입구가 있다. 이 안에는 방대한 양의 눈부신 예술 작품과 성유물이 전시돼 있다. 박물관을 관장하는 사제가 그리스도가 못박혀 죽은 십자가와 가시면류관의 일부인 전시품을 보여주는데 아르메니아 교회가 공인한 것이라고 한다.

- 성당 건물군 주변에는 파란만장한 아르메니아 역사 속에서 벌어졌던 주요 사건을 기념하는 카츠카르(khachkar, 돌 십자가)가 많이 흩어져 있다.

- 가끔은 눈이 덮이기도 하는 코카서스 산맥의 경치를 즐겨 보자. 구약성서에서 대홍수가 그친 다음에 노아의 방주가 멈췄섰다고 하는 아라라트 산도 이곳에 있다.

- 에치미아진 안에 있는 7세기 때의 성 흐립시메(St.Hripsimé)교회에 성녀 흐립시메의 묘가 있다. 그녀는 이교도였던 아르메니아의 트르다트(Trdat) 왕에게 죽임을 당했다. 후에 이 왕은 성 그레고리의 인도로 기독교로 개종했다.

When to go 성당 건물군은 4월 초부터 10월 말까지 매주 화요일부터 일요일까지 개방하며 시간은 오전 7시30분부터 오후 8시까지이다.

Planning 이곳에는 관광안내소가 없으므로 개인 또는 단체 투어를 예약하는 것이 좋다. 20킬로미터 정도 떨어져 있는 아르메니아의 수도 예레반(Yerevan)에서 정기적으로 출발하는 가이드 투어가 있다. 성 에치미아진 성당을 제대로 돌아보려면 여행 시간을 제외하고 반나절 정도 시간을 더 잡는 것이 좋다. 관광객들도 일요일 오전 11시(특별 행사가 있을 경우 오전 10시 30분)에 성당에서 거행되는 미사에 참여할 수 있다. 미사는 약 두 시간 정도 소요된다. 의자가 없으므로 미사는 서서 드려야 한다. 여성들은 두건 등으로 머리를 가린다. 미사 시간 동안 성당 박물관은 문을 닫는다.

Websites www.etchmiadzin.com, www.armeniainfo.am

`TOP 10`

신성한 음악 *Ten Sacred Sounds*

찬송가에서 경쾌한 드럼 소리, 엄숙한 성가, 또는 감동적인 찬양의 소리에 이르기까지 음악은 영혼을 울리는 힘을 지니고 있다.

❶ 할렘 가스펠 콰이어 Harlem Gospel Choir 미국_뉴욕

미국에서 가장 유명한 할렘 가스펠 합창단은 매주 일요일 타임스 스퀘어에서 찬양을 한다. 이들의 노래를 듣고 있으면 저절로 박수를 치고 발을 구르게 된다. 음악과 함께 무료로 제공되는 음식을 즐겨보자.

`Planning` 매주 일요일 비비킹 블루스 클럽(BB King Blues Club)에서 가스펠 브런치를 즐길 수 있다. www.harlemgospelchoir.com, www.bbkingblues.com

❷ 타이코(일본의 전통 북) 연주자 Taiko Drummers 일본

지난 1,000년 동안 일본 타이코의 우렁찬 소리는 악귀를 쫓거나 전쟁의 시작을 알릴 때, 또는 축제의 흥을 돋우기 위해 사용됐다. 타이코는 신들이 거처했던 곳으로 여겨지면서 종교의식에 사용되었다.

`Planning` 교토의 야사카 신사에서는 매년 7월 열리는 기온마츠리 축제의 일환으로 다양한 타이코 행사가 열린다. www.kyoto.travel, www.taiko.com

❸ 수도사 합창단 The Monk's Choir 우크라이나_키예프

장엄하고 아름다운 합창단의 소리가 키예프페체레스크 수도원(Kiev-Pechersk Lavra Monastery)의 황금 돔 위로 울려퍼진다. 교회와 박물관, 동굴이 한 곳에 있는 이곳 수도원은 1,000년 전에 지어졌다.

`Planning` 수도원은 일반에 개방되며 키예프의 중심에서 트롤리를 타고 가면 된다. www.miysvit.com, www.lavra.kiev.ua

❹ 돈 코사크 합창단 Don Cossack Choir 독일

돈 코사크 합창단은 전쟁의 참화 속에서도 아름다움이 피어날 수 있음을 입증하는 산 증인이다. 1921년 포로수용소의 러시아 난민들이 성가 등을 반주 없이 노래하면서 비롯되어 지금까지 명맥을 이어오고 있다.

`Planning` 현재의 돈 코사크 합창단은 창단 멤버 중 한명에 의해 재결성된 것이다. www.don-kosaken-solisten.de

❺ 바흐 축제 Bach Festival 독일_라이프치히

요한 세바스티안 바흐는 죽기 전 1750년까지 27년간 라이프치히에 살았으며 성 토마스 교회에서 칸토르로 활동했다. 매년 6월이 되면 라이프치

히에서는 콘서트와 문화행사를 열어 그의 음악을 기념하고 있다.

Planning 전 세계에서 온 일류 음악가들이 도시 전역에서 연주를 한다. 연주를 보려면 미리 예약해야 한다. www.bach-leipzig.de

❻ 빈 소년 합창단 Vienna Boys' Choir 오스트리아

빈 소년 합창단은 오스트리아의 작곡가인 브루크너, 하이든, 모차르트, 슈베르트의 이름을 따 네 개의 팀으로 나뉜다. 이들은 세일러복을 입고 천사 같은 목소리를 선사하며 매년 300회의 콘서트를 펼친다.

Planning 유럽과 아시아와 미국 전역을 돌며 콘서트를 연다. www.wsk.at

❼ 수도사 합창단 The Monk's Choir 프랑스_생방드릴

생 왕드리유 수도원(St. Wandrille Abbey)의 베네딕토 수도회 소속 수도사들은 그레고리안 성가로 유명세를 타고 있다. 매일 아침 미사를 알리는 종이 울리면 수도사들은 교회당에 모여 찬양을 부른다. 예배가 끝난 후 관광객들도 이들과 함께 찬양을 부를 수 있다.

Planning 수도원에서는 숙박을 원하는 방문객들을 위해 수도원 내에 숙소를 마련해 놓았다. www.st-wandrille.com

❽ 산토 도밍고 데 실로스 수도회 수사
Monks of Santo Domingo de Silos 스페인

산토 도밍고 데 실로스의 베네딕토 수도회 수도사들의 그레고리안 성가 앨범은 1994년 발매와 함께 뜨거운 호응을 얻었다. 이들의 앨범은 곧 베스트셀러가 되었고 후속 앨범도 발매되었다.

Planning 수도사들은 미사 때 매일 6차례씩, 일요일과 공휴일에는 7차례씩 그레고리안 성가를 부른다. www.angelrecords.com

❾ 킹스 칼리지 합창단 King's College Choir 잉글랜드_케임브리지

킹스 칼리지 합창단원들은 학기 중에는 매일 저녁합창을 부르지만 일년 중 하이라이트는 '크리스마스 이브에 거행되는 아홉 일과와 캐롤 축제'이다. 이 축제는 BBC 방송을 통해 전 세계에 전파된다.

Planning 저녁합창은 월요일부터 토요일까지 오후 5시 30분에 감상할 수 있다. www.kings.cam.ac.uk

❿ 페스 축제 Fès Festival 모로코_페스

매년 6월이면 고대 성벽도시 페스에서는 일주일간 신성한 음악 축제가 열린다. 수피 음악가, 사미족 민요 가수들, 켈트족, 투아레그족 및 베르베르족들이 전 세계 각지에서 몰려들어 모로코 하늘 아래서 화합을 다진다.

Planning 페스에 있는 많은 호텔에서 축제에 참가할 수 있도록 셔틀버스를 제공하고 있다. www.fesfestival.com

연속적으로 이어진 테라스식 정원이 황금 돔이 덮인 바브 사원을 에워싸고 있다.

이스라엘

바브 사원 *Shrine of the Báb*

바하이교 최고의 성지에 해당하는 사원이 카르멜 산(Mount Carmel) 중턱에서 보석처럼 빛나고 있다.

벤구리온(Ben Gurion) 대로에서 오가는 차량을 피해가며 바브 사원의 화려한 영묘와 황금 타일 지붕을 보는 일은 하이파(Haifa, 이스라엘 북부에 있는 도시)의 명소를 감상하기에 안전한 방법은 아니다. 하지만 그 지점에서 보는 사원의 경치가 가장 빼어나다. 특히 화려하게 불을 밝히는 밤이 되면 더욱 아름답다. 이곳은 1900년대 초에 바브(Báb)의 유해를 모시기 위해 이탈리아산 고급 석재를 깎아 지은 사원이다. 바하이 교도들에게 바브는 신의 사자(使者)이자 바하이교를 창시한 바하울라(Baháʼuʼlláh)의 전임자이다. 그의 영묘는 층을 이룬 열주식 건물에 1만 2,000개가 넘는 황금 타일이 덮인 돔을 얹은 사원 안에 조성됐다. 전체 높이가 40미터인 바브 사원은 위로 9단, 아래로 9단으로 이루어진 테라스식 정원의 중앙에 배치되어 있다. 카르멜 산 비탈을 따라 1킬로미터 이어진 정원 꼭대기까지 오르면 예페노브 거리와 만나게 된다. 이 거리에서 바라보면 지중해의 끝자락을 향해 내려가며 번화한 하이파의 거리를 가로지르는, 아름다운 테라스의 전경이 한눈에 펼쳐진다.

When to go 언제 가도 좋다. 바브 사원은 바하이 축일을 제외하고 매일 아침 문을 연다. 테라스는 수요일을 제외하고 매일 아침부터 오후까지 개방된다.

Planning 입구는 하이파의 지오누트 가에 있고 입장료는 무료다. 가이드 투어를 선택할 때만 테라스를 볼 수 있으나, 사원 관광은 제외된다. 예약은 필수이다. 반바지, 반팔 셔츠 등 노출이 있는 옷차림은 안된다. 테라스 투어는 1킬로미터 경사로를 오르는 다소 힘겨운 코스이다. 걷기 싫다면 렌터카나 택시를 타고 벤구리온 대로에서 바브 사원을 감상한 다음 사원 꼭대기를 지나는 예페노브 거리로 올라가도 좋다.

Websites www.inisrael.com, www.terraces.bahai.org

- 카르멜 산 꼭대기에 있는 파노라마로드에서는 바브 사원과 테라스, 지중해 너머까지 경치를 한 번에 감상할 수 있다.
- 바브 사원 벽에는 '방문 서판(Tablet of Visitation)'이라고 하는 기도문이 걸려 있다. 이 사원을 찾아온 바하이 교도들이 외우는 기도문이다.
- 사원의 기슭 가까이에 독일인 거주 구역이 있다. 루터파 교회의 일파인 '성전 형제파'의 신도들이 벤구리온 대로에 조성한 아름다운 주택가이다. 이들은 1868년부터 이스라엘로 이주하기 시작해 이곳에 농업 정착지를 건설했다.

세계에서 가장 오래된 이슬람 유적인 황금 덮인 바위 돔 사원이 햇빛에 빛나고 있다.
돔 외부는 화려한 색의 정교한 타일 모자이크와 아라비아어를 새긴 장식으로 치장되어 있다.

이스라엘

성전산 *The Temple Mount*

가장 오랜 역사를 지닌 이 유적은 유대교, 기독교, 이슬람교 모두의 역사와 신앙의 중심지이다.

예루살렘 구시가지 심장부에 있는 성전산(聖殿山, 모리아 산이라고도 한다)이 먼 옛날, 종교와 정치 권력의 중심지였던 이 도시를 내려다보고 있다. 고요하고 드넓은 모습이 이곳을 에워싸고 있는 떠들썩하고 부산한 주변과 대조를 이룬다. 중심부에 지면 위로 튀어나온 울퉁불퉁한 바위가 있는데 아브라함이 그의 아들 이삭을 제물로 바치려고 했던 장소라고 여긴다. 솔로몬 왕은 언약궤(모세가 받은 10계명이 새겨진 석판을 넣어둔 성궤)를 안치하기 위해 성전산에 최초의 성전을 지었으나 기원전 600년 이전의 어느 시기에 파괴되었다. 기원전 515년에 제 2차 성전이 그 자리를 대신했으나 로마 황제 티투스가 파괴했다.

첫 두 성전이 있었던 정확한 위치는 논란이 있지만 일각에서는 '바위 돔 사원' 가까이에 있는 아주 작은 '석판의 돔' 성소가 '지성소(至聖所)' 터라고 믿고 있다. 그곳이 바로 꼭대기에 천사 장식이 있는 황금 성궤가 안치되었던 솔로몬 성전 내부의 성소 자리였다는 것이다. 한편 이슬람 교도들은 성전산에서 무함마드가 천국으로 승천했다고 믿고 있다. 서기 638년에 이슬람이 예루살렘을 정복하고 나서 지배자인 칼리프가 바위 돔 사원을 세웠다. 돔 남쪽에는 첨탑들이 높이 솟아 있는 '알아크사 모스크'가 1035년부터 자리하고 있다.

When to go 기독교, 이슬람교, 유대교 축일만 아니면 언제든 좋다. 바위 돔 사원이나 알아크사 모스크는 일반에 개방되지만 이슬람교도가 아니면 정오기도 시간 중에는 입장할 수 없다.

Planning 시간을 들여 성전산 주변과 아래 지역도 다녀 보자. 반팔, 반바지, 노출이 심한 옷을 피한다. 성전산으로 들어갈 수 있는 경로는 10군데도 넘는다.

Websites www.goisrael.com, www.mfa.gov.il

- 바위돔 사원 안에 있는 '신성한 바위' 주변을 걸어 보자. 원통형 벽체와 돔 내부에는 아름다운 비잔틴양식의 모자이크장식이 있다.

- 전설에 따르면 바위 속에 있는 틈인 '영혼의 샘'에서 죽은 사람들의 목소리가 천국의 강물 소리와 뒤섞여 영원을 향해 흘러간다고 한다.

- 매표소 근처에 있는 이슬람 박물관에는 귀중한 코란과 이슬람 유물이 전시되어 있다.

- 성벽 도보 투어에 참여하면 예루살렘 구시가지와 서쪽벽(통곡의 벽)의 전경을 한눈에 볼 수 있다. 이 벽은 제2차 성전 유적으로 유일하게 남아 있는 부분이다.

- 반짝이는 금박 지붕 덕분에 이 사원은 예루살렘에서 가장 눈에 띄는 명소다. 이 이슬람 사원은 아브라함이 아들을 산 제물로 바치려 한 장소라고 알려진 바위를 에워싸고 있다.

성탄 제단 밑의 대리석 바닥에 부착된 14개의 꼭짓점이 있는 은색 별이 예수가 탄생한 곳임을 알려 주고 있다.

웨스트뱅크

예수탄생 교회 *Cave of the Nativity*

기독교 최고의 성지 중 하나가 베들레헴(Bethlehem)에 있는 예수탄생 교회 밑에 자리하고 있다.

마리아와 요셉, 동방박사 세 사람이 살아돌아와 2,000여 년 전에 예수가 태어났다고 하는 동굴을 본다면 아마 알아보지 못할 것이다. 당시에 헛간으로 사용되던 이 동굴은 '구유 광장'에 위치한 성지에서 가장 오래된 교회 밑에 있다. '겸손의 문'이라고 하는 작은 돌문을 통해 들어가면 굴처럼 들어간 어두컴컴한 교회가 나타난다. 주 제단 옆에 있는 동굴 입구에서 계단을 내려가면 폭이 좁은 아치형 입구가 나온다. 안으로 들어가면 예수가 탄생한 장소가 보이고 입구 오른쪽에는 화려한 천을 드리운 성탄 제단이 있다. 그 아래 바닥에 붙여 놓은 은색 별이 예수가 탄생한 곳임을 알려 준다. 입구 왼쪽에는 예수를 눕혔던 구유가 있던 자리임을 나타내는 두 번째 제단이 놓여 있다.

예전에는 수수했던 이 동굴을 오랜 세월에 걸쳐 독실한 신도들이 변모시킨 것이다. 건초와 오물로 덮여 있던 바닥에는 돌과 대리석을 깔았다. 천장에는 기름 램프를 달았고 온통 황금 이콘 상 천지다. 이 동굴을 기독교 최고 성지의 하나로 여기고 경배하려는 신자들이 수세기에 걸쳐 꾸준히 장식한 것이다. 동굴의 모습은 변모했지만 믿음과 분위기는 변하지 않았다. 관광객들은 조용하고 차분하다. 사람들은 기도를 하거나 마리아가 출산했다고 하는 곳에 입을 맞추기도 하고 요셉과 마리아, 아기 예수를 기리기 위해 촛불을 켜기도 한다.

`When to go` 동굴은 연중무휴 개방된다. 성탄절에는 예수탄생 교회 옆에 있는 성 카타리나 성당(Church of St. Catherine)에서 12월 24일에 거행하는 기념 미사로 주변이 혼잡하다. 또한 1월 7일에도 그리스 및 아르메니아 교회의 신도들로 붐빈다. 이스라엘 정부의 웹사이트에서 치안 상황을 확인해 보자.

`Planning` 베들레헴은 예루살렘에서 자동차로 10분 거리에 있다. 오후 시간을 모두 할애해 동굴과 인근 교회들을 둘러본다. 입장은 무료이고 매일 예배가 몇 차례씩 거행된다. 이스라엘의 교회나 성지를 방문할 때는 적절한 옷차림을 하자. 구유 광장에는 평화센터와 관광안내소가 있어서 인근 명승지에 관한 정보를 얻을 수 있다.

`Websites` www.goisrael.com, www.mfa.gov.il

■ 교회의 양쪽 측면에는 거의 50개에 달하는 기둥이 두 줄로 이어져 있다. 고고학자들은 이 기둥에서 이곳에 처음 세워진 교회에 쓰였던 타일을 찾아냈다. 최초의 교회는 4세기에 성 헬레나(St. Helena)의 명으로 지어졌다. 그녀는 로마제국 최초의 기독교인 황제인 콘스탄티누스 황제의 어머니이다.

■ 성탄 전야가 되면 촛불을 밝히는 캐롤 미사에 참여하기 위해 대규모 인파가 구유 광장으로 모여든다.

■ 교회 서쪽에는 성물(聖物)과 현지 특산물, 관광 기념품을 파는 노점으로 북적대는 시장이 있다.

이슬람 순례자들이 히라 동굴의 입구에 무리 지어 있다.

사우디아라비아

히라 동굴 *Cave of Hira*

메카 근처에 감춰져 있는 이 작은 동굴에서 무함마드가 처음으로 신의 말씀을 들었다고 한다.

히라(또는 헤라) 동굴은 메카를 순례하는 하지(hajj) 때의 필수 순례 코스는 아니지만 이슬람교도들에게는 매우 중요한 성지이다. 몇 년간 라마단 기간이면 무함마드는 이 외딴 산꼭대기 동굴에 와서 은거했다. 이슬람교 신앙에 따르면 서기 610년의 어느 날 밤에 가브리엘 천사가 무함마드에게 나타나 처음으로 알라 신이 전하는 다섯 구절의 말씀을 전해 주었다고 한다. 후에 이 구절은 코란의 원형이 된다. 오늘날 순례자들은 약 610미터 높이의 자발 안누르(Jabal an-Nour, 빛의 산) 정상을 향해 먼지 이는 구불구불한 길을 오른다. 정상에서 보면 동굴은 전혀 보이지 않는다. 사실 동굴은 20미터 정도 아래의 산등성이에 숨어 있어서 커다란 돌 밑으로 나있는 좁은 입구를 통해서만 들어갈 수 있다. 여기서 가파른 길을 따라 내려가면 천연의 작은 노대가 나온다. 앞으로 좀 더 가면 커다란 돌들이 쌓여 생긴 틈 사이로 손으로 직접 쓴 색색의 비문을 달아 놓은 동굴이 보인다. 크기는 깊이 3.7미터, 폭 1.5미터에 불과한 작은 동굴이지만 겸허한 마음이 들게 되는 숭고한 곳이다. 자발 안누르의 정상에 서서 신성한 도시 메카를 에워싸고 있는 바싹 마른 사막 구릉의 풍경을 감상해 보자. 그 광경이 무함마드 시대와 별로 달라진 것이 없다.

■ 동굴 앞에 있는 마당에 앉아, 보이는 것이라고는 맑은 하늘밖에 없는 이 작은 은신처가 풍기는 친근함에 젖어 보자.

■ 다른 사람들이 모두 동굴을 나갈 때를 기다려 철저한 고독감과 특별하고 강렬한 성령의 힘을 느껴 보자.

When to go 이슬람교도라면 매우 혼잡하기는 해도 하지나 '움라(umrah, 정해진 기간 이외의 때에 메카를 순례하는 일)'의 일환으로, 혹은 다른 때에 순례여행으로 히라 동굴을 찾을 수 있다.

Planning 오직 이슬람교도만 자발 안누르에 오를 수 있다. 이곳은 메카에서 북동쪽으로 약 10킬로미터 정도 떨어져 있다. 동굴로 오르는 시작 지점까지 가는 가장 좋은 방법은 택시를 타는 것이다. 동굴로 향하는 산길은 길고 험난하다. 결코 서두른다고 갈 수 있는 길이 아니므로 몇 시간 걸릴 것을 감안하고 적절한 옷과 튼튼한 신발 차림으로 나선다. 정상에서는 동굴로 가는 길이 확실하게 나있지 않다. 길을 잃지 않도록 다른 일행의 뒤를 따르거나 방향을 묻도록 하자. 여름에는 메카가 타는 듯이 더우므로 시원하게 입되 적절한 옷차림을 하고 머리는 반드시 가린다.

Websites www.hajinformation.com

성채처럼 생긴 16세기의 성 마리아 교회는 그보다 훨씬 오래전에 지어졌던 교회를 대신해 축성한 것이다.

에티오피아

악숨 Aksum

한때 강력한 왕국의 수도였던 에티오피아의 고도(古都)에 가장 성스러운 기독교 성소가 있다.

 기원전 200년경부터 서기 700년까지 '악숨'은 홍해를 가로질러 아라비아 반도의 심장부까지 지배했던 강력한 악숨 왕국의 중심지였다. 무더운 오후, 먼지 이는 좁은 거리에서 고요함을 깨는 소리라고는 에티오피아 전통 악기인 케베로 드럼(정교회 전례 음악 연주에 주로 사용)의 가락과 종소리뿐이다. 그 소리에 맞춰 에티오피아 정교회의 경쾌하게 차려입은 사제들과 흰옷을 입은 순례자들이 붉은색, 주황색 양산을 쓰고 행렬을 지어 지나간다. 향 연기를 피우며 가는 그들은 아마 16세기에 지어진 마리암 치온 교회(Mariamtsion Church, 시온의 성녀 마리아 구교회)로 향했을 것이다. 이 교회 옆에는 4세기에 악숨 왕국이 기독교로 개종하고 세웠던 원래의 교회 터가 있다.

에티오피아인들은 지금의 교회 옆에 있는 언약궤 교회(Chapel of the Tablet)에 진짜 언약궤가 안치되어 있다고 주장한다. 하지만 방문객들에게 관람이 허용되지는 않으며, 수도사 한 명이 이 성스러운 보물을 지키고 있다. 16세기의 구교회 옆에는 하일레 셀라시에(Haile Selassie) 황제가 새로 짓기 시작해 1964년에 완공한 성 마리아 신(新)교회가 있다. 구교회와 달리 이곳은 여성들도 입장할 수 있다. 교회 박물관 안에는 에티오피아의 황제들이 썼던 화려한 은제 왕관이 전시돼 있다. 고대 악숨 왕국 장인들의 뛰어난 실력이 잘 드러나 있다.

- 16세기의 성녀 마리아 구교회와 성 마리아 신교회 모두 다채로운 색의 벽화로 꾸며져 있다.

- 악숨 중앙 광장 북쪽 바로 위에 있는 공원에는 고대 악숨 왕국의 역대 왕들의 무덤을 지키는 화강암 오벨리스크들이 우뚝 솟아 있다.

- 악숨 외곽에 있는 데브레카틴 산(DebreKatin Mountain) 위에 아바 판탈레온(Aba Pantaleon)이 있다. 6세기 초에 세워진 이곳은 에티오피아에서 가장 오래된 교회 중 하나다.

When to go 양력으로 1월 19일에 거행되는 팀케트 축제(T'imk'et Festival)에 참여해 보자. 예수가 세례자 요한에게 세례받은 일을 기념하는 행사이다. 11월 말에는 '시온의 성녀 마리아 축제(Festival of Maryam Zion)'도 열린다. 우기인 6월~9월 사이에는 폭우 때문에 방문하기 쉽지 않다.

Planning 악숨 주변의 고대 유적지에 들어가려면 우체국 옆에 있는 관광안내소에서 티켓을 구입해야 한다. 입장료에는 가이드 비용이 포함되어 있지만 팁을 요구하므로 미리 흥정하는 것이 좋다. 유적 전체를 모두 둘러보려면 2~4일은 걸린다. 무덤 안에는 조명 시설이 없으므로 손전등을 준비해 간다. 악숨은 에티오피아에서 가장 신성한 기독교 및 이슬람 성지이므로 옷차림에 유의한다.

Websites www.rainbowtours.co.uk, www.ethiopiatravel.com

20세기 들어 지어진 시나이 산 정상의 성 삼위일체 교회는 모세가 10계를 받기 위해 기다렸던 동굴을 에워싸고 있다고 한다.

이집트

시나이 산 *Mount Sinai*

구약성서 속의 전설적인 선지자였던 모세의 발자취를 따라가 보자.

현대 이집트의 시나이 반도는 모세와 이스라엘 백성들이 무려 40년 넘게 약속의 땅을 찾아 헤맨 광야라고 여겨지는 곳이다. 구약성서의 출애굽기에 따르면 터전을 잃은 이스라엘 백성들이 무법 상태에 빠지자 모세는 2,285미터 높이의 시나이 산에 올라 하나님께 기도로 조언을 구했고, 이때 이후로 서구 사회 규범의 토대가 되는 10계명을 받아 돌아왔다. 이슬람교에서도 선지자 무함마드가 타던 말이 시나이 산에서 천국으로 승천했다고 믿는다.

요즘은 정상에 있는 작은 예배당(일반인에게는 비공개)이나 모스크까지 올라가는 일 자체를 목표로 삼고 오는 이들이 많은 한편 정상을 감싸고 있는 고요함과 평화로움을 즐기기 위해 오는 이들도 있다. 일부 관광객들은 시원한 밤에 산행을 시작해 타는 듯한 지면 위로 태양이 솟아오르는 광경을 감상하기도 한다. 일출을 보려면 침낭을 가져가서 정상 바로 아래의 돌출 암반에 벽을 쳐놓은 은신처에서 잠시 쉴 수 있다. 낙타를 타고 오르거나 등산이 힘에 부치는 사람들은 시케트 엘 바샤이트(Siket El Bashait) 경로를 따라 동물들의 배설물을 피해 오른다. 체력이 좋은 여행자들은 바위를 깎아 3,750개의 계단을 만든 가파른 '시케트 사이드나 무사(Siket Sayidna Musa, 참회의 계단)'를 걸어 오를 수 있다. 힘들지만 빨리 오를 수 있는 이 경로를 택하면 최고의 절경을 감상할 수 있고 가장 유명한 길을 따라 내려올 수도 있다.

When to go 연중 어느 때 가도 좋다. 보통은 추운 겨울철에 사람들이 가장 많이 몰린다.

Planning 시나이 해변 리조트에서 산까지는 자동차로 약 2시간 거리이다. 도착해서 정상까지 오르는 데는 시간이 좀 더 걸린다. 비교적 완만한 낙타 길의 경우 2~3시간 걸린다. 시케트 사이드나 무사로 오를 경우 1시간이 채 안 걸린다. 산을 오르는 동안 마실 음료를 미리 챙겨간다. 오르는 도중에 있는 휴게소에서 마실 것을 살 수 있지만 값이 비싸다. 밤이 되면 정상의 기온이 영하로 떨어질 수 있으므로 급격한 기온 차에 대비해 적합한 옷을 충분히 준비하자.

Websites www.egypt.travel, www.geographia.com/egypt/sinai/mtsinai.htm

■ 산자락에 있는 성 카타리나 수도원(St Catherine's Monastery)에 서기 551년에 축성되어 세계에서 가장 오래됐다고 하는 교회가 있다.

■ 정상 바로 아래, 그늘진 빈터인 엘리야 골짜기에 있는 간이식당에서 여독을 풀며 휴식을 취해 보자.

| TOP 10 |

모자이크 실내장식 *Ten Mosaic Interiors*

천연 보석과 조약돌이든 유리 조각이나 금박으로 만들어졌든 재료와 관계없이 모자이크 실내장식은 사람들에게 깊은 감동을 준다.

❶ 세인트루이스 대성당 Cathedral Basilica 미국_세인트루이스

가톨릭 성당의 거대한 실내는 바닥에서 천장까지 모자이크로 장식되어 있다. 성서 속 이야기는 물론, 세계 최대 규모의 모자이크를 이루는 기하학적 무늬가 사람들의 눈길을 끈다.

Planning 성당은 세인트루이스의 린델 대로(Lindell Boulevard)에 있다.
www.cathedralstl.org

❷ 카리예 박물관 Kariye Museum 터키_이스탄불

'신성한 구원자의 교회'였던 이 건물은 1320년의 것으로 추정되는 모자이크와 부속 예배당의 프레스코화 등 이스탄불에서 가장 많은 비잔틴 예술작품을 보유하고 있다.

Planning 이 박물관은 이스탄불 서쪽지구의 에디르네카피(Edirnekapi)에 있다.
www.turkeytravelplanner.com

❸ 지도의 교회 The Church of the Map 요르단_마다바

예루살렘과 팔레스타인을 그린 6세기의 모자이크 지도는 오래전에 사라진 한 비잔틴 교회 바닥을 장식하고 있었다. 이 지도는 현존하는 예루살렘 지도 중 가장 오래된 것으로 200만 개가 넘는 작은 조각들은 마을과 지형의 특징을 자세히 나타내기 위해 사용된 것이다.

Planning 마다바(Madaba)는 암만에서 남쪽으로 차로 20분 거리에 있다.
www.atlastours.net/jordan/madaba.html

❹ 베스 알파 시나고그 Beth Alpha Synagogue 이스라엘_헵시바

이곳에는 22가지의 각기 다른 종류의 돌을 사용해 만든 12궁도와 이삭을 제물로 바칠 준비를 하는 아브라함의 모습을 담은 화려한 색상의 모자이크가 있다. 이스라엘에서 발견된 모자이크 중 최고의 걸작으로 손꼽힌다.

Planning 키부츠 헵시바(Kibbutz Hefzibah)는 이스라엘 북동쪽의 669도로에 있다.
www.goisrael.com

❺ 에우프라시우스 성당 Basilica of Euphrasius 크로아티아_포레츠

고대 성당의 천장은 옥좌에 앉은 그리스도, 천사가 옆을 지키고 있는 성모 자상, 수태고지 등을 비롯해 6세기 모자이크들로 장식돼 있다. 50여 개가

넓은 색상으로 칠해진 유리 조각들이 금박, 대리석과 함께 사용되었고, 색의 차이를 극대화하기 위해 모두 표면이 불규칙하게 잘라져 있다.

Planning 포레츠에 가려면 자그레브(Zagreb)에서 버스를 타거나 베네치아에서 배를 타면 된다. www.croatiatraveller.com/Istria/Porec.htm

❻ 호시오스 루카스 수도원 Monastery of Hosios Loukas 그리스_스테리

헬리콘 산기슭에 위치한 외딴 그리스 정교회 수도원에는 예수의 삶을 그린 11세기의 웅장한 모자이크 장식이 있다. 이 모자이크 장식은 중앙 돔에 있는 크리스트 판토크라토르의 초상으로 절정을 이룬다.

Planning 아테네에서 당일치기로 이 수도원을 방문할 수 있다.
www.visitgreece.krm

❼ 산타 마리아 마조레 Santa Maria Maggiore 이탈리아_로마

성모 마리아에게 헌정된 로마에서 가장 큰 교회인 산타 마리아 마조레의 위쪽 벽들은 5세기의 모자이크들로 장식되어 있다. 이 장식들은 고대 로마의 모자이크 장식 스타일로 구약성경에 나오는 장면들이 담겨 있다.

Planning 이 교회는 산타 마리아 마조레 광장에 있으며 오전 7시부터 저녁 7시까지 문을 연다. www.tours-italy.com/rome/mosaics.htm

❽ 갈라플라키디아 영묘 Mausoleum of Galla Placidia 이탈리아

로마의 마지막 황제의 누이가 잠들어 있는 이 무덤은 430년경에 지어진 것으로 라벤나(Ravenna)에서 가장 오래된 모자이크 장식들이 있다. 성경 속의 장면들이 밝은 청색과 황록색, 빨간색으로 채색되어 있다.

Planning 라벤나는 자동차나 열차를 타고 가면 된다.
www.tours-italy.com/ravenna-tourist-information.htm

❾ 팔라티나 예배당 Cappella Palatina 이탈리아_시칠리아 팔레르모

팔레르모에 있는 12세기의 아랍-노르만 왕궁의 작은 예배당인 이곳에는 성경의 이야기들과 아랍인과 노르만인들의 생활을 그린 반짝이는 모자이크 장식들로 가득하다.

Planning 이 예배당은 파를라멘토(Parlamento) 광장의 노르만궁에 있다.
www.travelplan.it/palermo_guide.htm

❿ 방스 성당 Vence Cathedral 프랑스

방스 성당의 세례당 벽에는 20세기의 화가 마르크 샤갈이 섬세하게 채색한 모자이크가 있다. '나일 강에서 건진 모세'라는 제목의 이 모자이크에는 모세를 건지기 위해 몸을 기울이는 파라오의 딸의 모습도 보인다.

Planning 성당은 매일 오전 10시부터 오후 6시까지 개방한다.
www.beyond.fr/villages/vence.html

4

웅장한 폐허
Majestic Ruins

이 장에서 소개하는 곳은 오랜 세월을 버티느라, 외딴곳에 자리잡은 지리적 위치 때문에, 야만스러운 공격으로 인해, 혹은 온갖 풍상을 겪으면서 한마디로 폐허나 다름없게 된 유적이다. 그러나 유적의 상당수가 극히 일부만 겨우 남아 있다거나 제단은 사라지고 신앙은 잊혀진 채 마지막 흔적만 안타깝게 남아 있다고 해서 그 매력이나 감흥까지 줄어드는 것은 아니다. 캄보디아 앙코르와트의 정교한 사원만 봐도 알 수 있다. 12세기에 지어진 이 사원군은 동서양을 막론하고 세계 최고의 경이로운 건축물로 손꼽히는 곳이다. 인도 중부의 카주라 호에는 10세기 석공들이 온갖 실력을 발휘해 놓은 사원이 있다. 성애의 기술을 망라해 놓은 고대 산스크리트어 경전인 카마수트라에 나오는 체위를 취하고 있는 남녀의 관능적인 모습을 통해 신성함과 세속적인 아름다움을 한꺼번에 표현해 놓은 것이다. 유럽으로 눈을 돌리면 하늘을 찌를 듯 솟아 있는 아치와 지붕은 사라지고 제단만 남은 영국의 리보 수도원과 프랑스의 클뤼니 수도원이 있다. 이곳을 보면 중세 기독교의 건축가들이 자신들의 신앙을 향한 믿음과 희망을 형상화하기 위해 혼신의 힘을 다했다는 것을 한눈에 알 수 있다.

캄보디아의 열대우림에는 크메르문명의 사원 유적이 덤불 속에 반쯤 덮인 채 남아 있다. 앙코르와트 인근의 타프롬 사원에 가면 나무 뿌리에 휘감겨 있는 사진 속 석불의 머리를 직접 볼 수 있다.

거대한 직사각형의 사원은 3층으로 나뉘어 건설됐다. 사원 중심부에 있는 중앙 사원은 커다란 중앙탑과 양쪽에 좀 더 작은 탑을 거느리고 있다.

캄보디아

앙코르와트 *Angkor Wat*

고대 크메르족의 왕이 묻혀 있는 이 사원은 건축학적 불가사의이자 불교도와 힌두교도의 순례지이다.

해자(垓子, 성곽을 따라 파놓은 연못) 위로 난 석조 육교를 건너 앙코르와트로 들어가다 보면 사암을 정교하게 깎아 만든 세 개의 탑이 가장 먼저 시야에 들어온다. 앙코르와트는 12세기에 수리아바르만 2세(Suryavarman Ⅱ)가 지어 힌두교의 주신(主神)인 비슈누(Vishnu)에게 바친 사원이었으나 후에 불교 승려들이 차지하면서 이곳을 수도승으로 가득한 와트(불교 사원)로 개조됐다. 힌두교의 성산(聖山)인 수미산(須彌山)을 상징하는 중앙 사원을 중심으로 회랑 형태의 3중 벽이 에워싸고 있다. 화려하게 치장한 입구로 들어서면 바로 안쪽 벽이 나타나고, 좁은 계단을 따라 올라가면 중앙 사원의 입구에 다다른다. 쉴 새 없이 이어지는 관광객 행렬이 계단을 오르거나 앉아서 정교하기 그지없는 건물의 세부 장식을 보며 감탄한다. 안쪽 벽의 회랑에는 고대 힌두교의 서사시와 중앙 탑 아래에 잠들어 있는 수리아바르만 2세의 일생을 묘사한 정교한 부조 장식이 있다. 앙코르와트는 크메르왕국의 거대한 수도로, 면적이 한때 거의 390제곱킬로미터에 육박하던 앙코르(Angkor)에서도 장관을 펼치는 곳 중 하나였다. 수백 년 간 열대우림에 묻혀 있다가 1860년에 발굴됐지만 전쟁과 인도차이나반도의 정치적 혼란으로 20세기 내내 앙코르와트 관광이 거의 불가능했다.

When to go 1월~4월은 가장 더운 시기이고, 6월~9월은 비가 많이 내리므로 10월~12월 사이에 방문하는 것이 좋다. 낮 기온은 항상 섭씨 26도에서 32도 사이를 오르내린다.

Planning 앙코르와트는 반나절이면 볼 수 있지만 앙코르에 있는 중요한 유적지들까지 모두 제대로 둘러보려면 2~3일은 필요하다. 앙코르와트를 비롯해 이 지역의 다른 유적지를 모두 둘러볼 수 있는 1일, 3일, 7일 입장권이 있다. 1990년대 이후 시엠레아프 시(市)는 번화한 관광의 중심지로 성장해왔으며 다양한 가격대의 많은 호텔들이 들어서 있다. 방콕, 치앙마이, 싱가포르, 쿠알라룸푸르 등 동남아 지역의 주요 도시에서 시엠레아프 시로 가는 여러 직항 노선이 운행 중이다.

Websites www.siemreap-town.gov.kh, www.autoriteapsara.org, www.angkornationalmuseum.com, www.tourismcambodia.com

■ 회랑의 입구에는 300명의 압사라 무희(dancing apsaras, 신성한 정령 또는 춤추는 여신)가 새겨져 있는데, 모두 다른 모습을 하고 있다.

■ 제2회랑 내부 벽의 부조에는 힌두교의 대서사시 마하바라타(Mahabharata)에 나오는 쿠루크셰트라(Kurukshetra) 전쟁 장면과 인도 전통 설화 속의 37천국과 32지옥 이야기, 힌두교의 창세 신화의 우유 바다를 휘젓는 이야기가 묘사돼 있다.

■ 인접한 타프롬 사원(Ta Prohm Temple)은 대부분 거대한 케이폭나무(또는 판야나무)의 뿌리로 뒤덮여 있다. 이 사원은 복원되지 않은 채로 남아 있어서 열대우림이 어떻게 사원 건축물들을 덮고 있는지 눈으로 확인할 수 있다.

■ 크메르 왕국의 찬란한 문명을 보고 싶다면 시엠레아프 시에 있는 앙코르 국립박물관(Angkor National Museum)을 방문해 보자.

왓시춤 사원에 모셔져 있는 가장 규모가 큰 불상 앞에서 한 불교 승려가 기도하고 있다.

타이

수코타이 Old Sukhothai

한때 왕도(王都)였던 이 도시는 고대 사원과 불탑, 우아한 불상으로 가득하다.

타이 중북부에 위치한 무앙 까오 수코타이(Muang Kao Sukhothai, 올드 수코타이)의 매력은 우아하기 그지없는 왕조 유적지는 물론 우거진 나무가 그늘을 드리운 드넓은 초원, 연꽃으로 뒤덮인 연못에서도 찾을 수 있다. '행복의 새벽'이라는 의미의 수코타이는 1238년, 타이 최초의 진정한 통일 왕조로 부상했고, 고도(古都) 수코타이는 200년간 왕국 최고의 종교·문화적 중심지로 영향력을 행사했다.

이 고대 왕국의 수도는 전성기 때에 여러 성벽과 해자, 성루의 보호를 받았고 40개의 사원 단지로 둘러싸여 있었다. 현재 역사공원으로 지정된 이곳은 왕궁 유적이 가장 중요한 관광명소이다. 사방이 잔디와 나무로 뒤덮여 있고 곳곳에 수로와 연못이 나있는 공간에 21곳의 왓(wat, 사원)이 흩어져 있다. 이 중 가장 면적이 넓고 호화로운 왓 마하탓(Wat Mahathat)은 200여 기의 탑과 10곳의 비하라(vihara, 방랑승들이 머무는 승방), 4개의 맑은 연못으로 이루어져 있으며, 모두 해자로 둘러싸여 있다. 공원 전역에 배치된 쁘랑(prang, 뾰족 탑)과 체디(chedi, 뾰족한 종 모양의 불사리탑)는 독특한 수코타이 장식으로 꾸며져 있다. 일부, 특히 연못 가까이에 있는 건축물 중 상당수는 크메르와 스리랑카의 영향을 받았다. 공원 밖에도 약 70곳 정도의 소규모 유적지가 산재해 있다.

When to go 관광객과 버스가 뜸한 이른 아침이나 저녁 시간이 덜 덥고 훨씬 평온해서 좋다. 유적지 전체를 다 둘러보려면 이틀은 필요하다.

Planning 역사유적 공원은 매일 오전 6시에서 오후 6시까지 개방한다. 공원 문을 나서면 바로 여러 개의 게스트하우스가 있지만 좋은 숙소와 서비스를 원한다면 뉴 수코타이(New Sukhothai)나 가장 가까운 기차역이 있는 핏사눌록(Phitsanulok)으로 간다. 두 곳 모두 공원에서 이동하기에 가까운 거리에 있다. 역사공원까지 가는 방법은 지역 버스나 삼로르, 자동차를 비롯해 여러 가지가 있다. 3륜 오토바이 택시인 삼로르를 타면 공원이나 그 주변까지 갈 수 있다. 공원 입구 밖에는 자전거 대여점이 많다. 여기서 질 좋은 지도도 구입할 수 있다. 입장하기 전에 생수를 많이 사두는 게 좋다.

Websites www.tourismthailand.org

■ 역사공원의 북쪽에 위치한 왓 씨 춤(Wat Si Chum)에 가면 수코타이에 남아 있는 불상 중 가장 큰 좌불상을 볼 수 있다. 이 불상의 높이는 15미터에 이른다.

■ 역사공원 서쪽에 위치한 왓 사판힌(Wat Saphan Hin) 유적지의 언덕 위에는 트라앗따로스 붓다(Phra Attaros Buddha)가 서있다. 가파른 언덕을 5분 정도 올라가야 하지만 사원 유적에 남아 있는 12m에 이르는 거대한 불상을 제대로 관찰할 수 있어서 좋다.

■ 시 삿차날라이(Si Satchanalai)로 당일치기 여행을 떠나 보자. 사탕수수밭과 담배밭을 거쳐 허물어지고 있는 장엄한 건축물들을 보다 보면 따로 와보길 잘했다는 생각이 들 것이다.

왓 아이 차이 몽콘(Wat Yai Chai Mongkhon)의 길을 따라 불상들이 일렬로 이어져 있다.

타이

아유타야 *Ayutthaya*

타이의 옛 수도였던 아유타야에는 사원과 사당, 불상이 수도 없이 많다.

아유타야 왕조의 수도였던 아유타야는 절정기에 달했던 15세기, 세 곳의 왕궁과 400군데의 사원을 보유한 위풍당당한 도시였다. 차오프라야 강(Chao Phraya Rever)과 롭부리 강(Lop Buri Rever), 빠삭 강(Pa Sak Rever)에 둘러싸이면서 형성된 4킬로미터 너비의 섬이 옛 수도의 핵심을 이루고 있다. 지금 이곳은 현대식 건물과 운하 주변의 혼잡한 거리와 우아한 유적이 공존하는 곳이다. 이곳 특유의 선인장 모양을 한 프랑(prang, 탑당)과 과거의 영화를 짐작케 하는 거대한 왓(wat, 불교사원) 등의 유적을 보기 위해 관광객들이 줄지어 이 고도를 찾는다. 대부분 노란 천을 두르고 있는 와불과 좌불상, 정교하게 조각한 신화 속의 새와 신성한 코끼리 상, 종 모양을 한 탑인 체디 등이 곳곳에 흩어져 있다. 아유타야 불교 건축에는 수코타이의 불교 양식과 힌두교의 영향을 받은 크메르(고대 캄보디아) 양식의 모티프가 융합돼 있다.

이곳에서 가장 오래된 사원 가운데 하나인 왓 마하탓(Wat Mahathat)에는 머리가 잘려 나간 불상들이 스러져 가는 거대한 체디(종 모양의 불사리탑)들을 줄지어 둘러싸고 있다. 또한 왓 마하탓에서는 나무줄기가 휘감고 있는 불상의 머리를 볼 수 있다. 섬의 서쪽에 자리한 왓 차이 와타나람(Wat Chai Watthanaram)은 앙코르와트를 모델로 지어진 사원이다. 원형이 거의 그대로 남아 있고 복원도 마쳐 300여 년 전 당시의 사원이 어떤 모습이었는지 잘 보여준다.

When to go 11월에서 3월 사이가 적당하다. 기분 좋은 온도에 하늘도 파랗고 비도 적게 내린다.

Planning 아유타야에서 64킬로미터 거리에 있는 방콕은 물론 여러 주요 도시에서 기차가 운행되고 있다. 방콕에서는 버스를 탈 수도 있지만 속도가 느리다. 시간이 충분치 않으면 방콕의 차오프라야 강에서 배를 타고 아유타야로 들어가는 방법도 있다. 아유타야와 주변 지형은 기복이 없는 평원지대이기 때문에 자전거를 대여하면 즐겁고 편하게 돌아다닐 수 있다. 가이드를 고용하면 아유타야 유적지의 역사를 생생하게 들을 수 있어서 좋다.

Websites www.tourismthailand.org

- 왓 야이 차이 몽콘(Wat Yai Chai Mongkhon)에는 아유타야에서 가장 큰 규모에 속하는 80m 높이의 탑이 있다.

- 밤중에 고대 유적지 주변을 산책해 보자. 투광 조명등을 밝힌 유적지의 모습이 그야말로 장관이다.

- 매년 10월과 11월이면 아유타야는 로이 끄라통(Loi Krathong, 빛의 축제)으로 환하게 밝혀진다. 축제 기간 동안에는 바나나 잎으로 만든 작은 배에 촛불을 실어 강물에 띄워 보내는 전통적인 행사가 열리고 밝게 채색된 전차 조각의 행렬이 이어지는가 하면 불꽃놀이 대회가 열리기도 한다.

오래된 석굴 중에는 중앙에 있는 테라코타 불상 주변 벽면에 작은 붓다의 초상을 줄지어 그려 놓은 곳도 있다.

중국

둔황(敦煌) 석굴사원 *Dunhuang Cave Temples*

오래전, 산비탈 곳곳에 그물망처럼 파 놓은 수많은 동굴 속에
수천 점의 불상과 벽화가 보존돼 있다.

서기 366년, 한 승려가 중국 북동부 타클라마칸 사막의 외곽에 있는 밍샤 산(鳴沙山) 근처의 실크로드를 따라 여행하다가 후광이 비치는 수많은 붓다의 형상을 보았다고 한다. 그는 자신이 형상을 목격한 산비탈에 굴을 팠다. 그 후로 1,000년간 수많은 승려들이 이곳을 피난처 삼아 지내면서 조각과 벽화로 석굴을 장식했다. 안전한 여정

을 비는 여행객들 역시 직접 석굴을 장식하거나 승려들에게 대신 장식을 부탁하며 시주했다. 그 결과 이곳에는 3,000개가 넘는 동굴이 벌집처럼 뚫리게 되었다. 정교하게 조각한 불상을 모셔 놓은 석굴이 있는가 하면 실크로드를 따라 여행하는 상인들과 사절단이 사막을 건너는 장면을 상세하게 묘사한 벽화를 간직한 석굴도 있다. 날씬한 중앙아시아 사람이 등장하는 초기 벽화부터 통통한 중국인이 등장하는 후기 벽화 사이에 매우 다양한 양식이 존재한다. 이는 실크로드를 따라 왕래하던 사람들이 물품뿐 아니라 새로운 사상까지 전파했음을 시사하는 것이다.

　석굴들을 이어주던 바위를 깎아 만든 계단이 무너지면서 상당수의 석굴이 밧줄을 타고 오르지 않으면 접근할 수 없게 되었다. 세월이 흐르면서 석굴 내부가 비바람에 노출돼 모래가 가득 차기도 했다. 바위를 깎아 조성한 거대한 불상 몇 곳은 새로 건물을 지어 보호하고 있다. 남아 있는 492개의 동굴들 가운데 30개 정도는 대중에 공개돼 있다.

When to go 4월~6월 초순까지, 아니면 9월~10월 초순까지가 여행 적기이다. 겨울엔 대기 오염이 심하고 사막의 기온도 크게 떨어진다. 여름은 너무 덥기 때문에 피하는 게 좋다.

Planning 석굴은 둔황 시가지에서 남동쪽으로 24킬로미터 떨어진 곳에 있다. 관광하는 데 꼬박 하루는 잡아야 한다. 가장 정교하고 중요한 석굴들을 보려면 추가로 돈을 내야 한다. 둔황에는 석굴까지 가는 미니 버스가 많지만 사람이 다 찰 때까지 기다리기 때문에 하루를 다 허비할 수 있다. 차라리 하루 전에 정시에 떠나는 버스를 예약하는 것이 나을 수 있다. 석굴 중에 빛이 잘 안 드는 곳이 많으니 손전등을 꼭 챙겨야 한다.

Websites www.imperialtours.net, www.greatwalltour.com, www.elong.com

■ 5세기 후반에 만들어진 제101호 석굴에서는 서양인 같은 모습의 붓다를 볼 수 있다.

■ 제323호 석굴의 벽화는 한나라의 외교가였던 장건(張騫)이 기원전 138년 타클라마칸 사막으로 여정을 떠나는 장면을 묘사하고 있다.

■ 당나라(7~10세기) 시대에 만들어진 제96호 석굴에는 황룡포(黃龍袍)를 걸친 34m에 이르는 거대한 좌불상이 있다.

■ 제220호 석굴에는 붓다의 일생 중 교훈이 되는 일화를 묘사해 놓은 벽화가 있다. 세련된 당나라 양식으로 치장한 것으로 보아 궁정화가의 영향을 받은 것으로 보인다.

잔디로 뒤덮인 중앙의 불탑 꼭대기에 오르면 완벽한 대칭을 이루는 유적의 모습을 감상할 수 있다.

방글라데시

소마푸라 마하비하라 *Somapura Mahavihara*

소마푸라 마하비하라(대승원)의 완벽한 기하학적 구조와 화려한 장식은
수 세대를 거치며 승려들에게 영감을 주었다.

방글라데시 북동부의 파하르푸르(Paharpur)에서 완벽한 균형미를 자랑하는 소마푸라 마하비하라는 수 세기 동안 반쯤 땅에 묻혀 있다가 1923년부터 1934년 사이에 발굴된 것이다. 비록 폐허로 방치되었어도 대승원이라고도 하는 이 사원은 서기 7세기에 건축된 이후 4세기 동안은 각지의 불교 승려들이 멀리서부터 찾아올 정도로 주목

받던 곳이었다. 이곳에는 사람을 잡아끄는 묘한 매력이 있다. 중앙 대사당 주변을 에워싸고 있는 177개의 작은 승방에 살며 도를 닦던 수백 명의 승려들이 이곳에 떨쳐내기 어려운 기운을 불어넣은 것 같다. 땅거미가 지고 따뜻한 바람이 불기 시작하면 수백 명의 승려들이 읊는 독경 소리가 들릴 듯하다. 벽돌로 쌓아 올린 벽의 감촉과 강도가 경탄스럽다. 이 벽들이 수 세기에 걸친 공격을 견뎌내 왔을 것이다.

대부분의 불교 성지처럼 소마푸라 마하비하라 역시 화려하게 장식돼 있다. 악사, 뱀 부리는 사람, 동물이나 인물 테라코타가 사원 외벽을 장식하고 있어서 7세기 초에 살았던 이들의 생활상을 고스란히 보여주고 있다. 이 사원 건축은 인도뿐 아니라 미얀마, 자바, 캄보디아 등 먼 나라의 불교 건축양식에도 지대한 영향을 미쳤다.

When to go 겨울(10월~3월 중순까지)엔 기온도 쾌적하고 몬순철이면 물이 엄청나게 불어나 거칠기 그지없는 파드마 강(Padma River)도 잠잠하다.

Planning 파하르푸르는 나오 강(Naogaon) 지역의 라즈샤히(Rajshahi) 시에서 인접한 마을이다. 제일 가까운 기차역은 쿨나부터 파르바티푸르(Khulna-Parbatipur)까지의 노선 자말간즈(Jamalganj)에 있고 파하르푸르까지는 5킬로미터 정도의 포장된 샛길로 연결돼 있다. 사이드푸르(Saidpur)의 공항에서 자이푸르핫(Joypurhat)을 지나 포장도로를 따라가면 파하르푸르에 닿는다. 이 지역을 제대로 즐기려면 이틀은 머물러야 한다. 옷을 단정하게 입도록 한다. 반바지를 입어서도 안되며 승려들이 예불을 드리는 사당에서는 신발을 벗어야 할 수도 있다. 겨울에도 햇볕이 따갑기 때문에 선크림과 모자를 준비하는 게 좋다.

Websites www.travel.discoverybangladesh.com

- 벽돌로 쌓아 올린 벽의 감촉과 강도가 경탄스럽다. 이 벽들은 수 세기에 걸친 공격을 견뎌내 왔다.

- 아름답게 균형 잡힌 조각상의 자세와 의상을 보면 불교와 힌두교, 기독교의 영향을 모두 받았음을 알 수 있다.

- 소형 박물관에는 불상과 비슈누상을 비롯하여 다양한 소장품들이 보관돼 있다.

- 라즈샤히에 있는 바렌드라 박물관(Varendra Research Museum)을 방문해 보자. 테라코타 명판에서 신과 여신들의 그림, 도기, 동전, 문장, 치장벽돌까지 다양한 유물들이 전시돼 있다.

칸다리야 마하데오 사원 외벽은 인도 예술의 걸작인 관능적인 조각상으로 가득하다.

인도

카주라호의 힌두교 사원군 Khajuraho's Hindu Temples

관광객들은 이른바 '사랑의 사원(The temple of love)'에 새겨진
관능적 조각상을 보기 위해 중앙 인도의 작은 마을로 모여든다.

우뚝 솟은 사원들이 파란 하늘 아래서 황갈색과 금색으로 빛나고 순례자들이 사리(sari)를 펼럭이며 기도 소리가 아침부터 밤까지 메아리치는 거대한 사원군(寺院群)에 자리잡은 여러 사원들을 둘러본다. 인도 중부 카주라호(Khajuraho)의 힌두교 사원들은 신앙심이 두터운 이들이 달의 신의 후예라고 믿었던 찬델라 왕조(Chandella dynasty)가

세운 것이다. 힌두교도들은 시바(Siva) 신과 여신 파르바티(Parvati)가 바로 이곳에서 합일했다고 믿고 있으며, 장인들은 서기 950년부터 무려 100년도 넘게 작업을 펼쳐 80여 개 곳의 화려한 조각 사원을 만들었다.

현재는 22개의 사원이 남아 있고, 우뚝 솟은 사원 벽에는 궁중 생활은 물론이고, 저돌적인 사내와 관능적인 여인이 카마수트라(Kama Sutra, 산스크리트어로 쓴 고대 인도의 성애(性愛)에 관한 경전. 4세기경에 쓰여졌다.)의 곡예에 가까운 자세를 탐닉하는 장면을 정교하게 조각한 장식으로 빼곡하게 덮여 있다. 사원군은 세 그룹으로 나뉘며 서쪽 사원군에 유명한 사원들이 포진하고 있다. 시바 신에게 바치는 사원이자 카주라호 사원 중 규모가 가장 큰 칸다리야 마하데오(Kandariya Mahadeo)와 칼리(Kali) 여신을 모시는 가장 오래된 사원인 차우사트 요기니(Chausath Yogini)가 대표적이다.

■ 시바 신의 생식력을 상징하는 2.4m 높이의 우아한 링감, 즉 남근상이 마탕게스바라 사원(Matangesvara Temple)에 있다.

■ 칸다리야 마하데오 사원의 북쪽과 남쪽 외벽은 에로틱한 조각상들로 장식돼 있다.

■ 동쪽 사원군에 속한 자이나교의 파르사바나타 사원(Jain Parsavanatha Temple)에서는 인간의 소소한 일상을 기록한 정교한 조각상을 볼 수 있다.

■ 해질 녘 사암으로 된 사원이 짙은 적색으로 물들면 조각상들이 어둠 속에서 기어나올 것만 같다.

When to go 선선하고 건조한 겨울에 가는 것이 좋다. 매년 2월 말이나 3월 초에 시바 신과 파르바티 여신의 결혼을 축하하는 축제가 1주일 동안 열린다.

Planning 카주라호로 가는 가장 간단한 방법은 델리(Delhi)나 아그라(Agra), 바라나시(Varanasi)에서 인도 항공을 이용하는 것이다. 제일 가까운 기차역은 잔시(Jhansi) 역이나 사트나(Satna) 역이고 이곳에서 차로 3~4시간 가량 달리면 카주라호에 도착할 수 있다. 사원군은 21제곱킬로미터 면적에 퍼져 있기 때문에 조각상들을 자세히 보려고 하면 하루는 꼬박 걸린다. 건축물에 대한 설명을 듣고 싶다면 지역의 가이드가 도움이 될 것이다. 꽤 많이 걸어야 하니 편안한 신발을 신는다. 모자와 자외선 차단제, 충분한 물도 잊지 말고 챙기도록 한다.

Websites www.liveindia.com, www.khajuraho.org.uk

산치의 대탑은 인도에서 가장 오래된 석조 건축물 가운데 하나이다.

인도

산치 *Sanchi*

언덕 꼭대기에 있는 사원군은 보존 상태가 양호하여 독특한 역사를 지닌 인도 불교 건축양식을 잘 보여준다.

음력 4월 8일, 붓다 푸르니마(Buddha Purnima, 석가 탄신일)가 되면 붓다의 탄생, 득도, 열반에 이르심을 기리기 위해 세계 각지에서 수백 명의 불교도들이 산치(Sanchi)로 모여든다. 언덕 꼭대기에는 50개가 넘는 사원 유적, 기둥, 탑 들이 여기저기 흩어져 있는데 불교도였던 아소카(Asoka) 왕도 어쩌면 이곳에 깃들어 있는 고요하고 명상적인 분위기에 매료되었는지 모른다. 그는 잔학했던 '칼링가(Kalinga)' 전투 직후 평화를 맹세하며 이곳에 불교 정착지를 건설했다. 아소카 왕은 8개의 스투파(사리탑)를 세웠고, 그 이후로 12세기까지 계속해서 많은 스투파가 산치에 건설되었다. 승려의 사리나 유골을 봉안하는 데 이용된 이 탑들만 살펴봐도 인도 불교 건축의 역사를 태동부터 쇠퇴까지 그야말로 한자리에서 확인할 수 있다.

가장 규모가 큰 것은 아소카 왕의 명으로 지은 대탑(Great Stupa, 제1탑)으로, 단단한 돌과 벽돌을 돔형으로 쌓아 만든 지름 31미터, 높이 13미터에 이르는 스투파이다. 대탑은 원래 기원전 3세기경 구운 진흙벽돌을 쌓아 만들었는데 이후 전쟁으로 파괴돼 기원전 2세기경 현재와 같은 모습으로 다시 세워졌다. 대탑 주변에는 돌을 조각해 만든 네 개의 산문(山門)이 동서남북 사방으로 나있다. 각 입구에는 부처의 생애 중 각각 다른 시기가 새겨져 있는데, 연꽃은 붓다의 탄생을, 나무는 득도를, 바퀴는 최초의 설법을, 발자국은 부처의 현존을 상징한다.

■ 거대한 발우인 그레이트 보울(Great Bowl)은 거대한 암석 덩어리를 깎아 만든 것으로 승려들에게 나눠 줄 곡식을 넣어 두던 것이다.

■ 유적지 입구에 위치한 인도 고고학연구박물관(Archaeological Survey of India Museum)은 산치의 유적지 발굴 기간 동안에 출토된 유물들을 소장하고 있는데, 여기에는 아소카 왕의 석주(石柱) 꼭대기에 얹혀 있던 돌 사자기둥 머리장식도 포함돼 있다.

When to go 10월~3월 사이가 적당하다. 11월에는 산치에서 체티야기리 비하라(Chethiyagiri Vihara) 축제가 열린다.

Planning 산치는 인도 중부의 마디아 프라데시(Madhya Pradesh) 주의 주도 보팔(Bhopal)에서 북쪽으로 45킬로미터 가량 떨어져 있고, 이 주의 모든 주요 중소도시들과 도로가 잘 연결돼 있다. 보팔에서는 도로, 철도, 항공을 통해 인도의 주요 도시로 이동할 수 있다. 유적지까지는 언덕을 걸어 올라가야 하기 때문에 편한 신발과 마실 물을 챙긴다. 인도 고고학연구박물관은 금요일을 제외하고 오전 10시~오후 5시까지 매일 운영한다. 유적을 둘러보려면 반나절은 걸린다. 유적지 입구에 있는 박물관에서 안내책자와 지도를 구입할 수 있다.

Websites www.indyahills.com, www.tourism-of-india.com

함피에서 가장 오래된 비루팍샤 사원의 탑이 거대한 바윗덩이 사이로 보인다.

인도

함피 *Hampi*

수 세기 동안 사람들의 발길이 거의 닿지 않은 기묘한 풍경 속에서
잃어버린 문명을 발견해 보자.

    인도 중부 데칸고원의 불모지, 거대한 바위들의 기묘한 풍경 속에 가려진 채 사원과 왕궁 유적이 여기저기 흩어져 있다. 함피는 두 세기 동안 방탕하고 사치스러운 궁중으로 유명한 비자야나가르 왕국(Vijayanagar Empire)의 부유한 왕궁 도시이자 수도였다. 그러나 16세기에 무굴제국과 그 연합 세력이 침략해 왕조가 붕괴하자 도시는 버

려져 폐허가 되고 말았다. 도시가 그 지역 토양과 같은 성분의 바위로 건설된 까닭에 일부 건축물의 경우 파괴되고 나니 흔적조차 남지 않았다. 그래도 정교하게 조각해 만든 대다수의 힌두교와 자이나교 사원들은 보존 상태가 좋아 금방 눈에 들어온다.

그중에서도 가장 화려한 건축물은 15세기에 세워진 비탈라 사원(Vitthala Temple)으로 외벽은 왕의 군대와 무희들의 조각으로 뒤덮여 있고, 내부는 화려한 조각이 새겨진 기둥이 줄지어 세워진 사당으로 이루어져 있다. 비탈라 사원의 마하만다파(Maha-Mantapa), 즉 대사당에는 두드리면 각기 다른 음을 내는 56개의 음악 기둥이 있다. 본당 밖에는 정교하게 돌을 깎아 만든 전차처럼 생긴 사당 모형이 있다. 11세기에 지어진 비루팍샤(Viru-paksha) 사원군은 높다란 출입구와 홀, 기둥이 있는 회랑 및 사당으로 이루어져 있다. 힘든 하루 일과를 마친 이 지역 농부들은 지금은 함피 바자(Hampi Bazaar)라고 하는 마을의 그늘진 골목길을 지나고 앵무새와 벌새들은 뜨거운 저녁 공기 속을 날아다닌다.

■ 비루팍샤 입구 탑의 남면에는 에로틱한 스투코상(치장벽토로 만든 상) 장식이 있다. 랑가 만다파(Ranga Mantapa)라고 하는 사방이 탁 트인 구조물의 기둥에는 신화에 나오는 사자 같은 짐승을 탄 전사들의 모습이 새겨져 있다.

■ 마탕가힐(Matanga Hill) 남쪽의 왕궁 구역에는 벽에 아름다운 조각이 새겨진 라마찬드라 사원(Ramachandra Temple)과 한때 왕실의 코끼리들을 사육했던 초대형 축사가 있다.

When to go 10월에서 3월 사이가 좋다. 4월과 5월은 매우 덥고, 5월 말부터 10월 초까지는 몬순철(우기)이라 습도가 높아 야외에서 활동하기 불편하다.

Planning 가장 가까운 기차역은 동쪽으로 13킬로미터 떨어진 호스펫(Hospet)에 있고, 그곳에서 버스나 택시를 이용하면 된다. 방갈로르(Bangalore)에서 야간기차를 타면 호스펫까지 갈 수 있다. 전체를 둘러보려면 최소한 3~4일은 잡아야 한다. 그래야 이 지역의 느릿한 속도에 맞춰 여유롭게 모든 유적들을 구경할 수 있다. 함피 바자에서는 기본 시설을 갖춘 쓸만한 숙소를 구할 수 있다.

Websites www.hampi.in, www.hampionline.com

절벽면을 깎아 만든 엘로라의 16번 석굴인 카일라시 사원의 웅장한 외부.

> 인도

아잔타와 엘로라 석굴 *Ajanta and Ellora Caves*

인도 중부의 초목이 울창한 구릉지대에서 기도와 명상을 하며 살던
경건한 이들이 남긴 독창적인 작품이 경탄을 자아내게 한다.

    인도 북서부 아잔타의 조용한 계곡 사이로 시내가 흐르고 있다. 이곳에 세계에서 가장 위대한 예술적 보고가 자리잡고 있다고 낌새를 챌 만한 게 하나도 보이지 않는다. 하지만 대수롭지 않아 보이는 절벽 뒤편에 굴을 파서 공간을 만들고 화려한 기둥과 기원전 2세기에서 서기 5세기 사이 불교 승려들이 정교하게 새겨 놓은 조각으로 마무리한 사원이 있다. 어두운 내부로 들어가면 화려하고 섬세한 세부 건축장식이 기다리고 있다. 진흙을 두껍게 바른 벽에는 붓다의 삶을 선명하면서도 은은한 빛깔로 그려 놓았다.

아잔타에 있는 보리달마상(인도의 고승으로 중국 선종의 시조이다).

213

수 세기 동안 밀림 속에 방치된 채 잊혀졌던 30개의 아잔타 석굴사원들은 1819년에야 발견됐다. 이곳뿐이 아니다. 차로 한 시간 남짓 이동하면 이런 곳이 한 군데 더 있다. 바로 차라나다리 언덕(Charanadari Hill)의 만곡부에 아잔타와 유사한 구조의 석굴 34개가 나있는 엘로라(Ellora) 석굴사원이다. 이곳은 6~9세기 사이에 불교, 힌두교, 자이나교의 신도들이 조성했다. 깊이 50미터, 높이 30미터에 이르는 거대한 힌두교 사원인 카일라시 사원(Kailash Temple)은 단일 암석으로 이루어진 건축물로는 세계 최대 규모이다. 사원 조성 기간 동안 무려 20만 톤 가량의 암석이 제거됐고, 완성하는 데만도 거의 100년 가까이 걸렸다.

■ 5세기경 만들어진 아잔타의 1번 석굴인 비하라 석굴(Vihara Cave)에는 붓다가 깨달음을 얻기까지 행한 갖가지 선하고 자비로운 행동을 묘사한 세밀한 벽화가 있다.

■ 아잔타의 19번 석굴인 차이트야 그리하(Chaitya Griha)는 완벽하게 깎아 만든 법당이다.

When to go 우기가 끝나는 10월~11월 사이가 좋다. 12월~3월 사이도 괜찮지만 3월 말부터는 견디기 힘든 더위가 찾아온다.

Planning 뭄바이(Mumbai)에서 북동쪽으로 300킬로미터 가량 떨어진 아우랑가바드(Aurangabad) 시는 정기적인 항공편과 기차편을 통해 갈 수 있는 곳으로 아잔타(차로 2시간 미만 소요)와 엘로라(차로 40분 가량 소요)를 방문하는 데 적당한 근거지이다. 관광객용 버스가 정기적으로 이 세 곳을 운행한다. 좀 더 자유롭게 이동하고 싶다면 하루나 이틀 정도 택시를 빌리는 것도 한 방법이다. 아니면 아우랑가바드에서 단체관광에 합류하는 방법도 있다. 엘로라 석굴은 햇빛이 뜰에 비추는 오후가 보기 좋다. 아잔타와 엘로라는 둘러보는 데 최소 하루 이상씩 투자해도 아깝지 않은 곳이다. 몇 군데 동굴은 상당히 어두우니 손전등을 챙기도록 하자.

■ 햇빛이 석굴 내부를 밝게 비추는 한낮에 엘로라의 10번 석굴인 비스와카르마 석굴(Viswakarma Cave)에 가보자. 4.4m에 이르는 불상을 비롯해 어마어마한 규모의 조각상을 모셔 놓은 거대한 법당으로 유명하다.

■ 엘로라의 16번 석굴인 카일라시 사원 외부에는 기둥과 벽감, 신상, 인물상 등이 새겨져 있다. 내부는 여러 층의 홀로 이루어져 있다.

Websites www.ajantacaves.com, www.travelmasti.com

종 모양의 탑인 쉐지곤 파고다(왼쪽)에 붓다의 사리가 안치돼 있다.

미얀마

바간 Bagan
붉은 벽돌로 지어진 사원군이 마치 꿈을 꾸는 것처럼 밀림에서 솟아나 있다.

    미얀마의 고도(古都) '바간' 근처, 이라와디 강(Irrawaddy River) 상류의 계곡과 맞닿아 있는 건조한 평원 전역에 2,000점이 넘는 사원과 탑파가 흩어져 있다. 이들 대부분은 미얀마 최초의 통일 왕국을 건설한 파간(Pagan) 왕조의 수도였던 1057년에서 1287년에 조성된 것이다. 당시 바간에서는 테라바다(Theravada Buddhism, 소승 불교)가 융성하고 있었기 때문에 남아시아 전역에서 승려와 신도들이 몰려들었다. 현재 많은 사원들이 폐허가 됐지만, 남아 있는 사원들은 세심하게 복원되었다. 사원 내부는 순례자들이 거대한 황금불상의 발 주변에 꽂아 놓고 간 향 냄새로 가득하다.

황금 스투파(사리탑)가 있는 쉐지곤 파고다(Shwezigon Pagoda)는 바간에서 가장 우아한 사원이다. 이곳은 스리랑카 캔디(Kandy) 시에 안치돼 있는 붓다의 치아를 복제해 이를 모시기 위해 11세기 후반에 조성한 것이다. 지금은 현지 불교도들이 가장 중시하는 장소로, 진노란색 승복을 두른 승려들로 항상 활기가 넘친다. 가장 화려한 아름다움을 자랑하는 아난다 사원(Ananda Temple)의 복잡한 통로에는 불상들이 즐비하다. 매일같이 큰 건축물 주변은 관광객들로 붐비지만 사람들의 발길이 뜸한 곳도 있다. 지어진 지 1,000년이 지나서도 여전히 성스러운 분위기를 물씬 풍기는 조용한 곳에 잠시 멈춰서서 명상과 기도의 시간을 가져도 좋겠다.

When to go 10월에서 3월 사이가 선선한 시기이다. 바간은 무수히 많은 연례 종교행사가 치러지는 곳이다. 1월이나 2월의 아난다 사원 축제, 3일 간 이어지는 10월의 타딘젓 촛불 축제, 9월이나 10월의 마우하 파고다 축제 등이 대표적이다.

Planning 양곤(Yangon)과 만달레이(Mandalay)에서 매일 출발하는 항공편(각각 1시간, 20분씩 소요)으로 바간에 갈 수 있다. 양곤에서 차를 운전해서 가면 아주 멋진 여정이 되기는 하겠지만 2차선 고속도로 위에서 12시간을 보내야 한다. 오리엔트 익스프레스 그룹이 운영하는 호화 증기선인 로드 투 만달레이(Road to Mandalay) 호를 타면 만달레이에서 바간까지 크루즈 여행을 즐길 수 있다. 최소 2~3일은 잡아야 주요 사원들을 둘러볼 수 있고, 1주일을 머물면 도시 전체를 둘러볼 수 있다. 자전거를 타면 유적지에서 이동하기 편하다. 자전거는 현지 호텔과 상점에서 빌릴 수 있다. 진보적인 운동가들은 군사정부가 집권하는 동안엔 미얀마를 방문하지 말아 달라고 요청한다. 미얀마에 갈 경우 지역 주민들에게 직접 경제적 혜택이 돌아갈 수 있도록 소비하자.

Websites www.ancientbagan.com, www.roadtomandalay.net

■ 12세기에 다층식으로 지어진 탓빈뉴 사원(Thatbyinnyu Temple)은 바간에서 가장 높은 사원으로 높이가 60m도 넘는다. 시내 전경은 물론 바간평야 너머로 해가 뜨고 지는 광경을 감상하기에 더없이 좋은 장소다.

■ 꼭대기에 빛나는 황금 탑을 얹은 아난다 사원은 서기 1100년경 완공된 것이다. 아난다는 붓다의 사촌이자 가장 헌신적인 제자의 이름이다. 내부에는 높이가 9m에 달하는 거대한 황금 불상 4점이 안치돼 있다.

■ 쉐지곤 파고다에는 붓다의 전생 이야기를 담은 자타카(Jataka, 본생경) 판과 잔지타 왕의 마법의 말, 37점의 황금 낫(nat, 미얀마 토착 신앙의 정령)을 비롯해 상당한 양의 보물이 있다.

■ 고고학 박물관에 들러 보자. 한때 바간의 사원들 내부를 아름답게 장식했던 많은 유물들이 전시돼 있다. 옥상 정원에서는 끝없이 이어지는 경치를 감상할 수 있다.

우듬지 위로 우뚝 솟은 바간의 사원들이 끝도 없이 펼쳐져 있다.

높이가 7미터에 이르는 거대한 입불상은 불상이 모여 있는 갈비하라야(Gal Viharaya)의 일부이다.

스리랑카

폴로나루와 *Polonnaruwa*

비자야바후 왕조(Vijayabahu dynasty)의 영광이 수도의 유적지에서 찬란하게 빛난다.

11세기 중세 스리랑카의 왕 비자야바후 1세는 촐라 왕조의 침입을 물리치고 스리랑카를 통일한 후, 새 왕국의 시작을 기념하기 위해 폴로나루와에 새로운 수도를 건설했다. 그리고 왕궁과 정원, 아시아 전역에서 찾아오는 불교도들을 위한 사원을 세웠다. 그 중 가장 중요한 유물은 붓다의 치아 진신사리로, 군주들이 수 세기 동안 신권(神權)의 상징으로 지켜온 것이다.

사원과 사당은 왕의 권력과 지혜를 엿볼 수 있는 조각 장식과 그림, 조각상들로 화려하게 장식돼 있다. 그러나 폴로나루와의 황금기는 고작 200년밖에 지속되지 못했고, 그 이후 외세의 침략과 내전으로 주민 대부분이 피난을 떠나는 신세가 되었다. 폴로나루와는 약탈과 파괴로 일순간에 붕괴되지는 않았지만 점진적으로 버려지고 황폐해졌다. 그러나 절벽면에 새겨 놓은 두 점의 거대 불상과 이곳에서 가장 인상적인 랑카틸라카(Lankathilaka) 사원 같은 건축물은 지금껏 남아 당시 장인들의 정교한 솜씨를 자랑하고 있다.

When to go 스리랑카는 열대기후로, 10월부터 2월 사이가 좀 더 선선하고 건조하다.

Planning 야간열차를 타면 216킬로미터를 달려 콜롬보(Colombo)에서 카두루웰라(Kaduruwela) 역까지 갈 수 있다. 그곳에서부터 버스나 택시를 타면 폴로나루와까지 금세 갈 수 있다. 제대로 둘러보려면 2~3일은 걸리겠지만 적어도 하루는 시간을 내야 한다. 이 지역에는 좋은 호텔이 많은데, 대다수가 폴로나루와 당일치기 투어를 주선해 준다. 고대 도시를 정밀하게 축소해 놓은 모형이 있는 관광정보 센터와 박물관은 투어를 시작하기에 좋은 곳이다.

Websites www.srilankatourism.org, www.tourism-srilanka.com

- 사불상(四佛像)은 갈비하라야(Gal Viharaya)의 기다란 화강암을 깎아 만든 것이다. 첫번째 불상은 명상 자세를 취하고 있고, 두 번째는 동굴 안에 있으며, 세 번째는 선 자세를, 네 번째는 옆으로 비스듬히 누운 자세를 취하고 있다.

- 랑카틸라카 사원은 18m 높이의 머리 없는 불상이 있는 '제단'까지 높이 솟은 석벽 측면을 따라 길게 이어진 '신랑', 내벽을 치장한 화려한 프레스코화 등 중세 유럽의 대성당과 유사한 부분이 있다.

- 네 개의 회전문을 통해 널따란 바타다게 사원(Vatadage Temple)에 들어가 보자. 대부분이 파괴된 중앙 다고바(dagoba, 종 모양의 사당)까지 걸어가 그곳에 있는 네 개의 석조 좌불상도 올려다보자.

- 적갈색을 띠는 55m 높이의 랑콧 비하라(Rankot Vihara) 사원이 평지에 우뚝 솟아 있다. 한때 알라하나 피리베나(Alahana Pirivena)라고 하는 수도원 학교였다.

거대한 산들이 에워싸고 있는 반 호수의 작은 섬에 아담한 성십자가 교회가 핑크빛 보석처럼 자리잡고 있다.

터키

성십자가 교회 *Church of the Holy Cross*

반 호수(Lake Van)의 섬에 있는 이 교회는 아르메니아의 문화 유적인 동시에 돌로 만든 예술작품이다.

높이가 고작 15미터에 불과한 성십자가 교회가 유명한 것은 규모 때문이 아니라 매우 인상적인 주변 환경 때문이다. 터키 동부, 반 호수 남쪽에 떠있는 아크다마르 섬(Akdamar Island)에 자리잡은 교회는 환경을 정복하려는 인간의 야망이 고스란히 드러나 있다. 사람들은 이곳을 찾는 순간부터 저절로 겸허해진다. 섬으로 들어가는 20분간의 선상 여행부터가 세계에서 가장 크고 눈부시게 푸른 염수호(鹽水湖)로 들어가는 대장정이다. 호수 한복판에 이르면 주변을 둘러싸고 있는, 높이가 3,962미터에 달하는 눈 덮인 산들이 시야에 들어온다.

오늘날 이 작은 섬은 황량하면서 고요하고 평화로운 곳이지만 1,100년 전에는 가기크 1세(King Gagik I)가 통치한 외딴 아르메니아 왕국의 중심지였다. 가기크 1세는 915년에서 921년까지 불과 몇 년 만에 섬을 요새로 만들고 왕궁과 수도원, 교회를 건설했다. 최근 200만 달러를 들여 복원한 덕분에 아름답게 조각된 핑크빛 사암벽이 다시 제 모습을 드러냈고 햇빛을 받아 아름답게 빛나고 있다. 외벽에는 뱀과 사자와 가젤이 아담과 이브, 다윗과 골리앗 같은 성서 속 인물들과 함께 정교하게 새겨져 있다.

When to go 고지대라 갖가지 색으로 싹을 틔우는 나무로 섬이 뒤덮이는 늦봄에도 날씨가 쌀쌀하다. 여름에서 초가을이 관광하기에는 좋은 시기이다.

Planning 현재 교회는 건물의 역사를 알 수 있는 전시품을 구성할 수 있는 박물관이 되었다. 섬으로 들어가는 배는 반 호수의 남동쪽 연안에 있는 게바쉬(Gevas)에서 출발한다. 배는 탑승객이 최소 10명 이상 돼야 운항한다. 44킬로미터 가량 떨어진 반(Van) 시는 이 지역을 여행하는 데 최적의 근거지이다. 전원 분위기를 만끽하고 싶다면 나루터 반대편에 있는 아크다마르 캠핑 & 레스토랑(Akdamar Camping & Restaurant) 캠핑지를 이용하면 편리하다. 이곳의 호수 풍경이 이루 말할 수 없이 훌륭하다. 섬을 구경하는 데는 하루면 충분하지만 반 지역의 명소를 둘러보려면 최소 3일, 주변 풍광에 푹 빠져 보려면 일주일 정도는 걸린다.

Websites www.easternturkeytour.com

■ 교회 외벽에 새겨진 조각의 사연을 해독해 보자. 남쪽 벽에는 고래에게 잡아먹히기 직전의 요나(Jonah, 이스라엘의 예언자)의 모습이, 서쪽 벽에는 교회를 세운 가기크 1세가 교회 모형을 예수에게 바치는 장면이 묘사돼 있다.

■ 부두 근처 바위투성이 지역에 있는 수영 구역에서 수영을 즐기며 해발고도가 1,670m에 달하는 호수에 몸을 담가 보자. 염도가 매우 높아 몸이 물에 둥둥 뜬다.

■ 아크다마르 섬의 정상에 올라 호수 너머로 하늘을 찌를 듯 솟은 안티 타우루스 산맥(Anti-aurus Mountains)의 눈 덮인 장관을 감상하자.

| 터키 |

아나톨리아의 카파도키아 암굴 성당
Rock Churches of Anatolia

미로 같은 계곡 속에 바위를 직접 파서 만든 수백 군데의 고대 성당 유적이 숨겨져 있다.

터키 중부의 카파도키아(Cappadocia)는 기묘하게 깊은 인상을 남기는 곳이다. 여기저기 올리브나무와 살구나무가 자라고 있는 이곳의 계곡 사이로 변화무쌍한 형태로 물결치는 듯한 화산암 지형이 형성돼 있다. 기암 하단부에 작은 집들이 옹기종기 모여 있고, 암벽 표면에는 문과 창문이 숭숭 뚫려 있다. 그 가운데 이곳에서 살았던 초기 기독교인들이 파놓은 성당과 수도원 유적이 있다. 때로는 사다리를 타고 올라가야 들어갈 수 있는 어두침침한 입구는 바위를 깎아 만든 예배당으로 이어진다. 예배

괴레메에 있는 11세기 암흑성당에는 빛이 거의 들지 않아 벽화들이 아름다운 색을 그대로 간직할 수 있었다.

당은 돔과 후진, 원통형 궁륭, 제단으로 이루어져 있다. 대부분의 성당 내부는 매우 선명한 색채의 벽화로 치장돼 있으며 5세기의 단순한 기하학적 그림부터 신약의 이야기를 묘사한 10~11세기 때의 다채로운 프레스코화까지 그 종류가 다양하다. 성당이 밀집해 있는 주요 지역은 괴레메(Göreme) 주변으로, 이곳은 4세기에 카이사레아(Caesarea)의 주교였던 성 바실리우스(St. Basil)의 고향이며 동로마제국(비잔티움 왕국)이던 당시에는 수도사들의 주요 정착지이기도 했다. 지역 주민들은 성당의 독특한 특징에 따라 성당 이름을 짓기도 했다. 사과 모양의 돔이 있는 사과 성당(Church of the Apple)에서 성 게오르기우스(St. George)가 용과 싸우는 프레스코화의 내용에서 따온 뱀 성당(Snake Church), 입구 주변 암석에 찍혀 있는 두 개의 발자국 형상에서 유래한 샌들 성당(Sandal Church) 등이 유명하다.

When to go 봄부터 가을까지가 적당하다. 겨울은 너무 춥고 눈이 땅에 쌓이기도 한다. 젤베(Zelve)의 야외 박물관(Open Museum)은 1년 내내 문을 연다.

Planning 괴레메는 아바노스(Avanos) 마을에서 가깝다. 유적은 카이세리(Kayseri)에서 남쪽으로 차로 한 시간 정도 거리에 떨어져 있다. 이스탄불발 항공편이 매일 운항하는 카이세리에는 현지 유적처럼 돌기둥에 동굴 침실을 마련해 놓은 소규모 호텔을 비롯해 다양한 숙박시설이 마련돼 있다. 대중교통편도 좋다. 돌무시(dolmuses, 터키의 미니 버스)가 주요 관광지 사이를 운행한다. 이 지역엔 수백 개의 성당이 있기 때문에 꼼꼼하게 돌아다녀 보고 싶다면 최소 2~3일이나 그 이상 머물러야 한다.

Websites www.turkeytravelplanner.com, www.byzas toursturkey.com, www.deepnature.com

- 괴레메의 버클 성당(Buckle Church)에는 각기 다른 시기에 지어진 네 개의 예배당이 있다. 뉴 처치(New Church)라고 하는 예배당에는 장식 아치와 회랑이 한쪽 벽을 따라 나있고, 밝은 파랑과 황금색 바탕에 성서에 나오는 여러 장면을 그린 벽화로 치장돼 있다.

- 괴레메 근방의 마을에 있는 비둘기 성당(Pigeon House)은 돌기둥 내부에 조성된 몇 안 되는 성당의 하나이다. 5세기에 지어진 성 세례 요한 성당(Church of St. John the Baptist)은 카파도키아에서 가장 오래된 기독교 유적으로 알려진 곳이다.

- 괴레메에서 남쪽으로 몇km 떨어진 젤베(Zelve)와 으흘라라(Ihlara), 소안르(Soganlı)의 계곡에도 성당 밀집 지역이 있다.

마사다 고원 정상의 요새 유적 아래로 광야와 사해가 내려다보인다.

이스라엘

마사다 유적 *Masada*

유대 광야보다 높은 곳에 자리한 이 고대 요새 유적지는
유대인들의 항전을 상징한다.

고원지대에 자리한 마사다는 사해(死海)가 내려다보이는 천혜의 요새이다. 기원전 1세기에 로마제국을 대신해 유대 왕국을 통치하던 헤롯 왕(King Herod)은 이곳에 호화롭고 견고한 성채를 건설했다. 그리고 제1차 유대-로마 전쟁의 와중이던 서기 70년에 한 무리의 유대 병사들이 이 고원을 탈환해서는 성채를 자신들의 지지세력과 가족들을 위한 피난처로 개조했다. 72년에 로마 군단이 요새를 포위하기 시작했다. 최후의 공격

이 있기 전날 밤 유대 저항군은 음식 저장고에 불을 붙이고 포로로 잡히지 않으려 전원 자결했다. 그 후 아무도 이곳에 살지 않다가 5세기 들어서야 비로소 동로마(비잔티움)제국의 수도사들이 살게 되었다. 그들은 이곳을 임시 거처로 삼아 정상 주변의 동굴에서 지내며 작은 예배당을 지었다. 로마의 왕궁과 창고, 목욕탕 유적 주변을 돌아보면 헤롯 왕과 귀빈들이 얼마나 호화로운 삶을 누렸는지 짐작할 수 있다. 유대 저항세력이 헤롯 왕의 마구간 자리에 지었던 시나고그(유대교회당)와 몇 안되는 이들의 거주지, 로마군의 포위공격용 누벽의 흔적을 보면 저항이 얼마나 치열했는지 알 수 있다. 아래를 내려다보면 로마군의 야영지 터와, 누구도 도주할 수 없도록 절벽 밑을 에워싸듯 구축해 놓은 요새 위의 요새, 그리고 로마군이 성벽을 두들겨 부수기 위해 거대한 공성퇴를 운반하는데 이용한 대규모 공격용 경사로 등이 보인다.

■ 광야 너머로 사해 계곡(Dead Sea Valley)과 요르단(Jordan)까지 볼 수 있다는 것만으로도 정상에 오르는 노고가 아깝지 않다.

■ 로마 목욕탕에서는 바다 아래에 설치된 난방 시스템과 물을 가열해 증기를 발생시키는 화로를 눈으로 직접 확인할 수 있다.

■ 벼랑 끝에 지어진 헤롯 왕의 3층짜리 호화 저택에는 당시의 프레스코화 원본의 일부가 아직 남아 있다.

■ 비잔틴 예배당에는 보존 상태가 뛰어난 아름다운 모자이크 바닥 장식이 남아 있다.

■ 마사다 박물관(Masada Museum)은 마사다의 역사와 관련된 전시품은 물론이고, 이 지역에서 출토된 희귀 동전과 도자기 조각, 직물들을 소장하고 있다.

When to go 마사다 고원은 마사다 국립공원(Masada National Park) 안에 있는데 9월 말이나 10월 초에 진행되는 욤 키푸르(Yom Kippur, 속죄의 날)라는 이틀간의 종교의식 때를 제외하고 연중 내내 열려 있다.

Planning 마사다는 예루살렘에서 남쪽으로 97킬로미터 정도 떨어져 있다. 90번 도로를 통해 동쪽에서 들어오는 것도 가능하다. 관광안내소에서 마사다 고원까지 케이블카를 타면 2분이면 간다. 아니면 45분에서 1시간 정도 소요되는 '뱀의 길(Snake Route)'을 따라 하이킹을 할 수도 있다. 3199번 도로를 통해 서쪽에서 진입한 다음 15분에서 20분가량 걸어서 고원에 도달할 수도 있다. 정상에서는 바람이 매우 세차게 불 수 있으므로 여분의 옷을 준비하고 마실 물도 챙기자.

Websites www.jewishvirtuallibrary.org, www.bibleplaces.com/masada.htm

사타니우의 묘지에는 장식이 기이한 묘비들이 있으며 이 중에는 16세기에 조성된 것도 있다.
대부분의 묘비에 동물 문양이 새겨져 있다.

우크라이나

사타니우의 시나고그 유적 *Sataniv's Ruined Synagogue*

요새처럼 지은 시나고그 유적을 보면 전투를 치러가며 침략을 막고
생명과 신앙을 지켜야 했던 이들의 고충이 느껴진다.

우크라이나 서부에 위치한 사타니우(Sataniv)라는 작은 마을의 변두리에는 수수한 가옥과 질척한 길 너머로 견고한 시나고그 유적이 어렴풋이 솟아 있다. 움푹 패인 돌벽 위로 덩굴 줄기가 가득 뒤덮여 있고 부서진 지붕선 아래의 난간을 뚫고 자란 나무의 무성한 잎이 줄지어 나있는 총안 밖으로 삐져나와 있다. 16세기 후반 또는 17세기

초반에 세워진 이 회랑은 동유럽의 이 지역에 현존하는 수많은 요새형 회랑 가운데 가장 오래된 것이다. 이와 같은 시나고그는 마을 전체는 물론 유대인들을 보호하기 위해 지어진 요새의 일부였다.

긴 아치형 창문은 이젠 판자로 막혀 있고 붕괴 직전인 둥근 천장 아래에 위치한 동굴처럼 생긴 제단도 텅 비어 있다. 그래도 동쪽 벽에는 예전에 이곳이 얼마나 아름다운 건물이었는지 유추할 수 있게 해주는 흔적이 남아 있다. 거기서 바로크양식의 돌로 된 성궤의 일부와 이제는 비어 있지만 토라(Torah, 모세 5경을 기록한 율법서)를 보관하던 아치형 벽감 옆에 세워져 있던 우아한 기둥들도 볼 수 있다. 기둥 사이에는 표면이 벗겨져 나가고 있는 푸른색 벽을 배경으로 마치 축복을 내리는 사제처럼 발을 들어올린 황금빛 그리핀(griffin, 사자 몸통에 독수리의 머리와 날개를 지닌 신화 속 괴물) 두 마리가 있다. 그 위로 꼬리를 말아 올리고 뒷발로 선 채 꼭대기에 십계명을 새겨 놓은 왕관을 의기양양하게 들어올린 두 마리의 사자가 있다. 그 표정이 마치 미소를 짓고 있는 것 같다.

■ 시나고그 유적 안으로 직접 들어가거나 아니면 입구에서라도 파괴된 성궤의 흔적을 확인해 보자. 한때 시나고그의 내부를 장식했던 풍부한 색채와 조각의 장식을 감상할 수 있는 보기 드문 기회이다.

■ 폐허처럼 방치돼 있는 유대인 묘지는 1550년대에 조성된 것이다. 귀가 연결된 채 원을 그리며 서로를 쫓고 있는 기이하기 짝이 없는 '세 마리 토끼' 모티프가 새겨진 세 개의 돌을 찾아보자.

When to go 시나고그와 묘지는 비바람에 노출돼 있으므로 날씨를 잘 선택해야 한다. 여름이 가장 좋고 봄가을도 좋다.

Planning 리비우(L'viv)나 체르니우치(Chernivtsi)에서 사타니우(Sataniv)까지는 자동차로 여러 시간 거리인데다 도로 상황이 열악할 수 있으므로 일정은 넉넉잡고 하루를 잡는 것이 좋다. 우크라이나어를 구사하고 키릴 문자로 된 표지판을 읽을 수 있는 현지 운전사나 가이드를 고용하도록 하자.

Websites www.inlviv.info, www.travel-2-ukraine.com, www.krylos.com, www.judaica.spb.ru/artcl/a6/archsyn_e.shtml

한번 보면 잊을 수 없을 정도로 아름다운 산 갈가노 수도원의 신랑은 고딕양식의 걸작인 이 수도원에서 유일하게 남아있는 부분이다.

이탈리아

산 갈가노 수도원 *Abbazia Di San Galgano*

토스카나 지방, 메르세 골짜기(Merse Valley)의 하늘 위로
중세 수도원 유적의 고딕 아치가 우뚝 솟아 있다.

    산과 숲을 배경 삼아 양지바르고 탁 트인 골짜기에 외따로 서있는 산 갈가노 수도원 유적이 마치 엽서 속의 완벽한 풍경 같다. 시에나(Siena)에서 남서쪽으로 30킬로미터 가량 떨어진 이 수도원은 몬테시에피 은둔 예배당(Cappella di Monte Siepi) 아래의 평원에 위치해 있다. 몬테시에피 예배당은 1185년에 시성된 갈가노 기도티(Galgano Guidotti)를 기리기 위해 12세기 말에 지어진 것이다. 산 갈가노 수도원은 1218년에 프랑스의 시토 수도회(Cistercian) 수도사들이 언덕 꼭대기에 있는 성당을 찾아오는 수도사와 순례자에게 묵을 곳을 제공하기 위해 세웠다. 신랑(身廊)과 화려하게 조각된 주두

(기둥머리)가 가득한 두 개의 통로, 장미 창과 회랑, 종탑으로 이루어진 수도원의 구조가 마치 세로로 긴 전형적 형태의 라틴 십자가처럼 생겼다. 그 옛날의 제단은 오늘날까지 남아 제자리를 지키고 있다.

성당은 이탈리아에서는 별 관심을 끌지 못했던 순수 프랑스 고딕양식으로 지어졌으며, 크고 높은 창문과 정교하게 제작한 예리한 아치에서 그 특징이 드러난다. 한때 막강한 영향력을 행사하던 수도원은 1348년 흑사병이 창궐하면서 수도사들 대부분이 사망한 뒤로 다시는 과거의 영광을 되찾지 못하고 결국 세속화하고 말았다. 16세기 들어 성당 건물이 붕괴하기 시작해서 1550년에는 지붕이 내려앉았고 2세기가 지나고서는 종탑이 무너졌다. 세심한 복원 작업을 통해 성당 전면과 벽체는 예전의 모습을 되찾았다.

When to go 봄과 여름의 화창한 오후 시간에는 장엄한 유적 사이로 푸른 하늘과 카펫처럼 깔린 에메랄드 빛 잔디가 대비되며 빚어내는 분위기 속에 흠뻑 빠지기 딱 좋다. 7월과 8월에는 수도원에서 키지아나 음악 아카데미(Accademia Musicale Chigiana)에서 후원하는 음악회가 열린다.

Planning 한 시간이면 둘러볼 수 있다. 수도원은 항상 열려 있지만 성당은 아침에만 개방한다. 시에나에서 다니는 버스가 있다고는 하지만 운전해서 가는 것이 가장 좋은 방법이다. 산 갈가노 수도원은 몬티치아노(Monticiano) 바로 외곽에 있는 시에나에서 남서쪽으로 대략 1시간 거리이다. 성당 진입로가 끝나는 지점에 작은 바가 있어서 간단하게 요기하기에 적당하다. 수건을 챙겨가서 '페트리올로 온천'에 들러 온천욕을 즐겨보자. 시에나와 그로세토(Grosseto) 간 SS 223번 고속도로를 타고 20분이면 도착한다.

Websites www.sangalgano.info, www.sangalgano.org

■ 수도원 내부에서 틀만 남은 창 너머로 언덕 위 성당을 바라보면 마치 액자 속 그림처럼 한눈에 들어온다.

■ 입구 왼쪽에 남아 있는 작은 회랑 벽은 원래 정원을 둘러싸고 있던 벽의 일부이다. 수도사들은 하루 일과 중 대화 시간에만 이 정원에 나올 수 있었다.

■ 주변이 온통 초원으로 덮여 있어 소풍을 즐기기에 안성맞춤이다.

■ 몬테시에피 예배당에는 '돌 속의 검' 진품이 유리관 안에 보존돼 있다. 전설에 따르면 갈가노는 세속의 삶을 포기하겠다고 선언하며 검을 돌 속에 꽂아 넣었고 그 이후로 누구도 검을 빼낼 수 없어 그대로 꽂혀 있다고 한다. 옆에 있는 예배당에는 암브로조 로렌체티(Ambrogio Lorenzetti)의 프레스코화가 있다.

팔각 종탑인 투르 데 프로마주(왼쪽)와 작은 시계탑은 처음 세워진 11세기부터 지금까지 수도원을 지키고 있다.

프랑스

클뤼니 수도원 *Cluny Abbey*

수도원 곳곳에 흩어져 있는 중세식 건물들은 하나같이 명실상부한 고딕 건축양식의 진수이다.

    닳고 닳은 노란 사암이 한때 기독교 국가에서 가장 규모가 크고 웅장하기 그지없었을 교회의 남쪽 익랑 유적으로 향하는 길을 가리키고 있다. 이 돌들은 거대한 종탑까지 이어져 있는데 이 종탑은 익랑 벽과 함께 클뤼니 수도원 성당 유적으로 남아 있는 전부이다. 이곳에서 910년에 아키텐 공(Duke of Aquitaine)이자 경건한 자 윌리엄(기욤 1세로 더 잘 알려짐)이 설립한 클뤼니파 수도회(Cluniac Order) 소속의 수도사들은 라우스 페레니스(laus perennis, 끊임없이 이어지는 기도)에 전념했다. 수 세기 동안 기독교 세계에서 로마에 버금가는 중요한 위치를 차지했던 수도원임에도 그처럼 드높았던 위상을 밝혀 줄 만한 것은 거의 남아 있지 않다. 그러나 이 자리에 세 번째로 지어져 제3차 클뤼니 수도원이라고도 했던 수도원 유적이나 12세기에 지어진 동굴처럼 생긴 밀가루 저장고로 들어서면 사라져 버린 건축물의 규모가 얼마나 웅장했을지 바로 실감할 수 있다. 원래 수도원 요새의 일부를 구성하는 몇 개의 방어 탑 중 하나였던 투르 데 프로마주(Tour des Fromages, 치즈의 탑)는 수도사들이 이 지역 특산인 에푸아스 치즈(époisse cheese)를 숙성시키던 곳이다. 현기증이 날 정도로 높은 탑에서 내려다보면 멀리까지 뻗어나간 부르고뉴의 언덕이 한눈에 펼쳐진다.

수도원은 수 세기를 거치는 동안 확장을 거듭했다. 수도원장의 궁전은 15세기에서 16세기 사이에 신축한 것이고 수도원 건물은 18세기에 재건되었다. 클뤼니 수도원의 아름다움과 부, 권력은 외경과 질투의 대상이었다. 1790년에 프랑스의 혁명당원들은 수도원에 쌓여 있는 보물을 보고는 수도원을 폐쇄해 버렸고 뒤이어 해체까지 하는 바람에 지금은 그 뼈대만 남아 있다.

When to go 연중 어느 때라도 좋다. 겨울에도 날씨는 기분 좋게 포근하다.

Planning 파리에서 떼제베(TGV)를 타면 수도원에서 가장 가까운 마을인 본(Beaune)에 쉽게 갈 수 있다. 여기서부터 클뤼니로 가는 지역의 열차가 정기적으로 운행하지만 주변의 전원 풍경을 둘러보려면 차가 꼭 필요하다. 수도원만 둘러보는 데는 하루면 충분하지만 이 지역을 골고루 돌아보고 유명한 포도밭까지 보려면 2~3일이나 그 이상 걸린다.

Websites www.cluny-tourisme.com

EUROPE

■ 아름답게 짜인 수도원 밀가루 저장고의 지붕 틀은 밤나무로 만든 것이다. 이 저장고에는 성당 성가대석에 조각돼 있던 기둥머리 장식이 보관돼 있다.

■ 클뤼니 오시에 박물관(Ochier Museum in Cluny)은 수도원과 이 지역 중세 마을의 역사와 관련된 전시품을 소장하고 있다. 또한 수도원의 도서관에 소장돼 있던 방대한 장서도 보관하고 있다.

■ 수도원 뒤편에는 부르고뉴 국립 종마 사육장이 있으며 일반인에게도 개방된다. 프랑스 최고의 경주마 중 일부가 여기서 배출되기도 했다.

■ 매년 11월이면 오스피스 드 본(Hospices de Beaune)에서 세계에서 가장 유명한 와인 자선 경매가 열린다. 이 경매에서 매겨진 가격으로 그 해의 부르고뉴 와인 가격이 책정된다.

카타리파 최후의 피난처였던 자리에 세워진 프랑스식 성채의 흔적이 남아 있다.

프랑스

몽세귀르 *Montségur*

험준한 바위산 정상은 가톨릭 교회에 저항한 사람들의 최후의 보루였다.

    1244년 3월의 어느 아침, 남프랑스에서는 카타리파(Cathars)가 포위당하면서 항전에 종지부를 찍었다. 카타리파는 기독교의 한 종파로 가톨릭 교회와 결별을 고하면서 교황과 프랑스 왕의 분노를 샀다. 몽세귀르 성(Montségur Castle)은 랑그도크루시용(Languedoc-Roussillon) 지역에 있는 1,200미터 높이의 험준한 바위산 꼭대기에 세워진 성채로, 500~600명 정도의 사람이 거주했던 카타리파의 본거지이자 최후의 거점이었다. 주변 산과 계곡의 전경이 내려다보이는 깎아지른 절벽 꼭대기에 자리잡은 이곳은 분명 난공불락이었을 것이다. 그러나 1243년 왕의 군대가 성을 포위했을 때 카타리파 사람들은 10개월을 저항하다가 결국 항복하고 말았다. 살아남은 사람들에게 남은 것은 신앙을 포기하거나 산 채로 화형을 당해야 하는 가혹한 두 가지 선택밖에 없었다. 선택의 기로에 선 어느 봄날 아침, 200명도 넘는 사람들이 화형대로 향했다.

카타리파의 유적이라고는 현재의 성벽 바깥쪽에 있는 몇 군데 거주지 터 외에는 아무것도 남아 있지 않다. 이 성채도 카파리파의 요새가 있던 자리에 프랑스군이 새로 건설한 것으로, 이곳에 세 번째로 들어섰다고 해서 3차 몽세귀르 성이라고 알려진 것이다. 두껍고 튼튼한 성벽이 마치 삭막한 풍경 속에서 강렬한 빛을 받으며 바위에서 자라난 것 같다. 몽세귀르 마을까지 오솔길이 나있다. 성에서는 요새에 들어가 성벽 주변을 둘러볼 수 있고 한참 아래에 있는 마을 가옥의 지붕을 내려다볼 수도 있다.

■ 화형이 벌어졌던 몽세귀르 기슭에 비석이 세워져 있다.

■ 정상 아래, 로크드라투르(Roc de la Tour)라는 단구식 고원에는 프랑스군이 성벽을 겨냥해 쏜 포탄이 암석투성이인 바닥 여기저기에 흩어져 있다.

■ 정상 바로 아래에 몇 군데의 거주지 유적이 있다. 카타리파 사람들이 성채 안으로 피신하면서 버려졌다.

■ 단칸짜리 고고학 박물관에는 신석기시대의 도구를 비롯한 유물이 전시돼 있다.

When to go 4월~5월 사이, 9월~10월 사이가 가장 좋다. 여름엔 햇빛이 너무 강해서 피하는 것이 좋다.

Planning 동부 피레네(Pyrenees)의 아리에주(Ariège) 지역에 위치한 몽세귀르는 라벨라네(Lavelanet) 남쪽으로 19킬로미터 떨어져 있다. 인접한 가장 큰 마을은 푸아(Foix)로 라벨라네의 서쪽에 있다. 몽세귀르 마을에서 정상까지는 아주 가파른 길을 30~45분 가량 걸어야 한다. 7, 8월에는 매일, 5, 6, 9월에는 주말과 공휴일에만 가이드 투어가 있다. 개장시간은 조금씩 달라진다.

Websites www.france-for-visitors.com, www.epyrenees.com, www.ariege.com

라이 강(River Rye)이 흐르는 옆으로 울창한 숲이 우거진 외딴 골짜기에 3층 높이의 성당이 우뚝 솟아 있는 수도원 유적이 있다.

잉글랜드

리보 수도원 *Rievaulx Abbey*

아름다운 계곡 속에 중세 최고의 수도원 유적 중 한 곳이 자리잡고 있다.

800여 년 전 리보 수도원의 수도원장은 이곳을 두고 '주위가 온통 평화롭고 고요하며 어지러운 속세로부터 놀라우리만치 자유로운 곳'이라고 썼다. 수목이 울창한 요크셔(Yorkshire) 골짜기에 운치 있는 석조 유적으로 남아 있는 이 수도원은 지금도 여전히 심연 같은 고요 속에 싸여 있다. 리보 수도원은 1132년 클레르보의 성 베르나르(St. Bernard of Clairvaux)가 프랑스에서 12명의 수도사들을 영국으로 파견하면서 지은 것이다. 잉글랜드 북부에 세워진 영국 최초의 시토 수도회(Cistercian) 수도원인 이곳은 유럽에서 가장 부유하고 영향력 있는 곳이 되었다. 전성기 때에는 150명의 수도사와 500명의 평수사가 상주했다. 이들은 기도(하루에 적어도 8시간은 기도했다)만 한 것이 아니라 양 목장과 울 수출 사업을 아주 성공적으로 운영해냈다. 그러나 1538년에 헨리 8세가 수도원의 해산을 명령하면서 리보 수도원은 폐쇄됐고, 건물들은 러틀랜드 공(Earl of Rutland)에게 넘어간 뒤 하나씩 해체되었다.

오늘날, 유적은 반도 채 남아 있지 않지만 수도원 성당은 유난히 보존이 잘되어 있어 초기 잉글랜드의 플라잉 버트레스(flying buttress, 벽체가 쓰러지지 않도록 두 벽체 사이를 가로질러 지탱해 주는 부벽)가 어떠했는지를 잘 보여준다. 별채 몇 군데는 건물의 토대와 외벽의 흔적을 금방 알아볼 수 있다. 이 중에는 11월 1일부터 성 금요일까지 대규모로 불을 지폈던 워밍하우스(warming-house, 중세시대 수도원에서 불을 피우고 불씨를 보관하던 곳)도 있다. 일부 관광객 중에는 높다란 벽 뒤와 갈수록 뾰족해지는 창문 뒤편에서 이 고요한 안식처를 배회하는 수도사들의 유령을 봤다고 주장하는 이들도 있다.

■ '신과 인간의 작품(The Work of God and Man)'이라는 실내 전시회에서는 방문객들이 대화형 디스플레이를 통해 리보의 농업, 산업, 종교 및 상업의 역사에 대해 들을 수 있다.

■ 리보 수도원 주위로 수도원을 에워싸듯 산책길과 자전거 도로가 나 있다. 여력이 있다면 클리브랜드웨이 국립 자연탐방로(Cleveland Way National Trail)를 따라 5km 가량 떨어진 헴슬리 성(Helmsley Castle)까지 가보는 것도 좋다.

When to go 리보 수도원은 연중무휴로 개방된다.

Planning 유적을 둘러보는 데 1시간이 걸리지만 실내 전시까지 보려면 시간이 좀 더 필요하다. 헴슬리(Helmsley)에서 북쪽으로 5킬로미터 가량 떨어져 있는 리보 수도원은 B1257 도로에서 가까우며 주차 공간도 마련돼 있다. 헴슬리에서 출발하는 버스는 여름엔 매일, 겨울엔 일주일에 이틀간 운영된다. 개장시간은 시기에 따라서 조금씩 달라진다.

Websites www.english-heritage.org.uk

TOP 10

신성한 동굴 Ten Sacred Caves

오랜 세월 동안, 오지의 한적한 곳에 있는 동굴들은 모든 종교에서 피난처로, 신전으로, 사원으로, 무덤으로 사용돼 왔다.

❶ 악툰 투니칠 무크날 Actun Tunichil Muknal 벨리즈

신화 속에서 지하세계에 이르는 여정은 결코 만만하지 않지만 이곳을 방문하고 나면 마치 신화 속 영웅들이 치러야 했던 시험을 통과한 느낌이 들 것이다. 이곳에 가려면 장시간 걷고 물을 건너야 한다.

Planning 동굴에 가려면 체력이 좋아야 한다. 자격을 갖춘 가이드가 필요하다. www.belizetourism.org

❷ 코끼리 동굴 Elephants Caves 인도_가라푸리 섬

5세기경 산허리에 새겨진 힌두교 신들의 행복한 얼굴과 움직이는 듯한 몸은 마치 고대 인도의 악기 소리를 듣고 있는 듯하다. 여러 개의 팔을 가진 시바 나트라의 굴곡진 몸과 창조자, 수호자, 파괴자의 세 모습을 가진 시바 신을 상징하는 트리무르티의 세 얼굴은 지금도 생동감 넘친다.

Planning 이 동굴 사원은 원숭이들의 서식처인 뭄바이 항의 가라푸리 섬(Gharapuri Island)에 있다. www.slstour.com/elephanta-caves.html

❸ 룽먼 석굴(龍門石窟) Longmen Caves 중국

샹산(香山)과 룽먼산(龍門山) 기슭의 룽먼 석굴 사원 단지는 2,345개의 동굴과 벽감, 2,800개의 비문, 그리고 43개의 탑이 있는 불교 조각 예술의 보고이다. 이곳에서는 북위시대의 작품도 찾아 볼 수 있다.

Planning 허난성에 있는 동굴에 오려면 뤄양의 기차역에서 출발하는 버스를 타면 된다. www.chinatour.com

❹ 담불라 석굴 Dambulla Cave 스리랑카

5개의 불교 석굴 사원으로 이루어진 이곳은 기원전 1세기에 발라감바후 왕에 의해 지어졌으며, 2,200년 동안 순례자들의 발길이 이어졌다. 정교한 채색과 금박을 입힌 벽화와 조각상들이 동굴 안에서 반짝이고 있다.

Planning 담불라는 시기리야(Sigiriya)에서 캔디(Kandy)로 가는 주도로에 있으며, 캔디는 시기리야에서 18킬로미터 떨어져 있다. www.lanka.net

❺ 코리시안 동굴 Corycian Cave 그리스

고대 그리스의 파르나수스 산에 위치한 거대한 동굴은 목양신인 판(Pan)과 님프(nymphs)를 경배하던 신전이었다.

Planning 동굴은 아라코바(Arachova) 시 근처에 있다. 손전등을 갖고 가야 한다.
www.travel-to-arachova.com

❻ 미노스의 동굴 Bronze-Age Minoan Caves 그리스_크레타

크레타에는 3,000개가 넘는 동굴이 있다. 동굴 중 상당수는 그리스 신화에 나오는 신들과 미노스 문명에서 행해지던 여신 숭배와 관련이 있다. 딕테 산의 동굴은 레아가 제우스를 낳은 곳으로, 이다 산의 동굴은 레아가 아버지 크로노스를 피해 제우스를 숨긴 곳으로 전해진다.

Planning 딕테 산의 동굴은 프시크로(Psychro) 남쪽에, 이다 산의 동굴은 아노기아(Anogia) 남쪽으로 19킬로미터 떨어진 곳에 있다. www.crete.tournet.gr

❼ 성 바오로의 동굴 St. Paul's Grotto 몰타

기원후 60년 당시 로마의 죄수 신분이었던 바오로는 몰타에서 배가 파손돼 이 작은 동굴에 피신했다고 전해진다. 사도행전 28장에는 몰타인들은 바오로를 극진히 대접했고 바오로는 병을 고치는 기적을 행했다고 한다.

Planning 이 동굴은 성 바오로 교회 옆의 성 푸블리우스(St. Publius) 예배당 지하에 있다. www.visitmalta.com

❽ 성 미카엘의 동굴 신전 St. Michael's Shrine 이탈리아

기독교 전설에 의하면 몬테산탄젤로(Monte Sant's Angelo)에 있는 이 동굴 신전은 대천사장인 미카엘이 택한 곳이라고 한다. 그는 서기 490년 시폰툼의 주교에게 나타나 바위가 활짝 열리는 곳에서 인간의 죄가 사함을 받을 것이라고 말했다. 미카엘은 증표로 발자국과 붉은 천을 남겼다고 한다.

Planning 이 신전을 방문하는 방문객들은 대부분 근처의 산 죠반니 로톤도(San Giovanni Rotondo)에서 머무른다. www.itwg.com/city4122

❾ 퐁드곰 동굴 Grotte de Font-de-Gaume 프랑스

도르도뉴(Dordogne)에 있는 이 동굴의 거친 석회암 벽에는 들소, 말, 맘모스 같은 동물들이 그려져 있다. 적어도 1만5,000년 전에 그려진 것으로 추정되는 그림들은 지금도 선명한 색상에 생동감이 넘쳐난다.

Planning 이 동굴은 사를라 근처의 레제이지드타약(Les Eyzies-de-Tayac) 마을 외곽에 있고 반드시 미리 예약을 해야 한다. www.showcaves.com

❿ 소프 오마르 동굴 Sof Omar Caves 에티오피아

전설에 의하면 12세기에 알라 신이 소프 오마르에게 이 석회암 동굴의 입구를 보여줬고, 오마르와 추종자들은 이곳을 사원으로 사용했다고 한다. 좋은 자연적 조건 때문에 지금도 이슬람교도들의 모임 장소로 쓰인다.

Planning 이 동굴은 베일 마운틴 국립공원에 있다. 손전등과 지도를 가져가야 한다. www.linkethiopia.org

5

일상 속의 예배당

Daily Devotion

화려하건 소박하건 예배당은 그저 단순한 건물이 아니다. 나무와 벽돌, 유리와 돌 속에 전통과 믿음이 속속들이 배어 있는 공간인 것이다. 이 믿음의 건축물은 푸른색이 장관인 이스탄불의 블루 모스크(Blue Mosque)와 벽면에 금박을 입힌 일본의 킨카쿠지(金閣寺), 손으로 직접 나무를 깎아 만든 뉴잉글랜드의 수수한 교회까지 아주 다양한 형태를 이루고 있다. 이번 장에서 소개하는 예배 장소 중에는 관광객을 적극적으로 환영하는 곳도 있고 그저 너그럽게 용인만 하는 곳도 있다. 그러나 일상적으로 예배를 드리러 오는 신도들에게 이곳은 관광 명소도, 박물관도 아니다. 이 중에는 숱한 사연을 간직한 유서 깊은 곳도 있다. 프라하에 있는 아주 작지만 심금을 울리는 올드뉴 시나고그가 그 예이다. 중세 때부터 유대인들은 이곳에 모여 기도를 드렸다. 또 무려 1,500년이나 가파른 절벽면에 버티고 선 중국의 쉬안콩스 같은 사원도 있다.

페루의 쿠스코 대성당에는 누에스트로 세뇨르 데 로스 템블로레스(지진의 신)라고 알려진 검은 십자가상이 순은으로 만든 제단 위에 걸려 있다. 성 주간 동안 신도들이 이 십자가를 모시고 거리행진에 나선다.

투로 시나고그는 조지 왕 시대의 콜로니얼양식과 정통 세파르디 유대교의 요소가 어우러진 우아한 건축물이다.

미국 _ 로드아일랜드 주

투로 시나고그 *Touro Synagogue*

18세기에 지어진 이 훌륭한 시나고그(유대교회당)는 미국 내의 모든 종교와 더불어 유대교인들이 얻어낸 종교적 자유의 상징이다.

미국 내에 현존하는 시나고그 중 가장 오래된 투로 시나고그는 로드아일랜드 주 뉴포트에 있는 고전적인 콜로니얼양식의 건축물이다. 1790년, 조지 워싱턴은 이곳 유대교인들에게 미국은 어떤 종교든 믿을 수 있는 권리를 보호할 것이라는 신념을 담은 편지를 보냈다. 그 이후로 투로 시나고그는 종교의 자유를 수호하는 국가적 상징이 되었다. 차분한 흰색 회당에 커다란 기둥과 2층 회랑, 목재를 사용한 뛰어난 세부 장식이 있는 이 시나고그는 설계를 자청한 건축가 피터 해리슨이 이루어낸 역작이다.

이베리아 반도의 가혹한 종교재판을 피해 이주해 온 '세파르디 유대인(스페인 태생 유대인)'들은 1658년에 로저 윌리엄스가 종교의 자유를 표방하고 건설한 로드아일랜드로 모여들었다. 1762년에는 이 유대인 후손들의 영적 지도자인 아이작 투로(Isaac Touro)가 최초의 유대인 영구 정착지를 건설하는데 헌신했다. 그러나 1776년에 영국이 뉴포트를 점령했고 유대인들 중 상당수가 피신했다. 그 후 시나고그는 영국군의 병원으로 쓰였고 나중에는 시청 건물이 되었다가 방치된 채 잊혀졌다. 아이작 투로의 아들들은 시나고그의 복구와 유지 기금으로 쓰이길 바라며 유산을 남겼다. 그러나 시나고그는 1883년, 동유럽 이민자들이 뉴포트로 들어와 유대인 수가 급증하고 난 후에야 비로소 예배당으로서의 제 모습을 되찾았다.

When to go 시나고그는 1년 내내 열려 있지만 안식일인 토요일은 예배 때를 제외하고 문을 닫는다. 투어가 가능한 날짜와 일정은 계절마다 다르다. 매년 8월에 워싱턴이 보낸 편지를 읽는 행사가 거행된다.

Planning 가이드 투어는 30분간 이어진다. 입장료를 내야 하지만 미국 국립공원 입장권 소지자는 무료로 입장할 수 있다. 마지막 관람 가능 시간은 오후 2시 30분이다. 매주 금요일 밤과 토요일, 유대교 축일에 예배를 드린다. 여자들은 위층에서만 예배를 드릴 수 있다. 복장은 단정해야 하며 반바지나 민소매 셔츠 차림으로는 입장할 수 없다. 투로 시나고그 국립사적지 안에는 유대인 묘지와 식민지 시대 때의 유대교 지도자들을 기리는 기념공원도 있다.

Websites www.tourosynagogue.org

- 정통 세파르디 유대교 전통에 따라 예배를 드릴 때는 남녀가 따로 앉는다. 여성들이 앉는 2층 회랑은 12개의 이오니아식 기둥이 받치고 있다. 각 기둥은 나무 한 그루를 통째로 사용해 만든 것이다. 이 나무 기둥 위로 12개의 코린트식 기둥이 솟아 있어 돔 지붕까지 이어진다.

- 천장에는 놋쇠로 만든 커다란 촛대 5개가 달려 있다.

- 건물의 방향이 도로와 나란히 나 있지 않고 비스듬히 틀어져 있다. 성궤와 마주하고 기도할 수 있도록 예루살렘이 있는 동쪽을 향해 방향을 맞춘 것이다.

- 시나고그 안에는 워싱턴이 투로 주민들에게 보낸 편지가 전시돼 있다. '미합중국 정부는 종교적인 편협이나 박해 행위를 허용하지 않으며 그에 대해 어떠한 지원도 하지 않을 것입니다. 미합중국의 보호 하에 사는 모든 이들에게 요구하는 것은 단 하나, 언제든 효과적으로 국가를 지원하고 훌륭한 시민으로서 행동해 달라는 것입니다.'

1870년대에 철도가 이어지면서 콘셉시온을 보기 위해 관광객들이 몰려들었다. 이곳을 보존하려는 노력이 시작된 것은 20세기 초반부터이다.

미국 _ 텍사스 주

미시온 콘셉시온 *Misión Concepción*

가톨릭과 스페인 제국주의의 변경지대였던 이곳에 들어서면 텍사스의
초기 기독교시대로 되돌아간 느낌이 든다.

    미시온 콘셉시온은 기품이 넘치는 곳이다. 하지만 빛과 색채가 이루어 내는 화려함 역시 으뜸이다. 건조하기 짝이 없는 이 지역의 강렬한 햇빛 덕분에 인상적으로 보이는 입구를 지나 실내로 들어서면 회칠한 벽에 18세기 중반에 그려진 매우 아름다운 프레스코화가 있다. 복원된 적 없는, 미국에서 가장 오래된 석조 성당에 속하는 이곳의 외벽을 보면 희미하나마 벽화의 흔적을 찾아볼 수 있다. 머리 위로 나있는 아치

형 천장과 돔에서 돌의 묵직한 중량감이 느껴진다. 작은 틈새로 뚫고 들어와 맵시 있게 제단을 가로지르는 햇살 너머로 지나간 나날의 해묵은 먼지 냄새가 공기 중에 떠돈다. 텍사스 주 샌안토니오(San Antonio)에 처음 설립된 스페인의 식민지 선교성당 다섯 군데 전부가 아직까지 남아 있기는 해도 1755년에 세워진 콘셉시온이 가장 훼손이 적고 변한 것이 거의 없다.

아메리카 인디언을 가톨릭 교도로 개종시켜 충성스러운 스페인 시민으로 만들고, 프랑스의 영토 잠식에 대비해 국경을 보호하기 위한 전초기지였던 이들 선교성당은 샌안토니오 강을 따라 일정 간격을 유지하며 세워졌다. 샌안토니오에서 가장 오래된 관개용 수로가 이 성당을 지나며 흐른다. 성당은 모두 현지 주민들이 직접 채석해온 돌로 만들었다. 이 다섯 곳 중 콘셉시온이 완성도나 종교적 열의, 아름다움의 측면에서 수준이 제일 뛰어나다.

■ 돔을 지탱하고 있는 벽에는 동서 남북 방향으로 네 개의 작은 창이 나 있다. 남쪽 창문은 해시계 역할을 해서 동짓날(12월 21일)이면 햇빛이 창으로 들어와 곧장 북쪽에 자리한 벽감 예배당의 제단을 비춘다.

■ 성모 승천 대축일(8월 15일) 오후에는 햇빛이 콘셉시온 서쪽의 작은 창으로 들어온다. 오후 6시 30분경에 빛줄기가 돔 바로 밑에 있는 익랑(신랑과 직각으로 교차하는 회랑, 십자형 교회의 좌우 날개 부분)의 정중앙을 비춘다.

■ 콘벤토(convento) 수도원에는 작품성이 뛰어난 천장 프레스코화가 있다. 가장 두드러지는 곳은 아치형 천장의 볼록 튀어나온 중앙 부분으로 신의 눈동자를 나타낸 것이라고 한다.

When to go 텍사스의 여름은 너무 덥고 건조하므로 여름에는 여행을 피한다. 4월에는 열흘간의 축제가 거행되어 도시 전역에서 화려한 볼거리와 거리행렬, 파티가 이어진다. 일요일 미사와 축제일에는 성당을 모든 사람들에게 개방한다.

Planning 콘셉시온을 비롯해 걸어서 1시간 정도 거리에 떨어져 있는 세 군데의 다른 성당은 국립선교역사공원으로 지정돼 있다. 개방시간은 추수감사절과 성탄절, 1월1일을 제외하고 매일 오전 9시부터 오후 5시까지이다. 다섯 번째 성당이자 가장 남쪽에 위치한 에스파다(Espada)는 인접 성당인 산후안 카피스트라노(San Juan Capistrano)에서 걸어서 30분 거리이다. 다섯 군데 성당을 잇는 자전거 길도 있다.

Websites www.nps.gov/saan, www.loscompadres.org

`TOP 10`

뉴잉글랜드 지역의 교회
Ten New England Churches

뉴잉글랜드 주 전역에는 미국에서 가장 유서 깊은 교회들이 있다.

❶ 그리스도 제일교회 First Church of Christ 코네티컷 주 파밍턴

1772년 완공된 그리스도 제일교회는 우아한 팔각형의 종탑과 그 위의 아름다운 뾰족탑이 인상적이다. 이 지역에 세 번째로 지어진 교회이다.

`Planning` 힐스테드 박물관(Hill-Stead Museum)의 아트 컬렉션을 감상해 보자. www.firstchurch1652.org

❷ 윈저 제일교회 First Church in Winsor 코네티컷 주 윈저

1635년 윈저에 자리잡은 제일교회는 1794년 현재의 교회당을 완성하였다. 이곳은 코네티컷 주의 가장 오래된 회중교회로서 근처의 팔리사도 묘지를 둘러보면 이곳의 역사를 잘 알 수 있다.

`Planning` www.firstchurchinwindsor.org, www.windsorcc.org

❸ 제일침례교회 First Baptist Church 로드아일랜드 주 프로비던스

영국 조지아시대의 양식과 뉴잉글랜드 교회 양식이 잘 어우러진 제일침례교회는 1775년 완공되었다. 1,200명이 예배를 볼 수 있는 곳으로 건축 당시 뉴잉글랜드에서 공사 규모가 가장 큰 사업이었다.

`Planning` 언덕을 올라 브라운 대학교에 가보자. 잔디밭 위로 멋진 건물들이 많다. www.fbcia.org, www.pwcvb.com, www.ppsri.org

❹ 반스터블 회중교회 서부교구 West Parish of Barnstable Congregational Church 매사추세츠 주 반스터블

지금의 교회는 1719년에 지어진 것으로 현재 교회로 사용되고 있는 회중교회 중 가장 오래된 건물이다. 뉴잉글랜드에서 가장 오래된 종탑이 4년 뒤 지어졌고 종탑 위에는 금박을 입힌 풍향계가 있다.

`Planning` 13km에 달하는 샌디 넥(Sandy Neck) 해안에서 다채로운 해안의 생활상을 살펴보자. www.westparish.org, www.town.barnstable.ma.us

❺ 올드 노스 교회 Old North Church 매사추세츠 주 보스턴

1723년에 지어진 올드 노스 교회는 보스턴에서 가장 오래된 교회이다. 정식 명칭은 그리스도 교회이며 미국 독립전쟁 당시 중대한 역할을 했다. 1775년 4월 18일 폴 리비어가 한밤중에 말을 달려 이 교회 뾰족탑에서 등불로 영국군의 침입을 알렸다는 유명한 일화가 전해진다.

Planning 보스턴 시립박물관을 찾거나 프리덤 트레일을 여행하며 미국 혁명의 역사를 알아보자. www.bostonhistory.org, www.cityofboston.gov, www.thefreedomtrail.org

❻ 뱃사람들의 교회 Seamen's Bethal 매사추세츠 주 뉴베드포드

항구를 찾는 뱃사람들에게 구원을 선사하기 위해 1832년 지어진 이곳 뱃사람들의 교회는 멜빌의 《모비딕》에 나오는 고래잡이들의 교회에 영감을 준 곳이다. 1840년 멜빌이 교회를 찾았다고 한다.

Planning 길 건너에는 포경 박물관도 있다.
www.whalingmuseum.org, www.rixsan.com/nbvisit/guide.htm

❼ 공회당 Meeting House 뉴햄프셔 주 그린필드

뉴잉글랜드의 교회들은 초기 정착민들을 위한 공회당 역할도 했다. 1795년 지어진 이래 지금도 사용되고 있는 그린필드 교회당은 뉴햄프셔 지역의 가장 오래된 공회당 건물이다.

Planning 겨울에 방문해서 근처 스키장을 찾아가자.
www.greenfield-nh.gov, www.nhstateparks.com/greenfield.html

❽ 스토우 커뮤니티 교회 Stowe Community Church 버몬트 주 스토우

맨스필드 산그늘에 있는 스토우 교회는 《사운드 오브 뮤직》에 나오는 오스트리아 가족인 폰 트라프가 살던 곳이었다. 1863년에 완공되었고 1920년 회중교회 교인들과 감리교 신자들, 침례교 신자들이 통합되면서 미국 최초의 초교파적인 교회가 되었다.

Planning 겨울에 방문해 스토우 마운틴 리조트에서 스키를 즐겨보자.
www.stowechurch.org, www.gostowe.com

❾ 세인트 폴 성공회 감독 교회 St. Paul's Episcopal Church 버몬트 주 웰스

1751년 웰스에 처음 정착민들이 들어오기 시작했다. 이 교회는 웰스에 세워진 3개의 교회 중 하나로 버몬트 최초의 주교였던 존 헨리 홉킨스가 설계와 건축을 맡았고 제단의 제작도 그가 맡았다.

Planning 웰스에서는 8월에 카니발을 비롯해서 여름 내내 주말에 다양한 행사를 개최한다. www.dioceseofvermont.org

❿ 제일회중교회 First Congregational Church 버몬트 주 우드스톡

뉴잉글랜드의 작은 마을인 우드스톡에 세워진 이 교회는 1806년에서 1808년에 세워진 것이다. 자신이 살고 있는 마을에 예배 장소를 건립하길 원했던 찰스 마시라는 변호사의 부단한 노력 끝에 지어진 것이다.

Planning 9월 말 버몬트 우드 축제 때에 맞춰 방문해 보자.
www.nps.gov/mabi, www.vermontwoodfestival.org

소금 성당의 십자가의 길 14처로 마련된 14개의 작은 예배당 중 한 곳에서 광부가 무릎을 꿇고 기도하고 있다.

콜롬비아

소금 성당 *Salt Cathedral*

시파키라 산(Zipaquira Mountain)의 암염을 깎아 만든 장엄한 지하 성당은
무려 1만 명의 인원을 수용할 수 있다.

완만하게 나선을 그리는 동굴 터널을 지나 광활한 지하 성당으로 향하다 보면 바깥 세상의 소리와 색깔이 어느덧 사라져 버린다. 마치 딴 세상으로 들어가는 듯한 느낌이다. 흑회색의 소금 벽을 깎아 십자가의 길 14처를 만들고, 각 처마다 작은 예배당을 지어 놓았다. 통로 끝에는 거대한 방이 내려다보이는 회랑이 있다.

소금 성당의 장엄한 내부에는 신랑(身廊), 설교단, 제단이 있고 바위 암벽을 깎아 만든 인상적인 십자가가 위에서 굽어보고 있는 형상이다. 지금도 소금 채굴이 이루어지는 이 암염 광산은 약 2,000년 전부터 존재했던 것으로 추정되며, 보고타(Bogotá)에서 북서쪽으로 48킬로미터 떨어진 지점에 있다. 이 광산을 처음 개발한 사람들은 스페인 정복기 이전의 무이스카(Muisca)족이었다. 1991년에 이곳을 조사하던 현지 건축가가 지금의 성당을 짓기로 마음먹었다. 현지의 광부와 조각가들이 근 5년 동안 노력한 끝에 성당이 완성되었다. 매주 일요일이면 3,000여 명의 관광객이 몰려들어 이곳에서 예배를 드린다. 주말에는 현지인들도 많이 찾아와 대단히 혼잡하다. 조용하고 평화롭게 지내고 싶다면 가급적 주중에 방문하는 것이 좋다.

■ 본당에 도착하기 전에 규모가 작은 둥근 천장들을 챙겨보자. 소금을 깎아 만든 아름다운 조각이 장식돼 있다.

■ 한때는 구식 소금 제조터였던 곳에 이 광산의 역사를 소개하는 훌륭한 현장 박물관이 있다.

■ 미사 시간에 방문해 보자. 거대한 본당을 가득 메운 신도들의 기도 소리가 은은히 빛나는 성당 안에 잔잔히 울려퍼진다.

When to go 동굴은 1년 내내 개방된다. 이 지역의 기후는 거의 항상 쾌적하고 온난하다. 12월과 2월 사이는 비가 가장 적고, 4월과 5월, 10월과 11월 사이에는 비가 많다.

Planning 양산을 준비한다. 차양도 없는 야외에서 장시간 줄을 서서 기다려야 할 수 있다. 카메라 플래시를 꺼야 내부의 빛과 분위기를 제대로 포착할 수 있다. 삼각대를 들고 들어갈 수 없다. 시파키라(Zipaquira)에는 숙박할 곳이 많지만 대부분의 관광객들은 보고타에 머물면서 당일 코스로 시파키라를 방문한다. 보고타와 시파키라 사이를 운행하는 버스도 많다. 마을에서 소금 성당까지도 버스가 운행된다. 주말과 공휴일에는 유랑 음악가들이 연주를 펼치는 완행 증기열차가 시파키라까지 운행된다. 기차 티켓은 보고타의 사바나 역에서 미리 구입해야 한다.

Websites www.latinguides.com, www.turismocolombia.com

쿠스코의 주 광장에는 성당을 비롯해 스페인 식민지 시대의 빼어난 건물들이 몰려 있다.

페루

쿠스코 성당 *Cusco Cathedral*

쿠스코 성당은 예술 작품뿐 아니라 전설 속에도 스페인 식민지 시대의 문화와
토착 잉카제국의 전통이 융합되어 있는 매력적인 곳이다.

쿠스코 대성당은 아메리카 대륙에 있는 스페인 콜로니얼양식 건축의 걸작이다. 웅장하면서도 다소 절제된 감이 있는 전체적인 모습도 훌륭하지만 진정한 아름다움은 성당의 세부 장식에 숨어 있다. 그 안에 스페인 문화와 잉카 문화가 훌륭하게 융합되어 있기 때문이다. 애니미즘 숭배 대상인 퓨마 머리를 거대한 본관 현관에 새겨 놓고 마

르코스 사파타(Marcos Zapata)가 신랑(身廊) 위에 그린 〈최후의 만찬〉 속에 '쿠요(cuyo, 기니피그 요리)'가 등장하는 것 등이 바로 지방색이 반영된 것이다. 14개의 거대한 기둥이 받치고 있는 신랑은 정교한 순은 제단, 대부분의 미사가 거행되는 10개의 부속 예배당과 맞닿아 있다. 1560년에 착공해 스페인 건축가와 잉카의 장인 및 노동자들이 완공하는 데 100년도 넘게 걸린 이 거대한 성당은 잉카제국의 황제인 비라코차(Viracocha)의 궁궐터에 지어졌다. 건축에 쓰인 크기가 일정한 돌의 대부분은 삭사이우아만 요새(Sacsayhuamán Fortress) 같은 잉카의 건축물에서 가져온 것이다. 이 돌에는 전설과 신화가 전해 내려온다. 그중 하나가 잉카의 왕자가 거대한 종탑 벽 속에 살고 있다는 것이다. 그는 영광스러운 잉카문명을 되살리기 위해 그 벽이 무너지는 날만 기다리고 있다고 한다.

When to go 안데스 고지대에 위치한 쿠스코의 날씨는 전형적인 산악 건조기후로 대체로 맑고 밤이 되면 기온이 급격하게 떨어진다. 쿠스코 전역에서 기온은 섭씨 영하 7도에서 영상 21도 사이를 오르내린다.

Planning 성당은 간단히 보기만 하는데도 1시간이 넘게 걸린다. 신랑과 부속 예배당, 성당 경내까지 꼼꼼히 살펴보려면 한나절은 잡아야 한다. 매일 부속 예배당 중 한 곳에서 미사가 거행된다. 크리스마스와 부활절 주간이 방문하기 좋은 시기이지만 1년 중 가장 규모가 큰 행사는 부활절 일요일부터 60일 후에 열리는 '코르푸스 크리스티 축제(Corpus Christi Festival)'이다. 이 날 참석자들은 쿠스코 전역의 교구 성당에서 모셔온 15명의 성인과 성모상을 들고 광장 주변을 도는 성스러운 행렬을 펼치고 성당으로 가서 철야기도를 드린다.

Websites www.perutourism.com/info/cusco.htm, www.cusco-peru.org

■ 트리운포 예배당(Triunfo Chapel)에는 1650년에 쿠스코를 휩쓴 지진을 묘사한 회화가 있다. 전설에 따르면 누에스트로 세뇨르 데 로스 템블로레스(지진의 신) 예배당의 보석 십자가가 일으킨 기적 덕분에 성당이 지진 피해를 입지 않았다고 한다.

■ 성당 맞은편에 있는 예수회 성당인 라 콤파냐 데 헤수스(La Compañía de Jesús)는 스페인 바로크풍 건축물의 최고봉이다.

■ 성당 광장에서 동쪽으로 한 블록 떨어져 있는 종교미술 박물관에는 예전 대주교의 성에 있던 식민지 시대의 가톨릭 유물이 전시돼 있다.

■ 쿠스코는 페루 최고의 명승지인 마추픽추(Machu Picchu) 관광의 출발지이다. 잉카제국의 도시인 마추픽추는 북서쪽으로 71km 떨어져 있다. 쿠스코에서 기차를 타고 가면 뛰어난 경관을 감상할 수 있다.

맑게 갠 날이면 거울연못 위로 킨카쿠지와 그 뒤의 정원이 그대로 비친다.

일본

킨카쿠지(金閣寺) Kinkaku-ji

고요해 보이는 킨카쿠지(金閣寺)는 일본식 지상 낙원을 훌륭하게 재현해 놓은 곳이다.

　3층 건물에 섬세한 곡선을 그리는 지붕을 얹은 이 사찰에 킨카쿠지(金閣寺)라는 별명이 붙은 까닭은 2, 3층의 벽면과 처마에 금박을 입혀 놓았기 때문이다. 공식 명칭은 로쿠온지(鹿苑寺)로, 교토 북부에 있는 잔잔한 교코지(鏡湖池), 즉 거울연못에 자리한 사찰이다. 우아한 정형정원(整形庭園)에 에워싸인 채 아름답게 빛나는 불교 사찰을 보면 누구든 지상 낙원을 떠올리지 않을 수 없다. 이 사찰은 무로마치시대를 대표하는 뛰어난 건축물이다. 첫 두 층은 불상과 탱화로 가득 차 있고, 3층은 중국 선종양식의 불당으로 조성해 놓았다. 원래의 사원 건물은 1950년에 미쳐 버린 젊은 승려가 불을 질러 소실되었고 현재의 건물은 1955년에 재건한 것이다. 마치 잿더미 속에서 재건된 누각을 상징하는 듯 지붕 꼭대기의 금도금한 용마루에 봉황(중국, 한국 및 일본에서 길조로 여기는 신화 속의 새)이 얹혀 있다. 이 사찰은 원래 1397년에 쇼군(將軍)이던 아시카가 요시미스(足利義滿, 1358~1408)가 은퇴 후 살려고 지은 저택이었다. 교토에서 주민들이 기근과 지진, 흑사병을 견디는 동안 그는 불과 몇 킬로미터밖에 떨어져 있지 않은 곳에서 뻔뻔스러울 정도로 호화롭게 살았다. 1408년에 그가 죽자 그의 아들이 이곳을 개조해 임제종(臨濟宗) 사찰로 변모시켰다. 지금은 붓다의 신성한 유물을 모셔둔 '사리전(舍利殿)'으로 불교 신도들은 물론 일반인들이 즐겨 찾는다.

■ 정원 안에 있는 2.3m 높이의 폭포인 류몬타키(龍門瀑)가 잉어를 닮은 바위들이 군데군데 놓여 있는 연못 속으로 흘러든다. 오래된 신화에 따르면 잉어가 이 폭포를 거슬러 헤엄쳐 올라가서 용이 되었고 그 증거로 이곳에 비스듬히 서있는 돌이 남게 되었다고 한다.

■ 가파른 언덕길을 올라 안민타쿠(安民宅) 건너편에 있는 세 칸짜리 다다미방으로 된 셋카테이(夕佳亭) 다실에서 아름다운 저녁 노을을 감상해 보자. 다실 안 반침의 남천나무 기둥을 놓치지 말고 보자. 남천은 매우 느리게 자라는 나무로 그 정도 둘레면 수령이 아주 오래된 것이다.

When to go 연중 어느 때 방문해도 좋다. 철마다 다른 매력이 있다. 청명한 봄과 여름에는 푸른 하늘 아래 빛나는 황금 누각이 고요한 연못 위로 아름답게 투영된다. 가을에는 단풍으로 정원이 붉게 물든다. 겨울이면 흰 눈에 뒤덮인 누각에 고요가 깃든다. 킨카쿠지의 개방시간은 매일 오전 9시~오후 5시까지이다. 혼잡을 피하려면 일찍 가는 것이 좋다.

Planning 사원과 정원을 모두 둘러보려면 2시간은 걸린다. 찻집에 들러 전통 말차(抹茶, 손으로 딴 찻잎을 찐 후 말려 곱게 간 녹차)를 즐기려면 시간 여유를 더 둔다. 교토 역에서 킨카쿠지까지 가는 버스 편이 있다. 지하철 카라스마(烏丸) 선을 타고 기타오지(北王子) 역에서 내리면 버스나 택시로 금세 사찰에 갈 수 있다.

Websites www.shokoku-ji.or.jp

치니엔디엔(祈年殿)은 쇠못은 단 한 개도 쓰지 않고 오직 나무로만 지었다.

중국

티엔탄(天壇) *Temple of Heaven*

마치 하늘과 땅을 이어 놓으려는 듯 푸른 지붕을 얹은 원형 건물은
중국 명(明) 왕조의 건축 중 최고의 걸작일 것이다.

중국에서는 둥근 것은 하늘, 모난 것은 땅을 의미한다. 이에 맞추어 거대한 외벽으로 둘러싸인 위엔치우탄(圜丘壇)은 하늘과 땅에 제사를 지내는 이곳의 역할을 상징하듯 상부는 둥글고, 바닥은 네모난 형태를 이루고 있다. 원형 또는 사각형의 화려한 건물이 일렬로 중심축을 이루고 있는 이 제단은 쯔진청(紫禁城)과 마찬가지로 1420년에 완공되었다. 완벽한 원형을 이루는 풍년을 기원하는 치니엔디엔(祈年殿)은 아마 베이

징에서 가장 아름다운 고건축일 것이다. 청·녹·황색으로 칠한 원형 건물에는 붉은색 격자문이 둘러쳐져 있고, 하늘을 상징하는 진청색의 3층 지붕 꼭대기에는 커다란 황금 장식이 달려 있다. 남쪽에 있는 위엔치우탄은 흰색 돌로 만든 원반 모양의 3단 제단으로 이 유적의 진정한 중심부이다. 단순하면서도 기품이 있는 이곳이 바로 1912년까지 황제들이 대풍년을 기원하며 제천의식을 거행하던 곳이다. 제천의식은 금식과 기도, 정성 들여 바치는 희생제 등 3부로 이루어져 있으며 거세한 황소로 번제를 드리면서 절정에 이른다. 중국에서는 황제를 하늘의 아들(天子)이라고 여겼기 때문에 황제에게는 자신이 지닌 권위의 원천인 하늘을 받들어 모시는 것이 중요한 일이었다.

■ 예전에 황제들이 섰던 제단 중앙에 서서 양쪽 측면과 베이징의 하늘을 바라보자.

■ 통나무로 만든 28개의 육중한 기둥이 치니엔디엔을 받치고 있다.

■ 황치옹위(皇穹宇)에서 기이한 음향 효과를 시험해 보자. 원형 벽에서 박수를 치면 소리가 증폭돼 멀리까지 울려퍼진다.

■ 여러 군데의 제단 주변에 조성된 공원에는 베이징의 전통을 지키는 현지 주민들로 가득하다. 오페라 가수, 얼후(二胡, 현이 두 줄인 중국 전통 악기) 연주자, 연 날리는 사람, 각종 무술 연마자 등 각양각색의 사람들을 만나 볼 수 있다.

When to go 겨울에는 대부분의 주택이 석탄 보일러로 난방을 하기 때문에 대기오염이 심하다. 9월 말부터 10월 초 사이에는 바람이 불어 오염물의 상당량이 날아가 버린다. 4월도 방문하기 좋은 시기이나 황사가 발생할 수 있으므로 유의한다.

Planning 동문 바로 밖에 있는 베이징 지하철 5호선 역에서 시작한다. 그러면 티엔탄을 모두 둘러보고 반대편 서문으로 나갈 수 있다. 그곳에서 서쪽으로 10분만 걸어가면 관광객이 뜸한 시엔농탄(先農壇)이 나온다. 가는 길에 티엔차오(天橋) 지구에서 점심을 먹을 수도 있다. 오전 6시 직후에 방문하면 현지 주민들이 태극권을 수련하고 연을 날리거나 목청껏 오페라 아리아를 부르는 광경 등을 직접 구경할 수 있고 개관 시간에 맞추어 첫 번째 입장객이 될 수 있다. 관광객들이 몰리기 전에 제단의 장엄함도 먼저 경험해 볼 수 있다. 전시장으로 쓰이는 건물과 제천의식을 거행하기 전날 황제가 하룻밤 기거하던 해자를 두른 짜이꿍(齋宮)을 포함해 구역 전체를 둘러보는 데 2~3시간 정도 걸린다.

Websites www.tiantanpark.com, www.kinabaloo.com

중국

쉬안콩스(悬空寺) *Hanging Monastery*

중력을 거스른 듯 절벽에 튀어나와 있는 유서 깊은 이 사원은 위태로워 보이는 건물과 현기증이 날 정도로 가파른 절경이 한데 어우러진 곳이다.

무려 1,500년도 넘게 허공에 떠있듯 존재해 온 작고도 우아한 이 사찰은 중국에서 가장 훌륭한 사진 촬영 장소 중 하나이다. 허공에 달려 있는 절이라는 의미의 쉬안콩스는 부서질 듯한 사원 건물 몇 채가 가파른 절벽면에 붙어서 좁디좁은 계단과 보도로 이어져 있는 곳이다. 겉으로 보기에는 가느다란 버팀대가 건물을 지탱하고 있는 것 같지만 다행이 그저 장식일 뿐이고 실제로는 절벽에 깊이 박혀 있는 대들보가 사찰 건물들을 받치고 있다. 이곳은 초교파적이어서 향 연기 자욱한 40군데의 불당과

쉬안콩스는 버팀대가 받치고 있지만 겉보기에는 마치 절벽면에 매달려 있는 것처럼 보인다.

별전에서 도교와 불교, 유교를 모두 숭상한다. 아주 특이하게도 이 세 종교가 한데 어우러져 있는 사당도 있다. 행운을 기원하며 붓다의 얼굴을 직접 만질 수 있는 불당도 있다. 이 관습 때문에 정작 불상은 하도 만져댄 통에 많이 닳아 버렸다. 공중에 떠있는 듯한 사원과 완벽하게 어울리는 불당도 있다. 진흙과 나무로 날거나 매달려 있는 모형을 정교하게 만들어 장식해 놓은 것이다. 한 쌍의 용을 그린 매우 뛰어난 부조 작품이 있는 도교 사당도 있다. 이 사원은 툭하면 홍수로 범람하기 일쑤이던 절벽 아래의 강을 피해 높은 곳에 자리잡게 되었다. 지금은 댐이 건설되어 사원 아래로 보이는 강의 경치가 그다지 훌륭하지 않다. 그래도 이렇게 기이한 곳에 자리한 사원을 보는 것만으로도 충분히 찾아가 볼 만하다. 아주 작은 불당까지 일일이 들어가 보지는 않더라도 말이다.

- 외팔보가 받치고 있는 삐걱대는 노대 바닥의 벌어진 틈 사이로 오금을 저리게 만드는 경치가 보인다. 이곳은 종교 유적이면서 동시에 고공 줄타기 서커스 장소 같다.

- 중국 어느 지역을 가서 사진을 찍어도 이 절벽만큼 사람들의 감탄을 자아낼 만한 곳은 없을 것이다.

- 40군데의 작은 불전과 벽감에는 다채로운 불상이 모셔져 있다. 그 중에는 도교의 창시자인 노자, 공자, 석가모니불을 모두 사이좋게 모셔둔 보기 드문 곳도 있다.

When to go 언제 가도 좋지만 겨울철인 11월부터 3월까지는 혹독하게 추울 수 있다.

Planning 베이징에서 서쪽으로 향하는 다퉁(大同) 행 야간열차를 타면 당일 코스로 여행할 수 있다. 돌아올 때도 같은 노선을 이용하면 된다. 인근 지역도 둘러보려면 사흘 일정을 잡는 게 좋다. 다퉁에는 아주 오래된 사찰이 몇 군데 있다. 중국 최고의 석굴 사원 중 하나가 원강(雲崗) 시 외곽에 있고 중국에서 가장 오래된 목조 파고다도 멀지 않은 곳에 있다. 이 사원은 다퉁에서 남동쪽으로 65킬로미터 떨어져 있다. 대중교통을 이용해 갈 수는 있지만 버스를 두 번 타야 하고 두 번 다 값을 깎기 위해 실랑이를 벌여야 한다. 중국국제여행사(CITS)에서 훌륭한 일일 투어를 제공하며 프로그램 안에 원강석굴도 포함돼 있다. 입장권은 기차역에 있는 사무소에서 구입하면 된다.

Websites www.orientalarchitecture.com, www.cnto.org

홍콩에서 가장 유명하고 기이한 사당으로 향하는 431개의 계단 옆에 실물 크기로 만든 황금 불상들이 두 줄로 세워져 있다.

중국

완포스(萬佛寺) *Monastery of 10,000 Buddhas*

기이하기 그지없는 이 사찰에는 놀라울 정도로 다양한 형태와 크기로 갖가지 자세를 취한 불상들이 모셔져 있다.

신제(新界, 신흥 개발 주거지역)에서도 고층 건물이 즐비한 신흥 교외 주택가인 샤티엔(沙田)의 고지대에 홍콩에서 가장 유명한 사찰이 있다. 계곡 밑에서부터 431계단을 올라야 하지만 순례자들은 물론 관광객들도 힘들게 오른 보람을 느낄 수 있다. 마지막 계단을 오르는 순간 단 한 점도 같은 모양이 없는 약 1만3,000점의 크고 작은 불상이 모셔진 사원 단지가 나타난다. 의외로 대부분이 유쾌한 표정이며 심지어 우스꽝스러운 불상도 있다. 건물이 매우 오래된 것처럼 보이지만 사실은 최근에 지어진 사원이다. 1949년에 월계법사(月溪法師)가 조성하기 시작해 1957년에 완공되었다. 베이징의 철학 교사였던 월계법사는 자신 소유의 토지를 모두 버리고 걸어서 중국을 나와 샤티엔의 울창한 구릉지에 정착했다. 사원 안에서 가장 높이 솟은 9층 파고다는 광택이 나는 붉은색 탑신과 노란색으로 칠해 놓은 층계참으로 이루어져 있다. 양옆으로 불상이 줄지어 늘어서 있는 원형의 계단을 따라 탑 꼭대기에 오르면 계곡 너머의 경치가 파노라마처럼 펼쳐진다. 탑 옆에는 불교도들에게 비범한 지혜의 화신으로 추앙 받는 문수보살(文殊菩薩) 황금상이 있다. 푸른색의 거대한 사자 위에 앉아 있는 문수보살상은 이곳에 모셔진 수많은 불상 중 가장 기이하다. 중앙 마당 주변으로 다양한 사원과 전각이 배치되어 있고 대부분의 불상이 이곳에 모셔져 있다. 각 불상은 깨달음의 경지인 '보리(菩提)'에 이른 보살을 묘사한 것이다.

■ 사원에는 수없이 많은 불상뿐 아니라 월계법사의 진신(眞身)도 본전에 안치돼 있다. 1965년에 입적해 미라가 된 그의 시신에 신도들이 금박을 입혀 놓았다. 유리관 안에 모셔진 진신은 붉은색 비단 가사를 입고 편안하게 가부좌를 틀고 있다.

■ 실물 크기의 열여덟 나한상이 중앙 마당 옆에 서있다. 산스크리트어로 '존경 받아 마땅한 존재'라는 의미인 나한은 붓다의 깨달음을 얻은 제자로 사람들을 돕기 위해 잠시 열반에 들기를 포기한 존재이다. 남중국의 불교도들에게 나한은 거의 최고의 영웅이다.

■ 석가탄신일에는 승려들이 불상을 씻기는 붓다 목욕의식을 행한다. 또 국수 공양을 벌이기도 한다. 이 의례는 음력 4월 8일(대개는 양력 5월)에 거행된다.

When to go 홍콩은 사계절이 뚜렷하다. 여름은 끈끈할 정도로 매우 무덥다. 겨울은 생각보다 많이 춥고 바람도 센 편이다. 봄가을은 맑고 따뜻해 걸어다니기 아주 좋다. 4월에 있는 청명절과 중국 춘절(春節)의 마지막 날인 15일 대보름에 등불 축제와 함께 거행되는 상원절(上元節) 때 방문하면 좋다.

Planning 홍콩 중심부와 샤티엔 사이를 일주하며 주변 단지들을 둘러보려면 한나절은 걸린다. 주룽(九龍) 역에서 기차를 타고 샤티엔 역에 내리면 걸어서 사찰에 오를 수 있다. 버스나 택시를 타도 된다. 택시로 갈 경우 그랜드 센트럴 플라자 쇼핑몰 앞에 세워 달라고 하자. 그곳에서 길을 건너면 사원으로 오르는 계단의 방향을 알리는 표지판이 있다.

Websites www.10kbuddhas.org, www.discover hongkong.com

기도가 적힌 종이를 정화시키는 두꺼운 나선형 향이 마치 바구니처럼 보인다.

타이완

원우먀오(文武廟) *Wenwu Temple*

신(神)과 용(龍), 봉황(鳳凰)이 내려다보는 가운데 도교와 유교 신봉자들이 붉은색 종이에 기도를 적는다. 그런 다음 나선형 향을 피워 자신들의 염원을 정화시켜 하늘로 날려보낸다.

무더운 오후의 바람결에 수백 개의 소원을 비는 방울이 울린다. 사람들의 염원이 담긴 방울 소리가 르웨탄(日月潭)의 고요하고 푸른 물과, 이곳을 둘러싼 중앙산맥 자락으로 피어오른 아지랑이 너머로 울려퍼진다. 주황색 기와를 얹은 층진 지붕의 양쪽 용마루 끝에서 용들이 지키고 있는 원우먀오는 숲으로 뒤덮인 산중턱에 자리잡고 있다. 도교와 유교를 신봉하는 이 사원은 사상가인 공자(孔子)와 중국에서 신격화되어 추앙받는 단 두 명의 장수인 관우(關羽, 160~219)와 악비(岳飛, 1103~1142)를 기리는 곳이다. 사원 안에서는 나선형 향에서 피어오른 향기로운 연기가 기도 카드가 매달린

전망대에서 사원의 주황색 기와지붕과 르웨탄의 아름다운 경치를 감상할 수 있다.

주변을 떠돌아 높다란 사원 천장 위로 올라간다. 천장은 금도금한 소형 신상으로 뒤덮여 있다. 낡은 점괘 패가 바닥에 떨어지며 내는 소리가 앞날을 알고 싶어 온 이들을 종종걸음 놓게 만든다. 그동안 학생들은 따청관(大成官)으로 몰려들어 공자의 청동 좌상 앞에서 학업 성취를 기원한다. 봉황 한 쌍이 빈틈없는 눈길로 향로의 입구를 지키는 가운데 사람들이 신들에게 봉헌하는 의미로 홍바오(紅包, 축의금, 세뱃돈 등을 넣은 붉은 종이 봉투)를 불태우고 향을 피운다. 북조(北朝)시대의 궁궐 형식으로 지어진 원우먀오는 1938년에 수력 발전소의 건설로 호수의 수위가 높아지면서 수몰 위기에 처한 두 개의 고찰(古刹)을 이동, 통합하면서 만들어진 것이다.

When to go 방문 적기는 10월~1월이다. 6월~9월 사이에는 태풍이 자주 발생한다. 주중이 덜 붐빈다. 사당은 24시간 개방되지만 오후 8시 이후에는 측면 출입구를 이용해야 한다. 9월에는 소족(邵族) 풍년제(소족의 새해 축제)에 참여할 수 있다. 또한 호수에서는 불꽃놀이 축제가 벌어진다. 세계 각지에서 온 만 명의 참가자들이 자오우(朝霧) 부두에서 출발해 수영으로 호수를 횡단하는 만인 수영대회에 참여할 수도 있다.

Planning 사찰만 보려면 1~2시간이면 충분하지만 시간을 더 할애해 배를 타고 호수도 돌아보자. 호수에 있는 4군데의 부두 어디서나 출발할 수 있다. 자전거를 빌려 타고 호수변 도로를 달릴 수도 있다. 대도시, 특히 수도인 타이베이(臺北)에서는 소매치기와 차량에 유의한다. 운전자가 보행자를 배려해 멈춰서지 않는 경우가 많다.

Websites www.sunmoonlake.gov.tw

■ '청룡언월도(靑龍偃月刀)'를 챙겨본다. 용의 피로 담금질한 관우의 무기였다고 전해진다.

■ 공자의 사당으로 올라가는 길에 물 속에서 노는 화려하게 채색된 용들로 둘러싸인 지혜의 황금구슬을 만져보자. 도교에서 용은 힘과 지혜, 행운의 상징이며, 지혜의 원천을 상징하는 여의주를 가지고 놀거나 불을 뿜는 모습으로 묘사되는 경우가 많다.

■ 우성디엔(武聖殿) 중앙에 운세 풀이 기계가 있다. 돈을 넣으면 모형 사원 안에서 작은 소녀 인형이 운세가 적힌 작은 두루마리를 들고 나타난다.

■ 배로 도착할 경우 부두에서 366개의 계단을 올라 사당에 이르게 된다. 넨티(年梯)라고 알려진 이 계단은 한 개당 1년의 하루를 상징하며 나머지 하나는 윤년을 의미한다. 매월 1일에 해당하는 계단에는 의자가 놓인 층계참이 있어 사당으로 오르는 도중 잠시 쉬어갈 수 있다. 각기 음력 날짜가 적혀 있는 계단 양옆으로는 금속제 난간이 있고 소원을 비는 방울이 줄지어 달려 있다.

파키스탄

바드샤히 모스크 *Badshahi Mosque*

혼잡한 도시 속에 고요하게 자리한 이 드넓은 모스크는 무굴제국과
이슬람교를 대표하는 명소이다.

라호르(Lahore)는 사람들로 넘쳐나지만 그 한복판에는 고요하고 평온하며 아름답게 관리된 오아시스 같은 곳이 있다. 이곳에 가면 이슬람 최고의 면모를 손쉽게 감상할 수 있다. 바로 고색창연한 도시에 우뚝 솟은, 붉은색 사암으로 지은 '바드샤히(황제) 모스크'이다. 무굴제국의 마지막 위대한 황제인 아우랑제브(Aurangzeb)의 명으로 1671년에 축조된 곳으로, 그의 재위 기간 동안 지은 최대 규모의 건축물이자 최고의 역작이다. 계단을 오르고 꽃무늬 프레스코화가 늘어선 거대한 통로를 지나 안으로 들어서면 정사각형에 가까운 탁 트인 안마당이 나타난다. 보는 순간 엄청나게 넓다는 생각부터 든다. 바드샤히는 약 6만 명을 수용할 수 있는 모스크로, 야외 예배 장소의 크기(가로 161.5미터, 세로 160.6미터)로 보았을 때 세계 최대 규모라고 한다. 하지만 이

밤이 되면 조명을 받아 빛나는 모스크가 고색창연한 도시인 라호르를 지배하는 랜드마크가 된다.

261

곳은 사람들로 붐비는 일이 거의 없다. 평일에는 신도들보다 가족 단위로 소풍 나온 파키스탄인들이 대부분이다. 안마당의 각 모서리에는 54미터 높이의 8각형 미나레트가, 중앙에는 대리석 분수가 놓여 있다. 양파 모양을 한 정교한 대리석 돔 3개가 얹혀 있는 입구를 통해 서쪽 끝으로 가면 7개의 기도실이 있다. 여느 이슬람 건축과 마찬가지로 바드샤히도 한낮이 되면 가혹할 정도로 뜨거워지기 때문에 이를 완화시키기 위해 건물 표면의 색채 선택에 공을 들였다. 거의 모든 색채의 꽃 문양을 도입했는데도 부드러운 느낌의 붉은 사암과 마찬가지로 섬세하면서도 조화롭다. 뭐니 뭐니 해도 바드샤히와 관련해 가장 놀라운 사실은 불과 2년 반 만에 건물이 완공되었다는 점일 것이다.

When to go 라호르는 겨울철(10월~3월)에 방문하는 것이 좋다. 여름(5월~7월)은 너무 덥다. 7월~9월까지는 몬순철이라 비가 내려 열기가 좀 식는다. 가장 좋은 방법은 서늘한 아침에 방문했다가 저녁에 조명을 받아 분홍색으로 빛나는 돔을 감상하며 돌아오는 것이다.

Planning 바드샤히 모스크를 구경하는 데는 1~2시간이면 충분하며, 라호르를 둘러보는 데는 최소 이틀 정도 필요하다. 라호르는 매력적인 곳이 많아 파키스탄에서 가장 유쾌한 대도시이다. 파키스탄의 여러 지역과 항공 및 철도로 연결돼 있어 교통 여건이 매우 좋다. 여름에 붉은색 사암 타일로 된 모스크 바닥을 맨발로 걸었다가는 화상을 당할 수 있으므로 반드시 양말을 신는다. 사원 안에 들어갈 때는 신발을 벗어야 하며 보관료를 내야 한다. 점잖은 옷차림을 하자. 라호르가 비교적 한가롭고 친절하며 안전한 곳이기는 하지만 방문하기 전에 미리 여행 가능 여부를 확인해 보자.

Websites www.lahore.gov.pk, www.tourism.gov.pk, http://tdcp.punjab.gov.pk

- 일반인은 들어갈 수 없는 출입구 위의 방에 예언자 무함마드와 딸 파티마, 사위 알리의 유품이 있다.

- 미나레트에 올라가 바드샤히의 아름다운 경치를 감상해 보자. 맞은편에 있는 이크발 공원의 파키스탄 탑도 전망이 좋다. 1960~1968년 사이에 지어진 60m 높이의 이 탑은 파키스탄 건국의 초석을 다진 1940년 결의안을 기념해 세운 것이다.

- 바드샤히 맞은편에 모스크와 동시에 세워진 라호르 성채는 무굴제국 최고의 유적의 하나이다.

- 라호르 성의 북서부 모퉁이에 위한 시시 마할(유리 궁전)에는 원래의 세공 장식이 상당 부분 남아 있으며 뛰어난 전망을 자랑한다. 1631년에 샤 자한(Shah Jahan)이 궁정의 여인들을 위해 지은 나울라카는 보존 상태가 가장 양호하다.

- 라호르에서 북동쪽으로 5km 지점에 자리한 살리마르 정원에서 산책이나 소풍을 즐기거나 느긋하게 거닐어 보자. 이곳은 원래 샤 자한이 가족을 위해 조성한 곳이다.

전통적으로 이슬람교도들은 라마단의 금식 기간이 끝났음을 알리는 이드(Eid) 기도를 대규모로 모여 거행한다. 바드샤히 모스크는 모두 모여 기도하기에 완벽한 곳이다.

에메랄드 사원의 금도금한 첨탑이 방콕의 하늘을 찌를 듯 솟아 있다.

타이

에메랄드 사원 *Temple of the Emerald Buddha*

아주 작은 불상을 모시기 위해 세워진 타이 최고의 성지가
화려한 색채와 빛으로 찬란하게 빛난다.

옥으로 만든 불상은 겨우 76센티미터밖에 되지 않는다. 하지만 몰려든 인파에 섞여 불상의 발밑에 서면 이 불상이 타이 불교의 핵심이라는 것을 느낄 수 있다. 이 불상은 아홉 단의 황금 우산 아래 자리한 채 호화스러운 왕실 불당을 내려다보고 있다. 1년에 세 차례 왕이 몸소 이곳을 방문해 반짝이는 불상의 옷을 철에 맞게 바꿔 입힌

다. 관광객들은 불당에 미처 도달하기도 전, 안마당에 들어서면서 이미 동양의 환상 속에서 곧바로 튀어나온 듯한 요란한 색채와 빛에 순식간에 압도된다. 파고다와 각종 건물, 종탑, 첨탑은 물론, 층층이 겹쳐놓고 가장자리를 둥글게 말아 올린 지붕까지 금박과 모자이크로 번쩍거리기 때문이다. 녹색 얼굴의 도깨비와 반인반조(半人半鳥)와 같은 우아한 전설 속의 동물들이 오가는 사람들을 굽어보고 있다. 봉헌한 꽃과 향 덕분에 공기가 향기롭다. 방콕에 위치한 대왕궁의 한 켠에 자리잡은 이 사원은 타이에서 가장 신성한 곳이다. 1400년대에 발견된 옥으로 만든 작은 불상은 숱한 전쟁 통에 모두가 탐내는 전리품으로 여러 세력의 수중을 넘나들었다. 급기야 18세기에 타이가 차지하게 되었고 '짜끄리 왕(King Chakri)'은 불상을 모시기 위해 불교 사원을 지었다. 이 사원은 그가 건설한 새로운 수도에 최초로 들어선 건축물이다.

■ 왕실 법당에서 속삭이듯 끊임없이 들리는 염불 소리를 들어 보자. 그러고 나서 위층의 테라스에서 사원 경치를 즐긴다. 법당에는 붓다의 일생을 그린 벽화가 있다. 회랑에는 힌두교의 '라마야나 서사시'를 타이식으로 해석한 라마끼엔(Ramakien) 장면이 묘사돼 있다.

■ 입구 근처에 있는 '은둔 수행자의 상'은 요가를 개발했다고 하는 신원 미상의 힌두교도가 주인공이다.

■ '몽꿋 왕(1851~1868)'의 명으로 만들어진 신성한 흰 코끼리상과 앙코르와트 모형도 찾아보자. 캄보디아는 오랫동안 타이의 속국이었다. 몽꿋 왕은 국민들에게 옛 제국의 영광을 일깨워 주고자 이 모형을 만들었다.

When to go 겨울에 날씨가 가장 좋다. 사원은 특별 행사가 있는 날을 제외하고 매일 오전 8시~오후 4시까지 개방한다. 짜끄리 날인 4월 6일은 유일하게 왕실 신전인 '로열 판테온'을 일반인에게 공개하는 날로 실물 크기의 왕실 초상을 볼 수 있다.

Planning 에메랄드 사원 '왓 프라 깨오'와 기타 주요 명소들은 강 가까이 있다. 따라서 근교에 있는 호텔에 묵으면 교통 걱정을 할 필요가 없다. 사원에 가려면 배를 타고 타창(Tha Chang) 부두에서 내린다. 여기서 사원까지는 조금만 걸으면 된다. 옷차림이 적절치 못하면 왕궁과 사원 모두 입장할 수 없다. 법당 안에서는 정숙해야 하고 불상에서 좀 떨어져서 마룻바닥에 앉는다. 실내에서는 사진 촬영을 엄격히 금한다. 혼잡을 피하려면 아침 일찍 가는 것이 좋다.

Websites www.bangkok.com, www.bangkoktourist.com

TOP 10

신성한 첨탑 *Ten Sacred Spires*

신은 높은 곳에 살고 있다고 믿은 사람들은 하늘에 좀 더 가까이 다가가기 위해 하늘 높이 첨탑을 세워왔다.

❶ 시카고 템플 Chicago Temple 미국 _ 일리노이주

시카고의 제일 연합 감리교회가 들어서 있는 173m에 달하는 시카고 템플은 미국에서 가장 큰 교회 건물이다. 정교한 고딕양식의 첨탑이 시내 사무실 빌딩 사이로 우뚝 솟아 있다.

Planning 템플 빌딩은 시카고 시내의 77 웨스트 워싱턴 스트리트에 있다. www.chicagotemple.org

❷ 카시 비슈와나트 사원 Kashi Vishwanath 인도 _ 바라나시

금빛으로 빛나는 카시 비슈와나트 사원은 신성한 갠지스 강 기슭에 있다. 매년 수백만 명이 이곳을 찾는다. 1839년에는 펀자브의 군주가 1톤의 금을 이곳에 기증해 15m에 달하는 첨탑을 도금하는데 사용했다.

Planning 이 사원은 우타르프라데시(Uttar Paradesh) 지역의 바라나시(Varanasi)에 있으며 매일 개방한다. www.varanasicity.com

❸ 비를라 만디르 Birla Mandir 인도 _ 뉴델리

비를라 만디르 사원은 인도의 수도 뉴델리에서 가장 유명한 사원 중 하나이다. 마하트마 간디는 신분에 관계없이 모든 이들이 예배를 드린다는 조건으로 이 사원의 개관식에 참가했다.

Planning 매년 개최되는 자나마슈타미(Janamashtami) 축제 때에 맞춰 방문해 보자.(8월과 9월) www.incredibleindia.co.kr

❹ 잠 미나레트 Minaret of Jam 아프가니스탄

잠 미나레트는 12세기에 중부 아프카니스탄 오지에 세워진 건축물이다. 산봉우리들에 둘러싸여 가뭄과 홍수, 지진과 전쟁을 견뎌낸 이 우아한 건축물은 검은 벽돌로 지어졌으며 회반죽과 광택이 나는 타일로 장식돼 있다.

Planning 잠 미나레트는 오지에 있다. 혼자 여행하는 것보다 단체여행이 좋다. www.greatgametravel.com, www.afghan-logistics.com

❺ 사마라의 대 모스크 Great Mosque of Samarra ' 이라크

9세기에 지어진 사마라의 대모스크의 가장 큰 특징은 나선형의 벽돌 첨탑

이다. 사원을 세운 칼리프 알무타와킬(Caliph Al-Mutawakkil)이 흰색 나귀를 타고 외부로 돌출된 계단을 통해 첨탑에 올라갔다고 전해진다.

`Planning` 사마라는 바그다드 북쪽으로 130km 떨어진 티그리스 강변에 있다.
www.muslimheritage.com

❻ 보르군 스타브 교회 Borgund Stave Church 노르웨이_래르달

노르웨이에는 한 때 수천 개의 스타브(목조) 교회가 있었지만 현재는 30여 개 밖에 남아 있지 않다. 대부분의 주요 구조물이 거대한 기둥과 연결돼 있으며 화려한 장식의 지붕과 용의 머리가 조각돼 있는 첨탑이 있다.

`Planning` 5월 18일부터 9월 14일까지 개방한다. www.stavechurch.com

❼ 울름 대성당 Ulm Minister 독일_울름

전 세계에서 가장 높은 울름 성당의 첨탑 꼭대기까지 768개의 계단을 오르려면 각오를 단단히 해야 한다. 이 성당은 높이가 161m나 되며 정상에서 근사한 전경을 감상할 수 있다. 맑은 날에 펼쳐지는 알프스의 전경은 정상에 오르느라 지친 이들에게 큰 즐거움을 선사한다.

`Planning` 매년 12월이 되면 성당 밖의 광장에는 크리스마스 장을 구경하는 쇼핑객들로 북적인다. www.tourismus.ulm.de

❽ 세인트 메리 교회 University Church of St. Mary 잉글랜드_옥스퍼드

이 교회는 1280년에 만들어진 것 오래된 건물이다. 고딕양식의 작은 뾰족탑으로 꾸며진 화려한 장식의 첨탑은 14세기에 만들어진 것이다. 124개의 계단을 올라 첨탑 정상에 서면 전경이 그림처럼 펼쳐진다.

`Planning` 탑 아래 성모자상을 찾아보자. 이곳에는 크롬웰(Cromwell) 휘하의 병사들이 쏜 총탄 자국이 있다. www.university-church.ox.ac.uk

❾ 솔즈베리 대성당 Salisbury Cathedral 잉글랜드

1258년에 완공된 장엄한 솔즈베리 대성당에는 영국에서 가장 높은 석조 첨탑이 있다. 이 첨탑은 123m 높이에 약간 기울어져 있고, 존 콘스타블(John Constable)의 그림의 소재가 되기도 했다.

`Planning` 이곳은 영국에서 가장 큰 회랑이 있다. www.salisburycathedral.org.uk

❿ 하산 2세 모스크 Hassan II Mosque 모로코_카사블랑카

카사블랑카에는 210m에 달하는 세계 최대의 첨탑이 서있다. 독특한 형태의 녹색 타일이 꼭대기를 장식하고 있고 매일 밤 레이저 불빛이 메카로 가는 길을 알려준다.

`Planning` 무슬림 신자가 아닌 경우 가이드를 동반한 투어를 통해서만 사원에 들어갈 수 있다. www.visitmorocco.com

불교의 영향을 받은 힌두교의 드라비다 건축에는 복잡한 형태의 석조 조각이 많다.
바위에 새긴 실물 크기의 코끼리 위로 춤추는 신들이 날아다니고 있다.

인도

마하발리푸람 해안 사원 Mahabalipuram Shore Temple

드라비다 건축양식의 걸작인 이 사원은 오랜 세월 동안
고운 모래 밑에 갇혀 있다가 최근에야 모습을 드러냈다.

    2004년 12월, 인도 타밀 나두(Tamil Nadu) 주 남단 근처에 위치한 마하발리푸람(Mahabalipuram)에서 기적이 일어나는 듯했다. 쓰나미가 해안지대를 덮쳐 모래가 씻겨 내려가면서 1.8미터 높이의 정교하게 세공된 수백 년 전 조각상들이 출토된 것이다. 코끼리의 머리, 날고 있는 말, 금방이라도 달려들 것 같은 사자상 등이 모습을 드러냈다. 어부들은 범람했던 인도양 바닷물이 먼 바다로 후퇴할 때 옛날에 사라진 도시의 유적과 예전에 이 해변가에 늘어서 있었다고 전해지는 전설 속의 7탑(七塔)도 나타났었다고 주장한다. 마하발리푸람은 전설로 이루어진 도시이다. 고전적인 드라비다 건축양식을 창시한 '팔라바 왕조'가 7세기에 이 항구도시를 건설했다. 그리고 정성을 들여 힌두 사원을 짓고 돌을 깎아 탑을 쌓았다. 전설에 따르면 그 규모가 하도 크고 화려해서 신들이 질투하게 되었고 급기야 바닷물을 범람시켜 도시의 대부분을 휩쓸어 버렸다고 한다. 지금은 카주아리나나무와 야자수 사이에 약간의 유적이 남아 있어서 해마다 수천 명의 순례자와 관광객들을 매료시키고 있다.

마하발리푸람에서는 거의 40점에 달하는 갖가지 형태의 유적을 볼 수 있다. 그중에는 '크리슈나의 버터볼 (Krishna's Butter Ball)'이라고 알려진 흔들바위와 힌두교의 서사시인 '마하바라타(Mahabharata)' 속 주인공의 이름을 따라 지은 '아르주나의 고행'이라는 세계 최대 규모의 야외 부조 작품도 있다. 마을 곳곳을 걸어다니다 보면 마하발리푸람의 소리를 들을 수 있다. 바로 파도 소리와 더불어 장인들이 사원의 미니 복제품을 만들며 내는 화강암 다듬는 소리이다.

When to go 11월~3월 사이의 겨울이 가장 방문하기 좋을 때이다. 대부분의 유적을 모두 둘러보려면 한나절 정도 걸린다. 12월~2월 사이에 가면 아르주나의 고행 부조를 배경 삼아 벌어지는 유명한 댄스 페스티벌을 볼 수 있다.

Planning 퐁디셰리(Pondicherry), 칸치푸람(Kanchipuram), 쳉갈파투(Chengalpattu) 및 첸나이(Chennai)에서 매일 운행하는 버스 편이 있다. 첸나이에서는 택시를 전세낼 수도 있다. 택시로는 약 1시간 반 정도 걸린다. 수영복을 가져가서 바다에 들어가도 좋다. 그 지역 장인들의 석조 공예 수업을 들을 수도 있다.

Websites www.mahabalipuram.co.in, www.asi.nic.in, www.orientalarchitecture.com

- 고고학자들은 아직도 전설 속의 7탑이 실존했는지 여부를 밝혀줄 결정적인 증거를 찾고 있다. 실제로 존재했다면 '해안 사원'은 신들의 분노에도 불구하고 살아남은 바다 위의 유일무이한 사원이 될 것이다. 파도가 높을 때는 사원 벽까지 밀려올 정도다. 바다와 가까워 해안 사원이라는 이름이 붙게 된 이곳은 남인도에서 가장 오래된 석조 사원이다.

- 7세기 중반에 제작된 판차 라타(Pancha Ratha)는 각기 분홍색의 거대한 화강암 하나를 전차 형태로 깎아 만든 사원이다.

- '강가(갠지스 강)의 하강'이라고도 알려져 있는 길이 29m, 높이 13m의 아르주나의 고행 부조는 천계의 정령, 코끼리, 원숭이 및 기타 여러 동물 등 약 150가지의 형상이 아르주나를 쳐다보는 장면을 묘사한 것이다. 아르주나는 마하바라타 서사시의 주인공으로 고행의 요가 수행 자세를 취하고 있다.

미낙시 사원에는 화강암으로 만든 12개의 고푸람(gopuram, 탑)이 있다. 치장 벽토로 만든 신들을 비롯한 신화 속 동물들의 채색 조각상이 장식돼 있다.

인도

스리미낙시 사원 Sri Meenakshi Temple

유쾌하게 무질서한 이 힌두 사원은 숭배의 장소일 뿐 아니라 상업의 중심지이기도 하다.

적어도 서기 550년부터 존재해 온 마두라이(Madurai)는 사원으로 가득한 도시이다. 이곳에는 신화와 역사, 상업이 완벽하게 어우러져 있다. 그리스와 로마, 이슬람과 영국의 영향을 받기는 했지만 아직까지 힌두 타밀(Hindu Tamil) 문화가 이곳을 지배하고 있다. 또한 시바 신의 아내인 여신의 사원이 마두라이 주민들의 마음을 사로잡고 있다. 그러다 보니 사원은 항상 이 도시의 중심이 되었다. 시간 여유를 충분히 갖고 요새 같은 성벽과 높다란 장식 탑이 있는 6헥타르 규모의 사원 경내를 거닐어 보자. 입구 근처에 있는 '황금백합연못' 주변의 회랑에는 고대 타밀의 서사시에 등장하는 장면을 흥미진진하게 그려 놓은 벽화가 있다. 전설에 따르면 아주 먼 옛날에 타밀 상감(Tamil Sangam)이라고 하는 타밀 문학 아카데미가 정기적으로 개최되었다. 시인들은 평가를 받기 위해 자신의 작품을 연못 속에 던져 넣었다. 이때 훌륭한 작품은 수면 위에 떠있고 그렇지 못하면 밑으로 가라앉았다고 한다. 사원 주변에는 거대한 기둥과 소규모의 제단 및 홀이 많이 모여 있다. 도시 속의 도시인 스리미낙시는 결혼식을 올리는 사람들부터 집요한 팔찌장수, 손금 봐주는 사람까지 각양각색의 사람들로 늘 분주하다.

When to go 12월부터 2월까지의 겨울이 방문하기 가장 좋은 시기이다.

Planning 사원 주변만 둘러보려면 3시간 정도면 충분하지만 마두라이까지 제대로 보려면 하루나 이틀은 걸린다. 항공, 철도, 도로 교통편 모두 잘돼 있다. '황금사각형순환철도(The Golden Quadrilateral Railroad)' 및 4차선 고속도로가 마드라스까지 이어져 있다. 방갈로르(Bangalore), 첸나이(Chennai), 뭄바이(Mumbai)에서는 항공편으로 갈 수 있다. 공항에서 시내까지는 13킬로미터 거리이고 머지않아 국제선도 취항할 예정이다. 이곳은 전통문화가 우세한 곳이다. 반팔 옷, 반바지 등 맨살이 드러나는 옷을 피한다. 특히 사원을 방문할 때 더욱 유의한다. 사원 안에는 신발을 벗고 들어간다. 혼잡을 피하려면 이른 아침이나 저녁 늦게 방문한다. 사원 안에는 힌두교도가 아니면 입장이 불가한 곳도 있다.

Websites www.maduraimeenakshi.org, www.madurai.com

- 1,000개의 기둥이 있는 거대한 홀에 들어서면 치장 벽토로 만든 독특한 조각 작품이 있다. 기둥마다 제각기 다른 형상이 정교하게 조각되어 있다. 또 기둥을 살짝 건드리면 각기 다른 음의 소리를 내기도 한다.

- 마두라이에 있는 유일한 모스크인 '카지마르 대 모스크'를 찾아가 보자. 사원에서 1km 정도 떨어져 있다. 현자였던 '쿠판디안 왕'이 12세기 후반에 지은 곳이다.

- 마두라이는 자스민 거래로 유명하다. 도시 근교의 코다이카날 산기슭에 있는 자스민 농장에 들러 보자. 수확을 앞두고갓 부풀기 시작한 섬세한 흰 봉오리가 들판에 가득하다.

- 마두라이 아침 꽃시장이 열리면 수천 톤에 달하는 향기롭고 화려한 색의 허브와 꽃을 팔기 위해 몰려든 2,000여 명의 농부들이 좁은 골목을 가득 메운다.

해가 뜨면서 황금빛의 쉐다곤 불탑이 강렬하게 빛나고 있다.

미얀마

쉐다곤 파고다 *Shwedagon Pagoda*

금으로 덮여 있고 꼭대기는 보석으로 치장한 황금 돔이 도시 위에 우뚝 서있다.

아시아에서 제일 뛰어나고 가장 호화로운 불교 유적으로 아마도 거대한 황금 불탑(파고다) 쉐다곤이 최고일 것이다. 이 화려한 불탑이 양곤의 희뿌연 하늘 위로 우뚝 솟아 크고도 아름다운 자태를 뽐내고 있다. 지구상 어디서도 이보다 이목을 끄는 건축물을 찾기 힘들다. 확실하지는 않지만 쉐다곤의 건립 시기도 놀랍기 그지없다. 전설에 따르면 약 2,500년 전, 붓다 생전에 지어진 것이라고 하지만 고고학자들은 그보다는 1,000년 이상 나중에 세워진 것으로 보고 있다. 이 성지는 미얀마 불교도들의 삶에 크게 영향을 미치고 있으며 이른 아침부터 늦은 저녁까지 항상 붐빈다. 2007년에 정부가 사원을 탄압한 이후로 그 수가 줄어들기는 했어도 승려와 순례자들의 행렬은 끊이지 않고 있다. 이들은 쉐다곤 불탑 주위를 돌고, 수없이 많은 선사와 불당에서 기도를 드린다. 승려들의 단조로운 염불 소리와 자극적인 향 연기가 주위를 가득 메운다.

When to go 11월~2월까지는 건조하고 서늘해서 여행하기 가장 좋다. 3월~5월까지는 무더위가 심하며, 6월~10월 사이는 매우 습하고 폭우도 잦다.

Planning 쉐다곤 불탑을 둘러보는데 3시간 정도 걸린다. 개방시간은 오전 4시(외국인은 오전 6시)부터 오후 10시까지이다. 2007년에 이곳은 반정부 저항의 중심지였다. 수많은 승려들이 체포되거나 도주했다. 민주적으로 총리에 선출된 아웅산 수치(Aung San Suu Kyi) 여사는 무자비한 독재 정권이 관광 수익으로 버티고 있으므로 미얀마 관광을 자제하고, 이 나라의 독재 정치를 거부해 줄 것을 촉구했다. 사원을 방문할 때는 점잖은 옷차림을 해야 한다. 안에 들어갈 때는 신발도 벗어야 한다.

Websites www.shwedagonpagoda.com, www.burma campaign.org.uk, www.shwedagon.org

■ 수천 개의 순금판이 110m 높이의 불탑을 뒤덮고 있다. 잉글랜드은행이 보유한 금보다도 많은 양이라고 한다. 이 첨탑에는 5,000점이 넘는 다이아몬드와 2,000여 점의 루비와 사파이어가 박혀 있다.

■ 3월 보름날 거행되는 '쉐다곤 파고다 축제' 때가 방문하기 가장 좋다. 이 축제는 신도들이 사원의 유지를 위해 승려들에게 시주하는 의식으로 승려들은 저녁 때 촛불 아래서 유난히 화려하게 빛나는 사원을 말끔하게 단장한다.

■ 사리탑의 8각형 기단의 경계를 이루는 넓은 테라스는 대리석으로 만든 것이다. 순례자들이 하도 많이 드나들어 4개의 주 출입구 부분은 닳아버린 상태이다.

■ 양곤에 며칠 머물면서 전과 다른 시간대에 쉐다곤으로 가서 시시각각 달라지는 불탑의 색깔 변화를 감상해 보자. 이른 아침 시간의 쉐다곤 불탑이 가장 아름답다.

키지 섬의 목재 성당은 18세기에 이곳을 지은 목수들의 뛰어난 솜씨와 기술이 빚어낸 놀라운 작품이다.

러시아

키지 섬 *Kizhi Pogost*

작디작은 이 섬 안에 카렐리아족이 남긴 훌륭한 건축물이자
러시아 최고의 눈부신 종교 건축물들이 자리잡고 있다.

러시아 오네가 호수(Lake Onega)에 떠있는 아주 작은 키지 섬에 여러 개의 돔을 얹은 목재 성당 두 채와 8각 종탑이 모여 있다. 이 건물들은 18세기에 이곳을 지은 카렐리아 목수들의 뛰어난 건축, 공학적 기술과 창의력이 총망라된 불후의 역작이다. 그중에서도 1714년에 완공된 37미터 높이의 '예수변모 성당(Church of the Transfiguration of the

Savior)'이 가장 시선을 끈다. 피라미드 꼴이 되도록 건축가들은 통나무를 사용해 위로 갈수록 작아지게 8면체 3단 구조로 쌓아올렸다. 목재는 소나무를 사용했으며, 쇠못을 전혀 쓰지 않고 나무에 홈을 내 짜맞추는 방식과 손으로 직접 깎아 만든 나무 못을 써서 이어 주었다. 불룩한 통 모양의 '보치카(bochka)' 지붕은 장식적일 뿐 아니라 기능적이기도 하다. 이 지붕이 다양한 크기의 돔 22개를 지탱해 주는 것이다. 각 돔에는 얇은 사시나무 널빤지가 겹겹이 덮여 있는데 오랫동안 비바람을 견디면서 광채나는 은색으로 변했다. 또 다른 하나는 '마리아보호 성당(Church of the Intercession)'이다. 1794년에 지어진 직사각형 모양의 이 성당은 규모가 크고 화려한 예수변모 성당이 추운 겨울이면 난방 비용이 너무 많이 들어 이를 대신해 겨울에 사용하기 위해 지은 것이다. 변모 성당의 건축 스타일에 맞추기 위해 전통적인 텐트 지붕 대신 9개의 돔을 얹어 '사각형 위에 얹은 팔각형' 건물 형태를 이루고 있다.

■ 세심하게 복원된 이코노스타시스(iconostasis, 신자석이 있는 신랑(身廊)과 제단 안의 성소를 분리하는 칸막이)가 '마리아보호 성당'의 수수한 내부에 생기를 불어넣고 있다. 여기에 키지 섬과 자오네제(Zaonezhye) 제도의 다른 여러 섬에서 17세기~19세기에 제작한 뛰어난 이콘이 걸려 있다.

■ '키지 야외박물관'에서 키지 섬의 독특한 민속 건축에 대해 알아 보자. 이곳에는 카렐리아족의 전통 가옥과 농경 건축물, 러시아에서 가장 오래된 목조 성당 등이 전시돼 있다. 모두 러시아에 속한 카렐리아 지방 전역에서 수집해 온 것이다.

When to go 키지 박물관 보호구역(Kizhi museum-reserve)은 5월 하순부터 10월 중순 사이에 매일 오전 9시~오후 8시까지 개방한다. 이곳을 둘러보는 데는 3시간 정도 걸리지만 쾌속선을 타고 섬까지 왕복하려면 거의 하루 종일 걸린다.

Planning 페트로자보츠크(Petrozavodsk)에서 출발하는 쾌속선을 타려면 미리 예약하자. 키지 섬까지 1시간 좀 넘게 걸린다. 1월 첫째 주에는 섬을 둘러보는 프로그램이 시행된다. 헬리콥터를 타고 들어갈 수 있으며 섬 관광부터 카렐리아 음식 맛보기, 민속놀이와 러시아 휴일의식까지 다양한 행사에 참여할 수 있다. 키지의 겨울은 혹독하게 춥고 주민들도 겨우 50명 정도밖에 안되지만 여름에는 관광객들로 섬이 가득 찬다.

Websites www.kizhi.karelia.ru

아름답기 그지없는 프레스코화가 성모승천 성당의 내부를 가득 채우고 있다. 이곳은 축조된 이래로 러시아 최고의 건축가와 예술가들을 매료시켜 온 곳이다.

러시아

성모승천 성당 *Cathedral of the Assumption*

크렘린에서 가장 오래되고 중요한 이 성당은 수 세기 동안
러시아 정교의 본산이었을 뿐 아니라 러시아 역사의 중심 역할까지 해왔다.

모스크바 크렘린의 성당 광장에는 석회암으로 지은 '성모승천 성당(Cathedral of the Assumption)'이 있다. 장중한 외부와는 다르게 성당의 내부는 화려하기 짝이 없다. 이 탈리아 건축가인 아리스토틸레 피오라반티(Aristotile Fioravanti)가 1475년부터 1479년 까지 지은 이 성당은 수 세기 동안 러시아를 대표하는 성당이었다. 다섯 개의 돔으로 이루어진 성당 안으로 들어가면 금박을 입힌 벽 전체에 화려한 색채의 종교 프레스 코화가 그려져 있다. 거대한 기둥과 주요 돔의 내부도 마찬가지이다. 제단 안의 성소

와 신자석이 있는 신랑을 분리하는 칸막이로, 여러 단으로 구성된 16미터 높이의 이코노스타시스(iconostasis, 신자석이 있는 신랑(身廊)과 제단 안의 성소를 분리하는 칸막이)가 수백 년 된 이콘으로 장식되어 있다. 이 이콘에는 성서 속 이야기와 성자, 축일과 관련된 이야기가 주로 묘사되어 있으며, 특히 이 성당을 봉헌한 대상인 성모 마리아의 승천이 유명하다.

시간 여유를 갖고 12세기 초의 여러 작품과 15세기 후반의 걸출한 성상학자인 디오니시우스(Dionysius)의 작품을 감상해 보자. 그는 모스크바 마니에리즘(mannerism)양식으로 수많은 회화 작품을 남겼다. 이러한 위용 덕에 대관식이나 황실 결혼식 등의 공식 행사는 으레 이 성당에서 거행되었고, 총주교와 대주교들도 이곳에 매장되었다. 화려하게 장식한 관이 안치되어 있는 묘지는 그 자체가 예술 작품이다. 16세기에 돌로 만든 총주교의 의자와 모노마흐(Monomakh, 키예프 공국의 대공, 블라디미르 2세라고도 한다)의 차양 덮은 왕좌, 러시아 최초의 차르인 이반 대제를 위해 나무를 조각해 만든 기도용 의자 등도 훌륭한 예술 작품이다.

■ 성당에서 가장 추앙받는 예술 작품 중에는 1479년, 성당 봉헌에 맞춰 제작된 프레스코화 '성모 마리아의 승천(The Assumption of the Holy Virgin)'과 12세기 초에 제작된 '성 게오르기우스(St. George)' 이콘이 있다.

■ 머리 위에 걸려 있는 12개의 금도금된 화려한 샹들리에도 챙겨 보자. 이 중에는 46개의 촛대가 달린 '하베스트 샹들리에'도 있다. 1812년에 나폴레옹 보나파르트에게 약탈당했다가 나중에 되찾은 것이다.

■ 시간을 좀 더 할애해 크렘린의 다른 명소들도 둘러보자. 15세기부터 17세기까지 지어진 성당들, 16세기에 성당의 종탑으로 세워진 '이반 대제 종루', 러시아 국보가 보관된 '무기고 박물관' 등이 대표적이다.

When to go 성모승천 성당을 비롯해 크렘린은 매주 목요일을 제외하고 오전 10시~오후 5시까지 문을 연다. 공식 행사가 있는 경우에는 문을 닫는다.

Planning 둘러보는 데 2~3시간 정도 걸린다. 아예 하루 종일을 잡고 무기고 박물관(Armory Chamber)을 비롯한 다른 건물들도 둘러보자. 크렘린 입장권, 성당, 박물관 입장권은 별도로 구입해야 한다. 주 매표소는 크렘린 서쪽켠의 알렉산드로프 정원에 있다. 안내인 없이 관광하는 경우 영어로 된 오디오 가이드를 빌릴 수 있다. 성당 내부는 사진 촬영이 금지돼 있다.

Websites www.kremlin.ru, www.kreml.ru

파나기아 포르비오티사의 성당 돔을 장식하고 있는 프레스코화는 천사와 복음서 저자들에게 둘러싸인 그리스도가 이스라엘의 12지파를 심판하려는 장면을 묘사한 것이다.

> 키프로스

트로도스 벽화 성당군 Painted Churches of Troödos

트로도스 산(Troödos Mountains)에 위치한 벽화 성당에는 이곳을 장식한 수도사들의
예술적 재능과 신앙심이 감동적으로 드러나 있다.

중세 초기에 그리스 정교의 수도사들은 속세의 유혹을 피하기 위해 트로도스 산으로 들어와 은거했다. 비록 무소유로 속세를 떠나 왔지만 그림 그리는 솜씨까지 잊지는 않았다. 그들은 1,000년이 넘도록 지중해 지역에서 가장 생동감 넘치는 예술작품을 창조했다. 믿기 힘들 정도로 세세한 프레스코화와 살아 있는 듯한 이콘은 현재 키프로스의 국보로 지정돼 있다. 키코스(Kykkos)처럼 분주한 수도원부터 파나기아 포르비오티사(Panagia Forviotissa) 같은 작은 시골 성당까지 어디를 가도 기독교 성자나 성서 속 장면을 매우 세련된 비잔틴양식으로 묘사한 그림을 볼 수 있다. 또 붓으로 섬세하

게 금박을 입힌 작품도 있다. 수도사들은 회반죽을 칠한 벽과 아치에 프레스코화를 그리고 나무판에는 이콘을 그렸다. 공이 많이 드는 이코노스타시스를 제작할 때는 단체로 작업하기도 했다.

트로도스에서 가장 규모가 크고 장식도 제일 많은 키코스 수도원은 프레스코화로 넘쳐난다. 11세기에 지어진 산꼭대기 은둔처에는 황금색 이코노스타시스가 있는 커다란 성당과 풍부하게 장식해 놓은 회랑이 있는 넓은 수도원 구역이 있다. 성 루가(St. Luke)가 그린 것으로 추정되는 '가장 자비로우신 성모(Most Merciful Virgin)' 이콘은 기적을 행한다고 한다.

When to go 고도가 최대 1,950미터에 이르는 트로도스 산의 기후는 햇살 따가운 키프로스 섬 해안 기후와는 다르다. 여름은 비교적 온화하고 가끔 눈이 내리는 겨울은 놀랍도록 상쾌하다. 눈부실 정도로 초목이 무성한 가을에는 와인 축제가 열리기도 한다.

Planning 트로도스 수도원은 예술품 수집광뿐 아니라 와인 애호가들에게도 매력적인 곳이다. 최근 발굴 작업을 통해 키프로스 섬에서는 적어도 기원전 3500년 이전부터 와인을 만들었다는 사실이 밝혀졌다. 키프로스 섬은 이름 있는 와인으로 세계에서 가장 오래된 코만다리아(Commandaria)의 본산지로 십자군 원정 때부터 계속해서 생산해 오고 있다. 지금도 수많은 와이너리에서 손님을 맞이하며 시음과 판매를 계속하고 있다. 키코스 수도원에서는 와인 숍을 운영하고 수도원 밖에도 야외 판매대를 마련해 놓고 있다. 트로도스 산 서쪽 비탈에 자리한 파나기아 크리소로기아티사(Panagia Chrysorrogiatissa)에서도 와인을 판매한다. 플라트레스(Platres)와 카코페트리아(Kakopetria)의 리조트에는 다양한 종류의 호텔이 있다.

Websites www.visitcyprus.com, www.kykkos-museum.cy.net, www.cypruswinemuseum.com

■ 키코스에서는 보유하고 있는 가장 값진 이콘들을 현대식 조명과 온도 조절기가 설치된 박물관에 전시하고 있다. 수도원 뒤로 펼쳐진 소나무로 덮인 산허리에서 보면 트로도스의 경치가 한눈에 펼쳐진다.

■ 파포스(Pafos) 항구 근처에 있는 카토 파포스(Kato Pafos)는 로마시대 때 지어진 곳으로, 매우 정교하고 역동적인 바다 모자이크가 있다.

■ 12세기에 지어진 석조 성당 '파나기아 포르비오티사'에는 비잔틴양식의 프레스코화와 이콘이 많이 남아 있다. 이 중에는 '최후의 심판'을 놀라울 정도로 사실적으로 묘사한 작품도 있다.

260개의 스테인드글라스 창을 통해 빛이 쏟아져 들어와 색이 달라 보이기는 하지만 블루 모스크라는 이름은 화려하게 장식된 실내에 붙여 놓은, 손으로 채색한 이즈닉 타일의 주요 색상에서 유래했다.

터키

블루 모스크 *Blue Mosque*

한때 이슬람 최고의 성지에 필적할 정도였던 이스탄불의 블루 모스크는
이슬람 건축을 대표하는 세계 최고의 걸작품 중 하나이다.

    육중하고 화려한 블루 모스크, 즉 술탄 아흐메드 모스크(Sultan Ahmed Mosque)가 이스탄불의 하늘을 지배하고 있다. 하늘을 찌를 듯 솟아 있는 6개의 미나레트(minaret, 첨탑)가 햇빛을 받아 은빛으로 빛난다. 원래 이 모스크는 북쪽으로 지척에 있는 웅장한 하기아 소피아 대성당(Church of Hagia Sophia)에 대적하기 위해 술탄 아흐메드 1세의 명으로 1609년에서 1617년 사이에 지어진 것이다. 그런데 기독교계에서 가장 신성한 성당과의 대적으로도 모자라 이슬람 최고의 성지인 메카의 모스크와도 최고 우위를 겨루는 모양이 되고 말았다. 당시에 미나레트가 6개인 모스크는 메카의 모스크밖에 없었던 것이다. 자칫 불경이 될지 모를 일을 무마하기 위해 술탄은 메카에 7번째 미나레트를 조성할 기금을 마련했다. 안타깝게도 아흐메드 1세는 블루 모스크의 개회식

이스탄불의 블루 모스크보다 미나레트의 수가 많은 모스크는 세계적으로 몇 군데 없다.

을 마치고 얼마 안 있어 실제 완공된 모습은 보지도 못한 채 겨우 27세의 나이로 티푸스에 걸려 죽고 말았다.

블루 모스크의 드넓은 안마당을 거닐다 보면 아치와 돔, 세미돔이 사방으로 나있다. 이렇게 계단처럼 이어져 내려오게 건물을 조성한 것이 그저 인상적으로 보이는 것만은 아니라는 것을 고요한 사원 안으로 들어가면 알 수 있다. 그 덕에 거대한 기둥과 스테인드글라스 창이 있는 내부가 넓어질 수 있었던 것이다. 실내에는 블루 모스크라는 별칭이 붙게 한 푸른 색조의 타일을 수만 장이나 붙여 놓았다. 자기로 만든 백합과 튤립, 나무, 추상적 문양의 타일이 밝은 푸른색과 초록색으로 소용돌이치며 상층부 표면을 가득 메우고 있다.

When to go 봄가을이 날씨가 좋다. 뜨거운 여름과 혼잡한 인파를 피해 4월 중순~6월 초, 또는 9월과 10월 사이에 방문한다.

Planning 서두르지 말자. 안마당은 앉아서 쉬면서 이곳 분위기에 흠뻑 취하기에 더 없이 좋은 곳이다. 밤에 방문하면 낮과는 전혀 다른 모습을 경험할 수 있다. 비이슬람교도들은 하루에 다섯 번 거행되는 약 30분 정도의 기도 시간 동안은 모스크에 입장할 수 없다. 금요일 점심기도 시간과 이슬람 축일은 가장 붐비는 때로 모스크가 1시간 정도 문을 닫을 수 있다. 모스크에 입장하려면 적절한 옷차림을 해야 한다. 아니면 입구에서 숄을 빌리면 된다. 겨울에는 건물 안이 무척 추우므로 따뜻하게 입는다. 사원에 들어갈 때는 신발을 벗어야 하므로 여벌의 양말을 신도록 한다.

Websites www.istanbul.com, www.turkeytravelplanner.com

- 2만 장이 넘게 붙어 있는 타일 수를 세어 보자. 이 타일은 유명한 이즈닉(iznik)의 가마에서 생산한 것이다.

- 밤에 찾아가 보자. 여름에는 모스크 건립에 관한 이야기를 각색한 '송 에 뤼미에르(son et lumiere, 빛과 소리)' 공연이 무료로 펼쳐진다. 공연은 밤마다 각기 다른 언어로 진행된다.

- 건물을 제대로 감상하려면 옛 경기장 자리였던 '히포드롬 광장' 서쪽에서 출발해 천천히 모스크로 향한다. 첫번째 문으로 들어서면 안마당이 나온다. 모스크의 웅대한 지붕이 눈에 들어오고 한 걸음씩 내디딜 때마다 돔이 차례로 나타난다.

- 고개를 들어 위를 바라보자. 가늘고 우아한 미나레트 6개가 하늘을 찌를 듯 솟아 있다.

- 메카의 방향을 가리키는 기도 벽감인 미흐라브에는 메카에 있는 카바에서 가져온 신성한 검은 돌조각 일부가 들어 있다.

| 체코 |

올드뉴 시나고그 *Old-New Synagogue*

신화에 나오는 골렘(Golem)의 고향인 이 작은 회당은 1270년경부터 프라하에 사는 유대인들의 예배 중심지였다. 중세식 이중 신랑 구조로 된 현존하는 가장 오래된 시나고그이다.

수많은 사연과 전설을 간직한 채 오랜 세월 동안 프라하의 심장부에 자리한 올드뉴 시나고그는 유대인들의 신앙과 시련이 생생히 스며 있는 상징적 장소이다. 스타로노바 시나고가(Staronová Synagoga) 또는 알트노이슐(Altneuschul)이라고도 하는 이곳은 독특한 톱니 모양의 박공이 달린 가파른 지붕의 고딕식 건물로, 유럽에서 지금까지 운영되는 시나고그 중 가장 오래된 곳이다.

1941~1945년까지의 나치 점령기를 제외하고 유대인들은 700년이 넘게 이중 신랑 구조로 이루어진 이 작은 회당에서 예배를 드렸다. 내부에서 눈길을 끄는 곳은 토라를 강독하는 높은 단인 중앙의 '비마'로, 후기 고딕양식의 창살로 둘러싸여 있다. 그 옆으로 둥근 천장을 받치고 있는 두 개의 커다란 기둥이 세워져 있다. 동쪽 벽에는 5층 계단 위에 토라를 모셔둔 고딕식 석관이 놓여 있다. 이름에 관한 가장 유력한 설

시나고그 주 출입구 위에 새겨진 다윗의 별.

기도 연단에 놓여 있는 '시비티'라고 하는 화려한 장식판에는 시편의 글귀가 적혀 있다. '내가 여호와를 항상 내 앞에 모심이라.'

명에 따르면 이곳은 1270년경에 조성되면서 뉴 시나고그란 이름이 붙었다고 한다. 그런데 몇 세기가 지나 인근에 새로운 시나고그가 건립되면서 지금처럼 이상한 이름을 얻게 되었다는 것이다. 프라하의 유대인 지구에서 항상 핵심적인 회당의 자리를 차지했던 이곳은 숱한 파괴를 이겨내며 수많은 전설을 낳았다. 그중 하나가 비둘기들이 날개를 펄럭여 이곳에 발생한 화재를 막았다는 것이다. 16세기의 유명한 랍비인 예후다 뢰프 벤 잘렐(Jehuda Löw ben Bezalel)이 유대인을 보호하기 위해 인조 인간인 골렘을 창조했다는 이야기도 있다. 괴물이 미쳐 날뛰자 랍비는 이 괴물을 불구로 만들어 잠재운 다음 시나고그의 다락방에 숨겨 놓았다고 한다.

When to go 토요일과 유대교 축일에는 관광객들에게 시나고그를 개방하지 않는다.

Planning 유대인 구역인 요세포프(Josefov)는 프라하에서 가장 인기 있는 관광 명소이다. 유대인 구역 투어를 전문으로 제공하는 여행사가 몇 군데 있다. 중견 여행사로 비트만 여행사(Wittmann Tours)와 프레셔스 레거시 여행사(Precious Legacy Tours)가 있다. 올드뉴 시나고그는 유대인 박물관에 속한 곳이 아니므로 입장권을 따로 구입해야 한다. 오전이나 오후 시간을 전부 내서 시나고그와 프라하의 유대교 유적들을 방문해 보자. 하루 종일 둘러봐도 부족하다고 느낄 수도 있다. 남자들은 시나고그 안에서 반드시 모자를 써야 한다. 안식일과 유대교 축일에 예배를 드린다. 남자와 여자가 따로 기도를 드린다. 여자들은 별도의 공간에서 예배를 드리며 두꺼운 벽에 난 좁고 깊은 구멍을 통해서만 제단을 볼 수 있다. 방문객은 시나고그에 들어가기 전에 보안 검사를 거쳐야 한다.

Websites www.synagogue.cz, www.jewishmuseum.cz, www.legacytours.net, www.wittmann-tours.com

- 출입구 위의 고딕식 아치에 13세기에 조각된 포도 덩굴 장식이 있다. 아치 위 3각형의 홍예벽은 이스라엘의 12지파를 상징한다고 한다.

- 비마 위에 있는 빳빳한 붉은색 깃발은 1716년에 만들어졌다. 이보다 훨씬 전에 제작된 것을 복원한 펜던트 장식에는 프라하 유대인 공동체의 유서 깊은 상징인 다윗의 별과 한때 프라하의 유대인들이 반드시 써야 했던 뾰족한 모자가 그려져 있다.

- 요세포프에 있는 옛 시나고그 중 몇 군데는 프라하의 유대인 박물관으로 쓰이고 있다. 프라하 유대인들의 역사와 전설, 전통을 상세히 알려주는 전시물들은 '귀중한 유산'으로, 세계에서 가장 방대한 유대교 문헌 컬렉션을 이루고 있다.

- 유대인 박물관의 일부로, 몇 걸음 떨어진 곳에 있는 구(舊) 유대인 묘지에 꼭 가보자. 우아하게 조각된 약 1만2,000개의 고색창연한 묘비들은 수 세기 동안 예술가와 낭만주의자들에게 깊은 영감을 주었다.

정통파의 관습에 따라 올드뉴 시나고그의 주 제단은 남자들만 입장할 수 있다. 여자들은 옆으로 난 회랑에서 예배를 드린다.

> 그리스

성 게오르게 성당 St. George's Church

인적이 거의 없는 마을로 현재 복원 중인 미스트라스(Mystras)는
동로마제국의 건축과 신앙의 기념비 같은 곳이다.

    그리스 펠로폰네소스 반도의 라코니아(Laconia)에 있는 미스트라스는 이름에서부터 신성함과 비밀스러움이 묻어난다. 비옥한 고원지대에 위치한 미스트라스에는 엄청나게 많은 그리스 정교회의 성당과 예배당이 반쯤 파괴되거나 아름답게 복원된 모습으로 미로처럼 뻗어 있는 수풀이 무성한 오솔길에 늘어서 있다.
    사람이 거의 없어 유령 마을 같은 이 동로마제국의 도시는 원래 매우 세속적인 의도에서 탄생했다. 13세기 초에 모레아 공국을 수호하기 위한 세 개의 거대한 요새 중 하나로 건설된 것이다. 그러다가 14세기 중반부터는 예술가와 학자, 신학자들의 피난처가 됐다. 또한 1460년까지 오스만튀르크의 통치에 저항했던 동로마제국의 귀족 전사들에게도 마찬가지였다. 이곳은 불과 200년 전까지만 해도 번영하던 도시였

원래 개인 소유의 예배당이었던 성 게오르게 성당은 14세기 후반에 조성된 것으로 추정된다.

지만 지금은 그리스 정교회 중에서도 구 시대의 달력인 율리우스력을 쓰는 소규모 교파 소속의 수녀들만 거주하고 있을 뿐이다. 그러나 미스트라스의 황금기에 지어진 성당 중 상당수는 그대로 남아 있다. 그중에서도 1953년에 복원된 '아기오스 게오르기오스(Agios Georgios, 성 게오르게) 성당'이 가장 전형적인 형태의 성당일 것이다. 원래는 오래전에 잊혀진 귀족 가문의 예배당이었던 이 성당은 동로마제국 말기의 전형적인 장식벽돌 축조 기법으로 건물을 짓고 아치형 지붕을 얹어 놓았다. 지금은 성당 안에 거의 아무것도 없다. 현대 들어 제작한 성 게오르게의 이콘 앞에 놓인 몇 점의 가느다란 초만 타고 있을 뿐이다. 보통 백마를 탄 채 똬리를 틀고 있는 검은색 날개 달린 용에게 창을 내리꽂는 모습으로 묘사되는 성 게오르게는 그리스에서 영웅시되는 위대한 성자 중 한 명이다. 이 성당에서 미스트라스가 마지막 영광을 누리던 날들의 모습을 느낄 수 있다.

■ 1428년에 지어진 '판타나사(Pantanassa)'는 이 마을에서 가장 나중에 생긴 성당이다. 지금은 친절한 수녀들이 있는 소규모 수녀원이다. 〈그리스도의 지옥 강림〉, 〈라자로의 부활〉을 비롯해 비교적 보존 상태가 좋은 프레스코화가 남아 있다.

■ 한때는 부유했던 13세기의 '브론토키온(Vrontochion) 수도원'은 수많은 돔 덕분에 이 지역에서 가장 눈에 띄는 랜드마크이다.

■ 현재 복원 중인 드넓은 총독 궁전의 성곽은 그리스에 남아 있는 비잔틴양식으로 지은 몇 안되는 세속 건축물의 하나이다.

■ 마을 언덕 꼭대기에 위치한 성의 무너진 성벽 위에 올라가 보자. 고색창연한 미스트라스 마을과 타이게토스 산맥의 험준한 산비탈을 한눈에 감상할 수 있다.

When to go 초여름(4월과 5월 사이)과 가을(9월 중순에서 10월 사이)에 기후가 가장 온화하다.

Planning 미스트라스를 둘러보는 데는 하루면 족하다. 가장 가까운 대도시인 스파르타가 5킬로미터 거리에 있다. 스파르타에서 택시를 타면 10분 정도면 도착한다. 아테네에서도 이곳까지 버스가 자주 다니며 3~4시간 정도 걸린다. 유적지에서 걸어서 몇 분 거리인 네아스 미스트라스 마을과 스파르타에는 호텔과 게스트하우스가 많으며, 스파르타에는 렌터카 회사도 많다. 자외선 차단제와 선글라스를 챙겨 가자. 5월 29일에는 미스트라스에서 콘스탄티누스 팔라이올로구스(Constantine Palaeologus, 동로마제국의 마지막 황제이자 정교회의 비공인 성자이다.)를 추모하는 진혼 미사와 다양한 문화 행사가 열린다.

Websites www.laconia.org/Mystra1_intro.htm , www.gnto.gr

화려하게 장식된 비엘리치카의 예배당은 수 세기에 걸쳐 공들인 노력의 산물이다.

폴란드

비엘리치카 소금광산 Wieliczka Salt Mine

폴란드의 지하 소금광산 성당은 통로와 방이 미로처럼 얽혀 있는 특이한 곳으로,
광부들이 조성한 예배당으로 가득하다.

소금 결정으로 만든 샹들리에의 어른거리는 불빛이 크라쿠프(Kraków) 근처의 비엘리치카 소금광산 안에 있는 성 킹가 예배당(Chapel of St. Kinga)을 비추고 있다. 화려하게 장식된 제단과 2.7미터 높이의 교황 십자가, 성자상이 불빛을 받아 돋보인다. 모두 광부들이 암염을 깎아 만든 것이다. 그러나 높이 12미터, 길이 54미터인 지하 예배당

안의 진정한 걸작품은 바로 성서 속 이야기를 새긴 부조 작품이다. 그중에는 소금 벽에 레오나르도 다 빈치의 〈최후의 만찬〉을 조각한 놀라운 작품도 있다. 광산은 9층으로 이루어져 있고 최저 327미터 깊이까지 이른다. 1996년에 최악의 홍수로 인해 폐쇄되기까지 7세기 동안 쉬지 않고 줄기차게 채굴 작업이 이루어졌던 비엘리치카 광산에는 대략 290킬로미터 길이의 갱도와 셀 수 없을 정도로 많은 굴이 뚫려 있다. 광부들은 이곳에서 매일 예배를 드릴 수 있도록 예배당을 많이 만들고는 화려하게 꾸며 놓았다.

남아 있는 예배당 중 가장 오래된 '성 안토니우스 예배당'은 17세기 후반에 만들어진 것이다. 관광객들은 64미터 깊이의 지하 1층까지 378계단을 내려간 다음 가이드의 안내에 따라 염도 높은 호수와 넓은 동굴을 지나치며 3.2킬로미터가 넘는 미로 같은 지하 통로를 지나게 된다. 지하 135미터 깊이에 있는 세계에서 가장 큰 광산박물관에 도착하면 관광도 끝이 난다.

When to go 소금광산은 연중무휴로 개방된다. 영어 가이드 투어가 하루에 몇 차례씩 진행된다. 관광객이 최고로 몰리는 여름철에는 가이드 투어 횟수도 많아진다.

Planning 광산의 기온은 항상 섭씨 14도를 유지하므로 스웨터를 준비한다. 투어는 세 시간 가량 소요된다. 관광이 끝나고 지상으로 오르는 엘리베이터를 타기 전에 레스토랑이나 우체국, 기념품 가게에 들를 생각이라면 시간을 더 할애한다. 노련한 광산 직원이 인솔하여 19세기의 채굴 현장을 둘러보는 별도의 지질 투어도 있다. 3시간짜리 지질 투어에 참가하려면 체력이 따라줘야 하고 최소 2주 전에 신청해야 한다. 12월 31일에는 광산에서 신년 무도회가 열린다.

Websites www.kopalnia.pl

- 암염을 조각해 만든 이콘과 벽화, 조각 작품이 광산 전역에 펼쳐져 있는 모습이 경이롭다. 폴란드의 유명인사와 성자는 물론 난쟁이상도 볼 수 있다. 광부들은 난쟁이가 행운을 가져다 준다고 믿었다.

- 성 킹가 예배당의 콘서트를 관람한다. 일요일 아침이나 성 킹가 축일(7월 24일), 성 바르바라(St.Barbara) 축일(12월 4일) 같은 종교 축일에 거행되는 장엄미사도 좋다. 성 킹가와 성 바르바라는 각기 소금과 광부들의 수호 성녀이다.

- 박물관에는 유서 깊은 채굴 장비들이 전시된 14개의 갤러리가 있다.

- 지하 125m에 있는 비톨트 부드리크(Witold Budryk) 동굴 레스토랑에서 식욕을 돋우는 짭짤한 공기 속에 식사를 즐길 수도 있다.

보로네츠의 강렬한 프레스코화에 '최후의 심판' 장면이 오싹할 정도로 상세하게 묘사돼 있다. 천사가 양치기의 뿔피리인 부치움(bucium)을 불고, 죽은 자들은 무덤에서 일어난다. 맹수들은 사지를 게걸스레 뜯어먹고 있다.

루마니아

부코비나 벽화 성당 Painted Churches of Bucovina

루마니아 북동부 외딴 지역에 루마니아의 예술 발전에 지대한 공헌을 한 평화로운 벽화 수도원들이 있다.

벽화 수도원 성당은 북 몰다비아라고도 알려진 외딴 부코비나 지역에 있다. 성당 외벽은 성서와 역사 속 사건을 묘사한 그림으로 생동감이 넘친다. 마치 마술을 써서 채식(彩飾) 사본의 페이지를 벽에 확대시켜 놓은 것 같다. 대부분 16세기에 제작된 보물 같은 성당 건물들은 현재 수도원으로 쓰이고 있다. 이 지역의 10여 군데 성당 중 동방의 시스티나 성당이라고 알려진 보로네츠(Voronet)가 아마도 가장 화려할 것이다. 외딴 산속에 녹아들듯 편안하게 자리잡은 성당에는 몰다비아의 회화와 건축이 가장 뛰어나게 구현돼 있다. 이 정교회 성당은 벽을 안팎으로 가득 메운 프레스코화의 밝은 청색 색조로 유명하다. 벽화에 쓰인 선명한 색상의 염료는 청금석에서 얻은 것으로, 보로네츠 블루라는 이름이 이것에서 유래했다.

이 수도원은 슈테판 대제(Stephen the Great)가 1488년에 은둔 수도사인 보로네츠의 성 다니일(St. Daniil of Voroneț)과의 약속을 지키기 위해 지은 것이다. 이 성인은 오스만제국과의 전투를 앞두고 왕이 승리할 것이라 단언했다. 슈테판은 승리했고 다니일이 은둔하고 있던 곳에 수도원을 지었다. 이 수도사는 최초의 수도원장이 되었다. 1785년에 합스부르크 왕조가 수도원을 폐쇄했고 1991년부터 다시 수녀원으로 사용되고 있다.

When to go 4월~10월 사이가 쾌적하다. 하지만 어느 수도원이든 가장 생기 넘치는 시기는 성지순례 때나 축일 또는 부활절 직전이다. 보로네츠와 후모르(Humor)의 수호성인 성 게오르기오스의 축일은 4월 23일이다. 성 슈테판 대제의 축일인 7월 2일에는 수천 명의 인파가 푸트나(Putna)로 몰려든다.

Planning 이 지역은 대중교통 수단이 열악하다. 가이드 여행이 아닐 경우 이 지역을 모두 둘러보려면 직접 차를 타고 오거나 하이킹하는 방법밖에 없다. 보로네츠와 후모르에서 가까운 구라후모룰루이(GuraHumorului)나 수체아바(Suceava)를 출발 지점으로 삼는다. 자동차로 갈 경우 한나절, 하이킹할 경우 하루 종일 걸린다. 수도원의 입장시간은 명목뿐이어서 보통은 오전 8시~오후 8시이지만 다른 시간에 가더라도 입장을 거절하지는 않을 것이다. 미사는 하루에 최소한 4차례 거행된다. 모든 수도원에서 입장료를 받는다. 옷차림에 유의하자. 반바지 차림으로는 입장할 수 없다. 여성들은 교회에 들어갈 때 머리를 가려야 한다. 입구에서 스카프를 구할 수 있다.

Websites www.romanianmonasteries.org, www.turismbucovina.3x.ro, www.beyondtheforest.com

- 보로네츠의 서쪽 외벽에 그려진 '최후의 심판'을 보면 선명한 색상과 예술성에 경탄이 절로 나온다. 부코비나 회화의 백미라고 여겨지는 작품이다. 건물 북쪽의 전면에 예수의 가계도를 그려 놓은 '이새의 나무(Jesse's Tree)' 역시 유명한 작품이다.

- '수체비차(Sucevița)'는 경치가 매우 뛰어나고 요새가 인상적인 수도원이다. 외딴곳에 자리한 '몰도비차(Moldovița)' 수도원은 규모는 작지만 아름다운 곳이다. 후모르 수도원은 화려한 내부를 자랑한다. 숲이 울창한 푸트나 수도원에는 성 슈테판 대제의 무덤이 있다.

- 미사가 시작되기 전에 수녀나 수도사가 '토아커'라고 하는 나무판 타악기를 연주하는 모습을 지켜보자.

- 후모르와 수체비차 수도원 사이, 수체비차와 몰도비차 수도원 사이에 펼쳐진 너도밤나무 숲과 언덕의 아름다운 경치를 따라 걸어 보자.

후레지 수녀원은 원래 수도사들이 살던 곳이었으나 1872년에 수녀원으로 바뀌었다.
지금은 약 60명의 수녀들이 생활하고 있다.

> 루마니아

후레지 수녀원 *Hurezi Monastery*

루마니아에서 보존이 가장 잘된 시골 지역에 있는 후레지 수녀원은
신념을 위해 목숨을 바친 국가 영웅을 기리는 곳이다.

일설에 의하면 루마니아 남부, 올테니아(Oltenia) 지방의 호레주 계곡 높은 곳에 있는 이 수녀원의 이름은 수리부엉이라는 뜻의 의성어 같은 '후후레지(huhurezi)'라는 단어에서 유래했다고 한다. 이 사연은 1690~1697년까지 오스만 세력을 피해 몰래 밤에만 수도원을 지은 데서 비롯된 것이다. 왈라키아(Wallachia)의 위대한 통치자로 수도원을 지은 콘스탄틴 브른코베아누(Constantin Brâncoveanu)는 오스만튀르크의 침입을 막는데 온 힘을 기울여 루마니아의 국가적인 영웅이자 정교회의 성자가 되었다. 그는 오스만튀르크를 저지하는 보루뿐 아니라 자신의 묘지로 삼기 위해 이 수도원을 지었다. 그러나 그의 소망은 어느 것도 실현되지 못했다. 그와 그의 네 아들들은 이슬람교로 개종하라는 요구를 거부하다가 콘스탄티노플에서 참수된 것이다.

매우 독특한 루마니아의 건축양식인 '브른코베아누양식'으로 지어진 후레지 수녀

원은 지금도 여전히 완성도가 뛰어난 완벽한 유산으로 남아 있다. 정교한 석조 조각과 화려한 프레스코화로 꾸며져 있고 동방의 양식과 르네상스, 비잔틴양식의 요소들을 조화롭게 융합해 놓았다. 3헥타르 규모의 후레지 수녀원은 두 구역으로 나뉘어 있다. 안쪽에 자리한 상층부는 거대한 나무 문을 통해 들어간다. 안에는 고요한 중정 주변으로 3면에 건물과 깔끔한 흰색 회랑이 늘어서 있다. 두꺼운 배나무 목재를 조각해 만든 문 뒤에 자리한 본당 교회에는 독창적인 프레스코 성화와 이콘램프, 라임나무를 조각해 금박을 입힌 이코노스타시스 등 뛰어난 작품들이 즐비하다. 최상의 행복이 구현된 이 목가적인 곳에 들어서면 신앙심이 없는 사람조차도 마음 속 깊이 평화로워지는 기분을 느낄 수 있을 것이다.

■ 왕족처럼 묵어 보자. 수도원에서 제공하는 게스트룸의 수준이 상당하다. 2005년에 개인 일정으로 이곳을 방문한 영국의 황태자가 사흘이나 묵었을 정도이다.

■ 본당 교회 안에 브른코베아누의 묘비가 있다. 그러나 그의 유해는 부카레스트에 있는 성 게오르기오스 신(新) 성당에 안치돼 있다.

■ 호레주 마을은 루마니아에서 도자기를 살 수 있는 최상의 장소이다. 매년 6월 첫째 주가 되면 호레주 마을에서 '코코슐 데 호레주(Cocosul de Horezu)'라는 루마니아 최대의 도자기 박람회가 열린다. 호레주의 수탉이라는 의미의 박람회 이름은 이 지역 도자기 도안으로 널리 쓰이는 수탉 문양에서 유래했다.

When to go 호레주의 여름은 매우 덥고 겨울은 춥다. 5, 6, 9월에 날씨가 가장 좋다. 어느 시간에 방문해도 대부분 맞이해 준다. 부활절에 순례자의 대부분이 몰려든다.

Planning 후레지 수도원에 최소 2시간은 머무르자. 부카레스트(Bucharest)에서 버스나 기차를 타고 름니쿠블체아(Râmnicu Vâlcea)까지 온 다음 호레주행 미니 버스나 일반 버스를 탄다. 수도원은 호레주에서 북쪽으로 3킬로미터 떨어져 있으며 로므니이데수스(Românii de Sus) 마을에서 가깝다. 차가 없으면 호레주에서 수도원까지 걸어가야 한다. 자동차로 갈 경우 름니쿠블체아에서 DN67번 도로로 이동하다가 호레주에 도달하기 직전 로므니이 데 수스 방향으로 우회전한다. 호레주에는 호텔 한 곳과 게스트하우스가 몇 곳 있다. 평온한 호레주 계곡 전역에 숙박과 아침 식사를 제공하는 집들이 많다. '카자레(cazare)' 혹은 '카메레(camere)'라고 쓰인 표지판을 찾아본다.

Websites www.eco-oltenia.ro, www.romaniatravel.com, www.romanianmonasteries.org, www.autogari.ro

TOP 10

동유럽의 시나고그
Ten East European Synagogues

동유럽에 남아 있는 시나고그들은 파괴된 한 민족의 역사를 보여주는 증거들이다.

❶ 조우크와 Zhovkva 우크라이나

나치의 폭격으로 일부 파괴된 모습이지만 17세기에 지어진 조우크와의 요새화된 시나고그는 굴곡진 역사를 담고 있다. 두터운 분홍빛 벽, 아치형 창문과 둥근 톱니 모양 지붕은 르네상스 건축양식을 보여준다.

Planning 조우크와는 리비우(L'viv) 지역에서 40km 떨어져 있고 하루면 충분히 둘러볼 수 있다. www.go2kiev.com

❷ 대 시나고그 Great Synagogue 루마니아_보토샤니

별다른 장식 없는 외관과는 달리 내부가 화려하게 치장된 이 시나고그는 1834년에 지어진 것이다. 벽과 천장은 십계명과 성서에 나오는 동물들과 이스라엘의 열두지파를 그린 그림들로 장식돼 있다.

Planning 이곳을 방문하려면 유대인 커뮤니티 센터에 직접 전화를 하거나 루마니아 영사관이나 관광청에 문의한다. www.romanianjewish.org

❸ 파크루오이스 Pakruojis 리투아니아

한때 동유럽에서는 정교한 목조 시나고그를 흔히 볼 수 있었지만 이제는 거의 사라진 상태다. 1801년에 세워진 이 건물은 가장 오래된 시나고그로 지금은 벽이 휘어지고 지붕이 기운 모습이지만 지난 역사를 보여주는 귀중한 건축물이다.

Planning 리투아니아에는 십여 개의 목조 시나고그가 남아 있다. www.tourism.lt/en

❹ 티코친 Tykocin 폴란드

티코친에 있는 바로크양식의 웅장한 시나고그가 전쟁 이전의 모습이 남아 있는 좁은 길과 낮은 집들을 내려다보고 있다. 1642년에 지어져 한때 학교와 법정, 교도소까지 있었지만 복원을 거쳐 유대인 박물관이 되었다.

Planning 시나고그 박물관은 월요일을 제외하고 오전 10시부터 오후 5시까지 매일 개방한다. www.poland.travel/en

❺ 레무 시나고그 Remuh Synagogue 폴란드_크라쿠프

담으로 둘러싸인 안뜰 깊숙이 위치한 이 시나고그는 크라쿠프의 유대인

지역의 중요한 터전이다. 지금도 히브리어를 사용하는 신도들은 안식일이나 유대교 명절에 아늑한 아치형의 성소를 찾는다.

Planning 여름의 유대인 문화축제 기간에 맞춰 방문해 보자.
www.jewishkrakow.net

❻ 트르나바 Trnava 슬로바키아

트르나바의 무너진 트윈타워형 시나고그를 현대 예술 센터로 개조하면서 건축가들은 나치가 훼손시킨 부분을 그대로 남겼다. 이로써 시나고그는 잊을 수 없는 역사의 흔적을 간직한 현대적 문화공간으로 탈바꿈했다.

Planning 얀 코니아레크 갤러리(the Ján Koniarek Gallery)에서는 이 지역 유대인의 역사를 보여주는 상설 전시회를 열고 있다. www.travel.spectator.sk

❼ 소피아 시나고그 Tsentralna Sofiiska Sinagoga 불가리아 _ 소피아

무어양식의 줄무늬와 작은 둥근 지붕이 특징인 소피아 시나고그는 16세기 모스크 비롯해 시내의 다른 역사적 건축물들과 조화를 이루고 있다. 2009년에 100주년 기념일을 맞은 이곳은 유럽에서 가장 큰 세파르디계 시나고그이다.

Planning 이곳에는 유대인 역사박물관도 있다. www.sofiasynagogue.com

❽ 신 시나고그 New Synagogue 헝가리 _ 세게드

신 시나고그의 웅장한 돔이 첨탑과 쿠폴라(cupolas, 작은 뾰족탑) 위로 우뚝 솟아 있다. 이 시나고그의 백미는 동, 서양의 양식이 혼재하는 복잡한 실내장식에 있다. 장식마다 유대교의 상징이 담겨있다.

Planning 부다페스트에서 2시간 반 가량 기차를 타고 오면 된다.
www.zsinagoga.szeged.hu

❾ 마드 Mád 헝가리

최근 복구된 아담한 바로크양식의 시나고그가 헝가리 북동쪽 와인 생산지인 마드에 우뚝 서있다. 성소 옆의 방에서는 이 지역 유대인의 역사에 관한 전시회를 열고 있다.

Planning 2004년에 성공적인 복원 작업에 대한 수상이 이루어지면서 이곳은 마드의 주요 명소가 되었다. www.isjm.org/country/mad.htm

❿ 우시테크 Úštěk 체코

18세기에 사암으로 지어진 우시테크의 시나고그는 제2차 세계대전을 겪고 공산주의가 들어서면서 폐허로 변했다. 그러나 10년간의 복원 작업 끝에 이곳은 옛 영광을 되찾고 이제 마을의 자랑거리가 되었다.

Planning 이곳은 프라하 북쪽으로 71km 떨어진 곳에 있으며 4월부터 10월까지 문을 연다. www.mesto-ustek.cz , www.litomerice.cz

이교도였던 바이킹들은 악귀를 쫓아내기 위해 배에 용머리를 조각했다. 이 전통은 교회를 건립하고 나서도 계속되었다.

노르웨이

롬 스타브 교회 *Lom Stave Church*

850년 전, 단단한 노르웨이산 소나무로 지은 롬 스타브 교회에는 기독교문화와 바이킹의 요소가 융합돼 있다.

1,000년 전 노르웨이에서 기독교를 수용하면서 벽과 토대를 단단한 노르웨이산 소나무 목재로 연결시켜 만든 최초의 교회들을 '스타브 교회'라고 한다. 현재 약 30군데의 스타브 교회가 남아 있다. 노르웨이 중부의 장엄한 요툰헤이멘 산맥 안에 있는 구드브란스달렌 계곡에 이들 교회 중 제일 규모가 크고 가장 아름다운 '롬 스타브 교회'가 자리잡고 있다.

지금도 예배를 드리는 이 교회는 1158년에 조성돼 수 세기 동안 여러 차례에 걸쳐 확장을 거듭했다. 그리고 20세기에는 교회의 복원 작업도 이루어졌다. 여름이 되면 수목이 울창한 경관 속에서 짙은 색 지붕과 벽, 용머리 장식이 우아하게 돋보인다. 바이킹 예술의 잔재인 동물 장식이 새겨진 입구로 들어가면 교회가 나온다. 어두침침한 실내로 들어가 보면 깜박거리는 촛불과 흔들리는 샹들리에, 지붕 밑에 나있는 세 개의 구멍을 통해 들어오는 빛에 연파랑색의 신자석이 희미하게 빛난다. 위로 둥근 아치가 보이고 조각 장식된 성가대석에는 금속 파이프 오르간이 놓여 있다. 벽에는 성화(聖畵)가 즐비하고 기둥이 나란히 솟아 있다. 그러나 실내장식 중 가장 뛰어난 것은 갖가지 꽃 문양이 새겨진 품위 있는 설교단이다.

■ 교회 담장에서 18세기의 현지 화가인 에게르트 뭉크(Eggert Munch)의 작품을 찾아보자. 그는 유명 화가인 에드바르트 뭉크(Edvard Munch)의 먼 친척이다.

■ 스타브 교회는 아니지만 롬 카운티에는 목조 교회가 두 군데 더 있다. 한참 후인 1800년대 후반에 건립된 가르모 교회(GarmoChurch)와 1864년에 건립돼 1951년에 복원된 뵈베르달 교회(Bøverdal Church)이다.

■ 롬은 노르웨이의 아름다운 요툰헤이멘 국립공원으로 들어가는 관문이다. 공원 안에는 노르웨이에서 가장 높은 산이 있다. 등산길은 힘겹지만 하이킹에 능숙한 사람이라면 산을 오르며 멋진 풍경을 만끽할 수 있다.

When to go 수도원은 5월~9월까지만 일반인에게 개방한다. 이 시기에 맞춰 방문한다.

Planning 예배 시간에는 관광객의 출입을 통제한다. 미리 교회에 신청하면 가이드 투어도 제공한다. 둘러보는 데 적어도 1시간은 걸린다. 교회 내부 사진 촬영은 금지돼 있다.

Websites www.stavechurch.org, www.visitlom.com

전망 좋은 언덕 꼭대기에서 성당이 다뉴브 강을 살펴보고 있는 것 같다.

헝가리

에스테르곰 대성당 *Esztergom Basilica*

최고라는 타이틀을 모두 거머쥔 이 대성당은 역사가 오래되지는 않았지만 매우 인상적인 곳이다.

유럽에서 세 번째로 큰 이 거대한 성당은 헝가리인들의 신앙과 민족 주체성의 핵심이다. 에스테르곰은 게저(Géza) 왕자와 그의 아들 버이크(Vajk)가 헝가리에 로마 가톨릭을 도입한 역사의 현장이다. 서기 1000년에 교황 실베스테르 2세(Pope Sylvester II)가 버이크에게 슈테펜 1세(King Stephen I)라는 왕위를 부여한 이후의 일이다. 에스테르곰 대성당은 성모 승천 대성당(Basilica of the Blessed Virgin Mary of the Assumption)과 커다란 청록색 돔이 있는 네오클래식 풍의 거대한 성 아달베르트(St. Adalbert) 성당을 병합한 것이다. 헝가리 북부, 다뉴브 평야의 언덕 위에 우뚝 솟아 있는 이 성당군은 규모가 하도 커서 몇 킬로미터 밖에서도 보일 정도이다.

마자르족 특유의 신앙심이 고스란히 배어 있는 곳이지만 건물 자체는 비교적 최근인 19세기, 옛 교회가 있던 터에 세워졌다. 두께가 17미터나 되는 육중한 벽과 돔을 얹어 높이가 90미터에 이르는 성당은 마지막에 지어진 것이다. 대성당 안에는 이탈리아 풍으로 지은 버코츠 예배당(Bakócz Chapel)이 있다. 16세기에 토스카나의 장인들이 만든 이곳은 이전 교회 중에서 남은 부분이다. 성당의 주 제단 위에는 미켈란젤로 그리골레티(Michelangelo Grigoletti)의 작품으로, 단일 화폭에 그린 회화로는 세계 최대 규모인 티치아노 풍의 〈성모 마리아의 승천〉이 있다.

■ 보물 전시관을 방문해 보자. 대부분 금으로 만들어 눈부신 중세 때의 지팡이, 성배 및 소매 없는 사제복 등이 전시돼 있다.

■ 성당 지하실에는 요제프 민센치(József Mindszenty, 1892~1975) 추기경의 무덤이 있다. 그는 공산주의에 대항해 헝가리 레지스탕스를 이끈 인물이다. 15년간 미국 대사관에 피신해 있다가 빈으로 추방당해 그곳에서 죽었다. 1991년, 공산주의가 붕괴된 후 그의 시신도 돌아왔다.

■ 돔 안에 있는 300개의 계단을 올라가 보자. 필리스(Pilis)와 뵈르죄니(Börzsöny) 언덕 아래에 펼쳐진 파스텔 색조의 고색창연한 마을, 당당하게 흐르는 다뉴브 강의 훌륭한 경치를 감상할 수 있다.

■ 버코츠 예배당 안에는 붉은색 대리석에 화려한 조각 장식을 한 벽이 있다. 1506~1511년 사이에 지어진 이 예배당을 1823년에 해체한 다음 재조립해 대성당의 남쪽 건물 안에 들여 놓았다.

When to go 에스테르곰을 방문하기 가장 좋은 시기는 5월~6월과 9월~10월 사이다. 이때가 한여름보다 덜 붐빈다. 눈 덮인 한겨울에도 매우 아름답다. 부활절은 아주 특별한 때이다. 세계에서 가장 오래된 축제인 '국제 에스테르곰 기타 페스티벌'이 8월 초에 개최된다. 성당에서도 클래식 음악회가 열린다.

Planning 에스테르곰은 슬로바키아 국경 근처의 다뉴브 강변에 있다. 부다페스트에서 북서쪽으로 약 50킬로미터 떨어진 곳이다. 성당은 매일 오전 6시~오후 6시까지 개방한다. 보물 전시관과 성당 지하실, 돔으로 향하는 계단에 오르려면 따로 요금을 내야 한다. 모두 오전 9시~오후 4시 30분까지 개방한다. 도시를 돌아보는 데 하루 종일 걸린다. 훌륭한 호텔이 몇 군데 있다. 마을에서 묵으면 이른 아침에 관광객들이 단체로 모여들기 전에 고요하고 평화롭게 교회를 감상할 수 있다.

Websites www.bazilika-esztergom.hu, www.esztergom.hu/wps/portal/english

> 헝가리

부다페스트 대 시나고그 *Great Synagogue of Budapest*

빛나는 희망의 상징으로 새로 복원된 유럽 최대 규모의 시나고그가
부다페스트 유대인 구역 한복판에 자리하고 있다.

중부 유럽의 시나고그 어디를 가도 헤아릴 수 없을 정도로 깊은 정신적 충격의 흔적을 감지할 수 있다. 그러나 이 화려하고 장엄한 시나고그에는 도시의 소음과 대조되는 깊이 있는 정적이 존재한다. 벨벳처럼 부드러운 불빛에는 영원할 것 같은 평온함이 깃들어 있다. 1800년대 중반에는 부다페스트 동부의 페스트 지역에 3만 명의 유대인이 살았다. 당시는 낙천주의가 팽배하던 때로 이 시기와 맞물려 유대인들은 헝가리 사회에서 날로 영향력을 키워갔다. 이 분위기를 반영하듯 유대인 개혁론자들의 유력 집단인 네올로그(Neologue)가 1854년~1859년 사이에 '도하니(Dohány) 시나고그'라고도 하는 대 시나고그를 건설했다. 이곳을 설계한 건축가 루트비히 푀르스터(Ludwig

스테인드글라스 창을 통해 들어온 빛의 색채가 수시로 변하며 대 시나고그 안을 더욱 극적으로 만들어준다.

Förster)는 무어양식과 비잔틴양식의 요소를 이국적인 낭만주의양식에 접목시켰다. 미나레트를 닮은 첨탑과 돔, 아낌없이 사용한 금도금 장식을 보면 당시 번영을 누리던 유대인 사회가 진보적이고 현대적이었음을 알 수 있다. 그러나 1920년대에 억압의 시대가 돌아왔다. 미클로시 호르티(Miklós Horthy) 제독의 보수주의 정권 때부터 시작된 압박은 나치가 점령하면서 인종 차별, 추방, 말살 정책으로 강화되었다. 시나고그는 유대인 강제 거주 구역인 게토(ghetto)의 중심에 놓이게 되었다. 공산주의 치하에서 저질러진 약탈 행위에 이어 부다페스트 자유화 시위 때 소련의 포격으로 피해는 더욱 심화됐다. 1989년에 헝가리가 독립하고 나서야 비로소 본격적인 시나고그 복원 작업이 시작되었다. 이제 다시 돌과 벽돌로 만든 외관을 자랑스럽게 세상에 드러내고 있다.

- 내부는 장식이 풍부할뿐더러 엄청난 규모 때문에 더한층 눈길을 끈다. 높이 75m, 길이 27m 규모의 시나고그는 본질적으로는 장방형의 바실리카양식으로 이루어져 있다. 좌석 수가 2,964석으로 유럽에서 가장 큰 시나고그이다.

- 정기적으로 열리는 콘서트를 관람해 보자. 음향이 웅장하게 울려퍼진다. 가장 특이한 것은 시나고그에 오르간이 있다는 것으로 가끔 독주회가 열리기도 한다.

- 외곽에 위치한 '라울발렌베르그 공동묘지'에는 홀로코스트 때 희생된 헝가리인들을 기리는 감동적인 추모비가 있다.

When to go 시나고그는 일요일부터 목요일까지, 금요일은 오전에만 개방한다. 개방시간은 따로 확인한다. 금요일 저녁과 토요일 아침에는 유대인들이 예배를 드린다.

Planning 도하니우트커(Dohany utca)에 위치한 시나고그는 페스트의 중심부에서 가깝다. 에르제베트히드(Erzsébet híd, 엘리자베스 교)와 다뉴브 강에서 450미터 지점이다. 가장 가까운 지하철 정차역은 M2 노선의 어스토리어(Astoria) 역이다. 개방시간 동안 매시간마다 영어나 히브리어로 가이드 투어가 제공된다. 미리 신청하면 다른 언어로도 가이드 투어가 가능하다. 시나고그를 둘러보는데 1시간 정도 걸린다. 시나고그 건물군 안에 있는 유대 역사박물관까지 둘러보려면 시간이 더 필요하다. 2~3시간 정도 걸리는 부다페스트 유대인 지구 투어와 연계해서 돌아볼 수도 있다.

Websites www.budapest-tourist-guide.com/budapest-great-synagogue.html, www.greatsynagogue.hu

들판 한복판에 우아하게 균형을 이루고 있는 이 교회는 예배 장소인 동시에 휴식처이기도 하다.

독일

성 콜로만 교회 *Church of St. Coloman*

자연이 잘 보존된 바이에른 지방 한 모퉁이에 보석처럼 서있는 이 순례 교회는 고풍스러운 구세계의 예배 장소를 찾는 신자들을 매료시킨다.

멀리 알프스 산맥이 보이고 꽃이 만발한 들판과 초록빛 초원에 둘러싸여 있다 보면 성 콜로만(St.Coloman)과 함께 쉬고 있는 스스로의 모습을 어렵지 않게 상상할 수 있다. 콜로만은 11세기에 고국인 아일랜드를 떠나 성지를 향해 여행하다가 슈반가우(Schwangau)를 지나게 되었다. 그는 결국 목적지에 이르지는 못했다. 뜻하지 않게 전쟁에 휘말려 무고하게 죽임을 당했기 때문이다. 콜로만은 사후에 그가 일으켰다고 하는 수많은 기적으로 비공식적인 성인으로 시성(諡聖)되었다.

14세기에 흑사병이 유럽 전역에 창궐한 이후에 슈반가우의 대규모 시체 구덩이 옆에 이 성자에게 헌정하는 최초의 예배당이 건립됐다. 그리고 순례자들이 온갖 전염병을 막아 달라고 간청하러 무리지어 성당을 찾았다. 그를 숭배하는 세력이 날로 확산되었다. 교회는 1673년~1678년 사이에 바로크식으로 화려하게 개축됐고 그 이후로 거의 변한 것 없이 지금까지 유지돼 왔다. 내부를 이루고 있는 목재에 수백 년 역사와 고요한 영적 교감의 향기가 배어 있다. 매년 10월, '성자의 축일'을 기념하기 위해 개최되는 '콜로만페스트'는 이 교회 최고의 연례 행사이다. 미사가 거행되는 날 찾아가 몇 안되는 마음 맞는 신도들과 이 교회 특유의 단순미를 만끽해 보자.

■ 내부는 바로크 풍의 치장벽토, 장미색 대리석, 회화, 조각 작품으로 격조 있게 장식돼 있다.

■ 교회 안에 있는 귀중한 성 콜로만 성체현시기(聖體顯示器)에는 성자의 턱뼈 유골이 보관돼 있다. 성자의 사후에 시신을 수습한 멜크 수도원에서 제공한 것이다.

■ 콜로만페스트는 성 콜로만 축일(10월 13일)에 가장 가까운 일요일에 개최된다. 오랜 전통에 따라 특별 의상을 입은 250명의 기수들이 정결하게 손질한 말을 타고 야외 미사 장소로 집결한다. 말을 탄 채로 교회 주변을 세 차례 돌며 성자의 축복을 받은 다음 고기와 맥주를 나누며 축제를 즐긴다. 대단히 매력적이고 품위 있게 이어지는 종교 행사이다.

■ 나무 그늘이 드리운 교회 경내와 흰색 담, 교회 탑의 양파 모양 돔 뒤로 알프스 산맥의 높은 산들이 완벽한 배경을 이루고 있다.

When to go 교회는 보통 5월 말부터 10월 중순까지 매일 개방되지만 슈반가우 관광안내소에서 일정을 확인하자. 어느 철에 가도 매력적이다. 눈 덮인 모습도 매우 아름답다.

Planning 슈반가우는 뮌헨에서 남서쪽으로 160킬로미터, 퓌센에서는 5킬로미터 떨어져 있으며 기차나 버스로 갈 수 있다. 교회만 둘러보는데 1시간 정도 걸린다.

Websites http://www.koenigswinkel.com/koenigswinkel/frame2.htm, www.schwangau.de

샤를마뉴 대제의 석관 박공벽에 조각 장식이 있다. 왕좌에 앉은 대제 좌우에 교황 레오 3세(Pope Leo III)와 랭스의 대주교 튀르팽(Turpin)이 서있는 모습이다. 두 사람은 상징적으로 작게 묘사돼 있다.

독일

아헨 대성당 *Aachen Cathedral*

북유럽에서 가장 오래된 이 성당은 황실과 긴밀한 인연이 있는 곳으로
샤를마뉴(Charlemagne) 대제의 석관이 안치돼 있다.

대리석판으로 만든 샤를마뉴 대제의 수수한 왕좌가 아헨 대성당 한켠에 놓여 있다. 성당에서 대관식을 치른 32명의 신성로마제국 황제들은 이 왕좌의 계단을 딛고 내려와 신하들을 맞이했을 것이다. 위에 솟아 있는 둥근 천장이 하도 높고 우아해 왕은 물론 신하들에게까지 신권이 부여되었다고 여기는 것이 당연하다 싶을 정도이다. 스스로 신성로마제국 최초의 황제라고 선언한 샤를마뉴 대제는 786년, 성당 중앙의

팔라틴 예배당(Palatine Chapel)을 짓기 시작했다. 건축가인 메츠의 오도(Odo of Metz)는 이 성당을 설계하면서 라벤나에 있는 비잔틴양식의 '산 비탈레 대성당(Basilica of San Vitale)'에 경의를 표했다. 아헨 대성당은 북유럽에서 가장 오래된 성당으로 이곳의 예배당은 카롤링거 왕조를 대표하는 뛰어난 건축물이다. 하지만 이 정도의 설명으로는 32미터 높이로 한때 유럽에서 가장 높은 천장을 이루었던 8각형 탑의 엄청난 위용을 제대로 표현할 수 없다. 정교한 금도금과 모자이크로 장식한 탑의 천장은 샤를마뉴 대제의 석관을 에워싸고 있는 '프레데릭 바르바로'의 청동제 샹들리에를 부분적으로 지탱하고 있다. 샤를마뉴 대제가 영토만 확장한 것이 아니라 성물도 수집한 까닭에 오래전부터 성당을 찾는 순례자들의 발길이 끊이지 않았다. 가장 많은 사랑을 받은 성물 중에 성모 마리아의 외투와 아기 예수를 쌌던 강보, 십자가에 못 박힐 당시 입고 있던 하의 등이 있다. 또 세례 요한의 잘려나간 머리를 감쌌다고 하는 천도 있다. 이 유물들은 성모 마리아 제단에 모셔져 있다. 그래서 오랫동안 성당은 왕립 아헨 성모 마리아 교회(Royal Church of St. Mary at Aachen)로 알려졌다.

■ 밖에서 보면 아헨 대성당은 온갖 건축양식이 뒤섞인 건물이 도시 속 건물 사이에 끼어 있는 것 같다. 그렇다고 겉만 보고 전체를 판단하면 오산이다. 내부는 아름다움의 극치를 이루고 있다.

■ 비잔틴양식의 영향을 받은 모자이크 장식 덕에 내부가 카롤링거 왕조 때 지어진 여타 건물과는 느낌이 확연히 다르다. 네 개의 강이 천상의 예루살렘에서 모이는 장면을 묘사한 호화로운 작품을 놓치지 말고 감상하자.

■ 성당을 찾는 순례자들이 엄청나게 많아지자 결국 15세기에 건물을 증축했다. 1414년에 두 부분으로 구성된 카펠라 비트레아(cappella vitrea, 유리 예배당)가 추가돼 샤를마뉴 대제 서거 600주년에 헌당식을 거행했다. 원래의 스테인드글라스 창은 제2차 세계대전 때 파괴돼 지금의 것으로 대체됐다.

When to go 연중 어느 때 가도 좋다. 축제를 즐기고 싶다면 아헨의 크리스마스 시장이 열리는 때를 택하자.

Planning 복원 기간, 정규 미사 시간, 예정된 성지순례 기간에는 여러 예배당과 박물관에서 방문객의 입장을 허용하지 않을 수 있다. 특별히 보고 싶은 장소가 있으면 개방 여부를 미리 전화로 확인하자. 성당과 박물관을 찬찬히 살피면서 자세히 감상하려면 이틀에 걸쳐 보는 것이 가장 좋다.

Websites www.aachen.de

처음에는 수도사들이 성가대석에서 예배를 드렸지만 지금은 소년과 남성들로 이루어진 성가대가 매일 이곳에서 찬양을 드린다.

잉글랜드

웨스트민스터 사원 *Westminster Abbey*

화려함, 주변 환경 등 유서 깊고 기품 있는 이 교회에 필적할 수 있는 곳은 거의 없다.

돌덩이에도 입이 있다면 웨스트민스터 사원은 할 말이 무척 많을 것이다. 잉글랜드, 스코틀랜드 등 영국의 군주 17명과 수없이 많은 유명 인사들이 이곳에 잠들어 있다. 1066년 크리스마스에 거행된 윌리엄 1세(William I)의 대관식 이후로 왕의 즉위식과 왕실 결혼식이 모두 거행된 이곳은 잉글랜드에서 가장 높은 고딕식 둥근 천장과 화려한 볼거리가 가득한 지상 최고의 성당이다. 런던의 심장부에 위치한 이 사원은 주교가 아닌 군주에게 속한 왕실 특별 교구이다. 또한 공식 행사의 핵심 개최지이자 성공회의 중심지이기도 하다.

순례자들의 발길에 닳아 버린 계단에서 지금도 사람들은 '참회왕 에드워드(Edward the Confessor)'의 제단에 참배한다. 그는 11세기에 이 사원을 건립한 장본인이다. 오늘날 남아 있는 건물은 대부분 헨리 3세(Henry III) 때인 13세기에 지어진 것으로, 장미 창, 끝이 뾰족한 첨두(尖頭) 아치, 늑골구조의 둥근 천장 등 프랑스의 대성당 양식을 대거 도입했다. 단일 통로, 몰딩 방식, 조각 장식, 대리석 기둥 등의 영국식 기법도 활용했다. 무덤과 묘비를 살피다 보면 사원과 회랑에 겨우 3,300구의 시신만 묻혀 있다는 것이 믿어지지 않을 정도이다.

When to go 보통 수도원은 예배나 특별 행사가 거행되는 일요일과 종교 축일을 제외하고 매일 일반에 개방된다. 개방시간은 시기에 따라 다르므로 수도원 웹사이트에서 확인한다.

Planning 수도원 재판에 참여하려면 적어도 2시간은 더 할애한다. 줄 서서 기다릴 것을 각오해야 하며 입장료를 내야 한다. 오디오 가이드를 이용하거나 안내인이 인솔하는 투어에 참여해 보자. 비용은 들지만 그만큼 가치 있다.

Websites www.westminster-abbey.org, www.visit.london.com

■ 1308년, 에드워드 2세 때부터 모든 군주들이 대관식 의자에 앉아 즉위식을 거행했다. 이 의자는 헨리 5세의 무덤 근처에 있는 아케이드의 대좌에 놓여 있다. 1300년에 제작된 의자 밑에는 스쿤의 돌(Stone of Scone)을 놓아 두던 받침대가 달려 있다. 성서 속 인물인 야곱의 베개였다고 하는 이 돌은 1996년에 에든버러 성으로 옮겨져 스코틀랜드의 왕권을 상징하는 다른 유물들과 함께 보관되고 있다.

■ 16세기에 지은 아름다운 레이디 예배당도 놓치지 말자. 조각 장식을 한 부채꼴 모양의 둥근 천장과 튜더 왕조의 문장(紋章), 100점에 이르는 조각상이 예배당을 장식하고 있다.

■ 시인 구역은 초서, 셰익스피어, 테니슨, 디킨스, 에밀리 브론테를 비롯해 수많은 유명 문호들을 기념하는 곳이다.

■ RAF 예배당은 제2차 세계대전 당시 벌어진 브리튼 전투 때 전사한 연합군 전투기 조종사들을 추모하는 곳이다. 창문에 63비행 중대의 배지가 장식돼 있다.

샤르트르 대성당은 밤에 특히 아름다우며 신비롭기까지 하다.

프랑스

샤르트르 대성당 *Chartres Cathedral*

대표적인 고딕식 건물인 이 성당 안에는 왕과 예술가, 성서 속 인물들의
신앙에 관한 이야기가 풍부하게 묘사돼 있다.

보스(Beauce) 지방의 평원에 우뚝 솟은 샤르트르 대성당의 첨탑들이 700년이 넘도록 순례자와 관광객들을 매료시키고 있다. 카테드랄 노트르담 드 샤르트르(Cathédrale Notre-Dame de Chartres, 샤르트르의 성모 대성당)가 본래 이름인 이 성당은 파리의 남서부, 외르 강가에 세워진 고딕식 건축의 총아이다. 이 지역에서는 이전에도 성당을 지어 성모 마리아에게 봉헌했다. 속설에 따르면 876년에 샤를마뉴(Charlemagne) 대제가 성

모 마리아가 예수를 출산할 때 입고 있었다는 숄의 일부인 상크타 카미사(Sancta Camisa)를 샤르트르로 가져왔다고 한다. 집중 공사로 30년만에 완성하고 1260년에 헌당식을 치른 이 성당은 유럽에 현존하는 매우 뛰어난 중세 성당의 하나이다. 성당을 지은 건축가와 예술가들의 이름은 남아 있지 않지만 이곳은 왕과 수십 명의 장인들이 이루어낸 진정한 합작의 결과이다.

영광 속에 앉아계신 그리스도를 새겨 놓은 삼각형의 홍예벽 아래 왕의 문을 통해 안으로 들어간다. 이 웅장한 고딕식 성당으로 들어갈 때는 열심히 공부할 준비부터 하자. 잘 살펴보면 예수와 성자들의 일생뿐 아니라 성당 건립을 위해 기금을 조성했던 다양한 길드 집단의 일상생활에 대해서도 배울 수 있다. 2,600평방미터에 달하는 화려한 스테인드글라스 창문을 그림책 삼아 '읽는'다면 통 제조업자들과 목수들이 기증한 '노아의 창'처럼 빛을 받아 보석처럼 빛나는 창문과 장미 창이 인상적인 이야기를 넘치게 제공해 줄 것이다.

■ 세계에서 가장 보존이 잘된 중세 때의 스테인드글라스 창은 원래는 186개던 것이 지금은 152개만 남아 있다. 각 창문마다 주제가 담겨 있다.

■ 성당 바닥에는 세계 최대 규모로, 보존 상태가 뛰어난 중세 때의 미로가 새겨져 있다. 순례자들은 '예루살렘에 이르는 길'이라고 하는 이 미로를 천국으로 가는 통로로 여겨 걷거나 무릎걸음으로 통과하곤 했다.

■ 우아한 계단을 올라 14세기에 성모 마리아의 유물을 안치하기 위해 지은 성 피아 예배당(St. Piat's Chapel)으로 들어가 보자.

■ '시작의 문'이라고 알려진 북쪽 출입구에는 수레에 실려 가는 언약궤가 조각돼 있다. 일각에서는 성당 기사단의 기사들이 언약궤를 샤르트르 대성당으로 운반해와 지하에 감춰 두었다고 믿고 있다.

When to go 정오 투어(입장료 있음) 시간에 맞춰 간다. 충분한 시간을 두고 복잡한 창문과 조각품을 찬찬히 살펴보고 오후 늦게 돌아와 성당 지하 투어를 시작한다. 가장 좋은 방법은 이틀을 잡고 창문과 현관 감상에 하루씩 할애하는 것이다. 구름 한 점 없는 맑은 겨울에 방문하면 가장 생동감 넘치는 색채를 감상할 수 있다.

Planning 샤르트르는 파리의 몽파르나스 역에서 기차로 1시간이 채 안 걸리는 거리에 있다. 이 길은 보스 평원의 랑부예 숲을 지나는 매우 유쾌한 여정이다. 성당에 들어갈 때는 팔다리를 모두 가리는 옷차림을 한다.

Websites http://www.chartres-tourisme.com

> 프랑스

파리 노트르담 대성당 *Notre-Dame de Paris*

유럽 최초의 고딕식 대성당의 하나가 파리의 심장부에 우아하게 솟아 있다.

파리 대주교좌 성당인 노트르담 대성당을 가장 명확하게 보여줄 수 있는 것이 무엇일지 판단하기란 결코 쉬운 일이 아니다. 육중한 서쪽 정면의 경우 멀리서 보면 난공불락의 요새 같은데 가까이서 보면 고딕식 조각이 새겨진 정교한 대리석 건물이다. 세느 강에서 보면 파리라는 도시가 처음 형성된 유서 깊은 시테 섬(Île de la Cité)의 가장자리에 세워진 노트르담 대성당이 더욱 정교해 보인다. 그 이유는 성당의 신랑과 성가대석을 지지하는 돌로 만든 아치 꼴의 복잡한 버팀벽 때문이다.

노트르담의 이무기돌들은 배수관 역할도 겸한다. 배수로를 통해 받은 빗물을 토해내서 아래에 있는 석조 작품을 씻겨준다.

성모 마리아에게 봉헌된 파리 노트르담 대성당은 1163년, 훨씬 오래전부터 자리하고 있던 성당터에 짓기 시작해 1345년까지 공사가 계속되었다. 이 성당은 프랑스 고딕양식의 원칙에 충실해서 찌를 듯 높게 세운 대표적인 건축 작품이다. 그 덕에 한없이 높아 보이는 벽을 바라보다 보면 마치 천국까지 이어질 것 같다. 기둥들은 갈수록 가늘어졌고 아치는 높이 솟은 벽체의 무게를 보다 효율적으로 지탱할 수 있도록 뾰족해졌다. 또한 대형 스테인드글라스 창으로 더 많은 빛이 들어오도록 해 신앙심을 고취시켰다. 요즘은 13세기에 만들어진, 가장 오래된 출입구인 성 안느 문을 통해 노트르담 성당으로 들어간다. 서쪽 전면의 남쪽 출입구인 이 문을 들어서면 고딕식 건축의 변천사를 고스란히 감상할 수 있다.

When to go 노트르담 대성당의 개방시간은 오전 7시 45분~오후 6시 45분까지이다. 둘러보는데 적어도 2시간은 걸린다. 오래도록 줄 서서 기다리지 않으려면 일찍 가는 것이 좋다. 일요일 오전 10시 미사 때는 그레고리안 성가도 들을 수 있다. 토요일 오전 10시 30분, 오후 6시 30분 미사 때는 성가대의 찬양을 들을 수 있다. 옛날의 신자들이 받았을 강렬한 인상을 경험하고 싶다면 직원들이 청소하기 위해 의자를 모두 치우는 월요일 아침에 가보자.

Planning 노트르담 대성당은 프랑스에서 관광객이 가장 많은 유적 중 하나이다. 또한 관광객들이 경의를 표해야 할 곳이기도 하다. 여성들은 어깨가 드러나는 옷차림을 피한다. 탑은 인기 있는 관광 장소지만 오를 수 있는 인원은 한번에 20명으로 제한한다. 387개의 작은 계단을 통해 꼭대기에 오르다 보면 심장이 약한 사람은 무리가 가거나 호흡 곤란이 발생할 수 있으므로 유의한다. 오래 기다리지 않으려면 일찍 간다.

Websites www.cathedraldeparis.com, www.parisinfo.com

- 남쪽에 있는 장미 창을 감상해 보자. 지름이 13m로 유럽에서 가장 큰 스테인드글라스 창이다. 1939년에 창을 안전하게 보호하기 위해 장인들이 창을 떼어냈다가 전쟁이 끝난 후에 원상 복귀시켰다.

- 노트르담에 있는 두 대의 오르간 중 하나는 프랑스에서 가장 큰 것이다. 특별 미사 때는 남쪽 탑에 있는 13톤이나 되는 엠마뉘엘 종(Emmanuel bell)이 울린다.

- 역사광들이라면 노트르담 지하 유적(Archaeological Crypt of the Parvis of Notre-Dame)을 좋아할 것이다. 성당 맞은편 광장 밑에 있는 박물관이다. 매주 화~일요일, 오전 10시부터 오후 6시까지 개방된다.

- 노트르담 대성당 밖에 있는 청동 별로 표시된 포앵 제로(point zero)에 서보자. 1768년에 파리의 거리 측정 기준점(0km)으로 정한 곳으로 이곳을 밟으면 파리에 다시 오게 된다고 한다.

세계에서 가장 유명한 건축물의 하나인 사크레쾨르 대성당은 트래버틴이란 석재로 지은 것이다.
트래버틴은 물에 녹은 석회암이 오랜 세월 퇴적돼 생성된 흰색 암석이다.

프랑스

사크레쾨르(聖心) 대성당 *Sacré-Coeur Basilica*

프랑스에서 최고로 신성시되고 가장 유서 깊은 자리에 빛나는 대성당이 자리잡고 있다.

빛의 도시 파리의 북쪽 하늘 가장자리에 사크레쾨르 대성당의 희고 둥근 돔이 높이 솟아 있다. '순교자들의 산'이라는 의미의 몽마르트르(Montmartre) 언덕은 아주 오래전부터 신성한 땅이었다. 이곳은 골(Gaul)족의 드루이드교 사제들에 이어 군신(軍神) 마르스(Mars)와 상업의 신 메르쿠리우스(Mercury)를 숭배했던 로마인들의 성지였다. 그 후 메로빙거 왕조 때 기독교인들이 이 신성한 언덕에 종교 건축물들을 세웠다.

18세기 후반, 공포정치 시기에 혁명당원들은 이곳에서 베네딕토회 수도사들을 추방하고 수도원을 파괴했으며 마지막 수녀원장을 단두대에서 처형시켜 버렸다. 초창기 건축 중 남아 있는 곳이라고는 자그마한 생피에르 예배당(St.-Pierre de Monmartre)뿐이다. 이 예배당은 생제르맹데프레 성당(St.-Germain-des-Prés)과 더불어 파리에서 가장 오래된 성당이다. 사크레쾨르 대성당은 비교적 최근에 신(新)비잔틴양식으로 지어져 1919년에 헌당식을 거행했다. 어두운 현관 홀에 들어서면 '이곳은 쉬지 않고 기도하는 곳이다'라는 글이 제일 먼저 눈에 들어온다. 세계 각지에서 온 사람들의 참배가 하루 종일 이어진다. 황금빛 모자이크로 덮인 돔, 봉헌 촛불이 켜진 부속 예배당, 미사를 드리는 동안 공기 중에 은은하게 감도는 향기가 가뜩이나 거대하고 예사롭지 않은 이 성당에 신비감까지 더해준다.

■ 쉬잔 발라동 광장(Place Suzanne Valadon)에서 대성당까지 푸니쿨라를 타고 올라가면 경치를 감상하며 빠르게 오를 수 있다. 시간은 좀 걸려도 비외빌 가(Rue de la Vieuville)를 걸어 올라가거나 데브레 가(Rue Devret)의 계단을 오르면 칼베르 광장(Place du Calvaire)에서 사방으로 펼쳐진 전경을 만끽할 수 있다.

■ 대성당 바로 왼쪽에 있는 오래된 성 베드로 교구 성당에 들어가면 로마시대의 기둥과 함께 로마네스크 풍의 세부 장식들을 감상할 수 있다.

■ 돔에 올라가 보자. 맑은 날에 가면 가장 좋다. 오전 9시~오후 6시까지 개방한다. 야외까지 이어져 있는 234개의 계단을 오르면 파리의 멋진 경치를 즐길 수 있다.

When to go 성당은 매일 오전 6시~오후 10시 15분까지 연중무휴로 개방한다. 돌아보는 데 최소한 1시간은 걸린다. 늦은 오후에 가면 대성당의 계단이나 테라스에서 파리 시 너머로 지는 석양을 감상할 수 있다.

Planning 성당 안에서는 사진 및 동영상 촬영이 금지돼 있다. 보물과 주교들의 무덤이 있는 성당 지하는 부정기적으로 공개되지만 무료로 입장할 수 있다. 성당 주변의 끈질긴 강매 행상들을 조심한다. 근처에 있는 에프렝(Ephrem) 게스트하우스는 성지순례 및 피정 여행의 중심지이다. 100명이 묵을 수 있으며 장애인 전용 숙소도 9곳이 있다. 에프랭을 찾아온 사람들은 일주일씩 머물기도 한다. 그 동안 신부나 수녀를 만나고 개인 또는 단체 피정에 참여한다.

Websites www.sacre-coeur-montmartre.com, www.parisinfo.com

TOP 10

스테인드글라스 창문
Tem Stained-Glass Windows

생동감 넘치는 선명한 색상에 복잡한 무늬, 설화적 요소가 가미된 스테인드글라스는 사람들의 의식을 고양시키고 영감을 불러일으킨다.

❶ **브라운 메모리얼 장로교회** Brown Memorial Church 미국 _ 메릴랜드 주

감청색 돔과 반짝이는 스테인드글라스가 특징인 브라운 메모리얼 장로교회는 볼티모어의 명물이다. 티파니(Louis Comfort Tiffany, 1848~1933)가 제작한 11개의 스테인드글라스 창문은 그의 가장 뛰어난 예술작품 중 하나다.

Planning 시청 광장에 있는 시온 교회에는 다양한 스테인드글라스가 있다. www.browndowntown.org

❷ **워싱턴 D.C. 국립 대성당** National Cathedral 미국 _ 워싱턴 D.C.

화창한 날이면 성당 내부는 마치 거룩한 분위기 속에서 조명 쇼를 하듯 밝아진다. 채색된 스테인드글라스를 통해 햇살이 주홍빛, 노란빛, 녹색과 자줏빛 등 갖가지 색채의 향연을 펼치며 실내로 쏟아져 들어온다.

Planning 폴저 셰익스피어 도서관에서 〈인간의 일곱 나이(Seven Ages of Man)〉를 찾아보자. www.nationalcathedral.com

❸ **세인트 메리 성당** St. Mary's Cathedral 오스트레일리아 _ 시드니

황금빛 사암의 장식무늬로 성당 안의 스테인드글라스 창문은 양쪽으로 나뉘진다. 15가지의 〈로사리오의 신비(Mysteries of the Rosary)〉가 성소의 유리 창문에 그려져 있고, 본당에는 신약 성경의 이야기가 그려져 있다.

Planning 지하실 바닥에는 천지창조의 이야기를 담은 모자이크 타일이 깔려 있다. www.stmaryscathedral.org.au

❹ **아벨 시나고그** Abbell Synagogue 이스라엘 _ 예루살렘

1962년 마르크 샤갈은 스테인드글라스 창문을 아벨 시나고그에 봉헌하며 성경적 사랑, 우정과 평화를 꿈꾸는 유대인들에게 작은 선물을 가져왔다고 말했다. 유대인의 상징과 동물, 꽃 등이 12개 창문에 그려져 있다.

Planning 이 시나고그는 하다사 대학(the Hadassah University) 의료센터의 건물 중 하나이다. www.hadassah.org.il

❺ **성 비투스 성당** Katedrála svatého Víta 체코 _ 프라하

거대한 프라하 성 안에 지어진 성 비투스 성당이 붉은색 지붕으로 가득한 도시를 내려다보고 있다. 건물 북쪽 전면에는 성 키릴로스(St. Cyril)와 성

메토디우스(St. Methodius)를 기념하기 위해 아르누보시대의 대표적 예술가인 알폰스 무하(Alfons Mucha)가 제작한 스테인드글라스가 있다.

Planning 장식예술박물관(the Museum of Decorative Arts)을 찾아가 보헤미아(Bohemian) 유리에 대해 알아보자. www.hrad.cz

❻ 산 도나토 성당 San Donato Cathedral 이탈리아_아레초

1278년 문을 연 산 도나토 성당은 토스카나의 아르노 계곡에 있다. 스테인드글라스 작업은 프랑스 출신 화가 기욤 드 마르실라가가 맡았다.

Planning 이 성당에는 〈성녀 마리아 막달레나〉를 비롯해서 많은 예술작품들이 있다. www.toscanaviva.com

❼ 쿠엔카 성당 Cuenca Cathedral 스페인_쿠엔카

1990년대 네 명의 스페인 예술가들이 쿠엔카 성당의 낡은 스테인드글라스를 대담하고 추상적인 현대식 예술작품으로 바꾸어 놓았다. 햇빛이 쏟아져 들어오면 스테인드글라스의 화려한 색채가 영롱하게 빛난다.

Planning 이 성당은 중세시대의 고풍스러움이 남아 있는 곳으로 협곡이 내려다보이는 벼랑 꼭대기에 세워져 있다. www.euroresidentes.com

❽ 톨레도 성당 Toledo Cathedral 스페인_톨레도

750개의 스테인드글라스 창문이 특유의 빛과 그림자를 자아낸다. 성당의 주조색인 황금빛에 붉은색과 푸른색이 가미되면서 색감이 더욱 두드러진다. 북쪽과 남쪽의 문 위에는 엷게 채색한 장미 무늬 유리창이 있다.

Planning 톨레도(Toledo)의 성벽을 지나 구시가지의 좁은 길을 걸어보자. 지난 세월의 흔적이 느껴진다. www.spain.info

❾ 성공회 성당 Anglican Cathedral 잉글랜드_리버풀

이곳의 스테인드글라스 유리창에는 성서 속 이야기와 영국에서 가장 큰 이 성당의 역사가 담겨 있다. 성모 예배당 입구에는 리버풀 출신의 여성 유명인사를 묘사해 놓고 그 옆에는 현지 영웅들을 그려 놓았다.

Planning 관광객들은 그레이트 스페이스 투어(Great Space tour)를 통해 가까이서 스테인드글라스 창문을 감상할 수 있다. www.liverpoolcathedral.org.uk

❿ 세인트 마틴 교회 St. Martin's Church 잉글랜드_브램턴

이 교회의 스테인드글라스는 라파엘 전파(前派) 화가인 에드워드 번 존스 경이 설계하고 윌리엄 모리스 스튜디오에서 제작했다. 유리 창문에는 예배, 어린 시절, 천국 같은 주제뿐 아니라 성경의 영웅들도 그려져 있다.

Planning 아담한 상업도시 브램턴은 잉글랜드 북부, 컴브리아(Cumbria)의 하드리아누스 성벽에서 19km 떨어져 있다. www.stmartinsbrampton.org.uk

정교한 조각 장식이 있는 탄생의 문은 가우디가 가장 공들인 곳이다.

스페인

사그라다 파밀리아 Sagrada Família

외관이나 세부 장식이 거대한 중세의 성당처럼 보이는 가우디의 성가족 성당은
언제 완공될지 모르는데도 결코 서두르는 법이 없다.

바르셀로나의 하늘 높이 8개의 화려한 장식 탑이 솟아올라 있는 사그라다 파밀리아 대성당은 카탈로니아 주도(州都)의 상징적 존재이다. 안토니 가우디(Antoni Gaudí, 1852~1926) 최고의 역작으로, 1882년에 착공한 이 성당에는 그의 엄청난 열정이 담겨 있다. 그는 40년도 넘게 지칠 줄 모르고 성당 건축 작업에 매달렸지만 미처 완성을 보

지 못하고 1926년에 사망하고 말았다. 공사는 지금도 그가 남긴(사실은 복원된) 설계도에 따라 계속되고 있다. 가우디의 추종자들과 가톨릭 순례자들은 이 성당을 찾아와 그 장엄함에 경탄하고 심지어 숨이 멎을 정도로 놀라기도 한다. 종교적 형상이 건물 곳곳에 속속들이 스며 있다. 정교한 조각과 거대한 스테인드글라스 창, 기하학적 무늬와 동식물들을 묘사한 섬세한 장식이 잔뜩 뒤섞여 건물 안팎을 치장하고 있다. 치장벽토, 모자이크, 철, 돌 등 갖가지 자재를 총동원해 몽환적이면서도 기술적으로 복잡한 설계 속에 녹아들게 만들었다.

세 군데의 전면 중 동쪽의 '탄생의 파사드(Nativity Façade)'와 서쪽의 '수난의 파사드(Passion Façade)'는 완성되었다. 남쪽의 '영광의 파사드(Glory Façade)'가 완성되면 성당의 주 출입구가 된다. 현대 기술을 사용함에도 불구하고 진척 속도는 가우디 생전에 비해 그리 빨라지지 않아서 2026년에나 완공될 것으로 보인다. 하지만 이것도 확실치는 않다. 언제 완공되느냐는 질문에 가우디가 내뱉었다는 농담 섞인 대답이 정답일 것이다.

"제 고객이 서두르지를 않아서요."

When to go 4월~9월 동안은 오전 9시~오후 8시, 10월~3월 사이에는 오전 9시~오후 6시까지 매일 성당을 개방한다.

Planning 돌아보는 데 2~3시간은 걸린다. 추가 요금을 내면 45분짜리 단체 가이드 투어도 가능하다. 5월부터 10월까지는 오전 11시부터 오후 5시 사이에 1시간 단위로 진행되고, 11월부터 4월까지는 아침에만 제공된다. 점잖은 옷차림으로 방문하도록 하자.

Websites www.sagradafamilia.org

- 가우디는 1935년에 발발한 스페인 내란으로 공사가 중단되기 전에 이미 그리스도의 탄생을 기념하는 탄생의 파사드를 완성했다.

- 각 전면의 주춧돌에는 우주의 불변성을 상징하는 거북 조각이 있다. 바다에 가까운 문에는 바다거북, 산쪽에 더 가까운 문에는 민물거북의 형상이다.

- 탑 꼭대기에 올라가 보면 입이 쩍 벌어질 정도로 멋진 위용을 드러내는 성당 건물 전체와 도시의 전경을 만끽할 수 있다.

- 아직 4개는 세워지지도 않았지만 12개의 종탑은 12사도를 상징한다. 각 종탑의 뾰족한 꼭대기에는 이중 방패가 있다. 그 안에 봉헌된 사도의 이니셜이 새겨진 황금 십자가가 들어 있다.

> 스페인

메스키타 *Mezquita*

코르도바(Córdoba)의 대 모스크는 이슬람 세계의 자랑이자
명실상부한 유럽 최고의 웅장한 이슬람 건축물이다.

스페인 남부의 고대 도시인 코르도바는 8세기부터 13세기까지 알안달루시아(Al-Andalus) 이슬람 왕국의 심장부였다. 그리고 예술적 창의성과 세련된 지성이 빛을 발하는 황금기를 구가하며 종교적으로도 보기 드물 정도의 관용을 베풀었다. 세속적 야망과 더불어 종교적 열망을 드러내기 위해 코르도바의 태수는 대 모스크인 메스키타의 건립을 명했다. 과달키비르 강 위의 고원에 자리한 이 거대한 건물군의 위엄 있는 외벽만 봐서는 경이로울 정도로 아름답고 신앙심 넘치는 건물 내부의 모습은 짐

모스크의 기둥 중 상당수가 서고트족과 로마인이 남긴 유적을 재활용한 것으로, 모스크보다 훨씬 오래된 것이다.

작조차 하기 어렵다. 오렌지나무가 늘어서 있는 햇빛 따가운 중정을 지나 모스크 문으로 들어서면 처음에는 어두워서 아무것도 보이지 않는다. 실내의 빛에 익숙해지면 숨막히는 광경이 눈앞에 펼쳐진다. 붉은 벽돌과 흰색 돌을 번갈아 사용해 두 층으로 만든 줄무늬 아치가 천장에 가득하다. 이를 받치고 있는 수백 개의 돌기둥이 반듯한 통로를 따라 시야에서 희미해질 정도로 멀리까지 이어진다.(전설에 따르면 예전에는 총 1,000개의 기둥이 있었다고 한다.) 지붕 꼭대기의 돔에서 치밀하게 계산된 간격대로 들어온 빛 줄기가 이 돌기둥 숲을 밝게 비추고 있다. 그야말로 기하학적 구조가 시나 기도로 승화한 것 같다. 이 기이하고 성스러운 곳을 살펴보면 볼수록 대리석을 조가비처럼 조각한 벽감, 비잔틴양식의 모자이크, 무어양식의 타일 등 경이로운 광경이 계속해서 나타난다. 게다가 미사를 드리기 위해서이기도 하지만 르네상스시대의 유력 정치가들을 위해 건물 한복판에 어울리지 않게 들어 앉힌 500년 된 가톨릭 성당까지 있다. 그 당시에도 이 안의 성당 건립을 두고 정신 나간 짓이라고 여길 정도였다.

When to go 메스키타는 연중무휴로 개방한다. 시간은 계절별로 다르다. 코르도바는 거의 1년 내내 날씨가 쾌적하지만 한여름에는 엄청나게 더울 수 있다. 겨울에는 개방시간이 초저녁까지 연장된다.

Planning 메스키타는 하루 종일 인파로 북새통을 이룬다. 주말과 휴가철에 더하다. 가급적 문닫기 직전에 다시 한 번 성당을 방문해 보자. 이 때는 버스 투어 일행이 떠나고 분위기가 더욱 사색적이다. 전체를 둘러보는 데는 2시간 정도 필요하다.

Websites www.turiscordoba.es, www.cordoba24.info, www.guiasemanasanta.com

■ 메스키타 중심부에는 비잔틴양식의 빛나는 모자이크와 아치 형태의 돔, 섬세한 조각 장식으로 꾸민 8각형 미흐라브(기도 벽감)가 있다.

■ 미흐라브 근처에는 가톨릭 걸작품들을 모아 놓은 방이 있다. 스페인의 미켈란젤로라고 일컫는 알론소 카노(Alonso Cano)의 조각상과 16세기의 성체현시기(성찬용 빵을 모셔두는 케이스)도 있다.

■ 모스크의 담 너머에 골목이 미로처럼 얽혀 있는 바리오 데 라 후데리아(Barrio de la Juderia, 유대인 지구)가 있다. 한때 코르도바의 유대인들이 거주하던 곳이다. 카예 데 로스 후디오스(Calle de los Judios, 유대인 거리)에는 스페인 종교 재판 후에 가톨릭 예배당으로 개편된 14세기의 시나고그가 있다.

■ 세마나산타(부활절 성 주간)에 방문한다. 가톨릭 신자들이 메스키타 경내를 돌며 행진한다.

산 피에트로 대성당의 돔을 통해 햇빛이 스며들고 있다.

바티칸시국

산 피에트로 대성당 *Basilica di San Pietro*

수많은 교황들과 함께 성 베드로가 잠들어 있다고 하는 이 성당은 세계에서
신성한 예술작품을 가장 많이 보유한 보고(寶庫)이다.

    세계에서 가장 작은 나라인 바티칸 안에 자리한 산 피에트로 대성당은 가톨릭 최고의 성지이자 세계에서 가장 큰 성당 중 하나이다. 1506년에 공사에 착수한 대성당은 미켈란젤로를 비롯한 르네상스시대의 여러 거장들의 설계와 장식으로 이루어졌으며 기품 있는 종교 예술로 가득 채워져 있다. 대성당은 4헥타르 규모의 산 피에트

로 광장 안에 자리잡고 있다. 베르니니가 설계한 광장에는 마치 관광객들을 두 팔 벌려 감싸 안으려는 듯 휘어진 주랑이 뻗어나 있다. 광장에 나있는 다섯 개의 청동제 문 중 하나를 택해 들어가면 정교한 무늬를 새긴 대리석으로 치장한 기다란 신랑이 나타난다. 고개를 돌리면 사방이 온통 거대한 조각상과 찌를 듯 높이 솟은 기둥, 장식 제단 천지이다. 아르놀포 디 캄비오(Arnolfo di Cambio)가 제작한 성 베드로상은 순례자들이 하도 만져댄 통에 발가락 몇 개는 닳아 없어지고 말았다. 돔을 에워싸듯 나있는 창을 통해 빛줄기가 쏟아져 들어온다. 안에는 그리스도와 성모 마리아, 하나님, 그리고 그 옆으로 엄숙한 성자들과 하늘로 날아오르는 천사들을 묘사한 모자이크 장식이 있다. 아래에서 가장 눈길을 끄는 곳은 베르니니의 천개(天蓋)로, 중앙 제단을 우아하게 덮고 있다. 오래전의 전설과 함께 바티칸의 설명에 따르면 성당 바로 밑에는 로마시대의 묘지가 있으며 최초의 교황인 성 베드로가 매장돼 있다고 한다.

■ 입구 오른쪽, 첫번째 예배당에 미켈란젤로의 '피에타(Pieta)상'이 있다. 십자가에서 죽은 예수를 무릎에 안고 슬픔에 잠긴 성모 마리아를 조각한 작품. 사무치는 고통이 사실적으로 묘사된 이 작품은 미켈란젤로의 '다비드상'과 함께 르네상스 미술의 쌍벽을 이루는 걸작이다.

■ 조용히 묵상하기 그만인 베르니니의 '성체 예배당'은 기도 장소로 정해져 있다. 오전 7시부터 하루 종일 세계 각지에서 온 성직자들이 다양한 언어로 미사를 드린다.

■ 엘리베이터를 타고 지붕으로 올라가면 대성당의 아찔한 경치를 감상할 수 있다. 여기서 32계단을 더 올라 전망대에 이르면 로마 시의 아름다운 전경이 한눈에 펼쳐진다.

When to go 인파가 몰려들기 전 아침 일찍 방문하는 것이 좋다.

Planning 돌아보는 데 최소 3시간 이상 걸린다. 줄 서서 기다릴 각오를 해야 한다. 특히 일요일에는 가이드 투어가 아닐 경우 한참 기다려야 한다. 매주 일요일에는 성당에서 하루 종일 이탈리아어로 미사를 드리며 그중 한 번은 라틴어로 진행된다. 대성당의 남쪽 건물에 있는 안내 센터나 우체국(일요일을 제외하고 매일 운영)에서 무료 관광 정보를 얻을 수 있다. 복장 규정이 엄격하다. 반바지나 짧은 스커트, 탱크톱 같은 옷차림으로는 성당에 들어갈 수 없다. 로마시대의 묘지를 방문하려면 한참 전에 바티칸 발굴 사무소에 티켓 발급을 요청해야 한다.

■ 교황의 여름 휴가 기간이나 여행 때를 제외하고 매주 일요일 정오가 되면 교황이 발코니에 올라가 삼종 기도를 드리고 베드로 광장에 있는 사람들에게 강복을 베푼다.

■ 로마시대의 묘지를 돌아보는 가이드 투어를 신청하면 가톨릭 신자들이 성 베드로의 무덤이라고 믿는 대성당 지하 발굴 현장을 둘러볼 수 있다. 하지만 학자들은 1953년에 예루살렘의 감람산에서 발견된 곳이 실제 묘지라고 보고 있다.

Websites www.vatican.va, www.saintpetersbasilica.org, www.vaticancitytours.com

산 비탈레 대성당의 외관은 평범하지만 내부는 화려한 모자이크 장식으로 현란하기 그지없다.

이탈리아

산 비탈레 대성당 *Basilica of San Vitale*

6세기에 지어진 이 대성당은 이스탄불에 버금가는 뛰어난 비잔틴양식의 모자이크 작품들을 보유하고 있다.

라벤나(Ravenna)에 위치한 산 비탈레 대성당은 선이 또렷한 8각형 다층 건물이다. 정교한 예술작품으로 치장한 내부에 비하면 외관은 평범하기 그지없다. 일부만 복원된 내부는 세계적으로 보존 상태가 가장 좋은 초기 기독교 비잔틴양식의 모자이크로 아낌없이 치장되어 있다. 성당과 마찬가지로 이 모자이크도 모두 6세기 때의 작품이다. 그중에서도 후진(後陣)부분의 모자이크가 가장 유명하다. 황금빛 색조의 작고 다채로운 타일로 짧은 머리에 수염이 없는 모습에 자주색 옷을 입은 예수가 신앙과 정절을 다 바친 성 비탈리스에게 순교자의 관을 하사하는 장면이다. 그 오른쪽에는 성당을 기공한 에클레시우스 주교가 성당의 모형을 들고 서있다. 이 모자이크 아래 양옆으로 또 다른 후진 모자이크가 있다. 왼쪽은 당시 동로마제국의 통치자로 성당 건립을 명한 유스티니아누스(Justinianus I, 483~565) 황제가, 오른쪽은 그의 아내인 테오도라 황후가 중심에 있는 작품이다. 황후의 옆에는 547년에 헌당식을 거행한 막시미아누스(Maximianus) 주교가 서있다. 후진과 성가대석의 벽을 장식하고 있는 다른 성자들과 당시의 정치인들의 상도 눈길을 끈다.

로마제국의 역대 황제들은 라벤나를 소홀히 여기다가 기원전 90년에야 비로소 중요성을 깨달았다. 5세기에 이곳은 로마제국의 요충지가 되었다. 그 덕에 이곳에 산 비탈레 성당을 비롯한 대규모 종교 건축물들이 들어설 수 있었다. 전설에 따르면 성당이 세워진 자리는 로마인들이 밀라노의 성 비탈리스를 기독교인이라고 판결했던 자리라고 한다. 초기 기독교시대에 기독교인은 거의 환영받지 못했다. 로마인들은 그를 고문한 후 산 채로 묻어 버렸고 이후 그는 라벤나에서 가장 사랑받는, 최초의 순교자가 되었다.

When to go 산 비탈레 대성당은 오전 9시부터 오후 7시까지 문을 연다. 보통 정오부터 오후 1시 사이에 모자이크가 가장 아름답게 빛난다.

Planning 이탈리아 북부의 에밀리아로마냐(Emilia-Romagna) 지방에 있는 라벤나까지는 관리가 잘된 고속도로가 이어져 있다. 기차 편도 편리하다. 렌터카, 버스, 기차 중 어떤 것을 택해도 좋다. 대성당은 볼로냐 공항에서 기차나 자동차로 1~2시간 거리에 위치해 있다. 피아차 델 포폴로(Piazza del Popolo, 포폴로 광장)에서는 500미터 떨어져 있다. 산 비탈레 대성당만 보려면 하루면 충분하고 도시를 구석구석 구경하려면 며칠 더 묵도록 한다.

Websites www.greatbuildings.com, www.italiantourism.com

- 라벤나는 훌륭한 문학과 인연이 깊다. 《신곡》의 저자 단테가 1321년에 라벤나에서 사망했다. 그의 무덤은 산 프란체스코 성당 근처에 있다. 후에 아일랜드의 낭만주의 시인인 예이츠(William Butler Yeats)는 대성당의 모자이크에서 영감을 받아 비잔틴을 주제로 한 시를 남기기도 했다.

- 피아차 델 포폴로는 라벤나의 공공 광장이다. 분수, 기념비, 크고 작은 성당, 그 밖의 건물들이 광장 가장자리로 두 개의 반원형을 이루는 공간에 모여 있다. 광장에 앉아서 다양한 건물을 감상해보자.

- 대주교의 궁전(Archbishop's Palace)도 가볼 만하다. 산토르소 대성당(Cathedral of Sant'Orso)에는 6세기 때의 대리석 석관 두 점이 보존돼 있고 국립박물관은 라벤나의 역사를 간직하고 있다.

바로크 풍의 아름다운 카살레 몬페라토 시나고그 내부에는 유대교의 상징으로 가득하다.

이탈리아

카살레 몬페라토 시나고그 Casale Monferrato Synagogue

이제는 더 이상 예전처럼 신자들이 많지 않지만 아름답게 복원된 시나고그는
유대교 예술을 대표하는 건물이다.

카살레 몬페라토 시나고그로 들어가는 문은 여느 건물의 문처럼 평범하기 그지없다. 그러나 내부는 마치 호기심 어린 눈초리를 피해 숨은 것처럼 온통 화려한 금도금 장식으로 치장해 신을 찬양했다. 천장에는 히브리어로 '이곳이 바로 천국의 문이로다'라고 엄청나게 크게 새겨져 있다. 그 아래에 금도금한 치장벽토가 파스텔 색조의

벽에 쓰인 히브리어 글귀를 틀처럼 에워싸고 있다. 그리고 복잡한 문양의 격자창이 여인들을 위한 회랑을 가리고 있다. 특이한 세공의 정교한 쇠창살이 18세기 후반에 제단에 놓인 위엄 넘치는 성궤를 가리고 있다. 그 위로 생동감 넘치는 조각 장식이 있는 삼각형 홍예벽을 코린트식 기둥들이 받치고 있다. 가지 달린 나선형 촛대가 양옆에 놓여 있고 토라를 상징하는 황금관이 제단 위에 떠있다. 천장을 받치고 있는 늑재 사이로 난 14개의 창을 통해 들어온 빛에 온갖 화려한 실내장식들이 반짝인다. 1595년에 조성돼 세기를 거듭하며 확충되고 치장도 늘어난 이 시나고그는 피에몬테 지방에 있는 12군데의 화려한 시나고그 중에서도 가장 호사스럽다.

지금은 카살레 몬페라토에 거주하는 유대인 가족이 단 두 가구밖에 없다. 현재 시나고그는 역사적인 것은 물론 현대적 유대교 전례 예술을 보여주는 박물관이자 복합 문화 공간의 핵심으로 빛을 발휘하고 있다.

When to go 시나고그 건물군은 매주 일요일 오전 10시~정오까지와 오후 3시~5시까지 개방한다. 주중에 방문하려면 미리 신청해야 한다. 전화번호: +39 0142 71807

Planning A26 고속도로 바로 옆에 위치한 카살레 몬페라토는 밀라노(Milano)나 토리노(Torino)에서 자동차를 타면 90분도 채 걸리지 않는다. 아스티(Asti)나 알레산드리아(Alessandria), 카르마뇰라(Carmagnola)를 비롯해 피에몬테 지방에 있는 다른 시나고그 역시 일반인에게 개방되므로 가는 길에 들러 보자. 오전 또는 오후 시간 전부를 할애해 카살레 몬페라토 시나고그와 박물관을 둘러보고 옛 유대인 지구 주변과 유대인 묘지도 찾아가 보자.

Websites www.casalebraica.org, www.initaly.com/regions/piedmont/turin.htm

- 회당 건물군의 입구에는 홀로코스트 때 학살당한 현지 유대인을 추모하는 기념비가 있다. 근처에 있는 중앙 안마당 아케이드 아래에는 히브리어 알파벳으로 신비한 상징을 조각한 작품이 있다.

- 성궤 가까이에 있는 16세기의 부조 작품을 눈여겨보자. 하나는 예루살렘과 '솔로몬 왕 사원'을, 다른 하나는 고대 도시 '헤브론'을 묘사해 놓았다. 그 옆의 대리석판에는 1848년에 피에몬테의 유대인을 해방시킨 '카를로 알베르토 왕'을 기리는 내용이 히브리어와 이탈리아어로 적혀 있다.

- '유대예술역사박물관'에서 자수 작품과 은제 전례 도구, 토라, 그 밖의 유대 문물을 감상할 수 있다.

- 조명박물관에는 현대의 예술가들이 제작한 9개의 가지가 달린 인상적인 하누카 촛대가 전시돼 있다.

전형적인 두오모의 사진 안에 브루넬레스키가 설계한 돔과 신랑, 조토가 설계한 종탑이 보인다.

이탈리아

두오모 성당 *Duomo*

르네상스시대 건축의 정수인 피렌체의 두오모 성당은 이탈리아에서
가장 걸출한 예술가와 건축가들이 줄줄이 참여해 완성된 곳이다.

피렌체의 하늘을 지배하고 있는 산타 마리아 델 피오레(Santa Maria del Fiore) 성당은 두오모(Duomo)라고 더 많이 알려져 있다. 이곳은 13세기 말에 착공해 15세기 중반에 들어서야 겨우 완공된 피렌체의 위풍당당한 로마 가톨릭 성당이다. 이탈리아에서 내로라하는 화가와 조각가, 건축가들 중 상당수가 가담해 이 성당을 화려하게 빛내는 데 기여했다. 이들 중에는 지오토(Giotto), 브루넬레스키(Brunelleschi), 도나텔로(Donatello), 도메니코(Domenico), 기를란다이오(Ghirlandaio), 피사노(Pisano) 및 루카 델라 로비아(Luca Della Robbia) 등이 있다. 가장 눈에 띄는 부분은 브루넬레스키가 설계하고 15세기 초엽에 조성한 거대한 돔이다. 피렌체 곳곳에서 우아한 곡선을 이루는 이 돔을 볼 수 있다. 적색, 녹색, 황색 대리석을 아낌없이 사용해 만든 두오모의 전면은 기하학적인 무늬로

돔 안의 무시무시한 '최후의 심판' 프레스코화는 신자들에게 하나님이 두려운 존재임을 각인시키기 위한 것이다.

덮여 있고 그 안에 위엄 넘치는 성자들의 상을 모셔 놓은 장밋빛 벽감이 나있다. 거대한 대성당 안으로 들어가 무늬를 아로새긴 대리석 바닥을 가로지르면 꼭대기에 금도금을 한 육중한 기둥에 둘러싸이게 된다. 높이 솟은 스테인드글라스 창을 통해 부드럽게 빛이 흘러 들어온다. 웅장한 돔의 외곽에 서서 위를 바라보자. 거대한 돔 안에 그려진 최후의 심판 프레스코화의 경외감 넘치는 장면을 넋 놓고 지켜보게 될 것이다. 돔 꼭대기까지 463계단을 올라가면 이 걸작을 가까이에서 볼 수 있다. 여기서 밖으로 나가면 피렌체 시의 경이로운 전경이 파노라마처럼 펼쳐진다.

When to go 늦봄에 방문한다. 그때가 온화하고 도시에 관광객이 가장 적다. 여름에는 사람들이 넘쳐나므로 피한다. 개방시간이 긴 일요일 외에 성당 건물들을 모두 돌아보려면 오후 일찍 가는 것이 가장 좋다. 성당, 돔, 종루, 세례당 등 두오모의 여러 구역과 박물관의 입장시간이 제각기 다르다. 정확한 시간은 아래에 소개한 첫번째 웹사이트에서 확인한다.

Planning 항공편으로 피렌체 공항까지 직접 가거나 로마에 도착해 기차를 이용한다. 두오모 전체를 둘러보는 데는 최소 3시간, 피렌체 관광에는 최소 사흘이 걸린다. 봄 소나기에 대비해 우산을 챙기자. 봄가을에는 옷을 여러 겹 겹쳐 입는다. 피렌체는 도시가 작아서 걸어다니기 좋은 도시이다. 도시의 명소 근처에는 주차할 수 없으므로 여기서는 아예 자동차를 빌릴 생각도 않는 것이 좋다.

Websites www.operaduomo.firenze.it, www.florence-accom.com, www.florence-tickets.com

■ 두오모 전망대 맞은편에 8각형의 세례당이 있다. 금도금한 청동 패널에 성서 속 이야기를 그려 놓은 로렌초 기베르티(Lorenzo Ghiberti)의 유명한 문이 달려 있다.

■ 지오토가 설계한 종루로, 표면이 흰색, 적색, 녹색 대리석으로 뒤덮인 캄파닐레(campanile)도 놓치면 안 될 곳이다.

■ 두오모 바로 뒤에 아름다운 두오모 성당 박물관이 있다. 성당 안에 있던 걸작품들이 전시돼 있다. 그중에 도나텔로의 조각 작품과 성모 마리아와 노래하는 천사를 묘사한 루카 델 로비아(Luca Della Robbia)의 광택나는 테라코타 작품도 있다.

■ 르네상스 미술로 가득한 산 마르코 수도원도 챙겨보자. 걸출한 화가이자 수도사로 1436~1445년까지 이곳에 살았던 프라 안젤리코(Fra Angelico)의 작품이 건물 곳곳을 뒤덮고 있다. 수도사의 작은 독방에도 프레스코화가 그려져 있으며 그의 유명 작품인 '수태고지(Annunciation)'도 이곳에 있다.

안마당의 3면으로 열주가 이어져 있다. 기둥 수를 세어 보는 일은 아예 시도도 하지 말자. 속설에 따르면 기둥 수를 세면 눈이 먼다고 한다.

| 튀니지 |

카이로우안 대 모스크 *Great Mosque of Qairouan*

카이로우안 대 모스크는 북아프리카 지역에서 가장 오래된 이슬람 사원으로 건립 시기가 이슬람교 발생 시기와 별 차이가 없다.

 튀니지의 건조한 내륙 지방에 자리잡은 성도(聖都) 카이로우안은 그 모습이 마치 신기루 같다. 심지어 대 모스크조차 모래 색깔이다. 이슬람 세력이 마그레브(Maghreb)를 정복한 직후인 서기 730년경부터 서있는, 세계에서 가장 오래된 미나레트들이 모스크 주변을 에워싸고 있다. 우마이야 왕조의 장군으로 마그레브를 점령한 시디 우크바(Sidi Uqba)가 670년에 이곳을 조성했고, 8세기 들어서 재건 및 확장이 이루어졌다. 현재 남아 있는 구조는 대부분 아글라브 왕조(Aghlabid dynasty)가 카이로우안을 근거로 통치하며 황금기를 구가하던 9세기 때 완성된 것이다. 버팀벽이 설치된 담, 톱니꼴 모양의 벽과 화살 구멍을 낸 3층 미나레트가 있는 이 모스크는 신앙의 중심지이자 요새였다. 적이 공격해 오면 전 주민이 이곳으로 피신했다. 드넓은 모스크 경내에 수천 명이 대피할 수 있었고 지하의 저수 탱크에서는 물이 공급되었다.

코란이 섬세하게 새겨진 입구로 들어가면 3면이 회랑과 기둥으로 에워싸여 있고 눈부시게 흰 대리석을 깔아 놓은 중정이 나타난다. 기도실 문들은 정교한 상감 세공으로 뒤덮여 있다. 그 안에는 바그다드에서 가져온 나무로 만든 민바르(minbar), 즉 이맘(이슬람교단의 지도자)의 설교단과 메카 방향을 가리키는 벽감으로, 162장의 모자이크 타일로 덮인 미흐라브가 있다. 위에는 거대한 샹들리에가 달려 있다. 기도실은 남자 이슬람교도만 들어갈 수 있다. 그러나 누구든 문을 통해 엿볼 수는 있다. 또한 신랑과 베이, 또 다른 414개의 기둥도 볼 수 있다. '메카에 가지 못해도 카이로우안을 7번 순례하면 구원받을 수 있다'는 말은 유명한 속담이다.

When to go 봄가을이 방문하기 가장 좋은 때이다. 모스크는 매일 오전 8시~오후 2시(금요일은 정오)까지 개방된다. 비이슬람교도들은 '오크바 이븐 나파 거리(Rue Okba ibn Nafaa)'에 있는 주 출입구로 입장한다.

Planning 모스크 구경은 30~45분 정도면 충분하고 시내 구경은 하루 종일 걸린다. 상당수의 튀니지인들은 지금도 프랑스어를 구사한다. 카이로우안까지 가는 가장 좋은 방법은 합승 택시를 이용하는 것이다. 주요 도시 어디나 있는 루아주(louage) 역을 찾아가 승무원에게 행선지를 말하면 합승할 승객과 택시를 주선해 준다. 연안 도시에서 운영하는 버스를 이용해도 된다.

Websites www.tunisiaguide.com , www.tunisia.com

■ 중정에서 장식으로 꾸며 놓은 대리석 배수구를 찾아보자. 빗물을 배출하는 역할뿐 아니라 기도 시간을 알려주는 해시계 역할도 했었다.

■ 대 모스크 맞은편에 있는 양탄자 상점의 테라스에서 한눈에 들어오는 모스크의 경치를 감상해 보자. 엄청나게 큰 모스크의 규모를 제대로 만끽하고 사진을 찍기에 최고의 자리이다. 약간의 기부금만 내면 된다.

■ 인근에 있는 '아글라브 연못'과 도시 성벽 바로 밖에 있는 '슈르파의 묘지'도 찾아가 보자. 하얗게 칠한 성자들의 무덤이 있다. 슈르파(샤리프의 복수형)는 예언자 무함마드의 손자인 후세인(Husayn)의 후예들이다.

■ 이드알마울리드(Eid al-Mawlid)라고도 하는 마울리드 알나비 축제(Mawlid al-Nabi Festival)는 무함마드의 탄생을 기념하는 축제이다. 음력으로 치르기 때문에 날짜는 해마다 다르다. 일부 보수적인 교파들은 이날을 기념하지 않지만 상당수의 이슬람교도들은 예배에 참여하고 가족과 큰 잔치를 벌인다.

서기 730년경에 세워진 이 미나레트는 초기 이슬람 건축의 예로 나중의 것에 비해 많이 낮다.

그림같이 아름다운 시나이 산 기슭의 계곡에 자리한 이 외딴 은둔처는 6세기부터 지금까지 수도원으로 쓰이고 있다.

이집트

성 카타리나 수도원 St. Catherine's Monastery

하나님이 떨기나무에서 모세에게 말씀을 전했다는 곳에
세계에서 가장 오래된 수도원 중 하나가 서있다.

메마른 사막의 바람결에 실려온 낙타의 울음소리가 성 카타리나 수도원을 에워싼 붉은색 화강암 벽 너머까지 들린다. 동로마제국의 황제인 유스티니아누스 1세(Justinian I)는 떨기나무예배당을 보호하기 위해 시나이 산 기슭에 수도원을 지으라고 명했다. 구약성서의 출애굽기를 보면 하나님은 떨기나무에 모습을 나타내 모세에게 이스라엘 백성을 이끌고 이집트를 나오라고 명한다. 바로 이 떨기나무가 있던 자리에 예배당이 세워졌다고 한다. 수도원 건립은 서기 527년부터 565년까지 이어졌다. 외세의 침입을 받지 않은 덕에 그리스 정교회 수도원 안에 있는 예수변모 성당(Church of Transfiguration)에는 뛰어난 예술 작품이 아주 많이 보존되어 있다. 그중에는 수도원 나이만큼 오래된 것도 있다. 또 세계 최고 수준의 뛰어난 채식(彩飾) 사본 컬렉션과 가장 오래된 이콘들도 있다. 하지만 가장 훌륭한 보물은 제단 위 후진(後陣, 성당 동쪽의 반원형으로 돌출한 부분)의 둥근 천장에 있다. 바로 그리스도의 변모를 묘사한 6세기 때의 모자이크 장식이다. 제단 오른쪽에 놓여 있는 석관에는 '알렉산드리아의 성 카타리나의 유골'이라고 알려진 두개골과 왼손 유해가 안치되어 있다. 그러나 이 성녀만 수도사들을 보호한 것은 아니다. 수도원 입구 근처에 전시되어 있는 무함마드가 썼다는 편지도 수도원이 아직까지 건재할 수 있게 해준 계기였다. 이곳에 들렀을 때 수도사들에게 극진한 대접을 받은 예언자 무함마드가 수도원의 안전을 보장했다고 한다. 이 약속은 모든 이슬람교도들에게도 지켜야 할 의무가 되었다.

■ 도서관에는 바티칸 다음으로 세계에서 가장 방대한 양의 성서 사본을 보유하고 있다. 그중에는 4세기에 제작된 시나이 사본(현존하는 가장 오래된 그리스어 성서 사본) 12페이지와 약간의 양피지 조각, 시리아 사본(4~5세기에 시리아어로 번역한 복음서)도 있다.

■ 무함마드의 약속에 대한 감사의 의미로 수도사들은 수도원 안에 파티마 모스크의 건립을 허용했다. 그러나 건물 배치가 메카의 방향과 맞지 않아 거의 쓰이지 않는다.

■ 11월 25일에 성 카타리나의 순교를 기념하는 행사가 거행된다. 수도자들은 유해를 들고 성당 주변을 행진한다.

■ 매일 울리는 나무 종소리를 들어본다. 금속으로 만든 종은 일요일과 공휴일에만 울린다.

When to go 11월~4월이 가장 이상적인 여행 시기이다. 수도원은 금, 일요일을 제외하고 오전 9시~정오까지 문을 연다. 토요일에는 수도사들이 예배를 드리는 떨기나무예배당만 방문할 수 있다.

Planning 성 카타리나 수도원 방문과 시나이 산 정상까지 오르는 일정을 한번에 묶어서 여행할 수 있다. 시나이 산에 올라 일출을 보려면 하루를 잡아야 한다. 정상까지 오르는 데는 2~3시간 정도 걸린다. 이 지역에는 고대 유적이 매우 많다. 며칠 묵으면서 곳곳을 찾아가 찬찬히 살펴보자. 기온이 급격히 변하므로 대비를 잘하고 손전등을 챙겨간다. 수도원에서는 남자들만 묵을 수 있다. 이 지역에서는 경찰이 수시로 검문하므로 여권을 꺼내기 쉬운 곳에 보관한다.

Websites www.touregypt.net, www.ecolodges.sahara safaris.org

조각 장식된 나무 문을 통과하면 공중 교회로 들어갈 수 있다.

> 이집트

공중 교회 *Hanging Church*

이집트는 무려 1,900년이 넘도록 콥트교를 신봉하고 있다.
이 교회는 세계에서 가장 오래된 콥트 교회이다.

고요하면서도 분주한 마리기르기스 거리(Mari Girgis Street)의 알푸스타트(Al-Fustat, 구 카이로)에 있는 바빌론 요새의 남쪽 탑을 지나면 조각 장식이 있는 두 짝의 나무 문이 나온다. 성서 속 장면을 그린 모자이크와 깃털 같은 잎의 야자수 조각이 이어져 있는 입구를 지나면 조용하고 비좁은 안마당에 이르게 된다. 여기서 29계단을 오르면 '계단 교회'라고도 하는 콥트 교회로 들어가는 나무로 된 중앙 현관이 나온다. 이곳은 이집트에서 가장 오래된 교회의 하나로 7세기경에 지어진 것으로 추정된다. 교회에 있던 수많은 보물들은 현재 인근의 콥트교 박물관에서 보관하고 있다. 그중에는 교회에서 제일 오래된 구역에서 발견한 초기 유물도 있다. 바로 나무를 깎아 예수의 예루살렘 입성을 묘사한 5세기 때의 상인방(문이나 창 등의 위의 벽을 받치기 위해 가로질러 대는 수평재)이다. 신랑에는 11세기에 제작된 대리석 설교단으로 이어지는 통로가 돌출해 있다. 판벽을 댄 벽에는 벽화와 아로새김한 그물 창이 잇달아 장식되어 있고 동쪽 끝에 자리한 성 게오르기우스(St. George)와 성모 마리아, 세례자 성 요한(St. John the Baptist)에게 봉헌된 제단에서는 촛불이 깜박이며 타고 있다.

When to go 이집트의 겨울 날씨는 온화하다. 11월~4월 사이에 방문하자. 교회는 예배 시간을 제외하고 매일 오전 9시~오후 4시까지 개방한다. 입장료는 없다.

Planning 1~2시간이면 충분하다. 시간을 더 내서 알푸스타트에 있는 벤 에즈라 시나고그(Ben Ezra Synagogue)와 다른 콥트 교회들도 둘러보자. 이집트는 이슬람교가 우세한 사회이다. 점잖은 옷차림을 하고 종교 예절을 지키도록 유의한다. 교회에 갈 때는 짧은 바지와 팔이 드러나는 옷차림은 피한다.

Websites www.touregypt.net

- 설교단을 받치고 있는 13개의 기둥을 자세히 살펴보자. 검은색 기둥은 유다를, 회색 기둥 하나는 의심 많은 토마스를, 나머지 11개의 흰색 기둥은 예수와 충실한 사도들을 상징한다. 이 기둥은 콥트 교회에서 흔히 볼 수 있는 전형적 특징이다.

- 정교하게 세공된 남쪽 통로의 작은 소나무 문을 찾아본다. 안으로 들어가면 아주 작은 예배당과 붉은색 화강암으로 된 세례반이 있다. 이 교회에서 가장 오래된 곳이다.

- 교회 입구 근처에 있는 동정녀 마리아의 그림을 찾아보자. 어느 방향으로 걷든 마리아의 시선이 쫓아온다.

- 인접해 있는 콥트교 박물관을 찾아가 보자. 공중 교회에서 나온 보물들이 상당히 많이 전시돼 있다.

- 길거리 음식인 쿠샤리(kushari)를 먹어 본다. 렌즈콩과 쌀, 파스타, 양파, 마늘, 토마토, 칠리를 푸짐하게 섞어 만든 매콤한 음식이다.

진흙 벽돌로 지은 모스크는 1240년부터 이 자리를 지켜 왔다. 지금의 모스크는 아프리카에서 가장 유명한 명소 중 하나이다.

말리

젠네 모스크 *Great Mosque of Djénné*

현실 속에 존재할 것 같지 않은 대담하고 거대한 모래성처럼 세계에서 가장 클 뿐 아니라 독보적인 진흙 벽돌 건물이 말리의 도시 위에 우뚝 솟아 있다.

젠네(Djénné) 시가 황혼으로 물든다. 거리에 어둠이 깃들고 점차 고요해지자 대 모스크의 확성기를 통해 기도 소리가 울려퍼진다. 주변의 시장 광장과 골목을 돌아다니다 보면 무에진(모스크의 탑에서 이슬람 기도 시간을 알리는 사람)의 복장을 하고 터번을 쓴 사람이 거대한 건물의 구석구석을 그림자처럼 이동하는 광경을 볼 수 있다. 다음 날 아침에 찬란한 대 모스크를 다시 방문하자. 현재의 모스크 건물은 1907년에 완공된 것으로 비교적 역사가 짧지만 수단사헬양식을 제대로 보여주는 중요한 기념물이다. 아프리카와 이슬람 전통이 융합되어 있는 모스크 건물의 주 재료는 마른 흙과 왕겨, 나무와 볏짚을 섞은 것이다. 관리만 잘 하면 진흙으로 만든 건물도 몇백 년 넘게 존속될 수 있다. 이 모스크는 마치 땅 속에서 저절로 솟아난 것 같다. 속세의 사람들에게 신앙심을 강력하게 고취시키기 위해 시장 광장에서 6군데의 계단을 통해 올라오도록 기단을 높이 쌓고 그 위에 모스크를 지었다. 모스크의 4면 전체에서 수직 버팀벽들이 연달아 꼭대기까지 뾰족하게 솟아 있다. 이 지역의 여느 건물들과 마찬가지로 모스크도 비에 침식되고 열기에 말라 금이 가고 갈라질 위험이 있다. 이를 방지할 수단으로 벽에 털이 자란 것처럼 야자나무를 잔뜩 박아 놓았다. 건물을 보호하기 위해 해마다 몬순철이 오기 전에 외벽에 덧칠을 한다. 여인들은 강물을 길어오고 남자들은 박아 놓은 야자수 발판을 딛고 떼지어 올라가 새 진흙을 바른다.

■ 풍요와 순결의 상징인 타조알을 찾아보자. 모스크에 있는 11m 높이의 탑 세 군데 모두에 얹혀 있다.

■ 대 모스크의 연례 행사인 크레피사주(crepissage, 진흙 덧바르기)는 4월 초에 이루어진다. 며칠 전부터 사전 작업이 시작되며 축제 분위기에 싸인 주민들은 구덩이에 진흙 반죽을 만들어 놓고 젊은이들은 춤추고 노래하며 파티를 즐긴다.

■ 강을 오가는 배로 곤돌라처럼 생긴 피로그(pirogue)를 빌려 타고 가장 가까이에 있는 대도시인 몹티(Mopti)로 가보자. 몹티는 바니 강(Bani)과 니제르 강(Niger river)의 합류점에 있다. 여행은 사흘이 걸리며 두 개의 강에 의지해 사는 부족민들처럼 야생 속에 살아가는 이들의 삶을 가까이에서 접할 수 있다.

When to go 비가 거의 내리지 않고 이따금 더위를 식혀주는 산들바람도 부는 겨울(11월~3월)이 방문 적기이다. 무더운 우기(5월~9월)는 피한다. 색다른 시장을 구경하고 싶다면 월요일에 찾아간다.

Planning 젠네까지 대중교통을 이용할 경우 카르푸드젠네(carrefour de Djenne, 젠네 교차로)에서 내려 마을로 들어오는 합승 택시로 갈아탄다. 호화 호텔부터 기본 편의시설만 갖추어진 곳까지 다양한 숙박시설이 있다. 이슬람교도가 아니면 대 모스크에 입장하기 어렵겠지만 이곳은 외관만 구경하더라도 방문할 가치가 충분하다.

Websites www.officetourisme-mali.com , www.saudiaramcoworld.com/issue/199006

펠릭스 우푸에부아니 전 대통령은 아낌없이 돈을 퍼부어 3억 달러 규모의 대성당을 지었다. 엄청나게 큰 스테인드글라스 창에 끼운 유리는 프랑스에서 수입해 온 것이다.

코트디부아르

평화의 성모 대성당 *Basilica of Our Lady of Peace*

서아프리카의 작은 나라에 바티칸의 산 피에트로 대성당에 필적할 만큼
거대한 규모의 현대판 로마 가톨릭 대성당이 있다.

코트디부아르의 수도인 야무수크로(Yamoussoukro)를 관통하는 드넓고 텅 빈 대로를 따라가다 보면 평화의 성모 대성당에 이르게 된다. 세계에서 가장 높고 규모도 제일 큰 이 로마 가톨릭 성당은 바티칸시국의 산 피에트로 대성당과 거의 흡사하게 지은 것으로, 펠릭스 우푸에부아니(Félix Houphouët-Boigny) 전 대통령의 작품이다. 1990년에

교황 요한 바오로 2세는 산 피에트로 대성당보다는 낮게 짓고 빈곤층을 위한 병원도 짓겠다는 조건 하에 이 성당을 축성했다. 대성당의 돔은 산 피에트로보다 높지는 않지만 꼭대기의 십자가를 매우 높게 설치해 그 높이가 158미터에 이른다. 1990년에는 세계에서 가장 높은 가톨릭 성당으로 기네스북 세계 기록에 등재되기까지 했다. 대성당은 불과 3년만에 완공되었지만 병원은 아직까지 건립되지 않은 상태이다. 이탈리아산 대리석으로 만든 3헥타르가 넘는 광장을 가로질러 도착하는 참배객들을 감싸안을 것처럼 높다란 기둥이 늘어선 주랑이 양옆으로 펼쳐져 있다. 안으로 들어가 보면 총 면적이 7,400제곱미터에 달하는 36개의 현대적인 스테인드글라스 창을 통해 아침 햇살이 들어와 신랑을 형형색색으로 물들인다. 주 통로 옆으로는 개별 냉방이 되는 신자석이 천개 덮인 제단을 가운데 두고 원형으로 배치되어 있다. 좌석은 총 7,000석이고 입석으로 1만 1,000명을 더 수용할 수 있다.

When to go 서늘한 건기인 11월~2월 사이에 방문하자. 12월에는 흙바람이 불 수 있으므로 유의한다.

Planning 성당 주변을 돌아보는 데는 2시간 정도 걸린다. 미사에 참석하면 시간이 더 걸린다. 코트디부아르에서는 이따금씩 소요 사태가 발생하므로 여행하기 전에 미리 정황을 확인한다. 영어가 항상 통용되지는 않지만 대부분의 경우 사람들이나 나라에 대해 이야기할 경우 알아듣는다. 코트디부아르는 말라리아 발생 가능 지역이다. 말라리아 치료약을 반드시 챙겨가고 방충제 사용도 잊지 말자.

Websites www.africaguide.com, www.travel.state.gov, www.fco.gov.uk

- 예수와 사도들을 묘사한 푸른색 스테인드글라스를 찾아보자. 예수 바로 아래에 13번째 사도라도 되듯 펠릭스 우푸에부아니도 그려져 있다.

- 1990년, 교황 요한 바오로 2세가 놓아 둔 병원의 주춧돌이 인근 들판에 버려진 채 방치돼 있다.

- 길거리와 카페에서 훌륭한 음식을 즐기며 현지 주민들과 만날 수 있다. 닭고기와 야채를 넣어 만든 국물 있는 찜 요리인 케제누(kedjenou), 카사바 가루를 발효시켜 만든 아티에케(attiéké)를 먹어 보자. 양파와 칠리를 곁들인 바나나 튀김 요리인 알로코(Aloco)도 맛있다.

- 세누포(Senufo) 부족의 가면은 훌륭한 여행 기념 상품이지만 가면을 사면 조심하라는 말과 함께 건네받게 된다. 현지인들이 가면을 소유하거나 쓰는 사람한테 죽은 자의 영혼이 들러붙는다고 믿기 때문이다.

TOP 10

예술혼이 숨 쉬는 예배당
Ten Artist Chapels

많은 이들이 종교에서 창조적 영감을 얻었다. 여기 소개된 예배당들은 바로 그들의 예술 감각이 살아 있는 곳이다.

❶ 베스 샬롬 시나고그 Beth Shalom Synagogue 미국 _ 펜실베니아 주

이곳은 미국적인 시나고그를 만들겠다는 프랭크 로이드 라이트의 계획 하에 1950년대에 지어진 곳이다. 전반적으로 산의 형태를 띠고 있다. 밤에는 마치 빛나는 시나이 산처럼 건물이 반짝인다.

Planning 펜실베니아 엘킨스 공원에 있다. 매일 예배가 있다. 교회를 관람하려면 예약을 하는 것이 좋다. www.bethshalomcongregation.org

❷ 로스코 예배당 Rothko Chapel 미국 _ 텍사스주 휴스턴

1960년대 존과 도미니크 드 메닐은 추상표현주의 화가 마크 로스코를 고용해서 명상 공간을 만들도록 했고, 그 결과 8개의 커다란 그림을 걸어놓은 팔각형의 방이 탄생했다. 벽에서 반짝거리는 듯한 그림들은 방문객들에게 그림의 실체에 대해 궁금증을 불러일으킨다.

Planning 예배당은 토요일에서 화요일까지는 오전 10시부터 오후 6시까지, 수요일부터 금요일까지는 10시부터 7시까지 개방한다. www.rothkochapel.org

❸ 차르 예배당 Chapel of the Tsars 러시아 _ 모스크바

아담한 예배당 벽은 16세기 초 프레스코화들로 장식돼 있었다. 그러나 이 예바당의 하이라이트는 다층으로 된 성화벽으로 테오파네스의 〈세례 요한〉 〈대천사 가브리엘〉, 루블레프의 〈천사장 미카엘〉의 성상이 있다.

Planning 이곳은 목요일에 문을 닫는다. www.kremlin.ru/eng

❹ 산 세바스티안 교회 Church of St. Sebastian 이탈리아 _ 베네치아

16세기 베네치아의 파올로 베르네세가 그린 캔버스화와 프레스코화가 본당의 천장과 위쪽 벽, 설교단을 장식하고 있다. 세바스티안의 삶과 성경의 장면들을 그린 그림들은 색상이 다채롭고 생동감이 넘쳐난다.

Planning 코러스 패스(Chorus Pass)를 사면 산 세바스티안 교회와 베네치아에 있는 다른 14곳의 교회에 입장할 수 있다. www.chorusvenezia.org

❺ 아레나 예배당 Arena Chapel 이탈리아 _ 파두아

아담한 아레나 예배당은 르네상스 예술의 신비가 가득한 곳이다. 옆쪽 벽면은 그리스도와 성모 마리아의 삶을 그린 14세기 조토의 프레스코화로

장식돼 있다. 천장이 군청색으로 칠해져 있는 등 화려하게 채색돼 있다.

Planning 이곳에 가려면 예약을 해야 한다. www.cappelladegliscrovegni.it

❻ 시스티나 예배당 Cappella Sistina 바티칸시국

시스티나 예배당의 높고 거대한 천장은 미켈란젤로가 그린 343명의 성경 속 인물들로 장식돼 있다. 그는 거의 혼자 힘으로 그림을 그려냈다. 구약성경, 특히 창세기의 이야기를 담은 그림들로 하나님이 아담에게 생기를 불어 넣는 유명한 장면도 있다.

Planning 월요일부터 토요일까지, 매달 마지막 일요일 날 문을 연다. www.vatican.va

❼ 로자리 예배당 Chapelle du Rosaire de Vence 프랑스_방스

건물과 스테인드글라스 창문, 실내장식과 사제복에 이르기까지 이 예배당의 구석구석마다 앙리 마티스의 손길이 닿지 않은 곳이 없다. 예배당 안에 있는 창문을 통해 하나님의 색과 빛 자체를 상징하는 노란색과 초록색 그리고 푸른색 빛이 바닥을 비춘다.

Planning 방스 도심에서 도보로 약 10분 거리에 있다. 화, 목요일만 개방하며 11월에는 문을 닫는다. http://pagesperso-orange.fr/maison.lacordaire

❽ 생피에르 예배당 Chapelle St.-Pierre 프랑스_빌프랑슈

14세기, 빌프랑슈(Villfranche)라는 어촌 마을에 지은 작은 예배당에 어부들의 수호성인이었던 베드로의 삶을 그린 화려한 초커화가 있다.1957년, 예배당 복원 작업을 시작한 영화감독 장 콕토가 그린 것이다.

Planning 이곳은 빌프랑슈 항구 입구 근처에 있다. www.villefranche-sur-mer.com

❾ 산 안토니오 데 라 플로리다 성당
San Antonio de la Florida Hermitage 스페인_마드리드

성당 입구 바로 안쪽에는 고야의 무덤이 그가 직접 그린 프레스코화 장식 벽에 둘러싸여 있다. 촛불과 향 연기로 인한 피해를 막기 위해 예배당 옆에 똑같이 생긴 예배당을 지어 거기서 예배를 드린다.

Planning 예배당은 파세오 데 라 플로리다(Paseo de la Florida)에 있다. www.spain.info

❿ 샌덤 기념 예배당 Sandham Memorial Chapel 잉글랜드_버그클레어

이곳에는 영국의 화가 스탠리 스펜서가 1927년부터 1932년까지, 제1차 세계대전 당시 간호병 경험을 토대로 그린 19점의 그림이 있다.

Planning 햄프셔에 위치한 이곳은 3월 초부터 12월 말까지 개방하며 개방시간은 일정하지 않다. www.nationaltrust.org.uk

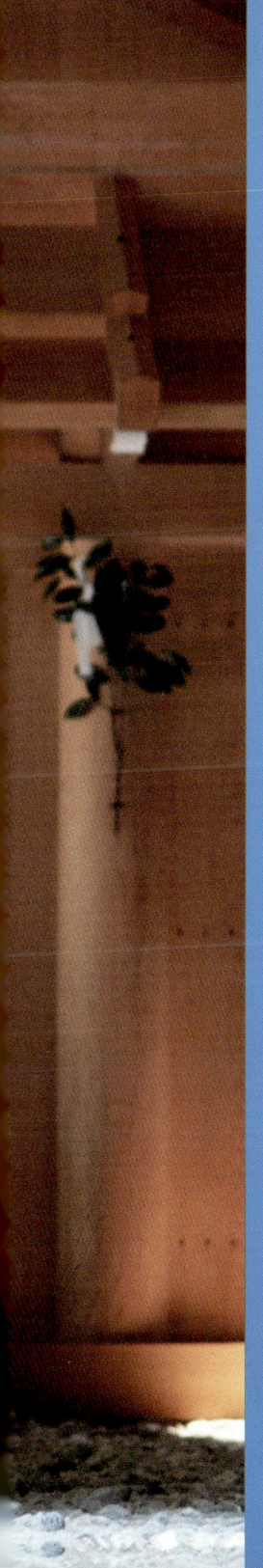

6

성소
Shrines

특별한 종교 행사나 성자, 성물(聖物) 혹은 신적 존재와 관계가 있어서 신성시되는 곳이 있다. 이와 같은 성지들은 고적하고 황량한 곳에 자리한 소박한 동굴부터 인파 넘치는 도시 한복판의 장엄한 사원까지 그 형태가 인간의 영성(靈性)만큼이나 매우 다양하다. 성소는 풍부한 역사를 간직하고 있는 고대 유적인 경우가 많다. 세계 유명 종교의 창시자나 성전(聖典) 해설자들이 살았거나 죽은 곳이고 기적이 일어났거나 신이 나타났다고 알려진 현장이기도 하며 스스러운 사건이 벌어지거나 유물을 보존하고 경배하는 장소이기도 하다. 신앙 공동체나 개인 후원자가 특별하고도 열렬한 신심을 드러내기 위해 비교적 최근에 세운 경우도 있다. 서로 다른 종교 사이의 장벽을 극적으로 허물어뜨린 곳이 있는가 하면 각기 다른 전통을 가진 이들이 동시에 흠모하는 개인을 기리거나 기독교의 상징에 다른 전통을 융합시킨 곳도 있다.

'간무리'(冠, 의례용 관모)와 '아사구츠'(asagutsu, 나무로 만든 신) 등 전통 의상 차림의 신관이 일본 최고의 성지인 이세진구(伊勢神宮)에서 무릎을 꿇고 기도하고 있다.

구전으로 전해지는 풍부한 역사와 커다란 삼나무를 깎아 만든 토템폴(북아메리카 인디언들 사이에 쓰이는 토템상(像)을 세우기 위한 기둥)을 통해 하이다 문화를 엿볼 수 있다.

캐나다

하이다과이 *Haida Gwaii*

외딴섬 황야에 버려진 하이다 마을에 조각된 토템폴이
바다와 마주한 채 묵묵히 비바람을 견디고 있다.

브리티시컬럼비아 주 연안에 있는 자연 그대로의 군도, 지도상에는 퀸샬럿 제도(Queen Charlotte Islands)라고 표기돼 있지만 토착 부족인 하이다(Haida)인들에게는 '민족의 섬'이라는 의미의 하이다과이(Haida Gwaii)다. 북아메리카 북서부 연안의 원주민인 하이다 부족은 오래전부터 이곳에 살았다. 스구앵과이을나가이(SGang Gwaay Llnagaay)에 어지럽게 흩어져 있는 통나무 더미는 서서히 홍수림으로 뒤덮여 가고 어쩌다 한번씩 새소리만 들릴 뿐 안개 자욱한 주위는 온통 정적에 싸여 있다. 하이다 섬 마을의 전통 가옥이었지만 이제는 외경의 대상이던 새나 포유동물의 얼굴을 새겨 넣은 토템만이 비바람에 시달리며 우뚝 선 채 옛 시절의 흔적으로 남아 있을 뿐이다. 하이다 문화에서 토템폴은 씨족을 표시하고 일가의 사연을 기록하는 데 쓰였다. 또한 방문객을 환영하고 재산의 소유권을 표시하는 용도나 묘지로 쓰이기도 했다. 쿠나을나가이(K'uuna Llnagaay)에서는 이와 같은 커다란 삼나무 폴 꼭대기에 개구리, 독수리, 비버, 범고래 등 장식을 새겨 놓았다. 모두 1800년대 중반에 이곳에 살았던 일족을 상징하는 동물이다. 지금 이 폴들은 150여 년 전에 자신들을 세운 하이다인들을 기리며 서서히 풍화돼 가고 있다.

■ 흘키야가우가(Hlk'yah GaawGa)에서 오래된 삼나무 숲 속을 거닐며 나무 줄기에 나있는 구멍을 찾아보자. 하이다족 사람들이 폴이나 카누를 만들기에 적합한지 확인하기 위해 뚫어놓은 것이다.

■ 간들킨과이야이(Gandll K'in Gwaayaay)에서 치료 효과가 있는 온천물에 몸을 담가 보자. 하이다인들은 천연 온천을 성지로 여겼다.

■ 하이다 원주민 문화센터에 가면 고대 및 현대의 하이다 문화에 대해 자세히 배울 수 있다. 목공소 앞에는 꼭대기에 실크해트를 쓴 세 명의 파수꾼이 놓인 현대식 토템폴을 세워놓았다.

■ 토템폴과 전통 가옥에서 홀로 시간을 보내면서 이곳에 내재된 놀라운 힘과 깊은 평화, 정령을 느껴 보자.

When to go 과이하나스 국립공원 및 보호구역(Gwaii Haanas National Park Reserve)은 연중 내내 개방한다. 기후는 늘 쌀쌀하고 습하다. 방문하기 가장 좋은 시기는 건조하고 쾌적한 6월 중순부터 8월 중순까지이다.

Planning 일주일 정도 일정이면 악천후에 대비해 스케줄을 유동적으로 조정해 가며 섬의 명승지를 충분히 둘러볼 수 있다. 과이하나스 국립공원 및 보호구역은 카약이나 보트, 수상 비행기로만 갈 수 있는데 날씨가 좋지 않으면 운행하지 않기 때문이다. 밴쿠버에서 퀸샬럿 제도(Queen Chacharlott)까지 항공편이 운행되며, 프린스루퍼트(Prince Rupert)에서도 항공편이나 배편이 있다.

Websites www.pc.gc.ca/pn-np/bc/gwaiihaanas, www.haidaheritagecentre.com

미국 _ 워싱턴 D.C.

성모 무염시태 성당 National Shrine of the Immaculate Conception

성지순례와 기도의 장소인 이곳은 미국에 있는 성모 성당의 중심이자 가장 큰 가톨릭 교회이다.

바실리카 국립 성당 건축은 설계부터 완공까지 거의 100년이나 걸렸다.

워싱턴 D.C. 소재의 성모 무염시태 성당(일명 바실리카 국립 성당, Basilica of the National Shrine)은 돌과 벽돌, 타일과 모르타르만으로 지은 건물이다. 세계 최대 규모의 성당으로 열 손가락 안에 드는 위풍당당한 대 건축물에는 철재 빔, 철골, 철기둥 등이 전혀 쓰이지 않았다. 비잔틴의 영향을 받은 밝은색 모자이크 돔과 100미터 높이의 종탑인 '기사의 탑'은 지상은 물론 공중에서도 확연히 눈에 띈다. 세계 각지에서 온 사람들이 은총을 받으신 동정녀 마리아의 의미에 경의를 표할 수 있도록 상부 교회의 신랑(神廊) 주변과 지하에 설치된 부속 예배당에는 세계 곳곳의 유명 성모 성당에 있는 이콘(聖畵像)과 조각상을 복제해 놓았다.

이 중에는 폴란드 〈쳉스토호바의 성모〉, 포르투갈 〈파티마의 성모〉, 멕시코 〈과달루페의 성모〉 및 프랑스 〈루르드의 성모〉도 있다. 본당에 있는 조각 작품인 〈거룩함으로의 부르심(Universal Call to Holiness)〉을 비롯해 일부 석조 작품은 워싱턴 D.C. 국립 대성당(National Cathedral)을 지은 석공 장인 중 한 명인 앤서니 세그레티(Anthony Segreti)가 완성한 것이다. 해마다 75만 명이 넘는 사람들이 이곳을 찾는다. 로마네스크 풍의 외관과 비잔틴 풍의 내부로 이루어진 성당이 하도 크다 보니 사람이 많이 몰려도 매우 고요하고 평온하다.

■ 7개의 주요 돔은 비잔틴양식의 모자이크로 덮여 있다. 교회 건물 북쪽에 배치된 하프돔에는 우주의 지배자로 산 자와 죽은 자를 심판하러 온 그리스도가 묘사돼 있다. 오른쪽 눈썹은 공정한 재판 의지를 드러내듯 올라가 있고, 왼쪽 눈썹은 자비심으로 누그러져 있다.

■ 지하 교회에는 성 안나(St. Anne), 알렉산드리아의 성녀 카타리나(St. Catherine), 성 루치아(St. Lucy) 등을 비롯해 역사상 유명한 성녀들을 묘사한 아름다운 모자이크 장식이 있다.

■ 성당 경내에 순결을 상징하는 흰색 꽃을 심어 놓은 마리아 정원이 있다. 정원 안에는 가장자리에 마리아를 찬미하는 노래인 마니피카트(Magnificat)의 가사를 새겨 놓은 분수가 있다.

When to go 성당은 연중무휴로 개방된다. 특별예배와 행사 일정은 웹사이트에서 확인할 수 있다.

Planning 언제든 가이드 투어가 가능하며 15인 이상 단체로 방문할 경우 특별 방문을 신청할 수 있다.

Websites www.nationalshrine.com

검정 모자와 화려한 색채의 스카프로 치장한 막시몬상에 신자 하나가 시가를 바치고 있다.

과테말라

막시몬 *Maximón*

산티아고아티틀란(Santiago Atitlán)에는 로마 가톨릭의 전통과
고대 마야 의식의 요소가 결합된 '사악한 성자'의 신당이 있다.

과테말라 서부 고산지대에 화산호인 아티틀란 호수(Lake Atitlán)가 있다. 호수 연안에 있는 산티아고아티틀란 마을은 막시몬이라고 하는 불가사의한 상(像)을 숭배하는 유사 기독교의 중심지이다. 막시몬은 가톨릭 성자와 마야 악마를 뒤섞어 놓은 존재로 유럽의 신앙과 토착신앙이 신대륙에서 어떻게 융합되었는지 보여주는 예이기도 하다. 신비

스럽고 다소 두렵기도 한 신인 막시몬은 마야의 지옥, 내세와 마찬가지로 기독교의 천국과 지옥 사이를 연결해주는 역할을 한다고 여겨지는 존재이다. 해마다 현지 종교 지도자들이 번갈아 가며 자신의 집에 막시몬의 신당을 차린다. 지도자들은 문간방을 비워 막시몬의 상을 모시고 경배하러 오는 이들을 맞이한다. 향내가 진동하는 신당에서 신자들이 애연가인 신에게 담배와 럼주를 바칠 때면 봉헌된 초의 불빛이 위태롭게 흔들린다. 막시몬의 추종자들은 그가 농사와 경제 활동은 물론 연애와 육체 관계의 성공을 돕고 건강을 지켜줄 뿐 아니라, 자신들의 적에게 복수할 수 있게 도와준다고 믿고 있다. 막시몬에는 유다의 모습과 1520년대에 이곳을 정복했던 잔혹한 스페인 정복자인 페드로 데 알바라도(Pedro de Alvarado)의 신격화된 모습도 조금씩 섞여 있는 것으로 보인다.

■ 하얗게 회칠한 가톨릭 성당도 방문해 보자. 세워진 지 400년 된 곳으로, 이곳에 있는 성자들의 목각상은 손으로 직접 짠 옷을 입고 있다.

■ 아티틀란 호수는 아주 오래전에 화산 분출로 생긴 칼데라 분지에 형성된 것으로 중앙 아메리카에서 가장 아름다운 호수 중 하나이다. 호수 연안은 종교적 요충지일 뿐 아니라 다양한 야외 스포츠를 즐길 수 있는 곳이기도 하다.

■ 현지의 마야 부족민인 추투힐족(Tz'utujil)의 아름다운 전통 의상을 감상해 보자. 흰색과 자주색 줄무늬 천으로 남자들은 반바지, 여자들은 드레스를 만들어 입는다. 천에는 정교한 문양의 새와 꽃들을 수놓는다.

`When to go` 막시몬의 신당은 언제든 찾아갈 수 있지만 가장 좋은 때는 성주간(부활 전의 일주일, 즉 예수의 예루살렘 입성부터 십자가 수난을 거쳐 부활하기 전날까지를 기념하는 교회력 절기)이다. 이때는 신자들이 상을 어깨에 메고 마을의 성(聖) 금요일 행렬에 참여해 마을을 돌고 나서 다음번 신당이 될 집으로 모신다. 3월에 산티아고아티틀란 음악 예술 축제가 열린다. 금요일과 일요일에는 장이 선다.

`Planning` 두 시간이면 산티아고아티틀란을 모두 둘러볼 수 있고 아티틀란 호수 지역을 모두 다니려면 2~3일은 족히 걸린다. 과테말라시티(Guatemala City)나 안티과(Antigua)에서 산티아고아티틀란까지는 도로를 이용해 갈 수 있지만 보편적인 교통수단은 호수 건너편에 있는 파나하첼(Panajachel)에서 배를 타고 들어가는 것이다. 해뜰 녘부터 해질 무렵까지 운행하며 배를 타고 90분 정도면 도착한다.

`Websites` www.santiagoatitlan.com

높이가 27미터인 시세루 신부의 석고상 발치에 숭배자들이 서있다.

브라질

시세루 신부 *Padre Cícero*

이 성자 같은 신부의 상을 보기 위해 해마다 거의 200만 명에 이르는 순례자들이
가난하고 평범한 주아제이루두노르치(Juazeiro do Norte) 마을을 찾는다.

현지에서는 파짐 시수(Padim Ciço)라고 알려진 시세루 신부의 제단으로 순례자들이 몰려든다. 그의 추종자들은 언젠가는 가톨릭 교회가 그를 성자로 시성할 거라 믿고 있다. 1844년에 태어난 시세루 호망 바치스타(Cícero Romão Batista) 신부는 이른 나이에 성직에 몸담았다. 1870년대부터 사목 활동을 벌인 그는 주아제이루두노르치의 교구

신부가 되어 지역사회 일에 깊이 관여하기 시작했다. 그는 교구민들의 집으로 직접 찾아갔고 주민들의 삶과 직결되는 문제에 대해 논의했다. 1889년에 마리아 지아라우주(Maria de Araújo)라는 마을 여인이 시세루 신부에게서 영성체를 받았다. 그녀는 성체가 입안에서 피로 변했다고 주장했고 이 '이단' 행동 때문에 젊은 사제는 가톨릭 교회에서 파문당했다. 그렇지만 그의 설교를 들으러 왔던 브라질의 가난한 시골 사람들 사이에 그의 명성이 널리 퍼졌고 많은 이들이 그에게 기적을 행하는 능력이 있다고 믿게 됐다. 지금도 성주간과 시세루의 생일인 3월 24일이면 신부의 상에 감사를 표하고 소원을 빌기 위해 내륙 지방에서 온 사람들로 마을 전체가 북적댄다. 이때는 신도건 구경꾼이건 너나 할 것 없이 기도와 믿음, 슬픔과 찬양, 그리고 감동적인 체험까지 제대로 경험할 수 있다. 시세루 신부가 설교하던 성당, 그가 영면할 때까지 살던 집, 그가 매장된 예배당 등 시세루 신부를 기념하는 성지들을 방문해 보자.

When to go 1년 내내 순례자들이 찾아오지만 성주간에 가장 열의에 찬 축제가 거행되며 수천 명의 사람들이 몰려든다.

Planning 세르탕(sertão)이라고 하는 반건조 사막지대에 있는 주 아제이루두노르치는 브라질 북동부의 세아라(Ceará) 주에 자리하고 있다. 가장 가까운 도시인 포르탈레자(Fortaleza)에서 비행기나 버스로 갈 수 있다. 버스를 탈 경우 8시간 정도 걸린다. 순례여행이 이 지역 수입원의 거의 전부를 차지한다는 점을 유념하자. 걸인이나 동전 몇 닢을 바라고 노래하거나 춤추는 사람들을 보게 될 것이다. 농부들의 생활은 고되기 그지 없기 때문에 부유한 관광객 앞에서 어떻게든 해 보려고 하는 그들을 인색하게 대하지 않도록 한다.

Websites www.braziltourism.org

- 기적의 집(House of Miracles)에는 플라스틱과 나무로 만든 팔다리, 감사 편지, 사진, 신부를 위한 기도 등 온갖 봉헌물이 뒤섞여 전시돼 있다. 봉헌물을 보면 가난하지만 신심이 깊은 이 지역 사람들이 겪고 있는 문제를 알 수 있다.

- 로그라도루두오르투(Logradourodo Horto)에서 훌륭한 경치를 즐겨 보자. 정상에 모자를 들고 지팡이에 몸을 기댄 시세루 신부의 거대한 상이 세워져 있다.

- 샤파다두아라리피(Chapada do Araripe)의 인상적인 고원에는 아름다운 산책길, 동굴, 천연 샘물, 폭포, 구름 자욱한 운무림이 있다.

`TOP 10`

추앙받는 성모 마리아
Ten Marian Shrines

성모 마리아는 봉헌된 사원과 예술품, 그리고 교회를 찾아 전 세계에서 몰려든 순례자들의 숭배 대상이다.

❶ 아파레시다의 성모 Our Lady of Aparecida 브라질 _ 아파레시다

1717년 3명의 어부가 파라비아 강에서 40cm 크기의 작은 성모상을 발견했다. 성모상은 커다란 왕관을 쓰고 있었고 브라질 국기로 장식한 예복을 입고 있었다. 이 성모 마리아는 세상에서 가장 큰 성모 마리아 성당인 노싸 세뇨라 아파레시다(Nossa Senhora Aparecida) 성당에 있다.

`Planning` 아파레시다의 성모 축일은 매년 10월 12일이다.
www.aboutsaopaulo.com/city/aparecida/our-lady.html

❷ 눈물 흘리는 성모 Weeping Madonna of Rockingham 오스트레일리아

오스트레일리아 로킹엄의 한 주택에 모셔놓은 수수한 모습의 성모상을 보려고 전 세계에서 순례자들이 몰려든다. 눈물을 흘리며 장미 향기가 난다고 전해지며 이곳을 다녀간 많은 사람들이 기적을 체험했다고 한다.

`Planning` 예약을 해야만 성모상을 볼 수 있다. 퍼스(Perth)에서 남쪽으로 차로 1시간 정도 달리면 로킹엄이 나온다. www.weepingmadonna.org

❸ 블라디미르의 성모 Our Lady Of Vladmir 러시아 _ 모스크바

러시아의 국가적 상징이기도 한 블라디미르의 성모는 12세기 것으로 비잔틴양식의 전형적인 예이다. 에그 템페라의 독특한 색상은 시간이 흘러 옅어졌지만 아기 예수는 여전히 마리아의 얼굴에 뺨을 꼭 대고 있다.

`Planning` 성상은 성 니콜라스 교회 박물관에 전시돼 있다. www.tretyakov.ru

❹ 성모 마리아의 집 House of the Virgin Mary 터키 _ 에페수스

푸른 숲에 둘러싸여 있는 아담한 석조 교회당은 마리아가 생전에 기거하던 마지막 집이라고 전해진다. 성경에 의하면 마리아는 예수가 십자가에서 처형되고 몇 년 후 사도 요한과 이곳으로 와 여생을 보냈다고 한다.

`Planning` 성모 마리아의 집은 터키에서 가장 보존 상태가 좋은 고대 도시들 중 하나인 에페수스 근처에 있다. www.tourismturkey.org

❺ 로레토의 산타 카사 Santa Casa di Loreto 이탈리아 _ 로레토

성모 마리아가 태어나서 자란 집이자 수태고지의 현장으로 알려진 이 수

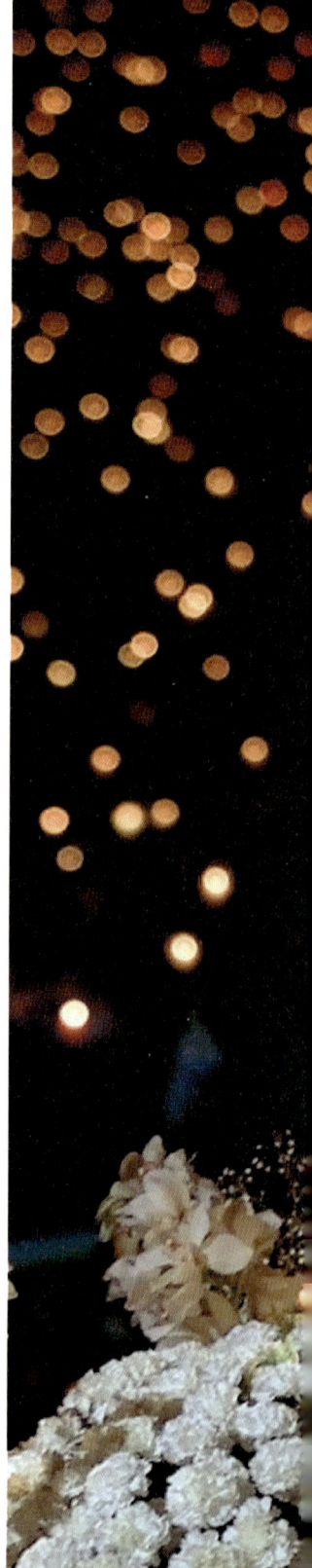

수한 석조 집에 수 세기 동안 순례자들의 발길이 끊이지 않았다. 천사들이 이 집을 나사렛에서 이탈리아의 작은 언덕 마을까지 옮겨왔다는 전설이 전해진다.

`Planning` 이 집은 로레토 대성당 안에 있다. 천장에 장식된 아름다운 프레스코화를 잊지 말고 감상해 보자. www.santurarioloreto.it

❻ 성모 마리아 사원 Shrines of the Madonna 몰타

많은 교회에서 성모 마리아상을 찾아볼 수 있을 만큼 성모상은 몰타에서 인기가 높다. 1883년 이 지역의 한 여인이 마리아의 음성을 들었다고 주장하면서 고조 교회(Gozo's church)는 성모 마리아의 발현지로 알려졌다.

`Planning` 성 금요일에 몰타를 방문하면 거리를 메우는 화려한 행렬을 볼 수 있다. www.visitmalta.com, www.tapinu.org

❼ 노트르담 드 라 살레트 Notre-Dame de La Salette 프랑스_그르노블

1846년 프랑스의 알프스 산맥에서 두 명의 어린아이들이 울고 있는 성모 마리아의 환영을 목격했다고 주장했다. 그 때부터 이곳은 순례자들의 발길을 끌었다.

`Planning` 라살레트 마을은 그르노블에서 남쪽으로 80km 떨어진 곳에 있다. www.lasalette.cef.fr, www.grenoble-isere-tourism.com

❽ 검은 성모 Black Virgin 프랑스_로카마두르

무릎에 아기 예수를 안고 있는 호두나무로 만든 섬세한 성모상 덕분에 로카마두르 마을은 중세시대 때 많은 순례자들이 찾던 명소가 됐다. 7개의 교회당이 있는 이 마을은 석회암 절벽에 있다.

`Planning` 툴루즈(Toulouse)에서 차로 2시간 반 가량 달리면 로카마두르 마을이 나온다. www.villes-sanctuaires.com, www.rocamadour.com

❾ 이탈리아 예배당 Italian Chapel 스코틀랜드_오크니 제도

제2차 세계대전 당시 이탈리아 전쟁 포로들이 램홈 섬에 갇혀 있었다. 포로들은 오두막집 두 채를 성모 마리아를 위한 성당으로 개조했는데 그 일을 추진한 도메니코는 해방된 후에도 성당에 남을 만큼 헌신적이었다.

`Planning` 오크니 제도는 존오그로츠와 애버딘에서 배를 타고 가면 된다. www.undiscoveredscotland.co.uk/eastmainland/italianchapel

❿ 파티마의 성모 마리아 Our Lady of Fátima 포르투갈

1917년 세 명의 목자가 수차례 성모 마리아의 발현을 목격했다고 주장했다. 이후 파티마 마을과 신전은 성모 발현지 중 한 곳으로 인정받았다.

`Planning` 매년 400만 명이 이곳을 찾는다. 5월과 10월이 가장 성수기이다. www.santuario-fatima.pt

과달루페 성모의 상이 발현된 천이 본당 제단 위에 걸려 있다.
원형 성당이라 건물의 어느 위치에서도 성모를 볼 수 있다.

멕시코

과달루페 성당 *The Basilica of Guadalupe*

아메리카의 수호자로 가장 추앙받고 있는 성모 마리아상이
성당의 제단 위, 높은 곳에 걸려 있어서 성당 안의 어느 지점에서도 볼 수 있다.

성모 마리아가 마치 기도하듯 두 손을 모아 쥐고 눈은 아래로 내리깐 채 뒤로는 광채를 발하며 초승달 위에 서있다. 같은 이름의 성당에 모셔진 과달루페의 성모(Our Ladyof Guadalupe)는 바티칸에 이어 세계에서 두 번째로 유명한 로마 가톨릭의 명물이다. 1년에 약 1,500만 명의 사람들이 이 성당을 찾는다. 이들 중 상당수는 성화(聖畵)로 향하는 마지막 몇 미터, 심지어 수 킬로미터를 참회하는 마음을 담아 무릎 걸음으로 지난다. 전설에 의하면 스페인이 아스텍(Aztecs)을 정복하고 나서 10년 후인 1531년에 어느 인디언 원주민 농부 앞에 성모 마리아가 나타났고, 그의 외투에는 성모의

아스텍 부족의 의상을 입은 음악가.

355

상이 기적처럼 발현됐다고 한다. 그것이 바로 멕시코시티의 과달루페 성당에 황금테를 둘러 모셔 놓은 성모상이라는 것이다. 섬세한 그림 속의 성모는 황녹색 피부에 푸른색 망토 차림이다. 원래는 지금도 근처에 남아 있는 구 성당에서 보관하던 것을 1976년에 신 성당으로 옮겼다. 거대한 원형 경기장처럼 생긴 신 성당은 페드로 라미레스 바스케스(Pedro Ramírez Vásquez)가 설계한 것이다. 동굴 같은 내부는 지름이 100미터가 넘어 5만 명의 인원을 수용할 수 있다. 방문객들은 무빙워크에 올라 성모 마리아 아래를 지나거나 매일 거행되는 30차례의 미사 중 선택해 참여할 수 있다.

When to go 멕시코시티는 연중 내내 쾌적하고 기후가 온화해 연안 지역처럼 극단적인 기후로 고생하지 않아도 된다. 11월에서 2월까지 가장 춥고, 10월과 3월~4월사이가 가장 온화하다. 5월~9월 사이는 좀 더 덥고 습하다. 매일 새벽부터 저녁까지 미사가 거행된다.

Planning 12월 12일은 과달루페 성모 축일로 성당으로 엄청난 인파가 몰려든다. 이때 방문하면 경이로움과 동시에 압도되는 느낌을 경험할 수 있다. 아주 경건한 곳이므로 성당에 들어갈 때는 정중한 옷차림을 해야 한다. 사진 촬영은 허용된다. 성당은 멕시코시티 도심에서 북서쪽으로 16킬로미터 떨어진 과달루페이달고 시내(La Villa de Guadalupe Hidalgo)에 있다. 가장 가까운 지하철 역인 라비야바실리카(La Villa Basilica) 역을 이용하거나 메트로 버스나 택시를 타도 된다. 테오티우아칸(Teotihuacan)의 아스텍 유적도 가볼 예정이라면 두 행선지를 묶는 것이 좋다. 아스텍 유적지로 가는 길에 성당이 있다.

Websites www.sancta.org, www.enjoymexico.net

- 1709년 완공된 구 성당이 아직도 남아 있는데 이 자리에 몇 차례 성당이 세워졌다. 성당 건축은 갈수록 더욱 정교해졌다. 도리아양식의 기둥이 있는 어두운 내부에는 대리석으로 만든 성 후안 디에고 콰우틀라토아친(St. Juan Diego Cuauhtlatoatzin) 상이 있다. 그는 성모 마리아의 현시를 보았다고 알려진 아스텍 사람으로 2002년에 교황 요한 바오로 2세가 성자로 시성했다.

- 구 성당 뒤 성당 박물관에는 엄청난 양의 성화 및 직물과 함께 아름다운 '레타블로(retables, 성모 마리아가 기적을 행하는 장면을 섬세하게 묘사한 화려한 색채의 나무 상자)'들이 전시돼 있다.

- 미사에 온 신도들과 순례여행 인파가 뒤섞여 성당이 북적댄다. 여인들은 기도를 적은 리본을 성화 밑에 두고 가며 과일이나 꽃을 봉헌하는 이들도 있다. 아이들은 전통 의상을 입고 오는데 성 후안 디에고처럼 옷을 입고 마무리로 콧수염을 그린 소년들도 있다.

참배객들은 수도원을 빙 둘러싼 지붕 덮인 회랑을 걸으며 쭈안찡통을 돌린다.

중국

라부렁스(拉卜楞寺) Labrang Monastery

아주 외딴 시골 마을, 기도깃발이 나부끼고 야크 버터 등불 냄새가 진동하는 사원에서
승려와 순례자들의 대열에 합류해 보자.

샤허(Xiahe, 夏河) 현의 자연 그대로인 초원지대 끝, 초목이 무성한 골짜기에 라부렁스(拉卜楞寺)가 있다. 이곳은 티베트 불교 종파 중 승려들이 황색 모자를 써서 황모파라고도 하는 거루파(Gelugpa, 格魯派)의 사원이다. 눈부시게 흰 사원 건물은 휘황찬란한 황금 지붕으로 덮여 있고 그 안에서는 티베트인들의 경건한 일상이 활기차게 이어진다. 어두운 불당에서는 승려들의 낮은 독경 소리가 울려퍼지고 벽에는 사나워 보이는 인물상들이 줄지어 있으며 냄새가 강한 야크 버터 등불이 깜박거리며 주변을 비추고 있

다. 수도승들은 승복과 노란색 초승달 모양의 독특한 모자로 화려한 모습을 하고 있다. 예전에는 이곳에 4,000명의 수도승들이 거주하기도 했지만 지금은 몇백 명 안되고 이중 상당수가 수계를 받기 전까지 15년 동안 고된 수련을 받는 학승이다. 사원 주변으로 지붕이 덮인 회랑이 3킬로미터나 이어져 있다. 순례자들은 염불을 외우며 시계 방향으로 돌면서 내세를 기원하며 쭈안찡통(轉經桶)을 끊임없이 돌린다. 쭈안찡통은 속이 빈 경통(經筒)을 화려하게 장식해 진언(眞言), 즉 만트라(기도·명상 때 외는 주문)를 넣은 것이다. 각 경통은 굴대에 올려져 있는데 이를 회전시키면 그 안에 든 만트라를 소리 내어 외우는 것과 같은 효험이 있다고 한다. 만트라가 들어 있는 쭈안찡통이 1,000개가 넘게 줄지어 있는데도 순례자들은 휴대용 쭈안찡통까지 들고 다닌다. '옴마니반메훔'을 낭송하며 경륜을 돌리는 대열에 합류해 덜커덕거리며 돌아가는 바퀴 소리를 들으며 마음을 수양해 보자.

When to go 샤허는 고도가 3,000미터에 달해 겨울에는 혹독하게 춥고 여름에는 기분 좋을 정도로 서늘하다. 추위도 상관없다면 '로사르(Losar)'라는 티베트의 신년 축제 때 방문한다. 그리고 사흘을 더 체류해 '몬람 첸모(Monlam Chenmo)'라는 대규모 기원법회에도 참여해 보자. 티베트 불교력에 따라 2월 말이나 3월 초에 거행된다.

Planning 대도시인 란저우(Lanzhou, 蘭州)에서 샤허까지는 버스로 6~7시간 걸린다. 중국의 주요 대도시에서 란저우까지는 항공편이 있다. 사원과 그 주변을 답사하려면 현지 호텔에 머물면서 적어도 사흘은 있어야 한다. 불교나 티베트어 배우기에 관심이 있는 사람이라면 이곳이 장기간 체류하기에 좋은 곳이다.

Websites www.tibetinfor.com

■ 사원에 있는 18군데의 불당 중에 6층 높이의 대경당이 있는데 3,000명의 승려가 들어가 앉을 수 있을 정도로 규모가 크다. 정교하게 장식된 내부에는 4면의 벽에 붓다의 초상화가 있고 천장에는 용을 수놓은 비단 차양이 드리워져 있으며 140개나 되는 기둥에는 티베트불교의 탱화가 걸려 있다.

■ 본전(本殿)으로 오르는 계단에 모여 있는 승려들과 함께 하려면 일찍 간다. 문이 열릴 때를 기다리며 읊조리는 그들의 염불 소리가 고요하고 맑은 공기 속에 울려 퍼진다.

■ 야크 떼를 돌보는 티베트 전통 목축인들의 고향인 상커(Sangke, 桑科)초원이 가까이에 있다. 현지 가족과 하루를 지내는 것도 가능하다. 여름에는 노란색 상커꽃이 들판을 뒤덮는다.

현지 시장에서 휴대용 쭈안찡통을 비롯해 몇 가지 성물(聖物)을 판다.

기모노와 볏짚 모자 차림의 여인들이 간나메사이의 제례가 진행되는 동안 신당 앞에서 춤을 춘다.

일본

이세진구(伊勢神宮) *Grand Shrine of Ise*

일본에서 가장 성스러운 곳으로 해마다 600만 명이 넘는 순례자들이 모여든다.

거대한 수기(すぎ, 일본 삼나무) 숲 속 깊은 곳에 이세진구(伊勢神宮, 이세신궁)가 자리하고 있다. 이 신궁은 태양의 여신인 아마테라스오미카미(天照大御神)와 농업, 산업의 여신인 도요우케노오미카미(豊受大御神)를 모시는 사당이다. 신도의 신화에 따르면 아마테라스오미카미는 최고의 신이자 현재의 천황을 포함해 일황가의 시조신이라고 한

다. 아주 오래전에 이 여신은 일본인들에게 가장 중요한 곡식이자 주식인 쌀을 주었다. 이세진구는 거의 6킬로미터나 떨어진 곳에 위치한 2군데의 건물군으로 이루어져 있다. 바로 내궁(內宮)과 외궁(外宮)이다.

내궁은 약 2,000년 전에 성스러운 거울을 모시기 위해 세운 곳이다. 전설에 따르면 이 거울은 아마테라스오미카미가 일본을 통치하라고 손자인 니니기노미코토(瓊瓊杵命)를 내려보내면서 그에게 준 것이라고 한다. 외궁은 5세기에 아마테라스오미카미에게 신찬(神饌)을 바쳤다고 하는 도요우케노오미카미를 기리기 위해 추가로 지은 궁이다. 곳곳에 배치돼 있는 목재 건물들은 소박한 신도 건축양식의 훌륭한 예이다.

이곳에서는 1,300년 동안 이어져 온 전통에 따라 20년에 한 번씩 내궁과 외궁을 허물고 숲에서 가져온 삼나무로 이전 것과 똑같이 새로 짓는다. 이는 신궁이 전통적인 존재인 동시에 영원히 새로운 존재임을 상징하는 의식이다. 62번째인 다음번 재건 의식은 2013년에 거행될 예정이다.

■ 매년 10월 중순에 거행되는 간나메사이(神嘗祭)는 신궁에서 가장 중요한 축제이다. 천황이 파견한 칙사가 그해에 처음 수확한 쌀과 오색 비단, 그 외의 성물(聖物)들을 태양의 여신에게 바친다.

■ 각 사당의 입구 역할을 하는 첫번째 '도리이(鳥居)' 앞에 데미즈샤(手水舍)가 있다. 순례자들은 신궁에 입장하기 전에 반드시 이곳에서 손을 씻고 입을 헹궈야 한다. 목욕재계 대신 몸과 마음을 깨끗이 정화하는 간단한 절차이다.

■ 나이쿠 근처에 있는 오하라이마치(おはらい町)는 보행자 전용 상점가로 메이지시대(明治時代, 1868~1912)의 상업 지구를 그대로 재현해 놓은 곳이다. 팥 앙금과 찰떡으로 만든 '아카후쿠모치(赤福餅)'를 먹어 보자.

When to go 이세진구의 신관(神官)들은 수 세기 동안 지켜온 제사와 행사를 1년 내내 주관한다. 이러한 때에 맞추어 방문할 생각이라면 웹사이트에서 일정을 확인하자.

Planning 나가요(長与), 교토(京都), 오사카(大阪)에서 이세(伊勢)에 있는 두 군데의 역까지 기차가 정기적으로 다니며, 1시간 반~2시간 정도면 도착한다. 두 역에서 외궁까지는 걸어서 갈 수 있다. 내궁으로 가려면 버스를 타야 한다. 이세에는 묵을 곳이 많지 않으므로 하루 일정으로 여행하도록 한다.

Websites www.isejingu.or.jp

일본

이쓰쿠시마(嚴島) *Itsukushima*

만조 때면 이 신사의 거대한 주홍색 문이 바닷물 위에 떠있는 것처럼 보인다.

만조 때면 고요한 바다 위로 주홍색 도리이의 모습이 반사된다.

히로시마 만에는 한때 섬 전체를 신(神)이라고 여겼고 지금도 여전히 성지인 미야지마 섬(宮島)이 있다. 이쓰쿠시마 신사(嚴島神社)는 평민들이 섬에 발을 들이지 않고도 참배할 수 있도록 섬에서 조수간만이 가장 심한 항만에 지어졌다. 수풀이 우거진 미센 산(弥山)이 섬 내륙에 우뚝 솟아 있고 기슭을 따라 혼덴(本殿)과 하이덴(拝殿, 참배 장소)을 비롯한 몇 채의 건물과 5층 탑이 세워졌으며, 건물은 모두 지붕으로 덮인 회랑으로 이어져 있다. 만에 있는 커다란 '도리이(鳥居, 입구)'는 속세와 영원불멸의 신성한 세계를 구분 짓는 경계를 상징한다.

신사는 야마토시대(大和時代, 300~710년경) 때인 서기 592년에 세워지기 시작해 1168년에 완공되었고 그때 이후로 지금까지 달라진 것이 거의 없다. 건물은 헤이안시대(平安時代, 794~1192) 후기의 섬세한 건축양식 형태를 취하고 있다. 6개의 다리가 받치고 있는 화사한 주황색의 도리이는 만조일 때는 바다 한복판에 동떨어져 있는 것처럼 보이지만 간조 때도 매우 인상적이어서 축축히 젖은 모래를 밟고 거대한 문 가까이 가서 사진을 찍거나 조개를 캘 수 있다. 현재의 도리이는 이전의 것을 7번째로 복제해 1875년에 세운 것이다.

■ 화려한 색의 등이 걸려있는 신사의 회랑을 따라 걸으며 유명 전사들의 칼과 갑옷 등 무기 유물과 함께 1,000년이나 된 종이와 대나무 부채, 퇴폐적인 헤이안시대의 전형적인 유물도 살펴보자.

■ 하룻밤 묵으면서 간조 때의 신사도 보고 초롱불을 밝힌 신사와 한밤중에 밝게 빛나는 도리이도 구경해보자. 으스스하기는 해도 무척 평화롭다.

■ 해안가에 놓여 있는 석상 사이에서 풀을 뜯고 있는 야생 사슴 등을 보며 이곳에 가득한 평온함을 만끽해보자.

When to go 언제 방문해도 좋지만 3월~4월, 10월~11월에 날씨가 가장 쾌적하다.

Planning 신사를 둘러보려면 2시간은 필요하다. 미야지마는 본토의 미야지마구치(宮島口) 항구에서 배로 10분 거리에 있다. 섬에서 파는 간식거리는 비싸므로 도시락이나 샌드위치 등을 미리 준비해 간다. 그리고 꼼꼼하게 포장해서 사슴들의 눈에 띄지 않도록 유의하자. 신사는 오전 6시 30분~오후 6시까지 개방하며 다른 신사와 달리 입장료를 내야 한다.

Websites www.jnto.go.jp

인도

마타 바이슈노 데비 *Mata Vaishno Devi*

눈 덮인 산봉우리와 울창한 숲을 배경으로 순례길을 오르면
산꼭대기에 힌두교 여신의 동굴이 있다.

일부는 맨발로, 상당수는 붉은색과 분홍색의 전통 스카프를 두르고 온 순례자들이
성스러운 동굴을 향해 눈 덮인 산길을 오르고 있다.

순례자들은 걸어서 또는 당나귀를 타고, 들것에 실려, 심지어 헬리콥터를 타고 와서 바이슈노 데비 여신에게 참배한다. 그들은 거의 최면에 걸린 듯 큰소리로 '자이 마타 디(Jai Mata Di, 어머니를 찬미하라)'라고 외친다. 신자들은 그렇게 찬미하면 12킬로미터나 되는 가파른 산길을 오를 수 있는 힘이 생긴다고 말한다. 사원 관리 당국이 정상까지 올라오는 경로부터 협소한 동굴 입장에 적용되는 복잡한 매표 체계까지 성지참배 여행과 관련된 모든 부분을 통제한다. 동굴 내부에는 '홀리 핀디스'라고 하는 천연 암반들이 있는데 마타 바이슈노 데비가 자신의 화신(化身)인 마하 칼리, 마하 락시미, 마하 사라스와티로 현현한 것이라고 한다. 동굴 속에 있는 또 다른 바위들은 여신을 숭배하러 찾아온 약 3억 3,000만 명의 신들 중 일부라고 한다. 사원을 찾은 이들은 이곳에 와서 정결한 마음으로 기도하면 절대 빈손으로 돌아가지 않는다고 믿고 있다.

When to go 동굴은 1년 내내 개방되지만 성수기는 4월과 10월경에 거행되는 나브라트리(Navratri) 축제 때나 5월~7월, 9월~10월이다. 겨울에는 폭설로 동굴에 오르기 힘들 수 있다.

Planning 가까운 공항이 있는 잠무(Jammu)에서 버스나 택시로 48킬로미터 떨어진 카트라(Katra)까지 이동한 다음 주 동굴 사원의 본전이 있는 곳까지 12킬로미터의 산길을 오른다. 차례를 기다려 동굴에 들어갈 때까지 대기 시간을 포함해 하루 이틀 정도 일정을 잡는다. 웹사이트에서 방문하려는 시기의 예상 방문객 수를 확인하자. 동굴 내부의 사진 촬영은 금지돼 있다. 이 사원은 잠무카슈미르 주에 있다. 최근 이 지역에서 무력 분쟁 사태가 발생하고 있으므로 떠나기 전에 정치 상황을 확인한다.

Websites www.maavaishnodevi.org, www.mapsofindia.com

- 트레킹 시작 지점 근처 반 강가(Ban Ganga) 폭포에서 목욕을 한다. 전설에 따르면 바이슈노 데비 여신이 물을 구하려고 땅에 화살을 쏘았더니 폭포가 생겼다고 한다.

- 여신의 발자국을 모셔 두었다고 하는 작은 사당에 들러 바이슈노 데비의 은총을 받고 온다. 발자국 형상은 밝은 노랑색화환으로 치장돼 있다.

- 사원에 오르는 도중에 처녀신 동굴이 있는 아드쿠와리(Adhkuwari)가 있다. 입구가 매우 좁아 한 번에 한 사람만 겨우 들어갈 수 있다. 이곳을 찾은 사람은 모든 죄를 씻고 영혼이 깨끗하게 정화된다고 한다.

- 동굴에 흐르는 얼음장같이 차가운 물을 맨발로 건널 때는 "자이 마타 디"라고 외치자. 신도들 말로는 그렇게 하면 한기를 견딜 수 있다고 한다.

- 다른 순례자들과 함께 동굴 입구 근처의 정상에서 별빛을 바라보며 밖에서 노숙해 본다. 맑은 새벽녘에 동굴 속에서 사제들의 아침기도 소리를 들으며 깨어나게 될 것이다.

나이 든 시크교도가 호수와 본관 건물 사이에 있는 돌로 된 주랑 가장자리에서 쉬고 있다.

인도

암리차르 *Amritsar*

시크교도들이 정신적, 문화적으로 가장 성스럽게 여기는 사원이
정방형의 거대한 인공 호수 한복판, 돌섬 위에 있다.

    고대 시크 왕국의 영토였던 인도 북서부의 펀자브 지방 한복판에 번화한 도시 암리차르가 있다. 암리차르는 시크교의 정신적, 문화적 중심지이다. 이 성도에 와서 도심에 있는 하리만디르 사히브(Harimandir Sahib), 즉 황금 사원에 참배하는 것이 모든 시크교도들의 평생 소원이다. 사원 경내는 돌과 대리석으로 이루어진 여러 개의 거대

한 홀로 둘러싸여 있다. 홀에서는 매일 1만 명에 달하는 순례자들을 맞이해 먹을 것을 제공한다. 낮에는 순례자들이 호수를 가로질러 나있는 수상 가교를 통해 사원으로 떼지어 몰려든다. 불멸의 신주(神酒)라는 뜻의 암리차르는 바로 이 호수의 이름에서 유래한 것이다.

사원 안에 들어서면 신자들은 경계선 너머로 시크교의 성전(聖典)인 '아디 그란트(Adi Granth, 지혜의 경전)'를 모셔 놓은 구역을 지나며 동전을 던지거나 꽃을 바친다. 사람들은 앉아서 묵상하기도 하고 큰소리로 경전을 읽거나 송가를 부르기도 한다. 초저녁이 되면 육지에 있는 아칼 타크트 사원(Akal Takht Temple)으로 성전을 옮겨가 밤새 보관한다. 이때는 북소리와 트럼펫 연주에 맞추어 가교를 건너며 호숫가를 따라 행렬이 이어진다. 또한 수천 명의 시크교도들이 앞다투어 꽃을 뿌리며 찬미가를 부른다.

■ 아디그란트 성전에는 시크교의 절충적인 특성이 잘 나타나 있다. 이 안에는 서기 1000년부터 1606년 사이의 초대에서 5대까지의 시크교 구루 다섯 명이 지은 약 6,000곡의 송가뿐 아니라 힌두교와 이슬람교 성자들의 작품도 들어 있다. 송가는 31가지 범주로 나뉘어 아침기도 때를 제외하고 상황에 따라 부를 수 있도록 만들어 놓았다.

■ 시크교 중앙박물관(Central Sikh Museum) 안에는 시크교의 예술 작품, 유물과 사원이 건립된 16세기부터의 역사가 전시돼 있다.

■ 구루 카 랑가르(Guru Ka Langar)에서 다 함께 식사해 보자. 이곳은 공동 식당으로 시크교 신앙의 핵심인 평등 사상에 따라 종파나 국적을 불문하고 사원을 찾은 모든 방문객들에게 식사를 제공한다.

When to go 인도 북서부의 먼지 자욱한 평원에 자리한 암리차르는 여름이면 찌는 듯이 덥고, 겨울에는 히말라야에서 불어오는 매서운 바람으로 엄청나게 추울 때가 많다. 가을(10월과 11월 사이)이 방문하기 가장 좋은 시기이다. 이때는 낮 기온이 섭씨 10도~17도 사이를 오간다.

Planning 적어도 하룻밤은 머무른다. 그래야 매일 저녁에 사원 경내에서 거행되는 활기찬 행렬을 볼 수 있다. 시크교도들은 사람이 아닌 알라 신이 모든 것을 제공해 준다고 믿기 때문에 방문객들에게 황금 사원 주변에 있는 '니와스(niwas)'라는 무료 숙소에서 잠자리와 식사를 제공한다. 암리차르에는 국제공항이 있으며 라호르(Lahore)와 델리(Delhi)에서 기차로 들어올 수도 있다. 각기 3시간, 8시간이 소요된다.

Websites www.darbarsaheb.com, www.sgpc.net

기쁨에 겨운 순례자들이 깃발을 들고 세흐완샤리프에서 수피교 성자인 하즈라트 랄 사흐바즈 칼란다르가 안치된 사원으로 향하고 있다.

파키스탄

수피 성자의 사원 *Shrine of a Sufi Saint*

수피교 성자인 하즈라트 랄 샤흐바즈 칼란다르(saint Hazrat Lal Shahbaz Qalandar)의
기일(忌日)에는 세계 최대 규모의 파티이자 종교와 민족간의 평화를 기리는 활기찬 축전이 벌어진다.

인더스 강가의 원뿔처럼 생긴 언덕 꼭대기에 세흐완샤리프(Sehwan Sharif)라는 건조한 도시가 있다. 무려 2,500여 년을 오아시스 도시로 요충지 역할을 하던 곳이다. 지금은 수피교의 신비주의자이자 시인인 하즈라트 랄 샤흐바즈 칼란다르(1177~1274)의 무덤이 있는 사원으로 유명하다. 특권층 출신이었음에도 랄 칼란다르는 물질주의를 버리고 세계를 돌아다니며 이슬람교도와 힌두교도들이 서로 소통할 것을 장려하다가 마침내 세흐완샤리프에 정착했다. 사원은 1356년에 이 옛 도시의 중심부에 처음 지어진 이래로 개축을 거듭해오면서 이슬람교도와 힌두교도들의 순례지가 됐다. 특히 '우르스(urs)'라고 하는 사흘에 걸친 그의 추모제 때면 순례자들이 구름처럼 모여든다. 그의 유해는 은제 차양 장식 밑에 놓인 파란 광택 타일이 덮인 성골함에 안치돼

향 연기가 자욱한 가운데 성자의 무덤 앞에서 신도 하나가 고개 숙여 기도하고 있다.

있고 주변에 설치된 거울이 기름 램프의 불빛을 반사하고 있다. 낮 동안은 고요하지만 저녁이 되면 신도들이 최면에 빠져들 것 같은 북소리와 심벌즈, 호른 소리에 맞추어 춤을 추고 기도하며 송가를 부르면서 무아지경의 분위기가 고조된다. 특별히 랄 칼란다르를 추종하는 칼란다르 수피교도(Qalandari Sufis)들은 무아의 지경에서 신과 더욱 가까워진다고 믿는다. 상당수의 신도들이 초월 상태에 들기 위한 일환으로 몽환적인 춤과 노래 외에 해시시(hashish)를 피워대기 때문에 세흐완샤리프는 해시시 연기로 자욱하다. 이들을 두고 상당수의 보수 이슬람교도들은 위험할 정도로 자유분방하다고 여기지만 비이슬람교도들은 대부분 가장 편한 이슬람교도라고 여긴다.

When to go 사원은 매일 오전 4시 30분부터 자정까지 문을 연다. 이슬람력 제 8월인 샤반(Shaban) 18일~21일까지 거행되는 우르스 기간 동안 방문해 보자. 또 다른 주요 행사가 이슬람력 정월인 무하람(Muharram) 달의 9일과 10일에 거행된다. 이때는 시아파 이슬람교도들이 예언자 무함마드의 손자인 이맘 후세인(Imam Husayn)의 죽음을 추모하며 스스로를 채찍질하면서 행진한다. 11월부터 4월까지는 기후가 가장 온화하고 여름인 5월부터 8월까지는 타는 듯이 덥다.

Planning 카라치(Karachi)에서 세흐완샤리프까지 자동차로 4시간 거리이다. 치안 상태에 따라 기차나 버스로도 이동할 수 있다. 이곳은 파키스탄 분쟁 지역이므로 육로로 여행하기 전에 영사관에 확인해 보자. 우르스에 맞추어 여행하려는 경우 몇 달 전에 호텔 예약이 완료되니 일찌감치 숙박장소부터 확보한다.

Websites www.jhoolelal.com, www.tourism.gov.pk

■ 아침이면 갖가지 향불과 향유 연기가 자욱한 가운데 화환과 초록색 수의를 성자에게 바친 다음 저마다의 염원으로 사원을 도는 신도들의 행렬에 참여해 보자.

■ 세흐완샤리프 마을 외곽에 있는 카피르킬라(Kafir-Qila)를 둘러보자. 알렉산더 대왕(기원전 356~323)이 건설했다고 하는 거대한 요새이다. 지금의 암리차르 지역은 오랜 영토 확장 전투에 지친 그의 군대가 반란을 일으킨 곳으로, 고향인 마케도니아로 귀환할 때는 이곳에서 야영하기도 했다.

■ 인근에 아시아에서 가장 큰 담수호인 만차르 호수(Manchhar Lake)가 있다. 모하나(Mohana)족 어부들의 고향이기도 한 이곳의 보트 마을도 방문해 보자. 대다수의 인류학자들은 의심스러워하지만 모하나족 사람들은 자신들이 알렉산더 대왕 사병들의 후손이라고 주장한다.

■ 놀라울 정도로 보존이 잘된 고대 도시인 '모헨조다로' 탐사에도 나서보자. 이곳은 약 5,000년 전에 등장한 인더스 문명의 발상지로 세흐완샤리프에서 자동차로 2시간 거리에 있다.

1979년에 조성한 사진 속 중정의 이름은 이란이슬람공화국을 수립한 이맘 호메이니(Imam Khomeini)의 이름을 따서 지었다.

이란

이맘 레자 사원 *Holy Shrine of Imam Reza*

서기 818년에 이맘 레자가 순교한 곳에 세워진 이 사원은
이란의 시아파교도들에게 가장 성스러운 사원이다.

마슈하드(Mashhad)에 위치한 이맘 레자 사원 안의 다르 알 빌라야(Dar al Vilayah) 중정으로 차도르를 뒤집어쓴 여인들이 물밀듯이 밀려들어와 무릎을 꿇고 기도하는 남자들을 스쳐 지나간다. 아이들은 기도자용 페르시아 양탄자 위에서 놀고 있고 그 옆에 있는 엄마들의 표정에는 깊은 신앙심이 드러나 있다. 매년 2,000만 명이 넘는 시아파 이슬람교도들이 알리 이븐 무사 알리다(Ali ibn Musa al-Rida)의 사원을 찾는다. 그는 시아파 이슬람교의 8번째 이맘(Imam, 시아파 이슬람교의 교주이자 정치 지도자)으로 신도들은 그의 제단에 참배함으로써 순례여행의 대미를 장식한다.

무카르나스양식의 거대한 황금 돔 아래에 있는 천장은 거울처럼 빛나는 채색 타일

로 마감돼 있다. 무카르나스양식은 돔 내부를 벌집이나 종유석 모양의 돌출 구조로 제작하는 것이 특징이다. 그 아래에 영묘 단지가 있으며, 이맘 레자의 영묘는 이 단지의 중심부에 있다. 총 21개의 주랑(아케이드)이 영묘부터 남자용, 여자용, 가족용으로 구분해 놓은 기도하는 중정, 방, 모스크까지 이어주고 있다. 남자들은 자리흐(zarih, 성골함을 감싸고 있는 금도금된 격자형 보호 케이스)를 만지거나 그 위에 입을 맞추고픈 마음에 앞다투어 몰리고 여인들은 여성용 주랑에서 가슴을 치며 서럽게 울부짖는다. 중요한 축제가 있기 전날 밤에는 코란을 낭송하는 가운데 고위 성직자들이 이맘의 무덤에서 먼지를 털어내는 장엄한 의식을 거행하고 장미수로 무덤을 씻는다. 털어낸 먼지는 성스럽다고 여겨서 봉투에 담아 신자들에게 나눠준다. 오랜 세월 동안 사원은 파괴와 재건을 거듭 겪어왔고 다른 이맘들을 기념하는 방이나 모스크, 중정, 도서관, 신학교, 미나레트 등이 추가되면서 계속해서 확장되고 있다.

- 치료를 원하는 순례자들은 다르 알 시야다(dar al Siyadah) 주랑의 동쪽에 있는 은제 창에 모여 기도를 한다. 이곳은 기적이 수도 없이 일어난 곳이라고 한다.
- 매일 아침 다르 알 후파즈(Dar al Huffaz) 홀에서 행해지는 코란 낭송 의식에서 코란 읽는 소리를 들어보자.
- 이맘 후세인과 그의 추종자 72명의 순교를 기념하기 위해 사원 곳곳에 사카카네(Saqqa Khaneh)라고 하는 공용 식수대가 설치돼 있다. 이들은 7세기에 카르발라(Karbala) 근교에서 갈증으로 고통을 받으며 죽어갔다.
- 드럼 타워(drum tower)에서는 매일 일출과 일몰에 맞춰 트럼펫과 북소리가 울려퍼진다. 또한 사원 안에서 누군가 기적적으로 치유됐다고 여겨져도 북을 친다.

When to go 4월~6월, 9월~11월이 좋다. 매년 3월 21일경에 해당하는 이란의 새해 명절인 노우루즈(Nowruz) 때는 인파가 엄청나므로 피하는 것이 좋다.

Planning 이란 방문 전에 먼저 정부 관광청에 확인부터 하자. 비자 받기가 어려운데 여행을 예약하면 발급이 쉬워질 수 있다. 이란 계좌를 갖고 있지 않으면 신용카드나 ATM 기기를 사용할 수 없고, 여행자수표도 받지 않는다. 현금을 지참하고 환전은 은행에서 한다. 거리의 환전상보다 유리하다. 남녀 모두 이슬람 전통에 맞추어 적절한 옷차림을 한다. 비이슬람교도는 본관 중정과 박물관만 입장할 수 있다.

Websites www.magic-carpet-travel.com, www.iran paradise.com, www.imamreza.net, www.irpedia.com

이맘레자 사원은 세계 최대 규모를 자랑하는 이슬람 건축의 총체로 뛰어난 품질의 세라믹 장식으로도 유명하다.

교회 지하에 제단이 놓여 있다.

시리아

아나니아 교회 *Chapel of Ananias*

허름한 석벽과 수수한 제단, 높다란 창을 통해 들어온 빛이
초기 기독교시대의 소박했던 예배 장면을 고스란히 되살려내고 있다.

아나니아 교회는 다마스쿠스 구시가지의 기독교 지구에 자리하고 있다. 동쪽 성문인 바브 샤르키(Bab Sharqi) 근처에서 아치 모양의 교회 철문을 향해 가다 보면 어느새 길은 좁아지고 도시의 소음도 사라진다. 아담한 안마당을 지나면 성 아나니아(St.

Ananias)에게 봉헌된 교회가 나온다. 그늘진 곳에 성 아나니아가 성 바오로(St. Paul)에게 세례를 주는 장면을 묘사한 눈부시게 흰 조각상이 있다. 가파른 계단을 따라 서늘한 지하로 내려가면 아주 작은 지하 예배당이 나온다. 예배당 양쪽에 나무 의자들이 줄지어 놓여 있고, 울퉁불퉁한 돌벽에 낸 벽감에는 아나니아의 성서 속 이야기를 묘사한 그림이 걸려 있다. 그는 다마스쿠스로 오는 길에 눈이 먼 바울이 기독교로 개종한 후에 그의 시력을 되찾아준 인물이다. (사도행전 9:11)

아나니아의 집이 있던 곳에 세워졌다고 하는 이 교회는 수 세기를 거치는 동안 로마와 이슬람의 비기독교 세력에 의해 여러 차례 파괴됐다. 서기 2, 3세기에는 이교도 사원이 되기도 했으며 모스크가 된 적도 몇 번 있었다. 1814년에 프란체스코 수도회가 이곳을 매입하면서 마침내 교회로 복원될 수 있었다. 고고학자들은 이곳에서 5, 6세기 경의 반원형 건물 공간과 기둥, 기타 기독교 유물을 발굴하기도 했다.

- 아나니아 교회는 로마 때의 거리에 있어서 성서시대의 도시가 어땠는지 느낄 수 있다.
- 미사에 참여해 보자. 프란체스코 수도회가 운영하는 아나니아 교회는 여전히 미사가 거행되고 있는 가장 오래된 교회의 하나이다.
- 다마스쿠스 구시가지의 다른 성지들도 둘러본다. 로마제국 때의 유피테르 신전, 성 바오로 교회, 히샴 모스크(Mosque of Hisham) 등이 대표적이다.
- 관광을 마쳤으면 팔라펠(falafel), 바바 가누시(baba ghanoush), 타불레(tabbouleh), 후무스(hummus)같은 중동 음식을 먹어 보자. 바브 투마(Bab Touma, 투마 성문) 근처에서 처음 만나는 노점에서 최고의 샤와르마(shawarma, 케밥)를 먹을 수 있다.

When to go 시리아의 기후는 4월과 6월 사이, 9월과 11월 사이에 온화하다.

Planning 아나니아 교회는 샤리아하나니아(Sharia Hanania) 34번지에 있다. 바브 샤르키(동문)와 근처의 샤리아하나니아의 연계 지점에서 200미터 떨어진 곳이다. 시리아에 입국하려면 비자가 필요한데 여권에 이스라엘에 방문한 기록이 있을 경우 발행이 거부된다. 라마단(Ramadan) 기간 동안 방문할 예정이면 호텔 예약은 필수이다.

Websites www.ancientworldtours.com, www.black tomato.co.uk, www.syriagate.com

오른쪽 끝에 보이는 가느다란 첨탑은 13세기에 세워진 예수의 미나레트이다.
신자들은 심판의 날에 예수가 이 자리로 재림할 것이라고 주장한다.

시리아

우마이야 모스크 *Umayyad Mosque*

다마스쿠스에 위치한 우마이야는 현존하는 모스크 중 가장 오래된 곳으로
규모가 가장 클 뿐 아니라 이슬람 건축의 걸작이기도 하다.

정교하게 만든 상들리에 불빛 아래서 신도들이 메카(Mecca)를 향해 무릎을 꿇고 기도한다. 다른 이들은 이 고색창연한 모스크의 벽 안쪽에 앉아 분위기에 빠져들고 있다. 이 자리는 기원전 900년에 아람족이 세운 하다드 신전(Aramaean Temple of Hadad)을 비롯해 여러 종교의 사원이 세워졌던 곳으로, 이 모스크가 들어서게 된 것은 서

기 705년의 일이다. 원래 정통파인 수니파의 모스크였던 이곳은 메디나에 있는 예언자 무함마드(Muhammad)의 집을 모델 삼아 혁신적으로 설계했다. 장식 돔 아래 진녹색 유리로 보호하고 있는 제단 안에는 이곳 이슬람교도들에게는 예언자 야흐야(Yahya)라고 알려진 성 세례 요한(St. John the Baptist)의 머리가 보존되어 있다고 한다. 이곳은 기독교인들과 이슬람교도 모두에게 성소가 되는 곳이다. 높이 난 창을 통해 들어온 햇빛이 하람(haram, 기도실)에 깔려 있는 원색의 카페트 위로 쏟아져 내린다. 방송을 통해 합창으로 부르는 아잔(adhaan, 기도 시간을 알리는 소리)이 드넓은 기도실에 울려퍼지고, 커다란 입구 너머 거대한 중정(中庭, 안뜰)까지 새어나간다. 탁 트인 중정에 깔려 있는 흰색 대리석은 실내를 장식하고 있는 금도금한 모자이크 패널, 모스크 동쪽 끝에 있는 보물 돔인 베이트 알 말(Beit al Mal)을 뒤덮은 모자이크와 선명하게 대비를 이루고 있다.

■ 살라딘의 영묘(mausoleum of Saladin)를 방문한다. 살라딘은 이슬람의 걸출한 인물이자 12세기의 위대한 지도자이다.

■ 카르발라의 순교자인 후세인(Husayn)의 머리가 안치돼 있다고 하는 성골함을 둘러보자. 깊고 선명하게 돋을새김한 내실 벽의 은판으로 쉽게 알아볼 수 있다.

■ 중정에 앉아 모스크의 평온한 분위기에 푹 빠져 보자.

■ 기도실 동쪽 끝에 있는 작은 방을 찾아보자. 이곳에서 기도 시간을 알리는 소리(아잔)가 방송된다.

When to go 이드 알 피트르(Eid al Fitr, 라마단이 끝났음을 알리는 축제)와 메카 성지순례, 하지(hajj)의 마지막 날인 이드 알 아드하(Eid al Adha) 때는 엄청난 인파가 몰린다. 사람들로 미어터져도 상관없다면 생동감 넘치는 다양한 분위기를 만끽할 수 있다.

Planning 모스크에 들어가려면 여자들은 머리끝부터 발끝까지 가려야 하며, 남자들은 반바지 차림으로는 입장할 수 없다. 모스크 옆에 있는 사무소에서 긴 가운인 갈라비야(galabiyya)를 빌릴 수 있다. 예배, 특히 기도 중인 사람들을 배려하고, 사진을 찍으려면 반드시 사전에 양해를 구한다. 모스크 안에는 여자들만 들어갈 수 있는 영역이 몇 군데 있으므로 유의하자. 소매치기를 조심한다. 모스크 밖에서 특히 더 심하다.

Websites www.syriatourism.org, www.silkroadandbeyond.co.uk

언덕 꼭대기에 있는 조각상까지 오르는 길에 십자가들이 뒤엉켜 있다. 다른 방향으로 난 도로들도 마찬가지이다.

리투아니아

십자가 언덕 *Hill of Crosses*

5만 개의 십자가가 있는 이 작은 언덕은 종교적인 의미뿐만 아니라
정치적으로도 깊은 의미가 있는 순례지이다.

농장 지역 한복판에 솟아 있는 언덕의 비탈에 십자가와 십자가상이 빽빽하게 쌓여 있다. 나무로 만든 조악한 것부터 정교하게 조각한 것까지 갖가지 크기와 종류의 십자가들이 무더기로 쌓여 있거나 하나 위에 겹겹이 걸려 있다. 자동차 번호판이나 밴드에이드로 대충 만든 십자가와 함께 리투아니아 애국자들의 초상화가 사이좋게 걸

려 있기도 하고 예수나 동정녀 마리아의 상을 묵주와 함께 걸어 놓기도 했다. 엄청나게 다양한 종류의 지극히 개인적인 이야기와 추억, 소망을 담은 단순하고 작은 십자가들도 있다. 방문하는 사람들마다 십자가나 묵주를 두고 가기 때문에 이곳에 모여 있는 십자가의 수가 날로 늘고 있다. 이 전통이 중세 때부터 시작되었다고 주장하는 사람도 있지만 1831년, 러시아의 통치에 저항하는 봉기의 실패로 죽은 이들을 추모하기 위해 놓은 것이 최초일 거라고 한다. 그때부터 이곳은 리투아니아인들의 저항 및 독립과도 연관이 있는 장소가 되었다. 20세기 중반 이후에 소련의 KGB는 세 차례에 걸쳐 이곳을 불도저로 완전히 밀어 없애려고 했지만 쌓이는 십자가는 날로 늘어나기만 했다. 이곳은 그들의 땅에서 일어난 소련의 지배와 공산주의의 종교 탄압에 대한 저항의 상징이다.

■ 리투아니아인의 후손이기도 했던 교황 요한 바오로 2세가 1993년에 이곳을 방문해 십자가를 기증했다. 교황의 방문을 기념하는 비석과 리투아니아인들의 신앙심에 감사를 표한 비석도 있다.

■ 십자가와 묵주가 바람에 휘날리며 내는 소리는 풍경 소리와는 다르게 심금을 울리며 상념에 잠기게 만든다.

When to go 연중무휴로 개방된다. 부활절 때 독실한 신자들이 가장 많이 몰린다.

Planning 1시간 정도면 충분히 둘러볼 수 있다. 십자가 언덕은 샤울랴이(Siauliai)에서 북쪽으로 12킬로미터 떨어진 크리지우 칼나스(Kryziu Kalnas)에 있다. 버스를 타고 인접국인 라트비아의 리가(Riga)로 가는 도중에 들를 수도 있다. A12번 고속도로를 통해 리가와 빌뉴스(Vilnius) 사이를 여행하는 도중에 경유지로 방문해도 된다. 택시를 탈 경우 관광하는 동안 기사가 기다려 줄 것이다. 샤울랴이 안에는 숙박할 곳이 무척 많고 유서 깊은 교회와 박물관도 많다. 자전거 박물관, 사진 박물관 같은 곳도 있다.

Websites www.lithuaniatourism.co.uk

얼굴과 손이 검게 된 것은 의도적이거나 시간의 경과 때문일 수도 있고 봉헌된 촛불의 그을음 때문일 수도 있다.

> 폴란드

검은 성모 *The Black Madonna*

칼에 베이고 검게 변한 얼굴의 쳉스토호바(Częstochowa) 성모는
폴란드의 상징이자 이 나라의 영적 지주이다.

야스나 구라 수도원(Jasna Góra Monastery)에 있는 검은 성모의 초상화를 보기 위해 해마다 약 500만 명의 순례자들이 모여든다. 이 그림은 아마도 예수의 유년기 때부터 성가족(마리아와 요셉, 예수로 이루어진 가족)의 집에 있던 편백나무 탁자 위에 성 루카(St. Luke)가 직접 그린 것으로 보인다. 이 탁자의 상판은 14세기에 이곳까지 오게 되었으며 이를 안치하기 위한 교회와 수도원도 생겼다. 17세기에 스웨덴인들이 침략했을 때 이 이콘(icon, 聖畫像) 덕에 수도원이 보존될 수 있었다고 한다. 그때부터 이 성화는 폴란드인들에게 특별한 존재로 남아 국민 정서를 하나로 뭉치게 하는 핵심이 되었다. 성화는 1650년에 만들어진 흑단과 은으로 된 제단에 모셔졌으며 이를 보기 위해 신자들이 떼지어 몰려드는 통에 수도원 복도에서는 움직이기조차 어렵다. 성모 마리아는 깊은 생각에 잠긴 듯한 표정이다. 그림에 진주나 금박을 댄 천을 드리우기도 한다. 성모를 찾아온 이들이 헌신의 마음을 표현하기 위해 바친 목발, 보석, 꽃, 사진 등 온갖 봉헌물이 작은 예배당의 벽을 따라 놓여 있다.

- 예전에 폴란드 의회로 쓰이기도 했던 기사의 홀(Knight's Hall)에는 야스나 구라에 검은 성모를 안치하게 된 사연을 묘사한 그림을 비롯한 회화작품이 줄지어 걸려 있다.
- 수도원 단지 안에는 8,000 권이 넘는 장서가 있는 도서관과 보물 전시관, 박물관도 있다.
- 자동차로 쳉스토호바와 크라코프 사이에 있는 160km 길이의 '독수리 둥지길'을 달리며 이곳이 포위 공격을 받았을 때 어땠을지 느껴 보자. 이 길을 지나다 보면 석회암 절벽 꼭대기에 설치된 15개의 중세시대의 요새를 볼 수 있다. 거듭되는 침략에 폴란드인들이 기적의 도움뿐 아니라 실질적인 도움도 필요했음을 여실히 보여 준다.

When to go 여름에는 관광객들이 야스나 구라로 떼지어 몰려온다. 특히 8월이면 성모 축일이 15일과 26일로 두 차례나 되어 매년 찾아오는 순례행렬로 발 디딜 틈이 없다. 날씨가 추워도 상관없다면 언덕에 눈이 덮이는 겨울에 방문한다. 수도원이 눈부실 정도로 아름답다.

Planning 96킬로미터 떨어져 있는 크라코프(Kraków)에서 독수리둥지길(Eagles' Nest Trail)을 따라 자동차로 이동하는 경로도 여정에 포함시켜 보자. 쳉스토호바는 바르샤바에서 225킬로미터 떨어져 있으며 카토비체(Katowice)로 향하는 간선도로를 타면 2시간 반 거리이므로 하루 일정으로 다녀올 수 있다.

Websites www.jasnagora.pl, www.czestochowa.pl

요한계시록 동굴을 에워싸고 있는 흰색의 교회 입구 위로
성 요한이 제자에게 자신이 받은 계시를 구술하는 장면을 그린 모자이크가 보인다.

> 그리스

요한계시록 동굴 *The Cave of the Apocalypse*

성 요한(St. John)은 도데카네스 제도에 있는 어느 섬의 언덕에 있는 동굴에서
신약 성서의 마지막 장인 요한계시록을 썼다고 한다.

    에게 해의 파트모스 섬(Island of Pátmos)은 하얀 집과 불모의 산비탈, 깊고 푸른 만으로 이루어진 아주 작은 섬이다. 이곳에 있는 거룩한 성 요한(Agios Ioannis Theologos) 수도원은 1,000년 된 요새 수도원으로 동방 정교회 최고의 성지 중 한 곳이다. 검은색의 거대한 수도원 돌벽 밑에는 아주 작지만 더할 나위 없이 성스러운 곳이 있다. 바로 요

한계시록 동굴이다. 서기 95년, 로마의 황제 도미티아누스(Titus Flavius Domitianus, 51~96)에 의해 이 섬으로 추방당한 성 요한이 이 동굴을 거처로 삼았다고 한다.

입구 위에 있는 채색 모자이크에는 성 요한이 그리스도가 보여준 환시를 제자인 프로코로스(Prochoros)에게 구술하는 장면이 묘사돼 있다. 동굴 안은 장엄한 프레스코화와 성화상으로 장식돼 있으며 그중에는 13세기의 작품도 있다. 봉헌된 초에서 나온 검댕으로 벽과 천장이 그을려 있고 마을의 독실한 그리스인들이 성자에게 중재를 간청할 때 사용하는 작은 은제 봉헌 명판이 걸려있다. 가이드들은 프로코로스가 글을 쓰는 책상으로 사용했다는 작은 바위와 성 요한이 베개로 삼았다는 움푹 패인 돌, 요한이 신의 목소리를 들었다고 하는 바위 틈을 가리켜 알려준다. 동굴은 순례자들과 방문객으로 붐빌 때가 많지만 코라(Chora) 마을 사람들에게는 오랜 세월 동안 그래왔듯 지금도 여전히 기도하러 오는 일상의 장소이다.

When to go 부활절부터 10월까지가 방문하기 좋은 시기이다. 파트모스는 그리스의 부활절(보통은 4월) 때와 8월 중순에 있는 성모 마리아의 죽음을 기리는 몽소승천 축일 때 순례자들로 붐빈다.

Planning 파트모스의 숙박장소는 대부분 항구 마을인 스칼라(Skala)와 그 주변이나 인근 그리코스(Grikos)에 몰려 있다. 동굴은 스칼라와 수도원이 있는 산꼭대기 마을인 코라의 중간 지점에 있다. 양쪽 모두 걸어서 2시간 거리이다. 스칼라에서 택시나 셔틀 버스를 탈 수도 있다. 파트모스에 공항은 없지만 레로스(Leros), 사모스(Samos), 코스(Kos) 섬을 비롯한 인근 섬에서 운항하는 페리와 쾌속선이 많다.

Websites www.gnto.gr, www.dolphins.gr

■ 고색창연한 성 요한 수도원을 에워싸고 있는 산꼭대기 마을인 코라는 그리스의 가장 아름다운 전통 섬마을 중 하나이다. 미로처럼 이어진 자갈 깔린 길과 눈부시게 하얀 집 사이에 무려 40여 곳이 넘는 성당과 예배당이 눈에 띄지 않게 자리하고 있다.

■ 성 요한 교회 안에는 성골함과 이콘 등 훌륭한 성물들이 많이 보관돼 있다.

■ 코라에서는 이카리아 해에 떠있는 인근의 작은 섬들과 북쪽의 이카리아 산과 사모스(Samos) 등 파노라마처럼 펼쳐진 경치를 즐길 수 있다. 맑은 날에는 동쪽에 있는 터키의 본토도 보인다.

■ 그리코스(Grikos) 마을에 들러 깨끗하고 푸른 바닷물과 길게 펼쳐진 모래와 자갈로 뒤덮인 해변을 감상하고 갓 잡은 물고기로 요리를 만들어 파는 그리스 지방 특유의 작은 식당인 타베르나(taverna)도 가보자.

TOP 10

성유물함 *Ten Reliquaries*

성스러운 물건들을 보관하기 위해 지은 건물부터 작지만 정교하게 장식한 상자에 이르기까지 성유물함에는 성인들의 유물이 담겨 있다.

❶ 고딕양식의 성유물함 Gothic Reliquary 미국_뉴욕

한때 부다페스트의 성 프란시스 청빈 수녀회 수도원에 안치돼 있던 화려한 성유물함은 중세 유럽의 예술품과 건축물을 전시하는 메트로폴리탄 미술관 분관인 클로이스터스에서 찾아 볼 수 있다.

Planning 클로이스터스는 포트트라이언 파크(Fort Tryon Park)에 있다. 지하철 A라인을 타고 190번가로 간다. www.metmuseum.org

❷ 짜익티요(황금 바위) 탑 Kyaikhtiyo Pagoda 미얀마_몬주

전설에 의하면 암벽 끝에 위태롭게 걸쳐 있는 황금바위를 수천 년 동안 지탱해온 것은 부처의 머리카락 한 올이었다고 한다. 절벽에 간신히 걸쳐 있는 거대한 바위는 장난기 많은 미얀마의 정령들이 놓고 간 것이라고 한다.

Planning 황금바위는 남자만 만질 수 있다.
www.goldenlandpages.com/hotspots/kyaik.htm

❸ 두브로브니크 성당 Dubrovnik Cathedral 크로아티아_두브로브니크

3세기의 아르메니아인 주교인 블라시오(Blaise)가 한 사제의 꿈에 나타나 두브로브니크를 베네치아의 공격에서 막아냈다고 한다. 그때부터 블라시오는 이곳의 수호성인이 되었고 그의 유골은 성당의 유물함에 안치됐다.

Planning 성 블라시오의 조각상이 구시가지로 들어가는 입구에 서있다.
www.dubrovnik-online.com

❹ 톱카프 궁전 Topkapı Palace 터키_이스탄불

이스탄불에 있는 톱카프 궁전엔 선지자 마호메트의 유물이 안치돼 있다. 마호메트의 외투와 턱수염, 그의 무덤에서 가져온 흙과 돌에 찍힌 그의 발자국 등이 이곳에 보관돼 있다.

Planning 톱카프 궁전 박물관은 화요일을 제외하고 매일 오전 9시에서 오후 7시까지 개방한다. www.topkapisarayi.gov.tr

❺ 산타크로체 예루살렘 성당 Santa Croce in Gerusalemme 이탈리아_로마

콘스탄티누스 대제의 어머니인 성녀 헬레나는 성지 예루살렘에서 수많은 성물을 로마로 들여왔다. 이 성당은 헬레나가 예수의 몸에 박혔던 십자가

의 못과 면류관의 가시라고 믿고 가져온 유물을 안치하기 위해 서기 320년에 지은 것이다.

Planning 인근 수도원의 아름다운 정원도 놓치지 말고 들러보자
www.basilicasantacroce.com

❻ 성의의 예배당 Cappella della Sindone 이탈리아_토리노 성당

어떤 이들은 남자의 얼굴 윤곽이 희미하게 남아 있는 토리노의 수의가 예수 그리스도가 입었던 수의라고 주장한다. 현재 교회 안에는 복제품 수의가 있으며, 진품은 항공우주회사가 제작한 특수 상자에 보관돼 있다.

Planning 2025년까지 진품 수의를 공개하지 않을 예정이다. www.sindone.org

❼ 롬바르디아의 철왕관 The Iron Crown of Lombardy 이탈리아_몬차

8세기의 샤를마뉴 대제와 19세기의 나폴레옹의 대관식 때 사용된 이 왕관에는 보석으로 장식한 관 안쪽에 철로 된 가는 띠가 붙어있다. 이 띠는 예수가 처형당한 십자가에서 뽑은 못을 펴서 만든 것이라고 한다.

Planning 왕관은 밀라노 북쪽의 몬차(Monza)에 있는 성당에 안치되어 있다.
www.enit.it

❽ 성녀 우르술라의 유물함 Shrine of St. Ursula 벨기에_브뤼주

성녀 우르술라(St. Ursula)는 공주이자 독실한 기독교 신자였다. 이교도 왕자와의 결혼을 피하기 위해 1,100명의 처녀들을 데리고 쾰른으로 피신했다 돌아오던 중 훈족에게 모두 살해됐다고 한다.

Planning 성녀 우르술라의 유물함은 멤링 박물관(the Memling Museum)에 있다.
www.trabel.com/brugge-m-memling.htm

❾ 생 푸아 성당 Abbey of St. Foy 프랑스_콩크

아쟁 수도원에 안치돼 있던 생 푸아의 유물을 시기심 많은 한 수도승이 몰래 콩크(Conques) 지방으로 빼돌렸다. 그곳 수도승들은 훔쳐온 생 푸아의 유물을 안치하기 위해 보석으로 치장한 황금빛 유물함을 만들었다.

Planning 성당과 박물관은 매일 개방한다. www.conques.com

❿ 산 로렌조 드 엘 에스코리알 San Lorenzo de El Escorial 스페인_마드리드

유물 수집에 병적으로 집착했던 필립 2세(King Philip II)는 죽기 전까지 7,500점이 넘는 유물을 수집했다. 임종의 자리에서도 자신이 아끼던 유물을 주위에 갖다 놓으라고 명을 내릴 정도였다. 현재 그가 수집한 유물은 에스코리알 단지 전역에서 볼 수 있다.

Planning 마드리드에서 버스나 기차를 타고 에스코리알로 오면 된다.
www.patrimonionacional.es

14세기에 피에트로 로렌체티(Pietro Lorenzetti)가 그린 프레스코화 속에서 손에 성흔(聖痕)이 나있는 성 프란체스코와 복음서를 든 성 요한이 성모 마리아와 아기 예수를 지켜보고 있다.

이탈리아

산 프란체스코 대성당 Basilica of St. Francis

부를 거부하고 청빈하게 살았던 성자의 마지막 안식처 위에
이탈리아 예술의 걸작품으로 가득한 정교한 성당 건물이 자리잡고 있다.

아시시(Assisi)에 있는 산 프란체스코 하부 성당 안이 촛불과 바닥 램프의 은은한 빛으로 노란 색조를 띤다. 어스름 속에서 반원형의 로마네스크식 아치가 눈에 들어온다. 갈색 성직자복을 입은 수도사들의 나직한 기도 소리가 고대의 부속 예배당에 메아리친다. 최고의 명성을 떨치던 치마부에(Cimabue)와 지오토(Giotto)를 필두로 13세기 이탈리아 화단의 거장들이 그린 프레스코화가 성당 벽을 가득 채우고 있다. 프레스코화는 1230년에 하부 성당이 완공되고 나서부터 제작됐다. 중앙 신랑의 암청색

의 낮은 천장에는 마주보고 있는 벽에 그려진 회화 장면을 이어주는 별들이 밝게 빛나며 흩어져 있다. '산 프란체스코의 거장'이라고만 알려진 신원 불명의 화가가 그린 이 프레스코화는 예수의 생애와 성 프란체스코의 일생 사이의 공통점을 묘사하고 있다. 신랑과 직각으로 교차하는 회랑인 익랑 벽에는 치마부에가 그린 '성 프란체스코와 옥좌에 앉으신 성모(OurLady enthroned with St. Francis, 1280)' 벽화가 있는데 많은 이들이 이를 두고 성자의 실제 모습과 가장 유사하다고 한다. 신랑에는 지하로 내려가는 계단이 있으며 그 아래에는 1818년까지 감춰져 있던 성 프란체스코의 유해가 안치돼 있다.

어두운 지하와 하부 성당에 이어 1253년에 고딕양식으로 지은 상부 성당이 완공됐다. 밝고 햇살 가득한 상부 성당에는 지오토와 치마부에 및 그의 화풍을 따르는 화가들의 프레스코화가 더 많이 장식되어 있다. 지오토가 상부 성당에 그린, 성 프란체스코의 일생을 묘사한 28점의 프레스코화를 보러 수많은 관광객들이 이곳을 찾는다.

■ 시내 외곽에 있는 카르체리 은둔소(Hermitage of the Carceri)에 가면 성 프란체스코와 그의 동료들이 살던 동굴을 둘러볼 수 있다.

■ 성 프란체스코가 평생 동안 지키기로 서약했던 순종과 순결, 청빈의 프레스코화를 찾아보자.

■ 상부 성당의 제단과 입구 위의 천장을 보면 보수한 흔적이 남아 있다. 1997년에 발생한 지진으로 성당 건물이 붕괴돼 4명이 사망했다. 이를 복구하는데 2년이 걸렸다. 치마부에와 지오토의 프레스코화도 심하게 훼손됐다.

■ 청년 시절에 성 프란체스코가 십자가상 앞에서 기도하는데 십자가 위의 그리스도가 그에게 "프란체스코야, 무너져 가는 나의 집을 고쳐라."라고 말했다고 한다. 그는 아버지와 의절까지 하면서 자금을 마련해 교회를 보수했다. 이 십자가상은 현재 아시시의 산타 키아라 성당(Church of Santa Chiara)에 있다.

When to go 연중 언제든 좋다. 봄가을은 날씨가 더욱 온화해서 성당이 많이 붐빌 수 있다. 여름에는 조용한 편이지만 매우 덥다. 겨울은 습하고 춥지만 가장 한적하고 고요하다.

Planning 일요일 아침에는 문을 닫는다. 복장 규정이 엄격해서 긴 바지나 스커트, 긴 팔 셔츠를 입어야 한다. 사진 촬영은 할 수 없다. 기차역에서 성당까지 버스가 운행된다. 칼렌디마지오(Calendimaggio) 봄 축제(5월 1일 이후 첫 번째 목요일)와 아시시의 용서를 받기 위해 가톨릭 교도들이 산타 마리아 델리 안젤리 성당(Basilica of Santa Maria degli Angeli)으로 몰려드는 8월 2일에는 아시시가 매우 혼잡해진다.

Websites www.italyheaven.co.uk, www.bellaumbria.net

최첨단 성당의 한쪽 벽 전면을 스테인드글라스로 가득 채워 건물 안으로 빛이 쏟아져 들어오게 만들었다.

이탈리아

피오 신부 성당 *Shrine of Padre Pio*

존경받는 20세기 성자의 제단을 보기 위해 독실한 신자들과 호기심 많은 사람들이
이탈리아의 작은 마을로 떼지어 몰려든다.

1916년에 피오 신부는 폐결핵도 치유할 겸 가르가노(Gargano) 산의 고요한 산골 마을인 산조반니로톤도(San Giovanni Rotondo)로 파견됐다. 그러다 1918년 9월 20일, 기도하던 중에 몸에 성흔(聖痕)이 생기면서 이 카푸친회(Capuchin)의 수도사는 일약 유명인사가 됐다. 성흔이란 십자가에 못박힌 예수의 몸에 난 상처 같은 흔적이 사람의 몸에

나타나는 것으로 그의 성흔은 그 후로 50년 동안 지속됐다. 생전에 그가 거처하던 흰색의 검소한 독방에 가면 그의 반장갑과 붕대, 상처에서 나온 딱지를 볼 수 있다. 오랫동안 교회 당국은 피오 신부의 상처가 성흔이라고 믿으려 들지 않았으나 그의 사후 34년 만인 2002년에 그를 성인으로 시성했다.

지금은 700만 명의 순례자들이 몰려들어 혼잡하기 그지없는 이 작은 마을에 파리의 퐁피두 센터를 설계한 건축가 렌초 피아노(Renzo Piano)가 설계한 초현대적인 거대한 성당이 들어서 있다. 청록색 지붕으로 덮인 성당의 완전한 반구형 건물 내부는 달팽이 껍데기처럼 나선을 이루면서 갈수록 작아지는 형태를 취하고 있다. 또한 그 안을 돌로 만든 거대한 아치가 마치 갈빗대처럼 이리저리 교차하며 가득 메우고 있다. 내부에는 신자들을 위한 6,500석의 신자석을 마련해 놓았고 외부에도 3만 명을 수용할 수 있다.

When to go 4월~10월 사이의 날씨가 가장 좋아서 이때 방문하면 수천 명에 이르는 피오 신부의 추종자들과 어울릴 수 있다. 11월~3월까지는 날씨가 춥고 방문객도 적어서 비교적 한산하다.

Planning 성당이 있는 산조반니로톤도는 포자(Foggia) 근처의 마을로 로마에서 남동쪽으로 290킬로미터 떨어져 있다. 버스나 기차를 타면 적어도 5시간 정도 걸린다. 자동차를 타고 오거나 나폴리(Naples)나 바리(Bari) 여행길에 들를 수도 있다. 최소한 하루는 머물도록 한다. 자비의 성모 성당(Lady of Grace Church)에 있는 관광안내소에서 가이드북, 관광, 각종 지원을 제공하며 모두 무료이다. 순례 온 현지인 인파와 마주치지 않으려면 일요일을 피해 방문한다.

Websites www.conventopadrepio.com, www.italy traveller.com

- 소나무 숲을 지나 카스텔라노 산(Monte Castellano)을 오르는 비아 크루치스(십자가의 길)를 걸어 보자. 십자가와 성모상, 피오 신부, 부활한 예수의 상이 놓인 각 처에 이르면 신자들은 그 앞에서 기도를 드린다.

- 근교에 있는 움브라 숲(Foresta Umbra)에 가본다. 이곳은 너도밤나무, 라임나무, 참나무, 밤나무 등이 자라고 있는 100년이 넘은 보호림으로 다양한 종류의 새와 동물들의 안식처가 되고 있다.

- 자동차를 타고 굴곡진 도로를 따라 고대의 성지 순례지인 몬테산탄젤로(Monte Sant'Angelo), 산미카엘 산에도 가보자.

예루살렘 수도 공동체 소속의 수녀가 지하의 제단 앞에 엎드려 기도하고 있다.

프랑스

막달라 마리아 성당 Shrine to Mary Magdalene

오래전부터 유럽 전역의 순례자들이 즐겨 찾는 유명한 성지인 이 성당에
막달라 마리아의 유해가 안치돼 있다고 한다.

    기복이 완만한 부르고뉴 모르방(Burgundy's Morvan) 지역의 그림같이 아름다운 경치를 배경으로 베즐레 성당(Basilica of Vézelay)이 아담한 숲 속, 베즐레 마을의 자갈 깔린 거리 위에 세워져 있다. 서기 878년에 교황 요한 8세가 이 언덕에 대수도원 성당을 세웠다. 1146년에는 클레르보의 베르나르도(Bernard of Clairvaux)가 이곳의 설교단에 서서

2차 십자군 전쟁에 나서자고 기독교 신자들을 독려했다. 베즐레는 스페인의 산티아고 데 콤포스텔라(Santiago de Compostela)로 향하는 순례길의 4대 출발점 중의 하나로 요즘의 순례자들도 스페인에 이르는 머나먼 여정을 이 성당에서 시작한다. 로마네스크양식으로 지은 이 성당은 1215년에 완공됐다. 파리한 돌 아치 위에 높이 난 창문을 통해 성당 안으로 빛이 쏟아져 들어온다. 수 세기 동안 오르내린 발길에 닳아 반들거리는 돌계단은 카롤링거 왕조 때의 지하실로 이어져 있다. 이 안에 막달라 마리아의 손가락 한 개가 들어 있다고 전해지는 황금 성유골함이 있다. 이 성당의 진수인 이 성유골함을 보기 위해 해마다 80여만 명의 관광객이 이곳을 찾아온다. 성당에는 또 다른 유품도 안치돼 있었는데 16세기에 발생한 종교 전쟁 때 화재로 소실됐다고 한다. 대수도원의 예배당에서 예루살렘 수도 공동체가 집전하는 미사가 일년 내내 열린다. 성당 뒤편에 있는 옛 수도원 터와 잘 가꾸어진 테라스식 정원을 거닐어 보자. 그 너머로 모르방 언덕이 파노라마처럼 펼쳐져 있다.

- 밝게 빛나는 신랑으로 이동하기 전에 본당 입구의 어둠침침한 홀에서 중앙 현관 위의 반원형 조각 장식을 잘 살펴보자. 그 안에 '사도의 사명(The Mission of the Apostles)'이 묘사돼 있다.

- 신랑의 기둥 위에 놓인 기둥머리의 조각은 돌에 새긴 성경이라 할 수 있다. 극단적인 이야기부터 유쾌한 이야기까지 세속적인 우화와 함께 성서 속 이야기와 성자의 일생을 묘사해 놓았다.

- 이곳 외에 상스(Sens), 오세르(Auxerre), 오툉(Autun) 등지에도 유명한 성당이 더 있다. 퐁트네(Fontenay)에 있는 시토회 수도원도 방문해볼 만하다.

When to go 부활절과 8월에는 매우 혼잡하다. 4월과 10월, 또는 성탄절 이후에 방문하면 기분 좋을 정도로 평화롭다. 매년 7월 22일에 성 막달라 마리아 축제가 열린다.

Planning 베즐레 시내나 인근에서 적절한 숙박업체를 찾는데 도움이 필요할 경우 베즐레 관광안내소에 문의한다. 시내에는 기차역이 없으므로 가장 가까운 기차역인 세미세유(Semi-celles) 역에서 택시를 탄다. 8월에는 음악 축제가 열리며 6월 중순부터 9월 중순까지 일요일 오후 4시에는 오르간 독주회도 열린다.

Websites www.vezelaytourisme.com, www.burgundy today.com

독일

동방박사 세 사람의 성골함 *Dreikönigsschrein*

북유럽 최대 규모의 고딕 성당에 서구 세계에서 가장 크고 유명한 성골함(聖骨函)이 있다.

성유물함의 정면에는 예수의 세례가 묘사돼 있다. 동방 박사들의 축일인 1월 6일에 이를 기념한다.

쾰른 대성당(Kölner Dom)의 거대한 스테인드글라스 창을 통해 들어온 부드러운 햇살이 동방박사 세 사람의 성골함을 천상의 빛으로 물들이고 있다. 그 안에는 예수의 탄생에 맞추어 베들레헴으로 떠났던 세 명의 동방박사인 멜키오르(Melchior), 발타자르(Balthazar), 카스파르(Caspar)의 유골이 안치돼 있다고 알려져 있다. 보석과 금도금으로 아낌없이 치장한 석관은 성스러운 유해를 모시기 위해 지은 이 고딕 성당만큼이나 화려하다.

현재 순교한 성자 세 명의 유골이 함께 보관된 성골함은 성당 동쪽 끝, 13세기에 지어진 성단소(chancel) 위 제단 뒤에 있다. 플랑드르(Flandre) 지방의 금세공 장인인 베르됭의 니콜라(Nicholas of Verdun)가 1190년경에 설계한 바실리카양식의 이 걸작은 높이 152센티미터, 폭 109센티미터, 길이 221센티미터로 완성되는데 무려 4개월도 넘게 걸렸다. 성골함 전면에 부착된 세 개의 커다란 보석은 황금관을 쓴 동방박사들의 두개골이 놓인 위치를 나타낸다. 각 측면마다 그리스도의 일생, 열두 사도, 구약성서의 선지자들의 모습을 얕은 양각 부조로 조각해 놓았다. 또한 중세의 장인들은 성골함 표면을 1,000점이 넘는 보석과 준보석, 칠보와 에나멜 세공, 카메오로 장식했다. 이 중에는 1164년에 박사들의 유해를 쾰른으로 모셔온 라이날트 폰 다셀(Rainald von Dassel) 대주교의 카메오도 있다.

- 성유물함의 정교한 보석 및 금속 세공에서 장인의 섬세한 솜씨를 느껴보자.
- 성당의 보물전시관에서 전례복, 성찬 미사용 잔, 십자가 및 기타 종교 유물과 함께 동방박사들의 유해를 처음 보관했던 목재 성유물함을 볼 수 있다.
- 15세기 독일의 화가인 슈테판 로흐너(Stefan Lochner)가 그린 제단화인 동방박사의 경배(The Adoration of the Magi)를 감상해 보자.
- 착공한 지 632년만인 1880년에 비로소 완공된, 쌍둥이 탑이 달린 성당을 둘러본다. 거대한 크기와 섬세한 세부 건축 장식은 물론이고, 게로 십자가(Gero Cross), 밀라노의 성모(Madonna of Milan)를 비롯한 다른 보물들이 경탄을 자아낸다.
- 미사에 참석하거나 그냥 신자석에 조용히 앉아 성당의 위용과 아름다운 스테인드글라스 창을 감상해 보자.

When to go 성당은 매일 열지만 미사 중에는 출입이 제한된다. 성유물함이 있는 성단소는 고해성사 시간엔 개방하지 않는다.

Planning 가장 가까운 주요 공항은 프랑크푸르트(Frankfurt)에 있고, 공항과 쾰른 사이에 초고속 열차가 운행된다.

Websites www.koelner-dom.de, www.koeln.de

신자들은 검은 성모의 오른손에 들려 있는 구체를 만지면 성모 마리아의 은총을 받게 된다고 믿고 있다.

스페인

라 모레네타 *La Moreneta*

카탈로니아에는 사람들로부터 추앙받는 검은 얼굴의 성모자상이 있다.

바르셀로나 북서부의 바위산 위에 몬세라트 마을이 자리하고 있다. 전설에 따르면 서기 880년에 목자들이 이 지역에서 밝은 빛을 보고 소리를 들은 다음 이 동굴 속에서 성모 마리아상을 발견했다고 한다. 이곳은 곧바로 기독교인들의 성지 순례지가 되었고 찾아오는 신자들을 위해 성당과 예배당, 베네딕토회 수도원 및 대성당까지 지어졌다. 성당 건물군의 대부분은 1811년에 프랑스의 침입으로 파괴되었고 현재 남아 있는 성당은 1850년대에 세운 것이다. 성모상은 현재 유리관 안에 보관돼 있으며 성모가 들고 있는 황금 구체(球體)만 신자들이 만질 수 있도록 노출되어 있다. 신혼 부부들은 마리아의 축복을 받기 위해 이곳을 찾은 다음 옆에 있는 예배당으로 가서 다른 신자들과 함께 기도를 드리고 묵상한다. 나오는 길에 사람들이 켜놓은 봉헌 촛불이 깜박이며 온갖 질병의 치유를 구하는 이들이 남기고 간 수많은 개인 소지품을 비추고 있다.

- 성모 마리아상이 처음 발견된 성스러운 동굴인 산타 코바(Santa Cova)는 수도원에서 걸어서 40분 거리에 있다. 동굴까지 이어지는 산길에는 성상(聖像)이 줄지어 늘어서 있다. 지금은 동굴 옆에 예배당이 있다.

- 수도원 주변에는 산악로가 많아서 15분 코스부터 3시간여 코스까지 다양한 하이킹을 즐길 수 있다. 쌍안경을 가지고 가서 경치를 감상하고 살쾡이, 새매, 송골매 등 산에 사는 야생 동물도 관찰해 보자.

- 산트호안(Sant Joan)행 푸니쿨라(산악열차)를 타고 수도원보다 높은 곳에 위치한 산트호안 예배당에 올라가 보자. 여기에서 주변의 뛰어난 경치를 감상할 수 있다. 도보로 돌아올 경우 45분 정도 걸린다.

- 유럽에서 가장 오래된 합창 학교가 이곳에 있다. 50명의 소년들로 이루어진 에스칼로니아 소년 합창단(Escalonia boys choir)이 토요일을 제외하고 매일 대성당에서 찬양한다.

When to go 검은 성모의 축일인 4월 27일은 가장 붐비는 날이다. 성당은 1년 내내 개방되며 겨울이 가장 한적하다.

Planning 몬세라트는 바르셀로나에서 북서쪽으로 56킬로미터 떨어져 있다. 바르셀로나에서 당일 코스로 방문할 수 있지만 성당과 주변 자연환경을 찬찬히 둘러보려면 하룻밤 묵는 것이 좋다. 바르셀로나플라사 에스파냐(Barcelona-Plaça Espanya) 역에 가면 몬세라트까지 가는 기차가 1시간 간격으로 운행된다. 산 밑에 도착하면 600미터 위에 위치한 수도원까지 도보 또는 산악 열차나 케이블카를 타고 오를 수 있다. 마을은 해발 1,220미터 위에 있으므로 어느 계절에 가든 따뜻한 옷을 준비하는 것이 좋다.

Websites www.montserratvisita.com, www.barcelona-tourist-guide.com, www.abadiamontserrat.net

산타 테레사 수도원에 있는 기도하는 성녀 테레사의 모습을 묘사한 스테인드글라스.

스페인

산타 테레사 수도원 Convent of St. Teresa

열성적인 개혁 의지와 기적의 신비 체험으로 유명한
스페인의 수호 성녀가 자신의 탄생지에서 존경받고 있다.

82개의 반원형 탑과 9개의 성문이 있는 성벽이 고색창연한 도시 아빌라(Ávila)를 에워싸고 있다. 성벽은 11세기에 지어졌을 때와 비교해 변한 것이 거의 없어 보인다. 성벽 꼭대기를 따라 걷다 보면 무어인들이 공격에 대비해 세운 요새 도시인 아빌라를 제대로 감상할 수 있다. 이곳에 세워진 비교적 최신 건물 중에 산타 테레사 수도원이 있다. 아빌라의 성녀 테레사로 알려졌고, 아빌라에서는 그냥 '라 산타 (La Santa)'라고 하는 테레사 데 세페다 이 아우마다(Teresa de Cepeda y Ahumada)가 태어난 곳에 1636년에 세운 것이다. 부유한 집안 출신인 테레사는 경건한 삶을 살았고 종교적 희열을 경험했다. 또한 영향력 있는 저서도 몇 권 저술했으며 카르멜 수녀회를 개혁하는데 주도적인 역할을 담당했다. 성당의 본당 중앙에는 성녀 테레사와 그녀의 친구였던 십자가의 성 요한(St. John of the Cross)의 상으로 장식되어 있다. 수도원의 바로크식 성당 안에 있는 예배당 자리는 성녀 테레사의 생가가 있던 곳이다. 살라 데 렐리키아스(Sala de Reliquias, 유물의 방)에는 성녀 테레사의 약지 손가락이 전시되어 있다. 그녀의 사후에 많은 수의 추종자들이 그녀의 잘린 손가락에 기적을 행하는 능력이 있다고 믿었다. 해마다 아빌라에서는 성녀 테레사의 축일인 10월 15일을 기념하기 위해 시의 주관 하에 일주일간 종교, 문화 행사를 벌인다. 15일 당일에는 수도원에서 미사를 거행하고 시청 발코니에서 선언문을 낭독한다.

■ 성녀 테레사가 27년간 살았던 엔카르나시온 수도원(Monasterio de la Encarnacion)을 방문해 그녀가 쓰던 독방과 그녀의 생애를 기록한 저서를 전시해 놓은 박물관을 구경해 보자.

■ 스페인 국토수복 운동 직후인 12세기에 로마네스크양식과 고딕양식을 혼합해 지어진 아빌라 성당(Ávila Cathedral)에 들러볼 만하다.

■ 스페인 종교재판의 악명 높은 재판장이었던 토마스 데 토르케마다(Tomás de Torquemada)의 묘지도 방문해 보자.

■ 인근 도시인 알바데토르메스(Alba de Tormes)의 카르멜 수도원에 성녀 테레사의 무덤이 있다. 아직까지 부패하지 않았다고 하는 그녀의 심장도 이곳에 있다.

When to go 몹시 추운 겨울만 아니면 언제든 좋다. 10월 15일은 성 테레사의 축일로 종교적인 축하 행사와 더불어 콘서트와 투우, 플라멩코 주간도 함께 열린다. 세마나산타(부활절 주간)나 이 도시의 수호 성인인 산 세군도(San Segundo)를 기리는 5월 2일에도 종교 축제가 벌어진다.

Planning 수도인 마드리드(Madrid)에서 북서쪽으로 113킬로미터 떨어져 있는 아빌라는 수도에서 당일 코스로 쉽게 여행할 수 있다. 마드리드의 차마르틴(Chamartin) 역에서 기차가 출발하며, 에스타시온 수르 데 아우토부세스(Estación Sur de Autobuses, 남부 버스 터미널)에서 버스를 탈 수 있다.

Websites www.spain.info, www.avilaturismo.com

7

순례길
The Pilgrim's Way

성지를 방문하는 것은 어느 경우나 순례라고 할 수 있다. 그러나 상당수의 종교 전통에서는 여행 자체를 신앙 행위로 여기고 있다. 이슬람교에는 신앙의 의무로 정해 놓은 한 번의 특별한 순례여행이 있다. 바로 매년 개최되는 하지(hajj)로, 사우디아라비아의 메카로 향하는 힘겹지만 영적으로 충만해지는 성지순례여행이다. 여행에 나설 여력이 있는 독실한 이슬람교도들은 누구나 일생에 적어도 한 번은 세계 각지에서 온 수백만 명의 동료 신도들과 더불어 하지에 참여하고 싶어한다. 기독교인들은 신앙의 재무장이나 질병 치유, 회개 행위의 일환으로 순례여행을 떠난다. 참회를 원하는 신도들은 아일랜드의 험준한 크로패트릭(Croagh Patrick) 산을 오른다. 심지어 맨발이나 무릎걸음으로 걷기까지 한다. 기적의 치유를 바라며 프랑스 루르드 지방에 있는 성녀 베르나데트의 제단으로 향하는 이들도 있다. 세계 각지의 유대인들은 솔로몬 왕의 성전 중 유일하게 남아 있는 유적인 예루살렘의 서쪽벽을 찾아와 기도를 드린다. 인도네시아 자바 섬에 있는 8세기에 지어진 보로부두르 사원은 매년 석가탄신일마다 엄청난 수의 순례자들을 맞이하기에 바쁘다.

하지 때면 세계 각지에서 온 수천 명의 이슬람 순례자들이 저녁기도를 드리기 위해 메카의 대 모스크로 향한다. 이들은 이슬람교 최고의 성소인 카바(Kaaba)에 조금이라도 가까이 가기 위해 사원 곳곳으로 파고든다.

캐나다에서 가장 많은 사람들이 방문하는 성당 앞에 순례자들이 모여 있다.

캐나다

생트안느드보프레 대성당 *Ste.-Anne-de-Beaupré*

성 안느에게 봉헌된 이 아름다운 성당은 북아메리카 지역에서 가장 오래된 순례지 중 하나이다.

1658년, 캐나다 해역에 폭풍우가 휘몰아쳤다. 프랑스인 선원들은 수호 성녀인 성 안느에게 구해 달라고 간절히 기도했다. 배는 난파됐지만 선원들은 살았다. 그들은 감사의 표시로 퀘벡(Quebec) 시 동쪽, 그들이 상륙했던 장소 근처의 세인트로렌스 강 기슭에 예배당을 지어 성녀에게 봉헌했다. 그 자리에 지금은 1926년에 5번째로 재건된 생트안느드보프레 대성당이 하늘을 찌를 듯 우뚝 솟아 있다. 성 안느는 가톨릭교에서 성모 마리아의 어머니로 알려진 여인이다. 성당 꼭대기에는 딸을 안고 있는 성 안느를 묘사한 3.7미터 높이의 금도금한 떡갈나무 조각상이 있다. 매년 150만 명이 넘는 북미 지역의 관광객과 신자들이 이 조각상을 보기 위해 먼 길을 마다 않고 찾아온다. 순례자들은 기도를 드리거나 기적을 갈구하기도 하고 꽃이나 성인상이 새겨진 메달, 탄원글을 남기기도 한다. 퀘벡 주의 수호 성녀인 성 안느는 가톨릭 신자들에게 치유 능력이 있는 존재로 추앙받고 있다. 신자들은 지체부자유자나 마비 환자, 앞을 못 보는 사람들이 이 제단에서 치유되어 온전한 몸으로 나갔다는 일화들을 이야기해 준다. 성당 안에는 성녀가 고쳐 주었다고 하는 이들이 두고 간 지팡이와 목발이 수북이 쌓여 있다.

When to go 성당은 1년 내내 개방되며 매일 여러 나라의 언어로 미사가 거행된다. 순례 철은 6월부터 9월 초까지이다. 매년 7월 26일에 최대 규모의 행사인 생트 안느 축제(Feast of St. Anne)가 열린다. 박물관은 6월부터 10월까지 운영하며 개관시간은 오전 9시~오후 5시까지이다.

Planning 성당과 박물관, 기타 여러 전시물을 제대로 관람하려면 하루 종일 걸린다.

Websites www.ssadb.qc.ca

■ 성당에는 1676년부터 1876년까지 순례자들을 맞았던 초기 교회를 기리며 세운 기념 교회를 비롯해 매력적인 장소가 여럿 있다.

■ 여름에 방문하면 십자가의 길을 걸으며 기도할 수 있다. 이 길은 성당 옆 산길에 아름다운 조각상을 배치해 조성해 놓았다. 가까이에는 로마에 있는 스칼라 산타를 복제한 계단이 나온다. 세마나 산타는 예수 그리스도가 체포돼 빌라도에게 끌려갔을 때 오른 빌라도의 궁전 계단으로, 훗날 헬레나 성녀가 예루살렘에서 로마로 떼어갔다고 한다.

■ 생트 안느 박물관에는 세 번째로 지은 교회의 제단을 비롯해 성인에게 바친 아름다운 종교 예술품이 많이 있다.

■ 성당 1층에는 별이 빛나는 돔 밑에 서 있는 성모 마리아상과 바티칸시국의 산 피에트로 대성당에 있는 미켈란젤로의 '피에타'를 본딴 모사품이 있는 무염시태 예배당(Immaculate Conception Chapel)이 있다.

멕시코

그리스도상을 향해 가는 순례행렬
Cabalgata de Cristo Rey

대륙 전역에서 온 사람들이 말을 타고 멕시코 중부의 순례길에 나선다.

    매년 1월이면 말을 탄 사람들의 행렬이 황토색 길을 박차며 멕시코 중부의 쿠빌레테 산(Cubilete Mountain)을 오른다. 과나후아토(Guanajuato)에서 17킬로미터 떨어져 있는 꼭대기의 크리스토 레이 델 쿠빌레테(Cristo Rey del Cubilete, 쿠빌레테의 그리스도 왕)상으로 향하는 것이다. 사람들은 밝은색 셔츠 차림에 챙이 넓은 모자를 푹 눌러쓰고 한겨

예수공현대축일을 기념하기 위해 말을 타고 온 순례행렬이 산꼭대기에 있는 그리스도상을 향해 가고 있다.

울 햇살에 반짝이는 박차가 달린 악어가죽 장화를 신고 있다. 이들이 경배하러 가는 대상은 산꼭대기에 있는 60미터 높이의 두 팔 벌린 그리스도상이다. 20세기 초에 반교권주의를 표방하는 정부가 기존의 상을 파괴해 버렸다. 그러자 과나후아토의 독실한 시골 주민들이 헌금을 모아 다시 상을 세웠다. 석상 밑에는 매일 미사를 드리는 작은 성당이 있다. 이렇게 신심 깊은 지방에서 1952년에 카발가타 행렬(말을 타고 가는 행렬)이 시작됐다. 처음에는 겨우 25명만 참여했지만 해를 거듭하며 인원이 늘어 지금은 수천 명에 이른다. 이들은 단체나 가족 단위로 와서 아기 예수의 탄생을 축하하기 위해 먼 길을 떠났던 동방박사 세 사람의 여정을 재현한다. 말을 타고 어도비 벽돌(진흙을 이겨 햇볕에 말려 만든 벽돌)집이 모여 있는 마을과 용설란이 듬성듬성 자라고 있는 드넓은 평야를 가로질러 사나흘 걸려 산에 오르는 것이다. 대부분은 정상까지 말을 타고 가지만 마지막에 무릎걸음으로 그리스도상까지 가는 순례자들도 있다.

When to go 순례여행은 1월 초에 시작해 예수공현대축일인 1월 6일에 절정에 달한다.

Planning 날씨 변화가 혹독하므로 단단히 각오해야 한다. 낮에는 직사광선이 강렬하지만 밤이 되면 온도가 급강하한다. 오후에는 강풍이 불 때가 많다. 날씨 변화에 대처하기 좋도록 옷을 여러 겹으로 겹쳐 입고 자외선 차단제를 챙겨간다. 과나후아토는 수도인 멕시코시티(Mexico City)에서 북서쪽으로 370킬로미터 떨어져 있다. 수도에서 그곳까지 가는 버스 편이 많으며 5시간 정도 걸린다. 과달라하라(Guadalajara)와도 비슷한 거리만큼 떨어져 있다.

Websites www.aboutguanajuato.com, www.whatguanajuato.com, www.guanajuatocapital.com

■ 예수공현대축일 전날 밤에 참가자들은 야외에서 모닥불을 지피고 고기를 구워 먹으며 테킬라를 나눠 마신다. 유쾌하고 감동적인 축제 분위기이다.

■ 지리적으로 멕시코의 중심에 해당하는 예수의 상은 나라 전체를 품에 안으려는 듯 활짝 벌리고 선 팔로 유명하다.

■ 과나후아토에는 스페인 식민지 시대 때 지어진 환상적인 건축물이 많다. 16세기 중반에 스페인 정복자들이 인근 시에라마드레 산맥에서 발견한 은광 덕분에 도시 전체가 부를 누렸다. 구불구불 이어지는 거리, 화려한 대저택과 바로크 풍의 교회를 보면 부유했던 과거의 흔적이 남아 있다.

순례자들이 바친 봉헌물들이 살라 두스 밀라그레스(기적의 방)에 장식돼 있다.

브라질

봉제주스다라파 Bom Jesus da Lapa

브라질 바이아 주에 위치한 지하 동굴 성지는 현지 주민들의
열렬한 사랑을 받는 신앙의 중심지이다.

덥고 습한 공기와 완전한 침묵 속에 묻힌 채 자연 그대로의 구조로 이루어진 이 천연의 성당은 여느 인공 구조물에서는 볼 수 없는 독특한 분위기를 간직하고 있다. 석회암 동굴 내부로 들어가면 기이한 바위와 아주 오래전부터 자라온 종유석과 석순이 수백 점의 성상과 성화를 받치고 있다. 이 별난 가톨릭 예배당은 브라질 동부의 '봉제주스다라파(Bom Jesus da Lapa)'라는 작은 마을에 있는 90미터 높이의 인상적인 절벽 기

늪에 자리잡고 있다. 전설에 따르면 포르투갈의 젊은 난봉꾼이던 프란시스쿠 지 멘동사 마르(Francisco de Mendonça Mar)가 걸어서 사우바도르(Salvador)를 떠나 몇 달간을 정처 없이 헤매다가 바이아의 내륙 지방에서 이 동굴을 발견하고 신앙심도 찾았다고 한다. 그는 이곳에서 기도하고 참회하며 은둔 수도사로 살기 시작했다. 그의 신심이 널리 소문 나기 시작했으며 오래지 않아 브라질의 시골 사람들과 은광을 찾아 이 지역으로 몰려왔던 광부들이 그를 기적을 행하는 사람으로 여기며 찾아들었다. 그러나 1722년에 프란시스쿠가 죽고 나자 이 동굴이 열렬한 헌신의 대상이 되었다. 해마다 바이아 주 전역의 시골 마을에서 걷거나 혹은 트럭을 타고 80만 명 이상의 순례자들이 이곳을 찾아와 중재를 구하거나 기도 또는 감사를 드린다.

When to go 순례행렬은 5월~10월 사이에 꾸준히 이어지지만 8월 1일~8일 사이에 거행되는 축제가 가장 매력적으로, 노베나(novena, 특별한 간청이 있을 때 하는 9일 기도)와 기도 행진을 비롯한 각종 행사가 열린다. 8월 5일은 순례자의 날로 동굴에서 대규모 미사가 열린다.

Planning 8월 첫째 주가 되면 호텔 숙박비가 세 배로 뛰므로 여행 전에 미리 객실 요금을 확인하자. 원하는 숙박장소를 확보하려면 한참 전에 예약하는 것이 좋다. 사우바도르에서 이곳까지 800킬로미터 거리를 운행하는 버스가 있으며 도착하는데 9시간 정도 걸린다. 시내 외곽에 소규모 공항도 있다. 이 마을의 정취를 감상하고 다양한 종교의식과 예배를 참관하려면 이틀은 걸린다. 바이아 내륙 지방을 둘러보는 여행을 패키지로 묶어도 좋다. 바이아 지방은 풍경이 매우 인상적이며 아름다운 마을과 쾌적한 산책길도 꽤 있다.

Websites www.braziltour.com

■ 석회암 동굴이 미로처럼 얽혀 있는 성당을 답사해 보자. 미사는 노사 세뇨라 다 솔레다드(Nossa Senhora da Soledade)와 규모가 조금 작은 세뇨르 봉 제주스(Senhor Bom Jesus)라는 두 개의 주요 동굴에서 드린다. 구불구불한 통로가 두 동굴을 이어주고 있다.

■ 살라 두스 밀라그레스(Sala dos Milagres, 기적의 동굴)의 벽에 나무나 밀랍으로 만든 수백 점의 신체 모형이 걸려 있다. 사람들이 특별한 치유나 기적을 간청하기 위해, 또는 기도가 이루어져 감사의 표시로 두고 간 것들이다. 동굴에 달려 있는 소형 모형들은 제단 밖에서 약 4달러 정도에 살 수 있다.

■ 주변 경치가 기가 막힐 정도로 아름답다. 동굴 너머의 언덕에서 하이킹에 나서거나 상프란시스쿠 강(São Francisco River)에서 보트 여행을 즐길 수도 있다.

어떤 순례자들은 까다로운 방식을 택해 예배당으로 향한다.
오른쪽 순례자는 가슴에 교회 모형을 얹고 균형을 잡으며 이동하고 있다.

칠레

비르헨 데 로 바스케스 *Virgen de Lo Vásquez*

해마다 기상천외한 방법으로 신앙심을 드러내는 기독교 순례자들이
수천 명씩 이곳으로 몰려들어 장관을 펼친다.

칠레의 '원죄 없이 잉태되신 성모 마리아 축제'는 '극단적인 성지순례'라고 할 수 있는 연례행사이다. 매년 12월이면 산티아고(Santiago)에서 북서쪽으로 93킬로미터 떨어져 있는 항구 도시인 발파라이소(Valparaiso)로 수십만 명의 신자들이 찾아온다. 여기서 그들은 68번 도로를 따라 남서쪽에 있는 비르헨 데 로 바스케스(Virgen de Lo

Vásquez) 예배당을 향해 32킬로미터 길을 이동한다.

예배당에는 흰색 옷을 입고 푸른색 케이프를 두른 성모 마리아상이 모셔져 있다. 길 자체가 험난한 것은 아니다. 순례자들이 택한 이동 방식이 고된 것이다. 예배당에 도착하기까지 마지막 몇 킬로미터를 맨발로 걷거나 촛불 더미를 들고 밑동이 다 타도록 기어가는 사람이 있는가 하면 십자가를 지고 가거나 막판에 커다란 교회의 모형을 가슴에 묶고 등으로 기어서 가는 사람도 있다. 축제에 참여한 관광객들은 거리에 줄지어 서서 이 순례자들의 고행을 보며 놀라움을 금치 못한다. 탄원의 고행을 마치고 나면 상처를 입고 피 흘리는 참여자들은 시장에서 쉬면서 원기를 회복할 수 있다. 예배당 옆의 거리에는 먹을 것과 마실 것, 온갖 종류의 성물을 판매하는 대규모 임시 시장이 열린다.

지진이 발생한 이후 1913년에 재건된 지금의 탑 하나짜리 예배당은 이 자리에 세 번째로 들어선 것이다. 우아하지만 규모가 너무 작아서 많은 수의 방문객을 수용할 수 없다. 따라서 순례자들은 교대로 기도만 드리고 바로 나와야 한다.

■ 발파라이소의 거리와 건물 자체도 관광 명소이다. 도시가 항구에서 급격하게 융기해 있기 때문에 보행자들은 가파른 언덕을 오르내리기 위해 야외 엘리베이터를 이용하기도 한다.

■ 시간을 내서 라 세바스티아나(La Sebastiana)를 방문해 보자. 이곳은 노벨 문학상을 수상한 칠레의 시인, 파블로 네루다의 집이다. 관광객을 위한 갤러리가 있는 칠레 의회 건물도 찾아가 보자.

■ 분위기도 전환할 겸, 발파라이소의 쌍둥이 도시인 비냐델마르(Viña del Mar)도 방문해 보자. 버스로 20분 거리에 있는 이 도시는 자유분방한 '발파라이소'와는 대조적인 곳으로 고급 쇼핑 센터와 해안 리조트가 있다.

When to go '원죄 없이 잉태되신 성모 마리아 축일'은 12월 8일이다.

Planning 이 축제날은 칠레의 공휴일이기 때문에 시장을 제외한 일반 상업시설은 거의 모두 문을 닫는다. 그리고 발파라이소와 산티아고를 잇는 68번 도로는 차량 진입이 통제된다. 휴일 인파로 혼잡할 것에 대비해 한참 전에 숙박시설을 예약해 두는 것이 좋다.

Websites www.enjoy-chile.org, www.chile.travel

순례자들 중에서 선택된 사람들이 의상과 마스크로 신분을 감추고 한밤중에 아우상가테 산으로 올라가 위험천만한 빙하에서 얼음 덩어리를 떼어온다.

페루

눈의 별 순례여행 *Pilgrimage for the Snow Star*

눈 속에 갇힌 안데스 고지에서 벌어지는 극적이고 시끌벅적한 순례여행은
콜럼버스의 대륙 발견 이전의 페루 문화와 가톨릭교가 융합해 생겨난 것이다.

해마다 수확기가 지나고 나면 안데스 고원 각지에 흩어져 있는 농경 마을을 대표하는 수천 명의 순례자들이 시나카라 계곡(Sinakara Valley)으로 몰려든다. 이 계곡은 케추아족(Quechua), 아이마라족(Aymara), 잉카족(Inca)의 본산인 쿠스코(Cusco) 근처에 위치한 아우상가테 산(Mount Ausangate)의 해발 4,700미터 높이에 있다. 그들은 토지를 비옥하게 해주는 고대의 산신인 코일루르리티(Qoyllur Rit'i, 눈의 별) 신을 기리는 사흘간의 축제에 참여하기 위해 온 것이다. 축제는 1783년에 마을 소년 앞에 예수가 나타났다는 기적의 장소에서 벌어진다. 이 자리에는 카피야 델 세뇨르(Capilla del Señor)라는 가

순례자 하나가 성수로 쓸 얼음 덩어리를 등에 지고 귀가하고 있다.

톨릭 성당이 세워져 있다. 순례자들은 자기들 마을 고유의 색상으로 지은 옷을 입고 댄서와 악사들의 호위를 받으며 가장자리가 빙하로 둘러싸인 계곡으로 향한다. 그리고 텐트를 치고 축제 의식을 거행한다. 본격적인 의식으로 성당 안에 모셔진 예수에게 바치는 경배 의례와 함께 안데스의 전통 플루트로 연주하는 요란한 음악에 맞추어 현지 전통 의상 차림으로 춤을 추는 행렬이 이어진다. 성당에 들어가려고 기다리는 사람들도 있고 과감히 빙하로 향해서는 십자가를 세우거나 오랜 전통의 안데스 의식을 행하는 이들도 있다. 둘째 날에는 순례자들 중에서 곰 사나이라는 의미의 '우쿠쿠(ukuku)'들을 선별한다. 이들은 산 정상으로 올라가 산신께 경배를 드리고 아마존 강을 비롯해 안데스 산맥에서 발원하는 다른 강의 원류에 물을 공급하는 빙하에서 얼음 덩이를 떼어낸다. 성당으로 돌아와 미사를 드리고 나면 모두들 농사를 짓기 전에 땅에 성수로 뿌릴 요량으로 빙하 얼음을 챙겨서 집으로 돌아간다.

- 특별 의상 차림으로 춤을 추는 '파블루차(pablucha)', 그 밖에 산의 정령을 수호하는 존재의 대표자들이 긴 행렬을 이루며 가톨릭 성당 주변을 행진한다.

- 마지막 날 아침이 되면 얼음 덩어리를 가지고 산을 내려오는 다채로운 행렬을 환호로 맞이한다.

- 쿠스코에 있는 동안 산타 카탈리나 수도원 미술관에 들러 토착 문화와 스페인 문화가 어떻게 융합해 현지 예술로 승화되었는지 살펴보자.

When to go 축제 날짜는 매년 달라지는데 보통 5월 말~6월 초 사이에 거행된다.

Planning 순례여행의 출발 지점은 마우아야니(Mahuayani) 마을로 쿠스코에서 자동차로 약 4시간 거리에 있다. 쿠스코에서 축제 현장까지 가려면 하루 종일 잡아야 한다. 쿠스코에서 가이드와 음식 조리, 짐을 싣고 갈 동물, 보급품, 장비 등을 제공해 주는 기획 트레킹을 신청할 수 있다. 낮 동안은 기온이 영하를 겨우 웃도는 수준이고 밤이 되면 영하 5도까지 떨어지니 따뜻한 옷을 넉넉히 준비한다.

Websites www.cuscoperu.com, www.thinairoutfitters.com

초목이 무성한 산길을 오르는 계단 옆으로 불상과 제단이 나란히 세워져 있다.

네팔

스와얌부나트 불탑 사원 *Swayambhunath Stupa*

카트만두에 있는 매력적인 황금 사원인 스와얌부나트는
불교도와 힌두교도, 여행객들이 즐겨 찾는 곳이다.

　카트만두 서쪽의 외딴 언덕에 스와얌부나트 황금 사원이 자리잡고 있다. 적어도 2,000년 동안 순례와 기도의 장소가 되어 왔던 이곳은 현재 네팔 토템의 상징이 되었다. 많은 수의 신자와 관광객들이 동쪽에 있는 365개의 계단을 올라 사원으로 향한다. 계단이 나있는 나무숲에는 참선하는 승려, 기념품 판매상과 더불어 온갖 종류의 원숭이들이 살고 있다. 이곳에 원숭이 사원이라는 별칭이 붙게 된 까닭이다. 카트만

동쪽 계단 아래 부근에는 돌에 찍힌 발자국이 있다. 붓다 혹은 이곳을 순례지로 만든 문수보살(文殊菩薩)의 것이라고 한다.

두 계곡에서 최고의 전망을 자랑하는 곳에 자리한 지금의 사원은 네팔에서 가장 오래된 불교 사원이다. 로마 제국이 멸망해 갈 무렵이던 5세기에 브르사데바(Vrsadeva) 왕이 이곳을 조성했다. 예전에 이 사원 자리가 계곡의 대부분을 메우고 있던 호수 속의 섬이었을 당시에도 어쩌면 이곳에 사원이 있었을지 모른다. 전설에 따르면 호수에 연꽃 한 송이가 피어났는데 호수가 말라 버리면서 마법처럼 줄기는 언덕이 되고 연꽃은 지금의 유명한 불탑(스투파)이 되었다고 한다. 스스로 창조됐다는 의미의 스와얌부(Swayambhu)라는 이름은 바로 이 전설에서 유래한 것이다. 오늘날 사원 경내는 구리로 된 마니차를 돌리는 인근에서 농사를 짓는 농부, 멀리서 찾아온 순례자, 노란색 승복을 입은 승려들과 불탑 주변의 수많은 사찰 건물과 불상을 사진에 담느라 분주한 관광객으로 부산하기 그지없다. 스와얌부나트 사원은 불교도는 물론 힌두교도에게도 성지로 흰색의 힌두 사원이 불교 사원 사이에 군데군데 흩어져 있다.

■ 금도금된 중앙 불탑에는 상징이 매우 많이 담겨 있다. 흰색으로 회칠을 한 기단부의 돔은 세계를 나타내고, 눈은 내면을 꿰뚫어 성찰하는 지혜를 나타내며 '물음표' 모양의 코는 네팔의 숫자 1을 상징하는 것으로 우주의 합일을 의미한다. 그리고 13층의 황금 계단은 깨달음을 향해 가는 길을 상징한다.

■ 하라티 데비(Harati Devi) 사원은 힌두교의 천연두와 기타 전염병의 여신에게 바쳐진 곳이다. 탑파 형식으로 지어진 사원은 네팔인들이 불교와 힌두교의 요소를 융합해 창안한 독특한 우주관이 반영돼 있다.

■ 법당인 곰파(gompa)의 꼭대기에 올라가 한눈에 펼쳐지는 사원 전경을 감상해 보자.

■ 스와얌부나트에서 걸어서 10분 거리에 네팔 국립박물관이 있다. 정교한 목재 조각상, 회화, 금속 세공작품 등을 비롯해 국보급 작품이 많이 전시돼 있다.

When to go 관광하기 가장 좋은 때는 봄과 가을이다. 사원 경내에 관광객보다 신도들이 더 많은 이른 아침이 스와얌부나트를 둘러보기에 훨씬 좋다.

Planning 자동차나 택시로 사원까지 갈 경우 언덕 꼭대기에 있는 서쪽 출입구 쪽으로 가고 계단을 걸어 올라가려면 동쪽 출입구로 간다. 사원 경내를 돌아보는 데는 1시간이면 충분하지만 스와얌부나트 곳곳에 스며 있는 네팔의 종교와 문화를 제대로 느껴 보려면 반나절은 걸린다.

Websites www.welcomenepal.com, www.nepal.com, www.hotel-vajra.com

후타고지로 이어지는 돌계단을 오르려면 사원을 지키고 선 '두 명의 왕'이라는 의미의 니오(仁王)상을 지나게 된다.

일본

구니사키 반도 순례여행 *Kunisaki Peninsula Pilgrimage*

깎아지른 듯한 화산지형을 뚫고 일본 승려들이 수 세대에 걸쳐 지나다녔던
기도 길을 따라 트레킹에 나서 보자.

일본인들은 구니사키 반도(国東半島)를 '외딴섬'이라고 한다. 규슈(九州) 동쪽으로 세토 내해를 향해 불쑥 튀어나온 이 반도는 아주 오래전에 후타고 산(兩子山)의 화산 분출로 생겨났다. 반도가 바위투성이인데다 고립돼 있어서 20세기 후반에 와서야 비로소 이곳으로 들어가는 도로가 생겼다. 8세기에서 14세기까지는 쉽게 접근할 수 없었

던 까닭에 이곳은 금욕적인 불교도들의 관심을 끌었다. 그들은 수십 채의 사원을 지었고 사원 사이를 오가는 순례길을 만들었다. 지형은 전혀 고려하지 않은 채 산봉우리마다 올랐다가 다음 불공 장소로 내려가기를 반복하며 720미터 높이의 후타고 산 주변을 한 바퀴 도는 것이다.

원래의 순례길은 거의 다 사라지고 남은 것이라고는 오르내리기를 반복해야 하는 참회의 길뿐이다. 힘겹기는 해도 순례에 나설 만한 가치가 있다. 산꼭대기로 향하는 길은 폭이 좁고 군데군데 아찔한 낭떠러지 길이 뒤섞여 있지만 초목이 울창한 계곡이 내해로 뻗어나가는 모습은 그야말로 장관이다. 길 곳곳에 수백 년 묵은 포석이 깔린 옛날 대로가 나무뿌리를 피해 이리저리 휘어져 나왔다. 하지만 야생화와 양치류가 발목까지 올라올 정도로 자란 경사길을 지나거나 태풍에 쓰러진 대나무를 헤치고 이동해야 하기 때문에 가이드만 알아볼 수 있는 길이 태반이다.

- 후타고지(両子寺)에 있는 무섭게 생긴 후도묘오(不動明王)상 앞에서 안전하게 여행할 수 있게 해달라고 기도해 보자. 후도묘오는 이 지역에서 유명한 여래불(如來佛)로, 길을 가다 마주치는 몇 군데 사찰에서도 이상을 볼 수 있다.

- 깊게 패인 협곡을 가로지르는 가느다란 아치형 돌다리인 무묘바시(無明橋)를 꼭 지나가보자. 겁 많은 사람들은 이곳을 기어서 지나간다.

- 절벽 면에 자리잡은 몬주센지(文殊仙寺)에서 승려들과 하룻밤 묵어 보자.

- 일본 최대 규모로, 암벽에 새겨진 가장 오래된 불상인 쿠마노 마가이부쓰(熊野磨崖佛)도 방문한다.

When to go 3월과 4월, 10월과 11월의 날씨가 트레킹하기에 가장 좋다.

Planning 후타고 산은 오이타 현(大分県)에 있다. 한 바퀴 순회하려면 사나흘 걸린다. 길이 사라지는 경우가 종종 있어서 현지 가이드 없이는 트레킹이 거의 불가능하다. 트레킹하는 동안 여행사에서 짐을 택시로 운반해 주고 전통 숙박시설에 묵을 수 있도록 주선해 준다. 일부 숙박장소의 경우 외국인들에게 익숙지 않을 수 있다. 트레킹하려면 높은 곳을 두려워하지 않아야 한다.

Websites www.walkjapan.com, www.jnto.go.jp, web-japan.org/nipponia

카와거보 산 주위를 돌며 순례하기 위해 티베트 전역에서 순례자들이 찾아온다.

중국 | 티베트

카와거보 산(伽瓦格博山) *Mount Kawakarpo*

티베트 불교의 신산(神山)인 카와거보 산(일명 메이리쉐 산)은
고된 트레킹을 단번에 보상해 줄 정도로 뛰어난 경치를 자랑한다.

더친(德欽)은 중국 윈난성(雲南省)에서 티베트 자치구로 넘어가기 전 마지막 관문으로 국경 도시 특유의 지방색을 간직한 곳이다. 털북숭이 얼굴을 한 야크들이 어슬렁대는 거리가 티베트 농부들로 혼잡하다. 이들은 윈난성에서 가장 높은 해발 6,740미

터의 카와거보 산 주변을 '코라(kora)', 즉 순회하기 위해 이곳에 온 것이다. 세계 각지의 불교 신자들은 이 산에 붓다의 마음이 깃들어 있다고 여기고 추앙한다.

순례 경로는 어느 쪽 출발지를 선택하느냐에 따라 두 가지 경로가 있다. 안쪽 경로는 출발지점까지 왕복하는 차량이 있어서 하루 정도면 수월하게 마칠 수 있다. 이 길을 택하면 시당온천(西當溫泉), 신성한 폭포인 위벙션푸(雨崩神瀑), 인상적인 빙하인 밍융빙촨(明永冰川)을 지나게 된다. 300킬로미터 길이의 바깥 경로는 힘든 만큼 보람 있는 길로, 고산지 초원과 숲을 지나 가파르고 바위 부스러기로 덮인 4,000미터나 되는 산길을 걸어야 하는 고단한 순례길이다. 사당 주변에 드리워 놓은 수백 개의 기도 깃발이 없었다면 이 산길은 황량하기 그지없었을 것이다. 카와거보 산은 아직까지 그 누구도 등반에 성공한 적이 없는 처녀봉이다. 그러나 티베트의 순례자들은 산을 오르는 일에는 관심이 없다. 이 산 주위를 걷는 것만으로도 다음 생애에 더 나은 삶을 살 수 있으리라 믿기 때문이다.

■ 안쪽 경로의 출발 지점으로 가는 길이라면 옛 대상로를 찾아보자. 먼지 이는 이 길을 따라 노새 몰이꾼들이 라싸와 쿤밍, 다르질링 사이의 교역 물품인 차와 직물을 운반했다.

■ 대상들이 머물렀던 지역인 해발 3,300m 지점에 위치한 갸탕의 역사 유적지에 잠시 머무르자. 천혜의 아름다움을 지닌 이 마을에는 다양한 민족이 살고 있으며 이곳에서만 접할 수 있는 관습과 방언이 존재한다. 고도에 적응하는 동안 17세기에 지어진 송찬린스(松赞林寺)와 인근에 있는 걀와 링아 사원(Gyalwa Ringa Temple)도 가보자.

■ 현지의 야크버터 차를 마셔 보자. 묽은 치즈 수프라고 생각하면 마시기가 수월하다.

When to go 5월과 6월 또는 9월과 10월 사이에 방문한다. 가을에 날씨가 가장 맑고 건조해 하이킹하기 좋다.

Planning 안쪽 경로는 트레킹 방식에 따라 하루에서 닷새까지 걸릴 수 있다. 바깥 경로는 최소 12일 정도 걸린다. 트레킹 회사들은 쿤밍(昆明)을 출발해 트레킹 기점까지 가는 길에 리장(麗江) 마을을 둘러보고, 갸탕(中甸)도 들르는 패키지 상품을 마련해 놓고 있다.

Websites www.khampacaravan.com, www.snowlion.com

아야파 신의 추종자들이 종교 의례의 일환으로 춤을 추며 사바리말라로 향하고 있다.

인도

사바리말라 *Sabarimala*

매년 수백만 명의 순례자들이 케랄라(Kerala)의 밀림을 헤치고
아야파 신의 사원이 있는 외딴 산꼭대기까지 오른다.

케랄라 주 서고츠 산맥 안에 있는 사바리말라(Sabarimala)의 외딴 산꼭대기에는 아야파(Ayyappa) 신에게 봉헌된 사원이 있다. 시바(Siva) 신과 비슈누 신(Vishnu)이 여인의 몸으로 현현한 모히니(Mohini)가 연합해 탄생한 아야파 신은 힌두교도들에게 종교적 화합의 상징이다. 매년 1월이면 수백만 명의 순례자들이 맨발로 산을 오른다. 대부분이

남자이고 여자는 극소수의 나이 든 여인들뿐이다. 사원으로 오르는 18개의 성스러운 계단인 파티네탐파디(Patinettampadi) 근처에 다다르면 그들은 큰소리로 아야파의 이름을 외친다. 열의에 찬 그들의 소리가 산 전체에 울려퍼진다.

힌두교에서는 순례자들을 신의 대리인으로 여기는데 순례에 앞서 규율대로 41일 동안 몸을 청결히 하고 극기해야 대리인 지위에 오르게 된다. 사원에 도착하면 안쪽에 모셔진 아야파 신의 상을 친견하기 위해 기다린다. 차례가 오기까지 며칠씩 걸리기도 한다. 사바리말라의 가장 중요한 행사는 보통 1월 14일에 거행되는 마카라 지오티(Makara Jyothi)이다. 판달람(Pandalam) 왕의 후손이 가마를 타고 아야파 신에게 바칠 신성한 보석을 사원으로 가져와 승려에게 건네준다. 승려는 이 보석들을 신상에 걸고 마무리 의례로 신성한 의식을 마친다. 신도들은 신들도 동시에 사원 북동쪽에 있는 언덕에서 아야파 신을 기리는 의식을 행한다고 믿는다. 이때 언덕에서 지오티(Jyothi)라고 하는 밝은 빛이 나타나는데 이 빛을 보면 복을 받는다고 한다.

■ 순례자들은 아야파의 신상에 신성한 액체 버터를 붓는 네야비셰캄(Neyyabhishekam) 의식을 행한다. 이것은 지바트마(Jeevatma, 인간)와 파라마트마(Paramatma, 신)의 합일을 상징하는 것이다.

■ 1년을 임기로 선출된 최고 승려인 '멜 산티(mel santhi)'가 매일 저녁 사원 문을 닫기 전에 '하리바라사남(Harivarasanam)'을 부른다. 아야파 신을 위해 만든 자장가이다.

■ 이슬람 전사인 바부르스와미(Vavurswami)의 제단에 들른다. 그는 아야파에게 패해 굴복한 인물로 후에 아야파와 밀접한 관계를 맺게 된다.

■ 뱀의 신과 여신의 제단에서는 신도들이 뱀에게 물리지 않도록 보호해 달라고 악사와 댄서들이 뱀춤으로 신들을 기쁘게 한다.

When to go 11월 중순~1월 중순까지 개방한다. 나머지 기간 동안은 한 달에 며칠씩만 개방한다.

Planning 종교를 불문하고 누구나 사원에 들어갈 수 있다. 단, 10세에서 50세 사이의 여성은 입장할 수 없다. 사원 초입에서 4킬로미터 아래에 위치한 팜바(Pamba)는 찰라카얌(Chalakkayam) 시에서 13킬로미터 떨어져 있다. 사바리말라 행 자동차와 버스는 이곳까지만 올라갈 수 있다. 약 50킬로미터 정도 떨어져 있는 에루멜리(Erumeli)에서부터 산악로를 따라 도보로 팜바까지 오는 순례자들도 있다.

Websites www.sabarimala.org, www.ayyappa.com

붓다의 치아를 상징하는 함을 운반하는 수컷 코끼리가 캔디의 페라헤라 축제 행렬의 선두를 이끌고 있다.

스리랑카

불치사 Temple of the Sacred Tooth

호숫가에 있는 이 사원은 신도들의 주요 순례지로, 다채롭기 그지없는
유명 연례 축제의 중심지이기도 하다.

서기 313년에 헤마말라라고 하는 공주가 불치(佛齒)를 스리랑카로 밀반입했다고 한다. 불치는 인도에서 붓다를 화장하고 난 후에 추종자들이 수습한 붓다의 오른쪽 위 송곳니이다. 스리랑카의 불교 신자들은 이것을 아주 귀중한 유물로 여겼다. 민간 전승에 따르면 이 불치를 손에 넣는 사람은 나라를 통치하게 된다고 한다. 1592년에

즉위한 위말라다르마수리야 1세(Wimaladharmasuriya I)는 이 불치를 그의 새로운 수도인 캔디(Kandy)로 옮겼다. 처음에는 나무로 지은 사원에 모셔 두었다가 후에 지금의 사원으로 장소를 바꾸었다. 세월이 흐르면서 불치는 스리랑카 독립의 상징이라는 중요한 의미까지 지니게 되었다.

현재 구 왕궁 건물군 내부에 있는 불치사에서는 매일 예불이 거행되고 있다. 사원은 항상 열려 있어서 밤낮으로 향을 피우고 기름 등잔을 밝히거나 음식 등의 봉헌물을 제단과 승려에게 바치는 신도들, 세계에서 가장 유명한 치아를 안치해 놓은 황금 사리함을 경이에 찬 눈으로 바라보는 이들로 항상 붐빈다. 황금 사리함은 법당 제단 위에 모셔져 있고 두 개의 거대한 상아가 이를 수호하고 있다. 해마다 페라헤라 축제(Perahera Festival)가 마을 전역에서 열린다. 불치를 기리는 이 축제는 열흘 동안 이어지며 춤추고 북 치는 사람들과 비단 천을 덮고 전등을 매단 100여 마리 정도의 코끼리가 행렬을 펼친다. 흥겨운 장관이 펼쳐지지만 그 안에는 경건한 신앙심이 깊게 내재돼 있다.

ASIA

When to go 해발 500미터 정도의 고도에 위치한 캔디는 1년 내내 푹푹 찌는 스리랑카의 해안과 달리 서늘한 고원 기후를 유지한다. 페라헤라 축제는 7월이나 8월에 개최되며, 정확한 날짜는 음력 날짜에 따라 정해진다.

Planning 캔디에 있는 사원과 왕궁, 박물관과 주변 경관을 모두 살펴 보려면 이틀에서 삼일 정도 걸린다. 인근에 있는 애덤스 피크(Adam's Peak)에 올라보고 싶다면 현지에 있는 몇 군데의 모험 여행 전문 여행사에 가이드 트레킹을 신청한다.

Websites www.daladamaligawa.org, www.srilanka ecotourism.com

- 성스러운 붓다의 치아는 보석으로 치장한 함에 안치돼 법당 제단 위에 모셔져 있고 두 개의 거대한 상아가 이를 수호하고 있다.

- 신할리 왕조(Sinhalese)의 군주들이 거처하던 곳은 현재 다른 용도로 쓰이고 있다. 왕궁은 고고학 박물관, 왕비궁은 훌륭한 캔디 국립박물관이 됐다.

- 사원 옆에 있는 스리달라다 박물관(Sri Dalada Museum)의 알루트 말리가와 전시관(Alut Maligawa Pavilion)에는 역사 기록, 유물, 그리고 오랜 세월에 걸쳐 유명 인사들이 붓다의 치아에 바친 선물이 전시돼 있다. 또한 왕실의 의상과 고대 벽화, 은제함, 불상 등과 같은 보물도 전시되고 있다.

인도네시아

보로부두르 *Borobudur*

매년 석가탄신일이면 붓다의 탄생을 기념하려는 순례자들이 8세기에 지어진 보로부두르 사원으로 모여든다.

인도네시아는 아마 세계에서 가장 큰 이슬람 국가일 것이다. 하지만 세계에서 가장 중요한 불교 사원의 하나도 이곳에 있다. 바로 보로부두르 사원(Temple of Borobudur)이다. 자바 섬의 구 왕궁 도시인 요그야카르타(Yogyakarta) 바로 외곽에 벼가 자라는 밝은 초록빛 논 한복판에 돌로 지은 기념물이 자리잡고 있다. 그 너머로 연기를 뿜는 활

불상을 모셔 놓은 72점의 스투파가 보로부두르의 꼭대기층에 있다.

화산이 배경처럼 우뚝 솟아 있다. 8세기에 지어진 이 사원은 세계 최대 규모의 스투파(stupa, 탑)가 있고, 남반구에서 가장 큰 석조 기념물인 점을 비롯해 여러 이유로 유명한 곳이다. 계단식 피라미드처럼 6층의 정방형, 3층의 원형 층계참을 쌓은 형태는 우주를 상징하는 만다라(mandala, 曼陀羅)를 표현한 것이다. 순례자들은 사원 기단부에서 3.6킬로미터에 달하는 굽은 길을 따라 회랑을 지나고 계단을 올라 꼭대기로 향한다. 이 여정을 통해 순례자들은 불교의 우주론에서 말하는 속세에서 극락(極樂)에 이르는 3단계를 거치게 된다. 매년 석가탄신일을 축하하는 베사크(Vesak) 순례여행의 절정을 맞이하기 위해 수천 명의 불교도들이 사원으로 모여든다. 초저녁에 8킬로미터 떨어진 멘두트 사원(Mendut Temple)에서 노란색 승복을 입은 승려들이 봉헌할 꽃을 들고 보로부두르 사원을 향해 출발한다. 해가 지면 촛불을 켜고 기도와 염불을 외며 행렬을 계속한다.

■ 계단식 테라스로 오르는 길에는 붓다의 일생과 신실한 불교도라면 힘써 극복해야 하는 인간의 욕망을 묘사한 1,460점의 부조 작품이 늘어서 있다. 순례자들이 사원을 오르면서 보고 배울 수 있도록 영적인 안내자 역할을 한다.

■ 요그야카르타에서 동쪽으로 18km 거리에 있는 프람바난에는 9세기 때의 힌두 사원이 있다. 보로부두르 고고학 공원에 속해 있는 이곳에는 정교한 석조 조각으로 뒤덮인 세 채의 '캔디(candi, 사원)'가 우뚝 솟아있다.

■ 5월~10월까지는 밤마다 250명의 배우와 최대 규모로 편성한 가믈란(gamelan, 인도네시아의 전통 타악기들을 주축으로 한 합주 및 그 악기들) 합주단이 프람바난 유적 옆에 설치된 야외 무대에서 힌두교의 서사시인 '라마야나(Ramayana)'의 공연을 펼친다.

When to go 사원은 1년 내내 개방된다. 베사크 축제가 언제 거행되는지 미리 확인하자. 대개는 5월이지만 6월이 되기도 한다.

Planning 반나절이면 사원을 모두 구경할 수 있다. 요그야카르타(Yogyakarta), 프람바난(Prambanan)을 비롯해 이 지역 명승지를 모두 탐방하려면 일주일은 걸린다. 발리와 자카르타에 요그야카르타 행 항공편이 있다. 발리에서는 육로, 자카르타에서 철도로도 올 수 있다. 보로부두르는 요그야카르타에서 자동차로 1시간 거리이다. 고대 사원을 본뜬 뛰어난 석조 건물로 이루어진 아만지워 리조트(Amanjiwo Resort)는 35실의 스위트룸을 보유한 고급 호텔로 사원에서 자동차로 멀지 않은 곳에 있다.

Websites www.borobudurpark.com, www.amanjiwo.com

사우디아라비아

하지 *Hajj*

하지는 신과 인류의 합일을 통해 종교색, 국적, 사회 계층을 불문하고 평등하게 모든 이슬람교도를 하나로 일체화시키는 위대한 행사이다.

이슬람교의 최고 성지인 메카(Mecca)는 역사적, 종교적으로 매우 중요한 곳이다. 세계 각지의 이슬람교도는 하루에 다섯 번 메카가 있는 방향을 향해 기도한다. 또 연례적인 순례 행사인 하지 때에는 수백만 명이 이곳을 방문한다. 그러나 메카는 570년경에 무함마드(Muhammad)가 탄생하기 전부터 이미 성지였다. 아브라함 전설의 주요 인물인 아담과 아브라함이 이 도시와 매우 깊은 연관이 있기 때문이다. 아브라함은 평생 동안 신을 향한 믿음을 시험당했다. 희생양을 바치는 의식처럼 이슬람교도들이 하지 동안 행하는 의식 중 몇 가지는 그의 일화에서 유래한 것이다.

하지 순례자들은 카바 주변을 7차례 돌며 이곳에 입맞추려고 애쓴다. 성공하기란 하늘의 별따기다.

이슬람교에서는 여행할 수 있는 수단과 여력이 있는 사람이라면 일생에 적어도 한 번은 이슬람 신앙의 다섯 기둥 중의 하나인 하지에 참여하도록 정해 놓았다. 마스지드 알 하람(Masjid al Haram)이라고 하는 대 모스크 안에 자리잡고 있는 카바(Kaaba)는 하지의 핵심이 되는 성전으로 금실로 수를 놓은 검은 천으로 덮여 있다. 정방형의 아주 오래된 화강암으로 된 카바는 지금은 비어 있지만 원래 수 세기 동안 여러 가지 종교적 유물이 보관돼 있었다. 지금은 이슬람 전통에 따라 건물 벽 안에 운석이 보관돼 있다. 순례자들은 카바 주변을 일곱 번 걷는 것으로 하지 의식을 시작하고 끝낸다. 메카는 종교뿐 아니라 상업의 중심지이기도 하다. 천연의 샘물이 흐른 덕에 메카는 나일 계곡에서 지중해로 이어지는 대상로의 중간 기착지가 되었고 무역 도시로 번창할 수 있었다. 2007년에는 약 400만 명에 달하는 사람들이 메카를 찾았다. 이들의 편의를 충족시키기 위해 메카는 급속도로 현대화되고 있다.

When to go 하지는 의무적인 순례여행이지만 이슬람교도라면 연중 어느 때라도 비교적 규모가 작은 순례여행인 움라(umrah)의 일환으로 또는 친구나 가족을 만나러 메카를 방문할 수 있다. 그러나 이슬람교도가 아니면 메카에 들어갈 수 없다.

Planning 하지나 움라의 종교의식을 모두 마치려면 사흘은 머물러야 한다. 메카에 머무를 수 있는 기한은 최장 한 달이다. 방문객들은 반드시 사우디아라비아 정부가 승인한 여행사를 통해 방문을 신청해야 한다. 개인적인 여행은 허용되지 않는다. 하지의 의미를 온전히 누리려면 몇 달에 걸친 영적 준비가 필요하다. 45세 이하의 여성은 남자 보호자 없이 외출할 수 없다.

Websites www.saudiembassy.net, www.hajinformation.com, www.hajjguide.org

- 잠잠 우물(Zamzam Well)의 성스러운 물은 갈증을 해소시켜 줄 뿐 아니라 허기도 면해 주고 질병도 치유해 준다고 한다. 이 우물은 아브라함의 여종이자 첩인 하가르(Hagar)가 어린 아들 이스마엘과 함께 발견했다고 알려져 있다. 이스마엘은 후에 아랍 민족의 조상이 되는 인물이다. 하지가 끝나면 수백만 명의 순례자들은 10리터들이 통에 이 물을 담아 집으로 돌아간다.

- 메카의 북동쪽에 자발알누르(Jabal al Nur, 빛의 산)가 있다. 이슬람교도들은 이곳에서 대천사 가브리엘이 무함마드에게 코란의 첫번째 구절을 전해 주었다고 여긴다.

- 영광스러운 고대 무역의 전통을 지닌 도시답게 메카는 쇼핑몰과 바자(bazaars, 상점가)로 유명하다. 모스크 중정 밖으로 이어지는 골목에는 노점이 빼곡히 들어서 있다. 금 장신구는 품질이 좋아서 살만하다.

TOP 10

유서 깊은 순례지 Ten Historic Pilgrimages

마음의 평안을 찾아 오지의 한적한 곳이나 유서 깊은 도시를 여행하며 순례자들의 발자취를 따라가 보자.

❶ 일자리와 자유를 위한 행진 March for Jobs & Freedom 미국_워싱턴 D.C.

1963년 일자리과 자유를 위한 행진에 관한 기록을 보면 25만 명이 넘는 사람들이 내셔널 몰에 몰려들었다. 집회 도중 마틴 루터 킹 목사는 '나에게는 꿈이 있습니다'라는 유명한 연설을 남겼다.

Planning 내셔널 몰(The National Mall)과 메모리얼 파크(Memorial Park)는 24시간 개방한다. www.crmvet.org, www.africanamericans.com

❷ 모르몬교 개척길 Mormon Pioneer Trail 미국

1846년, 7만 명이 넘는 모르몬교인들은 교리를 실천하며 살 수 있는 곳을 찾아 일리노이 주의 노부에서 유타 주 솔트레이크까지 대이동을 시작했다. 마차와 손수레를 이용해 2,000km가 넘는 험준한 지역을 지나 1847년 유타 주에 도착했다.

Planning 모르몬 개척길에는 아이오와 주, 일리노이 주, 네브래스카 주, 유타 주 등이 포함돼 있다. www.nps.gov/mopi

❸ 보드가야 Bodh Gaya 인도_비하르 주 가야지구

인도 불교의 중심지는 보드가야로 이곳 보리수나무 밑에서 붓다가 깨달음을 얻었다고 전해진다. 보리수나무와 근처의 피라미드같이 생긴 마하보디(Mahabodhi) 사찰은 불교의 가장 중요한 성지로 손꼽힌다.

Planning 10월에서 4월에 방문하도록 한다. 근처의 파트나 지역 박물관에는 붓다의 유골이 안치돼 있다. www.buddhanet.net

❹ 솔트 사트야그라하 Salt Satyagraha 인도

1930년 마하트마 간디는 78명의 지지자들과 함께 영국의 소금세를 반대하는 비폭력 항쟁을 벌이며 단디(Dandi)의 바닷가로 행진했다. 사트야그라하 행진은 영국 식민통치에 대한 전국적인 저항운동을 촉발시켰다.

Planning 사바르마티아슈람(Sabarmati Ashram)에는 간디의 일생을 소개하는 박물관이 있다. www.incredibleindia.co.kr

❺ 성 바오로의 길 St. Paul Trail 터키

500km에 달하는 이 길은 복음 전파에 힘쓴 사도 바오로의 발자취를 보여

준다. 페르게나 아스펜도스에서 안티오크에 이르는 이 길은 향기로운 소나무 숲과 수정처럼 맑은 호수 등 아름다운 풍경이 펼쳐진다.

`Planning` 가는 길마다 붉은색과 하얀색 표지가 있다. www.stpaultrail.com

❻ 성자들의 길 Route of Saints 폴란드_크라쿠프

바벨 언덕(Wawel Hill)은 유럽의 어느 지역보다 종교와 왕족의 역사가 생생하게 어우러져 있는 곳이다. 14세기에 지어진 이곳의 성당에는 18개의 교회당과 폴란드의 수호성인 성 스타니슬라우스의 무덤도 있다.

`Planning` 성당의 유명한 종을 찾아가 보자. 이 종은 특별한 행사가 있을 때만 울린다. www.wawel.krakow.pl, www.cracow.org

❼ 캔터베리 대성당 Canterbury Cathedral 잉글랜드_켄트

캔터베리로 가는 순례길은 귀한 성인과 근사한 성당, 위대한 문학 작품, 인류 역사에 경의를 표하는 길이다. 대주교 토머스 베킷이 헨리 2세가 보낸 기사들에 살해된 후 이 성당은 순례지가 됐다. 초서의 작품에도 등장한다.

`Planning` 초서의 성지순례는 런던의 사우스와크의 타바드 여관에서 시작하지만 어떤 루트를 선택해도 상관없다. www.canterbury-cathedral.org

❽ 엘리너의 십자가 Eleanor Crosses 잉글랜드

에드워드 1세는 아내 엘리너가 갑작스레 열병으로 세상을 뜨자 비탄에 빠졌다. 그는 장례식을 위해 런던으로 시신을 옮기도록 하고 관을 운반하는 행렬이 멈춘 장소마다 엘리너를 기념하는 십자가를 세우도록 명령했다.

`Planning` 원래는 12개의 십자가가 있었지만 현재 남아 있는 것은 세 개 뿐이다. www.historic-uk.com/DestinationsUK/EleanorCrosses.htm

❾ 성 패트릭의 발자취 St. Patrick's Footsteps 아일랜드

아일랜드에 남아 있는 성 패트릭의 발자취를 되짚어 가는 길은 힘든 영적, 신체적 수행 과정이다. 루데르그 섬에서 진지한 묵상의 시간을 갖거나 맨발로 크로패트릭 산을 오를 수도 있다. 그외 다른 장소는 비교적 수월하게 방문할 수 있다.

`Planning` 무리스크(Murrisk)에 있는 캠벨 퍼브(Campbell's Pub)에서 여정을 시작해 보자. www.loughderg.org, www.saintpatrickscountry.com

❿ 모팻 선교기지 Moffat Mission 남아프리카공화국_노던케이프

1838년, 로버트 모팻 목사는 지역 주민들을 기독교로 개종시키기 위해 칼라하리 성당을 세웠다. 그는 성경을 토착 언어인 츠와나어로 번역하는 데 온갖 수고를 마다하지 않았으며 이를 인쇄기로 찍어 냈다.

`Planning` 선교 기지는 대중에게 매일 개방된다. 모팻의 발자취를 살펴보기 위해 그의 저서를 읽어보자. www.places.co.za

마스지드 알 나바위에는 10개의 미나레트(minaret, 첨탑)가 있다. 세계에서 가장 많은 수이다. 처음에는 하나도 없었지만 통치자들이 오랜 세월 동안 이곳을 확장하면서 추가한 것이다.

사우디아라비아

마스지드 알 나바위 *Masjid al Nabawi*

사우디아라비아의 도시인 메디나(Medina)는 의무로 순례해야 하는 곳은 아니지만 사람들이 하지(hajj)로 오가는 동안 들르는 인기 있는 명소이다.

메디나는 무함마드와 추종자들이 메카에서 반대 세력의 공격을 피해 이주한 도시로 무함마드가 사후에 매장된 곳이기도 하다. 이곳은 이슬람교의 수니파와 시아파 모두에게 두 번째로 중요한 성지이다. 메카와 마찬가지로 메디나도 오직 이슬람교도만 들어갈 수 있다. 매년 수백만 명의 인파가 마스지드 알 나바위(예언자의 모스크)에 기도하러 온다. 이곳은 하지에 속하지도 않고 이슬람교도들이 의무로 들러야 하는 곳도 아니다. 하지만 여기서 드리는 기도가 다른 모스크에서 1,000번을 기도하는 것보다 더 효과가 있다고 한다. 이슬람교도라면 특유의 초록색 돔을 보고 모스크를 한눈에 알아본다. 집집마다 이 모스크가 그려진 기도용 양탄자가 있기 때문이다. 강제적인 규정도 없고 의식도 자유롭다 보니 분위기도 덜 혼란스럽다. 또한 메카와 달리 순례자들이 평상복 차림으로 입장할 수 있기 때문에 이슬람권이 얼마나 다양한 사회로 이루어졌는지 단번에 파악할 수 있다.

지금의 모스크는 대부분 19세기에서 20세기 사이에 지어진 것이다. 이곳에 처음 모스크를 세운 무함마드는 초록색 중앙 돔 밑에 안치되었으며 양옆으로 초대 및 2대 칼리프였던 아부 바크르(Abu Bakr)와 우마르(Umar)가 안치됐다. 모스크에서의 기도와 묵상 시간은 해뜨기 전부터 시작해 낮 동안 내내 이어진다. 사회 활동과 식사, 쇼핑은 해가 진 후로 미룬다. 방문객이 날로 늘면서 모스크도 대규모로 확장을 거듭해 632년에 사망한 무함마드 시대 때에 비해 엄청나게 커졌다. 한 번에 50만 명 이상 수용할 수 있으며 테플론 차양 같은 혹서에 대비한 기술이 사용되기도 했다.

When to go 이슬람교도라면 연중 어느 때든 메디나에 방문할 수 있다. 하지 전후와 라마단 기간에 가장 많은 사람들로 붐빈다.

Planning 주요 유적을 돌아보는데 2~3일 정도면 충분하다. 가장 더울 때인 6월과 9월 사이는 피하는 것이 좋다. 메디나는 제다(Jeddah)에서 항공편으로 1시간도 채 안 걸리고 자동차로는 4시간 정도 걸린다.

Websites www.al-islam.org , www.saudiembassy.net

- 마스지드 알 나바위 맞은편에 수수한 자나트 알 바키 묘지(Jannat al Baqi Cemetery)가 있다. 이곳에는 초창기 이슬람교 지도자들의 유해가 안치돼 있다.

- 마스지드 알 나바위에서 북서쪽으로 3.2km 떨어져 있는 마스지드 알 키블라타인(두 개의 키블라 모스크)은 이슬람 세계에서도 독보적인 곳이다. 초기 이슬람교 시대에 여기에서 무함마드가 환시를 보고 기도 방향, 즉 키블라(Qiblah)를 예루살렘에서 메카로 바꾸었다. 그런 까닭에 이곳에는 두 개의 미흐라브(mihrabs)가 있어 하나는 예루살렘을, 하나는 메카를 가리키고 있다. 미흐라브는 모스크에서 기도 방향을 가리키기 위해 만들어 놓은 아치형 벽감이다.

- 메디나에서 북쪽으로 5km 떨어진 곳에 무함마드의 삼촌이자 충실한 조언자였던 함자 이븐 압둘 무탈리브(Hamza ibn 'Abdul Muttalib)의 무덤이 있다. 그는 이슬람 역사에서 발생한 최초의 전쟁인 우후드 전투(625년)에서 전사했다.

이맘 후세인 사원을 방문한 시아파 여인들.

이라크

이맘 후세인 사원 *Shrine of Imam Husayn*

성스러운 순교자가 안치된 이 장엄한 영묘는 시아파 이슬람교도들의 종교적 열의가 한데 모이는 곳이다.

매일 수천 명의 순례자들이 이라크 중부, 카르발라(Karbala)의 좁은 길을 지나 출입구가 커다란 아치로 된 이맘 후세인 사원(Shrine of Imam Husayn)으로 향한다. 종려나무 그늘이 드리운 드넓은 광장 건너편에 위치한 사원은 시아파 이슬람교 최고의 성지 중 한 곳이다. 황금 돔과 쌍둥이 첨탑이 후세인 이븐 알리(Husayn ibn' Ali)의 무덤 위로 높이 솟아 있다. 그는 예언자 무함마드의 둘째 손자이자 시아파의 3대 이맘으로 존경받은 인물로

680년에 카르발라 전투에서 아랍계 반대 세력에게 살해됐다. 그가 살해된 직후부터 그의 묘지로 참배 행렬이 모여들기 시작했고 오래지 않아 모스크가 건립되었다. 후에 사원은 화재와 약탈, 종교적 격변으로 여러 차례 파괴되었다. 현재의 사원은 11세기에 조성된 것으로 시간이 지나면서 더 한층 아름답게 변모했다. 이맘 후세인은 고통을 통해 자유와 구원을 얻은 불후의 상징인 까닭에 그의 무덤은 추종자들이 드러내 놓고 비통해하고 스스로를 채찍질하거나 심지어 그를 쓰러뜨렸던 피비린내 나는 대학살의 장면까지 재현하는 곳이 됐다. 검은 옷을 입고 사원으로 향하는 신도들의 행렬은 다소 소란스럽다. 시아파 사람들은 천국의 문이라고 여기는 곳으로 가서 손뼉을 치고 큰소리로 외치며 가슴을 친다.

When to go 특정 시간이 되면 유난히 더 혼잡하다. 매년 아슈라(Ashura)와 아르바인(Arba'in) 같은 종교 축일에는 100만 명이 넘는 인파가 사원 경내는 물론 주변의 거리까지 가득 메운다. 아슈라는 이슬람력으로 무하람 달(1월)의 10일로, 후세인 이븐 알리와 그의 추종자 72명이 순교한 사건을 기리는 날이다. 아르바인은 이날로부터 40일 후이다. 사담 후세인은 이 두 축제의 공식 행사를 금지했다. 2003년에 그의 정권이 붕괴되고 나서야 공식 행사가 재개됐다.

Planning 카르발라와 이맘 후세인 사원은 바그다드(Baghdad)에서 하루 일정으로 쉽게 여행할 수 있다. 보통 나자프(Najaf)에 있는 매우 중요한 성지인 이맘 알리 사원까지 한꺼번에 둘러보는 경우가 많다. 이라크의 치안 상황은 여전히 위험 수준이다. 카르발라로 여행할 생각이라면 반드시 외교통상부에서 상황을 확인해야 한다. 여행할 때는 반드시 경험이 풍부한 현지 가이드의 도움을 받도록 한다.

Websites www.al-islam.org, www.atlastours.net

- 황금 돔 밑에 놓여 있는 이맘 후세인의 무덤은 초기 이슬람 건축양식으로 연구 가치가 있는 곳이다. 황금과 은으로 만든 화려한 무덤의 금속 벽에는 에칭(蝕刻) 기법으로 기하학적 문양이 새겨져 있다.

- 카르발라 중심부의 대형 광장 맞은편에 아바스 사원(Shrine of 'Abbas)이 있다. 이곳에 카르발라 전투 때 함께 목숨을 잃은 이맘 후세인의 이복 동생의 무덤이 있다.

- 카르발라에서 남쪽으로 48km 떨어져 있는 나자프(Najaf)는 시아파 교도들에게 메카와 메디나 다음으로 중요한 성지이다. 16세기에 재건되었고 황금 벽돌로 뒤덮인 이맘 알리 사원(Shrine of Imam 'Ali)에는 무함마드의 조카이자 사위의 무덤이 있다. 그는 시아파에서 인정하는 최초의 합법적인 이맘 혹은 칼리프였다. 그의 사후에 계승 문제로 유혈 분쟁이 발생하면서 이슬람교는 수니파와 시아파로 분열되고 말았다.

아주 오래전부터 정교회 신자들은 성묘교회에 모여서 '거룩한 불의 기적'이라는 동방정교회의 부활절 의식을 거행해 왔다.

이스라엘

예루살렘 성묘교회 *Holy Sepulchre Church*

예루살렘 구시가지에는 세 차례나 파괴되고 오랜 세월에 걸친 교파간 갈등 속에서 가까스로 살아남은, 세계에서 가장 신성한 기독교 유적이 있다.

입구 바로 안쪽에서 경건한 기독교인들이 성유석이라고 하는 장밋빛이 감도는 닳아버린 석판을 만져보고 입을 맞춘다. 이들은 물론 일부 역사학자들도 이 석판이 예수가 죽고 난 후 매장을 준비하던 곳이라고 믿고 있다. 교회의 중심부에서는 가톨릭, 동방정교회, 아르메니아 교회의 사제들이 각기 다른 시간대에 예배를 드린다. 관광객들이 원통형의 건물과 여러 층으로 이루어진 넓은 교회를 무리 지어 돌아다니며 무덤과 비잔틴양식의 벽화, 그 밖의 유물들을 구경한다. 대다수 방문객들이 계단을 올라 갈보리(Calvary)라고도 하는 골고다의 바위(Rock of Golgotha)로 향한다. 지금은 그리스 정교회의 관할 하에 있는 이곳은 신약성서에 나와 있는 대로 예수가 십자가에 못 박혀 죽은 곳이다. 서기 326년에 로마제국 최초의 기독교도 황제인 콘스탄티누스 대제는 골고다에 대규모 교회를 지었다. 교회는 614년과 1808년에 발생한 화재도 견뎌내고 1009년에 칼리프가 저지른 파괴도 이겨냈다. 십자군들의 지속적인 재건 노력 덕분에 교회가 보존되었을 뿐 아니라 확장되기까지 했다.

지금의 모습을 갖추게 된 것은 약 1810년경의 일이다. 기독교인들은 매일 이 골고다의 바위로 와서 빛나는 이콘으로 가득한 제단 밑에 나있는 구멍을 향해 무릎을 꿇는다. 이 구멍은 예수가 매달렸던 십자가를 꽂아놓았던 곳이라고 한다. 그곳에서 기도를 드린 다음 예수가 십자가 위에서 마지막 말씀을 토해냈던 장소로 향한다. 몇 걸음만 더 가면 예수가 숨을 거두자 쪼개졌다고 하는 골고다의 바위 일부를 보호하고 있는 아담의 예배당(Chapel of Adam)이 있다. 커다란 돌에 핏자국처럼 보이는 얼룩이 묻어있다. 십자가에 못 박힌 장소는 복음서에 분명하게 기록돼 있지만 인근에 있었던 이 동굴이 정말 예수의 무덤이었는지는 확실치 않다.

When to go 교회는 4월부터 9월까지는 오전 5시~오후 9시까지, 10월부터 3월까지는 오전 4시~오후 7시까지 개방한다.

Planning 일정을 넉넉히 잡는다. 하루 종일을 할애해도 시간이 부족할 수 있다. 교회는 항상 사람들로 북적댄다. 부활절 미사는 연중 가장 중요한 행사로 성직자들이 예루살렘을 가로질러 행진한다.

Websites www.goisrael.com, www.bibleplaces.com

■ 예배에 참여해 본다. 교회에는 그리스 정교회의 예루살렘 총주교좌가 있다. 그러나 여러 교파가 교회의 각 부분들을 나누어 관리한다. 그리스 정교회가 가장 많은 관할권과 예배 기회를 갖고 있다. 아르메니아 교회, 로마 가톨릭 교회가 그 뒤를 잇는다. 콥트 교회와 에티오피아 교회, 시리아 정교회의 권한이 가장 적다.

■ 비아 돌로로사(Via Dolorosa), 즉 십자가 고난의 길을 따라 있는 14처 중 5처가 성묘교회 안에 있다. 이곳에서 나머지 9처에 관한 안내서를 챙기자. 대부분은 예루살렘 구시가지 안에 있다.

■ 입구의 상층부에 나있는 창문 밑에 놓인 사다리가 썩어가고 있다. 각 교파간 갈등을 입증하는 사례로, 밧줄 처리 방안을 두고 교파들 사이에 이견이 좁혀지지 않은 탓에 19세기부터 그 자리에 그대로 방치돼 있다.

사람들이 가져다 놓은 쪽지가 서쪽벽에 난 틈에 빼곡히 꽂혀 있다. 심지어 팩스나 전자메일로 보낸 쪽지도 있다.

이스라엘

서쪽벽 *Western Wall*

서쪽벽(통곡의 벽)은 유대교에서 가장 중요한 성지 중 하나이다.
오래전부터 유대인들은 이 육중한 벽을 찾아와 기도를 드렸다.

이스라엘 민족의 아픈 역사를 간직하고 있는 서쪽벽은 원래 기원전 515년에 지어진 2차 성전의 일부였다. 먼 옛날 솔로몬 왕이 10계가 적힌 석판을 보관한 언약궤를 안치하기 위해 지은 성전이 최초이고, 이 성전이 파괴된 후 그 터에 조성된 것이 2차 성전이다. 그러나 2차 성전도 로마 세력에 의해 파괴되고 말았다.

유대인들은 지금까지도 2차 성전이 파괴된 사건을 애통해하고 있으며 이로 인해 통곡의 벽이라는 이름이 생겨나게 됐다. 손을 대보면 끌로 다듬은 바위 벽이 떨고 있는 듯한 느낌이 든다. 어쩌면 수 세기에 걸친 기도 소리나 기도를 적어 벽 틈새에 끼워 넣은 각양각색의 쪽지 때문일지도 모른다. 바닥에는 돌벽 틈에서 떨어져 나온 종잇조각들이 흩어져 있고 틈새에는 새로운 쪽지들이 빽빽하게 꽂혀 있다. 노출돼 있는 부분이 고작해야 57미터에 불과한 벽면은 정방형의 커다란 광장 끝부분에 자리잡고 있다. 거대한 석회암 바위로 만든 이 벽은 뛰어난 기술로 이루어낸 역작이다. 무게

수코트(초막절) 동안 사제들의 축복을 받기 위해 수만 명의 정통파 유대인들이 벽으로 모여든다.

가 100톤이나 되는 바위도 있는데 모르타르를 사용하지 않고 약 19미터 높이로 쌓아 올린 것이다. 기원전 19년 경에 헤롯 왕은 2차 성전 터에 다시 성전을 확장해 건설했다. 그러나 서기 70년에 로마군에 의해 파괴되면서 서쪽벽만 남았다. 지금 이곳은 항상 독실한 신자들로 가득하다. 남녀가 각기 다른 쪽 벽에서 기도하며 여기저기 패인 자국이 있는 거대한 돌을 만져 보려고 애쓴다. 이 벽은 유대교와 이슬람교 모두의 성지다. 따라서 이곳을 차지하기 위한 유혈분쟁이 수도 없이 발생했고, 지금도 무장 경비병들이 현장을 지키고 있다. 벽 앞에서 몇 시간씩 기도하는 사람이 있는가 하면 불과 몇 분만에 자리를 뜨는 이들도 있다. 극소수만이 미소짓고 대다수는 눈물을 흘리며 떠난다. 그러나 모두들 마침내 이곳에 와서 섰다는 사실에 감격하는 듯하다.

When to go 서쪽벽은 항상 개방돼 있지만 낮에 가는 것이 가장 좋다. 무장한 이스라엘 경비병들이 순찰을 돌면서 방문객들을 수색한다. 토요일에는 전자 장비의 휴대가 금지된다. 날씨는 1년 내내 쾌적한 편이다.

Planning 얼마나 머물지는 전적으로 방문한 사람 마음이다. 필기구를 들고 가자. 감사의 글이나 기도를 남기고 싶게 될지 모른다. 메워져 있던 종이가 떨어져나가 돌틈에 약간의 공간이 생겨날 수 있다. 기도하고 있는 사람들을 배려하자. 대부분의 사람들은 옆으로 비켜 주거나 자리를 만들어 주려고 하겠지만 양보해 주지 않는 사람들도 있다. 그렇다고 사람을 밀쳐서는 안 된다. 유대교 축일에는 수천 명의 사람들이 몰려든다. 남자들은 반드시 '야물커(키파라고도 하는 유대인 남자들이 쓰는 작고 테 없는 모자)' 등과 같은 모자를 써야 하고 여자들은 긴 스커트를 입어야 한다. 벽에서 물러날 때는 뒷걸음질로 나오는 것이 관례이다.

Websites www.thekotel.org, www.goisrael.com

■ 7월이나 8월에 치러지는 티샤 바브(Tisha B'Av, 두 번이나 성전이 파괴된 것을 애도하며 금식하는 유대교 명절)에는 수만 명의 유대인들이 서쪽벽에 운집해 1, 2차 성전을 빼앗긴 사건을 애도한다.

■ 서쪽벽 터널을 답사해 보자. 1967년~1988년 사이에 이루어진 터널 발굴 작업으로 지금은 지하가 되어 있는 서쪽벽 일부와 함께 로마시대 때의 건물군, 중세시대 때의 둥근 천장이 드러났다. 가이드 투어는 미리 신청해야 참여할 수 있다.

■ 인근에 있는 유대인 지구를 찾아가 본다. 2,000여 년 전인 2차 성전 시대의 역사 유물이 아직도 많이 남아 있다. 헤롯 왕 재위 시절의 대저택들과 4군데의 세파르디 시나고그도 둘러볼 수 있다. 이들 건물은 모두 복원된 것이다. 보통은 규모가 가장 큰 유대교회당에서 세파르디 유대인들의 최고 랍비가 선출된다.

이 석고 조각은 미카엘 대천사가 성 오베르(St. Aubert)에게 몽생미셸을 세우라고 설득하면서 손가락으로 그의 머리를 불태우는 장면을 묘사한 것이다.

프랑스

몽생미셸 Mont-St.-Michel

조수간만이 심한 바다의 거친 만을 건너야 하는데도 거의 1,000년이 다 되도록 이 섬 수도원을 찾는 순례자들의 발길이 끊이지 않는다.

중세 고딕양식 건축의 경이인 몽생미셸 수도원(Abbey of Mont-St.-Michel)이 프랑스 노르망디 연안에 있는 천연의 화강암 섬 꼭대기에 세워져 있다. 10세기 때부터 '미클로(miquelot)'라고 알려진 순례자들은 조석이 발생하는 섬의 개펄을 용감하게 건너 대천사 미카엘에게 영적 싸움에서 이길 수 있도록 힘을 달라고 간청하러 이곳으로 왔다. 가톨릭 교도들에게 대천사 성 미카엘(St. Michael the Archangel)이라고 알려진 그는 영혼의 무게를 재어 선과 악을 심판하는 존재로 흔히 미술 작품에서 손에 저울을 든 모습으로 묘사되기도 한다. 중세의 왕들은 그에게 조언을 얻고자 샤르트르 대성당(Chartres Cathedral)부터 걸어서 참회를 위해 순례에 나선 미클로들과 함께 무리를 이루어 오기도 했다. 1023년에서 1028년 사이에 이곳에 최초의 수도원이 들어섰다. 13세기 초, 화재로 수도원 일부가 파괴된 후에 '경이'라는 의미의 3층짜리 건물인 '라 메르베유(La Merveille)'를 추가로 지었다. 하지만 그 후 오랫동안 쇠퇴일로를 걸으면서 급기야 프랑스 혁명 이후에는 감옥으로 전락하기까지 했다. 그러나 19세기 후반에 순례자들이 다시 이곳을 찾기 시작했다. 수도원 밑으로 가파른 산 주변을 에워싼 마을이 있고 40여 명의 주민이 산다. 순례자와 관광객들은 이곳에서 거처와 음식, 기념품 등을 구할 수 있다. 예전에는 밀물 때면 물에 잠기는 천연의 육교를 통해서만 이 산에 오를 수 있었다. 지금은 둑방길로 본토와 이어져 있다. 그러나 해마다 대천사 미카엘의 축일(9월 29일)만 되면 수천 명에 달하는 순례자들이 현지 가이드를 동반하고 본토에서 섬까지 만을 가로지르는 험한 길을 택해 3킬로미터에 달하는 거리를 오간다.

When to go 수도원은 연중무휴 개방된다. 겨울에 찾아가면 산에 깃들어 있는 평온을 맛볼 수 있다. 초봄과 늦가을에는 도요새들이 이주하는 광경을 관찰할 수 있다. 주요 장소들은 오후 시간 안에 모두 둘러볼 수 있지만 순례자라면 이곳에 묵으면서 좀 더 오래 있어볼 만하다.

Planning 수도원 내부의 통로 조명이 밝지 않으므로 손전등을 챙겨 간다. 밤에 좁은 마을 길을 지날 때도 유용하다. 도착하기 전에 조수간만표를 확인해 간조 시간에 맞추어 둑방길 주차장에 차를 주차한다. 수도원에서는 쉴 곳을 구하는 이들에게 기꺼이 수수한 방을 제공한다.

Websites www.ot-montsaintmichel.com, www.baie-mont-saint-michel.fr

■ 성벽 밑에 소규모 호텔이 많다. 호텔에서 하룻밤 투숙하고 아침 일찍 일어나 성벽 너머로 장관을 펼치고 있는 만의 아침 정경을 감상해 보자. 위를 올려다보면 수도원 교회 첨탑 꼭대기에 세워진 날개 달린 미카엘 대천사상이 아침 햇살에 빛나고 있을 것이다.

■ 산 위에서 거행되는 교회 미사에 참여해 보자. 로마 가톨릭 수도사 및 수녀들의 국제 기구인 예루살렘 수도사 공동체(Monastic Communities of Jerusalem)가 수도원 안에 상주하면서 월요일을 제외하고 매일 미사를 주관한다.

■ 만의 남쪽에 위치한 아브랑슈(Avranches) 마을도 방문해 보자. 시립 도서관에는 몽생미셸의 중세 필사실에서 제작한 200여 점의 채식(彩飾) 사본이 전시돼 있다.

■ 봄에 방문할 예정이라면 만조 때보다 2시간 먼저 가서 유럽에서 가장 높고 빠른 조석(潮汐)을 관찰해 보자.

조수간만의 차가 무려 15미터나 되기 때문에 몽생미셸에 접근하는 일은 위험할 수 있다.

1994년에 재개된 트로 브레즈는 원래 완주하는데 한 달이 넘게 걸리는 순례여행이었다. 지금은 매년 일정 구간씩 순례를 마쳐 힘들지 않게 순례여행을 완성할 수 있다.

프랑스

트로 브레즈 *Tro Breiz*

브르타뉴(Bretagne)를 건설한 일곱 명의 성자를 기리기 위한 중세의 순례여행이 현대 들어 예술적으로 재탄생했다.

중세의 전승에 따르면 브르타뉴를 세운 성자들의 성당 일곱 곳을 순례하면 천국행이 보장된다고 했다. 사람들은 이 7단계의 여정을 완료하지 못하면 죽은 다음에 매년 더 먼 거리를 걸어야 한다고 믿었다. 600킬로미터에 달하는 거리는 예전과 같지만 브르타뉴의 일곱 성자를 순례하는 여행은 시대에 맞게 개편되면서 1994년에 매년 7단계의 순례 코스 중 한 곳씩 완주할 수 있도록 변모했다. 명칭도 브르타뉴어로 브르타뉴 여행이라는 의미의 '트로 브레즈(Tro Breiz)'라고 바뀌었다. 각 단계의 거리는 구간별로 다르다. 예를 들어 생말로(St. Malo)에서 시작해 돌드브르타뉴(Dol-de-Bretagne)까지 가는 코스는 닷새 동안 30킬로미터를 순례하는 비교적 짧은 구간이다. 이듬해에는 북쪽 해안에 있는 돌드브르타뉴의 생 상송(St. Samson) 대성당에서 브르타뉴 남서부에 위치한 반(Vannes)까지 186킬로미터 거리를 7일 동안 완주해야 하는 다소 힘든 순례길이 이어진다.

트로 브레즈에는 1,000명이 넘는 사람들이 도보행렬에 참여한다. 이들은 나이, 성별, 부류도 제각각이지만 신앙심으로 하나가 된다. 매일 아침 미사와 아침 식사를 마치고 순례길을 걸으며 기도하고 찬송가를 부른다. 야외에서 즐기는 도시락 점심이 여행객들의 원기를 북돋운다. 또 가는 길에 예배당이 보이면 잠시 들러서 기운을 얻는다. 저녁이 되면 활기 넘치는 브르타뉴의 밤의 축제 전통에 따라 음악회가 열리며 밤 10시에 불이 꺼지기 전까지 이어진다. 10시가 넘으면 바이올린 연주를 대신해 개구리와 귀뚜라미들이 울어댄다.

When to go 트로 브레즈는 매년 7월 말에 개최된다. 다른 때에도 브르타뉴 전역에서 교구별로 거리를 단축한 피정 도보여행을 시행한다.

Planning 순례여행은 경로에 따라 최대 7일이 걸린다. 장소 예약은 늦어도 6월, 식사는 7월 초까지 예약해야 한다. 휴대하는 짐을 줄여 주기 위해 주최측에서 차량을 주선해 침낭과 개인 소지품을 다음 도착지까지 운반해 준다. 비옷은 반드시 휴대한다. 연례 행렬에 관한 자세한 정보는 현지 가톨릭 교회나 관광안내 사무소에 문의한다.

Websites www.brittanytourism.com

- 바위투성이 해안에서 초목이 우거진 길을 따라 지나는 동안 펼쳐지는 브르타뉴의 아름다운 자연은 순례에 참여한 많은 이들에게 인기 만점의 볼거리이다.

- 교회에 들어가면 생말로에 있는 생 뱅상 대성당(St. Vincent's Cathedral)처럼 트로 브레즈를 묘사한 스테인드글라스 창이 있는지 찾아본다.

- 브르타뉴를 건설한 성자들의 교회 중 대부분은 이제 더 이상 성당이 아니지만 찾아가 볼 만하다. 이들 교회는 돌 드 브르타뉴의 생 상송, 트레기에(Tréguier)의 생 튀그뒤알(St. Tugdual), 반의 생 파테른(St. Patern), 그리고 켕페르(Quimper)의 생 코렝탱(St. Corentin) 등이다.

- 매년 성자들의 축일이 되면 브르타뉴 사람들이 파르동(pardons, 순례제) 행렬에 참여하기 위해 거리로 나온다. 참가자들은 화려하게 수놓은 전통 의상과 브르타뉴식 레이스 모자 차림으로 나서기도 한다. 속죄의 날인 '그랑 파르동(grands pardons)' 때는 행렬이 특히 더 화려하지만 매년 거행되지는 않는다.

루르드의 로사리오 대성당은 성 베르나데트가 묵주를 들고 있는 성모 마리아를 환시한 일을 기념해 지은 것이다.

프랑스

루르드 *Lourdes*

치유 능력이 있다고 널리 알려진 성지인 이 피레네 산맥의 마을로
1년 내내 순례자들이 찾아온다.

    가난한 농부의 딸로 가냘프기만 한 소녀였던 베르나데트 수브리우(Bernadette Soubirous)에게 성스러운 표지 같은 것은 없었다. 하지만 이 순진하고 교육을 받은 적도 없는 14세 소녀가 성모 마리아를 현시하면서 루르드는 신앙의 중심지로 자리매김하게 되었다. 성모 마리아가 18번 출현했다고 알려진 이곳은 150년이 지난 지금까지도 여전히 몰려드는 인파로 붐빈다. 굽이쳐 흐르는 가브 강(River Gave) 위로 우뚝 솟아 있

는 높다란 바위틈에서 성모 마리아상이 먼 곳을 응시하고 있다. 성모 마리아는 베르나데트가 목격했다는 대로 흰색 드레스 위로 푸른색 장식띠를 두른 모습이다. 맨발 위에는 우아한 노란 장미가 놓여 있다. 베르나데트는 성모 마리아가 동굴 안에 감춰져 있는 샘을 보여 주었다고 증언했다. 지금은 파이프를 심어 대리석 수조로 모여드는 이 얼음장 같이 차가운 샘물에는 치유 능력이 있다고 한다. 신자들은 기이한 치유 사례에 관한 이야기를 주고받는다. 또 마리아는 베르나데트에게 교구 신부더러 성당을 지으라고 전하게 했다고 한다. 마리아의 뜻대로 성당이 건립되었고 뒤이어 다른 성당들도 들어섰다. 동굴 위에 조성된 루르드의 성지에는 현재 개성 있는 세 채의 성당이 모여 있으며 두 개의 곡선형 경사로로 연결돼 있다. 아이러니하게도 베르나데트는 천식과 만성질환으로 35세에 느베르(Nevers)에 있는 수녀원에서 숨을 거두었다. 1933년에 교황 비오 11세(Pope Pius XI)가 그녀를 시성했다.

When to go 순례 시기는 4월 1일부터 10월 말까지이다. 7월에서 9월 사이는 매일 순례자 미사가 거행된다. 아침 8시 30분에 왕관을 쓴 상 앞에 모여 미사를 드리고 베르나데트의 발자취를 따라 걷는다. 성 요셉(St. Joseph's Gate)의 문 근처에 있는 키오스크에서 MP3 플레이어와 이어폰, 지도를 저렴한 비용으로 빌릴 수 있다.

Planning 이곳을 제대로 감상하려면 적어도 이틀 이상 루르드에 머무르는 것이 좋다. 주변의 명승지까지 돌아보려면 더 오래 있어야 한다. 파리, 보르도, 툴루즈, 마르세유, 리옹에서 루르드까지 오는 직행열차가 있다.

Websites www.lourdes-france.com, www.lourdes-infotourisme.com

■ 전설에 의하면 778년에 샤를마뉴 대제(Charlemagne)가 루르드의 성채를 탈환했다고 한다. 주변을 돌아보며 이 성의 역사와 고고학 유물에 관해 더 자세히 알아보자.

■ 피레네 산맥의 기점인 제르 봉(Pic du Jer)에 오르면 루르드가 한눈에 내려다보인다. 소나무 숲 사이로 100년 전에 설치된 1km 길이의 푸니쿨라(산악철도)를 타보자. 정상에 오르면 산악 자전거를 빌려 타거나 하이킹을 즐길 수 있다.

■ 루르드에서 약 15km 정도 떨어져 있는 베타랑 동굴(Bétharram caves)을 탐험해 본다. 이곳에서는 5차례에 걸쳐 각기 다른 시기에 형성된 5개의 지층을 볼 수 있다. 가족 단위 투어(보트 여행 포함)를 신청해 거대한 석회암 광산과 세차게 흐르는 폭포를 감상해보자.

■ 프랑스 왕 앙리 4세(Henry IV)의 탄생지로 루르드에서 32km 떨어져 있는 샤토드포(Château de Pau, 포성)의 국립박물관에 들러 보자.

이탈리아

성흔 성당 *Chapel of the Stigmata*

토스카나(Toscana) 지방의 바위산 위에 아시시(Assisi)의
성 프란체스코(St. Francis)에게 봉헌된 장엄한 교회가 있다.

    1224년에 아시시의 성 프란체스코는 40일간 철저히 금식하며 간절하게 기도했던 그리스도의 행적을 그대로 체험하다가 소원을 이루었다고 한다. 추종자들이 믿고 있는 대로 그가 성흔(聖痕)을 입었다는 것이다. 그의 손과 발, 옆구리에 불가사의한 상처가 나타났다는 것이다. 기록에 따르면 그는 6개의 날개가 달린 눈부시게 빛나는 세라핌(seraphim, 가장 계급이 높은 천사)과 십자가에 달린 그리스도를 보았다고 한다. 그 모습

오래전부터 순례자들이 너도밤나무가 늘어선 이 언덕을 올라 성 프란체스코가 성흔을 입었다는 곳으로 향한다.

이 하도 강렬해서 성 프란체스코의 몸에 '다섯 개의 성흔'이라고 알려진 흔적이 나타나 사라지지 않았다. 이 현상이 발생했다는 라베르나 산(Mount La Verna)에는 이곳을 오르는 일을 목표로 삼고 온 가톨릭 교도들이 많다. 이곳에 있는 성흔 교회는 돌로 된 광장 주위로 건물들이 세워진 사각형의 프란체스코 성지에 있는 8개의 교회 중 하나이다. 교회 자체는 13세기에 제작된 대리석 부조가 문 위에 걸려 있는 작은 방이다. 부조에는 날개로 그리스도를 감싸고 있는 세라핌과 무릎을 꿇은 채 두 팔을 활짝 벌리고 있는 성 프란체스코가 묘사돼 있다. 신자들은 붉은색으로 대리석 틀을 만들어 나무 십자가를 놓아 둔 곳이 프란체스코가 성흔을 입은 지점이라고 믿는다. 외양은 단순하지만 교회 안에는 안드레아 델라 로비아(Andrea della Robbia, 1435~1525)의 광택을 낸 정교한 테라코타 작품인 〈십자가 수난〉이 있다. 9월 17일에 거행되는 성흔 축제(Feast of the Stigmata) 때는 약 3,000명의 순례자들이 가파른 산길을 올라와 기도를 드리고 성 프란체스코를 기린다.

When to go 연중 어느 때 방문해도 좋지만 계절적으로 가장 좋은 때는 4월~10월까지이다.

Planning 하루나 이틀 정도 머물면서 산 위에 있는 20군데가 넘는 고색창연한 건물들을 감상해 보자. 요청하면 프란체스코 수도회의 수도사와 수녀들이 기꺼이 구경시켜 줄 것이다. 성당 건물군 안에 있는 피정의 집인 라 베르나 게스트하우스에서 하루 묵을 수 있다. 투숙객은 엄숙한 분위기를 지켜야 한다. 성 보나벤투라(St. Bonaventure)가 쓴 '성 프란체스코의 일생(Life of St. Francis)'을 읽으면 이 지역과 이곳 교회의 전통, 유물 등을 제대로 감상하는데 도움이 될 것이다.

Websites www.santuariodellaverna.com

- 성지까지 오르는 길은 고되지만 그만큼 보람도 있다. 길을 가다 보면 장에 내다 팔려고 멧비둘기를 잡은 소년에게 새를 풀어주라고 권하는 성 프란체스코의 상을 비롯해 수많은 역사 유적을 지나게 된다.

- 이곳에서 가장 규모가 큰 성당으로 종탑이 있는 대성당에 꼭 들러보자. 이곳에 성 프란체스코의 옆구리에 난 상처를 덮었다고 하는 피 묻은 천이 소중하게 보관돼 있다. 그 안에 교회와 함께 게스트하우스와 16세기부터 있었던 우물, 두 개의 통나무로 만든 하늘을 가리키고 선 커다란 십자가로 유명하다.

- 매일 오후에 라베르나 산의 수도사들이 전례 의식을 행하면서 교회를 향해 행진하는 모습을 관찰해 보자.

- 교회에서는 1년 내내 평일에는 하루에 세 번, 일요일에는 여섯 번 미사가 거행된다.

- 국립공원의 일부인 인근 숲으로 하이킹을 떠나 보자. 너도밤나무, 전나무, 단풍나무, 물푸레나무 등이 빽빽이 자라 계곡을 아름답게 뒤덮고 있다.

무릎걸음으로 정상까지 오르는 열렬한 순례자들이 있는가 하면 무리스크 외곽에 있는 화강암으로 된 성 패트릭상까지 편안하게 걷는 것으로 만족하는 이들도 있다.

아일랜드

크로패트릭 *Croagh Patrick*

성 패트릭과 밀접한 관계가 있는 이 바위 언덕에서 일부 아일랜드인 가톨릭교도들이 극단적인 방법으로 참회하기도 한다.

아일랜드 서부 해안의 크로패트릭 성산은 정상까지 640미터 거리의 길이 온통 바위투성이지만 석기시대 때부터 순례행렬이 이어져 온 곳이다. 기독교가 도래하기 전에 크롬 둡(Crom Dubh) 신을 숭배했던 켈트인들은 이 바위 구릉을 그의 집이라고 믿고 크루컨 이글(Cruachan Aigle, 독수리봉)이라고 이름 지었다. 후에 성 패트릭(St. Patrick)이 441년에 이 산 정상에서 사순절을 지내면서 40일간 금식하며 기도했다고 한다. 그는 아일랜드에 기독교를 처음 전파한 인물로 아일랜드의 수호 성자이다. 유명한 전설에 따르면 그는 이곳에 머무는 동안 그가 아일랜드에 있는 뱀과 악령을 모조리 쫓아내 버렸다고 한다. 그 후 이곳은 아일랜드 최고의 성지 순례지가 되었다. 7월의 마지막 주 일요일인 리크의 일요일(Reek Sunday)이 되면 독실한 가톨릭 신자들이 해뜨기 전에 산에 오르기 위해 금식을 하고 무리스크(Murrisk) 마을에서 산길을 오른다. 이 중에는 맨발로 혹은 무릎 걸음으로 걷는 사람들도 있다. 도중에 세 군데의 순례 기도처에서 걸음을 멈추고 기도와 참회를 한 다음 정상에 올라 일출을 맞이한다. 영적으로뿐 아니라 시각적으로도 보상을 받는 것이다. 꼭대기에 있는 라바 파드릭(Leaba Phádraig, 패트릭의 침대)이라고 하는 둔덕에서 웨스트포트(Westport) 마을과 클루베이(Clew Bay)에 속한 365개의 섬, 그 너머의 대서양까지 한눈에 감상할 수 있다.

축제 기간 동안은 엄청나게 붐벼서 매년 리크의 일요일에는 무려 3만 명의 순례자들이 산을 오른다. 리크의 일요일과 갈란드의 금요일(Garland Friday, 7월 마지막 주 금요일), 성모승천 축일(8월 14일)에는 정상에서 미사가 거행된다.

When to go 1년 내내 언제든 좋지만 날씨가 매우 쾌적한 4월부터 9월 사이가 방문하기에 가장 좋다.

Planning 2~3시간이면 정상에 도착하며 내려가는 데는 1시간 반 정도 걸린다. 크로패트릭 관광안내 센터인 '차크나마사'에는 욕실과 식당, 선물 가게 등이 있고 사전에 가이드 투어도 신청할 수 있다. 사물함과 샤워 시설도 구비돼 있다. 정상에 오를 때는 정오 시간은 피한다. 길도 비좁은데 사람들이 한꺼번에 몰려 걷는 속도가 많이 느려지기 때문이다. 맨발로 오를 생각이 아니라면 비옷과 등산화를 챙겨간다. 여름에는 자외선 차단제와 물도 충분히 챙긴다. 출발하기 전에 기상 조건을 확인하고 지인들에게 예상 귀가 시간을 알려놓자. 등산용 지팡이가 있으면 유용하다. 무리스크나 관광안내 센터에서 구입하거나 빌릴 수 있다. 차량은 관광안내 센터가 있는 곳까지만 갈 수 있다.

Websites www.croagh-patrick.com, www.fantasy-ireland.com

■ 첫번째 순례여행 기도처인 라크트 베닌(Leacht Benain)은 산기슭에 위치한 작은 원형의 돌무더기로 성 패트릭의 제자였던 성 베니뉴스(St. Benignus)에서 이름이 유래됐다. 두 번째 기도처는 산꼭대기에 있으며 정상의 교회와 라바 파드릭으로 이루어져 있다. 세 번째 기도처는 서쪽 내리막길에 있는 리릭 미러(Roilig Mhuire, 마리아의 무덤)라는 세 개의 돌무덤이다.

■ 정상에서 430년부터 890년 사이에 지어진 것으로 보이는 돌 예배당을 찾아보자. 아일랜드에서 가장 오래된 석조 교회 중 하나이다. 1994년에 고고학자들이 발견했다.

■ 정상 주변을 발굴하던 고고학자들이 함께 발견한 켈트인의 요새도 방문해 보자.

■ 정상 근처의 길에서 라바 파드릭에 있는 신석기시대의 암각화(바위그림)를 찾아보자.

산티아고 데 콤포스텔라 대성당은 이베리아 반도의 켈트족에게 기독교를 전파한
성 야고보의 유해를 안치한 곳이라고 알려져 있다.

스페인

성 야고보의 길 *Way of St. James*

유럽 최대의 순례 여정 중 하나인 이 피레네 지방의 순례여행을 통해
영적, 문화적, 자연적 경이를 사무치게 경험할 수 있다.

성 야고보의 유해가 안치된 산티아고데콤포스텔라 대성당(Santiago de Compostela Cathedral)으로 향하는 순례길은 무려 1,200년 가까이 지속돼 왔다. 사실상 경로는 여러 군데가 있어서 북, 동, 서쪽 방향 어디서나 들어올 수 있다. 중세 때는 상당수의 북유럽 순례자들이 배를 타고 와서는 마지막 구간만 걸었을 뿐이고 사도의 표지로 가리비 껍데기를 착용했다. 피레네 산맥을 넘어 순례길을 내려오면 처음으로 도달하게

되는 팜플로나(Pamplona) 마을에는 부드러운 황갈색의 돌로 지은 아름다운 고딕식 성당이 있다. 서쪽으로 조금만 더 가면 푸엔테라레이나(Puente La Reina) 마을이 있고, 11세기에 세운 이곳의 우아한 다리에서 산티아고로 향하는 프랑스의 길과 아라곤의 길이 만난다. 중세시대의 순교자들은 산토도밍고데라칼사다(Santo Domingo de la Calzada)에서 오늘날의 호텔에 해당하는 숙소에 잠시 머물렀다. 화려한 13세기 고딕 성당이 우뚝 솟아 있는 부르고스(Burgos)가 다음에 도달하는 주요 기착지이다. 서쪽으로 한참 가다 보면 실내를 환하게 비추는 아름다운 스테인드글라스 창문이 있는 밝고 우아한 레온 성당(León Cathedral)이 있다. 폰페라다(Ponferrada)에 있는 성당기사단의 거대한 성처럼, 치열했던 이 지역의 역사를 간직한 유적도 지나게 된다. 순례길의 정점인 산티아고데콤포스텔라에는 바로크양식으로 지어진 성당의 높다란 첨탑이 오브라도이로 광장(Praza do Obradoiro) 위에 우뚝 솟아 있다. 광장 주위로 중세 건축의 보고(寶庫)들이 늘어서 있다.

■ 맑은 날에는 론세스바예스의 피레네 분기점에서 스페인으로 향하는 가파르고 수목이 울창한 내리막길에서 눈 덮인 산의 절경을 감상할 수 있다.

■ 오랜 시간 걷고 난 후에는 거리에 널려 있는 노천 카페에서 와인과 타파스로 여독을 풀어 보자.

■ 중세 때부터 순례자들은 여정의 끝이 임박해 산티아고 대성당의 장엄한 바로크식 첨탑이 눈에 띄는 순간 성취감에 의기양양해했다.

■ 비고(Vigo)와 라코루냐(La Coruña) 사이에 스페인에서 가장 보존이 잘돼 자연 그대로인 해안이 펼쳐져 있다.

■ 팜플로나는 연례 행사인 산페르민 축제(7월 7일~14일) 동안 매일 벌어지는 황소(몰이) 달리기로 유명하다.

When to go 봄, 초여름(4월~6월)이나 가을(9월~10월)에 순례여행에 나서는 것이 가장 좋다. 겨울은 춥고 습하며 한여름에는 너무 더워 쾌적하게 걷기 힘들다.

Planning 론세스바예스(Roncesvalles)부터 산티아고데콤포스텔라까지 780킬로미터를 완주하려면 최소 2주는 걸린다. 스페인 북부 지방은 연중 아무 때나 폭우가 쏟아질 수 있으므로 방수옷을 준비한다. 가는 길에 식당이 아주 많다. 일부 순례자용 호스텔의 경우 미리 등록하면 무료로 이용할 수 있다. 예약은 받지 않으며 일찍 자리가 다 찰 수 있다. 가는 길에 지나는 모든 도심에는 대중교통이 잘 발달돼 있다.

Websites www.caminosantiago.com, www.santiago turismo.com

전설에 따르면 성 게오르기우스가 랄리벨라의 왕에게 자신을 기리는 성당을 지어 달라고 청했다고 한다.

에티오피아

랄리벨라 암굴 성당군 *Lalibela Rock Churches*

에티오피아는 4세기부터 기독교를 신봉했던 곳으로, 암굴 성당군은 건축 유산 중 단연 으뜸이다.

    에티오피아의 산 위, 벌집 모양의 집들이 옹기종기 모여 있는 전통 마을 옆에 붉은색 화산섬을 잘라 만든 장엄한 랄리벨라 성당군이 자리잡고 있다. 오지에 외따로 떨어져 있기는 해도 이 바위산의 비탈에서 보면 드넓은 지평선 너머로 사람들로 가득한 초록과 갈색의 구릉이 펼쳐져 있다. 화려한 사제복 차림으로 장식 십자가를 손에

든 성직자들이 성당을 돌보는 동안 순례자들이 무리 지어 와서는 기도를 드린다. 이들을 따라가다 보면 절벽을 깊게 파서 만든 중세시대의 유적으로 이어지는 낭하를 지나게 된다. 전설에 의하면 800년 전에 신앙심이 깊은 랄리벨라 왕이 순례 장소로 새로운 예루살렘을 건설할 곳을 찾다가 이 고원에 성당군을 지었다고 한다. 최근의 연구에서 이곳의 역사는 그보다 오래되어 7세기까지 거슬러 올라갈 수도 있는 것으로 밝혀졌다. 가장 인상적인 점은 11개의 주요 성당이 각기 거대한 돌 십자가 모양으로 지어졌으며, 11미터 깊이에 세워져 지붕 높이가 지표면 높이와 같다는 것이다. 촛불을 켜놓은 실내로 들어가면 수많은 성화로 화려하게 장식한 기둥과 작은 동굴들을 볼 수 있다. 성화 중에는 이 성당과 에티오피아의 수호성인으로, 악룡을 무찔렀다고 전해지는 성 게오르기우스(St. George)의 그림도 있다.

- 에티오피아의 성탄절(서양력으로 1월 7일)이나 부활절(4월 또는 5월) 같은 축제에 참여해 보자. 특히 예수 공현 대축일인 팀케트(1월 19일) 축제 때는 놀라울 정도로 다채롭고 생동감이 넘친다. 사방팔방에서 랄리벨라로 모여든 신자들이 눈부시게 흰 옷이나 울긋불긋 화려한 옷을 차려입고 전통 음악에 맞추어 노래하고 춤춘다.

- 등산화를 신거나 노새를 타고 주변의 산들을 트레킹해 보자. 현지 마을들을 몇 군데 들러 보고 아세툰 마리암 성당(Church of Ashetun Mariam)처럼 외딴곳에 위치한 경이로운 역사 유물도 탐사해 본다.

- 미사에 참석해 사제가 오래된 책의 구절을 영창하듯 읊고 향로 속 유향이 공기 중에 퍼지는 동안 아름다운 건축양식을 감상해 보자.

- 가장 신성한 성당인 셀라시 지하성당(Selassie Crypt)은 한때 언약궤를 안치했던 지성소였기 때문에 극소수의 최고위 성직자들만 들어갈 수 있었다고 한다.

When to go 우기가 끝난 직후인 10월이 방문하기 가장 좋은 때이다. 이 시기에 에티오피아는 초목이 무성하고 야생화가 잔뜩 피어 있다. 1월 중순의 팀케트(T'imk'et)와 같은 주요 축제 기간도 좋다. 단, 이 시기에 방문하려면 숙박장소와 항공편을 한참 전에 예약해 두어야 한다.

Planning 주요 유적을 둘러보는 데는 2~3일 정도 걸린다. 좀 더 오래 머무르면서 다양한 곳을 둘러보고 이곳의 향토색을 제대로 만끽하는 것도 좋다. 대부분의 성당에는 조명 시설이 없으므로 잊지 말고 손전등과 배터리를 챙겨간다. 성당을 전부 돌아보려면 아주 많이 걸어야 하고 가파른 길도 올라야 한다. 축제 때 방문할 예정이면 에티오피아가 서양력이 아닌 자체적으로 만든 달력을 사용한다는 점에 유의하자. 이 책에서는 서양력으로 날짜를 바꾸어 소개했다.

Websites www.perillos.com, www.tourismethiopia.org

1895년, 프랑스의 지배를 받기 전까지는 사진 속 문을 비롯해 암보히망가 왕실 언덕으로 오르는 7개의 문 어디로도 외국인은 출입이 금지됐다.

마다가스카르

암보히망가 *Ambohimanga*

이 언덕 꼭대기는 마다가스카르 사람들이 500년 넘게 성지로 여겨온 곳이다.

    종교적, 국가적 순례지인 암보히망가 왕실 언덕은 마다가스카르의 수도인 안타나나리보(Antananarivo)를 에워싸고 있는 12개의 신성한 언덕 중 하나에 자리잡고 있다. 블루힐(Blue Hill)이라고 알려져 있는 이곳은 고대의 메리나 왕국(Merina Kingdom)이 있었던 곳이다. 여기에서 1787년부터 1810년까지 재위한 안드리아남포이니메리나(Andrianampoinimerina) 왕이 인접 지역의 부족들을 통합하면서 노예제 폐지를 장려했다.

이렇게 긴 왕의 이름은 '정권을 잡은 왕자를 능가하는 소중한 이메리나(Imerina) 왕자'라는 의미의 공식 이름을 그나마 약간 줄여서 쓴 것으로, 축약해서 남포이나(Nampoina) 왕이라고 한다. 그의 성공적인 치세를 토대로 아들인 라다마 1세(Radama I)는 섬나라를 하나로 통일했고 마다가스카르 최초로 공인된 왕이 되었다. 초목이 무성한 고색창연한 이 도시의 유적에는 로바(rova, 왕궁 구역), 매장지, 천연의 샘, 연못, 숲, 피다시아나(fidasiana, 집회 장소) 등이 있다.

남포이나 왕이 지내던 높고 폭이 좁은 목재가옥이 여왕의 여름 거처와 신성한 암파리히(Amparihy) 호수 옆에 당당하게 자리하고 있다. 이 호수는 '판드로아나(fandroana, 왕실 목욕)' 의식이 거행되는 곳이다. 마다가스카르의 전통에 의하면 죽은 조상들이 산 사람들을 지배한다고 한다. 순례자들이 성스러운 땅을 더럽히지 않기 위해 맨발로 신성한 구역으로 들어가고, 의식을 거행하기 전에 상징적인 정결 행위로 샤워하는 모습을 심심찮게 볼 수 있다.

■ 입구에 있는 거대한 돌 원반이 경이롭다. 입구를 막기 위해 문 쪽으로 원반을 밀려면 장정 40명이 달려들어야 한다.

■ 유적 곳곳에 있는 애니미즘 희생 제단을 살펴보자. '파디(금기)'와 '토디(업보)', '치니(죄악)'에 관한 이 사회의 믿음이 얼마나 뿌리 깊은지 여실히 보여준다.

■ 남포이나 왕의 집 북동쪽에 있는 신성한 모퉁이에서 왕의 영혼에 기도할 수 있다. 들어갈 때는 반드시 오른발을 먼저 들이고 나갈 때는 왼발부터 내디뎌야 한다.

■ 암바토미안텐드로 바위(Ambatomiantendro Rock) 주변을 걸으면서 돌에 새겨 놓은 '파노로나(fanorona)' 판을 살펴보자. 이것은 마다가스카르의 전통 보드 게임이다.

When to go 4월과 5월, 9월~11월 사이가 방문하기 가장 좋다. 1월~3월 사이는 사이클론 발생 시기이므로 피한다.

Planning 암보히망가는 현지에서 타나(Tana)라고 부르는 안타나나리보에서 북쪽으로 19킬로미터 떨어져 있다. 암보히망가 언덕의 로바와 그 주변 지역을 둘러보려면 하루 종일 걸린다. 북부 버스 정거장에서 버스를 타면 45분이면 도착한다. 왕궁 구역 근처에 있는 주 출입구에서 가이드를 고용할 수 있다. 왕궁으로 출발하기 전에 미리 가격을 흥정한다. 암보히망가에서 30분 정도 걸어가면 해자를 두른 소아비난드리마니트라 마을이 있다. 이곳에 사설 여우원숭이 공원이 있다.

Websites www.air-mad.com

8

의식과 축제

Ceremonies & Festivals

각 종교들은 성스러운 의식을 통해 신을 숭배한다. 불교나 기독교, 힌두교, 유대교, 이슬람교, 시크교, 그 밖의 어느 종교의식이든 공동체와 개인의 삶에 큰 영향을 미친다. 이 장에서 소개하는 축제 중 상당수가 현란한 색채와 다채로운 볼거리를 자랑한다. 엄숙하다 못해 충격적이기까지 한 축제도 있다. 세계 최대 규모의 힌두교 축제인 인도의 쿰브멜라(Kumbh Mela)처럼 각지의 신도들이 성지를 향해 순례길에 나서게 만드는 축제도 있다. 대한민국 서울에서 펼쳐지는 석가탄신일 행사는 종교사의 결정적인 순간을 기념하는 축제이다. 그런가 하면 이승과 저승의 경계를 허무는 축제도 있다. 일본의 오봉절엔 저승에서 찾아온 조상의 영을 집으로 안내하기 위해 등을 밝힌다. 이와 같은 의식은 관광객들의 기억에 남아 참여한 이들의 마음과 영혼, 그들의 터전을 이해하고 오랫동안 기억하게 만들어 주는 창이 된다.

히말라야의 부탄 왕국에서 매년 열리는 화려한 가면무도축제인 체추(tsechu)에 참여한 승려들이 춤을 추고 있다. 부탄에 불교를 들여온 구루 린포체(Rinpoche)를 기리는 이 축제는 며칠 동안 계속된다.

미국 뉴멕시코 주

성 스테파노 축제 *Feast of St. Stephen*

놀라우리만치 아름다운 풍경 속에 자리잡은 고색창연한 푸에블로 마을에서 매년 열리는 축제에 가보면 신비로운 고대 전통을 엿볼 수 있다.

산 에스테반델레이 선교성당은 스페인의 식민통치 시기이던 1640년 프란체스코 수도회의 수도사들이 지은 것이다.

아코마족 사람들은 조상들의 인도 덕에 113미터 높이의 사암으로 된 메사(mesa, 꼭대기는 평탄하고 주위는 절벽인 지형)에 있는 이 스카이시티(하늘의 도시)에 정착했다고 한다. 먼 옛날 새 터전을 찾아 떠나야 했을 때 그들은 '하쿠(Haak'u)'라고 외쳐가며 지금의 뉴멕시코 땅 전역을 돌아다녔다. 그러다 외침에 응답한 곳에 이르러 정착했는데 그 운명의 땅이 바로 스카이시티, 아코마 푸에블로이다. 그들이 외친 '하쿠'란 '준비된 땅'이라는 의미로, 지금도 그들은 이곳을 하쿠라고 부른다. 아코마족 사람들은 스페인 식민통치의 압제 속에서도 조상의 신앙을 지켰고 일부 가톨릭 전통을 흡수하기도 했다. 매년 9월 2일이면 산 에스테반 델 레이(San Esteban del Rey, 성 스테파노) 선교성당에서 수호성인의 축일을 기념하며 종을 친다. 미사 후에는 성인의 성상을 들고 광장 행진에 나선다. 행진이 끝나면 야생 생물, 자연물의 여러 모습을 상징하는 춤과 음악이 펼쳐진다. 관광객들은 이 축제를 통해 고대신앙과 가톨릭 의식이 어우러지는 보기 드문 광경을 볼 수 있다. 이것 저것 묻지도, 따지지도 말고 아코마 사람들의 생활방식에 푹 빠져 보자.

■ 돌과 어도비 벽돌(adobe, 진흙에 짚 등을 섞어 만든 다음 햇볕에 말려서 굳힌 벽돌)로 만든 육중한 성당 건물 안은 아름다움을 상징하는 앵무새와 주식인 옥수수 장식, 대지의 색상인 분홍색으로 치장돼 있다.

■ 스카이시티 문화센터의 아코마 가이드와 함께 푸에블로(인디언 마을) 도보여행에 나서보자. 아코마의 역사와 문화를 배울 수 있는 절호의 기회이다. 아코마는 의사결정권이 막내딸에게 있는 모계사회이다.

■ 메사(mesa) 위에 자리잡은 덕에 360도로 펼쳐져 있는 멋진 전경을 만끽할 수 있다. 내려올 때는 초창기에 주민들이 직접 깎아 만든 돌계단을 이용해 보자. 이 돌계단은 도로가 생기기 전 수백 년 동안 마을로 통하는 주요한 통로였다.

■ 계곡 아래쪽에 있는 하쿠 박물관에서는 아코마의 역사와 예술에 관한 상설 및 특별 전시회가 열린다. 이곳에는 기하학적 문양의 매우 섬세한 도자기들이 전시돼 있다.

When to go 축제는 9월 2일에 열리지만 구체적인 시간은 종교 지도자들이 정한다. 박물관에 전화해 언제 도착해야 하는지 알아보자. 아코마를 제대로 체험하려면 이틀 이상 머물러야 한다.

Planning 아코마는 앨버커키(Albuquerque) 서쪽, 자동차로 45분 거리에 있다. I-40 도로에서 102번 출구로 나와 계곡에 있는 하아쿠 박물관과 스카이시티 문화센터 표지를 따라간다. 문화센터에서는 아코마 마을 투어를 운영하고 있다. 사진을 찍으려면 허가를 받아야 한다. 비디오 카메라와 삼각대는 사용이 금지돼 있으며 교회 내부와 묘지에서는 사진을 찍을 수 없다.

Websites www.acomaskycity.org

노래와 함께 어우러지는 치열한 드럼 연주 경연은 캠루파 파우와우의 대표적인 행사이다.

캐나다

캠루파 파우와우 *Kamloopa Powwow*

브리티시컬럼비아 주의 캠루푸스에서는 호화롭기 그지없는 댄스 축제 주간을 개최해 수많은 북아메리카 인디언 부족들의 문화를 기념한다.

경이에 찬 관중들이 숨 죽이고 지켜보는 가운데 선두에 선 주최측의 드럼 그룹이 일제히 북을 치고 노래를 부르며 캠루파 파우와우 축제의 성대한 시작을 알린다. 이 행사를 주관하는 부족으로, 세크웨펨(Secwepemc)족이라고도 하는 슈스왑(Shuswap)족을 상징하는 1.8미터 길이의 독수리 깃대가 댄스 무대가 될 정자에 들어서면 관중들은 일제히 일어난다. 그리고 캐나다와 미국의 국기, 행사에 참여한 캐나다 원주민의 깃발들이 뒤를 잇는다. 이어서 각종 무용별, 성별에 따라 정렬해 있던 무용수들이 줄지어 입장하며 남자들이 선두에 선다. 화려한 복장의 무용수들은 경쾌한 북소리에 맞춰 발을 구르며 태양의 경로를 따라 시계방향으로 행진한다.

노래와 기도로 행사에 참여한 모두에게 축복을 내리고 나면 상금을 건 치열한 경쟁이 시작된다. 남자들이 기품 있고 강건한 몸짓으로 사냥과 용맹스러운 행위들을 춤으로 나타내면서 무대는 형형색색으로 물든다. 숄 댄스를 추는 무희들은 공들여 만든 술 달린 숄이 아름답게 나부끼도록 빠른 발 놀림으로 빙빙 돌고, 징글 댄스(jingle dance)를 추는 무희들은 양철로 만든 원뿔 모양의 장식이 달린 옷을 입고 북소리에 맞춰 몸을 흔든다. 무용수들의 유려한 몸동작만큼이나 아름다운 의상과 머리장식은 색상, 형태, 구슬 세공 등 하나같이 가문의 전통이나 개인사를 반영해 만든 독창적인 작품이다.

■ 전통 춤과 징글 드레스 댄스, 그래스 드레스 댄스, 치킨 댄스, 깃털 댄스와 숄 댄스 등 화려하기 그지없는 댄스 경연에 눈이 즐겁다. 부족 연합 댄스 때는 관광객들도 춤의 향연에 함께 할 수 있다.

■ 브리티시컬럼비아, 서스캐처원(Saskatchewan), 앨버타(Alberta)와 미국 북부에서 온 30여 부족 1,300여 명이 슈스왑족 공동체인 캠루푸스 인디언 동맹이 주최하는 파우와우 축제에 참여한다. 근처에 있는 세크웨펨 박물관 및 역사 공원(Secwepemc Museum and Heritage Park)에서 이들의 역사와 문화를 살펴보자.

■ 축제 때는 일요일에 즉위식을 거행하는 파우와우 프린세스 퍼레이드도 열리며 상인들이 음식과 보석, 토속공예품을 판매한다.

When to go 파우와우 축제는 캠루푸스의 특별 행사장에서 7월 말 또는 8월 초에 열리며, 금요일 밤부터 일요일까지 이어진다. 매번 파우와우 행사를 시작하기에 앞서 대규모 입장식을 거행한다. 시간은 금요일과 토요일 저녁 7시, 토요일과 일요일 낮 12시이다.

Planning 입구에서 주말 입장권과 일일 입장권을 구입할 수 있다. 매년 1만 5,000명이 넘는 방문객들이 파우와우 축제에 참가하기 때문에 이곳에서 묵으려면 호텔을 미리 예약해야 한다. 캠루푸스 주변에는 아름다운 호수와 강이 무척 많다. 이곳을 베이스캠프 삼아 인근의 야생지대를 탐사해도 좋다.

Websites www.kib.ca/powwow.htm, www.secwepemc.org, www.bcadventure.com

디왈리 축제에서 여인들이 토기로 된 기름 등잔인 데아스를 배열하고 있다. 등잔은 산후안(San Juan), 차구아나스 및 산페르난도 전역의 노점상에서 구입할 수 있다.

트리니다드토바고

힌두교 축제 디왈리 *Diwali*

섬나라인 트리니다드토바고에서 빛과 음악, 색채와 맛이 어우러진 힌두교 거리축제가 열린다.

수백 개의 작은 불빛이 마치 반딧불처럼 반짝이자 평소 같으면 소란스럽기 그지없었을 거리가 고요해진다. 트리니다드토바고(Trinidad and Tobago)의 수도인 포트오브스페인(Port-of-Spain) 외곽에 위치한 아랑게스(Aranguez)의 거리를 따라 늘어놓은 토기로 된 기름 등잔에서 불빛이 타오른다. 등잔 불빛은 도로는 물론, 트리니다드 섬 중부의 차구아나스(Chaguanas) 시의 건물 창가, 섬 남부에 위치한 산페르난도(San Fernando)의 건물 현관과 마당에서도 볼 수 있다. 빛의 축제인 디왈리(Diwali)가 시작된 것이다. 데

460

야스(deyas)라고 하는 이 작은 기름 등잔은 빛과 부, 번영의 여신인 락시미(Lakshmi)를 기리고, 14년간 추방됐다가 돌아온 라마 신을 기념하는 것이다.

트리니다드토바고의 주민 중에는 인도인이 40퍼센트가 넘으며, 디왈리 축제 때면 이곳의 힌두교도들은 집안에 설치해 놓은 제단에 모여 '락시미 푸자(Lakshmi Puja)'라는 예배 의식을 거행한다. 장엄한 축제 분위기에 맞춰 친구들과 함께 채식으로만 구성된 인도 요리도 즐긴다. 펠리시티(Felicity)와 파트나(Patna) 같은 아주 작은 마을에서는 인도의 음악과 춤이 어우러지는 야간 공연도 보고 전통 음식을 즐기기 위해 사람들이 거리로 몰려나오면서 마을을 감싸던 정적이 깨지기 시작한다. 분위기는 흥겨우면서도 장엄하고 술은 전혀 마시지 않는다. 연주자들이 치는 북과 스틸드럼 소리를 듣다 보면 최면에 빠져들 것만 같다. 불꽃놀이가 펼쳐지면서 아름다운 불꽃과 폭죽 터지는 소리가 하늘을 가득 메운다. 화려한 장관이 막을 내리고 나면 데야스만 남아 어둠 속에서 타오른다.

When to go 디왈리는 10월이나 11월에 열린다.

Planning 산페르난도에서 디왈리 나가르(Diwali Nagar)와 비교적 최근에 시작된 디왈리 사멜란(Diwali Sammelan) 같은 축제를 보거나 해안에 있는 차구아나스 사원 같은 힌두교 명소를 방문하려면 적어도 4일은 머물러야 한다. 호텔 객실이 가득 차므로 서둘러 예약한다. 차구아나스나 산페르난도, 또는 작은 마을들을 방문하려면 자동차가 필요하다. 디왈리 나가르로 향하는 차량으로 교통체증이 극심하니 각오해야 한다. 트리니다드토바고는 동성애자의 입국을 금지하고 있다.

Websites www.diwalifestival.org, www.gotrinidadandtobago.com

- 축제는 차구아나스 근처에서 열리는 9일간의 대규모 시장인 디왈리 나가르로 시작된다. 전통 춤에 현대적인 감각을 접목시킨 시브 샥티(Shiv Shakti)의 화려한 춤부터 카르마(Karma)의 감동적인 음악까지 트리니다드의 뛰어난 원주민 예술가들이 펼치는 공연을 감상해 보자.

- 로티(roti, 북인도 지역 특유의 둥글고 납작한 빵의 통칭)나 굴랍 자만(gulab jaman, 매우 달고 촉촉한 인도식 도넛) 같은 인도와 트리니다드의 전통 음식을 맛보자.

- 마을을 돌아다니며 탄성이 절로 나게 배열해 놓은 데야스를 감상해 보자. 이웃 간에 선의의 경쟁을 펼치며 등잔불을 배열하는데, 정교한 대나무 틀에 마치 환영처럼 보이도록 꾸며놓기까지 했다.

나이야빙기에 참여한 드럼 주자들이 라스타파리안을 상징하는 색상인 빨강, 초록, 황금색으로 치장한 옷을 입고 밥 말리의 생일을 기념하고 있다.

자메이카

라스타파리안의 나이야빙기 *Rastafarian Nyabinghi*

빈곤과 압제 속에서 탄생한 신앙인 라스타파리아니즘의 신자들은 레게 음악의 선구자이자
위대한 사도였던 밥 말리의 생애를 기리는 일 외에도 많은 것들을 기념하면서 산다.

매혹적인 리듬의 북소리가 울린다. 노래가 시작되면서 단순한 가락이 끊임없이 반복된다. 노래는 이따금 '바빌론을 불태워라', '바빌론, 너의 치세는 끝났다' 등의 계시의 말이 되어 나오기도 하고, '시온아, 깨어나라' '성경을 읽으라' 등 훈계조가 되기도 한다. 리듬에 따라 몸이 절로 움직인다. 남자들은 라스타파리안 특유의 길게 꼬아 내린 드레드록 스타일의 머리카락을 갈기처럼 흔들어댄다. 그러다 누군가 '불 붙여!'라고 외친다. '신성한 풀(대마초)'을 채운 파이프에 엄숙하게 불을 붙여서는 옆에서 옆으

로 건네고 사람들은 한 명씩 대마초 연기 속으로 사라진다. 이것은 자메이카 흑인들의 종교의식인 나이야빙기로, 그냥 빙기(binghi)라고도 하는데, 의식을 고양시키기 위해 북을 치고 노래하며 '신성한 풀'을 피운다. 신자가 아니어도 이 분위기에 취하지 않을 수 없다.

라스타파리아니즘은 1930년대, 자메이카의 수도인 킹스턴의 극심한 빈민 지역에서 탄생한 신흥 종교이지만 신앙으로서의 가르침은 모든 이들의 삶을 움직일 수 있을 정도로 훌륭하다. 이미 작고한 에티오피아의 마지막 황제, 하일레 셀라시에(Haile Selassie)가 신의 현현이라고 믿든 믿지 않든 대다수의 사람들은 살면서 일어나는 몇 가지 '억압'에 대해 알고는 있을 것이기 때문이다. 계속되는 북소리와 노랫소리 가운데 영적인 자유, 착취와 부패한 통치(바빌론)로부터의 자유, 쫓겨났던 자신들의 고향인 시온으로 돌아가자는 외침이 함께 울려 퍼진다.

When to go 2월은 공식적인 '레게의 달'이다. 라스타파리안들은 축제를 열어 밥 말리의 생일(2월 6일)을 기념한다. 1966년에 하일레 셀라시에가 자메이카를 방문했던 4월 21일을 기념하는 그라우네이션 데이(Grounation Day), 하일레 셀라시에의 생일인 7월 23일, 자메이카 태생의 흑인 인권 운동가인 마커스 가비의 생일인 8월 17일, 하일레 셀라시에의 대관식이 열렸던 11월 2일 등도 중요한 경축일이다.

Planning 진정한 의미의 나이야빙기는 자메이카의 험준한 내륙 지역에서 열리고 있으며, 초청을 받아야만 이 의식에 참여할 수 있다. 그러나 주요 축제 기간에는 해안과 마을에서 공개행사가 열리기도 한다. 라스타파리안들은 대마초를 신성하게 여기지만 엄밀히 말해 자메이카에서 대마초 흡연은 불법 행위이다.

Websites www.nyahbinghi.com, www.bobmarley.com

- 자메이카 북부 해안, 세인트앤패리시(St. Ann's Parish)의 푸른 언덕에 위치한 나인마일(Nine Mile)이라는 마을은 밥 말리가 태어나고 묻힌 곳이다. 이곳은 자메이카의 슈퍼스타이자 라스타파리안이었던 밥 말리의 순례지가 되었다. 사람들은 밥 말리가 아니었다면 발길도 하지 않았을 이곳까지 찾아와 작은 마을들과 매력적인 섬의 내륙 풍경을 즐긴다.

- 킹스턴의 호프로드에 있는 밥 말리 박물관은 생전에 그가 살았던 아기자기한 구식 주택에 만든 것이다. 그가 가장 좋아하던 깁슨 기타를 비롯해 갖가지 기념품들이 전시돼 있다. 미수로 끝난 암살기도 당시 뒤쪽 벽에 남겨진 총알 자국도 볼 수 있다.

- 박물관 구내에 있는 '시바의 여왕' 레스토랑에 들러 보자. 이곳에서는 밥 말리가 좋아했던 음식을 비롯해 각종 채식 요리를 판매한다.

쿠리에페에서 열리는 3일간의 축제 기간 내내 북을 치고 춤을 추는 인파가 끊이지 않고 거리를 가득 메운다.

베네수엘라

세례자 요한을 기리는 드럼 축제
Drumming Feast of St. John

6월 내내 카라카스와 인근 카리브 해 연안의 작은 마을들은
성 세례자 요한을 기념하는 축제로 활기가 넘친다.

무덥고 후덥지근한 밤, 젊은 여인이 북소리에 맞춰 관능적으로 빙빙 돌며 춤을 추자 여인의 목덜미를 타고 땀방울이 흘러내린다. 여인을 둘러싸고 박수를 치는 군중들 틈에서 구애하려는 남자가 다가가 유혹해 보지만 여인은 콧대 높게 거절해 버리고 계속 춤을 춘다. 곧 다른 남자가 그녀에게 다가간다. 이 지역 중에서도 특히 한때 노예농장이 성행했던 바를로벤토(Barlovento)의 축제는 가톨릭에서 유래됐지만 상당부분 아

프리카인들의 전통 의식에서 따온 것이다. 드럼 역시 아프리카 의식에 쓰이던 것을 차용해 왔다. 이중에서 가장 눈에 띄는 것은 미나(mina)라고 하는 나무로 만든 커다란 북으로, 연주자가 북에 걸터앉아 한쪽 끝의 가죽을 치면 다른 연주자들이 북채로 측면을 두드린다.

성 세례자 요한(St. John the Baptist)은 카리브 해 연안 대부분 지역의 수호성인이다. 마을 주민들 중 한 명의 집에 특별히 벽감을 설치하고 그의 조각상을 1년 내내 모셔 두고는 특별히 화환과 색종이로 꾸며 놓는다. 평상시에는 무료하기 그지없는 조용한 마을이 6월 초가 되면 축제 준비에 돌입하고, 한 달 내내 곳곳에서 고동치듯 들려오는 북소리에 마을 전체가 들썩인다. 마을마다 특유의 리듬이 있는데, 북을 치는 주자들은 복잡한 화음을 만들어내는 것으로 유명하다. 종종 합창과 함께 연주되기도 한다. 북소리로 축제가 시작되고, 다음날 미사가 끝난 후에는 격렬하고 최면성 강한 북소리와 함께 밤새 축제가 이어진다. 실제로 최면 상태에 빠지는 사람들도 종종 생겨나기도 한다.

When to go 성 세례자 요한의 축제는 6월 23일 밤부터 6월 25일까지 쉬지 않고 이어진다.

Planning 여러 마을에서 축제가 벌어진다. 모두 카라카스(Caracas)에서 버스로 갈 수 있다. 중요한 행사는 과레나스(Guarenas), 과티레(Guatire), 산타루시아(Santa Lucía), 오쿠마레델투이(Ocumare del Tuy), 바를로벤토(Barlovento), 쿠리에페(Curiepe) 등에서 열린다. 행사에는 누구나 참여할 수 있으며 함께 춤을 추자고 관광객들을 이끌기도 한다. 축제에 참가하는 지역 주민들은 호의적이지만 외부인들이 주저하고 있으면 이해하지 못한다. 꼭 춤을 춰야 하는 것은 아니지만 기꺼이 시도해 보자.

Websites www.rvb.info

■ 성 세례자 요한을 위한 미사가 6월 24일에 열린다. 미사 후에는 그의 상을 앞세워 시가 행진을 벌이고 구경꾼들은 행렬을 따라가며 럼주를 뿌린다. 이 지역에서는 자신들의 수호성인을 산 후안 보라체로(San Juan Borrachero), 즉 술고래 성 요한이라고 한다.

■ 현지의 북 만드는 제작소를 찾아가 보자. 장인들이 아보카도나무로 북을 만드는 과정을 보여주고 이 마을에서 북을 쳐온 역사에 대해 상세히 설명해 주기도 한다.

■ 쿠리에페(Curiepe)라는 작은 마을은 축제가 풍성하기로 유명하다. 시가 행진에 무려 2만 명이 넘는 인파가 몰린다. 축제 특유의 영적 기운 때문인지 럼주 때문인지 몰라도 사람들이 에너지가 넘쳐 며칠씩 거리에서 쉴 새 없이 춤을 춘다.

축제가 시작되자 코파카바나의 중앙광장에서 중산모를 쓰고 전통 스커트인 폴레라(pollera)를 입은 여인들이 일제히 빙빙 돌며 춤을 추고 있다.

볼리비아

촛불의 성모제 *Virgin of The Candles*

볼리비아에서 가장 신성한 성모 마리아상을 기리는 화려한 축제가 사흘간 이어진다.

빛나는 하얀 무어식 아치가 아담한 중앙광장에 그 모습을 드러내고, 길가에는 꽃잎이 흩날린다. 전통 의상을 입은 술에 취한 참가자들이 플루트와 피리 소리, 아이마라 족의 전통 음악을 두드리는 흥겨운 북소리에 맞춰 빙빙 돌며 춤을 춘다. 저 너머 티티카카 호수가 아련히 빛난다. 호수 남서쪽으로 돌출된 반도(半島) 끝에 위치한 작은 마을인 코파카바나(Copacabana)는 라 비르헨 데 칸델라리아 대성당(Basílica de la Virgen de Candelaria, 촛불의 성모 대성당)이 있는 작은 마을이다. 전설에 의하면 1576년 성모 마리아가 이 지방에 살고 있는 한 어부를 사나운 폭풍 속에서 구해냈다고 한다. 티토 유판키(Tito Yupanqui)라는 잉카족의 장인이 용설란(龍舌蘭)의 검은 목질부를 사용해서 성모상을 조각한 다음 예배당에 모셨고, '호수의 검은 성모'라고도 하는 이곳의 성모 마리아가 기적을 일으킨다는 소문이 페루와 볼리비아 전역에 퍼졌다. 스페인 사람들은 이 예배당을 확장하기 시작해 1805년에 현재의 대성당이 완공됐다.

성모축제는 2월에 3일간 계속되며 성모에게 감사를 표하기 위해 전국에서 순례자들이 몰려든다. 화려한 색채와 시끌벅적한 분위기 속에서 유리관 속에 성모상의 복제품을 넣어 마을 전역을 순회한 다음 호수에 은총이 내리길 기원하면서 성모상을 배에 실어 티티카카 호수로 띄워 보낸다.

When to go 축제는 2월 1일부터 며칠간 이어지지만 축복과 미사는 성당에서 매일 계속된다.

Planning 코파카바나는 작은 도시이기 때문에 며칠이면 둘러볼 수 있다. 티티카카 호수와 볼리비아의 가장 활기찬 도시인 라 파스(La Paz)를 둘러보는데 더 많은 시간을 할애하는 것이 낫다. 이곳의 해발고도는 3,855미터로 해가 지면 기온이 급격히 내려가기 때문에 따뜻한 옷을 챙겨야 한다. 코파카바나 시내와 부근에는 호텔이 많다. 오스탈 라 쿠풀라(Hostal La Cupula)와 로사리오 델 라고(Rosario del Lago)는 호숫가에 위치하고 있어 전망이 아름답다.

Websites http://www.itisnet.com/english/e-america/e-bolivia/e-copaca/e-copacabana.htm

■ 성모상은 화려한 바로크양식의 제단, 조명이 켜진 벽감에 서있다. 특히 신도들의 촛불이 어둠을 밝힐 때 성모상의 모습은 매우 인상적이다.

■ 축제 3일째에는 시내 밖에 있는 우리에 황소를 몰아넣는다. 용감한 도전자들과 술에 취한 사람들이 우리 안에 뛰어들어 황소의 뿔을 피해 도망치는 모습을 보며 관중들이 환호하고 응원한다.

■ 1년 내내 매일 거행되는 베네디시온 데 모빌다데스(Benedición de Movildades) 의식에 따라 차량에 내리는 축복을 받기 위해 대성당 앞에 꽃과 리본으로 장식한 버스와 자동차, 트럭이 주차돼 있다. 안전을 기원하며 봉헌한 술을 차량에 끼얹는다.

치유 능력으로 숭배의 대상이 된, 은 장식으로 치장한 그리스도의 성화 주변으로 사람들이 모여들면서 리마의 거리는 온통 보랏빛으로 물든다.

페루

기적의 주 Load of the Miracles

예수의 대리자로, 기적을 일으키는 능력을 지닌 것으로 알려진 리마의 수호성인을 기리기 위해 매년 거대한 행사가 열린다.

리마(Lima)의 10월은 '보라색 달'로 알려져 있다. 많은 신도들이 가톨릭에서 참회를 의미하는 보라색 옷을 입는다. 이 숭배의식에서 가장 중요한 것은 현지에서 '파차마미야의 그리스도(Cristo de Pachamamilla)'라고 알려진 예수님의 그림이다. 파차마미야는 잉카문명의 공용어인 케추아(Quechua)어로 세속의 색과 독실한 믿음을 뜻한다. 이 그림은 원래 1746년에 발생한 강진에도 마치 기적처럼 보존된 리마 빈민가의 어느 예배당 벽에 걸려 있던 것이다. 이 벽 가까이에 라스 나사레나스 성당(Church of Las Nazarenas)을 짓고 그림도 이곳에 모셨다. 오늘날 남아메리카 전역에서 많은 사람들이 이 성화에 기적을 행하는 능력이 있다고 믿게 되면서 매년 성화를 들고 행렬을 벌일 때면 '세뇨르 데 로스 밀라그로스(Señor de los Milagros, 기적의 주)'에게 경배하기 위해 수십만 명의 신도들이 운집한다. 행사 전날 사람들은 미사가 열리는 새벽이 될 때까지 성당에서 잠을 잔다. 미사가 끝나면 리마의 시내에서부터 '라 메르세드 성당(Church of La Merced, 자비의 성당)'까지 행렬이 이어진다. 보라색 의복을 입은 신도들이 십자가에 못 박힌 예수와 그의 발 밑에 있는 성모 마리아, 하늘에서 이들을 지켜보고 있는 하나님과 성령을 묘사한 거대한 그림을 들것에 실어 운반한다. 향 연기 자욱하고 기도와 찬송 소리가 가득한 가운데, 찬양대와 연주자, 참회자와 행상인들을 비롯한 행렬이 수많은 인파가 지켜보는 가운데 거리를 누비고 다닌다.

When to go 축제는 10월 18일에 시작되며 다음날에도 행렬이 이어진다. 유서 깊은 도시를 충분히 시간을 내어 둘러보자.

Planning 리마의 호르헤 차베스(Jorge Chávez) 공항에는 북아메리카와 남아메리카, 그리고 유럽에서 출발하는 항공편이 있다. 페루를 다닐 때 관광객들은 대부분 버스를 이용하지만 야간에는 버스를 이용하지 않는 것이 좋다. 차를 직접 운전하기보다는 택시를 타도록 하자. 주변 환경은 그리 쾌적하지 않지만 시내 중심에 요금이 저렴한 호텔이 있다. 가장 이상적인 장소는 미라플로레스(Miraflores)와 바랑코(Barranco)이다. 리마는 해산물을 포함해 맛있는 요리로도 유명하다.

Websites www.peru.info/perueng.asp

- 이 행렬과 관련이 있는 맛있는 전통 캔디인 투론 데 도냐 페파(Turrón de Doña Pepa)를 먹어 보자. 현지에서는 10월 내내 이 캔디를 먹는다.

- 페루의 전통 의상과 관습을 보고 싶다면 보헤미안의 정취가 물씬 풍기는 바랑코 지역에 있는 라 칸델라리아(La Candelaria) 클럽에서 현지 주민들과 어울려 음악과 춤 공연을 감상해 보자.

- 라파엘 라르코 에레라 고고학박물관(Musea Arqueolóco Rafael Larco Herrera)을 방문하면 페루의 토착 문화와 역사를 엿볼 수 있다. 이곳에는 고대 직물과 유물, 종교 행사와 일상생활에 사용됐던 도기와 금제 유물이 전시돼 있다.

오악사카 외곽의 속소코틀란 묘지에서 사랑하는 이의 무덤 앞에 촛불을 켜고 기도하는 멕시코인들을 통해 볼 수 있듯 축제 기간 동안 조용히 묵상에 잠기는 시간도 있다.

멕시코

죽은 자의 날 *Día de los Muertos*

멕시코인들은 음악과 춤, 음식으로 활기 가득한 사흘간의 축제를 통해
잠시나마 죽음의 고통을 잊고 찬란한 삶의 순간을 즐긴다.

이보다 더 흥미로운 장면은 없을 것이다. 수천 명의 사람들이 오악사카(Oaxaca)의 공동묘지에서 비석을 닦으며 황금색과 주홍색의 꽃 장식을 정렬한다. 멕시코 남부에 어둠이 내리면 묘지는 축제 분위기에 휩싸인다. 가족들은 피크닉을 즐기고 행상들은 밀랍으로 만든 해골과 유령을 연상케 하는 물건들을 팔고, 아이들은 폭죽을 터뜨린다. 스테레오 기기를 틀어 놓은 10대, 기타를 치는 거리의 음유시인들, 찬송가를 부르는 나이 든 여인들로 음악 소리가 끊이지 않는 가운데 모두 야외에 피워 놓은 모닥불 근처에 모여 밤을 보낸다. '디아 데 로스 무에르토스(Día de los Muertos)', 즉 '죽은 자의 날'이라는 멕시코의 축제는 오악사카 지방에서만 열리는 것은 아니지만 이곳에서 이 축제가 표명하는 바를 보다 분명히 느낄 수 있다. 의식은 대부분 가톨릭 전통을 기반

한껏 치장한 채 활짝 웃고 있는 해골 캐릭터를 통해 죽음을 희화화한 멕시코인들의 풍부한 상상력을 엿볼 수 있다.

으로 하고 있지만 인간을 제물로 바쳐야 망자가 환생할 수 있다고 믿은 아즈텍(Aztec) 축제에서도 영감을 받았다. 마녀와 뱀파이어, 도깨비 분장을 한 멕시코 아이들 덕에 핼러윈 느낌이 나는 분위기 속에서 죽음의 축제를 경험할 수 있다. 그러나 실제 축제 분위기는 공포와는 전혀 거리가 멀다. 취주악단 행렬이 광장을 돌고 별난 의상을 입은 무용수들이 그 뒤를 따른다. 여인들은 직접 담근 선인장 술로 우열을 다투고 사람들은 재기 넘치는 칼라베라(calavera, 해골) 노래와 시를 불쑥불쑥 내뱉기도 한다. '죽은 자의 날'이라는 축제 기간 동안 오악사카 지방을 감싸는 것은 사실 죽음의 기운이 아닌 삶의 기운이다.

When to go '죽은 자의 날' 축제는 10월 31일(All Souls' Day, 위령의 날), 11월 1일(All Saints' Day, 만성절)과 11월 2일에 열린다. 현지 분위기도 파악하고 오악사카 외곽에 있는 콜럼버스의 아메리카 대륙 발견 이전의 유적지도 방문할 겸 축제가 열리기 며칠 전에 방문하도록 한다.

Planning 10월 마지막 주에 오악사카에서 열리는 활기 넘치는 특별한 행사를 제대로 체험하고 싶다면 적어도 나흘은 예상해야 한다. 오악사카 행 항공편이나 괜찮은 호텔은 축제가 열리기 훨씬 전에 예약이 완료될 수 있으므로 서둘러 예약해야 한다. 고도가 높아서 밤 기온이 크게 떨어질 수 있으니 이에 대비해 짐을 꾸리자. 공동묘지나 야간 명소들을 둘러보고 새벽에 호텔로 다시 돌아올 수 있도록 택시나 호텔 차를 예약해 놓는다. 일부 현지 관광회사에서 가이드 투어를 제공하고 있지만 대부분 3시간으로 정해져 있어 밤새 축제에 참가할 수 없다.

Websites www.go-oaxaca.com

- 오악사카 도심 근처에 있는 거대한 판테온(Panteón) 공동묘지는 수천 개의 양초와 화환, 정교한 해골 모양의 장식으로 꾸며진다.

- 오악사카 남부 외곽에 위치한 속소코틀란(Xoxocotlán) 마을에 있는 시립묘지는 관광객들이 전통적인 밤샘 축제를 즐길 수 있는 최적의 장소다.

- 음식, 꽃, 폭죽 및 밀랍으로 만든 해골 같은 축제용품들은 중앙광장, 소칼로(zócalo) 근처의 베니토 후아레스(Benito Juárez) 시장에 늘어선 700개가 넘는 노점에서 살 수 있다. 시장 한편에서는 화려한 목공예품과 직물 같은 오악사카 지방의 유명한 수공예품을 살수 있다.

- 11월 1일, 가톨릭의 의무 축일인 만성절에는 스페인 바로크 성당인 메트로폴리타나 데 오악사카 성당(Catedral Metropolitana de Oaxaca)에서 미사가 열린다. 성당 안뜰은 지역 예술가들이 톱밥, 분필, 반짝이는 재료 및 채색한 모래로 보도를 카페트처럼 꾸미는 화려한 타페테스 데 아레나(tapetes de arena)의 장소로 변모한다.

형형색색 깃발로 장식하고 축제에 참가하기 위해 홍콩에 모인 어부들의 배.

중국 | 타이완

마주(媽祖) 축제 *Mazu Festival*

중국 남부와 타이완 전역에서는 도교의 여신이자 바다의 수호신인 마주의 탄생일을 기념하는 행사가 대대적으로 벌어진다. 노래와 징, 연, 폭죽놀이는 행사의 일부에 지나지 않는다.

어부들과 뱃사람들은 마주를 수호신으로 숭배한다. 마주 여신은 린모냥(林默娘)이라는 전설적인 인물에서 유래되었다. 전설에 의하면 태풍이 휘몰아칠 때 마주가 깊은 잠에 빠졌고 꿈결에 바다에 빠진 자신의 오빠들에게 손을 내밀어 구해 냈다고 한다. 이 이야기가 전해지면서 어부들은 마주에게 기도를 드리기 시작했다. 오늘날 어부들은 마주의 생일을 기념하기 위해 경건한 마음을 담아 다채로운 깃발과 리본으로 배를 치장하고 마주에게 봉헌된 사찰에서 거행되는 의식에 참여하거나 참관한다. 가장 성대한 마주 축제는 마주 여신의 고향이었던 중국의 푸젠성(福建省)의 메이저우 섬(湄洲島)에서 열린다. 매년 의례 때는 10만여 명의 순례자들이 최초로 지어진 사찰 한복판에서 의식을 거행한다. 이 사찰은 마주가 구름 속으로 올라갔다고 하는 장소를 기념해서 지은 것이다. 마이펑 산기슭에 위치해 있으며 15미터에 달하는 여신상이 산 정상에서 아래를 내려다보고 있다. 거의 모든 마주 축제에는 지역의 공예품이 전시되고 민요와 함께 춤 공연이 열린다. 각 지역마다 마주 사원이 축제의 구심점이지만 주변 거리에서도 대규모 행사가 열린다. 요란한 불꽃놀이와 중국 고수(鼓手)들의 심벌즈와 징 소리에 맞춰 용춤이 벌어진다. 연날리기와 서예, 공예품 전시가 열리는가 하면 지역 요리도 판매한다.

- 축제의 하이라이트는 사원으로 향하는 마주상의 행렬이다. 마주상이 사찰에 도착하면 수천 개의 폭죽이 귀청이 찢어질 듯한 굉음을 내며 터지기 시작한다.

- 엄청나게 다양한 민속 예술 및 공예품과 공연, 마주상의 행렬은 중국 남부의 해상문화를 접할 수 있는 절호의 기회이다.

- 타이완에서는 중국의 신들 가운데서 마주를 으뜸으로 숭배하는데, 마주 축제가 가장 성대하게 열리는 사찰은 페이캉(北港)의 차오티엔쿵(朝天宮)이다.

- 홍콩에서는 신계(新界)의 싸이쿵(西貢)에 위치한 조스 하우스 만(Joss House Bay)에서 가장 활기찬 마주 축제가 열린다. 화려하게 장식된 배와 용춤과 북이 등장하면서 시끌벅적한 분위기가 연출된다. 티엔호우(天后, 마주를 뜻하는 광둥어) 사찰이 해변을 내려다보고 있다.

When to go 마주 탄생 기념축제는 음력 3월 23일경에 열리는데 양력으로는 4월 중순에서 5월 중순에 해당한다. 2009년에는 4월 18일이었고 2010년에는 5월 6일이었다. 마주 탄생 기념축제보다 성대하지는 않지만 음력 9월 9일(양력 9월 또는 10월 초)에 마주의 기일을 기리는 의식이 있다.

Planning 대부분의 축제 행사들은 하루 동안 열리지만 메이저우의 축제와 타이완의 일부 지역에서는 일주일 혹은 그 이상 계속된다. 메이저우 섬은 푸젠성 중부, 취안저우 시(泉州市)와 푸티엔 시(莆田市) 사이의 바로 앞 바다에 있다. 두 도시에서 출발하는 배가 정기적으로 운행되고 있다.

Websites www.chinahighlights.com/travelguide/festivals/mazu-festival.htm

타이완의 따지아에서 축제의 참가자들이 마주상을 사찰 밖으로 운반하고 있다. 참가자들 중에는 정치인과 공무원들도 있다. 마주상은 금박을 입힌 의자 가마에 실려 따지아의 서쪽 해안을 따라 8일 동안 거리를 누빈다.

오봉 축제가 끝날 무렵 영혼들이 저승으로 돌아가는 길을 밝히기 위해 등을 강 위에 띄운다.

일본

오봉 축제(お盆) *Obon*

조상들의 영혼을 집으로 맞이하는 일련의 불교 의식에서 특히 눈길을 끄는 것은 춤과 등불 띄워 보내기이다.

등(燈) 축제이기도 한 오봉 기간에 일본의 불교 신자들은 불교 의식을 통해 조상을 기리기 위해 고향을 찾는다. 특히 최근에 세상을 떠난 가족이 있으면 더욱 성대하게 의식을 치른다. 불교 신자들은 이 기간 동안 죽은 사람의 영혼이 이승으로 돌아와 가족과 잠깐 동안 재회하게 된다고 믿고 있다. 그래서 사람들은 대대로 살던 집으로 영혼을 '불러내기' 위하여 조상의 묘에 가서 성묘한다. 조상의 영혼을 맞이하기 위해 대문에 불을 밝히고 불단(佛壇)에 종이로 만든 등을 놓아둔다. 또 집안을 청소하고 불단 앞에 밥과 과일, 채소와 꽃을 놓고 향을 피운다.

오봉의 유래는 붓다의 제자인 목련존자(目連尊者)의 전설에서 비롯되었다. 목련존자는 참선과 자비, 그리고 시주를 통해 자신의 어머니를 아귀 지옥에서 구해냈다고 한다. 그의 어머니가 지옥에서 풀려나자 목련존자는 기쁨에 겨워 춤을 추었다. 이때 춘 춤이 바로 오봉 기간 중 흔히 볼 수 있는 민속춤인 '봉오도리(盆踊り)'의 유래로 추정된다.

When to go 오봉 축제는 음력 7월 15일로 양력으로는 7, 8월에 해당한다. 지역마다 시기는 차이가 있지만 대개 8월 13일에서 16일까지 열린다.

Planning 오봉 축제 기간 중에는 대부분 영업을 하지 않는다. 모든 장거리 열차나 국내 항공편, 그리고 대부분의 숙박시설의 예약이 꽉 차기 때문에 축제가 시작되기 전 도착해야 한다. 오봉은 일본의 주요한 여름철 명절로서 축제를 전후로 주말에는 사람들로 붐빌 가능성이 크다. 대부분의 일본인들이 고향을 찾으면서 도쿄나 오사카 같은 주요 도시들은 평소보다 한산하다.

Websites www.jnto.go.jp

- 면으로 된 가벼운 기모노를 입은 참가자들이 사찰 경내나 마을 광장에 모여 민속춤인 봉오도리를 춘다. 이 춤은 지역마다 차이가 있지만 사람들은 원을 이루어 타이코(太鼓) 소리에 맞춰 춤을 춘다. 누구나 참가할 수 있다. 원 안에 끼어들어 다른 사람이 하는 대로 따라하기만 하면 된다.

- 대부분의 지역에서 오봉은 조상의 영혼을 저승으로 돌려보내기 위해 등롱(燈籠)을 띄워 보내는 도로나가시(燈籠流し)를 끝으로 막을 내린다. 붓글씨로 글을 쓰고 촛불을 밝힌 수많은 등을 강과 호수에 띄워 바다로 떠나보내는 것이다. 이 의식이 끝나면 불꽃놀이가 이어지는 경우가 많다.

- 마을에 따라 대규모의 축제를 열어 놀이기구와 게임, 음식을 즐기는 곳도 있다.

- 축제 마지막 날, 교토를 에워싼 다섯 개의 언덕에서는 다섯 개의 커다란 글자 형상에 불을 밝힌다. 이 화려한 장관은 여러 군데의 관람 장소에서 구경할 수 있다.

TOP 10

야간 축제 Ten Nocturnal Festivals

세계 곳곳에서는 한밤중에 축제가 벌어지기도 한다. 모두가 고요히 잠든 밤에 깨어나 춤과 음악으로 축제를 즐기는 사람들이 있다.

❶ 봄 밤의 축제 Noche de la Primavera 멕시코_멕시코시티

멕시코시티는 화려한 축제로 봄을 맞이한다. 거리와 광장은 밤새 음악과 춤으로 들썩인다. 멕시코 민속 리듬이 라틴의 팝음악과 어우러지고 곡예사들, 연극 단원들과 만화영화 제작자들이 새벽까지 즐거움을 선사한다.

Planning 축제는 춘분 전날인 3월 20일 경 오후 5시에 열린다.
www.visitmexico.com

❷ 마녀의 밤 Noche de Brujas 멕시코_베라쿠르스

카테마코에서 매년 열리는 마녀의 밤 축제는 마법과 주술의 화려한 잔치이다. 마녀와 마법사, 점쟁이와 치료사들이 함께 모이고 거리는 다양한 행사로 북적댄다.

Planning 마녀의 모임이 3월 첫째 금요일에 있다. 야간 축하 행사는 전날 목요일 저녁에 열린다. www.catemaco.info/brujos

❸ 새해맞이 축제 New Year's Eve 브라질_리우데자네이루

한 해의 마지막 날, 200만 명이 넘는 사람들이 불꽃놀이를 보고 삼바춤을 추기 위해 코파카바나로 몰려든다. 자정 직전 주민들은 대개 흰옷을 입고 바다의 여신에게 예물을 바치고 향수와 꽃과 쌀을 넣은 종이배를 바다에 띄운다.

Planning 해안은 리우데자네이루 중심에서 가까이 있으며 기차나 버스를 타고 쉽게 갈 수 있다. www.ipanema.com

❹ 지치부 야간 축제(秩父夜祭) Chichibu Yomatsuri 일본_지치부 시

등(燈)과 태피스트리와 조각물로 장식해 놓은 6개의 화려한 장식 수레를 수백 명의 참가자들이 노래를 부르며 시청 쪽으로 끌고간다. 각각의 수레는 지치부 시의 수호신들을 상징한다.

Planning 축제는 매년 12월 2일과 3일에 열리며 지치부는 도쿄 중심부에서 기차로 90분 걸린다. www.jnto.go.jp

❺ 등(燈) 축제 Lantern Festival 중국

음력 1월 15일, 중국의 거리와 마을은 온통 불빛으로 빛난다. 지구 모양의 종이로 만든 붉은색 등이 나비, 용, 새 모양의 등과 함께 빛난다. 각각 수

수께끼가 달려 있고 수수께끼를 푸는 사람은 상을 받는다.

Planning 중국의 등 축제는 양력 2월에 열린다. www.chinavoc.com

❻ 베트남의 설, 뗏 Tet 베트남

온 가족이 기대에 부풀어 자정을 기다리는 베트남의 섣달그믐은 모든 것이 새로워지는 시간이다. 이들은 집안을 깨끗이 치우고 장식을 한다. 집에서는 조상을 위해 기도드리고 공원에서는 불꽃놀이가 펼쳐진다.

Planning 베트남의 설은 음력을 따르기 때문에 대개 1월 말이나 2월 초이다.
www.thingsasian.com/stories-photos/1253

❼ 구원의 밤 Layiatul-Bara'ah 파키스탄

구원의 밤은 이슬람력으로 제 8월인 샤반(Sha'aban)에 있다. 이때가 되면 신자들은 알라 신에게 회개하고 용서를 구한다. 사원에서 밤을 새는 이도 있고 묘지에 가서 세상을 떠난 이들을 위해 기도하는 이들도 있다.

Planning 이슬람 전역에서 구원의 밤 의식을 지키고 있다.
www.tourism.gov.pk

❽ 하지 축제, 야니 Jani 라트비아

라트비아의 쿨디가(Kuldiga) 시의 주민들은 벌거벗고 거리를 돌아다니면서 하지(Jani, 夏至)를 기념한다. 라트비아의 다른 지역에서는 꽃과 떡갈나무 잎으로 만든 화관을 쓰고 모닥불을 피워 축하 행사를 하기도 한다. 모닥불은 해질 무렵부터 새벽까지 타오른다.

Planning 모닥불은 하지 전날 피우고 축제는 이틀간 계속된다.
www.latvia.travel/en

❾ 산 후안 축제 San Juan 스페인

산 후안 축제 기간 중 스페인에는 불꽃이 타오르며 거리마다 음악이 흐른다. 사람들은 밤새 모닥불을 피워 놓고 한여름을 즐긴다. 근심, 걱정을 태운다는 의미로 원치 않는 물건들을 태우며 모닥불을 뛰어 건너기도 한다.

Planning 산 후안 축제 시기는 지역마다 다르지만 대개 6월 23일 전후로 며칠간 계속된다. www.donquijote.org/culture/spain/fiestas/sanjuan.asp

❿ 하지 축제 Summer Solstice 잉글랜드 _ 글래스톤베리

글래스톤베리 언덕은 수천 년간 성스러운 곳이었다. 아서 왕에 얽힌 전설로 유명하며 지금은 하지 의식이 거행되는 곳이기도 한다. 하지 전날 수백 명의 사람들이 이곳에 모여 꽃잎을 던지고 성수를 뿌리며 의식을 치른다.

Planning 글래스톤베리 언덕은 내셔널트러스트가 관리하고 있다.
www.nationaltrust.org.uk, www.glastonburytor.org.uk

사무라이의 모습을 한 거대한 등이 아오모리의 어두운 거리에 모인 군중을 압도하며 즐거움을 선사하고 있다.

일본

네부타마츠리(ねぶた祭) *Nebuta Matsuri*

일본에서 가장 성대하고 시끌벅적한 축제 중 하나인 네부타마츠리(ねぶた祭り)는 원래 정화의식이었던 것이 정성스러운 추수 준비 의식으로 발전한 것이다.

매년 8월이 되면 일본의 혼슈(本州) 최북단에 있는 아오모리(青森)에 300만 명의 사람들이 몰려든다. 이들은 사무라이(무사)와 악귀, 정령 등의 형상을 한 거대한 네부타(인형 등롱)가 거리를 지나는 것을 보며 놀라움을 금치 못한다. 나른함을 의미하는 네

부타는 일본에서 가장 중요한 축제 중 하나로, 사람들의 '졸음을 쫓아' 가을 추수철을 대비하게 하려고 시작됐다고 한다. 이 축제에는 일본 북부지방의 짧은 여름이 끝난 것을 기념하는 의미가 담겨 있기도 하다. 매일 저녁 수백 개의 전구로 불을 밝힌 네부타를 실은 20대 정도의 장식용 수레가 2.4킬로미터의 거리를 행진한다. 이 초대형 인형 등롱은(높이 8미터, 너비 15미터, 무게는 4톤에 이르는 것도 있다.) 나무와 철사로 제작되며 밑그림을 그려 놓은 종이를 꼼꼼하게 붙인 후 현란한 색으로 칠을 한다. 뛰어오르고, 웅크리고, 포효하고, 찡그리는 모습을 표현한 무사와 정령의 인형들이 하도 거대해 선명한 색깔의 의상을 입고 장식용 수레 사이를 누비는 20만 명이 넘는 하네토(ハネト, 춤추는 사람)들이 한없이 작아 보인다. 이들은 북과 피리 소리, '라세라, 라세라!'를 외치는 군중들의 환호성에 맞춰 춤을 춘다.

- 네부타의 형상으로는 유명한 장군을 비롯한 역사적 인물, 가부키(일본의 전통 가무극)의 등장인물들을 본뜬 것도 있고 독창적으로 만든 것도 있다. 제작하는 데 공이 많이 들기 때문에 그해 축제가 끝나는 즉시 이듬해를 위한 축제의 주제를 구상해 네부타를 제작하기 시작한다.

- 축제 마지막 날 행렬은 오후에 시작된다. 그날 저녁 늦게 가장 뛰어난 네부타 3점을 선정해 배에 싣고 화려한 불꽃놀이를 배경 삼아 아오모리 만을 순항한다. 이 행사는 질병과 불운, 풍년을 방해하는 모든 요인들이 떠내려가길 기원하며 촛불과 함께 배에 실어 바다에 띄우던 먼 옛날의 의식이 잔존한 것이다.

When to go 네부타마츠리는 8월 1일에 전야제를 시작으로 8월 7일까지 이어진다. 처음 이틀 동안은 아이들을 위한 행사가 열리며, 8월 4일과 5일 양일간은 거대한 등불 퍼레이드가 본격적으로 펼쳐진다.

Planning 무쓰 만(陸奥灣)에 위치한 아오모리는 비행기, 배, 버스 또는 열차를 타고 갈 수 있다. 도쿄의 하네다공항에 아오모리 행 비행기가 있다. 시내 중심에는 비즈니스맨을 위한 호텔은 많이 있지만 저가 호텔은 부족하다. 근처의 히로사키(弘前)에 짐을 푸는 방법도 있다. 네부타마츠리 기간에는 숙박시설을 미리 예약해야 한다. 아오모리 시내의 상점에서 의상을 빌려 무용수로 축제를 함께 즐겨 보자. 행렬이 시작되기 30분 전까지 다른 무용수들과 함께 출발 준비를 완료해야 한다.

Websites www.nebuta.or.jp

토요일에 열릴 정화의식을 위해 화려하게 장식된 가마를 센소지 사찰로 옮기고 있다.

일본

산자마츠리(三社祭) Sanja Matsuri

3일간 열리는 격정적인 이 축제에서는 도쿄의 유서 깊은 사찰 중 하나인
센소지에 모셔진 신들을 기리고 아사쿠사의 구시가지에 행운을 기원한다.

전설에 의하면 13세기 전, 세 명의 어부가 던진 그물에 관음상이 들어 있었다고 한다. 이 불상을 모시기 위해 도쿄에 센소지(浅草寺)가 지어졌으며 이 세 어부는 후에 성자처럼 추앙을 받았다. 150만 명의 일본인들과 외국인들이 참여하는 축제에서도 이

들을 기리게 되었다. 사람들은 금박을 입히고 옻칠한 가마로, 신들이 타고 있다고 여겨지는 미코시(みこし, 神輿)를 따라 게이샤와 야쿠자의 전통 활동무대였던 아사쿠사(浅草)로 몰려든다. 사람들은 미코시를 메는 가마꾼으로 선택되는 것을 영광으로 여긴다. 축제 첫날인 금요일에는 가운 같은 상의를 입고 미코시를 멘 이들이 노래와 박수 소리, 휘파람과 북소리가 어우러진 가운데 아사쿠사의 주요 지역 세 군데를 돌며 행진한다. 술과 축제 음악, 엄청난 인파의 참여로 흥이 고조된다.

악기 연주자들은 수레를 타고 이동하고 아름다운 게이샤들은 야쿠자와 함께 걸어가며, 전통 춤 공연이 이어진다. 축제 둘째 날에는 미코시를 사찰 경내로 운반해 와서 정화의식을 치른다. 축제 셋째 날에는 세 명의 어부를 상징하는 거대한 가마 세 채가 지역 공동체의 축복을 기원하기 위해 마을을 순회한다. 사람들이 가마의 멜대를 서로 잡고 요란하게 흔들려고 아우성을 치면서 축제 분위기는 더한층 고조된다. 사람들은 가마가 많이 흔들릴수록 복이 퍼져나간다고 믿는다.

■ 금요일 행렬에 박진감 넘치는 타이코(太鼓)의 북소리를 들어 보거나 토요일에 사찰에서 열리는 공연을 구경해 보자. 공연은 마지막 미코시가 사찰을 떠나면 시작된다.

■ 토요일에는 어린아이들도 축제 의상을 맞춰입고는 작은 가마 모형을 메고 행렬에 참여한다.

■ 야쿠자의 몸에 그려진 정교한 문신을 직접 볼 수 있다. 야쿠자들은 훈도시(남자들이 입던 일본 전통 속옷)만 걸치고 행렬에 참여한다. 이들은 커다란 미코시의 꼭대기에 올라 아슬아슬하게 균형을 잡고 서서는 북소리와 째질 듯한 피리 소리에 맞춰 춤을 추기도 한다. 입으면 온몸에 문신한 것처럼 보이는 셔츠를 팔기도 한다.

■ 축제 음식을 즐겨 보자. 사원 근처의 노점에서 사람들이 보는 앞에서 직접 구워주는 쌀과자와 타코야키, 일본식 빈대떡인 오코노미야키를 맛볼 수 있다.

When to go 이 축제는 5월 셋째 주 금요일부터 일요일까지 열리며, 매일 새로운 행사가 열린다. 군중들 틈에 서있을 자신이 있다면 사흘 내내 머무는 것도 괜찮다.

Planning 거의 교통지옥 수준이라 운전하기 어렵다. 행사를 제대로 보려면 기차를 타고 이곳에 일찍 도착해야 한다. 긴자선(銀座線)과 도에이 아사쿠사선이 아사쿠사 역에 정차하며, 역에서 멀지 않은 곳에서 축제가 열린다. 나가야(長屋) 같은 지역 상점에서 축제 의상을 살 수 있다. 주말에 열리는 게이샤 공연도 놓치지 말자.

Websites www.jnto.go.jp

서울 시내에서 한복을 입은 불교 신도들이 연등행렬에 참가하기 위해 종종걸음을 하고 있다.

> 대한민국

연등축제(燃燈祝祭) *Lotus Lantern Festival*

매년 대한민국의 수도 서울에서는 붓다의 탄생을 기념하는
아주 특별한 행사가 열린다.

오늘날까지 동아시아에서는 2,500번이 넘게 석가탄신일 행사가 열렸다. 그중에서 가장 성대하고 화려한 행사는 서울에서 열리는 연등축제로 축제 기간 중 많은 사람들이 자신들의 소원을 적은 연등에 불을 밝힌다. '부처님 오신 날'로 알려진 흥겨운 초파일 행사에는 한국과 외국의 불자들과 관광객들이 참가하며 기념행사와 시가 행

진 및 각종 전시회도 열린다. 즉석에서 참선과 연등제작, 전통적인 한국문양 찍기에 참가할 수 있다. 오후가 되면 의상을 차려입은 아이들이 연극과 노래를 하고 음악을 연주하기도 한다. 조계사에서는 승려들이 춤을 추고 악기를 연주하기도 하는데 이것은 한국 불교에만 있는 독특한 행사이다.

황혼 무렵, 10만 개가 넘는 연등이 시내를 지나며 거리가 온통 형형색색의 불빛으로 물들면 축제는 절정에 달한다. 각계각층의 사람들이 이 행렬에 참가한다. 격식을 차려 승복을 입은 승려와 비구니들이 신도들, 관광객들과 함께 연등을 들고 행진한다. 연등은 손으로 들 수 있는 연꽃과 나비 모양의 등부터 여러 명이 함께 들어야 하는 화려한 용 모양의 등, 사람들이 들거나 수레에 실려 이동하는 정교한 코끼리와 부처 모양의 거대한 모형 등에 이르기까지 각각 크기가 다르다. 연등행렬은 동대문에서 시작해 시내를 거쳐 조계사까지 이어지며 시간은 90분 정도 소요된다. 조계사에 도착하면 함께 모여 노래를 하고 춤을 추며 화합하는 시간을 갖는다.

- 주간의 거리 축제가 연등행렬 전에 열린다. 방문객들은 한지를 접어 자신만의 등을 제작할 수 있다.
- 초파일 행사가 시작되기 전 봉은사에서는 연등 전시회가 열린다. 전시회는 서울시청 옆 광장에 세워진 거대한 연등에 불을 점화하는 것으로 시작된다.
- 초파일 전야, 대형 초파일 연등이 걸리면서 조계사에는 축제 분위기가 감돈다.
- 연등행렬을 시작하기 위한 불교의식에는 전국 사찰에서 온 대표들이 참석한다.

When to go 석가탄신일은 음력으로 4월 8일이며 보통 양력으로는 5월에 해당한다.

Planning 초파일 행사는 3일간 이어지며 연등행렬과 함께 화합의 의식이 진행되면서 축제는 절정에 달한다. 축제 기간 중 수십만 명의 인파가 서울에 몰리기 때문에 호텔 예약을 서둘러야 한다. 축제 기간 중 시내 사찰에서는 무료로 간단한 식사를 제공한다.

Websites www.llf.or.kr

> 필리핀

쿠투드 렌텐 의식 *Cutud Lenten Rites*

마닐라 북서쪽의 산페르난도에서는 매년 참회자들이 실제로 십자가에
못 박히기도 하는 예수 수난극이 펼쳐진다.

성(聖) 금요일(부활절 전의 금요일) 아침 6시경, 산페드로쿠투드(San Pedro Cutud) 지역의 거리는 줄을 꼬아 대나무에 묶어 만든 부릴료(채찍)로 등을 채찍질하는 고행자들로 가득 찬다. 남자들만 참가하는 이 의식에 10살밖에 안된 사내아이들도 참가한다. 어른들처럼 이들도 참회를 통해 죄를 용서받고 신의 은총을 입을 수 있다고 믿는다. 정오가 되기 전 주민들은 '비아 크루치스(Via Crucis, 십자가의 길)'라는 거리 행사를 시작한다. 예수 수난극 중 참가자들이 실제로 십자가에 못 박히기도 하는 전 세계에서 유일한 행사

두건을 쓴 참회자가 죄를 용서받기 위해 임시로 만들어진 갈보리 언덕까지 예수의 발자취를 따라가고 있다.

이다. 이 행사는 1950년대부터 산페르난도에서 매년 열렸지만 현재와 같은 형식을 갖추게 된 것은 1962년부터이다. 당시 이 지역의 아르테미오 아노자(Artemio Añoza)라는 예술가가 신의 인정을 받고자 스스로 십자가에 못 박혔다. 예수가 체포당하고 재판을 받고 모욕과 비난을 받는 과정을 재현한 후 예수님의 역할을 하는 지원자들과 다른 참가자들은 정오의 찌는 듯한 더위 속에서 십자가에 못 박히는 장소까지 3.2킬로미터에 이르는 길을 걸어간다. 채찍질하는 이들과 십자가를 진 고행자, 무릎으로 걸으며 회개하는 이들이 그 뒤를 따른다. 한 번에 3명씩 십자가에 못 박힌 상태로 짧게는 몇 초에서 길게는 10분에 이르기까지 십자가에 매달려 있다. 십자가에서 내려온 이들을 위해 들것도 준비돼 있다. 십자가에 못 박히는 일은 믿음을 상징하는 행위이며 참회자들은 이를 통해 자신들의 기도가 응답되기를 소원한다.

■ 지금까지 잘 지켜져 온 페르난도의 의식은 수난 주간 내내 계속된다. 그리스도의 고난과 죽음, 부활을 담은 찬양인 '파시온 니 크리스토(Pasyon Ni Kristo)'를 무반주로 부르기도 하고, 십자가의 길에서 조용히 묵상을 하거나, 또 신앙 요법을 행하기도 한다.

■ 성 금요일 저녁에는 애도의 표시로 검은 예복을 입힌 성인의 조각상을 싣고 꽃과 램프로 장식한 화려한 수레 행렬이 거리를 누빈다.

■ 부활절 일요일에는 예수가 그의 어머니와 재회하는 장면을 연극으로 재현하면서 부활을 기념한다. 공연이 끝나면 메트로폴리탄 대성당에서 미사가 이어진다.

When to go 매년 날짜는 달라지지만 부활절은 보통 3월에서 4월 사이에 있다. 이 지역을 둘러보려면 부활절을 전후해서 며칠간 시간을 내야 한다.

Planning 성 금요일에는 버스 터미널이 문을 닫기 때문에 그 전에 여행을 다녀야 한다. 쿠바오(Cubao)에서 빅토리 라이너(Victory Liner) 버스가 매시간 운행된다. 파쿠한(Pakuhan)의 여행 안내소에서 하차한 다음 지프니(지프를 개조한 필리핀의 소형 합승버스)를 타고 5분 거리에 있는 산페르난도로 향한다. 산페르난도에는 숙박시설이 마땅치 않기 때문에 대부분의 관광객들이 15분~20분 거리에 있는 근처의 클라크(Clark)에 짐을 푼다. 이곳은 다양한 숙박시설을 갖추고 있다. 섭씨 38도에 이르는 날씨 속에서 오랜 시간을 견딜 준비를 해야 한다. 물을 많이 가져가고 모자와 선크림도 챙겨야 한다.

Websites www.cityofsanfernando.gov.ph

라임 열매를 매단 고리를 맨살에 꽂은 한 힌두교 고행자가 무루간 신에게 경배하기 위해 쿠알라룸푸르 근처의 바투 동굴로 향하고 있다.

말레이시아

타이푸삼 *Thaipusam*

기이하기 그지없는 힌두교 의식인 타이푸삼 축제에서 순례자들은 무루간(Murugan) 신의 생일을 기념하며 참회와 속죄의 의미로 피부를 뚫는 고행을 감행한다.

타이푸삼은 소심한 사람들의 축제가 아니다. 몇몇 말레이시아 주에 있는 타밀족 사회에서 거행되는 축제인 타이푸삼은 수브라마니암(Subramaniam)이라고도 불리는 힌두교의 신 무루간의 탄생을 기념할 뿐 아니라 선악의 대결에서 선이 승리한 것을 축하하는 의식이다. 바로 이 날 무루간이 어머니인 '파르바티(Parvati)' 여신에게 무적의 창을 받아 사악한 악마를 물리친 것이다. 1월 말, 타밀 힌두교 달력의 10번째 달 보름날이면 쿠알라룸푸르 한 곳에만도 무려 100만 명 이상의 인파가 모여든다. 이중에는 기도가 이루어진 것을 감사하거나 속죄받기 위해 온 순례자들도 있다. 여성이나 아이들은 우유, 코코넛, 꽃, 공작깃털 같은 예물을 가져오고 남자들은 고리로 몸을 뚫어 과일을 주렁주렁 매달거나 이동 제단인 카바디스(Kavadis)를 양 어깨에 메기도 한다. 가장 인상적인 카바디스는 화려하게 꾸민 커다란 철제 구조물로서 금속 꼬챙이와 고리를 피부와 뺨, 또는 혀에 관통시켜 몸에 고정시켜 놓은 것이다. 피어싱이 끝나면 신자들은 영적 힘이 충만해지는 것을 느끼고 종종 믿기 어려운 일들을 하기도 한다. 이들은 깊은 영적 최면 상태에서 꽃으로 뒤덮이거나 철재가 반짝이는 카바디스를 메고 도시 중심부에 있는 '스리 마하마리암만 사원'을 출발해서 13킬로미터 거리인 바투 동굴까지 8시간이 넘는 여정을 감행한다. 가는 도중 춤을 추거나 노래를 부르는 이들도 있다. 이 행렬은 272개의 계단을 올라 동굴 꼭대기에 있는 사원에 도착하면서 절정에 이른다. 순례자들은 이곳에 도착함으로써 그들의 서약을 실천하기도 하고 은총을 구하기도 한다.

When to go 축제는 1월 말이나 2월 초에 거행된다.

Planning 타이푸삼은 피낭(Pinang)에서도 열린다. 이곳에서 50만 명에 이르는 순례자들과 관광객들이 조지타운에 있는 사원에서 워터폴에 있는 언덕 꼭대기에 위치한 사원까지 산을 오른다. 쿠알라룸푸르에서 조지타운까지 국내선 비행기를 타거나 반나절 정도 걸리는 버스를 탄다. 두 도시 모두 고급 호텔에서 저가 호텔에 이르기까지 다양한 숙박시설이 있지만 타이푸삼을 보려면 몇 달 전에 예약해야 한다. 이곳의 핵심부를 경험해보고 싶다면 상업의 중심지인 쿠알라룸푸르의 골든트라이앵글이나 조지타운의 유서 깊은 상업 중심지로 간다.

Websites www.tourism.gov.my, www.tourismpenang.gov.my, www.kualalumpur.gov.my

- 타이푸삼 축제 전날, 쿠알라룸푸르에 있는 스리 마하마리암만 사원에서 무루간 신에 대한 목욕의식이 있다. 무루간 신상은 정성이 담긴 예물과 화려한 꽃으로 장식되고 황소 두 마리가 끄는 마차에 실려 바투 동굴에 있는 스리 수브라마니암 사원(Sri Subramanniam Temple)까지 가는 행렬의 선두에 서게 된다.

- 피낭에서는 타이푸삼 축제가 끝나고 저녁이 되면 무루간 신의 조각상을 은마차에 싣고 밤새 이동해 워터폴에서 다시 조지타운으로 돌아간다. 이와 같은 마차 행렬로 축제를 마치는 풍습은 1857년에 비롯됐다. 작아졌다 커졌다를 반복하며 울리는 음악 소리 가운데 신도들이 마차 주위로 몰려들어 예물을 바치고 아이들을 들어올려 축복을 구한다. 또 무루간 신상 앞에서 코코넛을 깨기도 한다.

밝은색 의상을 입은 여인들이 예물로 바칠 음식과 꽃을 머리에 이고 베사키의 오달란에 참여하고 있다.

인도네시아

사원축제 Temple Anniversary Festival

발리 섬의 베사키 사원군은 1년 내내 힌두교식으로
축제를 즐길 수 있는 근사한 곳이다.

하루에도 수십 번씩 축제가 열리는 발리는 축제의 섬이라 부를 만하다. 가장 유명한 축제는 사원이 세워진 날을 기리는 오달란(odalan)이다. 발리의 힌두교 달력인 우쿠(wuku)에서 6개월에 해당되는 210일마다 열리는 오달란에는 제물을 바치는 엄숙한 의식과 기도, 화려한 종교 행렬, 흥겨운 연회와 음악, 춤 등이 종종 자정이 넘도록 이어진다. 이 의식은 외딴 농촌마을에서는 하루만에 끝나지만 해발 980미터의 중앙 고원지대에 자리잡은 '베사키 사원(Pura Besakih)' 같은 주요 사원에서는 며칠씩 계속된다. 베사키 사원은 발리 힌두교 사원의 총 본산이자 '어머니 사원'이기도 한 곳이다. 이 사원은 발리의 주요 신들이 살고 있다는 전설의 장소이자 힌두교가 발리에 들어오기 전, 선사시대의 애니미즘 의식이 행해지던 곳인 아궁 산 기슭에 위치하고 있다. 베사키는 22개의 주요 사원과 신전으로 이루어진 사원군으로, 이 중에는 14세기에 지어진 것도 있다. 이곳은 발리 사람들이 신성시하는 거의 모든 것들을 모셔 놓은 원천이다. 각 신전마다 축제가 거행되기 때문에 베사키 사원에서는 거의 매주 오달란이 열린다. 행렬은 다양한 형식으로 이루어지지만 대개 사롱(말레이 제도 사람들이 허리에 두르는 천)과 다른 전통 의상을 입은 수백 명의 사람들이 참여한다. 이들과 함께 가믈란(인도네시아의 전통 타악기) 합주대와 무용수들도 행렬에 참여한다. 이들은 나중에 야외 공연에 등장해 오달란 축제의 대미를 장식한다.

When to go 발리는 열대기후로 기온과 습도가 높고 오후에는 종종 소나기가 내리지만 베사키는 꽤 선선한 편이다. 6월~9월까지 이어지는 건기에는 거의 매일 맑은 하늘을 볼 수 있다.

Planning 사원들을 둘러보고 오달란에 참가하는 데 하루면 충분하지만 이곳 고지대를 꼼꼼히 살펴보려면 일주일은 잡아야 한다. 베사키의 오달란 축제를 놓쳤다면 언덕 꼭대기에 있는 울루와투 사원(Pura Uluwatu)이나 섬에 위치한 타나롯 사원(Pura Tanah Lot), 화구호(火口湖) 위의 울룬다누바투르 사원(Pura Ulun Danu Batur) 같은 다른 주요 사원의 오달란에 참여해 보자. 오달란에 참가할 때에는 복장 규정을 지켜야 한다. 사롱을 입고 반바지는 입지 않도록 한다. 의식을 방해해서는 절대 안된다.

Websites www.bali.com

■ 베사키 사원의 종교의식의 중심지인 페나타란 아궁 사원(Pura Penataran Augung)은 힌두의 신 시바에게 헌정된 것으로 흙으로 된 여섯 개의 테라스가 있고 테라스는 돌계단으로 연결돼 있다. 제일 낮은 층에는 축제의 음악과 춤을 위한 정자가 있고, 두 번째 층은 일상의 예배의식이 이루어지는 곳으로 사제들이 성수를 준비하는 곳과 전설적인 파드마티가(Padmatiga, 3중 연꽃대좌)를 모셔 놓은 신전이 있다.

■ 거대하고 신성한 암석 위와 그 주변에 조성한 바투마덱 사원(Pura Batu Madeg, 입석 불상 사원)은 비슈누(Vishnu) 신에게 헌정된 곳으로, 베사키에서 가장 오래된 사원이다. 다른 주요 사원처럼 이곳 역시 기본 방향인 북쪽을 가리키고, 신성한 색인 검은색으로 이루어져 있다.

부탄

체추 Tsechu

이 신성한 춤의 축제는 부탄에서 붓다의 환생이라고 알려진 구루 린포체를 기리고 신자들에게 즐거움을 선사하는 축제이다.

체추 춤 공연은 제 2의 부처인 구루 린포체의 삶과 악을 이긴 행적을 극화한 것이다.

가면을 쓴 무용수들이 돌바닥 위에서 부산하게 움직인다. 무용수들은 능라비단 의상, 꽃장식을 단 탈, 공작 깃털로 치장하거나 향을 든 차림으로 등장한다. 매년 체추('열 번째 날'이라는 의미로 구루 린포체의 탄생일) 때면 '파로 종(요새 형태의 사원)'을 비롯해 이 작디작은 히말라야 왕국 곳곳에 산재해 있는 사원으로 신도들이 물밀듯 밀려들어온다. 멀리 떨어진 시골마을에서 찾아오는 이들 중에는 며칠을 걸어서 오는 이들도 있다. 한결같이 가지고 있는 가장 좋은 옷과 신발 차림이다. 사원 안뜰은 도시락 바구니 옆에 웅크리고 앉은 대가족들로 가득하다. 동자승은 킥킥거리고 고위 승려들은 얼굴에 웃음을 띠고 있다. 어릿광대들은 어여쁜 소녀들 앞에서 밧줄로 연결한 남근상을 흔들어댄다. 축복을 구하거나 성수 방울을 맞기 위해 줄을 설 때면 경건한 분위기가 감돌고, 불경스러운 광대들의 익살극을 보고 있으면 흥이 난다. 악귀와 데스마스크 가면을 쓴 사람이 정면으로 응시하면 마음이 초조해지기도 한다. 속죄를 구하는 기도와 설법이 끊임없이 이어진다. 북과 징, 소라껍데기와 사람의 대퇴골로 만든 뿔피리의 연주와 함께 동굴 속에서 울리는 듯한 승려들의 염불 소리가 울려퍼진다.

When to go 봄가을이 방문하기에 좋다. 체추 축제는 전국에서 각기 다른 시기에 열리기 때문에 일정을 확인해야 한다.

Planning 체추 축제는 최대 5일까지 계속된다. 적어도 하루는 온종일 참석한다. 거대한 탱화가 펼쳐지는 마지막 날 아침도 꼭 참석해 보자. 등록된 여행사를 통해 예약해야만 부탄을 방문할 수 있다. 정부가 정한 일일 관광요금에는 세끼 식사에 숙박, 자격증을 갖춘 가이드 봉사료와 일정과 관계없이 국내교통편 이용료와 입장권이 포함된다.

Websites www.tourism.gov.bt, www.bluepoppybhutan.com

- 체추 축제의 핵심은 8번에 이르는 구루 린포체의 환생을 기리는 춤이다. 1,000년 이상 변함없이 계속돼 온 이 춤은 화려한 옷을 입은 승려와 일반 무용수들이 춘다.

- 마지막 날 동틀 무렵에 파로나 트롱사 같은 주요 종에서는 구루의 거대한 탱화가 펼쳐진다. 사람들은 엎드려 절하고 예물을 올리고 기도하며 예불을 드린다. 이들은 탱화를 응시하고 있으면 영혼이 정화된다고 믿는다.

- 아기에게 젖을 물린 엄마들, 풍선껌을 부는 승려들, 빈랑나무 열매를 씹는 노인 등 사람들을 살펴보는 즐거움도 있다. 어릿광대가 안전한 섹스의 중요성을 일깨워 주자 군중들은 웃음을 터뜨린다. 교육적인 내용과 즐거움, 종교의식까지 한데 어우러진 축제라고 할 수 있다.

- 티베트 전통 의상으로, 밝은색의 정교한 무늬를 직접 짜서 만든 여성용 '키라'와 남성용 '고'를 보면 노동을 일종의 예배 행위로 생각하는 부탄 사람들의 솜씨가 잘 드러나 있다.

축제 의상을 차려입은 소녀들이 반짝이는 노란 물결을 이루며 행진하고 있다.

이스라엘

부림절 축제 행렬 *Purim Parade*

부림절은 유대교의 가장 흥겨운 축제로 이스라엘에서 가장 성대하게 펼쳐진다.

둥둥 울리는 북소리와 울려 퍼지는 음악 소리 속에 수만 명의 사람들이 텔아비브 남쪽에 있는 홀론(Holon) 거리에 줄지어 있다. 이들은 마치 만화경처럼 다채롭게 펼쳐지는 거대한 장식 수레와 빙글빙글 도는 무용수들, 거리를 활보하는 곡예사들, 악대, 그리고 깃털과 스팽글, 풍선과 온갖 요란한 장식품들로 치장한 수천 명의 참가자들에게 환호를 보낸다. 이곳에 모인 이들은 모두 2,500년 전 고대 페르시아에 이스라엘인들이 학살당할 뻔했다가 구원받은 것을 기념하는 유대교의 가장 흥겨운 축제인 부림절 축제를 즐기고 있다. 이곳의 부림절은 마치 핼러윈(Halloween)과 마르디 그라(Mardi Gras, 부활절을 준비하는 사순절이 시작되기 전날이자 사육제의 마지막 날로, 실컷 먹고 즐기는 축제일)를 뒤섞어 놓은 듯하다. 이날이 되면 유대인들은 특별한 음식을 먹고 명절에 관해 이야기꽃을 피운다. 정신없이 축제를 즐기면서 촌극을 공연하기도 하고 기이한 복장을 하고 가면무도회를 벌이는가 하면 술에 취하기도 한다. 남자와 여자, 아이들 할 것 없이 화려한 옷을 입고 거리 공연과 카니발, 화려한 행렬 속에서 떠들고 즐긴다. 이 축제의 이름인 아들로야다(Adloyada)는 히브리어로 '누가 누군지 구분 못할 때까지'라는 뜻이다. 유대인을 구한 영웅인 모르드개(Mordecai)와 악인인 하만(Haman)을 구별하지 못할 정도로 코가 비뚤어지도록 술을 마셔도 된다는 의미인 것이다.

■ 홀론의 아드라야다 축제는 동화와 만화 캐릭터에서 전통 의상과 국제평화에 이르기까지 해마다 독특한 주제를 갖고 열린다.

■ 사원에 가서 성경의 에스더서인 메길라(Megillah)를 히브리어로 강독하는 것을 들어 보자. 두루마리로 된 메길라에는 왕비인 에스더와 사촌인 모르드개가 유대인들을 학살하려는 하만의 음모를 막아낸 사연이 담겨 있다. 사제들이 하만의 이름을 언급할 때마다 참석자들이 소리를 지르거나 발을 굴러 소리를 낸다.

■ 하만타셴(하만의 주머니) 또는 오즈네이 하만(하만의 귀)이라고 하는 부림절 전통 음식을 먹어 보자. 이 음식은 달콤한 소를 채워넣은 삼각형 모양의 페이스트리이다.

When to go 유대력으로 아다르(Adar) 달 14일에 열리며 보통 3월에 해당한다. 행렬과 다른 행사들은 실제 축제일 며칠 전 또는 후에 열린다.

Planning 홀론의 아들로야다 행렬은 정오쯤 시작한다. 행렬이 시작되기 전에 다양한 야외공연이 펼쳐지며, 축제는 오후에서 저녁까지 계속된다. 텔아비브에서 홀론까지 가는 것은 어렵지 않다. 군중들이 몰리는 것을 감안하면 오전 10시~11시까지는 홀론에 도착하는 것이 좋다. 그래야 행렬 전 열리는 행사를 볼 수 있고 행렬을 관람하기 좋은 자리도 확보할 수 있다. 이 행렬은 현재 소콜로브(Sokolov)와 웨이스만(Weisman)을 지나 시청까지 이어지지만 노선은 매년 바뀔 수 있다.

Websites www.wordtravels.com/Travelguide/Countries/Israel, inisrael.com

수도승들의 회전 동작 하나하나에는 이타적인 사랑을 향한 영적 여정의 단계가 형상화돼 있다.

터키

수피댄스 의식 *Whirling Ceremony*

800년의 역사를 지닌 수피댄스 의식에서 수피교단의 수도승들이
신과의 신비한 합일을 이루기 위해 무아지경에서 춤을 춘다.

터키 중부의 도시 콘야(Konya)는 메블라나 루미(Mevlana Rumi)의 죽음을 기리는 축제 기간 중 유명한 수피댄스 의식이 열리는 곳이다. 13세기 이슬람 신비주의자였던 메블라나 루미는 콘야에 메블라나 수피교단을 세웠고 그의 아들은 데르비시(수피교단의

탁발 수도승) 형제단을 만들었다. 이들의 독특한 춤추는 행위는 기쁠 때 종종 거리에서 빙글빙글 돌았던 메블라나의 습관에서 유래한 것이다.

터키에서는 세마(sema)라고 하는 이 수피댄스 의식이 시작되면 데르비시들은 수의를 상징하는 하얀색 긴 예복과 검은 망토를 입고 속세의 무덤과 묘비를 상징하는 원뿔꼴의 모자를 쓰고 등장한다. 리더가 메블라나를 위한 기도문과 코란의 구절을 읽으면 케틀드럼이 울리고 갈대 피리의 구슬픈 가락이 들려온다. 세마 의식에 수반되는 구슬픈 음악은 노래를 알아듣지 못하는 사람들에게도 심금을 울리는 감동을 준다. 데르비시들은 홀 주위를 세 차례 돌고 나서 속세에 대한 집착에서 벗어남을 상징하며 검은 망토를 벗어던진다. 그리고 팔을 교차해 접어 가슴에 붙이고 고개는 비스듬히 숙인 채 한 명씩 차례로 무대를 누비며 돈다. 회전 속도가 빨라지면서 팔도 펼쳐지며 오른쪽 손바닥은 하늘의 은총을 받을 수 있게 위로 향하고, 왼쪽 손바닥은 은총을 지상으로 전하기 위해 아래로 향한다. 이들은 춤을 네 차례 반복한 다음 코란의 구절을 읽고 의식을 끝낸다.

■ 데르비시들이 마치 빙글빙글 도는 별들로 이루어진 별자리가 천천히 이동하는 것처럼 수피댄스를 추는데 이 모습이 너무도 자연스럽고 우아해서 관중들은 넋을 잃는다.

■ 메블라비 교단의 거처였던 수도원에 자리한 메블라나 뮈제시(Mevlana Müzesi)에는 박물관과 함께 루미와 그의 아버지, 아들, 메블라나 데르비시 교단 지도자들이 안장돼 있는 제단이 있다.

■ 전 세계에서 가장 오래된 신석기 주거지인 차탈회윅(Çatalhöyük)은 콘야에서 남동쪽으로 48km 떨어진 곳에 있으며 기원전 7500년경에 생겨났다.

When to go 의식은 매년 12월 중순에 일주일 동안 열린다. 12월 17일에는 축제가 절정에 달한다.

Planning 콘야는 앙카라(Ankara) 남쪽 240킬로미터 지점에 있다. 축제 기간 중 콘야 항공편과 호텔에 대한 수요가 많기 때문에 적어도 1년 전에 예약을 해야 한다. 일부 여행사에서는 콘야의 메블라나 문화센터에서 열리는 의식을 보기 위한 소규모 단체여행 상품을 내놓고 있다. 이 시기에는 다른 지역에서도 회전춤을 구경할 수 있다. 의식이 진행되는 도중에는 사진촬영을 할 수 없다.

Websites www.argeus.com.tr, www.helloturkey.net/konya.html

> 인도

홀리 축제 *Holi*

봄날의 열기는 크리슈나가 어린 시절을 보낸 우타르프라데시(Uttar Pradesh) 주의 브린다반(Brindavan)과 몇몇 지역에서 떠들썩하고 다소 선정적인 분위기로 탈바꿈한다.

자신의 피부는 검은 데 비해 자신의 연인인 라다(Radha)는 피부가 새하얀 것을 시기한 젊은 크리슈나 신은 피부색을 맞추려고 라다의 얼굴에 붉은색 분을 칠하게 했다고 한다. 홀리 축제 기간에 모든 남자들은 마치 크리슈나 신이 된 것 같다. 모든 여성들은 그의 연인 라다가 된다. 이들은 서로에게 선명한 색의 굴랄(분말) 가루나 물감 스프레이를 뿌려댄다. 음악 소리와 돌락(북인도 지방의 손으로 치는 드럼)을 치는 소리, 그리고 홀

우타르 프라데쉬에서 열리는 홀리 축제 기간 중 군중들이 던져대는 색가루와 물감으로 거리는 형형색색으로 빛난다.

리가 시작됐다는 의미의 '홀리 하이!(Holi hai!)'를 외치는 소리가 이어진다. 크리슈나와 라다의 사랑을 표현한 민속춤도 이어진다. 남자들은 옷에 뿌린 물감이 잘 드러나도록 흰색 옷을 입고 여성들은 봄과 젊음을 상징하기 위해 밝은 색상의 옷을 입는다. 관광객들도 물감 세례를 받고 옷이 물들 수 있다. 가족들은 은쟁반에 물감을 준비하고 사탕과 과자를 만들면서 축제를 준비한다.

축제 전날 밤 악마인 홀리카(Holika)를 태우는 상징적인 의식을 통해 선이 악을 이긴 것을 기념한다. 마른 나뭇가지가 불길 속에서 탁탁 소리를 내며 타들어가면서 봄은 겨울을 내쫓고 헐벗은 계절 대신 풍요의 계절을 맞이하게 된다. 실제 축제 의식은 라다와 크리슈나의 신상에 붉은 가루를 바르는 것으로 시작한다. 그 외에 별다른 숭배의식은 없지만 크리슈나는 사람들의 마음속에 살아 숨쉬며 경계심을 풀고 하나가 되어 떠들썩하게 즐기라고 부추기는 것 같다.

■ 크리슈나가 라다를 찾아간 일을 상징하며 난드가온(Nandgaon) 마을 출신의 남자들이 마투라에서 40km 떨어진 라다의 고향 마을, 바르사나의 여인들과 홀리 축제를 즐긴다. 바르사나에 자기들 마을의 깃발을 꽂으려다가 여인들에게 잡힌 남자는 누구든 여자 옷을 입고 '여주인님'에게 춤과 노래를 바쳐야 한다.

■ 축제 전날, 팔렌(Phalen) 마을에서 거대한 모닥불이 피어오르며 선이 악을 이긴 것을 기념하는 의식이 열린다. 사제들이 불 사이를 걸어다녀도 다치지 않는 광경을 볼 수 있다.

■ 브린다반에 있는 500년 된 라다라만 사원을 방문해 보자. 크리슈나를 위해 지어진 많은 사원 중에서 오랜 역사를 느낄 수 있는 곳이다.

When to go 홀리 축제는 3월에 열린다. 정확한 여행 계획을 세우려면 보름날을 알아야 한다. 이 축제는 인도 힌두력으로 팔군(Phalgun, 12월)의 보름달이 되어가는 12일에 시작한다. 우리 달력으로는 3월에 해당한다. 축제 분위기를 제대로 느끼고 싶다면 축제가 시작되기 일주일 전에 도착해서 크리슈나가 유년 시절을 보낸 작은 마을들을 여행해 보자.

Planning 기차를 타고 델리(Delhi)에서 마투라(Mathura)까지 간 다음 마투라에서 택시를 타고 브린다반으로 간다. 홀리 축제 기간 중 브린다반은 관광객들로 매우 붐비기 때문에 여행사를 통해 숙박할 곳을 예약해야 한다. 시내 전역에 괜찮은 숙박시설들이 있지만 구 브린다반의 라다라만 사원 근처에 있는 로지를 추천한다.

Websites www.holifestival.org

인도 전역과 세계 각지에서 온 수천 명의 인파가 오른쪽부터 순서대로 빌라바드라, 수바드라, 자간나트 신의 거대한 전차 주위에 몰려 있다.

인도

전차축제 *Chariot Festival*

불타는 인도의 태양 아래 우주를 다스리는 힌두 신인 자간나트(Jagannath)가 우뚝 솟은 전차에 모셔져 여름 휴양지로 향한다.

사원의 종소리가 울려퍼지고 대기는 향 연기와 꽃향기로 가득하다. 자간나트(크리슈나 신의 화신)와 그의 누이 수바드라와 동생 발라바드라에게 드리는 기도와 찬양 소리가 이어진다. 이곳은 벵골 만에 있는 푸리(Puri)이다. 세 명의 신이 잠깐 살았다는 군디차(Gundicha) 사원까지 3.2킬로미터에 이르는 여정은 바로 이곳 자간나트 사원에서 시작된다. 사제들이 화관으로 장식한 신상을 들고 나와 징소리에 맞춰 세 개의 거대한 전차에 실으면 군중들은 환호하며 앞으로 몰려나온다. 수백 명이 합세해 발라바드라를 모신 전차의 줄을 잡고 전차를 천천히 끌기 시작한다. 사제들과 일가족, 농부, 더위를 식히느라 물을 뿌리는 아이들, 행상들, 그리고 구걸을 하는 나병 환자들에 둘러싸여 전차는 천천히 여행을 시작한다. 이어 수바드라의 전차와 자간나트의 전차가 등장한다. 각각 화려하게 치장했지만 식별이 가능하다. 이 의식에 참가하는 이들에게 전차가 지나가는 길은 전 생애를 상징한다. 신도들은 이처럼 중대한 순간에 죽음을 맞이하면 구원을 받는다고 믿고 있다. 과거에는 전차 바퀴 아래로 몸을 던지는 이들도 있었다. 이 때문에 19세기 초엽에 영국 통치자들에 의해 불가항력, 엄청난 파괴력이라는 의미의 '저거너트(juggernaut)'라는 신조어가 탄생하기도 했다. 요즘에는 수레에 몸을 던지는 사람은 없다. 신도들은 수레에 있는 자간나트를 보는 것으로도 영원한 복을 받을 수 있다고 믿고 만족하기 때문이다.

When to go 힌두력으로 아샤다(Ashadha) 달 보름날에 축제가 열린다. 우리 달력으로 6월~7월에 해당한다.

Planning 비행기, 기차나 버스를 타고 오리사(Orissa) 주의 주도인 부바네스와르(Bhubaneswar)까지 간다. 푸리는 부바네스와르에서 64킬로미터 떨어져 있으며 버스나 택시를 이용하면 된다. 숙박시설은 고급 호텔과 저가 호텔, 여관, 다르마 샬라(순례자들을 위한 숙박시설로 대부분 무료이다.), 유스호스텔 등 다양하며 대부분 해안가에 위치해 있다. 많은 군중들이 몰리기 때문에 미리 예약을 해야 한다. 축제를 관람할 수 있는 티켓과 축제 행렬을 따라 지정된 제한 구역을 통과할 수 있는 통행허가증도 살 수 있다.

Websites www.orissatourism.org

- 65m 높이에 달하며 성인과 동물의 조각상들이 가득한 자간나트 사원을 감상해 보자. 이 사원은 전형적인 오리사 건축양식으로 지어졌으며 이곳에서 비롯된 오디시 춤(Odissi dance)이라고 하는 매우 서정적인 고전무용에도 그 형상이 그대로 반영돼 있다.

- 근처 건물의 옥상에 올라가서 자리를 잘 잡으면 전차가 서서히 움직이면서 엄청난 인파가 함께 이동하는 놀라운 광경을 구경할 수 있다.

- 정교하기로 이름난 이곳의 공예품을 구입해 보자. 자간나트 신의 생애와 같은 종교적 주제를 담은 이 지역의 전통 그림인 파타 치트라(patta chitra)가 그려진 소형 벽걸이와 돌로 만든 조각, 은제 장신구와 금속 세공품이 있다.

인도

판다르푸르 사원 축제 *Pandharpur Temple Festival*

순례자들이 크리슈나 신의 화신인 비토바(Vithoba)의 신상에
경배를 드리기 위해 모여들면 한적하던 마을에는 활기가 넘쳐난다.

몬순철이 되면 찌는 듯이 덥다가도 천둥과 번개가 치고 느닷없이 소나기가 쏟아진다. 그렇게 험한 날씨에도 상당수가 소박한 농부들인 순례자들은 노래와 춤으로 신을 찬미하며 3주 동안 험난한 길을 따라 걷는다. 이들은 깃발을 들고 성인의 가마를 메고 노랫소리에 맞춰 징과 북을 치기도 한다. 여인들은 물과 음식, 성초(聖草)인 툴시(tulsi)를 머리에 이고 간다. 이들의 열정이 행렬 사이로 들불처럼 퍼져 나가면서 그 자체가 수백 년간 이어져 온 종교의식의 일부인 이 오랜 여정을 견디는 힘이 된다. 심지어 가

카스트 계급을 불문하고 온갖 계층의 사람들로 이루어진 순례 행렬이 찬미가를 부르고 악기를 연주하면서
마하라슈트라(Maharashtra) 주를 가로질러 걸어서 판다르푸르로 향하고 있다.

는 도중 다른 종교를 믿는 사람들도 순례자들을 반긴다. 순례자들의 목적은 비토바의 축제에 참가하는 것이다. 축제는 초승달 모양을 그리며 흐르는 비마 강 근처에 세워진 그림같이 아름다운 비토바 사원에서 열린다. 사원 안의 성소에서는 양손을 허리에 댄 모습을 한 비토바 신상이 벽돌 위에 서있고 그 옆에는 아내 룩미니(Rukmini)의 신상이 있다. 걸어서 이곳까지 오는 와르카리스(warkaris)라고 하는 순례자들은 25만 명, 축제에 참여하려고 운집한 인파는 70만 명에 이른다고 한다. 이들은 모두 차례대로 신상의 발 아래 엎드려 절을 하고 축복을 받는다. 검은 돌로 된 1미터 높이의 이 신상은 약 5,000년 전의 것으로, 인위적으로 만든 것이 아니라 저절로 생겨났다고 한다. 사원에서는 새벽예불과 음식 공양, 또 신상에 법복을 입히는 의식과 신상 앞에서 등을 흔드는 것 등을 비롯해서 특유의 의례 행위가 매일 거행된다. 이러한 의식은 모두 비토바를 향한 사랑을 표현하는 것이다.

When to go 축제는 6월 또는 7월에 열리기 때문에 축제가 열리는 정확한 날짜를 확인해야 한다. 축제 분위기를 느끼면서 마을을 둘러보는 데는 이틀이면 충분하다.

Planning 가장 가까운 국제공항은 400킬로미터 떨어져 있는 뭄바이(Mumbai)이며 가장 가까운 국내공항은 200킬로미터 떨어져 있는 푸네(Pune)이다. 뭄바이에서 매일 운행하는 직행버스나 기차를 타고 판다르푸르로 가면 된다. 순례자들에게는 무료인 저가의 비를라(Birla)의 숙소나 다르마 샬라(dharma shalla)라고 하는 무료 호스텔에 묵을 수 있다. 짐은 적게 들고 다니고 귀중품과 돈, 카메라를 잘 챙기도록 하자. 판다르푸르는 15세기의 모습 거의 그대로이다. 생활방식이 완전히 구식이므로 이에 적응하려면 각오가 필요하다.

Websites www.maharashtratourism.net

- 사원으로 향하는 여섯 개의 출입구는 각기 성자나 신에게 봉헌된 것이다. 출입구마다 순수함과 경건함을 보여주는 진기한 미담이 전해져 내려온다. 주변을 거닐며 이곳의 분위기에 젖어보자.

- 사원 내에 네 개의 기둥이 있는 법당과 16개의 기둥이 있는 법당을 방문해 보자. 기둥에는 왕과 뱀신, 그리고 연꽃과 코끼리의 모습이 조각돼 있다. 가장 아름다운 것은 은박을 입힌 안쪽 기둥이다. 또 강당 같은 곳도 있어서 가끔 사람들이 모여 찬미가를 부른다.

- 이 마을에는 24개의 사원과 18곳의 암자, 가트(목욕하기 위해 강으로 들어갈 수 있도록 만든 강가의 돌계단) 8곳과 맨션 5채가 있다. 각각 지상의 어떤 곳에서도 느낄 수 없는 독특한 분위기가 느껴진다.

갠지스 강 축제 의식 중 두 명의 성자들이 햇빛을 피하고 있다.

인도

쿰브멜라 *Kumbh Mela*

지구상에서 최대의 인원이 참가한다는 쿰브멜라는
인도의 네 도시를 돌아가며 3년마다 열린다.

영생수를 담고 있었다고 전해지는 주전자 때문에 '주전자 축제'라고도 불리는 이 힌두 축제는 알라하바드(Allahabad), 하리드와르(Haridwar), 우자인(Ujjain), 나시크(Nasik), 이 네 곳에서 번갈아가며 열린다. 전설에 의하면 신들이 악마에게서 주전자를 빼앗으려고 할 때 영생수 방울이 이 네 지역에 떨어졌다고 한다. 사두(sadhu, 수행자)와 설교자, 현인과 신자들, 언론인들과 정치인들을 비롯해 인도 전역은 물론 세계 각지에서 온 수천만 명의 사람들이 이 축제에 참가한다. 일부는 소박한 물건들을 머리에 이고 찾아오기도 한다. 점성술사나 손금 보는 사람, 뱀 부리는 사람들이나 이발사(강물에 들어가기 전 이발을 하는 것은 성스러운 일로 간주된다.), 먹거리 노점상처럼 돈을 벌기

우자인의 시프라 강에서 주나 아카라(juna akhara) 분파에 새로 입문한 이들의 입회식이 벌어지고 있다.
이들은 강에서 죽고 다시 태어나는 상징적인 의식을 치러야만 한다.

위해 찾아오는 이들도 있다. 저녁이 되면 음식을 만들기 위해 지핀 불로 연기가 자욱하고 군중들의 소음으로 귀가 먹먹해진다. 힌두 분파의 하나로, 드레드록(장발을 곱슬곱슬하게 하여 가늘게 땋아 내린 헤어스타일)을 하고 나체로 온몸에 재를 바르는 열혈 나가사두(naga sadhu, 나체 수행자)의 모습도 흥미롭다. 사람들은 그들을 따라 힌두교의 신성한 강물 속으로 들어가고 그들이 전하는 이야기를 경청한다. 우자인의 축제는 항상 행성들이 근접하는 시기에 맞추어 열리는데 이때 시프라 강의 치유력이 가장 영험하다고 여긴다. 점성술사들이 강물에 들어가면 특히 좋을 닷새의 길일을 정해 놓는데 마지막 날은 보름달이 뜨는 날이다. 신도들이 죄를 씻고 구원에 한 발 더 다가가려면 이날 중에 한 번은 꼭 강물에 몸을 담가야 한다.

When to go 2010년 3월~4월까지 히말라야 산기슭에 있는 하리드와르에서 열린 쿰브멜라는 2013년 1월~2월까지 알라하바드에서 열린다. 축제는 약 41일 정도 지속된다.

Planning 날씨는 축제가 열리는 지역마다 또 시기마다 다르다. 축제가 1월 초에 열리면 저녁에 기온이 크게 떨어지기도 한다. 순례자를 위한 화장실이 마련돼 있지만 상태가 엉망이므로 각오해야 한다. 축제 기간 중 상당 시간을 걸어야 하지만 앉아서 쉴 만한 곳이 없다. 휴식을 취하고 싶다면 그저 땅바닥에 앉는 수밖에 없다. 많은 수행자들과 수도사들이 마리화나가 든 수연통을 피우는 것을 보더라도 놀라지 마라. 수천만 명이 모이는 곳이기 때문에 길을 잃기 쉽다. 동행이 있으면 계획을 짜고 계획에 따라 행동한다. 휴대폰이 있으면 좀 더 편리하겠지만 사람들이 너무 많아 별 도움이 되지 못할 수도 있다.

Websites www.kumbhamela.net, www.sprit-of-indian.com

- 사람들이 삼삼오오 모여 토론과 기도를 하는가 하면 몇 시간씩, 심지어 하루 종일 홀로 기도를 하고 종교의식을 행하기도 한다.

- 축제에서는 독특한 방식으로 신에게 헌신하는 이들의 이야기를 접할 수 있다. 사람들은 자신들이 보고 만난 수행자들의 이야기를 기록해 놓았는데 이들 중에는 27년간 손을 들고 있었다는 수행자, 침묵 서약을 한 수행자, 모래에 몸을 묻은 채 잠을 자는 수행자, 몇 년간 한발로 서 있었다는 수행자들도 있다.

- 화려한 의상을 입은 인도의 극단이 임시 무대에서 종교 춤과 고전극을 선보인다.

- 강물에 들어갔다 나온 후 여인들이 사리를 펼쳐 놓고 말리는데 그 광경이 대단히 아름답고 화사하기 그지없다.

종교적인 그림이 그려진 집들을 보면 이 마을이 종교와 밀접하게 관련돼 있음을 알 수 있다.

독일

그리스도 수난극 Passion Play

알프스 산자락에 위치한 목가풍의 오버아머가우는
10년마다 예수의 삶을 재현하는 것으로 유명하다.

오버아머가우(Oberammergau)의 한산한 거리에는 그림이 그려진 집들이 동화책에서 튀어나온 듯이 줄지어 있다. 집들은 야외 그림을 뜻하는 '뤼프트말레레이(Lüftmalerei)' 라고 불리는 프레스코화로 장식돼 있는데 대부분 종교화이다. 세계적으로 유명한 종교행사를 하는 이곳에서 종교화가 즐비한 것은 당연한 일이다. 그리스도 수난극은 오버아머가우 마을의 거의 모든 사람들이 흑사병으로 죽어가던 1633년에 비롯되었다. 남은 사람들은 자신들이 살아남게 되면 '예수 그리스도의 수난, 죽음, 부활을 그린 연극'을 정기적으로 상연하겠다고 맹세했다. 1634년에 이들은 흑사병으로 숨진 사람들이 묻힌 묘지 앞에서 연극을 하며 자신들의 약속을 지켰다. 오늘날에는 10년에 한번, 0으로 끝나는 해에 그리스도 수난극이 공연된다. 지금도 마을 사람들이 배우, 음악가, 디자이너, 기술자가 되어 참여하며 연출만 전문가를 초빙해 맡긴다.

2000년 공연 때는 마을 사람들의 절반인 2,000명이 넘는 사람들이 수난극에 참가했다. 이해에는 수난극의 대본을 완전히 뜯어고치고 음악도 새로 작곡했으며 무대와 의상도 다시 제작했다. 이전 해인 1999년에는 흑사병 창궐 당시의 서약을 재천명하며 극장도 완전히 새롭게 개조해 헌정했다. 가장 결정적인 변화는 십자가 처형 장면이 밤에 등장하도록 공연 시간대를 옮겼다는 점일 것이다. 그 덕에 조명을 활용해 무대를 더한층 극적으로 꾸밀 수 있게 되었다. 구약 성서의 이야기를 그린 정교한 활인화(活人畫, 산 사람이 그림 속 인물처럼 분장하고 부동 자세로 명화나 역사적 장면을 연출하는 것)가 몇 차례 등장하기도 하는 수난극은 5개월 동안 매일 공연되며 매번 표가 매진된다. 관객들은 기독교의 근간을 기초로 한 이 독특한 이야기에 매료된다.

When to go 최근의 그리스도 수난극은 2010년에 열렸으며 5월부터 10월까지 매일 총 102차례의 공연이 상연됐다.

Planning 예약은 공연 2년 전부터 시작된다. 언제 가든 공연 전후로 며칠 정도 시간을 내어 알프스 지역을 돌아보자. 근처의 가르미슈파르텐키르헨(Garmisch-Partenkirchen)에서 하이킹과 등산용품을 빌릴 수 있다.

Websites www.oberammergau-passion.com

- 친숙하기 그지없는 광경이 믿기 힘들 정도로 엄청난 규모로 펼쳐지는 것을 보고 있자면 현실세계와 완전히 동떨어진 느낌이 들 수도 있다. 배우들은 예기치 못한 일이 벌어져도 자신의 배역을 끝까지 고수한다. 2000년에는 예수를 태우고 예루살렘에 입성하는 역을 맡은 나귀가 공연 기간 중에 새끼를 낳는 바람에 새끼까지 극에 참가하기도 했다.

- 새로운 대본에는 산상수훈의 팔복을 비롯해서 예수의 가르침에 관한 부분을 늘려 신약과 예수의 인물됨을 더욱 부각시켰다.

- 오버아머가우는 목각 공예로 유명한 곳이다. 도처에서 공예가들의 상점을 만날 수 있다. 보다 섬세한 수공예 목각상을 보여 달라는 부탁도 잊지 말자.

- 근처의 린더호프 성(Linderhof Castle)을 방문해 거울의 방을 놓치지 말고 구경한다. 이곳은 1878년에 완공된 작고 정교한 궁전으로, 감정의 기복이 심했던 루트비히 2세가 가장 아끼던 거처였다.

그리스도 수난극은 하늘과 산을 배경으로 야외 공연장에서 펼쳐진다.
예수의 재판과 죽음을 재현하기에 훌륭한 곳이다.

TOP 10

추수감사제 Ten Harvest Festivals

화려하고 떠들썩하게 치러지는 축제가 있는가 하면 엄숙하게 치러지는 축제도 있다. 하지만 모두 풍요로운 수확에 감사한다.

❶ 추수감사절 Thanksgiving 미국 _ 매사추세츠 주 플리머스 플랜테이션

11월 넷째 목요일인 추수감사절은 1621년 가을에 시작됐다. 당시 청교도들은 3일간 축제를 열어 풍성한 수확을 기념하고 인디언 부족들에게 자신들의 음식을 나눠줬다.

`Planning` 17세기 미국 초기 정착민들의 마을을 재현한 플리머스플랜테이션 박물관에서는 인디언 푸딩이나 칠면조 구이 같은 추수감사절 음식을 판매하고 있다. www.plimoth.org

❷ 벤디미아 Vendimia 아르헨티나 _ 멘도사

2월 마지막 일요일, 멘도사의 대주교가 그해 처음 수확한 포도에 성수를 뿌리고 신에게 새 포도주를 바치면서 멘도사 지역에서는 한 달간의 포도주 축제가 시작된다. 거리에는 미녀 선발대회와 각종 공연이 열린다.

`Planning` 멘도사는 여름에 덥지만 밤에는 기온이 내려가 쌀쌀하기 때문에 겉옷을 챙겨가야 한다. www.greatwinecapitals.com/mendoza/index.html

❸ 쌀 수확 축제 Rice Harvest 인도네시아 _ 발리

쌀이 주식인 발리에서는 쌀의 여신인 데위스리(Dewi Sri)가 추앙 받는 것이 당연하다. 추수 때가 되면 마을에는 깃발을 걸어놓고 논의 가장 신성한 가장자리에 이 여신을 위해 대나무로 지은 신당을 세운다.

`Planning` 발리는 논농사를 짓기에 좋은 기후를 갖고 있어 쌀 재배와 수확이 일 년에 몇 차례씩 이루어진다. www.bali.swadee.com

❹ 찬타부리 과일 박람회 Chanthaburi Fruit Fair 타이 _ 찬타부리

찬타부리는 보석만큼이나 화려한 색상을 자랑하는 과일의 천국이다. 여름철 수확기가 되면 매년 열리는 과일 전시회를 통해 두리안과 람부탄, 또 로건이나 망고스틴과 같은 이국적인 과일이 선을 보인다.

`Planning` 과일이 익는 시기에 따라 과일 전시회가 열리는 시기도 달라진다. 타이 관광청에 문의한다. www.thailandgrandfestival.com

❺ 수코트(초막절) Sukkot 이스라엘 _ 예루살렘

초막절은 풍성한 수확과 이스라엘 민족이 광야를 떠돌며 초막에서 살던

때를 기념하는 날이다. 이스라엘 사람들은 수카(Sukkah)라는 초막을 짓고 7일 동안 이곳에서 음식을 먹고 잠을 잔다.

Planning 축제는 대 속죄일(욤키푸르)이 지나고 9월이나 10월에 열린다.
www.virtualjerusalem.com/jewish_holidays/sukkot/index.htm

❻ 바다 축복 의식 Blessing of the Sea 그리스

동방박사 세 명이 아기예수를 찾아온 것을 기념하는 주현절에는 교회에서 바다까지 행진한다. 사제가 황금 십자가를 축복한 뒤 바다에 던지고 사람들은 축복을 가져다준다는 이 십자가를 먼저 주우려고 바다에 뛰어든다.

Planning 1월 6일 그리스 전역에서 주현절 의식이 있다. www.greeka.com

❼ 올리바간도 Olivagando 이탈리아_마지오네

마지오네에서 11월에 이틀간 열리는 축제는 성 클레멘스 교황의 축일과 이 지역 올리브 수확을 기념하는 날이다. 특별미사를 열어 새로 수확한 올리브를 축복하고 12세기에 지은 성에서 성대한 중세풍 만찬이 열린다.

Planning 몰타의 기사의 성에서 열리는 만찬에 참가하려면 예약을 서둘러야 한다.
www.inumbria.it/articoloeng-37471.html

❽ 수확제 Lammas Festival 잉글랜드

잉글랜드의 수확제는 작물이 풍성하고 낮이 짧아지기 시작하는 수확기의 시작을 기념하는 날이다. 과거에 그들은 햇곡식으로 빵을 구워 교회제단에 놓고 옥수수 인형으로 풍성한 잔칫상을 장식하기도 했다.

Planning 수확제인 라마스는 풍년을 감사하는 고대 켈트족의 의식에서 유래됐다.
www.lammasfest.org

❾ 마데이라 꽃축제 Madeira Flower Festival 포르투갈_마데이라

푼샬의 4월 꽃 축제는 봄이 오는 것을 축하하는 의식이다. 아이들은 꽃송이를 들고와 희망을 상징하는 거대한 벽을 만들고 거리에는 꽃으로 만든 정교한 카펫이 길게 늘어선다.

Planning 마데이라 해안 수온은 1년 내내 수영을 즐기기에 적당하다. 수영복을 준비하는 게 좋다. www.madeiratourism.org

❿ 잉크왈라 Incwala 스와질랜드

12월 말, 과일축제 잉크왈라를 시작하기 위해 바닷물을 구하러 사람들이 바다로 향한다. 바다가 없는 이 나라에서 바닷물을 구해 와야 과일 축제가 시작된다. 성스러운 나뭇가지로 왕을 위한 정자를 짓고 왕이 첫 수확한 과일을 먹고 나면 그제야 국민들도 수확의 기쁨을 누릴 수 있다.

Planning 관광객들도 축제에 참가할 수 있지만 사진은 허가를 받아야만 찍을 수 있다. www.gov.sz

그리스

그리스 정교의 부활절 *Orthodox Easter*

부활절 토요일 자정이 지나자마자 아테네의 리카비토스(Lykavittos) 언덕 아래로
수많은 촛불에서 타오르는 불빛이 굽이치며 이어진다.

이 촛불은 아기오스 기오르기오스(Agios Giorgios)라는 언덕 위의 작은 예배당을 찾은 수천 명의 사람들이 들고 있는 것이다. 모두 '크리스토스 아네스티(Christos anesti, 그리스도께서 부활하셨습니다.)'라는 말을 듣고 '아네스티 에네이(Anesti Enei, 진정 그분은 부활하셨습니다.)'라고 화답하기 위해 이곳을 찾은 사람들이다. 그들은 교회의 성스러운 불꽃으로 불을 밝힌 초를 들고 집으로 향한다. 그리스의 다른 지역도 마찬가지로 다음날 아침이면 집집마다 상인방(창, 입구 따위의 위쪽 가로대)에 촛불이 타고 난 뒤 남은 십자 모양의

부활절 토요일, 예수의 부활 시간이 임박하자 예배당에서 신자 한 명이 가느다란 양초에 불을 붙이고 있다.

검댕이 보인다. 이 촛불은 집안의 성상 앞에 봉헌한 초를 밝힐 때에도 사용된다. 부활절은 그리스 정교회 최대의 축제로, 동로마제국 당시부터 변함없이 이어져 온 장엄 예배와 의례, 행렬이 이루어진다. 부활절 축제는 최대 일주일간의 금식 이후 성 금요일에 시작된다. 이때 그리스인들은 성당으로 가서 십자가에서 내려온 그리스도상을 세마포로 싸서 꽃으로 장식한 관에 안치하는 광경을 지켜본 다음 이를 모시고 거리를 행진한다.

부활절 토요일은 헌신의 날로서 자정이 되면 촛불을 켜고 폭죽을 터트리며 끝이 난다. 이후 집에서 조용히 식사를 하는데 이것은 사순절 금식이 끝났음을 나타내는 것이다. 부활절 일요일에는 가족들이 모여 잔치를 즐긴다. 우선 부활절 달걀로 알고 있지만 기독교 이전부터 있어온 전통인 붉게 칠한 삶은 달걀을 먹는다. 그리고 1년 전에 양조한 레치나 와인(송진을 넣어 발효시킨 그리스산 화이트와인) 술통 중에서도 첫번째를 열어서 마신다. 그 후 새끼 양이나 염소를 통째로 구워 느긋하게 저녁식사를 한 다음 본격적으로 노래와 춤을 즐긴다.

When to go 그리스의 부활절 시기는 차이가 있지만 보통 4월에서 5월 초이다.

Planning 적어도 5일은 잡아야 한다. 교통과 숙박은 미리 예약해야 한다. 부활절 기간에는 그리스로 향하는 교통편과 그리스 내의 교통편 모두 수요가 크게 늘어난다. 이때가 되면 나라 밖에서 살고 있는 그리스 사람들이 고국을 찾고 도시 거주자들 역시 고향인 섬이나 마을을 찾는다. 아테네에도 소박한 펜션부터 고급 호텔까지 수많은 호텔과 게스트하우스들이 있다. 낮에는 섭씨 18도~25도로 따뜻한 편이지만 저녁에는 선선하다. 폭우가 내릴 수도 있으니 우비와 우산을 챙기자.

Websites www.gnto.gr

- 해발 277m에 위치한 리카비토스는 아테네에서 가장 높은 지점에 있으며 정상에서 수많은 현대 건물 사이로 보이는 고대 아크로폴리스의 장관을 감상할 수 있다. 이 산의 이름은 '빛의 길'을 의미하는 것으로 부활절 빛의 행렬이 기독교 이전의 고대종교에서 유래된 것임을 암시하고 있다.

- 그리스의 모든 도시와 마을에서는 규모는 작지만 이와 유사한 방식으로 부활절을 기념한다. 코르푸 지역에서는 특이하게도 이 섬의 수호성인이자 사람들의 생명을 구하는 기적을 행했다고 전해지는 스피리돈(Spyridon)의 미라를 들고 행렬한다.

- 크레타에서는 많은 주민들이 공공장소에서 모닥불을 피워놓고 유다의 형상을 불태운다. 이 섬에서는 그리스의 다른 지역에 비해 불꽃놀이가 성대하게 열린다.

초알리의 바닷속에 있는 매혹적인 수중 성모상은 아름다운 야간 축제의 주인공이다.

이탈리아

바다의 성모 마리아 *Madonna of the Sea*

뱃사람들의 수호신으로 성모 마리아를 숭배하는 의식이
리구리아(Ligurian) 해안의 작은 어촌 마을에서 열리고 있다.

제노아(Genoa) 동쪽의 마을 사람들은 성모 마리아를 아주 다른 방식으로 섬기고 있다. 8월이 되면 제노아의 아담한 만에 위치한 작은 마을인 초알리(Zoagli)에서는 장엄미사(High Mass)가 끝나고 횃불 행렬이 바다로 향한다. 잠수부들이 9미터 아래 바닷속에 있는 청동으로 된 성모상을 향해 내려가고 수면 위에는 사람들이 띄워 놓은 작은 등잔들이 떠있다. 전설 속 인어들의 고향이라고 하는 세스트리레반테(Sestri Levante)의 지협에서는 마돈나 델 카르미네(카르멜 산의 성모) 축제가 장엄 미사와 함께 열린다. 이후 갈색의 수수한 튜닉(고대 서양의 남녀가 입었던 소매 없는 옷)을 입은 남자들이 휘황찬란한 보석과 포도로 치장한 황금 성모상을 들고 거리를 행진한다. 기도 응답을 받은 사람들은 성모상에 경배를 드리고 보석과 결혼반지, 자신만의 기념품 등을 바쳐 감사를 표한다. 해질 무렵 어두워져 가는 하늘 위로 쏘아대는 폭죽으로 바다는 눈부시게 빛난다.

이 축제와 유사한 다른 행사들도 여름 내내 펼쳐진다. 대부분은 성모 마리아를 기리는 것이지만 예수를 기리는 축제도 있다. 야간 축제가 열리는 카몰리(Camogli)에서는 스쿠버 다이버들의 수호신인 '크리스토 델리 아비시(Cristo degli Abissi, 심해의 그리스도)' 상에 화환을 놓기도 한다. 그 전에 배에 횃불을 켜고 해안을 도는 의식이 열린다.

■ 해초투성이 암석 위에 세워진 초알리의 바다의 성모상은 다이버들이 사진을 찍기 위해 즐겨 찾는 곳이다. 바다에 들어가 이 마을에서 사진 찍기 장소로 유명한 심해 코스를 둘러보자.

■ 라팔로(Rapallo) 같은 도시에서는 모르타레티(mortaretti)라고 하는 소리가 크고 연기도 많이 나는 전통 폭죽을 가지고 불꽃놀이 콘테스트가 열리기도 한다.

When to go 축제는 7월과 8월에 열린다. 이 종교적인 축제는 관광 행사로 지정돼 있지 않은 경우가 많으며 주로 교구민들을 위해 열린다. 초알리에서 열리는 바다의 성모 축제는 8월 6일 저녁, 심해의 그리스도 의식은 7월 마지막 주 토요일, 그리고 카르멜 산의 성모 의식은 7월 16일에 열린다.

Planning 축제를 구경하려면 하루는 잡아야 한다. 점심은 현지 음식점에 예약한다. 축제 음식을 먹기 위해 가족 단위로도 온다. 리구리아의 마을들이 대부분 험준한 산비탈에 위치해 있기 때문에 최대한 간선 도로에 가깝게 주차한 다음 축제가 열리는 바닷가 마을로 걸어 내려온다. 피사-라스페치아-제노아선 열차가 이곳 대부분의 마을에서 하차하기 때문에 주차 공간이 아예 없거나 거의 없는 협소한 이곳을 찾는 데는 열차가 제격이다.

Websites http://www.promoliguria.it, http://www.tangoitalia.com/turismo/liguria/sestrilevante.html

산 마르코 대성당의 돔으로 된 웅장한 실내를 장식하고 있는 모자이크 벽화는 11세기에서 16세기에 걸쳐 만들어진 것으로 구약과 신약의 이야기들을 담고 있다.

> 이탈리아

크리스마스 자정 미사 Christmas Midnight Mass

비잔틴양식으로 지어진 베네치아(Venezia)의 소중한 유산인 산 마르코 성당은
그리스도 탄생을 기념하는 장엄미사를 드리기에 더할 나위 없이 훌륭한 곳이다.

그리스도가 탄생한 역사적인 밤, 미사를 알리는 성당의 종소리가 도시 곳곳에 울려 퍼진다. 한 시간 넘게 사람들이 모여들면서 기하학적 무늬의 대리석 바닥 위 통로는 방문객과 지역 주민, 뛰어다니는 아이들과 잠든 아이를 품에 안은 엄마들로 가득 찬다. 그리스 정교회와 이탈리아의 유대관계를 말해 주는 인상적인 모자이크 무늬들

로 가득한 황금빛 벽과 돔은 이 화려한 의식에 동방의 분위기를 더해 준다. 가장 눈에 띄는 것은 크리스트 판토크라토르(전능의 지배자)의 모자이크가 있는 중앙의 예수 승천 돔으로, 그 아래에 밝혀 놓은 1,000개의 촛불이 깜박이며 독특한 조명 역할을 하고 있다. 자정 30분 전에 총대주교의 집전으로 의식이 시작되며, 찬양과 성경 봉독, 예수 탄생 이전의 성서적·역사적 이야기를 요약한 고대 칼렌다(Kalenda)를 읊는 순서가 이어진다. 부주교가 아기 예수의 성화를 총대주교 앞으로 가져가면 총대주교는 미사의 시작을 알리는 영광송(榮光頌)을 부른다. 하나님의 신성한 빛을 상징하기 위해 교회 안의 조명이 켜지고 그리스도의 탄생의 중요성을 설명하는 설교가 이어진다. 가톨릭 신자만 성찬에 참여하지만 이곳의 분위기는 종파를 초월한 듯하다.

- 찬란하게 빛나는 성당 내부의 황금 모자이크와 평소에는 대중들에게 개방하지 않던 교회 구석구석을 살펴볼 수 있는 좋은 기회이다.

- 이 독특한 미사 의식에 담긴 교회 역사를 생각해 보자. 총대주교는 1690년경에 교황 알렉산데르 8세가 이 성당에 선물한 금실과 은실로 수놓은 예복을 입는다.

- 길을 잃는 것도 베네치아에서 경험할 수 있는 특유의 매력적인 일이다. 좁고 구불구불한 골목길을 다니면서 성수기 때면 관광객이 반, 잡상인이 반인 베네치아의 진짜 모습을 발견해 보자. 캄포 산토 스테파노(Campo Santo Stefano)를 비롯해 곳곳에서 열리는 크리스마스 장터도 놓치지 말고 찾아가 본다.

When to go 이틀 정도 미리 도착해서 크리스마스를 앞둔 베네치아의 분위기를 즐기며 원하는 만큼 머무른다.

Planning 자정 미사에 참석하는데 입장권이 필요하지는 않지만 적어도 10시 반까지는 도착하는 것이 좋다. 입장은 성당 북문을 통해 할 수 있다. 라틴어로 된 답창을 위한 예행연습이 있고 찬송은 누구나 함께 부를 수 있다. 미사 안내문은 이탈리아어는 물론 방문객들을 위해, 영어, 불어, 독일어로 쓰여 있다. 따뜻하면서도 의식에 맞는 옷을 입도록 하며 짐은 가져가지 않는다. 사진이나 동영상 촬영은 금지돼 있다. 이 기간 중 많은 교회들이 장엄한 콘서트를 개최하며 베네치아 도처에 콘서트 포스터가 붙어 있다. 크리스마스 때는 문을 닫는 식당이 많으므로 문을 여는 식당이 어디인지 확인하고 크리스마스 저녁 식사를 예약해 두어야 한다.

Websites www.basilicasanmarco.it, www.italiantourism.com

부활절 토요일, 신비 행렬이 끝나고 참가자들이 그리스도의 생애를 묘사한 성상을 트라파니의 교회 안으로 운반하고 있다.

이탈리아

트라파니의 성 금요일 의식 Good Friday in Trapani

기독교 일정 중 가장 엄숙한 날인 성 금요일에 시칠리아 섬의 어느 도시에서는
만 하루 동안 계속되는 종교의식을 통해 그리스도의 고난을 기린다.

성 금요일 오후 2시, 도심에 위치한 연옥교회(Church of Purgatory)의 문이 열리고 마사리(massari)라 불리는 이들이 십자가의 길을 상징하는 여러 점의 거대한 나무 성상들을 올린 받침을 메고 장송곡에 맞춰 행진한다. 이것은 트라파니의 '프로체시오네 데이 미스테리(Processione dei Misteri, 신비 행렬)'의 시작으로, 이후 24시간 동안 마사리들은

이 받침을 어깨에 메고 트라파니 거리를 돌아다닌다. 20개의 성상 받침은 각각 10명 또는 12명의 트라파니 시의 길드 회원들이 운반한다. 이들은 치아쿨라(ciaccula)라고 하는 캐스터네츠와 비슷하게 생긴 나무악기를 연주하는 리더의 지시에 따라 행진한다. 이들 앞으로 두건을 쓴 남자들이 애도하며 천천히 걸어가고 악단이 장송곡을 연주하며 그 뒤를 따른다.

현재 사용되는 성상들은 18세기와 19세기에 만들어진 것이지만 이 행렬은 400년 이상 계속된 것이다. 표정이 풍부하고 종종 고통에 일그러져 있기도 한 성상의 머리와 손, 발은 나무로 조각된 것이다. 나무 받침대에 세워진 성상은 은제 장신구와 꽃으로 장식한다. 트라파니 거리는 행렬을 보기 위해 몰려든 사람들로 북새통을 이루고, 행렬이 지나가는 길 쪽으로 난 발코니에서 사람들이 꽃잎을 뿌리기도 한다. 다음날 성상은 교회로 돌아가고 부활절의 흥겨운 행사가 시작된다.

■ 뒷골목의 작은 식당에서 음식을 먹고 있으면 길드 회원들이 음식을 먹으러 들어온다. 이들이 자리에 앉자마자 파스타를 잔뜩 얹은 접시가 식탁에 놓인다. 15분 후면 이들은 엄청난 양의 음식을 해치우고 거리로 나가 힘든 행진을 계속하고 있다.

■ 야간에 펼쳐지는 행렬은 아주 으스스하다. 후에 장송곡의 서글픈 멜로디가 꿈에서도 들려올지 모른다.

■ 맑은 날에는 산꼭대기에 있는 중세 마을인 에리체(Erice)에서 80km 떨어져 있는 튀니지(Tunisia)와 에트나 산까지 볼 수 있다. 트라파니에서 고대 성벽에 둘러싸인 자갈길이 미로처럼 나있는 에리체까지 케이블카가 운행되고 있다.

When to go 부활절 주간에 가는 것이 좋다. 시칠리아를 방문하기에는 봄철이 가장 좋다. 봄은 기온이 온화하고 야생화와 아몬드나무가 만개하는 때이다.

Planning 비행기를 타고 팔레르모(Palermo)로 가서 공항에서 차를 빌리거나 셔틀버스를 타고 트라파니 시로 간다. 팔레르모에서 트라파니를 오가는 기차와 버스도 있다. 버스가 수시로 운행되고 있기 때문에 버스를 이용하는 것이 더 효율적일 것이다. 트라파니의 기차역과 버스역은 도심 외곽에 위치하고 있고 이 지역은 걸어다녀도 될 만큼 협소하다. 국내 항공편이 있는 규모가 작은 공항도 있다. 항구에서 근처 섬까지 운행하는 페리를 타도 된다. 부활절은 많은 사람들이 시칠리아를 찾는 때이다. 교통과 숙박시설을 미리 예약해야 한다.

Websites www.processionedeimisteri.it, www.sicilynet.it

2007년 산 피에트로 대성당 발코니에서 교황 베네딕토 16세가 신도들에게 메시지를 전하고 있다.

바티칸시국

부활절 미사 *Easter Mass*

로마 가톨릭 교회력에서 가장 기쁜 날이자 부활절 주간의 최고 절정이 되는 날을 기념하기 위해 로마 시민, 순례자, 관광객들이 바티칸으로 몰려든다.

이른 아침부터 거대한 원형의 산 피에트로 광장(Piazza San Pietro)에는 10만 명이 넘는 인파가 몰린다. 모두는 아니지만 대개 가톨릭 신자들이며 연령도 국적도 제각각이다. 사람들의 이야기 속에는 기대감이 담겨 있다. 오전 10시 반, 종소리와 성가대의 아름다운 노랫소리에 맞춰 교황이 등장하고 산 피에트로 대성당(Basilica di San Pietro)의 계단에서 회중들을 반긴다. 이곳에 설치된 제단은 붉은색, 주황색, 노란색 꽃으로 둘러싸여 있다. 꽃들은 바티칸 스위스 근위대의 주황색과 푸른색 제복만큼이나 화려하다. 교황은 그리스도의 성상에 예를 표하는데 이것은 교황 요한 바오로 2세에 의해 다시 시작된 오래된 관습이다. 교황은 부활과 새로운 삶을 축하하는 의식을 시작한다. 순례자들과 관광객, 그리고 성가대가 함께 전례 미사에 참여하고 신도들 중 일부는 소리 높여 기도한다. 정오가 되면 교황이 성당의 중앙에 있는 발코니로 나와 '우르비 에트 오르비(Urbi et Orbi, 로마시와 전 세계에 보내는)' 부활절 메시지를 전하고 교황은 메시지를 통해 세계 현안에 관해 언급한다. 마지막으로 교황이 양팔을 벌리고 다양한 언어로 인사말을 전하면서 축복을 하자 군중들이 즐거워한다. 교황의 축도가 끝나자 산 피에트로 대성당의 종이 울리고 산탄젤로 성에서 축포가 터진다.

■ 일요일 미사는 성 목요일 저녁부터 부활절 일요일에 이르는 성삼일 전례 최고의 행사이다. 미리 계획을 짜면 성 목요일 저녁에 '성 라테라노 대성당'에서 열리는 '주님만찬미사'에 참가할 수 있다. 이 미사에는 최후의 만찬 때 겸손의 본을 보여준 예수를 기억하며 교황이 12명의 사제들의 발을 씻긴다.

■ 성 금요일에는 교황이 십자가 경배 의식도 함께 거행되는 오후 예배를 집전한다. 저녁에는 콜로세움에서 '십자가의 길' 행사도 열린다. 성 토요일 저녁에는 산 피에트로 대성당에서 교황과 선임 추기경들이 올리는 자정 미사를 비롯해 부활절 철야 미사가 진행된다.

■ 바티칸 박물관을 방문해 보자. 박물관은 부활절 일요일과 월요일을 제외하고는 이 기간 중 계속 문을 연다.

When to go 부활절 주간 며칠 전에 도착해서 아름답고 유서 깊은 바티칸시국의 봄을 즐겨보자. 가톨릭의 부활절은 3월 초에서 4월 말에 있다.

Planning 이 시기에는 비행기 요금이 더 비싸고 관광객들이 몰려들기 때문에 교통과 숙박은 여유 있게 예약을 해야 한다. 산 피에트로 대성당에서 열리는 부활절 미사에 참가할 수 있는 무료 티켓을 구하려면 자국의 가톨릭 교구 사무처나 로마에 있는 신학교에 문의한다. 교황이 주관하는 다른 전례나 미사에 참여하려면 예약해야 한다. 일찍 도착해서 자리를 확보하면 티켓을 구할 필요도 없다. 줄서는 것이 싫다면 바티칸 박물관 관광에 나서 보자.

Websites www.vatican.va, www.romaturismo.it

프랑스

집시 축제 *Gypsy Pilgrimage*

매년 수천 명의 로마(Roma, 집시)들이 마리아와 수호 성녀를 기리기 위해
카마르그 해안의 생트마리드라메르(Saintes-Maries-de-la-Mer)를 찾는다.

유럽 각지에서 온 집시(인도 북서부를 기원으로 하는 유랑민족인 로마니족을 일컬음)들이 성모 마리아의 이복 자매이자 예수의 이모인 마리아 야곱(Mary Jacob), 사도 야곱과 복음서를 쓴 사도 요한의 어머니인 마리아 살로메를 기리기 위해 모여든다. 이 의식을 통해 집시들은 그들의 수호 성인인 사라(Sara)도 기린다. 사라는 어쩌면 집시일지도 모르는 이집트인으로, 이 두 마리아와 마리아 막달레나, 그리고 다른 세 사람과 함께 이곳으로 왔다고 여겨지는 인물이다. 이들은 모두 그리스도를 따랐다는 이유로 가해진

카마르그의 기수들이 집시 행렬에 참가하고 있다. 성녀 사라의 조상을 바다로 가져갔다가 다시 교회로 가져온다.

박해를 피해 도망친 이들이다. 전설에 의하면 그들은 돛도 노도 없는 허름한 배를 타고 떠났지만 신의 가호로 안전한 해안까지 오게 됐다고 한다. 마리아 야콥, 마리아 살로메와 사라는 해안가에 남았고 마리아 막달레나는 기도할 곳을 찾아 내륙의 동굴로 들어갔다고 한다.

로마네스크양식으로 지어진 마을 안의 노트르드라메르(Notre-de-la-Mer) 성당 지하에 성녀 사라의 유해가 안치돼 있다. 그 덕에 이 성당은 축제 기간 동안 순례지이자 인기 있는 세례식과 결혼식 장소이다. 참가자들은 성녀 사라의 조각상과 함께 마리아 야콥, 마리아 살로메의 조각상을 태운 갈색의 작은 배를 들고 성당을 출발해 바다로 향한다. 이것은 세 명의 성녀들이 이곳에 기적적으로 도착한 것을 상징하는 것이다. 깃발을 들고 하얀 말을 탄 카마르그의 기수들과 프로방스의 전통 의상을 입은 여인들이 그 뒤를 따른다. 음악 소리와 종소리가 하늘에 울려 퍼지면 군중들은 '사라 만세, 마리아 만세'를 외친다.

■ 축제는 매년 5월 말에 열흘 동안 열린다. 도시가 온통 차량이나 말을 타고 순례 온 집시들 천지가 된다.

■ 축제 기간 중 집시들은 이 지역의 시인이자 황소 목축업자였던 폴코 바롱셀리자봉 후작(Folco, Marquis de Baroncelli-Javon, 1869~1943)을 기린다. 그는 이 축제와 집시의 권리를 공식적으로 인정받기 위해 운동을 펼쳤다. 집시들은 이 후작의 무덤 앞에서 예를 표하고 거리에서 민속춤을 추고 황소 달리기를 개최하며 그를 기린다.

■ 목동들이 검은 황소와 카마르그의 하얀 말을 키우고 있는 목장을 찾아가 보자. 목장 건물 중 일부는 전통 방식대로 회반죽을 칠하고 갈대로 지붕을 엮어 만들었다.

When to go 실제 축제는 5월 24일~26일까지 이어지지만 많은 사람들이 더 오랫동안 머무른다. 매우 다채롭고 향토색이 강한 두 번째 축제가 10월 중순에 펼쳐진다. 바로 마리아 살로메 축제(Fête de Marie Salomé)로, 미사와 바다로 향하는 행렬, 전통 의상이 이 축제의 주요한 특징을 이룬다. 시간을 내어 30킬로미터에 이르는 모래 해안에서 휴식을 취해 보자.

Planning 생트마리드라메르로 가기 위해서는 자동차를 이용하거나, 아비뇽(Avignon)에서 기차를 타고 아를(Arles)까지 간 다음 다시 버스를 타고 45분 정도 가면 된다. 가는 도중 벼가 자라는 평야와 갈대로 지붕을 엮은 시골집들을 감상해 보자. 버스는 하루에 세 번밖에 운행하지 않으므로 아를의 관광안내소에서 시간표를 확인하도록 하자.

Websites www.saintesmaries.com

10월의 축제 행사 중 전통 의상을 입은 젊은 여성들이 성모 마리아에게 바칠 장식품을 나르고 있다.

스페인

성녀 필라르 축제 *Fiestas del Pilar*

사라고사(Zaragoza)의 수호성녀를 기리는 이 축제에는 며칠 밤낮으로
축제를 즐기는 스페인 사람들의 열정이 녹아 있다.

서기 40년, 사도 야고보가 아라곤(Aragón) 지방의 에브로(Ebro) 강둑에서 기도하고 있을 때 성모 마리아가 나타나 자신의 조각상과 벽옥(碧玉)을 깎아 만든 기둥을 주면서 그 주위에 교회를 세우라고 말했다고 한다. 이에 성모 마리아의 추종자들은 수백 년에 걸쳐 필라르 광장(Plaza del Pilar) 안에 매우 아름다운 성당을 세웠다. 오늘날 수많은 신자들이 이곳을 찾아와 지금은 대리석으로 감싸 놓은 기둥에 입맞춤을 한다.

이 이후로 모든 여자들이 이곳을 필라르라고 부르면서 필라르는 성당의 이름이 되었다. 매년 10월에 사라고사의 수호성인을 기리는 필라르 축제가 거행되면서 축하의식은 절정에 달한다. 참가자들은 성모 마리아에게 엄청난 양의 꽃과 과일을 바치고 풀 먹인 종이로 만든 거대한 형상과 거인이나 커다란 머리 인형을 뒤집어 쓴 행렬이 매일 시내를 누빈다. 또한 스페인의 축제에서 결코 빠지지 않는 음악과 춤이 어김없이 거리를 가득 메운다. 투우와 연극도 있다. 저녁에는 참가자들이 술집이 모여 있는 엘투보(El Tubo)로 향하고 그곳에서 밤새도록 축제를 즐긴다.

When to go 9일 동안 지속되는 이 축제는 10월 12일 직전의 토요일에 필라르 광장에서 음악과 연극, 서커스, 흥겨운 잔치와 함께 시작된다.

Planning 비행기나 자동차 또는 기차를 타고 사라고사로 온다. 이곳에는 시내버스와 시외버스가 있지만 차를 빌리는 게 좋다. 에브로 강 남쪽에 있는 이 고색창연한 도시의 중심부에는 필라르 광장과 대성당, 대부분의 교회, 기념비와 호텔, 식당이 몰려 있다.

Websites www.fiestadelpilar.com

■ 음악은 축제의 중요한 부분이다. 많은 이들이 시내 곳곳에서 민요, 대중음악, 레게와 탱고, 재즈에 이르기까지 온갖 장르의 음악을 연주한다.

■ 탱고 연마가 어렵다면 아라곤의 전통 춤인 호타(jota)를 배워 보자. 필라르 광장의 고야 분수 앞에서 민속 음악과 춤이 매일 공연된다.

■ 매일 저녁 불꽃놀이가 있다. 축제 마지막 날 저녁 강둑의 마카나스 공원(Parque de Macanaz)에서 열리는 불꽃놀이는 특히 아름답다.

■ 소리와 빛, 물이 어우러지는 공연을 통해 프리모 데 리베라 공원(Parque Primo de Rivera)은 매일 저녁 변모한다.

■ 축제 기간 동안 아트락시오네스 공원(Parque de Atracciones)에서는 목이 마른 이들을 위해 밤낮으로 맥주 파티를 연다.

재림형제단의 참회자들이 세비야의 산타 마리아 라 블랑카(Santa Maria la Blanca)에서 부활절 일요일 행렬을 준비하고 있다.

스페인

세비야의 성주간 *Holy Week in Seville*

스페인 전역에서 가톨릭 신자들이 행진을 하며 부활절 주간을 기념하지만 남부 도시인 세비야만큼 장관이 펼쳐지는 곳은 없다.

매년 봄이 되면 8일 동안 고대 도시인 세비야의 거리는 종교 행사로 떠들썩하다. 종려주일(부활절 직전의 일요일)에서 부활주일 기간 동안 약 5만 명의 형제단 회원들이 59개의 행렬을 만들어 그들의 교구에서 시내 성당까지 행진한다. 대부분의 형제단에서는 화려하게 장식된 두 대의 장식용 수레를 나른다. 한 대는 예수의 수난과 부활을 상징하는 것이며 또 다른 한 대는 성모 마리아상을 운반하기 위한 것이다. 조각상에는 금관을 씌우고 벨벳과 능직 천으로 만든 화려한 무늬의 옷을 입히며 수레 가장자리는 정교한 은 세공 장식으로 치장한다. 수레는 무게가 2톤이 넘기도 하며 행렬은 최대 8시간까지 계속된다. 행렬 가까이 서있으면 바닥까지 닿는 커튼 뒤로 지쳐서 끙끙대는 소리를 들을 수 있다. 그 뒤로 흰색의 겉옷을 입고 누구도 알아볼 수 없도록 끝이 뾰족한 두건을 써서 얼굴을 가린 참회자들이 커다란 십자가와 깃발과 초를 들고 따른다. 발코니에서는 가수들이 플라멩코의 애가를 노래한다. 이 행렬은 가장 중요하고 제일 호화롭게 장식한 수레가 비좁은 자갈길을 지나가는 성 금요일의 이른 아침에 최고조에 달한다. 이틀 후 세비야는 예수의 부활을 기념하며 기쁨은 물론, 갖가지 것들로 또 다시 넘쳐나게 된다.

- 세비야에 며칠 일찍 갈 경우 교회를 찾아가면 형제단이 행렬을 준비하는 과정을 지켜볼 수 있다.
- 어떤 면에서 부활주간 행렬은 엄숙한 종교 행사이지만 세비야 주민들은 축제를 실컷 즐기려 한다. 형제단의 행렬이 지나가는 곳에 위치한 술집들은 호황을 누린다. 떠들썩한 분위기에 함께 어울려 보자.
- 이 지역의 부활절 음식인 토리하즈(torrijas)를 먹어 보자. 토리하즈는 계란, 와인, 꿀에 적셔 구운 일종의 프렌치토스트이다.

When to go 부활절까지 일주일 내내 머무를 수 없다면 성 금요일 이른 아침에 열리는 행사는 놓치지 말자. 매년 축제가 시작되는 날짜는 차이가 있지만 언제나 3월이나 4월에 열린다.

Planning 부활주간에는 100만 명 정도의 관광객들이 몰리기 때문에 숙박시설은 축제가 시작되기 훨씬 전에 이미 예약이 찬다. 편안한 밤을 보내고 싶다면 예약을 서둘러야 한다. 지역 신문을 보면 매일 어떤 형제단이 행렬을 하는지, 성당을 출발하는 시간은 언제인지 등 자세한 사항을 알 수 있다. 10개의 형제단이 한꺼번에 행렬을 할 수도 있기 때문에 도시 지도와 튼튼하고 편한 신발을 챙겨야 한다. 행렬에 부딪치지 않으면서도 가능하면 많은 것을 구경하기 위해 구불구불한 거리를 헤쳐 나가는 것이 관건이다.

Websites www.guiasemanasanta.com, www.sevillaonline.es

`TOP 10`

사육제 Ten Pre-Lenten Celebrations

사육제는 엄숙한 종교의식에서 유래돼 지금은 금욕과 절제의 사순절을 앞두고 유희를 마음껏 즐기는 화려한 대중적 축제를 의미한다.

❶ 마르디그라(참회의 화요일) Mardi Gras 미국_뉴올리언스

나폴레옹이 미국에 루이지애나를 팔아버린 뒤에도 이곳에는 프랑스전통이 여전히 남아 있다. 요란한 마르디그라 축제는 지금도 계속된다. 주현절 가면무도회와 함께 축제가 시작되고 사순절이 시작되기 전 5일간 파티가 열리면서 축제 분위기가 고조된다.

`Planning` 관광객들도 개별 단체에서 만든 마르디그라 행렬 수레에 탈 수 있다.
www.mardigras.com, www.napoleonparade.com

❷ 카니발 Carnival 트리니다드토바고

트리니다드토바고의 카니발 의식에는 카니발의 의미가 여전히 살아있다. 이들의 축제는 상업용 쇼가 아닌 사람들이 화려한 옷을 입고 춤과 음식을 즐기며 스틸 밴드의 기량을 겨루는 자발적인 모임이다.

`Planning` 카니발 주간에는 40년 넘게 이어져온 연주 시합이 있다.
www.gotrinidadandtobago.com

❸ 카니발 Carnival 마르티니크

5일간 파티와 행렬이 이어지는데 결혼식을 흉내낸 여장 차림이 흔하다. 마르디그라(참회의 화요일)는 붉은 악마의 날로, 붉고 검은 옷을 입고 거리를 행렬한다. 재의 수요일에는 사육제의 왕, 바발의 죽음을 애도하며 그의 초상을 들고 화장용 장작더미로 향한다. 이로써 축제는 절정에 달한다.

`Planning` 카니발의 사전 준비는 1월 초 주말 파티로 시작된다.
www.martinique.org

❹ 꽃과 과일의 축제 Fiesta de las Flores y las Frutas 에콰도르

눈 덮인 안데스 산맥을 배경으로 펼쳐지는 암바토의 꽃과 과일의 축제는 풍년을 감사하는 의식이다. 화려한 의상을 입고 정교한 장식용 수레를 만들고 불꽃놀이와 복숭아 맛이 나는 와인을 즐긴다.

`Planning` 암바토는 키토(Quito)에서 남쪽으로 두 시간 거리에 있다.
www.ecuador.com

❺ 카니발 Carnival 브라질_리우데자네이루

브라질의 카니발은 전 세계적으로 유명한 행사이며 나흘간의 화려한 축하

행사가 이어지고 참회의 화요일에 막을 내린다. 하이라이트는 리우의 삼바 행렬로 7만 명이 들어갈 수 있는 삼보드로무 경기장에서 열린다.

Planning 삼보드로무 경기장 입장권은 일찍 매진된다. www.rio-carnival.net

❻ 파트라스 카니발 Patras Carnival 그리스

신화와 현실이 만나는 파트라스 카니발은 고대 그리스, 특히 술의 신인 디오니소스에게서 영감을 받은 것이다. 성 안토니오 축일(St. Anthony's Day, 1월 17일)에 축제 시즌이 공식적으로 시작돼 3월 초까지 이어진다.

Planning 파트라스에 짐을 풀고 올림피아와 델피에 있는 고대 유적지를 둘러보자. www.iexplore.com/dmap/Greece/Event/9044

❼ 카르네발레 Carnevale 이탈리아_베네치아

전 세계의 많은 카니발 축제에 영향을 미친 화려한 베네치아의 카니발 축제는 13세기에 시작돼 르네상스 시대에 절정에 달했다. 가톨릭 전통을 기반으로 하고 있지만 언제나 세속의 화려한 행사들이 펼쳐져 왔다.

Planning 카니발이 열리는 시기는 날씨가 춥고 때로 눈이 내리기도 한다. 따뜻한 옷과 마스크를 챙긴다. www.carnivalofvenice.com

❽ 파슁 Fasching 독일

파슁은 독일 남부 전역에서 6일간 열리는 흥겨운 축제이다. 사람들은 마을의 고유 의상을 입거나 거미, 마녀, 동물, 어릿광대 등 온갖 특이한 차림으로 축제에 참여한다. 재의 수요일 전, 월요일에 바보들의 행렬과 밤새 이어지는 무도회로 축제는 절정에 달한다.

Planning 호숫가에 위치한 프리드리히스하펜을 거점으로 잡고 차를 빌려 카니발 축제를 구경해보자. www.germany-tourism.de

❾ 쾰른 카니발 Karneval 독일_쾰른

카니발 시즌은 11월 11일 시작돼 사순절 전날까지 겨울 내내 이어진다. 쾰른에서만도 행렬과 무도회, 콘서트와 버라이어티 쇼 등 500개가 넘는 행사가 열린다.

Planning 사순절 이전 장미의 월요일에 성대한 행렬이 있다. 쾰른 시의 카니발 박물관에 가면 축제의 역사에 대해 잘 알 수 있다. www.koelnerkarneval.de

❿ 카르나발 Carnaval 스페인

매년 일주일 동안 태양이 내리쬐는 싯체스의 한적한 해안은 카니발 천국이 된다. 축제는 성 목요일에 카르네스톨테스 왕을 부활시키기 위한 의식으로 시작되고 수천 명이 중세풍의 마을을 행진하며 끝이 난다.

Planning 일요일과 목요일에 열리는 행렬은 이 축제의 하이라이트이다. 민속춤과 전통적인 카니발 음식을 즐겨본다. www.sitgestour.com

9

추모 여행

In Remembrance

모든 사회는 떠나간 이들을 추모하기 위해 신성한 장소를 만든다. 엄숙하고 사람들을 생각에 젖게 하는 곳도 있지만 활기가 넘치고 심지어 유쾌하기까지 한 곳도 있다. 이곳들은 모두 각각의 이야기를 담고 있다. 이집트 왕의 계곡에 가면 고고학자들이 3,000년 전에 죽은 파라오들의 삶을 어떻게 재창조해 냈는지 살펴보자. 중국에서는 침묵에 싸인 군주들의 고분을 찾아가 보자. 이들은 세계에서 가장 오래된 문명을 구축한 주인공들이다. 파리의 페르 라셰즈 묘지(Père Lachaise Cemetery)에 묻힌 불행한 연인이었던 엘로이즈(Heloïse)와 아벨라르(Abelard)의 무덤이 전해주는 열정의 이야기도 들어 보자. 미국의 전사자를 기리는 알링턴 묘지처럼 국군묘지에 가면 전쟁 이야기를 들어 보고, 히로시마의 원폭공격이 있었던 곳에 세워진 평화공원에서 혹은 예루살렘의 야드 바셈(Yad Vashem) 홀로코스트 기념관에서 독재와 테러로 목숨을 잃은 이들도 생각해 보자. 화려한 색상의 묘비가 늘어선 루마니아의 메리 묘지(Merry Cemetery)처럼 삶을 축제처럼 여기는 곳도 들러 보자.

남북전쟁 당시 세워진 알링턴 국립묘지는 군 당국이 관할하는 두 군데의 국립묘지 중 한 곳이다. 매주 거의 100여 차례에 달하는 하관식이 치러지는 애도의 장소이다.

자동으로 불을 밝히는 아무르 곶 등대는 지금도 요긴하게 쓰이고 있을 뿐더러 해양박물관으로도 활용된다. 128개의 계단을 올라 근사한 바다 경치를 즐겨 보자.

캐나다

랑스아무르 고분 *L'anse Amour Mound*

랑스 아무르라는 작고 외딴 마을에는 고독과 자연, 그리고 고대의
신비한 묘지를 찾아 관람객들이 몰려든다.

이름도 성별도 모른다. 아는 것이라고는 약 7,500년 전쯤에 캐나다 북동부 출신의 젊은이가 엎드린 자세로 나무껍질에 덮인 채 깊은 구덩이에 매장되었다는 것뿐이다. 머리를 서쪽을 향하게 두고 연장자들이 그의 등에 붉은 빛이 감도는 황토를 뿌린 다음 돌로 만든 도구와 무기를 무덤 속에 함께 넣었다. 그런 다음 시신 주변에 불을 붙이고 바위로 구덩이를 덮었다. 그처럼 정교한 의식을 치르려면 적어도 일주일은 준

비했을 것이다. 매장된 젊은이가 마을에서 중요한 위치를 차지한 인물이었음을 시사하는 부분이다. 바위로 덮인 지름 8미터 규모의 이 신성한 원형구조물은 현재 북아메리카에서 가장 오래된 고분이다. 이 젊은이는 고대 해양시대에 아(亞)북극 지방의 대서양 쪽 해안에 살았던 '붉은 칠을 한 부족(Red Paint People)'이라고 하는 해양 포유류 사냥꾼 집단과 함께 살았다. 이 고분은 1974년에 래브라도 반도 최남단에 위치한 랑스 아무르라는 아주 작은 어촌 근처에서 발굴돼 이후 원형대로 복원되었다. 프랑스어로 '사랑의 만'이라는 의미의 랑스 아무르는 주민 수가 겨우 여덟 명뿐인 외딴 마을이지만 매년 여름이면 무려 1만 명 정도의 관광객들이 호기심을 가득 안고 찾아오는 곳이다.

When to go 여름철인 6월~9월까지 날씨가 가장 좋다. 이 시기에는 자전거 여행이나 하이킹을 즐길 수도 있고 등대를 방문할 수도 있다. 510번 고속도로를 타고 달리면 그림 같은 해안 풍경이 펼쳐진다.

Planning 고분과 박물관 그리고 등대를 둘러보려면 하루, 16세기에 스페인 북부에 위치한 바스크(Basque) 지방의 포경기지였던 레드베이 국립사적지(Red Bay National Historic Site)도 들를 계획이라면 이틀쯤 시간을 내야 한다. 랑스 아무르에 가기 위해서는 퀘벡의 루르드드블랑사블롱(Lourdes-de-Blanc-Sablon) 공항으로 가야 한다. 차로 동쪽으로 30분 정도 달리면 도착한다. 운이 억세게 좋은 사람만 고분에서 걸어서 20분 거리에 위치한 침실 세 개짜리 '라이트하우스 코브 베드 & 브렉퍼스트'에 묵을 수 있다. 이곳은 랑스 아무르의 유일한 숙박시설로 예약을 하는 것이 좋다.

Websites www.destinationlabrado.com, www.point amourlighthouse.ca, www.labradostraitsmuseum.ca

- 1857년에 지어진 33m에 달하는 포인트 아무르 등대를 찾아가 보자. 이곳은 캐나다에서 두 번째로 큰 등대이자 대서양 해안에서 가장 높게 지어진 곳이다.
- 혹등고래와 1년 내내 떠다니는 빙산을 보려면 망원경을 지참한다. 걷기 여행자들을 위해 랑스 아무르 스푸너 코브(Spooner Cove), 배터리(Battery)와 오버폴 브룩 트레일(Overfall Brook Trail)은 초보자용과 중급자용으로 나뉘어져 있다.
- 초기 가정생활과 지난 150년간 여성들이 래브라도 지역의 발전에 어떻게 공헌했는지를 이해하려면 래브라도 해협박물관을 방문해 보자. 이곳에는 발굴과정 중 발견된 유물의 복제품들이 있고 고대 해양시대에 관한 전시를 하고 있다.

존 F. 케네디 대통령의 묘 앞에 '영원의 불꽃'이 타오르고 있다.

미국 _ 버지니아 주

알링턴 국립묘지 Arlington National Cemetery

약 30만 명 군인들의 안식처이자 유족들의 쉼터인 이곳에는 국가 정체성의 상징으로 가득하다.

양옆으로 화강암 기둥이 세워져 있는 입구의 반원형 축대 벽에는 미국의 국새가 새겨져 있다. 여섯 개의 금색별과 군대의 인장이 그려진 화려한 장식의 철문으로 차량들이 지나간다. 안으로 들어가면 단순한 모양의 십자가가 새겨진 흰색 묘비들이 엄숙하고도 경건한 적막감에 싸인 채 끝도 없이 펼쳐져 있다. 갖가지 전쟁에 참전해 이름 없이 죽어간 미군 병사들을 기리는 흰색 대리석으로 만든 '무명용사의 묘'가 있고 그 앞에는 양옆으로 나무들이 늘어서 있는 공간이 있다. 의장대 병사들이 24시간 내내 경계를 서고 존 F. 케네디 대통령의 묘 앞에 '영원의 불꽃'이 끊임없이 타오르고 있다. 묘석 사이를 걷다 보면 제2차 세계대전의 '이오지마 메모리얼(Iwo Jima Memorial)' 조각상을 비롯해서 367명의 명예훈장 수여자, 희생된 우주비행사의 기념비까지 미국 역사의 연대기가 펼쳐진다. 이 국립묘지는 나라를 위해 목숨을 바친 이들, 그러나 우리들 대부분이 전혀 알지 못하는 수많은 이들이 잠들어 있는 곳이다.

When to go 이곳은 1년 내내 방문이 가능하다. 개방시간은 오전 8시~오후 5시까지이며, 4월부터 9월까지는 오전 8시~오후 7시까지 문을 연다.

Planning 253만 헥타르에 이르는 묘지를 둘러보는 데 2~4시간 정도 소요된다. 입구 옆에는 방문객 센터가 있고 그 안에 서점이 있다. 일반적으로 차량 출입을 금지하고 있다. 메모리얼 드라이브 도로를 이용하면 공간이 넉넉한 주차장으로 진입할 수 있다. 1년 내내 백악관 등 워싱턴의 명소를 다니며 관광지 해설을 곁들여 운행하는 투어모바일버스를 타거나 지하철(블루 라인)을 타면 된다. 입관식이 열리면 정중히 경의를 표하자.

Websites www.arlingtoncemeteryorg, www.nps.gov/arho, www.washington.org

■ 거울연못 앞에 유리판 지붕이 있는 곡선형 입구가 특징인 미국 전몰여군 기념관은 간호사를 포함, 200만 명에 달하는 미국 여군을 기념하는 곳이다. 여군 기념관으로는 이곳이 유일하다.

■ 몇 미터 간격을 두고 떨어져 있는 두 개의 수수한 기념비는 1986년과 2003년에 발사 도중 폭발한 우주 왕복선 챌린저호와 컬럼비아호 사고로 사망한 13명의 미국인과 1명의 이스라엘인 우주비행사를 기리는 것이다.

■ 주요 추모행사들은 모두 일반인에게 공개된다. 전몰장병 추도기념일(5월 마지막 월요일)과 재향군인의 날(11월11일)에는 오전 11시에, 부활절 일요일에는 동틀 녘에 추도식이 열린다.

■ 원래 19세기에 생전의 조지 워싱턴을 기념하기 위해 지어진 알링턴 하우스는 이후 로버트 E. 리(Robert E. Lee) 장군의 저택이 되었다. 1864년, 인근 지역에 국립묘지가 조성되면서 1883년 의회에서 로버트 E. 리 장군의 아들에게 이 집을 사들였다.

서펀트 마운드의 기원에 대해서는 알려진 것이 없다.

미국 오하이오 주

서펀트 마운드 *Serpent Mound*

비밀스럽고 불가사의한 그레이트 서펀트 마운드(Great Serpent Mound)가
오하이오 주 농경지대에 솟아 있는 언덕 꼭대기에 뱀이 꿈틀거리는 형상으로 조성돼 있다.

400미터가 넘는 길이의 기다란 뱀 모양 고분이 오하이오 주 비옥한 농경지 위로 우뚝 솟은 언덕의 울창한 숲 속에 나있다. 지금까지 발견된 동물 형태의 고분 중 가장 큰 서펀트 마운드 주위를 보도가 에워싸고 있다. 이 길은 촘촘히 감긴 꼬리부분에서 시작해서 약 418미터에 달하는 구불거리는 거대한 몸통 부분을 지나 뱀의 머리 부분

바로 위에 조성된 커다란 타원형 고분으로 이어진다. 고분 자체가 의문투성이로, 어떤 고대문명 세력이 이 고분을 만들었는지, 그 이유는 무엇인지 알 길이 없다. 다만 그레이트 서펀트 마운드의 머리 부분은 하지의 일몰 방향을 가리키고 몸통의 굴곡진 부분은 하지와 춘분, 추분의 일출 방향을 가리키도록 배치한 것으로 보아 점성술에 능통한 사람이 고분의 위치 선정과 공사에 관여했음을 알 수 있다. 거대한 뱀 모양의 고분은 1,000년 전 혹은 그 이전에 만들어진 것으로 보인다. 이와 같은 천문 배치와 더불어 뱀에 얽힌 고대 신화들을 보면 이곳은 어쩌면 먼 옛날, 낮과 밤, 여름과 겨울, 지상의 신비한 힘과 지하 세계의 사악한 힘 사이의 깨지기 쉬운 균형을 유지하기 위해 벌였을 중요한 일들과 관련이 있는 듯하다.

- 박물관에는 이 지역의 지리적 특성과 고분에서 볼 수 있는 천문 배치, 이 고분을 조성한 고대인들에 관한 자료가 전시돼 있다.
- 끝을 말고 있는 꼬리의 중심부에서 뱀의 머리가 시작되는 부분까지 이으면 정북(正北) 방향을 가리키게 된다.
- 전망대로 올라가 서펀트 마운드의 전경을 감상하다 보면 수백 년 전 이곳에 살았던 고대인들의 창의성에 감탄을 금치 못하게 된다.

When to go 날씨는 늦봄과 초가을이 가장 좋다. 박물관은 주말에만 문을 연다. 여름철은 덥고 습하기 때문에 선선한 아침에 방문해야 한다. 오하이오 주의 신시내티(Cincinnati)나 콜럼버스(Columbus)에서 출발해 당일치기로 박물관과 서펀트 마운드를 둘러볼 수 있다.

Planning 서펀트 마운드는 신시내티 동쪽으로 129킬로미터, 콜럼버스 남쪽으로 161킬로미터 떨어진 곳에 위치한 애덤스 카운티(Adams County)에 있다. 추모공원은 베인브리지(Bainbridge) 남쪽으로 32킬로미터 떨어진 73번 국도 옆에 위치해 있다. 서펀트 마운드는 폭설이 내리거나 땅이 얼 때를 제외하고 1년 내내 일출부터 일몰까지 개방된다. 박물관 개관시간은 오전 10시부터 오후 5시까지이며, 11월~12월 중순 및 3월에는 주말에만 연다. 12월 20일부터 2월 말까지 박물관은 완전히 문을 닫는다.

Websites www.ohiohistory.org, www.adamscountytravel.org

베트남전 참전용사 기념물에 쓰인 검은 화강암은 빛을 반사하는 특성 때문에 특별히 인도에서 수입해 온 것이다.

미국 _ 워싱턴 D.C.

베트남전 참전용사 기념물
Vietnam Veterans Memorial

이곳은 처음에는 논란의 여지가 많은 전쟁을 떠올리게 하는 골치 아픈 곳이었으나
시간이 지나면서 미국인들의 사랑을 받는 곳이 되었다.

몇 개 안되는 이름이 새겨진 검은색의 작은 화강암 석판을 지나 조금 더 걷다 보면 근처에 있는 컨스티튜션 애버뉴에서 들려오는 소음은 사라지고 엄숙한 정적으로 뒤덮인다. 벽이 점점 높아지면서 벽에 새겨진 이름들을 응시하다 보면 어느새 베트남 전쟁의 전사자와 실종자를 기리기 위한 이 벽은 역사의 기록으로 변모하게 된다. 75

미터 길이의 삼각형 모양 석판 두 개를 이어 붙여 땅 밑으로 파고들게 세워놓은 이 기념벽에는 정치적 색채가 매우 짙었던 이 전쟁에 대한 어떠한 정치적인 언급도 없다. 그저 죽은 이들을 기릴 뿐이다. 이곳은 단순하기 그지없다. 벽에는 사망하거나 실종된 날짜순으로 5만 8,256명의 이름이 적혀 있을 뿐이다. 순서 차이 외에는 모든 것이 같다. 계급도 훈장도 없다.

어떤 관광객들은 이름 위에 종이를 대고 연필로 문지르기도 하고, 어떤 이들은 꽃이나 기념품 또는 편지를 놓고 가기도 하며, 그저 반사되는 화강암 벽을 바라보다가는 이들도 있다. 이들은 이름을 바라보면서 그들에게서 자신의 모습을 찾고 있다. 1959년부터 1975년까지의 기록이 적혀 있는 벽의 최고 높이에 이르면 벽은 3미터 이상이 된다. 계속 걷다 보면 벽은 점차 낮아지고 다시 현실 세계로 돌아오게 된다. 처음부터 이 벽은 정치적이고 감정적인 논쟁의 대상이었다. 이 벽을 설계한 당시 예일대 학생이었던 마야 린(Maya Lin)의 설계도는 많은 논쟁을 불러일으켰지만 심사위원단은 1,400점의 응모작 중 그녀의 구상을 선택했다. 매년 수백만 명이 이 기념벽을 찾는다.

- 기념물은 1982년에 완공되었고 '세 명의 병사들(The Three Servicemen)' 조각상, 베트남 참전 여군 기념물(Vietnam Women's Memorial)과 참전한 모든 이들을 기리는 '재향군인 기념벽(In Memory Plaque)'은 나중에 추가로 세운 것이다.

- 벽에 새겨진 이름들은 날짜와 알파벳순으로 정렬돼있지만 워낙 많은 이름이 새겨져 있어 개개인의 이름을 찾는 것은 거의 불가능하다. 벽 끝에는 인명부가 있다. 벽의 플러스 표지는 실종자들을 의미한다.

- 매년 11월 11일 재향군인의 날에는 헌화나 음악, 연설과 같은 추모 행사가 열린다.

When to go 매일 24시간 개방한다. 주변에 벚꽃이 화려하게 피는 봄이 가장 좋지만 가을의 정경도 아름답다. 벽에 새겨진 이름과 주변의 조각들을 보려면 30분에서 45분 정도 걸린다.

Planning 헨리 베이컨 드라이브(Henry Bacon Drive)와 컨스티튜션 애버뉴가 교차하는 지점에 있다. 가장 가까운 전철역은 포기 바텀(Foggy Bottom) 역이다. 매일 오전 9시 30분~오후 11시 30분까지는 경비요원들이 관광객들의 궁금증을 해결해 준다.

Websites www.nps.gov/vive, www.viewthewall.com, www.thewall-usa.com

1903년 생존한 사람들이 1890년 대학살의 희생자들을 기리기 위해 영어와 라코타어로 쓰인 기념비를 세웠다.

미국 _ 사우스다코타 주

운디드니 *Wounded Knee*

푸른 평원에는 라코타족의 발자취와 어느 추운 겨울날 아침 그들에게 닥친 비극이 서려 있다.

어느 쓸쓸한 작은 언덕 위의 돌비석에 새겨진 수많은 이름 중에는 우두머리 빅풋, 하이호크, 셰이딩베어, 롱불 같은 이름도 있다. 이곳은 1890년 12월 29일 많은 라코타족이 학살당한 운디드니이다. 배들랜즈(Badlands)에 있는 자신들의 터전에서 쫓겨나 춥고 황량한 평원을 가로질러 피신하던 300명의 부족민들은 제 7기병대의 추격을 당했다. 그들은 이곳의 파인 리지 보호구역(Pine Ridge Reservation)에서 평화롭게 전통 예식을 거행할 장소를 찾으려 했지만 기병대가 무장해제를 강요하며 이들을 에워쌌다. 라코타족의 강한 저항 때문에 무기를 수색하는 일이 여의치 않자 마침내 총이 발사되었고 우발적인 대학살이 자행됐다. 최후의 인디언 전투로 불리는 이 전투에서 부족민들 대부분이 학살당했다. 사건의 현장인 이곳에 지금은 작은 묘지만 남아 있을 뿐이다. 운디드니의 위력은 광활함에서 비롯된다. 짙푸른 하늘 아래 지평선 너머로 바람에 물결치듯 휘날리는 초원이 끝도 없이 펼쳐진다. 오랜 세월이 흘러도 이 모습 그대로이다. 가만히 귀 기울이면 이곳에서 스러져간 이들의 메아리와 노래, 기도 소리가 바람결에 들릴 것만 같다.

■ 운디드니 박물관에 가면 비극적인 날을 담은 원본사진과 학살현장의 모형, 목격자들의 기록과 당시 신문 기사들을 볼 수 있다. 대학살의 생존자인 라코타 전사인 듀이 비어드(Dewey Beard)가 남긴 음성 기록도 들을 수 있다.

■ 지금도 언덕 위에 세워져 있는 네 자루의 커다란 호치키스(Hotchkiss)기관총도 볼 수 있다. 군인들은 이 총을 사용해서 라코타 인디언들의 야영지에 무차별 사격을 가했다.

■ 월 타운의 보잘것없는 상점으로 시작해 1936년, 공짜 얼음물 제공이라는 아이디어로 엄청난 수의 관광객이 찾는 명소로 변모한 월 드러그스토어의 요란한 광고판들이 사람들을 유혹하고 있다. 온갖 장식들로 번쩍이는 유쾌한 이 쇼핑몰에는 800명에 이르는 월 타운 인구의 3분의 1이 일하고 있으며 매년 200만 명의 관광객들이 찾는다.

When to go 운디드니 박물관은 5월 말부터 10월 초까지 매일 개방한다.

Planning 여름철은 몹시 덥고 온도가 종종 섭씨 38도까지 올라가며 건조한 편이다. 그러나 날씨 변화가 심하고 온도가 급격히 떨어지는 때도 있다. 래피드 시티(Rapid City) 동쪽으로 89킬로미터 떨어진 월(Wall) 타운에 있는 운디드니 박물관에서는 학살 장소를 찾아갈 수 있는 안내서와 관광지도를 제공한다. 아침 일찍 출발하면 당일치기로 박물관을 천천히 둘러보고 월 타운에서 점심을 먹고 운디드니 현장을 방문할 수 있다.

Websites www.woundedkneemuseum.org

미국 루이지애나 주

뉴올리언스 공동묘지 New Orleans Cemeteries

뉴올리언스에서는 지대가 해수면보다 낮은 특이한 지형 때문에 독창적인 장례법이 생겨나게 되었다.

뉴올리언스에서 지상 매장 방식이 보편화되기 전에는 홍수가 나면 땅 속에 묻혀 있던 관들이 지상으로 떠오르곤 했다.

뉴올리언스는 '죽은 자의 도시'라고 불린다. 높이 솟은 무덤들과 정교한 납골당이 즐비한 뉴올리언스 공동묘지의 비좁은 통로는 이곳에 잠들어 있는 수천 구의 망자의 유령이 불쑥 튀어나올 것처럼 으스스하다. 몇몇 가족묘는 작은 주택처럼 지어졌고 철제 울타리가 쳐져 있다. 많은 무덤들이 정교한 철제작품, 십자가와 조각상들로 꾸며져 있다. 휴일이 되면 후손들이 조상을 기리며 무덤에 양초를 켜놓는다.

다른 지역에서는 보통 묘지를 지하에 만들고 묘지를 표시하는 기념물을 세운다. 그러나 뉴올리언스는 지대가 해수면보다 낮아 땅속에 관을 묻는 것은 안전하지 않다. 1789년 세인트루이스 제1공동묘지에서 시신을 납골당에 안치하기 시작하면서 지상 매장 방식이 보편화되었다. 가족묘의 경우 많은 친족들이 함께 사용할 수 있는데 이 지역의 아열대 기후로 인해 무덤이 말 그대로 오븐 역할을 해서 시신이 빠르게 부패하기 때문이다. 시신은 채 1년도 안돼 뼈만 남게 되고 묘지 직원은 이 유골을 수습해 묘지 바닥에 낸 구멍에 매장한다. 따라서 무덤에는 곧 다른 시신을 안치할 수 있게 된다. 각 개인의 이름과 사망 날짜가 명판이나 묘석에 새겨진다.

- 뉴올리언스의 악명 높은 부두교의 여왕 마리 라보(Marie Laveau)가 세인트루이스 제1공동묘지에 묻혀 있다고 전해진다. 마리 라보의 숭배자들은 그녀의 무덤으로 추정되는 묘지에 선물을 놓거나 'X' 표시를 남기기도 한다. 숭배자들이 여전히 그곳에서 비밀의식을 거행한다고 말하는 이들도 있다.

- 라파예트 제1공동묘지는 사람들이 가장 많이 찾는 묘지로, 이 지역 출신 작가인 앤 라이스의 연작 《뱀파이어 연대기》의 무대이다. 이 책을 원작으로 한 《뱀파이어와의 인터뷰》와 같은 영화에 단골로 등장하는 장소이기도 하다.

- 세인트 로크 공동묘지(St. Roch Cemetery)는 뉴올리언스에서 가장 이색적인 곳이다. 18세기에 황열병이 창궐했을 때 수많은 인명을 구했다고 하는 성 로크를 기리기 위해 지어진 이곳의 예배당에는 성 로크 덕에 병이 나았다고 하는 사람들이 남긴 기념물로 가득하다.

When to go 뉴올리언스를 방문하기에 가장 좋은 때는 10월부터 4월 중순까지다. 그 외의 시기에는 덥고 습해서 불편함을 느낄 수 있다. 각각의 묘지 투어는 보통 1시간 정도 소요된다.

Planning 묘지의 역사와 전설을 제대로 알고 싶다면 가이드를 동반한 여행이 좋다. 안전을 생각해서라도 단체여행이 좋다. 좁은 길과 높이 솟은 무덤은 도둑들이 숨어 있기에 안성맞춤이다. 묘지를 보존하고 복원하는 데 전념하고 있는 비영리단체인 묘지지킴이 모임이 인솔하는 투어에 참가해 보자.

Websites www.saveourcemeteries.org

사후 세계에서 시중들게 하려고 순장시킨 사람들을 양옆에 거느린 시판의 군주가 금으로 만든 부장품과 함께 매장되었다.

> 페루

시판의 왕족무덤 *Tombs of Royal Sipán*

남아메리카의 이 마을은 이집트 왕들의 계곡에 버금가는 새로운 세계이다.

   시판이라는 이름은 고고학계 외에는 별다른 흥미를 끌지 못한다. 그러나 페루 북쪽 사막지대에 위치한 먼지투성이의 이 마을은 학자들이 아직 완전히 밝혀내지 못한 호화로운 보물들과 고대 의식들이 남아 있는 특별한 곳이다. 시판은 모체문명(Moche civilization)의 문화적, 정신적 중심지로 서기 200~600년 사이에 크게 번성했던 지역이다. 이 도시의 세속적인, 혹은 영적인 지도자들이 진흙 벽돌로 지은 거대한 피라미드 옆 고분들에 묻혀 있다. 콜럼버스가 아메리카 대륙을 발견하기 이전의 많은 유적들과는 달리 모체의 무덤과 귀중한 금, 은 장식품들은 1,400년이 넘는 세월 동안 사실상 잊혀져 있었다. 1987년이 되어서야 고위직에 있었던 한 귀족의 무덤이 처음으로 발견됐고 얼마 후 무덤의 주인은 시판의 왕으로 불리게 되었다. 후에 고고학자들은 대제사장, 시판을 다스렸던 왕들, 주술사의 조수, 고위직 전사의 묘를 포함해 10여 개의 무덤을 추가로 발굴했다.

일반인에게 개방된 고분 중 가장 흥미로운 곳은 시판 왕의 묘로, 황금으로 만들어 부장했던 유물의 복제품과 죽은 이들이 저승에서 먹을 식량을 넣어 두었던 장례용 점토 항아리를 볼 수 있다. 또 가문 특유의 문양을 새겨 놓은 어도비 벽돌(햇볕에 말려서 굳힌 벽돌)도 있는데 학자들은 이를 두고 시판의 유력한 가문이나 씨족이 바친 추모판으로 보고 있다.

When to go 북쪽 사막지대는 여름철(12월-2월) 기온이 종종 섭씨 32도를 오르내린다. 봄과 가을, 겨울에는 기후가 훨씬 온화하고 맑은 날씨에 비도 거의 오지 않는다.

Planning 페루 서북부에 있는 상업도시 치클라요(Chiclayo)는 남동쪽으로 32킬로미터 떨어져 있는 시판을 비롯해 이 지역의 고고학 유적지를 방문하기 위한 근거지로 그만인 곳이다. 이 중에는 진흙 벽돌로 이루어진 거대한 메트로폴리스로, 선인장이 듬성듬성 자란 곳에 26개의 피라미드가 솟아 있는 투쿠메(Túcume)도 있다. 2~3시간이면 시판 왕족의 무덤을 모두 둘러볼 수 있지만 페루 북부 해안지방에 있는 주요 고고학 유적지를 모두 돌아보려면 적어도 며칠은 걸린다.

Websites www.peru.info, www.go2peru.com

■ 시판의 고고학 유적지에서는 무엇보다 와카라고 하는 진흙 벽돌로 지은 2개의 거대한 피라미드를 빼놓을 수 없다. 관광객들은 남은 잔해를 보고 둘 중 어떤 것이 규모가 컸는지 가늠할 수 있다. 학자들은 둘 중 작은 피라미드가 왕궁이고 큰 쪽이 종교적인 건물이었을 것이라고 믿고 있다.

■ 치클라요 북쪽 외곽지대에 있는 시판의 왕족무덤박물관은 많은 진본 유물들을 소장하고 있다. 특히 일상의 생활상이 그려진 모체의 도자기가 많은 편이다.

■ 치클라요 시내의 메르카도모델로(Mercado Modelo)의 모퉁이에 자리 잡은 '주술사의 시장'은 뱀껍질, 큰 부리새의 부리, 저주 인형, 십자가상, 최음제 및 환각을 불러일으키는 식물 등 주술사들이 필요로 할 법한 갖가지 물건을 갖춘 특수한 시장이다.

TOP 10

전쟁기념관 Ten War Memorials

나라마다 조국을 위해 목숨을 바친 이들을 위해 도심의 특별한 장소에 기념관을 세워놓았다.

❶ 국립 전쟁기념관 National War Memorial 캐나다

오타와의 컨페더레이션 광장 중앙에는 육·해·공군을 상징하는 22개의 청동 조각상이 거대한 화강암 아치 앞에 세워져 있다. 기념비 꼭대기에는 제1차 세계대전에서 전사한 수천 명의 캐나다인들의 '위대한 헌신'을 상징하는 평화와 자유의 청동 조형물이 세워져 있다.

Planning 매년 11월 11일 현충일에 추모행사가 열린다. www.vac-acc.gc.ca

❷ 한국전쟁 참전 용사 기념관 Korean War Veterans Memorial 미국_워싱턴 D.C.

화강암 벽 너머 로뎀 나무 가지 사이로 19개의 조각상이 워싱턴의 내셔널 몰에 세워져 있다. 이 기념관은 1950년에서 1953년 동안 일어난 한국전쟁에서 목숨을 잃은 미국인들을 기리기 위한 곳이다.

Planning 포기바텀(Foggy Bottom) 지하철 역 근처에 있는 프렌치 드라이브(French Drive)에 있다. www.nps.gov/kwvm

❸ 리버티 기념관 Liberty Memorial 미국_캔자스시티

용기, 명예, 애국심과 희망을 상징하는 네 개의 석상이 기념탑 꼭대기를 에워싸듯 새겨져 있다. 리버티 기념관은 제1차 세계대전 이후 세워졌고 복원을 거쳐 2002년 다시 개관했다.

Planning 펜 밸리파크(Penn Valley Park) 케슬러 로(Kessler Road)에 위치해 있다. 이곳은 화요일부터 일요일까지 오전 10시에서 오후 5시까지 개방한다. www.libertymemorialmuseum.org

❹ 리틀빅혼배틀필드 국립기념지
Little Bighorn Battlefield National Monument 미국_몬태나 주 크로에이전시

1876년 6월, 시팅불(Sitting Bull, 수족의 추장)의 선 댄스(Sun Dance, 인디언 종교의식)에 참가한 인디언 부족 전사들이 리틀빅혼에서 조지 암스트롱 커스터 부대를 전멸시키는 전설적인 전투를 벌였다. 1879년 미국의 전쟁장관이 이곳을 국립묘지로 지정했지만 1991년이 되어서야 미의회가 이 기념지를 인정했다.

Planning 1월 1일, 추수감사절 및 크리스마스를 제외하고 매일 개방한다. 여름철에는 방문객 센터에서 전투에 대해 강연을 하기도 한다. www.nps.gov/libi

❺ 애리조나호 기념관 U.S.S. Arizona Memorial 미국_하와이 주

1941년, 진주만에 정박해 있던 미해군잠수함 애리조나 호를 일본이 침몰시키면서 미국은 뒤늦게 제2차 세계대전에 참여했다. 해군 1,177명이 침몰한 배에서 최후를 맞았다. 그들의 유골은 지금도 선체에 남아 있다.

Planning 입장권은 선착순으로만 판매한다. www.pearlharbormemorial.com

❻ 안작 기념지 Anzac Commemorative Site 터키

1915년 제1차 세계대전 당시 연합군은 오스만튀르크의 갈리폴리 반도에서 전투를 벌였다. 이곳에는 당시 기록을 담은 판벽과 산책로가 있고 전장 투어를 실시하고 있다.

Planning 대부분의 방문객들은 페리로 30분 거리에 있는 차낙칼레(Çanakkale)에 짐을 푼다. www.anzacsite.gov.au, www.anzac.govt.nz

❼ 바르샤바 봉기 기념관 Warsaw Uprising Memorial 폴란드_바르샤바

1944년 나치 통치에 반대해 바르샤바에서 일어난 시민 봉기로 수천 명의 폴란드인들이 사망하고 구시가지 대부분이 파괴됐다. 이 기념관에는 전투를 벌이고 있는 반란군의 모습을 담은 조형물과 하수도로 탈주하는 지친 군인들의 모습을 형상화한 〈대탈주〉라는 조형물이 있다.

Planning 기념관은 바르샤바의 크라진스키 광장에 있다. www.1944.pl

❽ 노르망디 미군 묘지 Normandy American Cemetery and Memorial 프랑스

프랑스의 오마하 해변이 내려다보이는 곳에 제1차 세계대전 당시 목숨을 잃은 수천 명의 미국인들이 잠들어 있는 묘지가 있다. '미국 젊은이의 정신'이라는 제목이 붙은 감동적인 청동 조각상이 기념관 중앙에 있다.

Planning 이곳은 바이외(Bayeux) 근처 콜빌쉬르메르에 있다. www.abmc.gov

❾ 티프발 기념관 Thiepval Memorial 프랑스

티프발 기념관은 제1차 세계대전 당시 솜 전투에서 목숨을 잃은 영국군과 남아프리카공화국의 군인들을 기념하는 곳이다. 세계 최대의 영국군 전쟁 기념관으로서 7만2,085명의 실종 군인들의 이름이 새겨져 있다.

Planning 아미엥 근처에 위치한 기념관 방문객 센터는 크리스마스에서 1월 1일까지를 제외하고는 매일 열려있다. www.thiepval.org.uk

❿ 세계대전 전몰자 기념비 Cenotaph 잉글랜드_런던

에드윈 루티엔스경이 제작한 이 기념비는 런던 중심부의 화이트 홀에 있으며 1910년 제1차 세계대전 전몰자를 기리기 위해 세워졌다.

Planning 추모행사는 정전일과 가장 가까운 11월 둘째 일요일 11시에 열린다. www.roll-of-honour.com

9·11 사태로 심하게 부서진 프리츠 쾨니히의 〈스피어〉는 이제 배터리파크에 세워져 있다.

미국 _ 뉴욕

그라운드제로 *Ground Zero*

수년간의 논의 끝에 폐허가 돼버린 세계무역센터 자리에
추모기념관이 세워지고 있다.

평범한 건축현장과 비슷해 보이지만 이전의 세계무역센터(WTC, World Trade Center)였던 그라운드제로(Ground Zero)는 뉴욕에서 가장 신성시되는 곳이다. 미국 본토에 자행된 외부인의 첫번째 공격에 의해 2,980명이 목숨을 잃은 2001년 9월 11일 이후, 세계는 영원히 달라졌다. 알카에다라는 테러 집단의 자살폭탄 테러 계획으로 납치된 두 대의 미국 여객기가 전 세계에서 가장 높은 뉴욕 시의 쌍둥이 빌딩에 돌진하면서 불길이 치솟았고, 화재로 금속지지대가 녹아내리면서 건물이 붕괴되었다. 이전 쌍둥

2006년에 세계무역센터 자리에 들어설 기념관과 박물관 공사가 착공되었다.

이 빌딩이 있던 자리에는 뉴욕 시에서 가장 높게 지어질(541미터) 예정인 프리덤 타워(Freedom Tower)와 3개의 사무용 고층건물 및 9·11 추모기념관과 박물관이 모습을 드러내고 있다. 또 이곳에는 박물관 건물과 폭포수가 떨어지는 2개의 거울연못, 300그루 이상의 떡갈나무를 심어 도심의 숲 오아시스가 될 명상의 공간이 들어서게 된다. 2008년까지 미국 전역과 30개국, 그리고 수많은 개인, 단체를 통해 추모단지 건설을 위해 필요한 3억 5,000만 달러 중 3억 2,500만 달러가 넘는 금액이 모금되었다. 건물이 지어지고 있는 동안 쌍둥이 건물 맞은편에 있는 '트리뷰트 WTC 방문객 센터'에서는 투어, 전시 및 각종 프로그램이 진행되고 있으며, 9·11 사태로 알려진 그 날의 사건을 자세히 알고 싶어하는 이들과 사건을 겪은 이들을 이어주고 있다. 이 행사는 희생자들의 유족이 만든 9·11 유족 위원회가 기획한 것이다.

■ 9·11 생존자들이 진행하는 워킹투어는 그날의 사건과 여파를 감동적으로 재현하고 있다.

■ 건물 주변의 보도를 걷다 보면 이 광대한 지역의 전반적인 모습들을 알 수 있다.

■ 트리뷰트 WTC 방문객 센터에 있는 5군데의 전시장에서는 9·11 이전과 당시, 그리고 이후의 사진, 영화 및 기록을 통해 세계무역센터의 역사를 보여주고 있다.

■ 세계 평화의 상징으로 한때 쌍둥이 건물 사이에 서있던 프리츠 쾨니히(Fritz Koenig)의 작품 〈스피어(Sphere)〉의 처참한 잔해는 테러 공격의 참상을 보여주는 증거이자 희생자들을 위한 기념비이다. 지름이 4.6m에 무게가 2,041kg에 달하는 이 청동 조각상은 떨어진 파편 때문에 손상되었다. 그라운드제로에서 남쪽으로 몇 블록 떨어진 배터리파크로 옮겨졌고, 9·11 테러 1주년이 되던 날 '영원의 불'이 점화되었다.

When to go 그라운드제로와 리버티 스트리트 120번지에 위치한 '트리뷰트 WTC 방문객 센터'는 날마다 개방한다. 방문객 센터 운영시간은 화요일을 제외한 월요일에서 토요일까지 오전 10시~오후 6시까지, 화요일은 정오~오후 6시까지 문을 연다. 일요일은 정오~오후 5시까지만 운영하니 참고하자. 방문객 센터와 이 지역을 둘러보려면 적어도 2시간은 필요하다.

Planning 방문객 센터에서는 일요일부터 금요일까지 오전 11시, 오후 1시, 오후 3시에, 토요일에는 오전 11시~오후 3시까지 1시간 단위로 워킹투어를 진행하고 있다.

Websites www.tributewtc.org

중국

칭둥링(清東陵) *Eastern Qing Imperial Tombs*

중국의 위대한 황제들이 잠들어 있는 정교한 황릉군을 지키는 누각인 밍러우가
초목이 무성한 산자락에 남쪽을 향해 늘어서 있다.

1644년, 베이징을 점령하고 중국을 지배하게 된 만주족은 명나라의 마지막 황제를 북쪽에 있는 명 황제의 능원에 묻었다. 이후 이들은 수도에서 동쪽으로 125킬로미터 떨어진 곳에 청 왕조의 황릉을 조성했다. 청 후기의 몇몇 황제는 남서쪽에 위치한 제2 능원에 묻혔지만 청나라의 동릉은 중국에서 가장 규모가 크고 보존 상태가 좋은 황릉이다. 5명의 황제, 15명의 황비, 136명에 달하는 후궁들과 3명의 왕자, 2명의 공주가 이곳에 묻혀 있다. 지금은 거대한 담으로 둘러쳐진 황릉 내부까지 농경지가 침범해 들어와 있고, 옥수수나 사과꽃이 만발한 드넓은 벌판이 요새화된 분묘를 굽어

황릉의 입구로 향하는 흰색의 커다란 대리석 아치길.

보고 있는 누각인 '밍러우(明樓)'와 경계를 이루고 있다. 밍러우까지 가려면 희생제례를 준비하고 의례를 거행하던 정교한 전각 여러 곳과 안뜰로 이루어진 사당군을 지나야 한다. 이 중 가장 정교한 사당은 쯔진청(紫禁城)의 축소판처럼 생긴 곳으로 지금은 관개수로 때문에 물길이 바뀐 시내를 가로지르는 대리석 다리 너머에 자리 잡고 있다. 지역 농민들이 개조한 트랙터에 관광객들을 싣고 이곳으로 안내해 주며 부수입을 올리고 있지만 이곳 황릉의 상당수는 걸어서 찾아갈 수 있는 곳들이다. 사람과 동물의 형상을 본뜬 입상과 좌상이 늘어서 있는 둥링의 기다란 '신도(神道)'를 따라 걸어 보자. 경계를 서다가 쉬고 있는 첫번째 병사의 조각상이 나오고 적의 침입에 대비해 경계를 서는 두 번째 병사의 조각상을 볼 수 있다.

- 청나라의 네 번째 황제의 묘실을 살펴보자. 그의 묘실은 조각이 새겨진 여러 개의 대리석 문과 티베트어와 산스크리스트어로 쓰인 3만 자의 불경이 새겨진 아치형 통로로 연결돼 있다.
- 서태후릉의 주묘실은 다른 묘실보다는 화려하지 않지만 수많은 금박 글자가 새겨진 최상의 목재가 쓰였다.
- 잡초가 무성하고 다소 황량한 느낌을 주는 건륭제의 55명의 후궁묘들을 둘러본다. 이 묘들은 같은 안뜰에 모여 있다.
- 영혼의 탑 꼭대기에서 내려다보이는 전경을 만끽한다.
- 외곽에 동떨어져 있는 신분이 다소 낮았던 왕족들의 묘도 둘러보자. 인적도 없고 들리는 것이라고는 새소리와 희미한 트랙터 소리뿐인 곳에서 홀로 고즈넉한 분위기에 젖을 수 있다.

When to go 후덥지근한 여름과 춥고 건조한 겨울을 피하려면 늦봄과 초가을에 가는 것이 좋다. 모두 1주일 동안 쉬는 5월의 첫 주(노동절)와 10월의 첫 주(국경절)는 최대 성수기다.

Planning 현지에서 저렴하게 민박을 할 수 있지만 베이징에서 당일치기로 다녀오는 것도 가능하다. 노점에서 다양한 종류의 시원한 음료와 아이스크림을 쉽게 살 수 있지만 식당은 메뉴도 다양하지 않을뿐더러 맛도 그저 그런 편이다. 간단한 음식을 가져가는 것이 좋다. 4월7일부터 10월15일까지 국가에서 운영하는 저렴한 버스투어를 이용할 수 있으며 입장료 할인 혜택도 받을 수 있다. 버스는 토요일, 일요일, 공휴일에 아침 6시 30분에서 8시 30분 사이에 북경의 쉔우먼(Xuanwu Men) 전철역 북서쪽에서 출발하며, 편도에 3시간 정도 소요된다. 현장에 3시간 동안 머문 후 다시 쉔우먼 전철역으로 출발한다.

Websites www.travelchinaguide.com

무관 차림을 한 석상이 황릉군의 '신도'를 내려다보고 있다.

원폭 어린이 상은 원자폭탄이 터진 이후 백혈병으로 사망한 한 소녀의 염원을 기리고 있다.

일본

히로시마 평화기념공원 Peace Memorial Park

1946년에 평화기념 도시로 공표된 히로시마가 겪었던 끔찍한 참상을 지켜보다 보면 미래에 대한 희망을 느낄 수 있다.

1945년 8월 6일, 세계 최초로 원자폭탄이 투하되면서 히로시마는 재로 변했다. 그 와중에 비록 일부나마 폭발을 견뎌내고 살아남은 산업장려관 건물은 '원폭 돔(A-Bomb Dome)'이라는 이름을 얻게 되었다. 다 부서진 이 건물에 히로시마의 어두운 과거와 장밋빛 포부 가득한 현재의 모습이 고스란히 드러나 있다.

원폭 돔은 모토야스 강(元安川)을 사이에 두고 평화공원과 마주하고 있다. 기둥이 늘어서 있는 넓은 다리가 원폭 돔과 평화의 공원을 이어주고 있고 어린이 평화기념비까지 연결돼 있다. 원폭 어린이상에는 하늘을 향해 학을 들어올리는 소녀 조각상과 옆면에 아슬아슬하게 매달려 있는 청동으로 만들어진 소년과 소녀 조각상이 있다. 그 아래 석판에는 '이것은 이 땅에 평화가 구축되길 바라는 우리의 외침이자 우리의 기도입니다.'라는 글귀가 새겨져 있다. 원폭 어린이상 주변에는 종이학이 담긴 투명 새장이 둘러싸고 있다. 종이학에는 원폭 피해를 입어 백혈병에 걸렸지만 1,000마리의 학을 접으면 소원대로 병이 낫는다고 믿었던 어린 소녀 사다코 사사키의 희망이 담겨 있다.

공원 곳곳으로 이어진 잘 정비된 담장과 돌로 된 넓은 보도를 따라 관광객들은 조용히 담소를 나누며 걸어간다. 콘크리트로 만들어진 위령비의 불꽃은 세계에서 마지막 핵무기가 사라질 때까지 타오를 것이다. 사람들은 한 묘비 앞에 고개를 숙인다. 그 묘비에는 다음과 같이 쓰여 있다. '이곳에 있는 모든 영령이여 편히 잠드소서. 우리는 이 같은 악행을 되풀이하지 않을 것입니다.' 잿더미에서 아름다운 공원으로 탈바꿈한 이곳은 죽은 이들을 위로하고 살아 있는 이들에게는 영감을 주는 곳이다.

■ 위령비 앞에서 세계평화와 원폭 피해자들을 위해 기도하자. 어린애들과 부모들이 함께 무릎을 꿇고 기도하는 것을 보면 큰 감동을 받는다.

■ 평화기념자료관을 방문해 보자. 이곳에는 복원물과 사진, 원폭 투하로 인해 타버린 잔해를 통해 지난 역사를 보여주고 있다.

■ 위령비 너머 일렬로 보이는 평화의 불과 원폭 돔을 사진에 담아 보자.

■ 평화의 종 표면에 있는 지도를 살펴보면서 종을 울려 보자. 하나된 세계를 상징하기 위해 지도에는 국경선이 없다.

■ 어린이 평화기념비에 놓을 종이학을 접어 보자. 사다코 사사키는 죽기 전 644마리의 학밖에 접지 못했지만 그녀의 학우와 전 세계에 있는 평화를 사랑하는 이들이 이 전통을 이어오고 있다.

When to go 봄(4월 초)과 가을(10월경)이 가장 날씨가 쾌적하다. 8월 6일 원폭 기념일은 비통한 날이지만 그래도 많은 사람들이 이곳을 찾는다.

Planning 하루나 이틀이면 돌아보기에 충분하다. 공원의 관광안내소에서 지도와 안내책자를 제공한다.

Websites www.pcf.city.hiroshima.jp, www.city.hiroshima.jp

> 일본

다이센고분(大山古墳) *Daisen Kofun*

일본 밖에서는 잘 알려져 있지 않지만 오사카에 있는 다이센고분은
세계 최대의 고분으로서 발굴을 꺼릴 정도로 신성시되는 곳이다.

푸른 수목으로 뒤덮이고 열쇠 구멍 모양으로 정교하게 만들어진 거대한 고분 하나가 넓고 고요한 해자(垓字) 가운데 위치해 있다. 이 해자 주위로 우후죽순처럼 팽창한 도시를 보면 그 중심에 이런 성지가 있다는 것이 믿기지 않는다. 그러나 다이센고분이라고 알려진 옛 무덤은 쉽게 알아볼 수 있을 만큼 거대하다. 길이 486미터, 높이 35미터에 이르는 이 고분은 이집트의 기자 피라미드 지구(the Great Pyramid of Giza)의 기부(基部)보다 두 배가 길다. 엄청난 위용을 자랑함에도 닌토쿠천황(仁德天皇)의 능으로

뒤편으로는 현대적인 도시의 모습이 펼쳐지지만 다이센 고분은 여전히 고대의 신비와 위엄을 간직하고 있다.

여겨지는 이 거대한 고분은 관광객의 출입이 금지돼 있다. 다이센고분은 일본 전역에 흩어져 있는 1만 기가 넘는 고분 중 하나이다. 고분 중에는 서기 3세기 때 조성된 것도 있다. 일본 전역에 있는 고분들의 모양은 각기 다르다. 전방은 사각형이고 후방은 원형인 열쇠 구멍 형태의 고분이 있는가 하면 드물기는 하지만 팔각형 형태의 고분도 있다. 이 고분은 최상류층 귀족들의 무덤으로서 고고학자들은 열쇠 구멍 형태의 고분에는 황제가 묻혀 있다고 믿고 있다.

고대 일본인들은 황제를 육중한 석실에 매장했다. 짐승, 사람, 무기 또는 다른 물건들의 형상을 진흙으로 구워 만든 토용인 '하니와'가 고분에 정렬해 입구를 지키고 있다. 이들 토용의 정확한 용도는 아직 밝혀지지 않았다. 신빙성은 없지만 이 토용들은 내세에 주인들을 섬기기 위해 순장을 당해야 했던 이들을 대신하기 위해 만들어진 것이라는 주장도 있다.

When to go 봄(3~5월) 또는 가을(9~11월)에 가는 것이 좋다.

Planning 오사카나 나라에 짐을 푼 다음 2~3일에 걸쳐 고분이 많은 나라와 오사카 주변 지역을 둘러보자. 고분 인근이나 경내에 있는 박물관을 찾아보자. 왜냐하면 이곳에는 대개 부장품이 소장돼 있고 보다 상세한 설명을 접할 수 있기 때문이다. 모든 고분을 일반에게 개방하는 것은 아니며 방문할 때 특별히 허가를 받아야 하는 곳도 있다. 여전히 발굴을 하지 않은 곳도 있고 발굴이 진행되는 곳도 있다. 더 상세한 정보를 얻고 싶으면 일본 관광 사무소에 문의하면 된다. 중부 오사카에서 JR 한와센(阪和線)을 타고 20분이면 도착하는 모즈(もずえき) 역까지 가면 걸어서 5분 거리에 다이센고분이 있다.

Websites www.t-net.ne.jp/~keally/kofun.html, www.jnta.go.jp

■ 크기가 어느 정도인지 살피기 위해 고분 둘레를 도는 데에도 30분이 소요된다. 이곳은 삼면이 해자(垓字)로 둘러싸여 있다. 황실의 명령 때문에 고고학자들이 발굴을 하지 못한 상태다. 관광객들의 출입이 제한될 수도 있다.

■ 인상적인 토용들을 구경하려면 나리타공항 근처에 있는 시바야마 고분 박물관을 방문해 보자. 2번 터미널에서 셔틀버스를 탄다.

■ 킨테츠 아스카(Kintetsu Asuka) 역에서 자전거를 빌려 국영 아스카 역사공원 안에 있는 사원, 묘와 박물관을 방문해 보자.

■ 가을에 미야자키 현에서 열리는 고분 축제를 보기 위해 사이토를 방문해 보자. 고분 주변에서 벌어지는 불꽃 축제와 횃불 행렬로 이 지역은 활기가 넘친다.

레모는 묘지 발코니에 정렬해 놓은 타우타우의 수가 많은 것으로 유명하다. 거의 실물 크기인 타우타우들은 각각 상징하는 고인이 생전에 입던 옷차림대로 치장돼 있다.

인도네시아

타나토라자의 암벽묘 Cliff Tombs of Tana Toraja

토라자인들은 성대한 행사를 벌이며 망자를 기린다. 장례식도 한 번이 아닌 두 번을 치른다.

축축한 무덤, 부패해가는 관, 동물을 제물로 바치는 관행은 모든 이들에게 유쾌한 장면은 아닐지 모르지만 타나토라자의 음울한 광경은 초현실적인 매력을 지니고 있다. 중부 슬라웨시(Sulawesi)에 있는 이 성스러운 지역에는 언덕과 계곡이 주단처럼 펼쳐져 있다. 물소들이 푸릇푸릇한 논에 어슬렁거리고 관광객들은 환상적인 암벽묘를 보기 위해 이곳을 찾는다. 토라자인들은 마지막 쉼터인 이곳이 내세에 이들이 죽은 가족들과 함께 머무를 집이라고 믿는다. 토라자인들은 가족의 일원이 사망할 때마다 가족묘처럼 여기는 납골 동굴에 안치해 세월이 흐르면서 관은 수십 개에 이르게 된다. 가장 유명한 매장지들은 주요 도시인 란테파오(Rantepao)와 마칼레(Makale) 사이를 잇는 도로에서 18킬로미터 떨어진 곳에 있다.

레모(Lemo)에는 30미터 높이의 암벽을 파서 만든 긴 발코니가 달린 왕족의 무덤들이 있다. 케테케수(Kete Kesu) 근처의 돌출된 암벽에서는 단 위에 얹어 매달아 놓은 관을 볼 수 있다. 론다(Londa)에 있는 두 개의 동굴로 향하는 입구에는 관, 유골이 높게 쌓여 있고 망자에게 바치는 담배와 술이 가득하다. 묘지 중에는 죽은 이들을 본떠 만든 목각 인형인 '타우타우(tau tau)'를 세워 놓은 곳이 많다. 또한 타나토라자 전역에서 전통 가옥인 '통코난'과 쌀을 보관하는 창고인 '알랑'을 볼 수 있다.

When to go 7월에서 9월 중 열리는 장례 축제 기간에 방문한다. 이때 토라자인들은 하나의 거대한 축제로서 두 번째 장례식을 성대하게 거행한다.

Planning 타나토라자로 가는 교통편은 버스가 유일하다. 마칼레와 란테파오는 슬라웨시의 전 지역과 연결돼 있다. 마카사르(Makassar)에서는 다야(Daya) 터미널에서 버스가 주야로 출발한다. 저렴한 숙박장소를 원한다면 란테파오가 제격이다. 외부 사람은 현지인의 초대를 받아야 축제나 장례의식에 참여할 수 있다. 현지 가이드가 소개해 주는 경우도 있다. 초대를 받지 못한 경우 행사에 가서 누군가 당신을 안내해 주겠다고 제안할 때까지 주위에서 서성여야 한다. 토라자인들의 행사에서는 선물을 주는 것이 중요하기 때문에 커피나 담배 또는 종려주를 챙겨가도록 한다.

Websites www.my-indonesia.info

■ 타우타우를 제대로 보려면 오전 8시에서 9시 사이에 레모를 방문하는 것이 좋다.

■ 축제 기간 중 전통 의식이나 장례식에 참석해 보자. 장례식은 며칠간 지속된다. 관을 메고 행렬하는 일부터 물소 싸움과 동물들을 제물로 드리는 의식이 계속되고 마지막날 관을 안치한다. 때로는 제물로 물소가 24마리나 희생되기도 한다.

■ 일부 무덤의 문에는 모자나 지갑 또는 다른 개인 물품이 걸려 있다. 토라자인들은 망자들이 내세에 이 물품들을 사용할 것이라고 믿는다.

■ 란테파오에서 21km 떨어진 캄비라(Kambira)에는 수많은 아기무덤이 있다. 아이가 이가 나기 전 사망하면 가족들은 나무에 구멍을 내어 아기를 넣어 둔다. 나무가 점차 자라면서 아이를 넣어둔 구멍도 메워지게 된다.

한 소년이 낙타를 타고 타지마할 근처에 있는 수심이 얕은 야무나 강을 건너고 있다.

인도

타지마할 *Taj Mahal*

빛나는 사랑의 징표인 타지마할의 아름다움은 모든 이들을 경외감으로 사로잡는다.

    인도 북쪽에 있는 아그라(Agra) 시 야무나(Yamuna) 강변에 타지마할이 균형 잡힌 웅장함을 뽐내며 우뚝 서있다. 이곳은 무굴제국의 황제인 샤 자한(Sha Jahan)이 아이를 낳다가 숨을 거둔 사랑하는 아내 뭄타즈 마할(Mumtaz Mahal)을 잊지 못해 만든 건축물이다. 2만 명의 인부가 동원돼 20년간 지었다고 하는 이슬람 영묘(靈廟) 타지마할은

1654년경에 완성되었다. 암갈색 사암으로 만들어진 웅장한 현관을 지나 굴곡진 아치 길을 걷다 보면 어느 순간 멀리서도 빛나는 타지마할의 초자연적인 아름다움이 눈에 들어온다. 짙푸른 삼나무가 투명한 푸른빛의 강을 따라 늘어서 있고 강은 경외감을 불러일으키는 타지마할의 모습을 비추고 있다.

거대한 타지마할에 다가서면 복잡한 격자무늬의 빛나는 흰색 대리석이 보인다. 코란의 글귀가 새겨진 벽에는 진귀한 보석들이 아름다운 문양으로 박혀 있다. 무슬림들에게는 낙원의 상징인 정원이 네 개의 구획으로 나눠지고 또 다시 각각 네 부분으로 나눠진다. 이처럼 네 부분으로 나눠지는 것은 이슬람교에서는 4라는 숫자가 신성시되기 때문이다. 안쪽에는 종교적인 색채를 띤 기하학적인 무늬가 바닥에 그려져 있고 화려한 장식이 벽과 천장을 뒤덮고 있으며 묘실 안의 수많은 장식품에는 은은한 조명이 비치고 있다. 타지마할의 양 옆에는 붉은색의 화려한 사암으로 지은 모스크가 제 모습을 비춰주는 거울연못과 함께 세워져 있다.

■ 보름달이 뜨는 날에는 문을 닫는 시간까지 머물러 보자. 타지마할의 대리석이 빛나면서 마치 은은한 달빛에 떠있는 것처럼 보인다.

■ 타지마할은 매년 2월경 10일간 열리는 '타지마호트사브' 축제의 무대가 된다. 보석으로 치장한 코끼리와 낙타 행렬을 구경하고 민속춤을 감상해 보자. 지역 공예작품을 감상하고 음식을 맛보는 일도 빼놓을 수 없다.

■ 타지마할 주 출입구 아래 지하실에 있는 뭄타즈 마할과 샤 자한의 묘를 둘러보자.

When to go 폭우가 쏟아지는 몬순철이나 가장 더운 때를 피하려면 10월부터 3월 사이에 가는 것이 좋다. 매주 금요일에는 이슬람 신자에게만 개방된다.

Planning 델리(Delhi)와 아그라를 오가는 타지 익스프레스(Taj Express)는 특별하게 냉난방 장치가 되어 있는 고급 열차로 매일 아침 델리에서 출발하며 밤이면 델리로 다시 돌아온다. 인도의 다른 도시와 델리에서 아그라로 들어오는 버스 편도 있다. 아그라에는 공항이 있는데 델리, 자이푸르(Jaipur), 조드푸르(Jodpur)에서 출발하는 항공편을 운항하고 있다.

Websites www.asi.nic.in, www.incredibleindia.org

티히빈 묘지에서 사람들이 가장 많이 찾는 곳은 1881년 세상을 뜬 문호 표도르 도스토옙스키의 묘지다.

러시아

알렉산드르 넵스키 수도원
Alexander Nevsky Monastery

러시아 역사에서 가장 위대한 위인들이 이 수도원의 평온한 대지 위에 잠들어 있다.

　활기 넘치는 넵스키 대로가 상트페테르부르크(St. Petersburg) 중심부를 지나고 있다. 이 넓은 대로의 한쪽 끝에는 알렉산드르 넵스키 수도원의 평온한 세계가 있다. 13세기의 성인이자 러시아 왕자였던 넵스키의 이름을 따서 지어진 이 수도원은 1710년 표트르 대제(Pyotr I)가 건립한 다섯 개의 교회 건물로 이루어져 있다. 크림 빛깔의 아치형 입구를 통과해 나무들이 줄지어선 두 군데 공동묘지에 잠들어 있는 러시아 위인들에게 경의를 표하자. 오른쪽에 있는 티히빈(Tikhvin) 공동묘지에서는 가장 유명하고 화려한 무덤들을 볼 수 있으며 상당수는 예술작품에 가깝다. 오른편 끝 쪽으로 걸어가 차이콥스키의 묘를 살펴보자. 두 명의 날개 달린 천사로 장식된 청동 묘비에는 차이콥스키의 흉상이 세워져 있다. 뒤쪽 벽을 향해 울창하게 뻗어 있는 나무 아래 벽돌로 된 통로를 따라가면 작고 정교한 철제 담장으로 둘러싸인 도스토옙스키의 묘가 나온다. 비석에는 수염을 기른 도스토옙스키의 흉상과 십자가가 세워져 있다. 예술가, 음악가, 과학자, 지휘자 외에도 황제 알렉시스 1세(Tsar Alexis I)의 딸이자 표트르 대제의 누이였던 나탈리야 알렉세예브나(Natalya Alexeevna) 같은 러시아 황족의 무덤도 있다.

이 도시의 몇몇 유명한 건축가가 수도원 건너편 라자루스(Lazarus) 묘지에 묻혀 있다. 소박한 회색의 화강암 비석은 러시아 의사당 건물과 알렉산드로브스키 극장을 건축한 카를로 로시(Carlo Rossi)의 묘이다. 화려한 궁전 세 곳을 건축한 동료 건축가인 이탈리아의 지아코모 콰렌기(Giacomo Quarenghi)의 묘는 그의 건축물과는 어울리지 않게 소박한 모습이다.

When to go 화요일과 토요일을 제외하고 매일 오전 11시에서 7시까지 개방한다. 여름에는 관광객이 늘어난다. 황혼이 밤새도록 지속되는 백야는 6월 중순부터 7월 1일까지 절정을 이룬다.

Planning 중앙에 위치한 수도원을 쉽게 찾을 수 있다. 가장 가까운 전철역은 플로시차트 알렉산드라 넵스코보(알렉산드라 넵스코보 광장)이다. 알렉산드르 넵스키 광장에서 들어가 입구 바깥쪽에서 표를 구입한 후 묘지 약도를 요청한다.

Websites www.saint-petersburg.com, www.russia-travel.com

■ 상트페테르부르크의 주요 도로인 넵스키 대로를 가로질러 가면 식당, 가게, 가판대, 박물관과 바로크 형식의 웅장한 겨울궁전과 에르미타주 미술관이 나온다. 거리를 따라 갖가지 종파의 교회들이 들어서 있어서 프랑스의 문호 알렉산드르 뒤마(Alexandre Dumas)는 이 거리를 '종교적 관용의 거리'라고 불렀다.

■ 넵스키 대로의 맞은편, 수천 개의 방이 있는 에르미타주 미술관은 세계에서 가장 우수한 미술관 중 하나이다. 1764년에 세워졌으며 여러 채의 건물들이 들어서 있고 300만 점이 넘는 예술 작품을 소장하고 있다.

■ 에르미타주 미술관 맞은편에 알렉산드르 정원과 바로 뒤쪽의 러시아구 해군성 건물을 거닐어 본다. 조명장식이 되어 있는 음악분수도 있다. 상트페테르부르크에는 200개가 넘는 공원과 정원, 나무가 무성한 700개의 광장이 있다.

'죽는 순간까지 싸우자'는 표현에는 소련군의 결의가 잘 나타나 있다.
저 멀리 언덕 위에 서있는 '조국의 어머니' 마마예프상이 보인다.

러시아

마마예프 기념관 *Mamayev Hill Memorial*

다양한 전시관과 사회주의 특유의 사실적 양식으로 지은 기념 동상이
스탈린그라드 전투를 승리로 이끈 소련의 영웅들을 기리고 있다.

실패로 끝난 독일의 스탈린그라드 침공(1942~1943) 기간 중 마마예프 언덕은 가장 치열한 전투가 벌어졌던 곳으로 1967년 승리를 기념하기 위해 거대한 기념물과 동상들이 세워졌다. '영웅의 광장'에는 거울연못이 있고, 양옆으로 전우애나 애국심 등을 묘사한 6미터 높이의 2인상 여섯 점이 배치돼 있다.

치열한 전투가 벌어졌음를 상징하는 허물어진 벽에는 당시의 전투 장면을 묘사한 부조가 있다. '용맹의 전당'에는 43개의 붉은 현무암 판에 스탈린그라드를 지키다 목숨을 잃은 모든 사람들을 대표해서 7,200명 군인들의 이름이 쓰여 있다. 용맹의 전당에서 길을 따라 걸으면 죽은 군인 아들을 끌어안고 애통해하는 어머니의 동상이 있는 '비탄의 광장'이 나오고, 언덕 위에는 볼고그라드(스탈린그라드의 현재 지명)의 토템신앙을 나타내는 유명한 작품이 보인다. 전쟁을 치른 날 수를 의미하는 200개의 화강암 계단을 오르면 정상에 82미터에 달하는 '조국의 어머니' 마마예프상이 그녀의 발아래 있는 3만 4,505명의 전사자들의 묘를 내려다보며 승리의 거대한 칼을 높이 치켜들고 있다.

■ 용맹의 전당에서 시간마다 행해지는 근위병 교대식을 구경한다. 로베르트 슈만의 〈트로이메라이(꿈)〉가 배경 음악으로 흐르는 전당의 중앙에는 콘크리트로 만든 거대한 손 모양의 장식이 '영원의 불'을 들고 있다.

■ 영웅의 광장에 세워진 조각상들은 전쟁터의 진정한 영웅들인 병사와 위생병을 묘사한 것이다. 병사 한 명이 부상당한 동료를 부축하고 있다. 부상당한 병사가 전쟁터에서 빠져나오도록 간호사가 돕는다. 나이든 군인 한 명과 젊은 군인 하나가 파시즘의 상징물을 볼가 강에 던지는 모습도 보인다.

■ 볼가 강변에 있는 볼고그라드 주립 파노라마 박물관은 '스탈린그라드에서 파시스트 군의 패배'라는 역사적인 사건을 묘사한 러시아 최대 규모의 서사 그림과 제2차 세계대전의 유물들을 상당수 소장하고 있다.

When to go 기념관은 항상 개방한다. 승전기념일(5월 9일)이나 스탈린그라드 전투 종전기념일(2월 2일)처럼 특별한 의식이나 행사가 열리는 날이면 많은 사람들이 이곳을 찾는다.

Planning 볼고그라드는 모스크바 남동쪽으로 900킬로미터 떨어진 곳에 있다. 전 지역을 둘러보려면 2~3시간은 필요하다. 형형색색의 조명 아래 빛나는 조각상들을 감상하려면 밤에 방문하는 것이 좋다.

Websites www.mamayevhill.volgadmin.ru, volgograd.russiantravelguides.com

서쪽 단구에 있는 아폴로, 안티오쿠스, 제우스의 두상에 늦은 오후의 태양빛이 비치고 있다.

터키

넴루트다으 *Nemrut Dağı*

터키 동부의 외딴 산 정상에 돌로 만든 거대한 두상들이 고대 왕들의 무덤을 지키고 있다.

거센 바람이 동쪽 토로스 산맥에 있는 2,150미터 높이의 넴루트다으(넴루트 산) 정상에 휘몰아치고 사람들은 담요를 두른 채 새벽을 기다리며 옹기종기 모여 있다. 마침내 붉은 광채가 모습을 드러내며 동쪽 지평선으로 펼쳐진다. 주위가 밝아지며 황량한 언덕이 눈에 들어온다. 눈부신 주홍빛의 붉은 태양이 솟아오르고 기다리는 사람들에게서 탄성이 터져 나오면서 거대한 두상 위로 따스한 붉은 빛이 비치기 시작한다. 두상은 사람의 크기만 하며 50미터 높이의 인공 고분의 기반에 정렬돼 있다. 이곳은 기원전 1세기에 콤마게네(Commagene)라는 소국의 통치자였던 '안티오쿠스 1세'가 묻힌 곳이다. 두상 중 다섯 개는 근처의 거대한 좌상에서 떨어져 나온 것으로 비문을 보면 이 좌상의 주인이 고대 그리스 신인 아폴로, 티케, 제우스, 헤라클레스와 안티오쿠스 1세 본인임을 알 수 있다. 두상의 높이는 1.8미터 정도이며 페르시아의 머리장식을 쓰고 있다. 제우스는 수염을 기르고 있고 별로 장식된 두건을 쓰고 있다. 안티오쿠스는 젊은이의 형상을 하고 있다.

■ 고대인들의 발자취가 묻어 있는 언덕들이 지평선까지 펼쳐져 있다. 이곳의 전경은 일출과 일몰 때 특히 환상적이다.

　고분의 북쪽에서 서쪽 테라스까지 정식 코스가 나온다. 이른 아침에는 여전히 어둠이 가시지 않고 기온도 낮다. 석상의 나머지 부분도 원래 이곳에 서있었지만 지금은 두상만 남아 서쪽을 응시하고 있다. 안티오쿠스는 이곳을 '나의 사랑하는 성스러운 영혼들이 영원히 잠들 곳', 즉 신들의 성소로 만들었다. 고고학자들은 그의 묘실이 고분 아래에 있는 바위에 감춰져 있다고 믿고 있지만 아직 확인되지는 않았다.

■ 사자와 함께 별과 빛 줄기를 묘사해 놓은 부조 장식이 있는 돌기둥은 세계에서 가장 오래된 천궁도로 여겨진다. 석비에는 기원전 62년 7월 7일의 목성과 화성 그리고 금성의 위치가 표시돼 있는데 이날은 안티오쿠스가 사망한 날로 그가 신이 되었을 것이라는 기대가 담겨 있다.

When to go 5월에서 10월 초에 방문하는 것이 좋다. 겨울에는 눈 때문에 정상으로 가는 길이 봉쇄될 수도 있다.

Planning 넴루트다으는 아드야만(Adiyaman)에서 동쪽으로 85킬로미터, 또는 캠프장이 있는 카흐타(Kahta) 마을에서 50킬로미터 떨어진 곳에 있다. 아드야만, 샨르우르파(Şanlıurfa) 또는 말라티야(Malatya)에서 산 정상 투어를 예약할 수 있다. 정상에 있는 주차장에서 걸어서 30분이면 산꼭대기에 도착한다. 최소 3시간은 잡아야 한다. 일부 단체여행의 경우 콤마게네 문명의 다른 유적지도 관람할 수 있다.

Websites www.adiyamanli.org, www.nemruttours.com, www.turkeytravelplanner.com

이스라엘

야드 바셈 *Yad Vashem*

이 추모기념관은 희생자들의 이름과 그들의 사연을 통해
홀로코스트의 역사를 전하고 있다.

'기념물과 이름'이라는 의미의 야드 바셈은 홀로코스트의 순교자들과 영웅들을 기리는 추모단지에 있는 수많은 박물관과 기념비, 기록문서들을 상징할 수 있는 적절한 이름이다. 이 추모단지는 예루살렘에 있는 하르하지카론(Har Hazikaron, 추모의 산)에 있다. 1953년 기념관 건립 이래 심어온 나무 덕에 지금 이곳에는 신록이 우거져 있다. 이 기념관은 이스라엘의 의인들과 홀로코스트 때 목숨을 걸고 유대인들을 도운 비유대인들을 기리기 위해 세워졌으며 학살 현장과 수용소에서 살아남은 이들이 모은 희생자들의 유해가 추모의 전당에 안치돼 있다. 단순한 형태의 현대식 홀로코스트 역사박물관은 홀로코스트의 역사를 유대인과 개인의 입장에서 전하고 있다. 이곳에서는 희생자들과 유대인 마을에 가해진 끔찍한 범죄행위에 대한 생존자들의 증언을 화

'강제 수용소와 죽음의 수용소에서 사망한 희생자들을 위한 기념비'는 난도르 글리드(Nandor Glid)가 제작한 것이다.

「코르차크와 게토의 아이들(Korczak and the Ghetto's Children)」이라는 조각상은 폴란드에서 유대인 고아들을 위한 집을 운영한 야누시 코르차크(Janusz Korczak)를 기리는 것이다. 그는 1942년 트레블린카(Treblinka, 폴란드에 있던 나치 수용소)로 끌려가는 아이들과 끝까지 동행했다.

면을 통해 보여준다. 사람들의 이름과 이야기들, 그리고 그들의 고향에 관한 이야기들은 마치 동굴 같은 박물관 건물 전체로 울려퍼진다. 사방의 기록들을 보면서 느낀 참담한 마음과 관람을 계속하는 것이 너무도 버겁게 느껴지고 수많은 이야기들로 마음이 무거워질 때쯤이면 햇볕이 내리쬐는 평온한 언덕이 내려다보이는 발코니에서 박물관 관람은 끝이 난다. 비통한 마음을 금할 길 없는 관람객들은 이곳에서 우리가 과거를 기억하고 제대로 인식한다면 이처럼 끔찍한 일이 다시는 되풀이되지 않을 것이라는 희망을 본다. 이것이 야드 바솀이 전하는 메시지이며 전 세계에 선사하는 이스라엘의 선물이다.

■ 홀로코스트 역사박물관에 있는 '이름의 전당'에는 600장의 사진과 200만 장이 넘는 증언 기록들의 견본이 전시돼 있다. 홀로코스트 때 희생당한 600만 명의 유대인들의 이름과 그들의 이야기를 기억하자는 염원을 담고 있다.

■ 지하동굴을 파 만든 어린이기념관은 홀로코스트 사건으로 희생당한 150만 명의 어린이들을 기리고 있다. 어둡고 엄숙한 공간에 켜놓은 촛불이 거울에 비쳐져 마치 하늘에 수만 개의 별들이 반짝이는 것 같은 인상을 준다. 죽은 어린이들의 이름과 나이, 출생지를 알려주는 소리도 들려온다.

■ 추방된 이들을 기리는 기념관에는 예전의 가축 운반용 화차가 녹슨 철로 위에 놓여 있다. 유대인들을 죽음의 수용소로 운반할 때 나치가 사용하던 것이다.

When to go 야드 바솀은 토요일과 유대인의 공휴일을 제외하고는 매일 개방한다. 일요일에서 목요일까지 기념관 단지 전체가 오전 9시부터 오후 5시까지 개방한다. 목요일에는 홀로코스트 역사박물관을 저녁 8시까지 개방한다. 금요일과 휴일 전날에는 오전 9시부터 오후 2시까지만 개방한다.

Planning 입구는 헤르츨 산 근처에 있다. 버스는 예루살렘 중부와 다른 지역에서 출발하여 헤르츨 산 역에서 정차한다. 기념관 개방시간에는 헤르츨 산 역에서 야드 바솀까지 무료 셔틀버스를 운행한다. 주차장도 있다. 입장료는 없으며 단체관람이 아닌 경우에는 사전 예약은 필요하지 않다. 단체관람은 온라인으로 예약이 가능하다. 입구에 있는 방문객 센터에서는 정보, 약도, 오디오 가이드를 제공하며 영어로 진행되는 무료 가이드 투어는 매일 오전 11시에 진행된다. 개인 가이드 투어인 경우 온라인상에서 예약 신청서를 작성해야 한다.

Websites www.yadvashem.org

제라늄 화분과 화관이 가수 에디트 피아프(Edith Piaf)의 소박하고 꾸밈없는 대리석 무덤을 장식하고 있다.

프랑스

페르 라셰즈 공동묘지 Père Lachaise Cemetery

파리의 동쪽 언덕에 세워진 이 공동묘지는
세계에서 가장 유명한 인사들이 잠들어 있는 곳이다.

루이 14세의 고해신부였던 프랑수아 드 라 셰즈(Père François de la Chaise) 신부의 이름을 딴 이 공동묘지는 1804년 나폴레옹에 의해 정식으로 문을 열었다. 파리에서 가장 큰 공동묘지 세 곳 중에서도 가장 규모가 큰 이곳은 화장을 한 이들을 위한 납골당 외에도 30만 개의 무덤이 있다. 음악가, 화가, 작가, 과학자, 군사 전략가, 영웅과 여걸들, 정재계 거물이 이곳에 잠들어 있다. 원주기둥이 떠받친 지붕은 중세의 연인인 엘로이즈(Heloïse)와 아벨라르(Abelard)의 무덤을 덮고 있다. 이들의 유해는 19세기 초 이곳에 이장되었다. 또 다른 한 쌍의 로맨틱한 부부인 이브 몽탕(Yves Montand)과 시몬느 시뇨레(Simone Signoret)는 소박한 묘비를 함께 사용하고 있다. 다른 음악가들과 마찬가지로 쇼팽의 묘에는 늘 화관이 놓여 있다. 프랑스의 인기 작가, 시도니 가브리엘 콜레트의 묘에도 싱그러운 꽃들이 간단히 '콜레트(Colette)'라고 쓰여 있는 검은 대리석 판을 장식하고 있다. 19세기에 프랑스 근대화에 기여한 오스만(Haussmane)가문과 오스트리아 작곡가로 후에 세계적인 피아노를 제작하는 회사를 설립한 플라이엘(Pleyel) 가문의 무덤과 같이 정교하게 조각된 무덤은 비바람에 이름이 닳아 없어진 수수한 무덤 곁에 나란히 있다.

바람 부는 가을 날 오후, 페르 라셰즈를 걸으면 유럽의 200년 역사의 발자취를 따라갈 수 있을 것이다. 또 저명한 이들뿐 아니라 무명인의 무덤도 볼 수 있다. 낙엽은 보도에서 뒹굴고 있고 향수를 자아내는 낙엽의 경쾌하면서도 성마른 속삭임은 딱딱한 땅속을 파고드는 날카로운 삽질 소리에 중단된다. 이곳에서는 무덤을 파는 일이 계속되고 있다.

When to go 파리에서 가장 큰 공원인 페르 라셰즈는 매일 문을 열지만 개방시간은 조금씩 다르다. 48만 제곱미터에 이르는 이곳을 둘러보려면 한두 시간은 잡아야 한다.

Planning 페르 라셰즈 지하철역에서 아몬드나무의 문(The Porte des Amandiers)까지 곧장 이어진다. 역에는 위치를 알려주는 지도가 있다. 지하철 2호선 필리프오귀스트(Pilippe Auguste) 역이나 지하철 3호선의 강베타(Gambetta) 역도 편리하다. 방문객 센터에서는 묘지에서 가장 유명한 이들의 묘지를 숫자로 표시한 안내지도를 제공한다.

Websites www.pere-lachaise.com, www.paris-tourism.com

■ 오래된 무덤뿐 아니라 과테말라의 작가이자 노벨문학상 수상자인 미겔 앙헬 아스투리아스(Miguel Ángel Asturias) 같은 인물의 현대식 무덤도 시간을 내어 살펴보자.

■ 가장 유명하고 낙서가 가득한 무덤 중 하나는 엄청난 영향력을 끼친 싱어 송 라이터인 짐 모리슨(Jim Morrison)의 묘이다. 이따금씩 오는 방문객들이 묘비를 훼손하거나 기념으로 물건들을 가져가려고 하기 때문에 보안 요원들이 이곳에서 종종 경비를 선다.

■ 엘로이즈와 아벨라르 묘지 근처 가까이에 길게 늘어서 있는 유대인의 묘지를 둘러보자.

■ 이곳 공동묘지의 다양한 문화, 언어, 종교를 감상해 보자. 이 같은 다양성은 전 세계 방방곡곡, 각계각층의 사람들이 이곳에 잠들어 있다는 것을 의미한다.

루이 14세의 고해신부의 이름을 따서 지어진 곳이지만 이곳에는 종교와 상관없이 유대인, 이슬람교, 불교, 기독교인들의 무덤이 함께 있다.

프랑스

알리스캉 묘지 *Alyscamps*

로마인들과 초기 기독교인의 무덤이 고대의 공동묘지인 알리스캉에 즐비하게 늘어서 있다.

12세기 생 토노라 교회(Church of St. Honorat)는 한때 수많은 초기 순교자들의 유물을 간직한 중요한 성소였다.

로마시대에 프랑스 남부 아를(Arles) 지방에서는 석관을 만들 조각가가 많이 필요했다. 성벽 밖에 위치한 서방세계 최고의 묘지에 들어설 수천 개의 무덤을 조각해야 했기 때문이다. 이곳은 3세기에 추앙받았던 기독교 순교자 성 제네시오(St. Genesius)가 묻히면서 유명해지기 시작했다. 이곳에 쓰인 대리석은 그리스와 아우렐리아 가도(Via Aurelia)를 따라 나있는 카라라(Carrara) 절벽에서 수송해 온 것이다.

당시에는 성벽 밖에만 무덤을 쓸 수 있었기 때문에 도시의 성문으로 통하는 아우렐리아 가도를 따라 묘지가 조성되었다. 유럽 각지의 부유한 시민들에게 매우 인기 있었던 묘지라 곳곳에 석관이 3단으로 쌓였다. '지극한 행복의 들판'이라는 의미의 알리스캉은 급기야 그 면적이 수백 헥타르에 이르게 되었다. 오늘날 이곳에는 나무 그늘이 진 길게 뻗은 산책로를 따라 고대 알리스캉의 고요한 평화를 담고 있는 수많은 무덤들이 늘어서 있다. 낭만적이면서도 빛과 음영이 혼합되는 이 거리는 반 고흐와 고갱을 비롯해서 수많은 예술가들의 관심을 끌었다.

■ 고대 아를 박물관은 로마시대의 석관 이래로 가장 뛰어난 석관을 소장하고 있으며, 이교도 시대에서 기독교 시대로 넘어오는 과정에서 나타난 이미지와 스타일의 변천을 보여주고 있다.

■ 알리스캉을 따라 끝까지 걷다 보면 폐허가 된 로마네스크양식의 생 토노라(St. Honorat) 교회가 6세기의 수도원인 생 세제르(St. Césaire) 수도원을 비롯해 몇몇 교회와 함께 서있는 것이 보인다.

■ 알리스캉 입구에서 도시의 오랜 성벽 쪽으로 걸어오면서 한때 묘지로 뒤덮였던 광대한 지역을 감상해 보자.

When to go 아를은 5월부터 9월까지 따뜻하고 건조한 날씨를 보인다. 9월 중순 '역사유산의 날'에는 많은 고대 유적지가 개방된다. 쌀 축제인 레 프레미스 뒤 리(Les Prémices du Riz) 역시 9월에 열린다.

Planning 알리스캉은 아를 시내에서 남쪽으로 걸어서 10분 거리에 있다. 이곳은 걷기여행을 하기에 최적의 장소이다. 1주일 정도면 로마와 중세시대의 많은 유적지를 둘러보고 카마르그(Camargue)도 답사할 수 있다. 울퉁불퉁한 암석으로 된 묘지의 옛 도로를 걸으려면 편한 신발을 챙겨 가야 한다.

Websites www.tourisme.ville-arles.fr

고대 스웨덴인들은 전망 좋은 산등성이에 왕실 고분을 지었다.

스웨덴

왕실고분 Royal Mounds

고대 이교도 왕들이 잠든 이곳은 스웨덴의 가장 오래된 국가적 상징물이다.

스톡홀름 북쪽 웁살라(Uppsala) 외곽에 있는 감라 웁살라(Gamla Uppsala) 마을에 3개의 웅장한 토분이 넓은 평원에 우뚝 솟아 있다. 이곳에는 한때 2,000~3,000개에 이르는 고분이 있었다. 바이킹 시대 이전, 감라 웁살라 지역은 스웨덴 왕들이 거주하던 곳이다. 또한 고대 스웨덴 사람들이 신에게 예배를 드리던 곳이자 '팅(thing)'이라고 하는 민회가 열린 지역이기도 하다. 1,500년 전의 것으로 추정되는 이 고분들의 발굴작업이 시작되면서 불에 탄 유골과 장식을 한 무기류, 의복과 제물들의 잔해가 모습을 드러냈다. 이것은 화장을 하면 죽은 이들의 영혼이 발할라(Vahalla), 즉 오딘 신(Odin, 북유럽 신화에 나오는 지식, 문화, 군사를 관장하는 최고의 신)을 모신 신전으로 올라갈 수 있다고 믿었던 고대 스웨덴 사람들의 신앙을 보여주고 있다. 고고학자들은 무덤의 출토품을 통해 이 고분들을 고대 왕들의 분묘로 추정하고 있다. 동릉, 중릉, 서릉으로 알려진 세 개의 고분 주위에 굽이굽이 나있는 좁은 길을 따라 걸으며 고대 스웨덴인들의 신인 오딘, 토르(Thor, 천둥의 신), 프로이(Frey, 풍요와 평화의 신)를 모신 빛나는 황금 신전과 인간과 동물을 제물로 드렸던 성스러운 숲이 있던 그 옛날의 감라 웁살라를 상상해 보라. 근처의 어셈블리 마운드(Assembly Mound)는 지형적인 형태는 묘지를 닮았지만 신이나 왕의 잔재는 남아 있지 않다.

- 근처의 감라 웁살라 박물관은 고분의 출토품을 소장하고 있다. 수백 년 동안 변해온 이 지역의 지형 모형도 전시하고 있다.

- 감라 웁살라 교회(Gamla Uppsala Church)를 찾아가 보자. 이 교회의 일부 건축물은 12세기 것으로 추정된다. 전설에 의하면 이곳은 원래 이교도 신들의 신전이었다고 한다. 1989년 북유럽 국가 순방 중 교황 요한 바오로 2세가 이 교회에서 미사를 드렸다.

- 13세기에 지어진 웁살라 성당(Uppsala Cathedral)은 스칸디나비아 반도에서 가장 큰 교회이다.

When to go 스웨덴의 혹독한 겨울을 피해 봄과 여름 또는 초가을에 가는 것이 좋다.

Planning 웁살라는 스톡홀름에서 48킬로미터 떨어진 곳에 위치하고 있다. 두 도시를 오가는 열차가 정기적으로 운행되고 있으며 시간은 약 45분 소요된다. 왕실 고분은 웁살라 중심지에서 4킬로미터 떨어져 있다. 버스를 타거나 날씨가 따뜻하다면 걷거나 자전거를 타고 고분 유적지를 찾아갈 수 있다. 유적지나 교회는 무료로 입장할 수 있지만 박물관에서는 소정의 입장료를 받는다.

Websites www.uppland.nu, www.uppsala.world-guides.com

왼편의 하랄 블로탄의 비석은 룬문자와 기독교의 상징들을 담고 있으며 덴마크의 탄생을 공표하는 출생증명서로 알려져 있기도 하다.

| 덴마크 |

옐링 *Jelling*

두 개의 커다란 석비는 이교도에서 기독교로 개종한 고대 덴마크의 역사를 담고 있다.

중부 유틀란트 반도의 조용한 시골 마을에는 유럽에서 가장 오랫동안 군주제를 지켜온 덴마크의 초대 왕과 관련이 있는 두 개의 고분과 신비한 룬문자가 새겨진 비문, 작은 교회가 있다. 이곳은 기독교로 개종하기 전, 고대 바이킹의 신들을 믿던 시기의 수도이자 권력의 중심지였던 '옐링'이다. 마을에 가까이 다가가면 잔디로 뒤덮인 두 개의 인상적인 고분이 눈에 들어온다. 이 고분은 9세기 말부터 958년까지 살았던 고대 덴마크 왕국의 왕이자 최초의 왕으로 추정되는 고름 왕(Gorm the Old)과 그의 아내 티라(Thyra)의 것이다. 고분 사이에는 로마네스크 양식의 작은 교회가 서있다. 이곳은 원래 고름 왕의 아들인 하랄 블로탄(Harald Blatand)이 지은 오래된 목조 교회가 있었던 곳이다. 하랄은 기독교로 개종한 후 이 교회를 지었고 이곳에 그의 아버지를 다시 묻었다.

교회 바로 앞에는 두 개의 커다란 석비가 있다. 작은 석비에는 고름 왕의 글이 기록돼 있다. 통신과 주술을 위해 사용되었던 고대 상형문자인 신비한 룬문자로 티라의 죽음을 추모하는 글이다. 삼면으로 이루어진 큰 석비는 아버지의 뒤를 이어 왕이 된 하랄이 세운 것이다. 한 면에는 하랄이 덴마크와 노르웨이의 왕임을 공표하는 기록이 있고 다른 한 면은 사자와 뱀의 현란한 그림이 새겨져 있다. 세 번째 면에는 고대 바이킹의 장식과 덴마크 최초의 그리스도상, 하랄 블로탄이 국민을 기독교로 개종시킨 사실을 기록한 룬문자가 새겨져 있다. 근처에 있는 왕립 옐링 박물관에서는 하랄 블로탄의 룬문자로 된 석비를 실물 크기로 본뜬 모형을 전시하고 있다. 이 모형 석비는 실제 석비와 마찬가지로 밝은색으로 칠해져 있다.

■ 고름 왕이 묻혀 있는 석회 벽의 교회를 찾아가 보자. 19세기에 복원된 프레스코화(frescoes)는 원래 12세기에 그려졌던 것이다.

■ 매년 여름이면 옐링 오름(Jelling Orm)이라고 하는 실물 크기로 재현한 바이킹의 배를 옐링 남쪽에 위치한 포루프 호수(Fårup Lake)에 띄운다.

When to go 겨울날의 옐링은 춥고 황량하게 느껴질 수 있다. 5월부터 10월에 가는 것이 좋다.

Planning 옐링은 유틀란트 반도의 동쪽, 코펜하겐의 서쪽에 있다. 코펜하겐에서 출발하는 열차를 타면 3시간 걸린다. 마을에 작은 여관이 있어서 1박도 가능하다.

Websites www.visitdenmark.com

황량하고 쓸쓸한 베우제츠 기념관은 수많은 이의 목숨을 앗아간 수용소의 역사를 보여준다.

폴란드

베우제츠 기념관 Bełżec Memorial

나치의 가장 악명 높은 죽음의 수용소였던 이곳은 60년 동안 숲 속에 묻혀 있었다.

'땅아, 내 피를 가리지 말라. 나의 부르짖음이 쉴 자리를 잡지 못하게 하라.' 예전에 베우제츠 죽음의 수용소였던 이곳 현관 기념벽에는 욥기의 구절이 씌어 있다. 녹슨 철로 이루어진 글자들은 글귀를 만들어내고 녹슨 철에서는 붉은 자국이 피눈물처럼 흘러내린다. 1942년 2월부터 12월 사이에 나치는 이곳에서 50만 명을 처형했다. 대부분은 폴란드 남동쪽과 우크라이나 서쪽 국경지대에 접해 있는 지역 출신의 유대인들이었다. 나치는 이들을 거대한 묘지에 파묻고 끔찍한 참상의 모든 증거를 없애려고 했다. 수십 년간 이 외딴 지역은 방치되었고 아무런 주목을 끌지 못했다. 그러나 2004년 미국의 유대인 협회와 폴란드 정부가 공동으로 이곳의 참상을 소개했다. 산업폐기물이 수용소가 있었던 전 지역을 덮고 있어서 마치 거대한 무덤 위로 적막한 황무지가 생겨난 듯하다. 그 사이로 가장자리에 녹이 슨 쇠막대들이 삐죽삐죽 늘어서 있는 좁은 통로가 땅 밑으로 길게 뻗어나 있다. 내려가는 길이 마치 다시는 돌아오지 못할 길 같다. 이 길은 수백 명의 이름이 새겨진 기념벽 앞에서 멈춘다. 위쪽으로는 보도가 황량한 벌판 주변에 나있고 길을 따라 이곳에서 사망한 유대인들이 살던 도시와 마을의 이름이 철로 만든 글자로 표시돼 있다. 이 글자들 역시 녹슬어 있고 붉은 녹물 자국이 피눈물처럼 흘러내린다.

■ 주변 도로를 따라 표기돼 있는 도시와 마을의 이름은 이 지역에 살았던 많은 유대인들이 사용했던 언어인 폴란드어와 이디시어로 쓰여져 있다.

■ 이 박물관은 수용소의 역사와 홀로코스트 당시 수용소에서 무슨 일이 벌어졌는지를 생생하게 보여준다. 학자들은 적어도 43만 4,500명의 유대인들과 수많은 비유대계 폴란드인들과 집시가 이곳에서 목숨을 잃었을 것이라고 믿고 있다.

■ 희생자들은 궤도차를 타고 수용소로 향했고 나치는 궤도차를 이용해 가스실에서 묘지로 희생자들의 시신을 운반했다. 1943년 나치는 이곳 수용소를 철거하면서 시신을 발굴해 철로로 만든 화장용 장작더미에서 시신을 화장했다. 기념비 입구 근처에 철로로 만든 기념물은 기차뿐만 아니라 화장용 장작더미까지 연상시킨다.

When to go 베우제츠 기념관은 1년 내내 낮 시간에 열려 있고 입장료는 없다. 야외에 있기 때문에 겨울에 방문하는 일은 쉽지 않다. 가이드를 동반하는 투어에 관해서는 현지 박물관에 직접 문의하면 된다.

Planning 베우제츠는 우크라이나 국경 근처의 폴란드 남동부 오지에 위치하고 있기 때문에 바르샤바(Warsaw)나 크라쿠프(Kraków)에서 출발하여 당일치기로 여행하기가 쉽지 않다. 그러나 50킬로미터 떨어진 곳에 있는 르네상스 건축양식으로 지어진 아름다운 자모시치(Zamość)에는 시설이 좋은 호텔들이 있어서 편하게 머무를 수 있다. 자모시치에는 아케이드로 된 우아한 시장 광장에서 몇 미터 떨어진 곳에 요새화된 예전의 시나고그가 있다.

Websites www.deathcamps.org, www.visit.pl

납골당에 있는 뼛조각 작품 중에는 슈바르젠베르크 가문의 문장도 있다.

체코

세들레츠 납골당 *Sedlec Ossuary*

체코의 한 목공예가가 인골을 이용해 경이로운 장식품들을 탄생시켰다.

세들레츠에 있는 올세인츠 교회(Church of All Saints)에서 인골로 이루어진 한 쌍의 거대한 술잔 모형을 지나 낡은 계단을 내려가면 인골로 만든 장식품과 조각으로 가득한 음산한 광경이 펼쳐진다. 이처럼 엽기적인 예술 작품에 쓰인 4만여 개의 뼈는 인근 묘지에서 가져온 것이다. 시토 수도회의 수도원장이 예수가 십자가에서 처형된 골고다(Golgotha)에서 가져온 흙을 인근 묘지에 뿌린 이후 중세시대에 많은 이들이 이곳에 묻히기를 원했다. 1500년경, 하루에도 수천 명의 사람들이 흑사병으로 목숨을 잃자 이들을 매장할 공간을 만들기 위해 묘지를 파헤쳤고 그 과정에서 수거된 유해는 교회 지하에 안치했다. 이후 슈바르젠베르크 가문이 이 교회를 소유하게 되었고 이들은 19세기에 프란티셰크 린트(František Rint)라는 목공예가를 고용해 납골당에 쌓여 있는 수천 개의 뼈로 이 인골교회를 만들었다. 린트는 천장에 표백한 백골 아래 두 개의 뼈를 교차시켜 화환처럼 달아 놓았고, 벽과 기둥에도 고정시켜 놓았다. 또 구석마다 거대한 종모양의 뼈 무덤을 만들어 놓았다. 자신의 작품이 세상에 알려지기를 원했던 그는 입구 근처의 벽에 있는 손가락뼈에 자신의 서명을 남겼다.

- 납골당에 있는 수많은 인골조각상에서 엿보이는 정교한 솜씨를 감상해보자. 이곳에서 가장 큰 샹들리에는 인체를 이루는 모든 종류의 뼈를 이용해 만들었다고 한다.

- 해골교회라고도 알려진 올세인츠 교회의 상부 예배당과 묘지를 방문해보자.

- 쿠트나호라에는 중세 은광박물관(Museum of Silver & Medieval Mining)이 있다. 이곳에는 가이드를 동반한 광산투어 프로그램이 있으며 다섯 구역으로 나눠진 본당 회중석이 있는 성 바르바라 교회(Church of St. Barbara)를 비롯해서 아름다운 중세의 건축을 볼 수 있다.

When to go 납골당은 12월 24일과 25일을 제외하고 연중 내내 개방한다. 개방시간은 일정하지 않다. 이곳을 둘러보는 데에는 30분에서 1시간, 교회 전체를 둘러보는 데에는 더 많은 시간이 걸린다.

Planning 세들레츠는 쿠트나호라(Kutná Hora) 외곽에 있다. 서쪽으로 71킬로미터 떨어진 프라하에서 기차를 타면 된다. 납골당은 쿠트나 호라-세들레츠 역에서 걸어서 10분 거리에 있다.

Websites www.kostnice.cz, www.prague.cz

TOP 10

신성한 정원 Ten Sacred Gardens

다음에 소개된 고요한 명상지들은 현대인들의 번잡한 삶과 스트레스를 벗어나 위안을 받을 수 있는 곳이다.

❶ **프란체스코 수도원** Mt. St. Sepulchre Franciscan Monastery
미국_워싱턴 D.C.

워싱턴 도심 한복판에 자리잡은 평화로운 수도원 정원에서 위안을 찾아보자. 아름다운 장미 정원의 주랑과 15세기 예배당 주변을 걷거나 나무와 꽃이 어우러진 오르막길을 걸어 보자.

Planning 이곳은 매일 오전 10시에서 오후 5시까지 개방한다. 수도원 지하에 있는 기묘한 카타콤도 둘러보자. www.myfranciscan.org

❷ **재패니스티 가든** Japanese Tea Garden 미국_샌프란시스코

1895년부터 1925년까지 마코토 하기와라가 이곳에 거주하면서 조경을 맡았던 신록이 우거진 이 정원은 골든게이트 파크에 있으며 전쟁, 편견, 망명, 평화 등 수많은 역사가 담겨 있는 곳이다.

Planning 매일 문을 여는 아름다운 차 정원에서 명상에 도움이 되는 차 한 잔을 즐겨보자. www.jgarden.org

❸ **카우아이 힌두교 수도원 정원** Kauai's Hindu Monastery
미국_하와이주 카우아이

200년 된 시바 여신의 청동상이 있는 힌두교의 신전으로 향하는 지름길을 거닐어보자. 이곳은 휴화산 기슭의 경작지에 위치해 있다. 수도승들은 탬플가든에서 자라는 갖가지 식물들과 숲을 돌보고 있다.

Planning 매일 오전 9시에서 11시까지 수도승들이 무료로 안내를 해준다. 방문객들은 적절한 복장을 갖추어야 한다. www.himalayanacademy.com

❹ **오악사카 민속 식물원** Jardin Etnobotanico 멕시코_오악사카

오악사카 산토도밍고 문화센터 안에 조성된 민속 식물원에는 다양한 선인장과 용설란을 포함해서 1,300여 종이 넘는 토종 식물이 자라고 있다. 이 식물들의 의학적 효능을 설명해 줄 박식한 가이드도 대기하고 있다.

Planning 화요일, 목요일과 토요일에 영어로 진행되는 투어가 제공된다. 등록하려면 일찍 가야 한다. www.oaxacainfo.com/oaxaca/story-plants.htm

❺ **료안지 돌 정원**(龍安寺 石庭) Ryoan-Ji Rock Garden 일본_교토

난해한 배열로 늘어놓은 15개의 암석은 가지런히 정돈된 자갈밭에 놓여

있지만 어떤 각도로 보든 14개의 암석만 보인다. 전설에 의하면 깨달음을 얻어야 감춰졌던 암석이 눈에 보인다고 한다.

Planning 료안지는 교토 북쪽에 있다. www.ryoanji.jp

❻ 다이센 정원(大仙公園 日本庭園) Daisenin Teien 일본_교토

건식 정원 형태인 바위로 된 정원의 모습을 잘 보여주고 있는 다이센 정원이 선종 사찰인 다이토쿠지를 둘러싸고 있다. 정원 북쪽 끝에는 작은 나무와 암석들, 돌다리와 자갈로 이루어진 폭포도 보인다.

Planning 사람들이 많아 명상을 하려면 일찍 방문해야 한다. www.jgarden.org

❼ 팰리스 가든 Palace Garden 이란_파사르가데

기원전 6세기 경 아케메네스제국(Achaemenid Empire)의 수도였던 파사르가데에는 팰리스 가든의 윤곽만 쓸쓸하게 남아있다. 키루스(Cyrus) 2세가 건립한 이곳은 전형적인 페르시아 정원의 원형이었다.

Planning 파사르가데 유적지는 시라즈 근처의 페르세폴리스 북동쪽에 있다. 여행 전 정부의 여행 지침을 확인해야 한다.
www.gardenvisit.com/garden/pasargadae

❽ 자한나마 정원 Jahan Nama Garden 이란_시라즈

최근 복구된 13세기에 지어진 자한나마 정원은 벽으로 둘러싸인 페르시아 정원의 전형적인 예이다. 중앙에 위치한 석조 정자와 분수대에서 넓은 통로가 네 군데로 뻗어 있다. 곳곳에 놓인 벤치와 길가에 늘어선 오렌지나무와 장미, 사이프러스나무 향기가 관람객들의 발걸음을 사로잡는다.

Planning 거의 매일 개방하며 시라즈 중심부에 가까운 하페즈 묘에서 2분 거리다.
www.gardenvisit.com/garden/jahan_nama_garden, www.shirazcity.org

❾ 겟세마네 동산 Garden of Gethemane 이스라엘_예루살렘

겟세마네 동산에 있는 오래된 여덟 그루의 올리브나무의 울퉁불퉁하고 뒤틀린 줄기는 그리스도의 고난을 나타내는 듯하다. 히브리어로 기름을 짜내는 틀이라는 뜻의 겟세마네는 예수가 밤새 고통 속에 기도를 올린 곳이자 제자인 유다의 배신으로 체포당했던 곳이기도 하다.

Planning 예수가 배반당한 성 목요일(Maundy Thursday)에는 겟세마네 동산 제단에서 야외예배가 있다. www.christusrex.org

❿ 헤네랄리페 Generalife 스페인_그라나다

안뜰, 통로, 분수로 이어지는 독창적 구조의 이 정원은 원래 그라나다의 초창기 통치자였던 이슬람의 술탄이 휴식을 취했던 곳이다. 당시는 척박한 땅이었기 때문에 물이 귀했지만 이제는 사방에서 물을 볼 수 있다.

Planning 헤네랄리페와 함께 근처의 신비한 알람브라를 방문해 보자. 두 곳 모두 12월 25일과 1월 1일을 제외하고는 매일 개방한다. www.alhambra.org

시레트의 경이로운 유대인 묘비는 동유럽에서 가장 아름다운 묘비 중 하나이다.

루마니아

시레트 유대인 묘지 *Siret's Jewish Cemeteries*

루마니아 북동쪽에 위치한 이 한적한 곳에는 수많은 유대인들의 묘비가 세워져 있다.

뒷발로 일어서는 사자, 신화 속의 그리핀(griffin, 몸통은 사자, 머리와 날개는 독수리인 괴물), 비둘기, 포도 넝쿨, 모금함에 돈을 넣는 손. 이러한 모습들은 루마니아와 우크라이나의 국경지대에 있는 이 한적한 작은 마을에 서있는 유대인 묘비에 새겨진 것들이다. 이곳에 남아 있는 유대인은 없다. 그러나 유대인들은 종종 이 유대인들 묘지를 '살아 있는 자의 집'이라고 부른다. 시레트에 있는 세 군데의 유대인 묘지에는 수많은 석비가 세워져 있다. 세 곳 가운데 한 곳은 18세기 말이나 혹은 그 이전, 또 한 곳은 19세기, 다른 한 곳은 20세기에 만들어졌는데 이곳에 있는 수백 개의 묘비를 통해 동유럽 지역에서 나타나는 가장 세련되고 다양한 형태의 독특한 유대인 예술작품을 감상해 볼 수 있다. 히브리어로 된 우아한 묘비의 틀에는 죽은 이의 이름, 가문 또는 개인적인 특징을 나타내는 화려한 상징이 묘사돼 있다. 흔히 볼 수 있는 상징 중에 축복을 위해 들어올린 두 손의 형상이 있다. 이는 유대인 최초의 대제사장이었던 아론의 후손, 코헨(Cohen)을 상징하는 표상이다. 주전자는 레위 부족의 후손을 상징한다. 간결한 형태에서 화려한 로코코양식에 이르기까지 이곳에서는 다양한 형태의 조각 작품과 개별 아티스트들의 작품도 감상할 수 있다.

- 일부 비석 위에 매우 정교하게 장식된 촛대를 살펴보자. 이 촛대는 무덤이 여성의 것임을 나타내는데 그것은 여성들이 전통적으로 안식일의 촛불을 켜고 축복을 했기 때문이다.

- 시레트교회당은 이제 더 이상 사용하지 않는다. 교회당 안에는 12궁도와 동물 그림을 비롯해서 뛰어난 실내 장식이 많다. 이 장식들은 '하늘에 계신 아버지의 뜻을 이루기 위해서 표범처럼 강하고 독수리처럼 민첩하고 사슴처럼 빠르고 사자처럼 용맹하라'는 탈무드의 교훈을 나타낸다.

When to go 시레트는 루마니아에서 날씨가 비교적 선선한 지역에 속한다. 4월부터 9월까지가 방문하기에 좋다. 늦봄과 여름에는 묘지 주변에 잔디와 잡초가 무성할 때도 있다.

Planning 루마니아 북동쪽 끝자락에 있는 이곳을 여행하려면 자동차를 이용하는 것이 제일 좋다. 시레트에서 차로 30분 거리에 있는 러더우치(Rădăuți)에는 작은 호텔과 아름다운 유대인 묘지가 있다. 시레트에 있는 구 묘지는 도시 중심부 근방에 높은 벽으로 둘러쳐져 있고, 두 군데의 신 묘지는 길을 건너서 샛길로 들어가야 한다. 시레트교회당을 찾아가려면 라다우티에 있는 유대인 커뮤니티에 연락해야 한다. (전화 +40(0)230 561333) 묘지나 교회당을 방문할 때는 남자들은 반드시 머리를 가려야 한다.

Websites www.radautz-jewisheritage.org, www.romanianmonasteries.org/bucovina

초상화와 전통 공예 양식으로 장식하고 화려하게 칠한 떡갈나무 십자가가 서펀차의 묘지를 가득 메우고 있다.

루마니아

메리 묘지 *The Merry Cemetery*

목가적인 마라무레슈(Maramureş) 지역에 위치한 이 독특한 묘지는
세상을 떠난 마을 사람들의 삶을 유쾌한 방식으로 기리고 있다.

　루마니아 북쪽 서펀차(Săpânţa)라는 외진 시골 마을에 아주 이색적인 묘지가 들어서 있다. 이끼 낀 무덤과 엄숙한 비문이 음산하게 늘어서 있는 보통의 묘지와는 달리 이곳의 십자가는 밝고 화사한 색으로 칠해져 훨씬 활기찬 느낌을 준다. 800개가 넘는 십자가에 죽은 사람들의 소박한 초상화나 살아생전의 모습을 새겨 넣고 다채로운 색

상으로 칠해 놓았다. 이곳은 유럽에서 가장 낙후된 지역 중 하나로 그림에는 대대로 가업을 이어온 마을 사람들, 즉 양치는 목자, 땅을 돌보는 농부, 빵 굽는 사람, 대장장이, 베짜는 사람들을 기리고, 그들의 삶에 찬사를 보내는 내용이 그려져 있다. 그리 유쾌하지 않은 장면들도 있다. 술주정뱅이가 병째 술을 마시고 있는 그림이나 교통사고로 죽은 어린 소녀의 무덤을 나타내는 교통사고 그림도 있다.

상당수의 십자가에는 한 쌍의 비둘기가 그려져 있고 종종 5행속요 형태로 쓰인 비문도 눈에 띈다. 대개는 유쾌한 글들이며 비문의 상당수는 마치 죽은 사람이 직접 말하는 것처럼 1인칭으로 쓰여 있다. 십자가 대부분은 1977년 사망한 이 지역의 목공예가인 스탄 이오안 퍼트라슈가 만든 것이다. 그의 무덤은 교회 입구 앞에 있으며, 그의 제자가 지금도 일 년에 10여 개씩 묘석의 조상(彫像)을 제작하고 있다.

When to go 4월에서 10월 사이에 방문하는 것이 좋다. 7월과 8월이 덥기는 하지만 남부 루마니아처럼 지독하게 덥지는 않다. 일반적으로 러시아 정교의 부활절은 서유럽의 부활절보다 늦다. 방문하기에 좋은 시기는 이 무렵이다. 여름에는 많은 지역 축제가 열린다.

Planning 서편차는 시게투마르마치에이(Sighetu Marmaţiei) 북서쪽으로 15킬로미터 떨어진 곳에 있으며 매일 몇 대의 버스가 시게투마르마치에이에서 출발한다. 민박을 할 수도 있다. 집주인에게 직접 부탁하거나 또는 루마니아의 농촌지역 투어 회사인 안트레크(Antrec)를 통해 신청할 수 있다. 지역을 제대로 둘러보려면 적어도 5일은 잡아야 한다.

Websites www.romaniatourism.com, www.antrec.ro

■ 꽃이 가득한 과수원에 양떼와 양몰이 개와 함께 있는 목동의 그림, 만족스러운 얼굴의 농부와 말 그림, 이발사의 그림을 찾아보자.

■ 스탄 이오안 퍼트라슈는 죽기 전 자신의 십자가를 만들었다. 그는 '메리 묘지를 만든 이'라는 글귀를 새겨 넣었다. 일부 외지사람들이 이곳에 묻힐 수 있는지 문의하기도 하지만 이 묘지는 지역 주민을 위한 곳이다.

■ 묘지 뒤편, 스탄 이오안 퍼트라슈가 살던 집에서 그의 제자가 작업을 하고 있다. 이 집은 스탄 이오안 퍼트라슈의 민속공예품을 전시하는 박물관으로도 사용되고 있다.

■ 서편차 동쪽에 있는 버르사나(Bârsana) 지역과 루드 지역에 있는 교회들도 들러 볼 만하다.

마차 행렬을 그린 벽화가 카잔러크의 트라키아 공주의 고분을 장식하고 있다.

불가리아

트라키아인 무덤 *Thracian Tombs*

화려하게 장식된 수많은 고분이 불가리아 외곽 지역 깊숙한 곳에 감춰져 있다.

목가적인 불가리아 시골 마을 지하에 트라키아의 지배자들과 귀족들이 영원히 잠들어 있다. 이들 분묘는 헤아릴 수 없이 많은 보물들로 뒤덮여 있어 고대문명의 막대한 부를 실감케 한다. 고고학자들이 50개가 넘는 고분을 발굴하면서 정교한 띠 모양의 장식, 역동감 넘치는 프레스코화, 장례식 마스크, 보석, 술잔과 금, 은 또는 다른 귀중한 금속으로 만든 예식을 위한 봉헌물들이 출토되었다. 대중에게 개방된 몇몇 고분은 불가리아 중부의 트라키아 왕들의 계곡에 있다.

카잔루크(Kazanlak)에 위치한 기원전 3세기경의 벌집형 고분은 그림같이 생생한 장식과 더불어 헬레니즘 예술 양식이 가장 잘 나타나 있는 중요한 유물이다. 카잔루크 북서쪽에 있는 오스트루샤(Ostrusha) 고분은 시프카(Shipka) 고개에 위치한 광대한 묘지의 일부로 그리스 신전을 닮은 진귀한 화강암 묘실을 갖고 있다. 스베슈타리(Sveshtari)에 있는 고분은 주실 벽에 새겨 놓은 10점의 여인 조각상을 비롯해 장식 조각으로 치장된 가장 인상적인 곳이다. 고고학자들이 플로브디브(Plovdiv) 근처 스타로셀(Starosel)에 위치한 고분사원의 이중묘실에서 화려한 장례용 황금 화관, 청동방패와 검을 포함한 전투용 무기들을 발굴하면서 고대 트라키아인들의 화려한 장례문화가 세상에 알려지게 되었다.

■ 카잔루크의 뛰어난 벽화들은 트리키아의 강력한 지도자의 삶과 죽음을 묘사하고 있다.

■ 사각형의 묘실 또는 이와는 대조적인 원형의 묘실을 비롯해서 다양한 고분 구도에 사용된 우수한 건축 세부장식을 눈여겨보자.

■ 지역 박물관과 소피아에 있는 국립 고고학박물관과 국립 역사박물관에는 이 지역의 몇몇 고분에서 발굴된 보물들을 소장하고 있으며 이들 중 일부는 일반인에게 전시하지 않고 있다.

When to go 4월부터 9월까지가 방문하기에 좋다. 단, 7월과 8월에는 매우 덥고 건조하며 사람들로 혼잡할 수 있다.

Planning 자동차를 빌리지 않는 한 이곳에 갈 수 있는 유일한 방법은 가이드를 동반한 투어뿐이다. 이곳의 여행사와 카잔루크의 이스카라 역사박물관을 포함한 지역 박물관에 문의해 보자. 카잔루크 고분의 예술품을 보호하기 위해 관광객들이 볼 수 있도록 진본 옆에 모형을 만들어 놓았다. 사전에 통지를 하면 이스카라 박물관을 통해 가이드를 동반한 개별 투어를 통해 실제 고분을 관람할 수 있으며, 고고학자와 시프카 근처의 고분을 방문할 수도 있다.

Websites www.bulgariatravel.org, www.kazanlaktour.com

특정한 방향성 없이 기울어져 있는 돌기둥 때문에 이곳으로 들어온 사람들은 방향감각을 잃기도 한다.

독일

베를린 홀로코스트 기념관 *Berlin Holocaust Memorial*

이곳에 세워진 2,711개의 단순한 회색빛 비석이 600만 명의 유대인 희생자들을 기리고 있다.

이곳은 입구도 출구도 없고 항시 개방돼 있는 곳이다. 이 기념관은 어느 쪽으로도 출입이 가능하며 들어서는 순간 사방의 콘크리트 입방체들이 당신을 에워싼다. 회색의 비석들이 물결치는 이곳을 따라가다 보면 이 비석들의 높이가 제각각인 것을 알 수 있다. 매끈한 표면의 회색 비석들은 경사진 땅에 세워져 있고 모두 조금씩 기울어져 있다. 크기와 모양, 높이는 제각각이다. 2센티미터 높이의 비석이 있는가 하면 4.8미터에 이르는 것도 있다. 격자무늬 형태로 세워져 있지만 1만 9,000제곱미터 넓이의 면적을 뒤덮고 있어 비석을 따라가다 보면 미로에 빠진 듯 당황해서 헤매게 된다.

유럽의 유대인 희생자들을 위한 기념관이라고도 하는 이 기념관은 제2차 세계대전 종전 60년만인 2005년 5월에 냉전 당시 분단되어 있던 동·서 베를린의 사이에 조성되었다. 이곳은 홀로코스트의 참상을 생생하게 떠올리게 한다. 비석에는 아무런 장식도 없고 이름도 비문도 적혀 있지 않다. 대신 지하 정보관에 홀로코스트 때 희생된 것으로 확인된 유대인들의 이름이 기록돼 있다. 이 기념관을 설계한 미국의 건축가 피터 아이젠만(Peter Eisenman)은 이 기념관을 추모 공간뿐 아니라 일상의 공간으로 만들고자 했다. 지금도 이곳에서는 아이들이 비석 사이에서 놀이를 하고 어른들은 조용히 희생자들을 추모하며 천천히 비석 사이를 걷는다.

■ 지하에 있는 전시실에는 유럽 전역의 홀로코스트 희생자들의 개인사를 조명한 곳이 있다. 그들의 이름과 개인 정보는 영사기를 통해 벽에 투영되고 대형 스피커로 그들의 전기가 흘러나온다.

■ 정보관 로비에는 아우슈비츠에서 살아남은 프리모 레비(Primo Levi)의 말이 다음과 같이 적혀있다. '과거에 이런 일이 벌어졌다. 그러므로 그런 일은 다시 일어날 수 있다. 이것이 바로 우리가 하고 싶은 말이다.'

■ 베를린 유대인 지역의 신 시나고그는 유대 역사를 보여주는 박물관이자 예배를 드리는 곳이기도 하다.

When to go 베를린은 봄가을이 가장 아름답다. 비석을 둘러보는데 1시간, 정보관을 둘러보는데 또 1시간쯤 소요된다.

Planning 기념관은 브란덴부르크 문 근처 코라베를리너스트라세(Cora-Berliner Strasse)에 있다. 비석이 세워진 공간은 연중 내내 개방하며 정보관은 월요일을 제외하고 매일 개방한다. 개방시간은 4월부터 9월까지는 오전 10시~오후 8시이며, 10월부터 3월까지는 오전 10시~오후 7시까지이다. 지하철 U2 선을 타고 포츠담 광장(Postdamer Platz) 역이나 모렌스트라세(Mohrenstrasse) 역에서 하차한다.

Websites www.holocaust-mahnmal.de

연성의 석회암을 깎아 만든 하이포게움의 주실은 벌집 모양을 띠고 있다.

몰타

할 사플리에니 *Hal Saflieni*

수천 년간 세상에 모습을 드러내지 않은 이곳 지하 묘실은 신석기시대에는 신전으로 사용되던 곳이다.

핏빛을 띤 황토색의 독특한 나선형 무늬가 파올라(Paola)에 있는 지하 묘실 하이포게움(Hypogeum)의 석회암 표면을 아름답게 장식하고 있다. 이 신비한 무늬는 안쪽에 있는 성소일 것으로 짐작되는 지성소를 포함해서 벌집처럼 연결된 다른 방들에도 그려져 있다. 이 묘지는 1844년 처음 발견되었지만 발견 즉시 봉인돼 잊혀졌다가 1902

년 주택의 기초공사를 하던 인부들이 땅을 파는 도중 이곳에 추락할 뻔하면서 다시 세상에 알려지게 되었다. 처음에는 이곳이 자연 동굴인 줄 알았으나 발굴작업 결과 인위적으로 바위를 깎아 만든 커다란 석실과 납골당, 계단, 10미터 길이의 복도로 이루어진 지하 3층 규모의 거대한 신전으로 밝혀졌다. 각 층은 기원전 3600~2500년 사이 각기 다른 시기에 만들어졌다.

고고학자들은 부적, 도자기, 개인 소장품과 더불어 7,000여 구의 유골을 발굴했는데 이들 중 상당수는 기원전 3600~3300년 사이에 제작된 상층부에 안치돼 있었다. 거대한 3층 석탑, 상인방이 있는 출입구와 위층이 돌출하도록 내어 쌓은 천장 등 건축기법이 몰타의 거석신전 내부와 유사한 것을 보면 이 하이포게움이 풍요를 기원하는 예식을 거행한 신전 역할도 했을 것이라는 주장에 설득력이 실린다.

When to go 주요한 공휴일을 제외하고 매일 투어가 열린다. 오전 9시~오후 4시까지 매시 정각마다 투어가 있다. 투어는 1시간 정도 소요되며 45분간의 가이드 투어 및 유물 전시장과 시청각 자료실 관람, 시청각 장비를 이용한 프레젠테이션 과정이 포함된다.

Planning 사전 예약을 하는 것이 좋다. 하이포게움이나 국립 고고학박물관에서 직접 표를 살 수도 있지만 회당 10명으로 제한되는 이곳 투어는 종종 수 주 전에 매진되기 때문에 온라인으로 미리 예약을 하는 편이 좋다. 현장에서는 당일 정오 투어에 한해 선착순으로 마지막 남은 표를 판매한다. 티켓 가격은 예매 티켓의 2배쯤 된다.

Websites www.heritagemalta.org, www.heritagemaltashop.com

■ 전 세계에서 유일하게 알려진 선사시대 지하 신전의 놀라운 솜씨를 살펴보자. 장인들은 부싯돌과 동물의 뿔로 만든 도구로 굴을 팠다.

■ 발레타(Valleta)의 국립 고고학박물관을 방문해서 〈잠자는 여인〉을 감상해 보자. 통통한 여인을 묘사한 이 작품은 하이포게움의 가장 안쪽 방에서 발견된 12cm 크기의 점토상이다. 이곳에는 다른 조각상과 도자기들도 전시돼 있다.

■ 인근에 유사한 건축 구조의 타르시엔(Tarxien) 신석기 신전이 있다. 하이포게움과 비슷한 시기인 기원전 3800~2500년 사이에 지어진 것이다.

마우로 코두시(Mauro Codussi)의 걸작인 르네상스식 산미켈레 교회는 호수에 떠있는 보석 같다.

이탈리아

산미켈레 *San Michele*

베네치아의 푸른 하늘 아래 위치한 이곳은 유명 인사들과 익명의 주민들이 묻혀 있는 아름다운 곳이다.

정적에 감싸인 산미켈레에 바포레토(vaporetto, 수상버스)가 선다. 이곳은 매혹적인 베네치아 중심부에서 북쪽으로 몇 분 안되는 거리에 위치해 있다. 담갈색 담장 뒤로 길쭉한 사이프러스나무가 우거지고 소박한 정원들이 들어선 공동묘지에 무덤들이 빽빽하게 늘어서 있다. 수상택시 정류소 뒤로 베네치아 최초의 르네상스식 건물인 산미켈레 교회가 서있다. 교회 외관은 하얀 이스트리아산 대리석으로 빛나고 있다. 1469년에 지어진 이 교회의 내부는 청록색과 감청색 모자이크 무늬가 특징이다. 교회 회랑을 지나면 묘지로 들어서게 된다. 장로교, 가톨릭, 그리스 정교, 유대교 교파 구획이 각각 벽으로 나뉘어져 있다. 장로교 지역의 중앙통로 왼쪽으로 미국의 시인 에즈라 파운드(Ezra Pound)가 화단을 연상케 하는 직사각형 묘지에 잠들어 있다. 위대한 작곡가 이고르 스트라빈스키(Igor Stravinsky)와 그의 아내를 위해 유족들은 소박한 흰색 그리스 정교식 묘석을 선택했다. 전설적인 흥행사 세르게이 디아길레프(Sergei Diagheilev, 러시아의 발레 프로듀서이자 무대미술가)의 2층으로 된 흰색 기둥 분묘에는 발레 슈즈가 장식돼 있다. 그런가 하면 이탈리아 조각가인 안토니오 달 초토(Antonio dal Zotto)의 무덤은 하나의 예술작품이다. 그가 잠들어 있는 지하 납골당은 12개의 좁다란 기둥이 반원을 그리며 둘러싸고 있다. 1996년 사망한 노벨문학상 수상자이자 미국의 계관시인 조지프 브로드스키(Joseph Broadsky)의 묘비는 평범한 흰색 돌과 꽃으로 장식돼 있다. 평화로운 묘지 길을 정처없이 걷다 보면 가슴이 뭉클해지는 어린이 묘지, 수녀들을 추모하는 소박한 공간, 또한 곤돌라 사공을 기념하는 공간을 만나게 된다.

- 매우 혼잡하기는 하지만 이 공동묘지는 지금도 사용되고 있다. 이곳에 묻힌 대부분의 시신들은 12년이 지나면 일반 공동묘지로 이장하거나 다른 가족들의 유해와 함께 묻힌다. 검은 색상에 꽃으로 장식된 장례용 곤돌라를 찾아보자.

- 산미켈레 교회의 현관 위에 성 미카엘(St. Michael)의 조각상을 찾아보자. 그는 이 섬의 수호자로서 한 손에는 저울을 들고 있고, 다른 한 손으로는 용을 무찌르고 있다.

- 산미켈레를 방문하고 나면 다시 수상택시를 타고 무라노 방향으로 간다. 1291년부터 이 섬은 이탈리아 유리 공예의 중심지였다. 유리박물관(Museo Vetrario)을 둘러보고 유리 공장을 방문해 보자.

When to go 연중 어느 때고 방문할 수 있지만 한여름에는 베네치아의 기온이 절정에 달하고 가장 혼잡하다.

Planning 가급적 비싼 수상택시를 피하고 저렴한 수상버스 바포레토를 이용한다. 폰다멘테 누오베(Fondamente Nouve)에서 무라노(Murano) 방향으로 가는 41번 또는 42번 버스를 타고 치미테로(Cimitero) 정거장에서 내린다. 공동묘지는 화요일부터 일요일까지 아침 9시~오후 1시까지, 오후 3시 30분~7시 30분까지 개방한다. 월요일은 오후 3시 30분~7시 30분까지 개방한다.

Websites www.veneto.to, www.italiantourism.com

> 이탈리아

로마의 카타콤 *Roman Catacombs*

원래는 기독교인들의 집단 묘지로 만들어졌지만 이 지하 무덤은
초기 기독교인의 삶과 예술을 잘 보여주는 곳이다.

좁은 계단이 서늘하고 축축한 지하 깊숙이 끝도 없는 지하 통로로 이어진다. 통로마다 구멍이 송송 나있는 석회암을 깎아 만든 직사각형의 오목한 벽감(장식을 위하여 벽면을 오목하게 파서 만든 공간)이 층층이 만들어져 있다. 여러 층으로 이루어진 지하 무덤인 카타콤은 243만 제곱미터에 이르고 지하 19.8미터까지 이어진다. 수만 명의 기독

성 세바스티안의 지하 무덤에는 베드로와 바울의 유해가 잠시 안치돼 있었던 것으로 전해진다.

교인들이 서기 150~450년 사이에 이곳에 묻혔고 그들의 묘실은 세례나 성찬과 관련된 아름다운 모자이크와 프레스코화로 장식돼 있다. 무덤의 봉인된 판에는 이름과 나이, 직업이 적힌 비문이 새겨져 있다. 60여 개의 카타콤 중 일반인에게 개방된 곳은 5군데로, 이 중에는 기원전 312년에 건설된 고대 로마 최초의 대로인 아피아 가도(Via Appia Antica)에 있는 세 개의 지하 무덤이 포함돼 있다.

사람들은 대개 초대 로마교회의 공식 묘지인 교황 갈리스토 1세(St. Callistus)의 지하 무덤을 찾는다. 이곳에는 3세기의 교황과 주교가 묻혀 있는데 이들 중 상당수는 교황의 지하 납골당에 안치돼 있다. 성 세바스티안(St. Sebastian)의 지하 무덤에서 보이는 기도문은 순교한 사도 베드로와 바울을 기리기 위해 찾아온 초기 순례자들이 적어 놓은 것으로 마치 낙서처럼 보인다.

<u>When to go</u> 이곳은 부활절, 크리스마스와 1월 1일을 제외하고는 연중 내내 개방한다. 개방시간은 일정하지 않지만 모든 지하 무덤은 1주일에 하루는 문을 열지 않는다. 또한 겨울에는 재단장을 위해 1개월 동안 휴관한다. 장소나 가이드에 따라 관람은 40분에서 1시간 가량 걸린다.

<u>Planning</u> 각각의 지하 무덤에는 별도의 입장료가 부과되며 모든 티켓은 출입구에서 구입할 수 있다. 가이드를 동행하지 않는 경우 출입이 제한되기도 한다. 여름철에는 특히 영어로 진행되는 투어의 경우 상당 시간을 기다려야 할 수도 있다. 비아 아피아 안티카에 있는 지하 무덤은 가장 인기 있어 상당히 혼잡할 수 있다. 대신 이곳보다 덜 붐비는 프리실라(Pricilla) 지하 무덤을 찾아가 보자. 이곳은 2세기에 지어진 곳으로 로마의 지하 무덤 중 가장 오래되고 규모가 큰 곳이다.

<u>Websites</u> www.catacombe.roma.it

- 교황 갈리스토 1세의 카타콤에 있는 '세례와 성찬의 묘실'에 그려진 3세기의 프레스코 종교화를 비롯해서 초기 기독교 예술을 감상해보자.

- 지하 무덤 위에 지어진 4세기의 공회당인 성 도미틸라 교회(St. Domitilla Church)를 둘러본다. 이곳은 관광객들이 유일하게 유골을 볼 수 있는 곳으로 도미틸라 지하 무덤에는 2세기의 아름다운 프레스코화인 〈최후의 만찬〉이 있다.

- 성 갈리스토 1세의 지하 무덤 입구 근처에 3중 반원형 구조로 이루어진 지상 영묘가 있다. 그 안에서 인상적인 어린이의 석관을 비롯해 조각이 새겨진 석관을 감상해보자.

영국의 건축가인 레지널드 블룸필드 경이 설계한 이 기념관은 높이가 24.4미터에 달한다.

벨기에

므냉 기념관 *Menin Gate Memorial*

매일 저녁, 기념관의 아치 아래에서 나팔수들이 감동적인 연주로
제1차 세계대전 중 이프르(Ypres)의 참호에서 숨진 군인들에게 경의를 표한다.

첫번째 장송 나팔의 구슬픈 가락이 이프르에서 실종된 이들을 기리기 위해 므냉 기념관에 울려퍼지면 관광객들은 숨을 죽인다. 이프르의 소방단이 거행하는 이 의식은 1914년부터 1917년까지 이프르에서 치러졌던 세 번의 전투에서 사망한 영연방 군인들을 기리는 것이다. 석회암과 벽돌로 지어진 이 기념관은 수십만 명의 군인들이 전선으로 가기 위한 경로였던 므냉 도로(Menin Road) 위에 세워져 있다.

동쪽 입구 위에는 사자 석상이 예전의 전쟁터를 내려다보며 밤샘 경계를 서고 있다. 맞은편 끝에는 국기가 드리워진 석관과 화관이 도시 쪽을 향해 있다. 기념관 안에는 추모의 전당이 있으며, 전당의 안쪽 벽, 계단, 로지아(한쪽 면은 벽 없이 트인 복도)에는 뉴질랜드를 제외한 영연방 국가의 군인으로, 묘지가 없는 5만 4,896명의 전사자 이름이 소속 연대별로 새겨져 있다. 이프르의 세 번째 격전지, 즉 파스샹달(Passchendaele) 전투의 현장이었던 파스샹달 마을 근처에 있는 타인 코트(Tyne Cot) 기념관에는 3만 4,984명에 이르는 영국과 뉴질랜드의 실종자 명단이 있다.

■ 시장 광장(Market Square)에 위치한 직물회관 내 플랑드르 전장 박물관(Flanders Field Museum)과 생츄어리우드(Sanctuary Wood Hill 62)에 있는 박물관, 그리고 보존 상태가 양호한 참호를 방문해 제1차 세계대전과 이프르에서 벌어진 세 번의 전투에 대해 알아보자.

■ 관광객들이 기념의식 때 바치는 양귀비로 만든 화환이 기억의 전당으로 향하는 계단 입구 측면에 놓여있다. 전쟁 기간 중 붉은 양귀비가 피폐해진 전쟁터, 특히 이프르의 전쟁터에서 수없이 자랐고 이 때문에 양귀비는 스러져간 병사의 상징이 되었다. 기억의 전당에서 친족의 이름을 찾으려면 현장에 있는 기념관 기록부를 살펴본다.

When to go 언제든 방문이 가능하다. 매일 저녁 8시에 장송 나팔을 분다. 이 의식은 화관을 놓는 단체의 수에 따라 또한 다른 특별한 기념의식 여부에 따라 몇 분에서 1시간 이상 소요되기도 한다. 휴전기념일(Armistice Day, 11월 11일)에는 오전 11시와 저녁 8시에 평상시보다 오랫동안 의식이 행해진다.

Planning 기념관과 근처 전쟁터와 제1차 세계대전 박물관을 방문하려면 몇 시간은 잡아야 한다. 장송 나팔 의식을 보기 위해 좋은 자리를 확보하려면 저녁 7시 반까지는 도착해야 한다. 의식이 끝난 후 박수를 치는 것은 무례한 행위이니 이 점을 꼭 유의하자.

Websites www.lastpost.be, www.visitbelgium.com

이 고분은 초현대적인 모습을 띠고 있지만 기원전 3200년쯤의 것이다.

아일랜드

뉴그레인즈 *Newgrange*

이 세상에 속한 존재 같지 않은 이 거대한 돌무지 무덤은
결코 풀기 힘든 고대의 신비를 고스란히 간직하고 있는 곳이다.

   세계에서 가장 오래된 건축물 중 하나인 5,300여 년 된 뉴그레인즈는 높이 12미터, 길이 76미터에 이르는 거대한 타원형 고분이다. 잔디 아래에는 분명 비행접시 같은 것이 묻혀 있을 것이라는 생각이 들겠지만 고분 안에는 묘실 같은 거대한 석굴이 있다. 고고학자들은 뉴그레인즈가 이교도 지도자들의 매장지라고 믿고 있다. 삶과 죽음, 영원 또는 태양을 상징한다는 신비한 나선형 무늬가 새겨진 경계석으로 둘러싸인 뉴그

레인즈는 종교적 의식이 치러졌던 성스러운 곳이기도 하다. 가장 중요한 종교의식은 동지(冬至)기간에 행해졌다. 매년 12월 21일 동틀 녘 17분 동안 한 줄기 가느다란 햇살이 거대한 건물 전면에 난 구멍(루프 박스)을 통해 들어와서는 마치 스포트라이트처럼 묘실을 가로질러 19미터나 되는 긴 통로 끝까지 비추는 광경은 운좋게 이를 목격한 사람들의 등줄기를 오싹하게 만들고도 남는다.

어둠 속에 빛이 비춰지면 방문객들은 5,000년 전 이를 보기 위해 기다렸던 고대인들과 일체감을 느끼게 된다. 동지 의식을 관람해야 하지만, 동지 때는 입장이 하늘의 별따기 만큼이나 어렵기 때문에 꼭 이 시기에 여행할 필요는 없다. 동지 때의 현상을 재현하는 행사가 포함된 여행 상품도 있다. 언제 방문하든 섬뜩할 정도로 고요한 동굴 안에 들어가는 순간 그 안에 내재된 강력한 힘을 느끼게 될 것이다.

When to go 뉴그레인즈는 12월 24일부터 27일을 제외하고는 매일 개방한다. 성수기에는 당일 입장 인원을 700명으로 제한하고 있다. 관광 티켓을 선착순으로 판매하고 있기 때문에 특히 여름철에는 현장에 일찍 도착해야 한다.

Planning 뉴그레인즈 방문은 묘실 모양의 방문객 센터에서 열리는 전시회부터 시작된다. 뉴그레인즈와 전시회를 보는 데 각각 1시간 정도 소요되며 근처 노스(Knowth) 고분을 방문하려면 따로 1시간을 잡아야 한다. 뉴그레인즈는 가이드를 동반한 관람만 가능하다. 관람은 도노레(Donore)에 있는 브루나보인(Brú na Bóinne)방문객 센터에서 시작한다. 이곳에서 관광객들을 태우고 현장으로 버스가 출발한다. 뉴그레인즈에서 동지를 맞이하고 싶다면 통역센터에서 응모해 보자. 매년 100명의 당첨자가 다섯 그룹으로 나뉘어 12월 19일부터 23일까지 차례로 이곳에 입장하게 된다.

Websites www.newgrange.com, www.heritageireland.ie

- 흥미로운 나선형 무늬가 새겨진 97개의 경계석이 무덤의 외관을 장식하고 있다. 학자들은 이 경계석들이 고대 매장지에서 사용되었던 것들이라고 추정한다. 입구의 문지방에 해당하는 돌과 입구 맞은 편, 북서쪽 방향에 있는 52번 경계석, 북동쪽 방향에 있는 67번 경계석이 특히 인상적이다.

- 입장하면 동지에 햇빛이 들어올 수 있게 하는 루프 박스를 찾아보자. 내어쌓기 형식으로 된 6m 지붕도 살펴보자. 이 지붕은 5,300년의 세월 동안 거의 원형 그대로 보존됐고 방수 기능도 갖추고 있다.

- 미드 카운티(County Meath)의 브루나보인 고분군에는 37개의 부속묘가 있다. 근처의 노스(Knowth)와 다우스(Dowth) 묘지는 뉴그레인즈 만큼이나 오래된 것이다.

이집트

왕가의 계곡 *Valley of the Kings*

이곳의 주인들은 자신들의 무덤을 비밀 무덤으로 만들고 싶어했지만
왕의 계곡에 있는 지하 묘실은 이제 전 세계에서 가장 잘 알려진 매장지 중 하나이다.

이전 세대에서 지은 거대한 피라미드가 도굴꾼들에게 피해를 입는 것을 보고 신왕국시대(기원전 1539~1078년경)의 파라오들은 사막 끝, 수천 톤의 흙과 자갈 비탈 아래 자신들의 은밀한 묘지를 만들기로 결심했다. 이 비밀 묘지 중 가장 알려진 것은 해가 뜰 때 황금빛으로 물드는 피라미드 형태의 봉우리 아래 위치한 왕의 계곡이다. 람세스 대제(Ramses the Great)와 투트모시스 2세(Tutmosis II)를 비롯해서 강력한 파라오들이 계곡 아래 정교한 지하 묘실에 잠들어 있다. 이들은 음식과 옷, 가구 및 작은 인형인

나일 강 서안에 겹겹이 이어진 언덕 속에 위치한 메마른 왕의 계곡에는 60명이 넘는 유명 왕족들이 묻혀 있다.

우샤브티(ushabti) 등 내세에 필요하다고 믿는 것들은 모두 함께 묻었다. 이들은 우샤브티가 생명을 얻어 내세에서 죽은 자를 대신해 저승의 신인 오리시스(Osiris)를 위해 노동을 한다고 믿었다. 이처럼 치밀하게 계획을 세웠지만 왕족의 묘는 대부분 도굴당한 상태이며 도굴도 매장 직후 이루어졌다. 1922년 영국의 고고학자인 하워드 카터(Howard Carter)가 소년 왕이었던 투탕카멘(Tutankhamun)의 묘를 발견하고 나서야 왕의 계곡이 지닌 예술적 가치와 신비가 세상에 알려지게 되었다. 이곳은 지금도 고대 이집트인의 삶에 대한 고고학적인 발견과 과학적인 조사가 활발하게 이루어지고 있으며 매년 새로운 사실들이 밝혀지고 있다.

When to go 여름철(6월부터 9월)에 왕의 계곡을 방문하는 것은 피한다. 이때는 종종 한낮 기온이 섭씨 38도까지 오른다. 겨울철에는 어두워지면 쌀쌀하게 느껴지지만 낮에는 따뜻하다.

Planning 16개의 무덤이 관람객들에게 개방돼 있지만, 항상 동시에 모두 개방하는 것은 아니다. 왕의 계곡은 룩소르(Luxor) 맞은편에 있는 나일 강 서쪽에 있으며 정기적으로 페리가 운행된다. 페리 선착장의 서쪽 제방에서 택시와 나귀를 이용할 수 있으며, 가이드도 대기하고 있다. 또는 룩소르에서 관광 예약을 할 수 있다. 룩소르에서 자전거를 빌려 페리에 싣고 갈 수 있다. 입장권으로 세 개의 무덤을 선택해서 볼 수 있다. 투탕카멘의 무덤을 보려면 따로 티켓을 구매해야 한다. 대부분의 단체 관광에서는 당일치기로 왕의 계곡과 하트셉수트(Hatshepsut)의 신전과 귀족들의 무덤을 비롯해서 서쪽 기슭에 있는 다른 유적지를 관람하지만 이틀 동안 둘러보는 것이 더 좋다. 하루 더 시간을 내어 동쪽 기슭에 있는 룩소르 신전과 카르나크(Karnak) 신전도 둘러보자.

Websites www.thebanmappingproject.com, www.valleyofthekings.org, www.egypt.travel

- 투탕카멘 왕의 무덤에는 파라오의 미라뿐만 아니라 단단한 석관도 남아 있다. 2007년부터 이 미라는 부속실 내 온도 및 습도 등이 조절되는 유리 케이스 안에서 보관, 전시되고 있다.

- 람세스 3세 무덤의 회랑과 방에는 '사자의 서'와 라의 탄원시(the Litany of La)에 나오는 그림들이 그려져 있다. 그림의 주제는 파라오의 무기, 나일 강의 배, 하프를 연주하는 눈먼 두 명의 사람들 등 다양하다.

- 좁은 계곡 상류 쪽에 가장 한적한 곳에 위치한 세티 1세(Seti I)의 묘에는 독특한 장식이 있다. 이 무덤을 장식한 예술가는 파피루스처럼 노란색으로 벽을 칠하고 천장은 짙푸른 밤하늘에 노란 별들을 그려 넣었다. 통로에는 741점에 이르는 고대의 신성한 존재들의 형상이 있고, 타원형의 묘실은 '암두아트의 서(the Book of Amduat)'가 새겨진 거대한 두루마리처럼 생겼다. 투탕카멘의 묘가 발견되기 전에는 세티 왕의 묘가 가장 화려한 장식을 자랑하던 곳이었다. 무덤의 페인트칠은 마치 페인트가 칠해진 그날처럼 매우 생생하다.

10

영적 재충전을 위한 명상 여행

Retreats

지구상의 모든 성지(聖地) 중에서도 우리 안에 있는 마음의 성지만큼 다가가기 힘든 곳은 없다. 마음을 산란하게 하는 일로 가득한 일상에서 명상의 습관을 갖기 어렵다는 것은 새삼스러운 사실도 아니다. 이 때문에 현인과 성자들은 모두 물질적인 세상을 뒤로 하고 명상하며 영적 에너지를 충전하고 또 신과 자신 내면의 소리를 들을 수 있는 조용한 곳을 찾아 나섰다. 전 세계에 있는 종교 공동체는 진리를 찾아 혹은 그저 침묵을 찾아 길을 나선 이들을 반기고 있다. 이들은 입지 장소부터 매력적이며 심지어 모두의 예상을 뛰어넘는 곳에 자리잡은 곳도 있다. 예를 들어 불교 수련원은 아시아뿐만 아니라 붉은색 토양의 오스트레일리아에도, 바람이 불어대는 노바스코샤(Nova Scotia) 지역에도 있다. 기독교 공동체들은 이탈리아와 프랑스의 벼랑 꼭대기나 아이오나(Ioana), 칼디(Caldey)처럼 육지 가까이에 떠있는 작은 섬에서 방문객들을 반기기도 한다. 교파와 관련이 없는 일부 종교 휴양지도 있다. 예를 들어 스코틀랜드의 핀드혼 공동체(Findhorn community)는 모든 뉴에이지 신자들을 위한 다양성을 존중하는 통합 휴양지이다.

한두교 신 비슈누(Vishnu)의 관능적인 조각상이 인도의 거룩한 도시 리시케시(Rishikesh)를 아름답게 장식하고 있다. 이곳에서는 성스러운 갠지스 강 근처의 명상 공간부터 요가 클래스까지 영적 각성을 위한 다양한 방법을 경험해 볼 수 있다.

| 캐나다 |

감포 사원 *Gampo Abbey*

수행 중인 불교신자들은 노바스코샤(Nova Scotia)의 케이프브레턴 섬에 위치한 외딴 고지대에서 수도승 같은 삶을 체험한다.

평화로운 감포 사원 근처의 얼어붙은 바닷가에서 무스 한 마리가 풀을 뜯고 있다.

세인트로렌스 만의 끝없이 펼쳐지는 짙푸른 바다에 떠있는 섬의 푸른 초원에 깨끗하게 정돈된 농가와 헛간이 서있다. 이곳에서 적갈색의 법복을 입은 수도승과 비구니들이 서구식 티베트 불교의 가르침을 따르며 함께 공부하고 명상하며 가르치는 공동생활을 하고 있다. 감포 사원의 일상은 강도 높은 활동과 종교의식, 명상으로 이루어진다. 저녁 나절부터 정오까지 침묵만이 흐르지만 종종 징소리, 무언가 부딪치는 날카로운 소리 또는 티베트의 명상 주발(singing bowls, 악기의 일종)의 매혹적인 소리가 들려온다. 대부분의 영적 활동은 진노란색의 가사를 걸친 황금 불상이 있는 법당에서 이루어진다. 이곳에서 수행자들은 아침저녁으로 명상을 하고 법문을 외기도 한다. 오후에는 사원의 일을 한다.

When to go 일반 방문객을 위한 투어와 프로그램은 여름에 진행되며 6개월 또는 그 이상의 시간이 소요되는 수행생활은 연중 어느 때든 가능하다.

Planning 일반인을 위한 투어는 6월 15일부터 9월 15일까지 주중 오후 1시 30분에 진행된다. 7월부터 8월까지는 평신도를 위한 7일~14일 간의 묵상 프로그램이 마련돼 있다. 개인적으로 수련을 하거나 노동과 배움에 참여하며 수도원에 머무는 것은 연중 어느 때고 가능하다. 감포 사원은 핼리팩스(Halifax) 국제공항에서 카봇 트레일(Cabot Trail)을 따라 차로 6시간 반 정도 걸리는 플레전트베이(Pleasant Bay) 마을에 위치하고 있다. 승복 또는 적당한 옷가지, 또 실내에서 사용할 실내화를 챙겨 가자. 춥고 바람이 많이 불며 비가 많이 내리기 때문에 철저한 준비를 하도록 한다. 여름에는 덥기 때문에 수영복과 얇은 옷을 챙겨 가야 한다.

Websites www.gampoabbey.org, www.novascotia.com

■ 1984년 감포 사원을 건립한 비디야다라 촉암 트룽파 린포체(Vidyadhara Chogyam Trungpa Rinpoche)의 유적이 남아 있는 '깨달음의 불탑' 주위를 걸어 보자. 불탑 꼭대기에는 12세기 티베트 불교의 카규(Kagyu)파를 창시한 감포파(Gampopa)의 청동 조각상이 있다. 이곳은 후에 그의 이름을 따라 감포 사원으로 불리게 되었다. 이 탑에는 지혜와 친절, 긍휼(矜恤)과 관련된 법문 59 구절이 새겨져 있다.

■ 꽃과 야생동물이 어우러진 초원을 걸어 보자. 여우가 뛰어다니고 무스가 바닷가에서 풀을 뜯는다. 앞바다에서는 고래가 헤엄을 치고 하늘위로 독수리가 날아다니는 모습도 볼 수 있다. 오솔길은 숲을 지나 해안까지 이어진다.

■ 고래 관람 투어에 참가하거나 근처 플레전트베이 마을에서 보트를 빌려 감포 사원과 케이프브레턴 섬을 감상해 보자.

바바나 소사이어티에서 행해지는 명상법은 중도(中道)를 통해 마음의 평화와 지혜를 얻었다고 전해지는 부처의 가르침을 따른 것이다.

미국 웨스트버지니아 주

바바나 소사이어티 *Bhavana Society*

웨스트버지니아 주의 호젓한 숲 속에 있는 이곳 명상 수련원은
부처의 초창기 가르침을 따라 명상을 실천한다.

    금빛과 짙은 오렌지 빛깔의 법복이 황금 불상처럼 평화롭고 조용하게 앉아 있는 수도승과 비구니를 감싸고 있다. 불상은 길게 뻗은 명상의 방 앞쪽에 촛불을 켜놓은 대좌에 모셔져 있다. 따뜻한 느낌을 주는 천연 목재로 된 벽과 아치형의 높은 천장이 빛나고 있다. 불상 양쪽으로 난 유리창으로는 바바나 소사이어티 수도원과 수련센터의

푸른 숲이 보인다. 이곳 공동체에서는 좌선과 걷기 명상을 통해 소승불교에서 전통적으로 행해지는 비파사나(직관 명상법, 불교 명상 수행법 중의 하나)를 수련한다. 많은 이들이 햇볕이 내리쬐는 야외 공터에서 명상을 한다. 새들이 지저귀는 소리와 산들바람이 마음의 평화를 얻는 데 도움을 준다. 풀과 양치류 식물들이 자라고 있는 오솔길은 그늘진 숲 속을 가로지르고 있으며 숲 속에는 황갈색 건물과 기숙사, 그리고 명상을 위한 오두막 쿠티(kuti)가 각각 자리잡고 있다. 대부분의 수련은 특별한 주제에 따라 행해지고 하루 6시간에서 8시간에 이르는 명상 수행을 포함하고 있다. 하루가 빠르게 지나가고 저녁 어스름 속에 깜박거리는 등잔불이 소박한 쿠티의 실내를 밝히면 수련 과정에 참가한 사람들이 평화로운 밤을 맞이할 준비를 한다.

■ 수련 과정에 참가하는 사람들은 청소나 음식 준비를 돕기도 하는데 이를 통해 책에서 얻을 수 없는 불교의 깨달음을 얻기도 한다.

■ 아침과 점심은 소박한 식당에서 정성이 담긴 채식이 제공되며 식사에 집중할 수 있도록 침묵한다. 절제력을 키우기 위해 저녁은 요가로 대신한다.

■ 본전 밖, 불상이 있는 수련 연못은 고요해서 명상하기에 그만인 곳이다.

■ 스님과 함께 또는 홀로 아름다운 숲을 걸으며 야생 사슴을 찾아보자.

When to go 수도원과 수련원은 1년 내내 개방하며 일반 방문객을 위한 정기수련과 단기체류 과정이 있다. 이미 불교 교리에 이해가 깊은 이들을 위해 이곳에 거주하거나 개인적으로 심도 있게 명상 수련을 할 수 있는 과정도 있다. 이러한 과정은 몇 주에서 1년 또는 그 이상까지 가능하다.

Planning 다양한 주제로 이루어지는 일반인을 위한 수련 과정은 2일에서 9일 과정으로 다양하다. 수도원과 수련원은 웨스트버지니아 주의 하이뷰(High view) 시 근처 17만 제곱미터에 이르는 숲 속에 세워졌다. 하이뷰는 덜레스(Dulles) 국제공항에서 1시간 거리에, 워싱턴 D.C. 에서 2시간 거리에 있다. 편안하지만 요란하지 않은 옷가지, 손전등과 알람시계를 챙기자. 통속적인 읽을거리나 악기, 또는 라디오는 가지고 가지 않는다. 수련의 대가로 자발적으로 돈을 내기도 하지만 액수가 정해져 있는 것은 아니다. 이 수도원은 100퍼센트 기부금으로 운영되는 곳이니 넉넉한 마음을 보여주자.

Websites www.bhavanasociety.org, www.wvtourism.com

사람들이 일상적인 생활에서 벗어나 목가적인 평화, 건강에 좋은 온천, 영적 일체감을 경험하기 위해 하빈으로 몰려들고 있다.

미국 캘리포니아 주

하빈 핫 스프링스 *Harbin Hot Springs*

북부 캘리포니아의 산기슭에 있는 외딴 온천의 치유효과를 처음 접한 이들은 바로 이 지역의 아메리카 인디언 미워크족이었다.

1960년대에 히피 공동체가 머물던 이곳은 1972년 허트 컨셔스니스 교회(Heart Consciousness Church)가 소유하면서 비영리 수련원이자 워크숍 센터로 탈바꿈했다. 여기서는 전인적 치료나 보편적인 영성과 같은 뉴에이지 사상에 중점을 두면서도 여러 종교와 문화에 관대해서 남아 있던 히피족과 탄트라 수행자, 예비 불교신자, 나체주의자, 드루이드교도, 그리고 또 다른 방법으로 깨달음을 얻고자 하는 이들이 공존하고 있다.

7개의 다른 수원(水源)에서 물을 공급받고 옷을 벗고 입욕할 수 있는 온천이 가장 인기 있는 곳이지만 다른 체험거리도 있다. 뜨거운 돌 마사지나 와추(watsu, 수중 지압 마사지), 요가나 명상, 춤과 영화 상영, 주술 원을 만들거나 키르탄(신에 대한 찬가)을 부르거나 인디언들의 정화의식 또는 고대 수피파에 대한 연구에 참여할 수 있고 저스트 시팅(Just Sitting)이라고 하는 새벽 모임에 나갈 수도 있다. 647만 제곱미터에 달하는 이곳은 주변의 한적한 떡갈나무 숲까지 걷기여행을 할 수 있는 길도 나있다.

When to go 5월부터 10월까지가 낮이 길고 날씨도 따뜻해서 좋다. 방문객들은 보통 2박을 하며 주말에는 숙박료가 더 비싸다. 일주일 동안 체류하는 코스도 인기가 좋다. 누구나 수련과정을 신청할 수 있다. 5월에 개최되는 클리어 호수 메기낚시대회 같은 현지 행사에 맞춰 일정을 잡아도 좋다.

Planning 하빈은 캘리포니아의 레이크 카운티(Lake County)에 있다. 숙박시설로는 기숙사, 모텔, 오두막, 산기슭에 지은 개인실로 구성된 멋진 하빈 돔(Harbin Domes)과 텐트를 칠 수 있는 강가의 캠프장 등이 있다. 방문객들은 스톤프론트 식당과 몇몇 카페에서 식사를 할 수 있으며 하빈 시장에서 유기농 식품과 먹을거리를 살 수도 있다. 모든 방문객은 부엌을 이용할 수 있다.

Websites www.harbin.org, www.lakecounty.com

- 하빈에는 다섯 개의 천연 온천이 있다. 수영 레인이 있는 넓은 야외 온천과 섭씨 35도의 나무 그늘이 지는 따뜻한 온천, 섭씨 45도가 넘는 뜨거운 실내 온천이 있다. 길 끝쪽으로는 시원한 냉탕과 '비밀' 폭포가 있다.

- 정기교육 프로그램에는 마사지 코스와 탄트라 세미나, 사랑, 친밀함, 그리고 성적 취향에 관한 주제로 열리는 워크숍이 포함된다.

- 캘리포니아에서 최대 담수호수인 클리어 호수(Clear Lake)에서는 요트타기, 수영, 카약, 낚시 및 패러글라이딩과 제트 스키 같은 수상스포츠를 즐길 수 있다.

오스트레일리아

보리수 산림수도원 *Bodhi Tree Forest Monastery*

뉴사우스웨일즈(New South Wales)의 언덕에 위치한 이 수도원과 수련센터는 불교의 가르침을 따르고자 하는 모든 이들을 위한 곳이다.

승려들의 쿠티, 즉 명상을 위한 오두막은 단순한 형태로 지어져 있고 사방으로 트여 있다.

목재로 된 발코니 끝에 서있는 커다란 깃대에 따뜻하고 습한 바람이 불자 줄무늬 깃발이 흔들린다. 이 깃발은 부처가 깨달음을 얻고 나서 그의 주위에 감돌았다는 영기(靈氣)를 상징하는 색으로 칠해져 있다. 뉴사우스웨일즈 북쪽 38만 제곱미터에 이르는 아름다운 이 수도원은 한때 '빅 스크럽(Big Scrub)'이라 불렸으며, 2005년 판냐바로 테라(Pannyavaro Thera) 스님에 의해 세워졌다. 이곳은 소승불교의 가르침을 따르고 있지만 종파에 구분 없이 모든 승려, 비구니, 일반 수행자들에게 열려 있는 곳이다. 수도원 건물들은 골진 모양의 철제 건물로 터키석의 순수성을 나타내기 위해 부분적으로 또는 전체적으로 푸른색으로 칠해져 있다. 터키석은 무한한 영적 성장을 가져다 줄 것이라 믿었던 푸른 하늘과 바다를 상징하는 것이다. 수도원 중앙에 명상에 잠긴 '보로부두르 붓다(Borobudur Buddha)'상이 신성한 보리수나무 아래 세워져 있고, 이곳에서 붉은 토양과 나무가 즐비한 계곡의 장관이 펼쳐진다.

■ 주말 또는 10일간 혹은 그 이상의 기간 동안 진행되는 명상훈련에 참가해 보자. 위파사나와 자비수행, 명상 코스가 새 명상관에서 진행된다. 숙박은 새로 지은 기숙사에서 한다.

■ 이곳의 경관을 가꾸기 위해 사원에서는 1,500그루의 열대우림 나무를 계곡과 강가에 심어 놓았다.

■ 리스모어 동쪽에 위치한 보트하버 보호구역을 방문해 보자. 유럽인들이 1843년부터 이 지역에 정착하면서 750km²에 달했던 저지대의 아열대숲이 파괴되고 이곳만이 남아 있다.

When to go 1년 내내 날씨가 온화하고 따뜻한 편이다.

Planning 보리수 산림수도원과 수련센터에서 가장 가까운 마을은 리스모어(Lismore)이다. 수도원은 기부금, 특히 수 일, 수 주간 또는 몇 달 동안 지속되는 명상훈련 비용으로 운영 된다.(관대함을 보여주는 것은 부처의 가르침을 따르는 첫걸음이다.) 명상을 하고자 하는 사람들을 위하여 명상처가 세 군데 마련돼 있다. 승려들이 안내해 주기도 하며 명상을 위한 작은 오두막집에 머무를 수도 있다. 오두막집 옆에는 걸어다니면서 명상을 할 수 있는 공간이 마련돼 있다.

Websites www.visitlismore.com.au, www.buddhanet.org

우산으로 햇빛을 가린 채 관광객들이 모래찜질을 즐기고 있다. 이들은 면으로 된 기모노를 입고 목만 내놓은 채 뜨겁고 축축한 모래에서 15분간 찜질을 즐긴다.

일본

벳푸 온천(別府溫泉) *Beppu Onsen*

먼 옛날 '지상의 지옥'을 연상케 했던 일본 남단의 벳푸 온천은
스트레스에 찌든 현대인의 몸과 마음의 쉼터이다.

화산 해수온천과 부글부글 거품이 이는 온천 풀, 그리고 치솟는 물기둥, 지고쿠(지옥)온천에서 수증기 구름이 뿜어져 나온다. 이 광경은 그저 감상할 수 있을 뿐 직접 체험할 수는 없다. 3,800개의 온천과 간헐천 및 분기공(噴氣孔)을 만들어낸 화산의 끊임없는 활동으로 인해 대기 중에 유황 냄새가 감돈다. 규슈 북부 해안 지방의 바다와 산 사이에 있는 간헐천과 분기공은 867년 쓰루미다케 화산폭발로 생겨난 것이다. 온도가 섭씨 50도에서 98.9도에 이르는 온천이 화산에서 흘러나온 미네랄 때문에 다채로운 색을 띤다. 17세기, 에도시대부터 화산에서 흘러나오는 미네랄이 치료효과가 있다는 것이 알려지면서 불교의 지옥을 상징하는 벳푸행 지옥 순례길이 생겨나게 되었다. 관광객들은 온천과 온욕을 통해 심신을 이완한다. 봄에는 벚꽃이 벳푸 언덕을 수놓고, 돌로 둘러싸인 노천탕은 한적한 편이라 좀 더 쾌적하게 입욕할 수 있다. 이곳의 물은 우윳빛처럼 하얀색을 띠고 있다.

- 다케가와라 온천의 칠흑 같은 화산모래에서 찜질을 즐겨 보자. 뜨거운 온천에 몸을 담가 보자.
- 도로유(泥湯)라고 하는 따뜻한 진흙탕에 들어가서 화산에서 분출된 천연 미네랄을 온몸에 흡수시켜 보자.
- 밑에 있는 온천에서 올라오는 증기로 가열되는 증기탕(무시유)의 바닥에 깔아 놓은 허브와 향기나는 아이리스 위에 누워 보자.
- 코발트블루와 핏빛의 붉은색을 비롯해 화려한 색상을 자랑하는 '지옥온천'을 둘러보자.

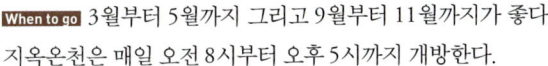

When to go 3월부터 5월까지 그리고 9월부터 11월까지 좋다. 지옥온천은 매일 오전 8시부터 오후 5시까지 개방한다.

Planning 벳푸에 가려면 버스, 기차, 또는 비행기를 이용하면 된다. 근처에 국내공항이 있다. 많은 호텔이 스파를 갖추고 있다. '지옥온천'은 하루 정도 소요되지만 온천의 치료 효과를 보려면 3~4일은 머물러야 한다. 모든 온천이 옷을 입지 않은 채 입욕하기 때문에 수영복을 착용하려면 개인 또는 가족 온천을 찾아야 한다. 하루 동안 이용할 수 있는 카메노이 버스 자유이용권과 지옥온천 결합 티켓을 구입한다. 관광안내소는 오전 9시~오후 5시까지 열려있다.

Websites www.japan-guide.com

에이헤이지 사원은 '수기'라고 알려진 울창하게 뻗은 거대한 삼나무에 둘러싸여 있다.

일본

에이헤이지(永平寺) Eihei-ji

후쿠이 현 북부 산속에 위치한 '영원한 평화의 사원', 에이헤이지는
선불교에 막대한 영향을 미친 성소이다.

청동 종소리가 에이헤이지 사원 경내에 깊게 울려퍼지면 검은 법복을 입은 승려들이 좌선을 하기 위해 윤이 나게 잘 닦여진 법당으로 종종 걸음을 한다. 산길이 굽이굽이 사원 안뜰까지 이어져 있고, 70개가 넘는 건물들로 이루어진 이곳 에이헤이지 사

원은 부처를 상징하는 방식으로 배열돼 있다. 즉 본전은 부처의 머리 자리에, 불상은 심장 자리에 배열돼 있다. 법고 소리에 맞춰 법문을 외우기 시작하자 염불 소리가 경내 여기저기에 울린다. 에이헤이지는 인간과 자연의 조화를 꾀했던 고대 일본의 건축을 잘 보여주고 있다. 600년 된 삼나무 숲에 자리잡은 이 사원은 1244년 중국에서 소토젠(曹洞宗) 불교를 들여온 선불교의 대가인 에이헤이 도겐(永平道元)에 의해 설립됐다. 이곳은 150명이 넘는 승려와 초심자들이 정진하는 주요한 수도장이다. 이들은 스님이 되기 전 2년 동안 이곳에 기거하며 청소와 참선, 그리고 예불과 예식에 참석하는 것과 같은 일상의 업무를 수행한다. 남자들은 이곳에서 수련일정에 참여할 수 있다. 소박한 식사를 하면서 참선, 예불 및 노동을 하는 사원의 참선 일정표를 따르게 된다.

- 1박2일이나 3박4일 간의 참선 프로그램에 참여해 보자.

- 타종식을 지켜본다. 수련중인 스님이 사원의 청동 종을 울릴 때마다 무릎을 꿇고 기도를 드린다. 하루 네 차례 이루어지는 좌선과 다른 예식을 알리기 위해 종이 울린다.

- 1930년대에 여러 화가들이 각각의 판넬에 그려 만든 거대한 법당의 천장을 감상해 보자. 물고기, 새, 산과 꽃무늬가 어우러져 있다.

- 사원 가까이에서 한샤쿠교(Han-shaku-kyo)를 찾아보자. 에이헤이 도겐은 항상 강에서 퍼온 물의 절반을 이곳에 쏟아 버렸다고 한다.

When to go 날씨가 따뜻한 4월부터 9월까지가 좋다. 사원은 매일 오전 5시~오후 5시까지 개방한다. 매달 며칠간은 일반 방문객(남자만)들도 참선에 참가할 수 있다.

Planning 사원을 둘러보는 데는 1~2시간이면 된다. 소토젠(曹洞宗)의 사원 생활을 체험하려면 하루에서 나흘은 필요하다. 교토에서 후쿠이 시로 가는 기차를 타고 에이헤이지구치로 가는 기차나 버스로 갈아탄다. 사원에 입장하려면 소정의 입장료를 지불해야 한다. 만약 이곳에 머무를 예정이라면 적어도 한 달 전에는 예약을 해야 한다. 3박으로 이루어지는 참선훈련에 참가하려면 선에 대해 잘 알아야 하고, 엄격한 수행일정을 견딜 수 있어야 한다.

Websites www.sotozen-net.or.jp/kokusai/list/eiheiji.htm, www.japan-guide.com

거대한 곤고부지(金剛峰寺)는 일본 신곤파 불교의 본거지이며 일본에서 가장 큰 암석정원이 있다.

일본

고야 산(高野山) *Koya-san*

산꼭대기에 세워진 이곳 사원에서 하룻밤을 지내며 수도 생활을 체험해 보자.
이곳은 일본의 신곤파 불교의 본거지이다.

서기 816년 일본 왕은 승려 고보 다이시(弘法大師)에게 해발 900미터의 와카야마 현 고야 산 정상에 사원을 짓도록 명했고 3년 뒤 첫번째 사원이 완공됐다. 고보 다이시는 이곳에서 예식과 상징적 의미, 부처의 심원하고 난해한 가르침에 역점을 둔 신곤파(眞言宗) 불교의 체계를 정립했다. 고보 다이시 대사는 일본의 두 가지 음성기호를 만들어낸 것으로도 유명하다. 835년 그가 고야 산에 묻힌 뒤 종교 지도자들과 권력자들이 그의 곁에 묻히기를 원하면서 이곳은 거대한 묘지로 변했다. 1600년대에는 1,000개가 넘는 사원이 있었지만 현재는 120개의 사원만 남아 있으며 그중 60개의

근사한 에이레이덴(英靈殿)이 화려한 빛깔의 단풍으로 빛나고 있다.

사원만이 방문객들을 맞이할 수 있는 숙소 '슈쿠보(宿坊)'가 있다. 고야 산에서 가장 성스러운 곳으로 여겨지는 고보 다이시 대사의 무덤을 향해 가다 보면 잘 다듬어진 소나무들로 둘러싸인 사원과 길가의 사당들이 보인다. 대사의 사당에 가려면 수많은 무덤을 지나 오르막길을 올라야 하는데 들리는 소리라고는 순례자의 기둥에 달아 놓은 종소리뿐이다. 본당에 들어서면 은은한 촛불 아래 주홍색 법복에 순백색 양말을 신은 스님들의 모습이 보인다. 1,000년 전 첫번째 방문객이 이곳을 찾은 이래로 이곳에 있는 두 개의 등은 꺼지지 않고 불을 밝혀왔다고 한다.

When to go 4월 말에서 5월 초까지 이어지는 '황금연휴' 기간은 피하도록 한다. 8월에 열리는 오봉 축제 기간과 신년에는 이곳을 찾는 관광객들이 많아 혼잡하다. 여름은 덥고 습하기 때문에 산 정상에 오르려면 봄과 가을이 가장 좋다.

Planning 적어도 1박은 해야 한다. 오후 늦지 않게 이곳에 도착해서 다음 날 점심때쯤 출발하는 일정이라면 주요 사당, 박물관 및 몇몇 사원을 둘러볼 수 있다. 오사카에서 기차를 타고 고야 산에 도착하면 케이블카를 타고 5분 만에 산 정상에 갈 수 있다. 걸어 올라가려면 50분 정도 걸린다. 슈쿠보는 인기가 높기 때문에 미리 예약을 해야 한다. 슈쿠보는 낮에 문을 열지 않지만 드물게 오후 4시 이전에 방문객을 받을 때도 있다. 정중하게 문을 두드리고 조용히 부탁을 한다면 경내를 둘러보는 동안 짐을 맡겨 놓을 수도 있다.

Websites www.jnto.go.jp, www.japaneseguesthouses.com/db/mount_koya

■ 방문객들은 새벽예식에 참여해 신곤종파의 불교예식을 지켜볼 수 있다. 주지스님이 칼로 불꽃을 내리치며 싸움을 벌이는 장면이 인상적이다. 법당은 아름답게 장식돼 있고 향을 피워 놓는다. 마음을 끄는 스님들 염불 소리가 신성한 분위기를 한층 돋운다.

■ 조용하고 근사한 주변 풍경은 명상에 안성맞춤이다. 일부 사원에서 시행하는 좌선에 참여해 보자.

■ 1,100년 된 요리 비법으로 엄격한 원칙에 따라 승려들이 준비하는 요리로, 채식으로 구성된 사찰음식인 쇼진료리(精進料理)가 제공된다. 고소하고 맛이 진한 참깨두부가 특히 일품이다. '수행자의 요리'라는 의미의 쇼진료리는 중국에서 불교와 함께 도입된 것으로, 음식을 먹는 것은 일종의 종교 수행의 일환이다.

■ 오래된 이끼로 뒤덮인 소나무 숲 아래 2,000개가 넘는 사당과 탑들을 둘러보며 조용한 산사의 공기를 마셔 보자.

부탄

탁상 사원 *Taktsang*

전 세계에서 가장 외진 곳에 세워진 이 사원은 작은
히말라야 왕국에 불교가 전파된 것을 기리고 있다.

호랑이의 은신처를 뜻하는 탁상은 부탄의 파로 계곡 위 800미터에 이르는 암벽에 위치해 있고 땅보다는 하늘에 더 가까이 닿아 있는 듯해 지상에 살고 있는 유한한 인간은 범접할 수 없는 곳처럼 보인다. 전설에 의하면 8세기경 인도의 성인 구루 린포체가 호랑이 등에 올라타고 이곳으로 날아왔다고 한다. 그는 동굴에서 명상을 한 끝에 그를 방해하는 악귀를 물리치고 이곳에 불법을 설파하였다. 탁상 사원에서는 그의 이 같은 행적을 기리고 있으며 현재 이곳은 부탄에서 가장 신성한 지역으로, 또 성인과 수행자들이 깨달음을 얻은 곳으로 추앙받고 있다. 오늘날 많은 순례자들이 그

한 승려가 계곡 위쪽의 사원 길을 따라 걸어가고 있다.

들의 발자취를 따라 불교 깃발과 전경통(원통 표면에 불경이 새겨져 있어서, 이를 시계 방향으로 돌리면 불경을 읽는 것과 같다고 한다.), 의례용 투구와 범종을 파는 간이매점을 지나 푸른 소나무가 우거지고 진달래가 흐드러진 이곳을 오르고 있다. 수없이 많은 사찰이 언덕에 세워져 있고 거미집처럼 얽힌 이끼들이 길가에 늘어선 나무와 신비한 동굴과 바위에 늘어져 있다. 깃발로 장식된 전망 지점을 지나면 길은 다리 아래로 곧장 이어진다. 이곳에는 60미터의 폭포가 성스러운 웅덩이로 떨어진다. 마지막 등정이 끝나고 나면 담장을 밝게 칠한 본원이 나온다. 이곳에는 구루 린포체가 명상을 하던 동굴이 있으며 일 년에 한 번씩 일반인에게 개방된다. 대기는 향 연기와 버터램프 향으로 가득하고 승려들의 염불 소리가 사방에 울려 퍼진다. 암벽 꼭대기에 위치한 외로운 수련지에서 승려들은 최대 7년까지 고독 속에서 명상에 전념한다.

When to go 봄가을이 좋고, 추운 날씨가 상관없다면 겨울도 괜찮다.

Planning 파로(Paro)로 갈 때는 비행기로 가는 것이 좋다. 부탄은 개별여행을 허용하지 않기 때문에 일정을 관리해 줄 가이드가 포함된 맞춤 단체여행을 예약하는 것이 좋다. 안락한 호텔에서 묵을 수도 있고 오지에서 캠핑을 할 수도 있다. 이 여행은 하루 정도 소요되며 걷거나 말을 탈 수 있다. 특히 현지에 도착하자마자 등반을 서둘러서는 안된다. 고도 문제로 어려움을 겪을 수도 있고 기온 변화가 심하니 이에 대비해야 한다. 사원까지 가려면 약 2시간 반 정도 걸린다. 사원 내에서는 사진 촬영이 안된다. 지역의 정서를 존중하고 사찰을 나올 때에는 소정의 금액을 기부한다.

Websites www.bluepoppybhutan.com

- 산에 오르면 아찔할 정도로 산과 계곡의 전경이 눈앞에 펼쳐지면서 숲의 평화로움이 느껴진다. 적막한 산의 정적을 깨는 것은 흐르는 물소리와 저 아래서 딸랑거리는 말의 종소리뿐이다.

- 산장 너머로 사원의 이전 주지스님이 태어난 동굴 사찰이 보인다. 이곳에는 제물과 기도 깃발이 가득 놓여 있다. 진흙으로 만든 탑 모양의 단지가 길을 따라 상서롭게 여겨지는 지점에 놓여 있다. 이 단지에는 유골이 담겨 있다.

- 가이드가 신성한 바위에 남겨진 구루 린포체의 발자국을 보여줄 것이다. 사원에서 행운의 바위를 찾아보자. 눈을 감고 바위에 난 구멍에 엄지손가락을 집어넣으면 소원이 이루어진다고 한다.

- 내려오는 길에 산막에서 장작불을 쬐고 더운 음식으로 몸을 녹이자. 단, 음식은 올라가는 길에 미리 주문해 놓아야 한다.

깎아지른 듯한 절벽에 아슬아슬하게 세워진 사원은 독실한 신자들과 아름다움과 고요함을 찾아 나서는 이들에게 하나의 등불 같은 존재이다.

TOP 10

산속 수도원 Ten Mountain Monasteries

종교 교단에서는 오랫동안 속세의 번잡함을 벗어나 신에게 더 가까이 갈 수 있는 산 정상에서 영적 충전을 통한 평안을 누리고자 애써왔다.

❶ 선산승원 Zen Mountain Monastery 미국_뉴욕주

캐츠킬 산 위의 삼림보호지역에 청석과 떡갈나무로 지어진 4층의 선산승원은 산수종(Mountains and Rivers Order)의 본산이다. 이곳에서는 조용한 환경에서 정진을 하고자 하는 이들을 위해 주말, 또는 더 오랫동안 수련을 할 수 있는 프로그램을 운영하고 있다.

Planning 선산승원에서는 특정 일요일에 승원 경내 투어를 열고 있다. 뉴욕 시에서 이곳으로 오려면 차로 2시간 30분, 버스로 3시간 걸린다. www.mro.org

❷ 타시룬포 사원 Tashilhunpo Monastery 중국_티베트 시가체

1447년 제 1대 달라이 라마인 겐둔 둡(Gendun Drup)이 설립한 타시룬포 사원은 '길상(吉祥)의 모임'이라는 의미를 지니고 있으며 수백 년 동안 판첸 라마(티베트 종교 제2지도자)가 정치 및 종교 활동을 해온 곳이다.

Planning 이곳은 연중 내내 개방한다. 이 사원은 시가체(Shigatse) 서쪽에 있고, 걷거나 패디 캡(3륜 자전거)을 타고 갈 수 있다. www.travelchinaguide.com

❸ 라다크의 사원들 Ladakh Monasteries 인도

종교적으로 역사가 깊고 유산이 풍부한 이곳 사원들은 아찔할 정도로 높은 암벽 돌출부에 자리잡고 있어 험준한 산기슭에 매달려 있는 듯 보인다. 각각의 사원은 서로 다른 특징을 갖고 있다.

Planning 사원마다 개방시간과 입장료가 다르다. www.lehladakhindia.com

❹ 코판 사원 Kopan Monastery 네팔

카트만두 외곽 평야지대에 코판 언덕이 있다. 불교에서 상징적인 의미를 지닌 보리수나무 근처에는 히말라야 왕국에서 이곳으로 와 불교 경전을 배우는 아이들의 모습도 보인다.

Planning 코판 사원은 카트만두에서 15km 떨어진 곳에 있으며, 명상 프로그램을 운영하고 있다. www.kopan-monastery.com

❺ 시나이아 수도원 Sinaia Monastery 루마니아

귀족인 미하이 칸타쿠지노(Mihai Cantacuzino)가 시나이아 산을 여행한 뒤 1690년 세운 그리스 정교회 수도원이다. 이곳 벽돌은 성지에서 가져온 돌과 섞어 만든 것이라고 한다. 현재 정교회 수도사들이 거주하고 있다.

Planning 시나이아는 부쿠레슈티(Bucharest)에서 120km 떨어진 곳에 있는 프라호바(Prahova)에 있다. www.welcometoromania.ro

❻ 릴라 수도원 Rila Monastery 불가리아

10세기에 은둔자적인 삶을 살았던 '릴라의 요한'이 릴스카(Rilska) 강 계곡에 세운 그리스 정교회 수도원이다. 우아한 양식의 회랑들과 인상적인 벽화들로 유명한 곳이다. 요한의 유물이 지금도 남아 있다.

Planning 수도원 박물관을 방문해서 정교하게 조각된 라파엘의 십자가를 살펴보자. http://bulgariatravel.org/eng

❼ 메테오라 수도원 Metéora Monasteries 그리스

935년 수도승들은 공격해오는 터키 군을 피해 절벽 꼭대기에서 몸을 피했고 이후 수백 년에 걸쳐 24곳의 수도원을 세웠다. 수도승들은 모든 건축 재료를 등에 지고 실어 나르거나 바구니로 끌어 올렸다. 남아 있는 여섯 군데 정교회 수도원을 보려면 걸어 올라가거나 케이블카를 타야 한다.

Planning 봄이나 가을에 방문하는 것이 좋다. 수도원 중 다섯 곳은 방문객들에게 개방하지만 사용 중인 곳은 세 곳 뿐이다. www.greecetravel.com. www.gnto.gr

❽ 안데흐스 수도원 Andechs Monastery 독일

바이에른의 암마 호수 위로 보이는 거룩한 산 위에 베네딕트회 안데흐스 수도원이 있다. 이곳 수도승들은 중세 때부터 맥주를 양조해왔다. 그 덕에 현재 양조장은 양조장 겸 술집과 바이에른 지역의 토속 음식을 맛볼 수 있는 식당이 모여 있는 상업 중심지가 되었다.

Planning 수도원과 양조장, 교회를 둘러보는 가이드 투어가 가능하며 교회에서 예배를 드릴 수도 있다. 식당은 밤 11시까지 문을 연다. www.andechs.de

❾ 생베르나르 수도원 Great St. Bernard Hospice 스위스

스위스와 이탈리아 접경지대의 생베르나르 고개에 세워진 이 수도원에 수도사들이 수천 년 동안 기거해왔다. 성 아우구스티노 수도회에 속한 이곳의 수도사들은 여행객들에 대한 원조 활동으로 유명해졌고 세인트버나드 종의 개들이 그들의 구조 활동을 도왔다.

Planning 이 수도원은 마르티니(Martigny) 마을에 있다. 숙박도 제공하고 있다. www.myswitzerland.com

❿ 산후안데페냐 수도원 Monastery of San Juan de la Peña 스페인

성 요한의 바위라고 불리는 산 후안 데 라 페냐는 중세시대의 중요한 유적이다. 중세시대에 무어인들이 아프리카에서 북쪽으로 진격해오자 성배를 안전하게 보관하기 위해 이곳으로 보냈다고 한다.

Planning 연중 내내 개방한다. 이곳 수도원은 하카(Jaca) 근처에 있다. www.monasteriosanjuan.com

대웅전에는 과거불(왼쪽), 두 명의 수행자가 옆을 지키는 현재불(중앙), 미래불(오른쪽)이 있다.

중국

포린스(寶蓮寺) *Po Lin Monastery*

홍콩의 가장 큰 섬에 위치한 '진귀한 연꽃'이라 불리는 이곳 포린스는
주변 경관이 뛰어난데다 영적인 기운을 느낄 수 있는 곳이다.

란타우 섬에 해가 지면 초목이 우거진 산기슭에 세워진 포린스의 지붕이 황금빛으로 물든다. 100년 전, 적막이 흐르는 이곳에 세 명의 큰스님들이 최초로 수련장을 세웠다. 그 후 포린은 아시아에서 가장 성스러운 장소가 되었다. 언덕에 세워진 34미터의 거대한 불상은 야외에 세워진 세계 최대의 좌불상으로 탑과 사원을 내려다보고

있다. 거대한 연꽃에 앉아 있는 부처의 형상은 고요함과 자비, 부드러움과 활력을 발산하고 있다. 이 불상의 손가락 크기에도 미치지 못하는 순례자들은 268계단을 올라가 기단을 지나 부처의 발아래 예물을 놓는다. 불상의 대좌는 삼층으로 된 원형의 전시실이다. 연꽃 무늬 대좌에 올라가면 관광객들은 큰스님들의 삶을 그려 놓은 그림에서 눈을 떼지 못한다. 부처의 형상과 신도들이 새겨진 거대한 종은 백팔번뇌를 끊기 위해 하루에 108번 울린다. 한편 사원에서는 신도들이 구불구불 이어진 복도와 끝이 위로 향한 처마가 있는 대웅보전과 과거, 현재, 그리고 미래의 부처를 모신 사원의 중심건물인 대웅전으로 향하고 있다. 때때로 향 연기 속에 개인 기도를 하기 위해 나서는 비구니와 승려의 모습도 보인다.

■ 날씨가 화창할 경우, 통총에서 25분간 케이블카를 타고 가면 홍콩의 멋진 경관을 볼 수 있다.

■ 티안탄붓다(天壇大佛)라고도 알려진 빅붓다는 북경의 천단공원에 있는 3층으로 된 원형의 천단을 본떠 만든 기단에 앉아 있다. 중국의 황제는 매년 이곳에 와서 하늘에 제를 지내고 풍작을 기원했다.

■ '지혜의 길'에 늘어선 38개의 기둥에는 고대의 반야심경(般若心經)이 새겨져 있다. 마지막 기둥은 조화에 이르는 길인 '비움'을 상징하기 위해 아무것도 쓰여 있지 않다. 아름다운 산길은 숲을 지나 란타우 정상으로 이어진다. 정원과 작은 차농원을 걸어도 좋다.

When to go 항상 날씨가 맑은 것은 아니지만 겨울에는 대체로 날씨가 맑기 때문에 겨울에 방문하는 것이 좋다.

Planning 이곳을 둘러보려면 하루 정도 걸린다. 해발 934미터의 란타우 정상에서 일출을 보려면 근처 유스호스텔에서 1박을 해야 한다. 기차를 타고 란타우 섬의 통총(Tung Chung)에서 내려 스카이레일 표지를 따라간다. 케이블카나 버스를 타고 사원 근처의 옹핑(昻平) 마을로 가서 걸어 내려갈 수도 있다. 그러나 길이 멀고 란타우 정상처럼 날씨 변동도 심하다. 포린스는 많은 사람들이 찾는 곳이기 때문에 평온함을 원한다면 작은 사찰을 찾거나 또는 이곳 사원에 늦게까지 남아 있어야 한다. 옹핑의 식당을 이용하거나 사원에서 점심으로 채식요리를 먹을 수 있다. 대불상 아래층에서 식사권을 판매하고 있으며 식사권에는 전시관 입장료가 포함돼 있다.

Websites www.plm.org.hk/blcs/en, www.np360.com.hk

중국

푸퉈산 섬(普陀山島) *Putuoshan Island*

양쯔(揚子) 강 삼각주에 위치한 이 작은 섬에는 곳곳마다 사찰이 들어서 있다. 이곳은 10세기 이후 불교의 성지가 된 곳이다.

자죽림(紫竹林)은 이 섬의 불교 연구 중심지이다.

33미터에 이르는 황금 관음상이 한 손에는 배의 바퀴를 든 채 항구의 고요한 강물을 내려다보며 섬을 향하는 신도들을 태운 배를 인도하고 있다. 서기 916년 한 일본 승려가 자신이 탄 배가 파도에 휩쓸리자 목숨을 구해 달라고 관음상에 기도를 드렸다. 바다는 잠잠해졌고, 승려는 감사의 뜻으로 관음상을 한 어부의 집에 모셔 놓았다. 이 어부의 집은 후에 부긍거관음원(不肯去觀音院)이 되었다. 푸퉈 산에 둘러싸인 중국의 4대 불교 명소인 이 섬은 크기가 12.5제곱킬로미터에 불과하지만 300개가 넘는 사찰과 사원 및 수도원이 울창한 플라타너스 숲 사이에 들어서 있다. 사찰 대문 옆에 세워진 거대한 향로에서 피어오르는 향 연기가 신도들의 합장 소리, 종소리, 순례자들을 법당으로 안내하는 육중한 법고 소리와 함께 울창한 나무숲으로 퍼져 나간다. 숲 속과 조용한 산길에서 주홍빛 법복을 입은 승려와 검은색 법복의 비구니들이 신실한 불자들과 함께 삼보일배를 하고 있다.

When to go 날씨가 선선해지는 4월부터 6월, 9월부터 11월까지가 좋다. 관음보살의 탄신일인 2월19일, 관음보살 득도일인 6월19일, 그리고 관음보살 출가일인 9월19일과 같은 축제일이 가장 붐빈다. 이곳을 여행하려면 3~4일 잡자. 작은 섬인 루오지아 산(洛迦山)의 사찰들을 둘러보려면 하루 정도 더 머무른다.

Planning 닝보(寧波) 또는 상하이에서 푸퉈 산으로 출발하는 페리가 운행되고 있다. 미니 버스가 주요 사찰 방향으로 운행하고 있지만 항상 사찰 근처에 정차하는 것은 아니다. 외진 지역을 찾아가려면 걸어가는 것이 가장 좋다. 사원에서는 입장료를 받는다. 숙박할 곳을 찾는 것은 어렵지 않지만 축제 기간 중에는 미리 예약을 하는 것이 좋다.

Websites www.tour-beijing.com, www.chinadirect-travel.co.uk

- 섬의 중앙에 있는 푸지스(普濟寺)에서 새벽예불에 참가해 보자. 쪽문을 통해서만 출입이 가능하다. 사찰에서 황제를 농민으로 착각하고 정문으로 출입하려는 것을 막자 황제가 명을 내려 정문을 폐쇄했다고 한다.

- 부처의 소리 동굴이란 의미인 판인(梵音) 동굴을 방문해 보자. 스님들은 이곳에서 기도를 하면 관음보살을 볼 수 있다고 말한다. 예전에 해탈을 얻고자 파도에 몸을 던져 목숨을 바친 이들도 있다고 한다.

- 곤돌라를 타고 포딩 언덕 정상으로 가서 관음보살의 벽돌 조각상이 있는 후이지스(慧濟寺)에 들러 보자. 하산할 때는 1,060개의 계단을 내려와야 한다.

한 불교 승려가 사리탑의 세 개의 기단 중 흙을 상징하는 맨 꼭대기의 기단에 서있다.
사리탑 아래 놓인 두 층의 원형 주추는 물을 의미한다.

네팔

보드나트 Boudhanath

티베트 불교의 중심지인 이 거대한 사리탑의 이름은 깨달음에 이르는 길을 의미하는
보디(Bodhi, 보리)에서 유래한 것이다.

카트만두의 늦은 오후, 보드나트 마을의 티베트인들이 집을 빠져나와 먼지 가득한
골목길을 지나 기도 깃발로 장식된 하얀 불탑이 있는 곳으로 향한다. 대나무 지팡이
에 의지한 노인들, 아기를 등에 업은 엄마들, 청소년과 성인 남자들이 모여 다채로운
행렬을 이루어 반구형 사리탑 주위를 일곱 번 돈다. 이들은 만트라(眞言)를 외우고 마

니차(경전 바퀴)를 돌리거나 자갈길에 엎드려 절을 한다. 붉은색 승복을 입은 승려들이 발우(鉢盂)와 염주를 들고 사리탑의 사면에 그려진 세상을 응시하는 붓다의 눈(지혜의 눈) 아래 앉아 좌선을 한다. 날씨가 맑으면 저 멀리 신들이 살고 있다는 신비한 히말라야 산 정상이 보인다. 불교의 우주를 표현하기 위해 만다라의 형상을 하고, 5대 원소인 흙, 물, 불, 공기, 그리고 에테르를 상징하는 이 사리탑은 14세기에 제작됐다. 하지만 대다수 사람들은 이보다 더 오래전에 탑이 건립됐다고 믿고 있다. 사리탑이 언제 만들어졌든 불교 신도들은 오랫동안 이곳에서 불공을 드려 왔으며, 1959년 이후부터는 망명자들이나 네팔인들에게 티베트 불교의 성지로 자리잡게 되었다. 언덕 꼭대기에는 열반에 이르는 길을 찾기에 더없이 좋은 코판(Kopan) 사원이 있고, 사원으로 향하는 인근 거리마다 사원, 선원, 사당들이 곳곳에 자리잡고 있다.

When to go 여름의 장마 때를 제외하고는 어느 때고 좋다. 낮에 보드나트를 향하는 관광객들의 혼잡함이 싫다면 일찍 도착하거나 늦게까지 남아 있어야 한다.

Planning 보드나트 지역은 카트만두 동쪽 끝에 있다. 택시로 가는 것이 가장 편리하다. 기도 도중 사진을 찍으려면 조심해야 한다. 잠시 시간을 내어 이 지역의 민속 공예품과 불교 용품을 팔고 있는 노점을 둘러보자. 하루 정도면 이곳을 둘러볼 수 있지만 영적 체험을 하고 싶다면 더 오래 머무를 수도 있다. 숙박이나 교통편의 경우 선택의 폭이 다양하지만 버스는 이용하지 않는 것이 좋다. 시국이 불안할 때는 여행을 하기 전 보안 상태를 점검해야 한다.

Websites www.go2kathmandu.com, www.travel-himalayas.com

■ 지역 주민들이 드리는 예불을 보고 싶다면 동틀 녘이나 황혼에 방문해 보자. 이들과 함께 예불을 드릴 수도 있다. 옥상의 카페 테라스에 앉아 사리탑과 사원의 황금 지붕이 자아내는 아름다운 풍경을 감상해 보자.

■ 7월부터 8월까지 몬순철이 되면 승려들은 한곳에 머물러 교리 공부, 참선, 기도 등을 행하는 우안거(雨安居)에 든다.

■ 음력 정월 대보름에 열리는 '로사르'라고 하는 티베트의 새해맞이 축제에 참가해 보자. 이때 승려들은 긴 구리나팔을 불거나 볶은 보리 몇 줌을 공중에 던지는 특별한 의식을 벌인다. 네팔 전역을 비롯해서 각지에서 찾아온 불교 신도들이 이 의식에 참가한다. 이들 중 상당수는 터키석과 산호로 장식한 전통 의상을 입고 있다.

사두라고 하는 힌두교 은둔 성자들이 그늘진 안뜰에 모여 명상을 하며 경을 외고 있다.

인도

리시케시 *Rishikesh*

에메랄드 빛 언덕으로 에워싸이고 사원과 아슈람(수행자들이 거처하는 암자)이 즐비한
이 힌두교 성지로 영적 깨달음을 찾는 이들이 몰려든다.

갠지스 강 기슭의 리시케시는 현자와 성인들의 수행의 본고장이자 히말라야로 들어가는 관문이다. 또한 뉴에이지 운동의 신봉자들에게는 낙원이며 세계 요가의 수도라고 자처하는 곳이다. 그리고 힌두교도들에게는 야무노트리(Yamunotri), 강고트리(Gangotri), 케다르나트(Kedarnath), 바드리나트(Badrinath)로 이루어진 4대 성지순례 여행의 출발지다. 리시케시의 좁은 길을 걷다 보면 다채로운 의상을 차려입은 젊은이와 노인들, 긴 곱슬머리를 땋아 내린 드레드록 머리와 얼굴에 칠을 한 사두들, 청바지를

입은 히피들, 전통적인 힌두교도들, 그리고 진노랑색 옷을 입고 기도법을 배우는 아이들과 전 세계에서 찾아온 관광객들에 에워싸이게 된다. 원숭이와 인도에서 신성시되는 소들이 도시를 활보하기도 한다. 리시케시에 있는 사원과 신상은 모두 여러 명의 신을 모시고 있다. 또한 리시케시는 요가와 아유르베다식 치유, 명상의 장소, 음악과 춤 교육의 중심지이기도 하다. 리시케시의 동쪽으로 갠지스 강을 따라 명상하기에 그만인 곳들이 많으며 모두 걸어서만 찾아갈 수 있다. 도시 전체가 주로 걸어서 다닐 수 있게 되어 있지만 템포(tempo)라고 하는 전동 인력거로 다닐 수도 있다. 매일 저녁, 대부분의 사원에서는 힌두교 승려들은 범종을 울리고 경을 외며 거대한 등불을 밝혀 갠지스 강에 예를 표하는 강가 아르티(Ganga Aarti)라는 의식을 거행한다.

When to go 4월부터 10월까지 날씨가 좋다. 매년 2월과 3월에 국제 요가 축제가 열리고 이때 요가 수업도 들을 수 있다.

Planning 가장 가까운 공항은 데라둔의 졸리그랜드(Jolly Grand)로 델리에서 출발하는 항공편이 있다. 공항에 내려 택시를 타고 리시케시로 간다. 열차나 버스를 이용해 델리에서 리시케시로 직접 갈 수도 있다. 호텔은 가격대별로 다양하게 있지만 미리 예약을 해야 한다. 도시와 인근 아슈람(암자) 그리고 사원을 둘러보는 데 일주일이면 충분하다. 갠지스 강에 깊이 들어갈 때는 조심해야 한다. 수면이 잔잔한 것처럼 보여도 물살이 상당히 빠르다. 리시케시에는 사두처럼 차려입고 관광객들을 갈취하는 도둑들이 많다는 사실도 유념해야 한다. 걸인이 다가오면 돈보다는 음식을 주는 것이 좋다. 이 도시에서 술은 허용되지 않으며 대부분의 식당에서는 마늘을 사용하지 않은 채식요리들을 내놓는다. 다른 종류의 식사도 가능하다.

Websites www.rishikesh.org, www.himalayantouch.com

■ 1967년 비틀즈가 이곳을 방문해 마하리시 마헤시 요기(Maharish Mahesh Yogi)와 머무르면서 리시케시는 전 세계적으로 알려지기 시작했다. 초월명상법의 창시자인 그의 집을 방문하는 비틀즈 아슈람 투어는 지금도 계속되고 있다.

■ 보행자 전용 구름다리인 락슈만 줄라(Lakshman Jhula)에서는 리시케시의 아름다운 경관을 볼 수 있으며 양옆으로 리시케시에서 가장 유명한 다층 사원인 '스와르그 니와스'와 '스리 트라얀박슈와르'가 있다.

■ 많은 노점에서 루드락샤 열매로 만든 장신구와 목걸이를 판다. 전설에 의하면 시바 신의 눈물로 알려진 루드락샤나무의 열매를 몸에 지니거나 사용하면 병이 낫고 행운이 온다고 한다.

황금 돔 하나와 금테를 두른 4개의 돔이 우뚝 솟아 있는 성당이 한겨울 햇살에 반짝이고 있다. 이곳은 연중 어느 때 와서 봐도 아름답기 그지없다.

| 러시아 |

노보데비치 수도원 Novodevichy Convent

명문가의 귀부인들과 딸들이 은둔하거나 유폐당했던 이 아름다운 수도원에서는
도시 생활에서 벗어나 느긋한 여유를 즐길 수 있다.

조용한 정원과 장식용 호수로 둘러싸인 채 모스크바 강 뒤쪽에 위치한 17세기 러시아 정교회의 노보데비치(신여성이라는 뜻) 수도원은 보고로디체스몰렌스키 수도원(Bogoroditse-Smolensky Monastery)으로도 알려져 있다. 이곳은 북적대는 모스크바 거리에서 떨어진 한적한 곳에 있으며 뒤쪽으로 12개의 망루가 있는 요새화된 흰색 성벽이 있다. 모스크바 바로크양식의 뛰어난 예인 이 수도원은 1524년 바실리 3세가 스몰렌스크(Smolensk) 탈환을 기념하기 위해 건설한 곳이다. 노보데비치는 왕실 및 귀족 여인들이 자의로 또 상당수는 강제로 유폐당해 은둔하던 곳이었다. 이 여인들이 거액

성당의 장엄한 내부가 1684년 야로슬라블 출신의 드미트리 그리고레프가 그린 프레스코화 덕분에 더한층 빛나고 있다.

의 기부금을 내면서 이곳은 모스크바에서 가장 부유한 곳이 되었다. 모스크바에 있는 다른 수도원들처럼 수도원의 곡선형 성채는 도시의 성벽 역할을 했다. 이곳 수도원에는 흰색의 스몰렌스키 모후 대성당과 황금색의 돔이 얹혀진 붉은색 건물인 그리스도 간구 게이트 교회를 비롯해 몇 군데의 화려한 교회가 있다. 햇살이 이곳 성당의 아치형 창문을 타고 프레스코화와 금으로 조각한 17세기의 아름다운 이코노스타시스를 비추고 있다. 수도원 밖에는 유명한 공동묘지가 있다. 1898년 건립된 새로운 묘지에는 안톤 체호프와 드미트리 쇼스타코비치, 니키타 후르시초프, 바이올린 연주자인 다비드 오이스트라흐 같은 명사들의 묘지가 있다. 안톤 체호프의 묘지에는 벚꽃이 인상적으로 피어 있어 그의 저서 《벚꽃 동산》을 생각나게 한다. 우거진 숲과 예배당, 고인의 업적을 기리는 기념비가 도처에 있는 이곳에 들어서면 마음이 절로 차분해진다.

When to go 모스크바의 무더운 여름과 겨울의 강추위를 피해 5월 초에서 6월 말 또는 9월에 방문하는 것이 좋다.

Planning 전철을 타고 스포르팁나야(Sportivnaya)로 간다. 이곳에서 내려 잠깐 걸으면 수도원이 나온다. 예수변모 게이트 교회 (the Gate Church of the Transfiguration) 아래 입구에서 수도원 전시관 표를 살 수 있다. 사진을 찍을 때는 별도의 요금을 내야 하며 플래시를 사용할 수 없다. 수도원 단지와 묘지를 둘러보려면 3~4시간은 필요하다. 이 수도원은 1922년 볼셰비키에 의해 폐쇄됐지만 1994년 다시 문을 열었다. 그 이듬해 성인 축일 때 다시 예배를 드렸다. 시간이 나면 러시아 정교회 예배에 참석해 보자. 묘지는 매일 개방하며 방문하기 전 묘지 안내도를 구입하도록 한다.

Websites www.visitrussia.com

■ 표트르 대제(Peter the Great)는 그의 이복누이인 소피아가 반역에 관여한 사실이 드러나자 그녀를 사원 북쪽 끝에 있는 위병소에 감금하고 스트렐치(러시아 민병대 사병)의 시신을 창밖에 매달아 놓았다. 소피아의 명령으로 제작된 6층의 종루는 수도원에서 제일 높은 건물이다.

■ 소피아의 무덤과 표트르 대제의 첫번째 아내인 옙도키야 로푸히나의 무덤이 노보데비치 구 묘지에 있다. 노보데비치 신, 구 묘지는 크렘린 다음으로 유명한 묘지이다.

■ 전시품 중에는 삽화가 들어 있는 채색 필사본, 러시아의 희귀한 고대 회화 작품, 자수 직물, 단지, 목공예품 등이 전시돼 있다.

프랑스

생토노라 St.-Honorat

프랑스령 리비에라 가까이에 위치한 이 섬은 시토 수도회에서 근거지로 삼아
작은 천국을 이룬 곳으로, 마음의 위안을 얻고자 하는 이들이 즐겨 찾는 곳이기도 하다.

작은 페리 한 척이 레랭(Lérins) 섬이라고도 알려진 자그마한 생토노라 섬에 다가오자 칸 휴양지의 북적임도 남색빛 바다와 따스한 해풍에 실려 간다. 이 섬은 이곳에서 홀로 은둔하며 수도했던 성 호노라투스(St. Honoratus)의 이름을 따라 지어졌다. 그 후 그를 추종하는 제자들이 합류했고 서기 427년에 활기 넘치는 수도원을 짓기에 이르렀다. 보트에서 내려 작은 둑에 발을 디디면 매미 소리가 귀에 쨍쨍하게 들려온다. 매미 소리는 수도원이 있는 남쪽 해안으로 향하는 그늘진 모랫길을 걸어갈 때까지 들려온다. 유칼립투스와 소나무 향기가 가득한 길은 5세기경에 지어진 프랑스에서 가

해적이나 바다를 통해 들어오는 침략자들에게 취약했던 수도원은 요새를 쌓아 지금도 여전히 볼 수 있는 예배당 지붕에 대포와 봉화를 설치했다.

장 오래된 예배당의 유적지를 따라 나있다. 길을 걷다 보면 섬 내륙을 뒤덮은 포도밭과 라벤더밭을 가꾸는 유일한 지역 주민으로, 성직자의 평상용 옷인 흰색의 '카속'을 입은 수도사들과 마주칠 수 있다. 이곳의 방어시설은 계속되는 공격으로부터 수도원을 지키기 위해 11세기에 지어진 것이다. 1859년 프레쥐스(Fréjus) 주교는 프랑스혁명 이후 세속화된 이곳 수도원을 부흥시키기 위해 섬을 사들였다. 현재의 시토 수도회의 세낭크 수도원은 10년 뒤 지어진 것이며, 수도원 내 회랑, 예배당과 식당은 원래 모습을 그대로 간직하고 있다. 이곳의 수사들은 초대 기독교 공동체의 정신을 따라 함께 생활하고 공동으로 소유하며 일하고 또 기도에 힘쓴다. 때때로 방문객들에게도 이 같은 경험을 할 수 있는 기회를 준다.

When to go 날씨가 좋고 조용한 4월~5월, 또는 9월~10월에 가는 것이 좋다. 여름이면 기도와 묵상의 날인 매주 화요일마다 생토노라 수도원을 일반인에게 개방한다.

Planning 이 섬의 오래된 예배당과 성을 둘러보고 예배에 참석하고 또 이곳의 지형을 살펴보려면 하루는 잡아야 한다. 칸 지방의 새로운 페리 선착장이 항구 남서쪽 끝에 있다. 페리는 프랑스인들이 신성시하는 오후 12시~2시까지의 점심시간을 제외하고 매시간 운행된다. 마지막 배는 오후 6시(겨울철엔 오후 5시)에 있다. 더운 날엔 음식과 물을 충분히 챙겨 간다. 옷을 갈아입을 장소가 없기 때문에 속에 수영복을 입고 가야 한다. 섬 전역에서 점잖은 옷을 입어야 하고 수도원에서는 침묵한다. 침묵 수행을 하는 수사들도 있다는 것을 잊지 말자. 피정을 하려면 적어도 두 달 전에는 온라인 예약(info@abbeyedelerins.com)을 해야 한다.

Websites www.cannes-ilesdelerins.com

- 방문객들은 레랭 수도원 교회에서 매일 행하는 일곱 가지의 성무 일과에 참석할 수 있다.
- 남자들이라면 다양한 배경을 가진 수사들과 함께 일하며 기도하고 또한 함께 배우고 식사하는 수도원 생활을 체험할 수 있는 기회가 있다. 수도원은 한번에 최대 30명까지 받고 있으며 여름철에는 기독교의 주제에 대해 묵상을 하는 특별과정도 있다.
- 선물용품점에서는 수상 경력이 있는 생 소뵈르(St. Sauveur) 와인과 리큐어뿐만 아니라 라벤더 오일과 꿀을 판매하고 있다. 모두 수도사들이 직접 만든 것이다. 뿐만 아니라 술을 맛보고 살 수 있는 프렝탕 데 리쾨르(Printemps des Liqueurs, 봄맞이 리큐어 축제)와 같은 특별한 행사도 벌인다.
- 숨겨진 동굴들을 찾아보고 푸른 지중해에서 한가롭게 수영도 즐기자.
- 자매섬인 생트마르그리트(Ste.-Marguerite) 섬을 방문해 보자. 이곳에 있는 포르루아얄(Fort Royal)이 바로 알렉상드르 뒤마의 소설 속 주인공인 '철가면'이 유폐됐던 곳이다.

종려나무가 우거진 이곳 수도원에는 25명의 수사가 살고 있다. 본관은 19세기에 지어진 것이지만 왼쪽 위의 회랑은 거의 1,000년 가까이 되었다.

거대한 촛불이 켜진 화해의 교회에서 하얀 예복을 입은 테제의 수사들이 저녁 기도회에 참여하고 있다.

프랑스

테제 공동체 *Taizé*

화해와 신뢰, 그리고 단순함이 이 공동체가 추구하는 원리이다. 부르고뉴 지방에 세워진 이 공동체에서는 신봉하는 종교가 다른 사람들이 조화를 이루며 어울려 지낸다.

가장 단순한 멜로디로 반복되는 유명한 테제의 노래는 테제 공동체만의 고유한 찬미가이다. 공동체 내 '화해의 교회(Church of Reconciliation)'에 모인 수백 명의 사람들(대부분은 젊은이들이다.)은 일주일간의 영적 재충전 과정의 일부로서 모든 의식을 간소화한 예배에 참석한다. 세계 각국에서 찾아온 이들에게 아침과 정오, 저녁 기도회는 공감대를 형성하는 시간이다. 스위스 태생의 로제 수사(Roger Schütz, 개신교 목사의 아들)는 평생 국가간의 장벽을 허물기 위해 힘썼다. 1940년 로제 수사는 나치 점령지에서 얼마 떨어지지 않은 곳에 있던 테제의 언덕 꼭대기에 있는 작은 마을을 찾았다. 그곳에서 그는 스위스로 도망칠 수 있도록 2년 동안 유대인들을 도왔다.

서로간의 차이를 극복하고 넘어서는 것이 평생의 사명이었던 그는 1944년 로마 가톨릭교도와 기독교도로 구성된 초교파적인 테제 공동체를 설립하게 된다. 그는 2005년까지 수도원의 원장을 역임했으나 그해 정신분열증을 앓고 있던 한 젊은 여성에게 칼에 찔려 90세의 나이로 세상을 떠났다. 이 공동체는 재충전을 위한 인간적 만남과 영적 교류의 장일뿐만 아니라 참가자들은 이 같은 교류를 통해 일상으로 돌아갈 수 있는 힘을 얻는다.

When to go 누구든 연중 어느 때나 공동체의 기도회에 참가할 수 있다. 영적 재충전 과정은 일요일에 시작해서 다음 주 일요일까지 지속된다. 15세에서 29세까지의 젊은이들은 1년 중 어느 때나 참가할 수 있지만 30세가 넘는 사람들은 3월부터 10월까지만 가능하다. 방문하기 전 미리 예약을 해야 한다.

Planning 자동차로 A6 고속도로를 타거나 파리에서 기차를 타고 마콩로셰(Mâcon Loché)로 간다. 그곳에서 테제 마을로 가는 버스를 타면 된다. 텐트를 가져가거나 기숙사에 방을 예약한다. 1년 중 한산한 때는 공동체의 게스트하우스에서 방을 구할 수도 있다. 이 마을이 와인과 음식으로 유명한 곳이지만 공동체에서 제공하는 음식은 소박하다. 수도사들은 방문객들이 화장실 청소를 비롯해서 청소 작업을 도와줄 것을 기대한다. 매일 1~2시간만 따뜻한 물 샤워가 가능하다. 만약 이 시간을 놓치면 찬물을 쓰는 수밖에 없다.

Websites www.taize.fr, www.taize.fr/ko/

- 공동체 일원으로서 함께 이야기를 나누거나 토론에 참가할 수 있다. 대부분의 경우, 각 그룹은 대화가 가능하도록 언어를 감안해 나눠진다.

- 남쪽 부르고뉴 지방의 아름다운 시골길을 걸을 수 있는 기회가 많다. 저녁때면 사람들이 기타나 다른 악기를 들고 나와 대중음악이나 자국의 민요를 함께 부르거나 연주한다.

- 시간이나 교통편이 허용된다면 영적 재충전의 시간을 갖기 전 또는 그 이후 며칠 동안 이 지역을 탐방해 본다. 이곳에는 클뤼니(Cluny)와 유서 깊은 도시인 투르뉘(Tournus)는 물론, 유명한 마코네(mâconnais) 포도원이 있다.

여름이면 이 작디작은 섬에서 수영과 일광욕, 아름다운 경치 감상은 물론 누구의 방해도 받지 않고 명상을 즐길 수 있다.

노르웨이

뭉크홀멘 *Munkholmen*

아름다운 절경을 뽐내며 피요르드식 해안에 위치한 이곳은
조용히 명상을 즐길 수 있는 이상적인 장소이다.

저 멀리 보이는 안개 속에 산의 모습이 드러난다. 페리에 탑승하면 북쪽으로 장엄한 트론헤임(Trondheim) 협만의 푸른 물결에 둘러싸인 작은 섬의 윤곽이 어렴풋이 눈에 들어온다. 바다 냄새가 나는 대기 중의 옅은 안개가 부드럽게 얼굴에 스치면 수도사의 섬이라는 의미의 뭉크홀멘의 모습이 점점 뚜렷해진다. 예전에 니다홀름(Nidarholm)이라고 알려진 이 작은 섬은 12세기 초에 베네딕토회의 수도원이 세워졌던 곳이다. 1530년대 종교개혁으로 루터파가 노르웨이에 들어오기 전까지 수 세기 동안 로마 가톨릭 수도사들은 이곳에서 기도와 노동을 하며 지냈다. 세월이 흐르면서 뭉크홀멘은 황량한 감옥과 건실한 요새로, 또 세관 업무를 관장하던 곳으로 여러 차례 변모했다. 제2차 세계대전 중에는 나치에게 점령당하기도 했다.

신성한 수도원이었던 시절은 오래전에 지나갔지만 오랜 성채의 돌담을 지나 여기저기 나무가 즐비하게 서 있는 길을 걷다 보면 엄숙한 수도사들이 몸은 트론헤임에서 가까운 이 섬에 있지만 영적으로는 먼 곳을 향한 채로 묵상과 기도를 하며 이 작은 섬에서 길을 거닐던 때를 상상할 수 있을 것이다. 이 섬을 찾는 많은 관광객들은 바다와 맑은 공기, 고요함으로 마음이 상쾌해지는 것을 느낄 것이다. 어떤 이들은 뭉크홀멘의 독특한 영적 기운을 느낄 수도 있을 것이다. 도보 여행객들은 근처 라데 반도의 라데스틴(Ladestien, 라데트레일)을 지날 수 있다. 길을 걷다 보면 방향을 바꿀 때마다 트론헤임 협만의 짜릿한 전경이 펼쳐진다.

When to go 노르웨이의 추운 겨울날의 강풍과 눈을 피하려면 여름에 방문하는 것이 좋다. 야생화가 활짝 피고 눈이 녹아 강과 폭포의 물이 불어나는 봄이 특히 아름답다.

Planning 라븐클로아 선착장에는 5월 중순부터 9월 초까지 트론헤임에서 뭉크홀멘으로 가는 왕복 페리를 운행한다. 휴식을 취하며 수영을 즐겨 보자. 멕시코 만류로 인해 물이 따뜻한 편이다. 그러나 날씨 변화에 대비해 여분의 옷과 우비를 챙겨 가자.

Websites www.trippsbatservice.no, www.pilgrim.info

■ 트론헤임에 위치한 웅장한 니다로스 성당(Nidaros Cathedral)에서의 오르간 연주 감상과 가이드를 동반한 투어를 놓치지 말자. 원래 11세기에 가톨릭 성당으로 지어진 이곳은 1800년대에 복원돼 지금은 개신교 교회로 쓰이고 있다.

■ 원래 니다로스(Nidaros)라고 불리던 트론헤임은 성당에 있는 성 올라브(St. Olav)의 제단으로 향하는 순례여행의 종착점이었다. 현대에는 순례자의 길(Pilgrim Ways)이라고 하는 기구에서 예전의 순례 코스를 따라 걷는 가이드 여행을 제공한다.

그리스

아르카디 수도원 *Arkadi Monastery*

많은 이들의 사랑을 받고 있는 이곳은 독립과 종교적 자유를 위한
크레타(Creta)의 항거를 이끈 산실이다.

프실로리티스(Psiloritis) 산기슭, 초목으로 뒤덮인 고원에 세워진 그리스 정교의 아르카디 수도원은 그리스의 성지로서 비록 역사적으로는 격동의 세월을 보냈지만 태고의 자연환경이 마음의 평화를 가져다주는 곳이다. 1866년 아르카디는 오스만튀르크에 맞서 항거를 펼친 저항운동의 중심지였다. 1830년 이후 그리스 전역이 독립했지만

이곳에 거주하는 수도사가 사원의 종을 칠 준비를 하고 있다.

크레타는 여전히 오스만제국의 점령 하에 있었다. 이틀 간의 포위 공격은 부녀자와 어린아이들, 그리고 항거의 주요 인물인 수도원장을 포함해서 850명의 크레타인들이 목숨을 잃으면서 끝이 났다. 아르카디 수도원에 숨어 있던 크레타 병사들과 마을 사람들은 화약고로 후퇴하면서 군대가 다가오자 화약통에 불을 질러 1,500명의 오스만 병사들과 함께 죽음을 택했다. 종루, 식당의 육중한 문, 그리고 외부의 오래된 삼나무에는 오스만 군대가 쏜 총알과 대포 자국이 여전히 남아 있다.

16세기 문화와 학문의 중심지였던 이곳에는 이제 몇 안되는 수도사들이 살고 있다. 수도원의 주출입구로 들어가면 아치형의 통로가 안마당까지 이어지며, 그 안에는 아름다운 베네치아양식의 교회가 자리잡고 있다. 교회 안은 밝고 고요해 명상하기에 그만이다. 단순함과 고요함이 이곳의 특징이다. 돌로 만들어진 길에는 장미와 제라늄이 줄지어 피어 있고, 폭발로 지붕이 날아간 화약고는 천장이 뻥 뚫려 있으며, 한쪽 끝에 용감한 수도승과 주민들의 희생을 기록한 벽화만이 걸려 있다.

- 고딕, 바로크와 고전적 요소가 독특하게 어우러진 교회 건축의 특징, 안뜰 옆 식당과 수도사들의 거처와 창고에서 느껴지는 전원풍의 소박함을 비교해보자.

- 현지 박물관과 납골당을 방문해 1866년 대학살과 관련된 성스러운 깃발, 인골들, 폭발로 인해 손상된 목재 이코노스타시스의 파편과 제복(祭服) 및 이콘 같은 유물 등을 감상해보자.

- 레팀논(Rethymnon) 근방의 지역은 크레타에서 가장 산이 많은 지역으로 아름다운 계곡과 해안이 있다. 구불구불한 도로와 고대 가옥들이 늘어서 있는 이 중세풍의 도시는 그 자체만으로 보는 이를 즐겁게 한다.

When to go 아르카디 수도원은 매일 오전 8시~저녁 8시까지 개방하며 한낮에 몇 시간은 문을 닫는다. 여름에는 불쾌할 정도로 덥고 겨울에는 비가 자주 오기 때문에 4월과 5월, 9월과 10월이 방문하기에 가장 좋은 때이다. 이 수도원에서는 매년 11월 초에 이곳에서 벌어진 대학살을 기리고 있다.

Planning 특히 주말 같은 경우 버스가 자주 운행되지 않으므로 발이 묶여 꼼짝 못하는 상황을 피하려면 계획을 잘 세워야 한다. 이곳을 방문하는 데는 2~3시간 정도 소요된다. 현지 여행사는 전통 크레타 마을과 아르카디 수도원을 포함한 시골 지역을 둘러보는 도보관광을 운영하고 있다.

Websites www.rethymnon.gr, www.ida-touristic.gr

브라만테 정원에 있는 성 베네딕투스의 조각상에는 다음과 같은 비문이 새겨져 있다.
'주님의 이름으로 이곳에 오는 모든 이에게 축복을.'

이탈리아

몬테카시노 수도원 *Abbey of Montecassino*

아름다운 몬테카시노 수도원에서 베네딕토회의 수도사들이
무려 1,500년이나 된 노동과 영적 교류의 전통을 지켜 오고 있다.

520미터의 언덕 정상에 세워진 몬테카시노 수도원에서는 카시노 마을과 주변 절경이 한눈에 들어온다. 웅장한 회랑을 갖춘 이 수도원은 서기 529년에 베네딕토 수도회를 설립하고 규율을 만든 누르시아의 성 베네딕투스가 건립한 것이다. 제2차 세계대전 때 폭격으로 대파되었으나 17세기에 성당을 개축했던 코시모 판차고의 바로크식 건축양식에 맞추어 재건됐다. 이곳 공동체는 조용히, 그리고 신실하게 창시자의 규칙을 따르고 있다. 수도사들은 '게으름은 영혼의 적'이라는 성 베네딕투스의 가르침을 따르기 위해서 일찍 일어나고 하루에 일곱 번씩 모여 기도를 드리며 그 외의 시간은 노동에 전념하고 있다. 이들은 또한 방대한 도서관과 고문서 보관실을 관리하며 이콘을 제작하고 에세이를 펴내고 이벤트와 콘서트를 기획하기도 한다. 이들은 수도원 방문객과 피정을 원하는 이들을 반기며 '내가 나그네가 되었을 때 너희가 나를 영접하였다'는 예수의 교훈을 따르고 있다.

When to go 이곳은 1년 내내 개방하지만 매일 오후 12시 반에서 3시 반 사이에 문을 닫는다. 축일에 방문객들은 교회만 출입할 수 있으며, 겨울철에는 일요일과 휴일에만 박물관을 개방한다. 성 베네딕투스의 선종 기념일인 3월 21일 바로 전 주에 방문하면 이 신성한 땅이 거쳐 온 역사를 기리며 거행되는 중세식 행렬을 볼 수 있다.

Planning 이곳을 둘러보려면 적어도 2시간은 잡아야 한다. 이곳에 들어가려면 단정한 옷을 입어야 한다. 반바지나 소매 없는 셔츠, 목부분이 깊이 파인 옷을 입어서는 안된다. 성당 안에서는 침묵하고 다른 곳에서도 정숙하게 행동해야 한다. 수도원 안으로 음식이나 음료를 갖고 들어갈 수 없으며, 방문객들은 주차장에 있는 공중화장실만 이용할 수 있다.

Websites www.montecassino.it

- 성당 내부는 모자이크와 프레스코화, 정교하게 상감 세공을 한 대리석 바닥, 5,000개의 파이프로 이루어진 바로크양식의 웅장한 파이프 오르간이 어우러져 있다.

- 대부분의 원본 작품들은 제2차 세계대전 당시 파괴됐지만 폭격을 견뎌낸 성당 지하실에는 모자이크, 보이론 화풍으로 20세기 초에 제작된 회화 작품들이 소장돼 있다. 보이론 화풍은 독일 보이론(Beuron)의 베네딕토회 수도원에서 처음 형성된 회화 양식이다.

- 박물관에서는 중세의 모자이크 작품, 종교 필사본, 자수품 들을 전시하고 있다.

- 브라만테 회랑의 서쪽 방향으로 거대한 폴란드 전쟁 묘지가 보인다. 그곳에는 1,000명이 넘는 폴란드 병사가 묻혀 있다. 이들 중 상당수는 1944년 치열했던 몬테카시노 전투에서 사망한 이들이다. 이 전투로 연합군이 로마에 입성할 수 있었다.

핀드혼 주민들은 이 지역 목재를 이용해 친환경적인 디자인에 다방면으로 사용할 수 있는 독특한 통나무집을 짓는다.

스코틀랜드

핀드혼 공동체 *Findhorn*

50년 전에 세워진 선구적 공동체 핀드혼은 진정한 의미에서 자연과 친화를 이루며 살아가는 곳이다.

이 유명한 공동체는 스코틀랜드 북동쪽, 호젓한 핀드혼 만의 옛 어촌 마을 외곽에 있다. 경치가 빼어나지만 정작 전 세계 사람들의 발길을 이끄는 힘은 다름아닌 공동체가 추구하는 정신적 가치이다. 핀드혼 공동체에서는 경건한 조율, 내면의 소리에 귀 기울임, 모든 생명체와의 교감, 지구를 아끼기 위한 봉사와 나눔의 원칙을 추구하고 있다. 현재 이곳은 클루니파크호텔 자리에 들어선 학교부터 거대한 위스키 통으로 만든 집 등 독특한 집들이 모여 있는 생태마을까지 몇 군데의 구역으로 이루어져 있다.

핀드혼 공동체는 1960년대 초에 생겨났다. 당시 아일린과 피터 캐디 부부, 그들의 친구이자 동료인 도로시 매클린은 클루니파크와 인근의 다른 호텔을 관리하다 해고된 상태였고 자신들의 이동주택 옆에 있는 밭 외에는 소득이 나올 데가 없었다. 처음으로 심은 과일과 야채가 척박한 모래흙에서 제대로 자라지 못하자 비정통적인 영성주의(靈性主義)를 신봉했던 아일린이 식물들의 '데바(deva)' 즉 신령에 기도하기 시작했다. 그리고 얼마 지나지 않아 자라난 배추가 무려 18킬로그램이나 되었다고 한다. 이 이야기가 사실인지 아닌지는 알 수 없지만 비옥한 땅과 주민들의 친교 덕분에 전인적으로 생활하며 의식을 고양할 수 있는 중심지가 되었다. 또한 인간 거주지역 중에 탄소 발자국(개인 또는 단체가 직접간접적으로 배출하는 온실가스의 총량) 수치가 가장 낮은 곳이기도 하다.

■ 핀드혼의 생태마을은 온실을 기반으로 하는 여과 장치인 '리빙 머신(living machine, 수생식물과 미생물을 이용한 하수처리 시설)'으로 유명하다. 이 장치는 공동체에서 발생한 생활하수를 여과해 깨끗한 물로 정화해 준다. 이 물은 수영 가능 여부를 판단하는 유럽의 수질 기준을 통과했을 정도로 깨끗하다.

■ 핀드혼 공동체는 에라드 섬과 아이오나 섬에 있는 명상처인 트라반을 소유하고 있다. 이 두 곳에서는 독특하고 보다 고요한 방식으로 핀드혼의 생활방식을 체험할 수 있다.

■ 핀드혼에서는 공동체 출신의 연사와 세계 각국의 사상가와 전문가들이 참여해 지구 문제를 다루는 회의가 정기적으로 개최된다. 친환경적 디자인 강좌도 운영한다.

When to go '체험주간'은 다른 워크숍과 일정에 참가하기 전에 필수적으로 거쳐야 하는 과정으로 1년 내내 열린다. 4월부터 11월까지 방문객 투어가 있다.

Planning 핀드혼 공동체 방문에 소요되는 시간은 방문 목적에 따라 달라진다. 생태마을을 보는 것이 목적이라면 하루면 충분하다. 그러나 영성수련을 원한다면 체험주간을 신청하거나 에라드 섬에서 공동체의 삶을 경험해 보는 것이 좋다. 7월부터 9월까지는 아이오나의 트라반에서 여름 영성주간에 참여할 수 있다.

Websites www.findhorn.orgNonse ad quis eaqui volorro berum

오랫동안 방치됐다가 20세기에 재건된 이 수도원 교회는 지금은 정기적으로 예배가 열리고 있으며 누구나 참석할 수 있다.

스코틀랜드

아이오나 *Iona*

헤브리디스 제도에 속한 아주 작은 아이오나 섬은 황량하고 거친 바람이 끊이지 않는 외딴섬이지만 신실한 기독교 신자들의 마음속에 특별한 곳으로 자리잡은 장소이다.

귀족 가문의 아들로 태어나 수도사가 된 콜룸바(Columba)가 서기 563년, 스코틀랜드 최초의 기독교 선교지를 세운 곳은 바로 토탄 습지와 관목, 바위로 뒤덮인 척박한 땅이었다. 콜룸바는 12명의 동료와 함께 아이오나를 찾았고 픽트인(스코틀랜드에 최초로 거주한 사람들)과 스코틀랜드인을 개종시켜 결국 남쪽으로 잉글랜드의 노섬벌랜드(Northumberland)까지 복음을 전파했다. 새로 기독교에 입문하게 된 북유럽 사람들이 점점 더 섬으로 순례를 오게 되었다. 9세기에서 11세기 동안 6명의 스코틀랜드 왕이 수도원 묘지에 묻혔고 묘지 주위로는 정교하게 조각된 돌 십자가들로 가득한 숲이 생겨났다. 그러나 섬이 명성을 얻고 부유해지면서 약탈자들이 꼬이기 시작했다. 바이킹은 서기 794년부터 아이오나를 약탈하고 귀중한 보물들을 훔쳐가기 시작했고 반세기에 걸쳐 공격이 계속되면서 수도사들이 결국 수도원을 떠나게 되었다. 그 후 이곳은 버려진 채로 남게 되었고 1203년에야 베네딕토 수도회 수녀들이 들어와 다시 정착했다. 이후 수녀원은 나날이 번창했으나 1560년 종교개혁이 일어나면서 모든 건물들이 철저히 파괴돼 남은 것이라고는 세 개의 켈트 십자가뿐이었다. 수녀원은 여전히 폐허 상태이지만 세인트 메리 대수도원은 살아남아 헤브리디스 제도의 중세 교회 건축양식이 고스란히 보존돼 있는 뛰어난 유물이 됐다. 이후로도 아이오나 섬은 거의 방치 상태로 버려졌다가 1938년 들어 비로소 조지 맥로드 목사가 초교파적인 아이오나 공동체를 설립했다. 아이오나와 인근의 멀(Mull) 섬에는 세 군데의 주거단지가 세워져 교파와 상관없이 모든 크리스찬들이 함께 살아가며 일할 수 있다.

- 다시 복원된 수도원은 여전히 평온하다. 이곳에는 돌로 조각된 중세시대의 종교작품들이 소장돼 있다.

- 아이오나는 생생한 역사의 현장이다. 아이오나에 묻힌 군주 중에는 세익스피어의 작품에 나오는 잔혹한 맥베스의 실제 모델로, 픽트족과 스코틀랜드의 왕이었던 맥베스(Macbeth)도 있다.

- 이 섬의 해안은 특히 아름답다. 흰색 모래사장은 사람의 발길이 거의 닿지 않은 곳으로 해안을 걸으며 아름다운 조가비와 돌들도 주울 수 있다. 아이오나의 유명한 반짝이는 초록색 자갈을 찾아보자.

- 야생의 아이오나 해안을 둘러보는 관광여행도 있다. 바다표범, 돌고래, 바다쇠오리와 밍크고래, 돌묵상어를 볼 수도 있다.

When to go 날씨는 4월부터 10월까지가 온화하다.

Planning 멀(Mull)의 피오노포트 항에서 아이오나까지 페리로 10분 걸린다. 멀까지 가는 칼맥 페리는 오반(Oban), 아드나멀컨(Ardnamurchan), 로칼린(Locahline)에서 출발한다. 아이오나에서는 주민들만 차를 몰 수 있다. 관광객들은 항구에서 자전거를 빌릴 수 있다. 숙박시설로는 1868년 지어진 아길호텔과 세인트콜룸바호텔이 있다. 아길호텔에는 최고의 맛을 자랑하는 식당이 있으며 주로 유기농 식자재를 쓴다. 콜룸바호텔에서는 멀(Mull)의 전경을 볼 수 있다. 전세 선박인 볼란테(M.V. Volante)는 페리 선착장에서 오후 2시에 출발하며 해안을 도는 데 대략 90분 정도 걸린다.

Websites www.historic-scotland.gov.uk, www.visitscotland.com, www.calmac.co.uk

서기 635년에 지어진 린디스판 수도원은 앵글로색슨인들의 기독교 중심지였지만 현재 남아 있는 유적은 11세기에 이곳에 정착했던 노르만인들이 지은 것이다.

잉글랜드

린디스판 홀리 아일랜드 *Lindisfarne Holy Island*

잉글랜드 북쪽 해안에 위치한 이 섬은 초기 가톨릭 선교의 중요한 거점이었다.
많은 이들이 이 섬의 고요함 속에서 영혼이 되살아남을 느낀다.

홀리 아일랜드라고도 불리는 린디스판의 경관은 조수(潮水)에 따라 달라진다. 썰물 때는 북해 너머 노섬벌랜드(Northumberland) 해안에서 이 섬까지 현대식으로 포장된 제방길이 펼쳐지지만, 밀물 때는 제방길은 사라지고 물에 둘러싸인 수도원만 남는다. 이곳의 존재를 실감하게 하는 유적은 높은 언덕 꼭대기에 세워진 울퉁불퉁한 성채와 폐허가 된 수도원의 아치형 다리이다. 다리를 건너면 방문객들은 기독교 역사에서 가장 거룩한 성인들이 남긴 발자취를 쫓아 풍파에 닳아 버린 길을 따라 걷게 된다. 아일랜드 태생의 성 에이단(St. Aidan)은 서기 635년 이교도의 관습을 버리지 못하는 영국인들에게 기독교를 전파하라는 사명을 부여받고 스코틀랜드 아이오나 섬의 수도원에서 이곳으로 오게 되었다. 그 이후부터 린디스판은 평온한 영성의 상징이 되었고 11세기에는 홀리 아일랜드라고도 불렸다.

에이단과 12명의 형제들이 나무로 지은 사원은 존재하지 않는다. 오늘날 남아 있는 유적은 서기 664년 휘트비 종교회의 이후 지어진 것으로 성 커스버트(St. Cuthbert) 주교 휘하의 수도사들이 본토에 있는 교회의 권위를 인정하기 시작한 것도 바로 이때부터였다. 100여 년간 지속되던 수도원의 평화로운 생활은 서기 793년 바이킹의 침입과 함께 끝났다. 서기 875년 수도사들은 이곳을 영원히 떠났다. 후에 헨리 8세가 영국의 수도원을 해체하면서 11세기부터 1537년까지 다른 공동체가 이곳에 정착했다.

When to go 잉글랜드의 경계지대에 꽃이 만개하는 늦은 봄이 방문하기에 가장 좋다.

Planning 자동차를 운전할 계획이라면 조수간만 표를 확인해야 한다. 적어도 이틀 정도는 예상해야 한다. 하루는 홀리 아일랜드를 또 하루는 아름다운 야생의 노섬브리아 해안을 둘러보면 당시 수도사들이 직면했던 어려움을 이해할 수 있다. 린디스판의 성 커스버트 센터에는 개인적으로 피정(避靜)을 하며 방문객들이 머물 수 있는 오두막이 있다. 체계화된 피정 프로그램도 있다.

Websites www.holy-island.info, www.lindisfarne.org.uk

■ 린디스판 복음서는 영국에서 보존 상태가 가장 좋은 채색 필사본 중 하나이다. 이 섬의 수도사들은 서기 715년 경 성 커스버트를 기리며 필사본을 만들었다. 영국 대영 박물관이 원본을 소장하고 있고 린디스판 센터에는 사본이 있다.

■ 모든 기독교 순례자들의 중심지인 세인트 메리 성공회 교회를 거점으로 이 섬에서 조용히 하루를 지내보자.

■ 린디스판에서는 강화 와인과 벌꿀술을 생산하고 있으며, 이 술은 마을의 포도주 양조장에서 판매한다.

■ 린디스판 성은 1515년 폐쇄된 고대 수도원의 돌을 이용하여 지어졌다. 1901에 이곳을 인수한 새로운 주인은 에드워드 러티엔스 경(Sir Edward Lutyens)에게 의뢰해 '미술공예운동(Arts and Crafts Style)' 형식으로 이 성을 재단장했고, 거트루드 지킬(Gertrude Jekyll)에게는 정원 설계를 맡겼다.

시토 수도회 수사들은 1929년 칼디에 도착했지만 6세기 켈트인들에 의해 시작된 수도원의 전통을 지금도 이어가고 있다.

웨일스

칼디 섬 *Caldey Island*

6세기에 수도사들이 처음 정착한 이 섬은 질박한 아름다움과 오랜 영성으로 유명한 곳이다.

당신을 태운 배가 칼디(Caldey) 해협을 5킬로미터 정도 지나 프라이어리 만(Priory Bay) 선대(수면 아래로 경사진 면)에 이른다. 육지에 오르면 하얀 가운을 입은 사원의 수도사가 언덕 위 성 필로메나(St. Philomena)의 피정의 집으로 방문객들을 안내하기 위해 기다리고 있다. 방문객들은 이곳에서 며칠간 묵을 수 있다. 칼디 섬의 짧은 바다 여행은 마치 일상으로부터의 일탈 같은 것인지도 모른다. 일상에서 비껴 있지만 어쩌면 그 세계를 더 잘 이해하기 위한 것일 수도 있다.

웨일스의 남쪽 해안에서 떨어져 있는 칼디 섬은 이전에 '엄률 시토회 수사'라고 불렸던 트라피스트(Trappist) 수도사들이 살고 있는 곳이다. 다른 많은 수도원들과는 달리 이곳에서는 수도사들이 침묵할 것을 서약하지는 않지만 잡담은 삼가도록 권고받는다. 섬 길이가 2.4킬로미터에 불과한 칼디는 작은 우주와 같다. 특히 마지막 배가 관광객을 싣고 본토 텐비(Tenby)로 돌아가면 이곳은 자급자족하는 하나의 소우주가 된다. 칼디는 당신이 꿈꾸는 모든 자연의 아름다움을 선사한다. 바다에 면한 절벽, 황량한 황무지, 모래사장, 물개와 가마우지와 바다쇠오리 같은 수많은 야생동물들이 있다. 같이 피정을 온 동행이 시종일관 유쾌한 사람이라도 걱정할 필요는 없다. 성 필로메나의 피정의 집에서까지 잡담을 금하지는 않는다. 수도원 예배를 꼭 참석할 필요는 없다. 피정도 짜임새 있게 진행되는 것은 아니므로 많은 수의 방문객들이 개인적인 피정을 통해 삶을 돌아보는 좋은 기회를 얻게 된다.

When to go 방문 시기는 부활절에서 10월 말까지가 좋다. 칼디에서는 일요일, 성 금요일과 일부 토요일에 보트 운행을 하지 않는다. 수도원의 일과는 오전 3시 30분의 새벽기도를 시작으로 오후 7시 35분 저녁기도로 끝난다.

Planning 날씨가 좋으면 첫 배는 오전 10시 30분경 텐비에서 출발하고 마지막 배는 땅거미가 지기 전 칼디에서 출발한다. 성 필로메나의 피정의 집에서는 세 끼 식사를 제공한다. 스스로 잠자리를 펴고 식사 후에는 설거지를 돕는다. 예약을 하려면 수도원의 담당자에게 소인이 찍힌 반송용 봉투를 동봉하여 편지를 보낸다. 부활절 피정은 금세 예약이 차기 때문에 여유 있게 예약해야 한다. 회비가 정해져 있는 것은 아니며 각자 형편에 따라 기부금을 내면 된다.

Websites www.caldey-island.co.uk

- 피정의 집을 지나 작은 계곡 너머에 있는 수도원은 20세기 초의 미술공예운동 스타일을 잘 보여주고 있다. 이곳에는 고대 켈트어와 라틴어가 새겨진 칼디 스톤, 12세기의 성 일티드 교회, 구 수도원과 절벽 꼭대기의 등대가 남아 있다.

- 수도사들과 이야기를 나누어 보자. 이들 중 상당수는 흥미로운 경력의 소유자들이다. 이들은 흔쾌히 이야기를 주고받으며 조언도 아끼지 않는다.

- 다른 곳과 마찬가지로 이곳의 트라피스트회 수도사들도 물건을 만들어 판매한다. 독특한 모습의 우체국에서는 수도원에서 만든 목욕용품을 판매한다.

- 한여름이라면 프라이어리 만의 모래사장에서 수영을 즐겨 보자. 암석 등반을 원한다면 칼디의 인상적인 바다 동굴로 안내해 줄 사람이 있는지 물어본다.

> 아일랜드

스켈리그 마이클 *Skellig Michael*

6세기경 이곳을 세운 수사들은 은둔 생활이야말로 신과 하나가 되기 위한 최선의 방법이라고 믿었다.
접근하기 힘든 외딴곳에 있는 기독교의 전초기지로 지금도 순례자들에게 등불 역할을 한다.

아일랜드의 남서쪽 해안에서 13킬로미터 떨어져 있는 원뿔형 바위섬으로, 아무도 살지 않는 스켈리그 마이클의 둥그스름한 산봉우리에 스켈리그 마이클 은둔 수도원이 호젓이 서있다. 640개의 돌계단을 힘들게 올라가야만 도달할 수 있는 이 수도원은 6세기에서 12세기까지 초기 아일랜드 기독교 수사들이 살던 곳이었다. 이들은 12세

클로안(Clocháin)이라고 하는, 돌을 쌓아 만든 오두막이 스켈리그 마이클의 소박한 공동묘지 위에 우뚝 솟아 있다.

기에 18만 제곱미터에 이르는 이 섬을 버려 두고 본토의 발린스켈릭스 수도원으로 갔다. 이곳에 살았던 수사들은 12명을 넘지 않았던 것으로 보이며 이들은 185미터 정상 언덕, 벌집 모양의 돌로 된 오두막 여섯 채를 지었다. 근처에는 아주 작은 묘지와 돌로 조악하게 십자가 모양을 표시해 놓은 무덤, 중심부에 원형 장식이 있는 거대한 켈트 십자가가 있는 테라스 예배당과 성 미카엘 교회를 비롯한 두 군데의 예배 장소가 남아 있다. 수도사들의 고립된 생활은 발명으로 이어져 암벽 표면으로 흘러내린 빗물을 저장하는 정교한 장치가 탄생하기까지 했다. 그리스도의 안장이라 불리는 풀이 우거진 한 작은 계곡 너머에 거의 수직으로 내려 뻗은 218미터 높이의 '사우스피크'에는 고대 은둔 수도원의 유적이 남아 있다. 은둔 생활을 하는 단 한 명의 수사를 위해 지어진 것이지만 9세기에 약탈을 일삼는 바이킹의 공격을 받았을 때 피신처로도 사용됐다.

- 회반죽을 바르지 않고 오직 천연의 돌만 이용해 지은 숙소를 비롯해 고대의 석조 건축물을 감상해 보자.
- 스켈리그 마이클과 인근의 리틀스켈리그는 세가락갈매기, 북방가넷, 해조, 큰부리바다오리와 대서양바다오리를 관찰할 수 있는 최적의 장소이다.
- 4월부터 11월까지 개방하는 발렌시아 섬의 스켈리그 체험센터를 방문해서 스켈리그 마이클과 리틀스켈리그의 역사, 야생동물, 해저 생물과 등대에 대해 배워 보자. 이 섬의 이름은 바위를 뜻하는 아일랜드어, 스켈리그(sceilig)에서 따온 것이다.

When to go 보트는 4월부터 9월까지 기상 상태가 좋을 때만 운항한다. 스켈리그 마이클에 서식하는 바다쇠오리를 보려면 이동이 시작되는 6월 초 이전에 가야 한다.

Planning 보트 여행과 섬 관광에 소요되는 3시간을 포함해서 5시간은 잡아야 한다. 보트는 오전 10시와 11시 사이에 발렌시아 섬을 출발하며 보통 50분 정도 걸린다. 옷은 여러 겹 껴입도록 한다. 이 섬에는 휴게시설이 없어 점심과 물을 챙겨 가야 한다. 2시간에 걸친 스켈리그 체험 크루즈 여행을 통해 섬과 돌고래 및 회색바다표범을 포함한 해양 생물을 둘러볼 수 있지만 섬에는 하선하지 않는다. 스켈리그 전통체험센터(Skellig Experience Heritage Centre)에서 전시관과 크루즈를 이용할 수 있는 종합 티켓을 판매한다.

Websites www.skelligexperience.com

해가 떠오를 때면 모스크와 오아시스 너머로 고대 도시인 시와(Siwa)의 유적들이 황홀한 광경을 연출한다.

이집트

시와 오아시스 *Siwa Oasis*

치유의 샘이 흐르는 사막의 은둔처인 이곳은 역사와 전설이 공존하는 곳이며
평화로운 베르베르족의 생활방식을 체험하며 안식할 수 있는 곳이다.

리비아 국경 근처의 대사해(大砂海, Great Sand Sea)를 가로지르면 리비아 연안과 나일 계곡 사이로 깊고 가파르게 난 대상로(隊商路)가 해수면보다 20미터나 낮은 저지대인 시와 오아시스 분지까지 이어진다. 고대 이집트인들은 이 오아시스를 세크트암(Sekht-am), 즉 야자의 땅이라 여겼다. 오늘날은 모래와 암석지대와 더불어 곳곳에 펼

처진 대추야자 재배지와 관개된 농경지가 사람들의 눈길을 끈다. 거의 200개에 달하는 샘을 통해 채워진 수정처럼 맑은 호수 덕분에 이곳에서 기원전 1만 년 전부터 꾸준히 사람들이 거주할 수 있었다.

이 오아시스는 대상(隊商)들이 쉬어가던 주요 기착지였고 고대의 요새 도시였던 샬리갈리(Shali Ghali) 형성의 원동력이 되기도 했다. 지금도 시와 시 너머로 샬리갈리의 유적이 보인다. 시와 시는 모래로 지은 낮은 건물이 격자꼴로 들어서 있는 곳으로, 잡담을 나누는 베르베르족들을 실은 당나귀 마차가 먼지 이는 거리를 가득 메우고 있다. 근처 언덕에는 아문(Amun, 이집트의 태양신) 신전의 무너진 벽이 있는데 이집트의 파라오나 그리스의 영웅들 모두 아문 신의 신탁을 받기 위해 이곳을 찾아왔다고 한다. 알렉산더 대왕(Alexander the Great)은 신전을 찾은 이후 자신을 제우스 아문(Zeus Amun)의 아들이라고 선언하고 이집트를 비롯한 영토의 정복을 정당화하기도 했다.

`When to go` 날씨가 온화한 3월부터 5월까지, 9월부터 11월까지가 좋다.

`Planning` 시와는 카이로 서쪽으로 560킬로미터 떨어진 곳에 있으며 버스로 10시간 걸린다. 알산드리아에서 자동차로 가면 7시간 정도 걸린다. 모든 유적지를 둘러보고 시와의 생활방식을 체험하려면 4~5일은 필요하다. 점잖은 복장을 하고 현지 관습을 존중한다. 수영을 하려면 노출이 심한 옷을 입어서는 안된다. 옷을 다 입고 수영하는 사람도 많다. 나귀가 끄는 마차나 자전거를 빌려 시내를 돌아보자. 숙박시설은 작은 호텔에서 호화로운 별장까지 다양하다. 사막의 사파리 여행은 야영을 하는 일정이 포함될 수도 있다.

- 파트나(Fatna)의 천연 샘에서 더위를 식혀 보자. 수심이 700m에 이르는 샘들은 이 지역에서 가장 큰 염호(鹽湖) 중 하나인 비르카트 자이툰(Birkat Zaitun, 올리브 호수)의 끝자락에 있다. 시와의 동쪽으로 30km 떨어진 곳에 있는 아인 쿠라이샤트와 아부 슈루프 샘도 들러 보자. 이곳은 사람들의 발길이 뜸하다.

- 모래 언덕 꼭대기에서 일몰을 감상하자. 사막에 밤이 내리면 나타나는 수많은 별들이 장관이다.

- 게벨 다크루르(Gebel Dakrur)에서 류머티즘에 좋다는 따뜻한 진흙 목욕을 하고 근처의 온천에서 한밤중 온천욕을 즐겨 보자.

- 시와 시 북쪽의 게벨 알 마우타(Gebel al Mawta, 죽은 자의 산)에 있는 바위를 깎아 만든 무덤에 들러 보자. 무덤은 벽화로 장식돼 있고 유골이 아직도 남아 있다. 또 움 비다(Umm Bida) 신전의 유적과 알 자이툼(Al Zeitum)의 고대 로마인의 무덤도 들러 보자.

`Websites` www.somewheredifferent.com, www.touregypt.net

에티오피아 교회의 거점인 데브레 지온 수도원의 수사들이 양피지에 쓴 진귀한 사본을 관리하고 있다.

`에티오피아`

데브레 지온 수도원 *Debre Zion Monastery*

초기 기독교 역사의 기록을 간직한 이 섬 수도원에서는
방문객 모두 저마다 독특한 체험을 할 수 있다.

    지와이(Ziway) 호숫가에 아이들이 재잘거리며 놀고 있고 나귀와 소는 개펄을 어슬렁거리며 돌아다닌다. 지와이 호수까지 이어지는 아카시아로 뒤덮인 벼랑 끝에는 툴로구도(Tullo Gudo) 섬의 데브레 지온 교회가 세상과 동떨어져 서있다. 비록 재건된 것이지만 이 교회의 목적과 정신은 그대로 남아 있다. 서기 800년경에 지어진 이 교회는 10세기에 비기독교도였던 유디트 여왕이 고대 에티오피아 기독교 왕국의 수도였던 악숨에 있던 언약궤를 빼앗겠다고 위협했을 때 언약궤를 잠시 모셔 두었던 곳이다. 하지만 이것도 가장 성스러운 언약궤의 위치와 역사를 두고 생겨난 많은 이야기들 중 하나일 뿐이다. 40년 동안 500명이 넘는 수도사들이 툴로구도에 살면서 언약궤가 안전하게 악숨으로 돌아갈 때까지 십계명이 들어 있다고 전해지는 이 성궤를 지켰다. 지금도 이 교회는 고대의 필사본과 양피지에 쓴 성경책을 보관하고 있으며, 검은색 사제복에 흰색 전통 의상인 샤마스를 덧입은 세 명의 수도사가 이를 지키고 있다. 안에는 밝게 칠한 이콘들이 커튼이 드리워진 지성소로 이어지는 벽을 장식하고 있다. 악숨 왕국의 후예인 라키인들에게는 마치 시간이 멈춘 듯하다. 그래도 겁 없이 찾아온 호기심 많은 관광객들을 따뜻하게 맞아줄 것이다.

- 지와이 호수에는 광대한 해안을 따라 다양한 새들이 살고 있다. 아프리카도요새, 검은 날개의 장다리물떼새, 알록달록한 뒷부리장다리물떼새 등을 찾아보자.
- 공동 접시에 담겨 나오는 에티오피아 전통 음식을 먹어 보자. 곡물 가루로 만든 팬케이크처럼 생긴 전병에 맛있는 고기와 야채를 올려 먹는다.
- 음식을 먹을 때에는 오른손만 사용하고 입을 만지면 안된다. 접시에서 음식을 덜 때는 자신에게 할당된 쪽에서만 가져온다.
- 누군가 분나(커피)를 권한다면 일종의 다도인 커피 세레모니라는 의례에 초대된 것이다. 이 자리에서는 설탕을 넣은 진한 커피 석 잔을 대접한다. 마지막 석 잔째는 '베레카'라고 해서 축복을 기원하는 잔이다.

When to go 우기를 피하려면 9월부터 4월까지가 좋다.

Planning 에티오피아를 방문하려면 비자가 있어야 한다. 아디스아바바(Adis Ababa) 남서쪽으로 약 193킬로미터에 있는 지와이(Ziway)로 향한다. 상업적으로 운행하는 페리가 없으므로 배를 수소문해야 한다. 갈대를 엮어 만든 보트로는 4시간, 모터보트의 경우 1시간이면 된다. 툴로구도(Tullo Gudo)와 데브레지온(Debre Zion)을 둘러보려면 꼬박 하루는 잡아야 한다. 섬에는 호텔이 없다. 섬을 찾는 관광객이 극히 드문 만큼 섬 주민인 라키인들이나 수도사들을 보면 극진히 예를 갖추도록 하자. 옷은 점잖게 입어야 하고 교회에 들어갈 때는 신발을 벗어야 할 수도 있다. 지와이에서는 따뜻한 물로 샤워를 할 수 있는 베켈레몰라호텔이나 따뜻한 물이 나오지 않는 카시호텔에서 머무를 수 있다.

Websites www.ethiopianquadrants.com, www.timelessethiopia.com

찾아보기

북아메리카

과테말라
막시몬	348
아티틀란 호수	42
티칼의 마야 신전	96

마르티니크
카니발	528

멕시코
과달루페 성당	355
그리스도상을 향해 가는 순례행렬	402
마녀의 밤	478
봄 밤의 축제	478
산프란시스코 산지	100
오악사카 민속 식물원	584
올멕의 거석 두상	148
죽은 자의 날	471
치첸이차	52
테오티우아칸	86
툴라	88
팔렝케	91
포포카테페틀	40

미국
고딕 양식의 성유물함_뉴욕	384
공회당_뉴햄프셔 주	245
구텐베르크 성경_텍사스 주	156
그라운드제로_뉴욕	549
그리스도 제일교회_코네티컷 주	244
나니의 두루마리_뉴욕	156
뉴올리언스 공동묘지_루이지애나 주	542
데날리 국립공원_알래스카 주	33
데빌스타워_와이오밍 주	24
로스코 예배당_텍사스 주	340
리버티 기념관_캔자스시티	546
리틀빅혼배틀필드 국립기념지_몬태나 주	546
마르디그라_뉴올리언스	528
모르몬교 개척길	426
미션 콘셉시온_텍사스 주	242
바바나 소사이어티_웨스트버지니아 주	610
반스터블 회중교회 서부교구_매사추세츠 주	244
뱃사람들의 교회_매사추세츠 주	245
베스 샬롬 시나고그_펜실베니아 주	340
베트남전 참전용사 기념물_워싱턴 D.C.	538
브라운 메모리얼 장로교회_메릴랜드 주	314
브르타뉴의 안느 기도서_뉴욕	156
블랙힐스 산지_사우스다코타 주	78
빅서_캘리포니아 주	28
빅혼 주술바퀴_와이오밍 주	82
샌프란시스코 피크스_애리조나 주	26
샤스타 산_캘리포니아 주	78
서펀트 마운드_오하이오 주	536
선산승원_뉴욕 주	626
성 스테파노 축제_뉴멕시코 주	456
성모 무염시태 성당_워싱턴 D.C.	346
세도나_애리조나 주	30
세인트 폴 성공회 감독 교회_버몬트 주	245
세인트루이스 대성당_세인트루이스	192
스토우 커뮤니티 교회_버몬트 주	245
시카고 템플_일리노이 주	266
알링턴 국립묘지_버지니아 주	534
애리조나함 기념관_하와이 주	547
올드 노스 교회_매사추세츠 주	244
운디드니_사우스다코타 주	540
워싱턴 D.C. 국립 대성당_워싱턴 D.C.	314
원저 제일교회_코네티컷 주	244
일자리와 자유를 위한 행진_워싱턴 D.C.	426
재패니스 티 가든_샌프란시스코	584

제일침례교회_로드아일랜드 주	244
제일회중교회_버몬트 주	245
차코캐니언_뉴멕시코 주	84
추수감사절_매사추세츠 주	510
치프스 계곡_몬태나 주	100
카우아이 힌두교 수도원 정원_하와이 주	584
크레이터 호수_오리건 주	38
투로 시나고그_로드아일랜드 주	240
팔마이라_뉴욕 주	152
프란체스코 수도원_워싱턴 D.C.	584
하빈 핫 스프링스_캘리포니아 주	612
한국전쟁 참전 용사 기념관_워싱턴 D.C.	546
할렘 가스펠 콰이어_뉴욕	178

벨리즈
악툰 투니칠 무크날	236

자메이카
라스타파리안의 나이야빙기	462

캐나다
감포 사원	608
국립 전쟁기념관	546
랑스 아무르 고분	532
생트안느드보프레 대성당	400
우즈 호	22
캠루파 파우와우	458
하이다과이	344

트리니다드토바고
카니발	528
힌두교 축제 디왈리	460

남아메리카

베네수엘라
성 세례자 요한을 기리는 드럼 축제	464

볼리비아
촛불의 성모제	466
티와나쿠	98
해와 달의 섬	44

브라질
구세주 그리스도상	148
봉제주스다라파	404
새해맞이 축제	478
시세루 신부	350
아파레시다의 성모	352
카니발	528

아르헨티나
리오 핀투라스 암각화	100
벤디미아	510

에콰도르
꽃과 과일의 축제	528
파네시요의 성모상	148

칠레
비르헨 데 로 바스케스	406
이스터 섬	93

콜롬비아
소금 성당	246

페루
기적의 주	468
나스카 라인	106
눈의 별 순례여행	409
마추픽추	102

시판의 왕족무덤	544
잉카의 신성한 계곡	104
쿠스코 성당	248

오세아니아

뉴질랜드
로토루아	67
마우아오	78

오스트레일리아
눈물 흘리는 성모	352
보리수 산림수도원	614
세인트 메리 성당	314
올가바위산	70
우비르	100
울루루	72
추왈린 온천	52

폴리네시아
타푸타푸아테아 마라에	108

아시아

그루지야
어퍼스바네티	54

네팔
룸비니	164
보드나트	632
스와얌부나트 불탑 사원	411
코판 사원	626

네팔과 중국 국경
에베레스트 산	79

대한민국
연등축제(燃燈祝祭)	484

라오스
항아리 평원	110

레바논
바알베크	116
백향목 숲	36

말레이시아
타이푸삼	488

미얀마
바간	215
쉐다곤 파고다	272
짜익티요(황금 바위) 탑	384

방글라데시
소마푸라 마하비하라	204

베트남
베트남의 설, 뗏	479

부탄
체추	492
탁상 사원	623

사우디아라비아
마스지드 알 나바위	428
하지	424
히라 동굴	186

스리랑카
담불라 석굴	236
불치사	420
스리마하 보리수	36

아유카나 마애불	149
애덤스피크	50
폴로나루와	218

시리아

아나니아 교회	374
우마이야 모스크	376

아르메니아

성 에치미아진 성당	176

아프가니스탄

잠 미나레트	266

요르단

노보 산	79
지도의 교회	192
페트라	119

우즈베키스탄

오스만의 코란	156

웨스트뱅크

예수탄생 교회	184

이라크

사마라의 대모스크	266
이맘 후세인 사원	430

이란

이맘 레자 사원	371
자한나마 정원	585
팰리스 가든	585

이스라엘

갈릴리 호수	56
겟세마네 동산	585
마사다 유적	224
바브 사원	180

베스 알파 시나고그	192
부림절 축제 행렬	494
사해문서	157
서쪽벽	435
성전산	182
수코트(초막절)	510
아벨 시나고그	314
야드 바셈	568
예루살렘 성묘교회	432

인도

고마테시와라	149
라다크의 사원들	626
리시케시	634
마타 바이슈노 데비	364
마하발리푸람 해안 사원	268
보드가야	426
비를라 만디르	266
빔베트카 유적	100
사바리말라	418
산치	208
성스러운 갠지스 강	65
솔트 사트야그라하	426
스리미낙시 사원	270
아잔타와 엘로라 석굴	213
암리차르	366
전차축제	500
카시 비슈와나트 사원	266
카주라호의 힌두교 사원군	206
칸야쿠마리	62
코끼리 동굴	236
쿰브멜라	505
크리슈나의 탄생지	162
타지마할	560
판다르푸르 사원 축제	502

함피	210
홀리 축제	498

인도네시아

아궁 산	78
아이르파나스	52
보로부두르	422
사원축제	490
쌀 수확 축제	510
타나토라자의 암벽묘	558

일본

가스가야마 원시림	36
고야 산(高野山)	621
구니사키 반도 순례여행	414
네부타마츠리(ねぶた祭)	480
다이센고분(大山古墳)	556
다이센 정원(大仙公園 日本庭園)	585
료안지 돌 정원(龍安寺 石庭)	584
벳푸 온천(別府溫泉)	616
비로자나불	148
산자마츠리(三社祭)	482
지치부 야간 축제	478
아미타불	148
에이헤이지(永平寺)	618
엔랴쿠지(延曆寺)	154
오봉 축제(お盆)	476
이세진구(伊勢神宮)	360
이쓰쿠시마(嚴島)	362
킨카쿠지(金閣寺)	250
타이코(일본의 전통 북) 연주자	178
후지 산	78
히로시마 평화기념공원	554

중국

남초 호수	46
둔황(敦煌) 석굴사원	202
등(燈) 축제	478
러산대불	149
라부렁스(拉卜楞寺)	357
룽먼 석굴(龍門石窟)	236
쉬안콩스(悬空寺)	254
완포스(萬佛寺)	256
조캉 사원(大照寺)	160
취푸(曲阜)	158
칭둥링(淸東陵)	551
카와거보 산(伽瓦格博山)	416
카일라시 산	79
타시룬포 사원	626
타이산	48
티엔탄(天壇)	252
포린스(寶蓮寺)	628
푸퉈산 섬(普陀山島)	630

중국 | 타이완

마주(媽祖) 축제	473

캄보디아

앙코르와트	196

타이

수코타이	198
아유타야	200
에메랄드 사원	264
찬타부리 과일 박람회	510

타이완

원우먀오(文武廟)	259

터키

넴루트다으	566
리키아 암굴묘	114
블루 모스크	281

성모 마리아의 집	352
성 바오로의 길	426
성십자가 교회	220
수피댄스 의식	496
아나톨리아의 카파도키아 암굴 성당	222
아라라트 산	60
안작 기념지	547
야질리카야	58
카리예 박물관	192
톱카프 궁전	384
하기아 소피아	168

파키스탄

구원의 밤	479
난카나 사히브	166
바드샤히 모스크	261
수피 성자의 사원	369

필리핀

쿠투드 렌텐 의식	486

유럽

그리스

그리스 정교의 부활절	512
메테오라 수도원	627
미노스의 동굴	237
바다 축복 의식	511
성 게오르게 성당	286
아르카디 수도원	646
아토스 산	170
아폴로 신전	128
올림포스 산	79
요한계시록 동굴	382
코리시안 동굴	236
파르테논 신전	126
파트라스 카니발	529
호시오스 루카스 수도원	193

노르웨이

롬 스타브 교회	296
뭉크홀멘	644
보르군 스타브 교회	267

덴마크

옐링	578

독일

그리스도 수난극	507
돈 코사크 합창단	178
동방박사 세 사람의 성골함	392
바흐 축제	178
베를린 홀로코스트 기념관	592
비텐베르크 성(城) 교회	172
성 콜로만 교회	302
아헨 대성당	304
안데흐스 수도원	627
엑스테른슈타이네	134
울름 대성당	267
쾰른 카니발	529
파슝	529

라트비아

하지 축제, 야니	479

러시아

노보데비치 수도원	637
마마예프 기념관	564
블라디미르의 성모	352
삼위일체 대수도원	174
성모승천 성당	276

알렉산드르 넵스키 수도원	562
오스트로미르 복음서	156
자네 강의 고인돌 유적지	112
차르 예배당	340
키지 섬	274
삼위일체 대수도원	174
키지 섬	274

루마니아

대시나고그	294
메리 묘지	588
부코비나 벽화 성당	290
시나이아 수도원	626
시레트 유대인 묘지	586
후레지 수녀원	292

리투아니아

스텔무제 오크나무	36
십자가 언덕	378
파크루오이스	294

몰타

성모 마리아 사원	353
성 바오로의 동굴	237
지간티야	130
하가르킴 므나이드라 신전	132
할 사플리에니	594

바티칸시국

부활절 미사	520
산 피에트로 대성당	320
시스티나 예배당	341

벨기에

므냉 기념관	600
성녀 우르술라의 유물함	385

보스니아

사라예보 하가다	157

북아일랜드

자이언츠 코즈웨이	76

불가리아

릴라 수도원	627
소피아 시나고그	295
은둔자의 동굴	52
트라키아인 무덤	590

스웨덴

왕실고분	576
타눔	101

스위스

생베르나르 수도원	627

스코틀랜드

아이오나	652
이탈리아 예배당	353
칼라나이스 거석	136
핀드혼 공동체	650

스페인

라 모레네타	394
메스키타	318
사그라다 파밀리아	316
사그라트 코르 수도원	149
산 로렌조 드 엘 에스코리알	385
산 안토니오 데 라 플로리다 성당	341
산타 테레사 수도원	396
산후안 축제	479
산후안데페냐 수도원	627
성 야고보의 길	448
성녀 필라르 축제	524
세비야의 성주간	526

카르나발	529
쿠엔카 성당	315
산토 도밍고 데 실로스 수도회 수사	179
톨레도 성당	315
헤네랄리페	585

슬로바키아
트르나바	295

아일랜드
뉴그레인즈	602
성 브리지드의 우물	53
성 패트릭의 발자취	427
스켈리그 마이클	658
켈스의 서	157
크로패트릭	446

오스트리아
빈 소년 합창단	179

우크라이나
사타니우의 시나고그 유적	226
수도사 합창단	178
조우크와	294

웨일스
카레그 세넨	53
칼디 섬	656

이탈리아
갈라플라키디아 영묘	193
두오모 성당	327
로레토의 산타 카사	352
로마의 카타콤	598
롬바르디아의 철왕관	385
몬테카시노 수도원	648
바다의 성모 마리아	514

발카모니카	101
산 갈가노 수도원	228
산 도나토 성당	315
산비탈레 대성당	322
산 세바스티안 교회	340
산 프란체스코 대성당	386
산미켈레	596
산타 마리아 마조레	193
산타크로체 예루살렘 성당	384
성 미카엘의 동굴 신전	237
성스러운 우물	52
성의의 예배당	385
성흔 성당	444
신전의 계곡	121
아레나 예배당	340
올리바간도	511
카르네발레	529
카살레 몬페라토 시나고그	324
크리스마스 자정 미사	516
트라파니의 성 금요일 의식	518
파에스툼	124
팔라티나 예배당	193
피오 신부 성당	388

잉글랜드
금강경	157
루트렐 시편집	157
리보 수도원	234
린디스판 홀리 아일랜드	654
물이 차올랐다 빠지는 우물	53
샌덤 기념 예배당	341
성 위니프리드의 우물	53
성공회 성당	315
세계대전 전몰자 기념비	547
세인트 마틴 교회	315

세인트 메리 교회	267
수확제	511
솔즈베리 대성당	267
스톤헨지	138
엘리너의 십자가	427
웨스트민스터 사원	306
캔터베리 대성당	427
킹스 칼리지 합창단	179
하지 축제	479

체코
성 비투스 성당	314
세들레츠 납골당	582
올드뉴 시나고그	283
우스테크	295

크로아티아
두브로브니크 성당	384
에우프라시우스 성당	192

키프로스
트로도스 벽화 성당군	278

포르투갈
마데이라 꽃축제	511
알멘드레스 크롬레흐	142
파티마의 성모 마리아	353

폴란드
검은 성모	380
레무 시나고그	294
바르샤바 봉기 기념관	547
베우제츠 기념관	580
비엘리치카 소금광산	288
성자들의 길	427
티코친	294

프랑스
검은 성모	353
네베 숲	36
노르망디 미군 묘지	547
노트르담 드 라 살레트	353
니오 동굴	101
로자리 예배당	341
루르드	442
막달라 마리아 성당	390
몽생미셸	437
몽세귀르	232
방스 성당	193
사크레쾨르(聖心) 대성당	312
생 푸아 성당	385
생토노라	639
생피에르 예배당	341
샤르트르 대성당	308
센샤펠(참나무 예배당)	37
수도사 합창단	179
알리스캉 묘지	574
집시 축제	522
카니구산	74
카르나크 열석	140
클뤼니 수도원	230
테제 공동체	642
트로 브레즈	440
티프발 기념관	547
파리 노트르담 대성당	310
페르 라셰즈 공동묘지	571
퐁드곰 동굴	237

헝가리
마드	295
부다페스트 대 시나고그	300

신 시나고그	295
에스테르곰 대성당	298

아프리카

감비아 | 세네갈
스톤 서클	146

나이지리아
오순오소그보 숲	37

남아프리카공화국
모팻 선교기지	427

마다가스카르
바오밥나무 길	37
암보히망가	452
암보히망가 샘	53

말리
젠네 모스크	336

모로코
페스 축제	179
하산 2세 모스크	267

보츠와나
초딜로 언덕	101

수단
메로에의 고대 피라미드	144

스와질랜드
잉크왈라	511

알제리
타실리 나제르	101

에티오피아
데브레 지온 수도원	662
랄리벨라 암굴 성당군	450
소프 오마르 동굴	237
악숨	188

이집트
스핑크스	149
시나이 산	190
성 카타리나 수도원	332
공중 교회	334
왕가의 계곡	604
시와 오아시스	660

짐바브웨
마람바템와 숲	37

코트디부아르
평화의 성모 대성당	338

탄자니아
오로테티(야생 무화과나무)	37
킬리만자로 산	79

튀니지
카이로우안 대 모스크	329

옮긴이

이선희 | 서강대학교 화학과를 졸업했다. 〈내셔널 지오그래픽〉 한국판 창간호부터 기사 번역에 참여하고 있다. 〈내셔널 지오그래픽〉 협회의 단행본 및 화보집 등을 번역했다.

이혜경 | 이화여자대학교 영문과를 졸업했다. 미국 워싱턴주립대학교에서 비교문학석사 학위, 번역이론으로 박사과정을 이수하였다. 〈뉴스위크〉 〈내셔널 지오그래픽〉 등을 번역하였고 옮긴 책으로 〈신에게는 딸이 없다〉 〈엄마의 날개〉 〈80페이지의 세계 일주〉 〈한배에서 나온 애가 왜 이렇게 다르지?〉 〈나는 주름살 수술 대신 터키로 여행 간다〉 등이 있다.

김귀숙 | 이화여자대학교 통번역대학원 한영과를 졸업했다. 현재 기사나 연설문 번역 작업을 주로 하고 있다.

세계여행사전3
일생에 한 번은 가고 싶은
성지 여행

초판 인쇄 2012년 4월 1일
초판 발행 2012년 4월 15일

엮은이   내셔널 지오그래픽
옮긴이   이선희, 이혜경, 김귀숙
펴낸이   진영희
펴낸곳   (주)터치아트
출판등록 2005년 8월 4일 제396-2006-00063호
주소   410-837 경기도 고양시 일산동구 백마로 223, 630호
전화번호 031-949-9435 팩스 031-907-9438
전자우편 editor@touchart.co.kr

ISBN 978-89-92914-48-2 13980

* 책값은 뒤표지에 표시되어 있습니다.

* 이 도서의 국립중앙도서관 출판시도서목록(CIP)은 e-CIP홈페이지(http://www.nl.go.kr/ecip)와 국가자료공동목록시스템(http://www.nl.go.kr/kolisnet)에서 이용하실 수 있습니다.(CIP제어번호: CIP2012001147)